Michael Zeuske
Sklavenhändler, Negreros und Atlantikkreolen

Zacharias Wagenaer nach Frans Post „Molher Negra" [Schwarze Frau] (ca. 1641), Wasserfarbe auf Papier (aus dem „Thierbuch"), Staatliche Kunstsammlungen Dresden, Kupferstichkabinett (mit freundlicher Genehmigung). Besonders auffällig: Das Brandmal über der rechten Brust, welches die Frau als Sklavin Johann Moritz' von Nassau-Siegen ausweist.

Michael Zeuske

Sklavenhändler, Negreros und Atlantikkreolen

Eine Weltgeschichte des Sklavenhandels
im atlantischen Raum

DE GRUYTER
OLDENBOURG

ISBN 978-3-11-057789-1
e-ISBN (PDF) 978-3-11-042267-2
e-ISBN (EPUB) 978-3-11-042278-8

Library of Congress Cataloging-in-Publication Data
A CIP catalog record for this book has been applied for at the Library of Congress.

Bibliografische Information der Deutschen Nationalbibliothek
Die Deutsche Nationalbibliothek verzeichnet diese Publikation in der Deutschen Nationalbibliografie; detaillierte bibliografische Daten sind im Internet über http://dnb.dnb.de abrufbar.

© 2015 Walter de Gruyter GmbH, Berlin/Boston
Dieser Band ist text- und seitenidentisch mit der 2015 erschienenen gebundenen Ausgabe.
Umschlagabbildung: „Plan, profil et distribution du navire La Marie-Séraphique de Nantes, armé par Mr. Gruel, pour Angola, sous le commandement de Gaugy, qui a traité à Loangue, dont la vue est cy-dessous la quantité de 307 captifs [...], 1770", aus: Musée d'histoire de Nantes. Das Bild ist die weltweit einzige Darstellung eines Sklavenschiffes in Realzeit: „le seul et unique témoigne iconographique sur la disposition des captifs à bord d'un négrier, signé de la main d'acteurs de ce commerce" (siehe: Guillet, Bertrand, La Marie-Séraphique navire négrier, Nantes: Musée d'Histoire de Nantes; éditions MeMO, 2009, S. 23).
Es zeigt oben die Unterdecks des Schiffes (vor allem geladen mit Wasserfässern und Vorräten), das Zwischendeck mit den Verschleppten (captifs) sowie das Oberdeck mit Schlafplätzen, Wein- und Wasserfässern, Aborten (seitlich) und Tierkäfigen.
Die Meeresszene zeigt das Schiff 1769 bei der Beladung auf der Reede von Loango. Mit freundlicher Genehmigung.
© Château des ducs de Bretagne – Musée d'histoire de Nantes

Satz: le-tex publishing services GmbH, Leipzig
Druck und Bindung: CPI books GmbH, Leck

♾ Gedruckt auf säurefreiem Papier
Printed in Germany

www.degruyter.com

Für meinen Bruder Thomas Zeuske
(* 02. August 1954 Berlin (Ost) – † 06. Juni 2015 A9 bei Dessau)

„Cuando salí de la Habana, válgame Díos"
Sebastián Iradier Salaverri, „La Paloma", 1862/63;
Anfangszeile Originaltext, geschrieben in Havanna

„An Bord geht es heut und fort muss die Reise gehn"
Helmut Käutner, „La Paloma", 1944, gesungen von Hans Albers

„la idea de que los negros habían nacido para ser esclavos" –
der Gedanke, dass die Neger geboren waren, um Sklaven zu sein
Marcos Arriaga Mesa, La Habana, 2014

„Der Superkargo Mynheer van Koek
Sitzt rechnend in seiner Kajüte;
Er kalkuliert der Ladung Betrag
Und die probabeln Profite"
Heinrich Heine 1853/54

Inhalt

Vorwort —— 1

1		**Weltgeschichte, Atlantic Slavery und atlantische Sklavenhändler** —— 3
1.1		Historische Grundlagen des atlantischen Sklavenhandels und des Hidden Atlantic —— 3
1.2		Historiografische Skizze zur Geschichte der Sklavenhändler —— 49
2		**Slaving – Traumata und Erinnerungen der Verschleppung** —— 55
2.1		Traumata in Afrika, auf dem Atlantik und in den Amerikas —— 57
2.2		Verschleppte – „Stimmen" von „Stimmlosen" —— 71
2.3		Atlantische Routinen, Schrecken und Traumata – die Quellenlage zum Sklavenhandel —— 84
2.4		Atlantische Infrastrukturen der Gewalt und individuelle Erinnerungen —— 101
3		**Menschenhandel und Castings an den Küsten Afrikas und der Beginn der atlantischen Überfahrt** —— 116
3.1		Robert Durand und die Diligent —— 126
3.2		Sklavenhandel im portugiesischen Einflussbereich —— 140
4		**Mittelpassage, Menschenhandel, Atlantisierung und die Schrecken an Bord** —— 147
5		**Atlantikkreolen. Leben auf und am Atlantik sowie *beyond the Atlantic*** —— 172
5.1		Seeleute – Lehrlinge in den Tropen und zeitweilige Atlantikkreolen —— 190
5.2		Afrikanische und amerikanische Atlantikkreolen und Atlantisierung —— 196
6		**Die Upper Class der transatlantischen Sklaverei: Faktoren, Kapitäne und Negreros** —— 206
6.1		Rechtsstreitigkeiten: Risse im *long black veil* —— 206
6.2		Routen, Räume und Personen des Hidden Atlantic —— 214
6.2.1		Der Prototyp eines Atlantikkreolen: Mongo John —— 229
6.2.2		Ein paradigmatischer Negrero des Atlantiks – Daniel Botefeur —— 234

7		**In den Amerikas. Sklavenmärkte und Sklavenhändler – Profiteure, Großkaufleute, Schiffsausrüster und Negreros —— 240**
	7.1	Sklavenhändler I. Regulierter Sklavenhandel, Märkte und Schmuggel —— 241
	7.2	Sklavenhändler II. „Freier" und regulierter translokaler Sklavenhandel —— 252
8		**Europäischer Sklavenhandel global – Plantagen und Sklavereimoderne weltweit —— 270**
9		**Versklavte, Sklavereien und Menschenhandel auf dem afrikanisch-iberischen Atlantik —— 296**
	9.1	Iberische Anfänge und das imperiale Spanien auf dem ersten Iberischen Atlantik (1470–1650) —— 309
	9.2	Der Atlântico Sul (Portugal-Brasilien) sowie nordwesteuropäischer Atlantik und Bourbonischer Atlantik (1650–1789/1808) —— 318
	9.3	Erste Sklavereien und Second Slavery sowie Menschenhandel – neue Dimensionen der Atlantisierung —— 320
	9.4	Sklavenhändler III. Erneuerte iberische Slaving-Allianzen, Menschenschmuggel, slaving zones und Atlantisierung in globaler Dimension 1808–1880 —— 323
	9.5	Sklavenhändler IV. Hidden Atlantic und Sklavereimoderne sowie Menschenschmuggler, Revolutionen und Emanzipationen —— 348
10		**Coolies – asiáticos und chinos: Globale Dimensionen der Second Slavery —— 365**
11		**Kurze Konklusion —— 377**

Quellen —— 383

Gedruckte Quellen —— 392

Literatur —— 400

Ortverzeichnis —— 466

Personenverzeichnis —— 475

Vorwort

Jede Geschichte, auch jede Welt- und Globalgeschichte, hat eine ganz individuelle Dimension. Ich meine nicht meine Überzeugung, dass Mikrogeschichte Welt- und Globalgeschichte oft besser erklären kann als große Narrative „ohne Menschen". Ich meine hier die Dimension des Autors. Ich arbeite seit etwa 1980 zu Fragen der Sklaverei und habe mich immer ganz besonders für Menschen in Sklaverei, d. h. Sklavinnen und Sklaven, interessiert. Der ganz individuelle Entstehungsgrund des vorliegenden Buches aber ist das Gespräch mit dem Cheflektor eines großen Verlages in Frankfurt am Main im Jahr 2004. Ich wollte ihn überzeugen, dass Bücher, die mit einem solchen *microstoria*-Ansatz geschrieben sind, keine durchgängige rote Linie à la Film-Script haben können, sodass Bücher von Historikern notfalls gleich als Filmplot genutzt werden können. Bücher, bei denen es um die „Stimmen" etwa Versklavter oder Verschleppter geht („Subalterne", *voices of the voiceless*), zerfasern wegen der viele Biografie-Partikel (*live histories*), aus denen sie zwangsweise wegen der Quellenlage komponiert werden – zynisch gesagt: „zu viel Information" und zu viel Leid, das die Welt lieber vergessen möchte. Ich gab dem Cheflektor damals mein Buch „Schwarze Karibik".[1] Darin hatte ich mich bemüht, aus Lebensgeschichten versklavter Frauen und Männer eine Geschichte der Institution Sklaverei „von unten" (oder „innen") zu weben. Die Lebensgeschichten ihrer Versklaver und der Sklavenhändler hielt ich damals nicht einmal für erwähnenswert. Der Auslöser für das vorliegende Buch war, dass der Cheflektor „Schwarze Karibik" nach Hause mitnahm und mir beim nächsten Treffen sinngemäß sagte: „Ich habe als erstes nach Sklavenhändlern im Buch gesucht und keine gefunden!" Dieser Satz hat mich tief getroffen. Erstens, weil ich damals, wie oben gesagt, die *bad guys* keiner Darstellung für nötig befand. Meiner Meinung nach gab es schon zu viele Bücher über Sklaverei und Sklavenhalter und zu wenige über Versklavte. Zweitens, das sage ich aus heutiger Sicht, habe ich, eben weil es von Versklavten selbst zu wenig oder gar keine historischen Quellen gibt, sondern oft nur Biografie-Partikel – ein furchtbar vertracktes Problem einer Geschichte von Sklavinnen und Sklaven –, in den Jahren zwischen 2005 und 2015 fast nur Forschungen betrieben und Bücher sowie Artikel publiziert, die auf Quellen beruhen, die von Versklavern und insbesondere von Sklavenhändlern stammen oder über sie geschrieben worden sind. Dabei wurde mir klar, dass es über Sklaverei sehr viele, über Sklavenhalter und Sklavenhandel auch, aber gerade über Sklavenhändler kaum Forschungen und Darstellungen gibt. Das Ergebnis dieser Forschungen ist das vorliegende Buch. Rund zehn Jahre nach dem Satz

---

[1] Zeuske, Schwarze Karibik.

des Cheflektors über fehlende Sklavenhändler! Meine Hauptintention, wie Jede und Jeder in vorliegendem Buch überprüfen kann, ist immer noch eine Geschichte von Versklavten und Verschleppten – möglichst individuell. Ich betrachte die Geschichte von Menschen als meine Spezialität als Historiker, in vorliegendem Falle Weltgeschichte aus der Perspektive der gelebten Leben individueller Menschen. Man mag das für selbstverständlich halten. Aber ein Blick in die Arbeiten, die „Sklavenhandel" und „Sklaverei" im Titel tragen, zeigt, dass es in 95 % der Fälle um Geschichte von Institutionen und Prozessen (wie Handel, Austausch, Akkumulation) geht. Es sind aber immer Menschen, die Geschichte machen, auch Menschen in Prozessen und Institutionen. Und Gesellschaft beginnt nach einem alten Soziologenwitz bei drei Menschen.

Die Archiv- und Feldforschungsreisen, die ich für die Erarbeitung des vorliegenden Buches machen konnte, wurden durch Finanzierungen der Deutschen Forschungsgemeinschaft (DFG[2]) sowie des Global South Studies Center (GSSC, Universität zu Köln, 2014/15) ermöglicht.

La Habana/Liblar/Leipzig/Lisboa/Madrid/Wien,   März 2014 – Juli 2015

---

[2] Projekte: Das Erbe Afroamerikas. Regionale Gesellschaften und politische Kultur in Brasilien, Kuba und Venezuela (1880–1930) (gefördert 1994–1997 – DFG-ZE 302/2-2); Amistad I: Ramón Ferrer und die Amistad (gefördert 2007–2010 – DFG-ZE 302/15-1) und Amistad II: *Out of the Americas*: Sklavenhändler und *Hidden Atlantic* im 19. Jahrhundert (gefördert 2011–2014 – DFG-ZE 302/18-1).

1 Weltgeschichte, Atlantic Slavery und atlantische Sklavenhändler

„Wir werden es schon machen, wenn die Götter uns gnädig sind, bei einer anderen Gelegenheit".[1]

1.1 Historische Grundlagen des atlantischen Sklavenhandels und des Hidden Atlantic

Das Folgende ist nur eine sehr kurze Einleitung in Bezug auf die vielen tausend Jahre der Weltgeschichte der Versklavten, Sklavereien und der Sklavenhandelssysteme.[2] Sklavereigeschichte und Geschichte des Sklavenhandels haben ein großes Problem – jede und jeder glaubt sie zu kennen. In Wirklichkeit bezieht sich das Wissen aber auf Sklavereien in der Antike (Rom und Griechenland, oft auch nur auf Gladiatoren oder Aufstände) oder auf den Süden der USA (*South*). Das liegt, gerade heute, natürlich an Filmen wie *Django* oder *Twelve Years a Slave*. Für die antike Geschichte spielt aber der Atlantik kaum eine Rolle. Und der Süden der USA hatte in Wirklichkeit eher eine marginale direkte Beteiligung am atlantischen Sklavenhandel.[3] Bis 1808 wurden von den insgesamt etwa 11–13 Millionen Menschen „nur" ca. 400 000 Männer, Frauen und Kinder von Afrika in den *South* verschleppt; allein nach Kuba waren es im 19. Jahrhundert rund eine Million Sklavinnen und Sklaven. Um diese Perspektivverzerrungen richtigzustellen, macht vorliegendes Buch Ernst mit einer atlantischen Perspektive. Sklavenhändler waren die Profiteure der Atlantic Slavery. Atlantic Slavery umfasst sowohl Sklavenhandel, der meist das Meer, den atlantischen Ozean, sowie seine Inseln, Küsten und Flüsse – meist Flussmündungen und Oberläufe sowie Hafenstädte – zum Schauplatz hatte. Atlantic Slavery umfasst aber auch die Transporte vom Inneren (Interior) zur Küste sowohl in Afrika wie auch in den

---

[1] Fernando Ortiz am 24. Februar 1932 in Miami/Florida, siehe: Ortiz „Introducción", S. XIV; Übersetzungen aus dem Portugiesischen, Spanischen und Französischen hier und im Folgenden durch den Autor.
[2] Die Geschichte von Sklavereien reicht zurück bis um 10 000 v. u. Z.; die von Menschentauschsystemen bis auf um 3000 v. u. Z., siehe: Zeuske, Handbuch.
[3] Anstey, The Atlantic Slave Trade; Burnside/Robotham, Spirits. Es ist bezeichnend, dass eines der wenigen Bücher, die in Deutschland über Sklaverei erschienen sind, den Titel „Sklaverei in Amerika" trägt und sich – für Verlagschefs wahrscheinlich selbstverständlich – nur mit der Sklaverei in den USA beschäftigt; als Sklavereihistoriker würde ich mit dem Titel eher Sklaverei in Brasilien oder auf Kuba assoziieren; siehe: Sautter, Sklaverei.

Amerikas von der Küste ins Innere und an die Orte der Sklavereien – Landwirtschaft, Städte, Häuser, Schiffe, Bergwerke, Infrastrukturen. Und Atlantic Slavery umfasst auch den Küstentransport (*cabotage*) von Verschleppten, der fast immer in anderen Schiffen als Hochseeschiffen stattfand (der Schoner *Amistad* war ein Cabotage-Schoner).[4] Aktive Teilnehmer waren alle, inklusive der Versklavten; die Verfügungsmacht hatten afrikanische und europäische Eliten bis um 1780–1810, danach in etwa Afrikaner in Afrika, Europäer auf dem Meer und formal in den europäischen Kolonien in den Amerikas, Amerikaner auf dem Meer und in den neuen Staaten Amerikas. Alle europäischen und amerikanischen Nationen, die massiv Sklavenhandel betrieben hatten, verboten ihn bis um 1840 formal. Deshalb nenne ich den Hauptort der Atlantic Slavery im 19. Jahrhundert den Hidden Atlantic.

Atlantic Slavery als transatlantischer Sklavenhandel, als Geschichte der aus Afrika nach Amerika verschleppten Menschen und ihrer Verschlepper sowie als Geschichte von Sklavereigesellschaften ist große Geschichte, Makrogeschichte, *big history*. Sie kann nicht unter nationalem Gesichtspunkt, d. h., als deutscher Historiker aus einer Perspektive deutscher Geschichte, als Historiker aus den Vereinigten Staaten aus der Perspektive des angloamerikanischen Atlantik oder als Fachmann für iberische und lateinamerikanische Geschichte vom Standpunkt portugiesischer, spanischer oder kolumbianischer Geschichte betrachtet werden. Sondern nur so, als ob wir von einem Satelliten in 10 000 km Meter Höhe am Äquator bei 25 Grad West die globale Szenerie des atlantischen Raumes beobachten würden. Es geht wirklich um strukturschaffende Prozesse in der Welt des Atlantiks.[5] Nicht um eine Nationalgeschichte oder eine atlantisch aufgeblasene imperiale Nationalgeschichte. Dazu später.

Zunächst soll es um den Ozean und andere große historische Räume, um Institutionen, Akteure und Zeiträume gehen, um den historischen Ort des Atlantiks, der Sklavenhändler und der transatlantischen Sklaverei um 1450 bis um 1900 und ihre Stellung in der Welt- und Globalgeschichte. Die beiden Makro-Themenfelder des vorliegenden Buches sind der Atlantik und der Sklavenhandel als Dimensionen von Atlantic Slavery. Um mit dem Atlantik zu beginnen: Der Sklavenhandels-Atlantik entstand zwischen 1450 und 1650 in komplizierten Konflikten und Allianzen iberischer Mächte (vor allem Portugal sowie Kastilien/Spanien). Zwischen ca. 1670 und ca. 1850 war der Atlantik der wichtigste Raum der modernen Geschichte, nicht Europa oder eine andere Weltregion der westlichen Hemisphäre. Wenn ich die Idee eines Zentrums nicht überhaupt ablehnen würde, könnte ich sagen,

---

4 Butler, „Slavery"; Zeuske, Amistad; Pretel/Leonard (Hrsg.), The Caribbean.
5 Miller, „O Atlântico Escravista ".

1 Historische Grundlagen d. atlantischen Sklavenhandels und d. Hidden Atlantic — 5

das Zentrum der Geschichte war der Atlantik, nicht Europa. Aber der Atlantik als Raum war einfach zu chaotisch und groß, zu dynamisch, zu transkulturell, zu unkontrollierbar, zu sehr auch Grenze und Feld unendlicher Konflikte. Entwicklung und Aufstieg der Supermächte dieser Epoche (Spanien, Großbritannien und Frankreich) waren aber engstens an tendenzielle Dominanz oder Nichtdominanz des Atlantiks gebunden. Die immer durch Rebellionen, Piraten oder Meutereien, Wellen, Wetter, Wind oder einfach die Unwägbarkeiten Fortunas[6] gefährdete Dominanz über das Stück des Ozeans, in dem der atlantische Sklavenhandel stattfand (*middle passage, tráfico, trata, traite*) wurde am besten durch die Kontrolle der Schiffe und der Kapitäns- und Offiziersposten, wenn schon nicht völlig, so aber tendenziell, gewährleistet. Seit 1815 dominierte die Supermacht Großbritannien den Atlantik, nach vielen Seeschlachten und Kriegen. Frankreich wurde nach Nordafrika und in die Karibik abgedrängt. Zugleich entwickelte sich, wieder in komplizierter Konflikten und Allianzen der iberischen Mächte und ihrer Kolonialeliten, der Hidden Atlantic des Menschenschmuggels. Die Pioniermacht der europäischen Expansion, Portugal, und die Supermacht des 16. Jahrhunderts, Spanien, konnten sich nur noch durch massiven Menschenschmuggel auf und über den Atlantik im Kreis der Großmächte halten. Wichtig ist für uns hier die Aussage, dass der Atlantik durch massiven Sklavenhandel und viele Sklavereien zum zentralen Raum der Weltgeschichte wurde, auf dem viele Netzwerke und viele Plateaus von Sklavereien, Enklaven und *hubs* existierten und sich überschnitten. Aus vielen Rhizomen von kleinen, lokalen Sklavereien und marginalen Gewinnmöglichkeiten entstand zwischen 1450 und 1650 auf kleinen Inseln, fast unsichtbaren Punkten auf einer globalen Karte des Atlantiks, ein Kapitalismus menschlicher Körper, der bis um 1880 ganze gigantische und dynamische Gesellschaften sowohl kolonialer (Kuba) und imperialer (Brasilien) wie auch republikanischer Verfassung (USA) prägte und auch für die damals tonangebenden Monarchien Europas eine extrem wichtige Rolle spielte – trotz oder gerade wegen der formalen Abolitionen des Sklavenhandels und der Sklaverei.[7]

Was war Sklaverei? Sklaverei war und ist eine Institution der Gewalt. Ich spreche lieber von Sklavereien, weil *die* Sklaverei immer das innere Bild der Sklaverei „nach römischem Recht" evoziert. Sklavereien hat es in der Weltgeschichte seit der keramischen Phase der neolithischen Revolution vor rund 10 000 Jahren bei allen Völkern, Stämmen und Gruppen gegeben, vor allem in Häusern, Tempeln, Wohnstätten sowie Palästen. Möglicherweise existierte eine Art Opfersklaverei schon in den präneolithischen Opferritualen, die mehr als 400 Generatio-

---

6 Bolster, „Putting the Ocean"; Wolf, Fortuna.
7 Zeuske, „No End".

nen anhielten. Und es gibt noch heute viele Menschen, vor allem Frauen und Kinder, im Sklavenstatus: laut ILO-Bericht 2014 weltweit 21 Millionen Menschen, drei Viertel davon Frauen und Kinder. Niemand spricht gerne über Sklaverei.[8] Da, wo es heute noch Sklavereien gibt, ist es sogar gefährlich darüber zu sprechen. Oft wissen die wenigsten, dass Menschen in der Nachbarschaft eigentlich Sklaven sind. All das ist kompliziert und hängt mit der Fokussierung auf die antike Sklaverei in „römischer" Rechtstradition zusammen, was bedeutet, dass es seit der Spätzeit des römischen Reiches im 6. Jahrhundert eine relativ klare rechtliche Definition des „Sklaven" und der „Sklavin" sowie einer „Sklaverei" gibt (fokussiert auf Eigentum). Die Sklavereien, die westliche Seemächte auf den Atlantik und in den Amerikas (USA, Karibik, Brasilien, spanisches Amerika, britische, niederländische, dänische und französische Kolonien) in der Neuzeit zwischen 1440 und 1850 organisierten, konnten auf diese „römische" Tradition der Rechtsdefinition der Sklaverei und des Sklaven als absolutes Eigentum zurückgreifen, das „römische Recht". In vielen anderen Sklavereien auf dieser Welt gibt es aber diese Rechtstradition nicht, sondern andere, die wir kaum kennen. Es gibt Aushandlungssituationen, die aber immer von Gewalt geprägt sind. Deshalb kann man in der Welt- und Globalgeschichte Sklaverei und Sklave oder Sklavin als Realität und Status nicht nach „römischen" Rechtsregeln definieren.

Neben dieser eher strukturellen Definierung von Sklaverei gibt es auch eine prozessuale, die von dem jeweiligen historischen Verständnis vom „Sinn" von Sklaverei ausgeht; die Definition als „historische Strategie" stammt von Joseph C. Miller. Sklaverei (oder besser Sklavereien) war: „a strategy that people in historical positions of marginality have pursued, since time immemorial, with significant consequences for themselves and for others around them, beyond the sufferings that the practice imposed on the people they enslaved".[9]

Die folgende, etwas enzyklopädisch anmutende Definition von Sklaverei (ich bin kein großer Freund von Definitionen) ist aus zwei Gründen fundamental: wir können mit ihr auch *slaving* erfassen, das in Zeiten der Atlantic Slavery nicht auf „römischem" Recht beruhte (etwa die gesamte afrikanische Dimension[10]), und wir können mit ihr auch heutige Sklavereien erfassen.

Der Kern einer Definition von Sklaverei besteht darin, dass der Körper eines Menschen, Mann, Frau oder Kind, unter Kontrolle eines Halters (deshalb Sklaven*halter*) ist, der ihn mit Gewalt seiner Mobilität und Selbstentscheidung be-

---

[8] Zeuske, Handbuch, S. 1–26.
[9] Miller, The Problem of Slavery, S. 19.
[10] Zu den afrikanischen Dimensionen siehe: Lovejoy, Transformations; Beswick/Spaulding (Hrsg.), African Systems; Bellagamba/Greene/Klein (Hrsg.), The Bitter Legacy; zur afrikanisch-atlantischen Dimension: Thornton, Africa and the Africans.

raubt und ihm die Leistungen des Körpers (Arbeit, Dienstleitungen, Sex, Reproduktion, Schutz), Teile des Körpers (Eunuchen) oder gar das Leben selbst (Opfersklaven, Sklavensoldaten, symbolische Tötungen in Totenfolge oder zur Prävention von Rebellionen) abzwingt. „Sklavenhalter" können auch Frauen, Gruppen von Menschen, Korporationen oder Institutionen (Paläste, Tempel, Armeen, Aktiengesellschaften, Staat) sein. Gewalt ist grundlegend: erstens als direkter Zwang auf individuelle Körper – „einseitige Macht, Drohung, Gewalt".[11] Das ist in gewissem Sinne „messbar" an den Verletzungen einzelner Körper. Sodann als strukturelle Gewalt der Sklaverei als Institution sowie ihrer Infrastrukturen. Das sind die Hauptelemente von Sklaverei und Sklavenstatus. Eine dritte Art von Gewalt ist nicht so direkt, aber umfassender und möglicherweise die historische Ursache aller Sklavereien. Kurz gesagt ist es die Angst vor dem Tod, speziell vor dem Verhungern. Das heißt, diese Gewalt hat auch eine Schutzfunktion – das Streben nach etwas mehr Sicherheit vor Tod, Hunger oder noch mehr Gewalt. Schließlich muss noch der Gewalt-Pegel von Gesellschaften und Kulturen in die Analyse einbezogen werden. Da scheint das periphere lateinische Europa im Zeitraum 500–1500 schon einen besonders hohen Gewalt-Pegel gehabt zu haben (Fehlen von dämpfendem Zentralismus, Gefolgschaften, Kriege, Belagerungen und Rebellionsniederschlagungen), der sich über die atlantische Expansion auf größere globale Räume ausbreitete. Im politischen und demografischen Kollaps („demografische Katastrophe") eigenständiger Imperien und Gesellschaften in der Neuen Welt scheint die alles durchdringende Gewalt einen ersten globalen Höhepunkt gefunden zu haben. Der andere massive, alles durchdringende Gewaltpol unter Beteiligung an sich schon gewaltbereiter und -gewöhnter Europäer bildete sich – und das ist Gegenstand dieses Buches – gegenüber verschleppten Menschen aus Afrika heraus (am Anfang einfach meist nur portug. *cativos* – Kriegsgefangene). Der fast unglaubliche Gewalt-Pegel massiven und systematischen Terrors auf dem Atlantik gegen große Gruppen von Menschen hatte wiederum Auswirkungen auf die Gewaltintensität der Geschichte Europas von 1500 bis 1945.[12] Die Gewaltgeschichte mit den Polen Vermassung von Gewalt geht aber auch einer mit der Geschichte der Individualisierung des „Selbst", der Klassenbildungen und der Globalisierung der Konsumtion Europas – was wiederum stark mit der Bedeutung von außereuropäischen Massen-Sklavereien zur Produktion von Luxus zu tun hat.

Gewalt, auch als „Befugnis" von Recht, ist die eine, alles durchdringende Dimension von Sklavereien. Die andere Dimension ist die Statusminderung. Es sind zwei Begründungen, die den Sklavenstatus definieren. Sehr verkürzt gesagt, un-

---

11 Kuchenbuch, „Meine zehn Zürcher Gebote".
12 Schaub, Jean-Frédéric, „Violence"; Kwass, Contraband, S. 15–40.

terliegen Verschleppte, die zu Sklaven gemacht werden, einer inneren und einer äußeren Degradierung ihres Status'. Innere Degradierung bedeutet, dass Menschen im Sklavenstatus am unteren Ende der Hierarchie einer gegebenen Gruppe oder einer gegebenen Wohneinheit in der Geschichte angesiedelt wurden. Meist handelte es sich um Frauen oder Kinder, die ihre Verwandten verloren hatten oder neu in die Gruppe gekommen waren oder um Schuldner, später auch um einzelne Kriegsgefangene. Je länger es diesen Status gab oder wenn es zu massiven Konflikten oder Expansionen kam, wurde die innere Degradierung verschärft, bis hin zu den scharf umrissenen rechtlichen Fixierungen des Sklavenstatus wie im alten Rom oder in anderen Sklavengesellschaften. Fast alle Gesellschaften dieser Welt mussten sich mit dem Problem herumschlagen, ob sie Schuldner zu Sklaven machten oder nicht. In den meisten Gesellschaften, wie oben am Beispiel des „römischen" Rechts dargelegt, kannten aber die Trennung zwischen Sklaverei und Schuldnerstatus nicht und auch in Rom selbst kam es in Krisenzeiten zu Hochzeiten von Neuversklavungen.[13] Die innere Degradierung konnte bis zur Negierung der Ehre der jeweiligen Gruppe/Gemeinschaft reichen. Gab es nur wenige Sklaven von außen, blieb es bei der inneren Statusdegradierung. Die versklavten Menschen blieben trotz des niedrigen Status real immer noch Mitglieder der jeweiligen Gruppe oder Gesellschaft, sie waren keine Fremden und trugen „nur" das zeitweilige Stigma der niederen Stellung in der jeweiligen sozialen Hierarchie. Sklaverei war nicht oder wenig institutionalisiert. Dieses welthistorische Plateau der Entwicklung von Sklavereien nenne ich „Sklavinnenstatus ohne Institutionalisierung". Diese Sklavereien vor allem von Frauen und Kindern existierten und existieren global, aber sehr lokal. Als Beginn der Integration marginaler Fremder und Übergang zu auch äußerer Statusdegradierung mag der Versuch genannt werden, die eigene Kommunität zu stärken und größer als andere zu machen, verbunden auch mit internen Kämpfen um Machtpositionen. Als nächste Stufe, bei Territorialkonflikten, Verschleppungen, Razzien, Migrationen, Expansionen oder Konflikten mit anderen oder weit entfernteren Gruppen (meist verbunden mit der historischen Entstehung und Entwicklung militärischer Regimes in „Imperien"), kam es, je länger diese anhielten, zu immer massiveren Statusdegradierungen der von außen in die Gemeinschaft Verschleppten, meist gebunden an die „Herkunft" der Versklavten oder Verschleppten (*origin*; *naturalidad*). Die Hauptmotivation für diese Operation dürfte der Versuch gewesen sein, die von außen in eine bestimmte Gemeinschaft gekommene Menschen ihrer Herkunfsgruppe („Vorfahren", „Ahnen", Genealogie) zu berauben. Je mehr Menschen per Zwang und Gewalt von außen in eine Gruppe oder Gesellschaft kamen, desto mehr wurden diese Men-

---

[13] Testart/Jacobs, „The Extent".

schen wegen ihrer „ahnenlosen" Herkunft oder wegen bestimmter Merkmale stigmatisiert (visuell, chromatisch, sprachlich, religiös oder biologisch – schließlich auch sichtbar körperlich-rituell). Obwohl hier nach der inneren Statusdegradierung genannt, war und ist diese Degradierung als etwas „Anderes", diese Fremdheit, eine ganz archaische Dimension aller Sklavereien.

Schon ganz am Anfang der Entwicklung des Homo sapiens, spätestens aber mit der Emigration aus Afrika vor ca. 60 000 Jahren, kam es wegen der Gruppenstruktur menschlicher Gesellschaften („Stammessysteme" der frühen Menschen) zu Aggressivitäten, bewaffneten Konflikten und kleinen Kriegen zwischen verschiedenen Gemeinschaften von Menschen.[14] Das verschärfte sich mit der Jungsteinzeit und der Sesshaftwerdung in der neolithischen Revolution. Das Ergebnis waren, sehr verknappt gesagt, breite Sklavereiplateaus lokaler Sklavereien sowie vielfältige Typen und Formen von Sklaverei innerhalb von Verwandtschafts- und Wohngruppen (auch Tempel- und Palastsklaverei – moderner Begriff der historischen Sozialwissenschaften: „Haushalt"). Verwandschaft wird in der Anthropologie mit dem englischen Begriff „Kin" benannt. Kin- oder Haussklaverei (dazu zählen auch Paläste und Tempel), meist unter der Gewalt eines im jeweiligen Rechtssystem definierten Kin-Gruppen-Chefs oder einer Vater-Figur (*pater*). Extreme Zunahme von Sklavereien sowie dem Transport/Handel von verschleppten Menschen gab es mit der Formierung von Großreichen, ausgehend von denen im vorderen Orient, Ägypten, China und Nordindien sowie Mittelamerika. Meistens wurden in den Zentren versklavungsfreie Räume konstruiert. Imperiale Expansionsphasen hat es aber, zusammen mit den Transport versklavter Menschen, auch auf Meeren gegeben, auf dem Mittelmeer wie auf den Nordmeeren Europas (Wikinger), von Arabien aus in das Rote Meer, den Persischen Golf sowie den Indischen Ozean (Indik), von China aus in Randmeere des Pazifik und den Indik, von Europa ausgehend auf den Atlantik und Indik mit einem frühen Zentralraum Karibik. Meist kamen erst mit den Imperien und organisierten Gesellschaften die großen Infrastrukturen der Gewalt (Ketten, Sklavenbaracken, befestigte Handelszentren, Schiffe, bewaffnete Wächter) auf, die es ermöglichten, größere Mengen von Männern und Kriegsgefangenen in Sklaverei zu halten. Dieses Sklaverei-Plateau prägte die Gesellschaften der Antike und die Zeiten der großen Völker-Expansionen (z. B. die arabisch-islamische Expansion), die in Europa Mittelalter genannt wird. Eine häufige Erscheinungsform war die Palast-Sklaverei (versklavte Frauen, versklavte Soldaten und oft Eunuchen).

---

[14] Wilson, Die soziale Eroberung, S. 75–80, sowie S. 81–98; für das mittelalterliche östliche Europa hat Christian Lübke auf die Rolle von Gewalt und Fremden als Sklaven verwiesen: Lübke, Fremde, S. 113–123.

Die globalhistorische Intensivierung hebt auf den Zusammenhang von Sklaverei und Sklavenhandel ab und stellt eine historisch-chronologische Situierung von Sklavereien dar. Elemente einer eher systematisch-anthropologischen Definition von Sklavereien sind erstens die an den individuellen Körpern und auf der Haut von Menschen sichtbaren Spuren von Gewalt als Zeichen der Versklavung. Gewalt hinterließ grausame Verletzungen und Verstümmelungen von menschlichen Körpern, die sich bis auf die Skelette auswirken konnten und in das biologische Profil eines Menschen eingehen. Zweitens Arbeitszeit und Überarbeitung, die sich ebenfalls auf Körper, Physiologie und Psychen auswirken. Sklavenhalter konnten, desto mehr Macht sie hatten und je niedriger der Status ihrer Untergebenen war, Tages-, Wochen-, Jahres- und Lebensarbeitszeit der Versklavten bestimmen und mit der mutterrechtlichen Regelung „Sklavenbauch gebiert Sklave" juristisch auf ewig perpetuieren. Das scheint mir ein sehr starkes Kriterium zu sein – und natürlich ein extrem umstrittenes, weil es u. a. auch für heutige extreme Formen der Selbstausbeutung in Anschlag gebracht werden könnte. Drittens die Fixierung von innerem sowie äußerem Status oder eben Nicht-Status in Rechtssystemen, manchmal schriftlich, manchmal in oraler Überlieferung. Das ist, weil eben diskursiv und in die Differenz zwischen Geschriebenem/Gesprochenem und Realität eingeklemmt, kaum jemals wirklich messbar, außer vielleicht an Körpergrößen oder in Begräbnissen, oft aber eben auch in der Nichtauffindbarkeit von Gräbern Versklavter oder ihre Deponierung in Massengräbern. Die neuen anthropologischen Untersuchungen zu Kohlehydratnahrung, Proteinen und Zucker sowie insgesamt zur biologischen Lebensqualität (festgemacht an Körpergrößen) relativ stabiler Populationen sind in Bezug auf Sklavenpopulationen auch nicht eben einfach.[15] Vor allem weil Atlantik Slavery zu einem großen Teil durch Zwangsmobilität geprägt ist und weil auch bei relativ lange zusammenlebenden Sklavenpopulationen (auf einer Plantage, bei einem Bergwerk, als Gruppe von Haussklaven einer Ortschaft) keiner die Daten erfasst hat.

Bei ausgeprägtem Sklavenstatus (Kombination Gewalt über Körper, innerer sowie äußerer Status) hatten Sklaven und Sklavinnen nach den jeweils gegebenen Ansichten keine Rechte in Wohngruppe, Haushalt („Familie"), Clan, Stamm oder Volk (Gesellschaft). Er oder sie waren in sozialer Hinsicht „lebende Tote". Orlando Patterson hat versucht, diesen Zustand mit dem Begriff „sozialer Tod"

---

[15] Steckel/Rose (Hrsg.), The Backbone; Dobado-González/García-Montero, „Neither So Low" (Sklaven werden unter den durchschnittlichen *unskilled workers* gar nicht mit erfasst: ebd., S. 298); Ausnahmen in Bezug auf Sklaven: Steckel, „A Peculiar Population"; Baten/Stegl/Eng, „Long-Term Economic Growth".

(*social death*)¹⁶ zu beschreiben. Dieser Begriff wird heute meist abgelehnt – eben weil Sklaverei eher als Eigentums-Rechtsform oder als Wirtschafts- und Arbeitsfaktor interpretiert wird. Ich will aber darauf verweisen, dass er als Zustandsbeschreibung des Status von Versklavten nach längerer Existenz von Sklavereiplateaus für eine Globalgeschichte gar nicht so schlecht ist. Die Versklavten wehrten sich natürlich aktiv gegen Gewalt sowie Statusdegradierungen und bildeten eigene Gemeinschaften und Kulturen.¹⁷

Zusammenfassend gesagt, sind die historisch möglichen Kombinationen dieser drei Elemente (Gewalt, innere und äußere Statusdegradierung) von Sklaverei in der Weltgeschichte Legion. Speziell bei großen und ausgeprägten Wirtschaftssklavereien kommt noch die genannte weitere Dimension hinzu – die der Arbeitszeit in all ihren ihren zeitlichen Intervallen (Tag, Woche, Monat, Jahr, Lebenszeit, für Generationen).

Um auf unser Thema der Sklavenhändler und der Versklavten in der atlantischen Neuzeit zurückzukommen: In der Expansion europäischer Monarchien in den Atlantikraum spielten Sklavenhandel, Massensklavereien und Akkumulation von Kapital eine wichtige Rolle. Diese Expansion in den atlantischen Raum (und darüber hinaus) unterscheidet sich in dem Sinne von anderen Expansionen, dass ihre Grundelemente (Schiffe und kleine Razzientrupps) sich *on the spot* unter der Führung eines Kapitäns oder Anführers quasi-autonom verhielten und sich selbst versorgen mussten – was lag näher, als Besiegte, Eroberte oder Gefangene zu verkaufen und ihre Körper als Kapital und Arbeitskraft zu nutzen? Es waren reine Männertrupps, d. h., es handelte sich auch immer um eine rhizomatische sexuelle Expansion, womit „Körper als Kapital" und die Körper der Versklavten als „transkulturelle Körper" riesige Dimensionen bekommen.¹⁸

„Europa" war um 1300–1500 eigentlich nur ein naturräumlich stark gegliederter Vorbau der riesigen Landmasse Eurasien. Dieser Vorbau oder etwas groß geratene Balkon der asiatischen Landmasse hatte und hat fast nur große Halbinseln und Inseln: Skandinavien, iberische Halbinsel, Italien, Griechenland, britische Inseln, Bretagne, Normandie, Krim etc. Europa wurde erst im 17. Jahrhundert mit dem Titel „Kontinent" geadelt – natürlich von Geografen aus Europa. In „Eu-

---

16 Patterson, Slavery; Pattersons Definition von Sklaverei entspricht in etwa meiner Definition (Gewalt über Körper sowie innere und äußere Statusdegradierung): „slavery is the permanent, violent domination of natally alienated and generally dishonored persons", in: Ebd., S. 13.
17 Morgan, „Slave Culture ".
18 Die Konzentration auf reale Körper und ihren konkreten historischen Einsatz unter Gewalt unterscheidet meine Auffassung von Kapital von anderen Auffassungen, etwa von Immanuel Wallerstein; siehe: Wallerstein, Der historische Kapitalismus, S. 9. Ich bin hier viel näher an: Vogl, Das Gespenst – und das, obwohl Joseph Vogl Körper nicht explizit als Kapital behandelt.

ropa" kam diese geografische Nobilitierung aus dem größten Flächenterritorium – „Deutschland", daneben können nur noch Frankreich und Polen als Länder, die keine Halbinsel oder Inseln sind, mit Ach und Krach mithalten. Kleinere, marginale und wenig zentralisierte Monarchien waren an der Expansion beteiligt. Schiffe und Privatunternehmer (Wucherer, Reeder, Kapitäne, Feldhauptleute) spielten eine wichtige Rolle. Kronmonopole wurden zwar überall angestrebt, waren aber kaum durchzuhalten.[19]

Nur im Zusammenhang der atlantischen Expansion entwickelte sich ein viertes großes Plateau von Sklaverei – man könnte es zusammengesetzte und transkulturelle Wirtschaftssklaverei des atlantischen Raumes nennen. Diese Sklaverei des Atlantiks dehnte sich auch auf die östliche Hemisphäre aus und wurde von Modernisierungsgesellschaften in Afrika und im arabischen Raum zum Teil übernommen. Sie war transkulturell, weil seine Hauptakteure von „außen" in die Kulturen der neoeuropäisch-amerikanischen Kolonialgesellschaften und nach Europa kamen (siehe äußere Statusdegradierung). Diese transatlantische Sklaverei (Atlantic Slavery) gehört zu den großen Versklavungs- und Menschenhandelssystemen der Weltgeschichte, wie wir an dem folgenden kurzen Abriss der Weltgeschichte der Sklavereien und des Sklavenhandels sehen werden.[20] Der Begriff *slaving*, den ich hier benutze, stammt von Joseph C. Miller, der damit Versklavungen als aktive historische Strategie sowie den Gesamtprozess der Verschleppung aus Sklaven-„Produktionszonen" (*catchment areas/slaving zones*) über den Transport (oft über Meer oder mittels Karawanen bzw. Flusstransporten) hin zu den Einsatz- und Arbeitsorten bezeichnet.[21]

---

[19] Zur Organisation von Monopolen siehe: Phillips, „The Organization"; die „Mutter" iberischer Kronmonopole findet sich in der Handelspolitik der portugiesischen Krone gegenüber den Kapverden, siehe: Torrão, „Actividade Comercial Externa". Besonders ging es um das Privileg des Handels mit der afrikanischen Küste zwischen 1466, 1472 (partielle Einschränkung) und 1518 (Rücknahme des Handelsprivilegs), siehe: Ebd., S. 103–106. Weitere Überlegungen zu Monopolen und atlantischer Wirtschaft mit ihrem Herzstück Atlantic Slavery im Zeitalter des Merkantilismus finden sich bei: Tomich, „Econocide?".

[20] Basierend auf: Zeuske, Handbuch, passim sowie Zeuske, Amistad, S. 19–35. Ich habe mich in all meinen Arbeiten seit etwa 2004 mit dem Problem Welt- und Globalgeschichte sowie Sklaven, seit ca. 2008 auch mit dem Problem „menschliche Körper als Kapital", beschäftigt, siehe: Zeuske, Schwarze Karibik, S. 11–41; Zeuske, Sklaven und Sklaverei, S. 35–62.

[21] Miller, „Slaving as Historical Process". Miller setzt Sklavereien schon vor ca. 20 000 Jahren an; siehe: Miller, The Problem of Slavery, passim. Wie oben bereits gesagt, stammt von Joseph Miller auch die Aussage, dass Sklaven- und Menschenhandel „marginal" war. Marginal war Sklavenhandel nicht etwa im Sinne von „unbedeutend" (ganz im Gegenteil). Sondern erstens in dem Sinne, dass Versklaver, vor allem als Händler/Kaufleute, immer irgendwie (in fast allen historischen und sozialen Dimensionen) „on the margin" begannen (siehe: Miller, The Problem of Sla-

Das Römische Imperium soll um 100 u.Z. zehn Millionen Sklaven gehabt haben. Es ist umstritten, woher diese Sklaven kamen; auch die Zahl selbst ist umstritten. Historiker der Antike sagen, dass die meisten Sklaven eines gegebenen Zeitpunktes *vernae* gewesen seien – das heißt Hausgeborene, also im Hause eines oder einer Sklavenhalterin geborene Sklaven. Aber irgendwann müssen versklavte Menschen in den Bereich des Römischen Reiches gelangt sein. Das geschah meist durch Kriege des Imperiums und durch Razzienkonflikte, Kinderraub, Piraterie sowie Sklavenhandel an den Grenzen. Immer nach großen Kriegen oder Eroberungen von Städten stiegen die Sklavenzahlen in Rom und auf den römischen Sklavenmärkten an. Zweifellos hat es auch Kinderhandel, Razzienkriege und Sklavenjagdzüge gegeben. Waisen und junge Frauen ohne Schutz standen in den Territorien um das Mittelmeer herum immer vor der Gefahr, versklavt zu werden. Aber es hat sich nie ein klar definiertes Handelssystem mit systemischen und in Routen erkennbaren Gewaltinfrastrukturen gebildet wie auf dem Atlantik die sogenannte Mittelpassage oder gar der nicht ausrottbare Diskurs des sogenannten „Dreieckshandels". Sklaven- und Menschenhandel konnte an allen Grenzen des Imperiums, an allen Küsten und in allen Provinzen stattfinden. In allen Großreichsbildungen (Assyrien/antikes Persien, Ägypten, China, arabisch-islamische Reiche, Mongolenreiche, Karolinger, Byzanz, Großbritannien[22]) mag es Sklavenzahlen in Millionen-Größenordnung gegeben haben.

Zweifellos gab es auch aus dem nichtrömischen Europa Menschenhandel in römische Gebiete, zumal lokale Sklavereien, Razzienkriege und Verschuldung überall eine Rolle spielten. Der Menschen- und Kriegsgefangenenhandel nahm mit der Krise des römischen Reiches und der sogenannten Völkerwanderungszeit (ab Ende des 4. Jahrhunderts) sehr zu. Alle sogenannten barbarischen Königreiche, die auf Kriegerschwurverbänden, militärischen Anführern und Kö-

---

very, S. 29–35). Aus Perspektive Afrikas haben afrikanische Eliten, um höhere Profite aus dem Kapital menschlicher Körper zu schlagen, marginale Sklavenkaufleute (und Karawanenchefs) Afrikas, marginale Kaufleute des westlichen indischen Ozeans und marginale Iberer und andere Europäer (die zunächst nicht mal immer Christen waren) engagiert, um das gigantische Geschäft zu machen (siehe ebd., S. 116). Marginal war Sklavenhandel auch in dem Sinne, dass er immer von den Zentren derer, die damit Profit machten, ferngehalten und „verborgen" wurde. Ich habe hier aus dieser Marginalisierungsstrategie, die makrostrukturell auch das Verhältnis zwischen Zentren und Peripherien der Welt- und Globalgeschichte erfasst, das Konzept des *long black veil* entwickelt; siehe: Miller, „A Marginal Institution"; siehe auch: Solow, „Capitalism". Den Begriff *catchment zone* verdanke ich: Lawrance, Amistad's Orphans, passim.
22 Cooper, „Empire Multiplied"; Wiesehöfer, Das antike Persien; zu den Reichen von Assyrien bis Byzanz siehe auch: Morris/Scheidel, The Dynamics, danach: Scammell, The World Emcompassed; zu den Kaufleute-Imperien siehe: Tracy (Hrsg.), The Rise of Merchant Empires; Nolte, Weltgeschichte; Darwin, Der imperiale Traum; Burbank/Cooper, Imperios, S. 247–249.

nigen beruhten, kannten eigene lokale Sklavereien, Razzien, Kriegsgefangene, Schwursklavereien, Geißeln und Menschenhandel. Aber auch nichtmonarchische Völker kannten lokale Sklavereien, Razzienkriege und Menschenhandel.

Europa selbst war immer Sklavereiterritorium. Um Europa herum bildeten sich seit dem Frühmittelalter fünf bis sechs große Slavingsysteme:

1. Mehrere auf Basis der slawischen Ethnogenese im südlichen Baltikum, Ostelbien, dem östlichen Mitteleuropa, Pannonien, dem nördlichen Balkan und den „russischen Flüssen" vom Finnischen Meerbusen bis zum Schwarzen und zum Kaspischen Meer. Männer, Frauen und Kinder wurden über die Küsten des heutigen Bulgarien, Rumänien und Moldawien sowie Flussmündungsportale am Schwarzen Meer von der Donau über Dnestr, Dnjepr und Don bis zu Kuban und Terek im Osten und besonders über die Krim – bereits ein Menschenhandelsgebiet zwischen Skythen, Griechen und Römern –, den Balkan, armenische und oströmische Gebiete in Gebiete unter arabisch-islamischer Kontrolle und vor allem nach Bagdad und Transoxanien verschleppt. Ein Teilstück dieses Menschenhandelssystems, das gigantisch und möglicherweise von größeren Sklavenmengen geprägt war als jemals das atlantische Slavingsystem, wurde zwischen 800 und 1200 von Wikingern („Warägern") und Rus (von *ruotsi* – Begriff für die verschworenen Kriegermannschaften, zugleich Ruderer der Schiffe) sowie der Kiewer Rus übernommen, die Wolga-Bulgaren, Chasaren, Ungarn und Petschenegen/Kumanen die Kontrolle des Menschenhandels in den Osten sowie in die arabisch-persisch-islamischen Gebiete streitig machten. In der Welt der Razzien-Schwurkriegertrupps der Wikinger, die von Nordamerika, Grönland und Island über Kaledonien und das nördliche Britannien und Irland, über Nord- und Ostsee bis zum Weißen Meer und die „russischen Flüsse" bis in das Schwarze Meer und das Mittelmeer reichte, waren Menschenhandel sowie Razzien auf Menschen und lokale Sklavereien (*thraeldom*) die Grundlage aller Kultur.[23]

2. Von 1240 bis ins 14. Jahrhundert übernahmen Mongolen der Goldenen Horde das Sklaven-Razziensystem im Norden und Osten des Schwarzen Meeres. Über Anatolien, Armenien, Konstantinopel, Kreta und das Mittelmeer wurden auf Sklavenrouten „von den Mongolen zu den Mameluken" (im fatimidischen Ägypten und Vorderasien) Massen von Menschen verschleppt, unter Beteiligung vor allem von Genuesen und Venezianern sowie Katalanen.[24]

3. Im 15. Jahrhundert übernahmen Krimtataren und Nogaier (Krim, südliche Ukraine, Moldawien, Galizien, oberer Kuban, Terek und untere Wolga) die Skla-

---

[23] Krause, Die Welt, zwischen S. 168 und 169; Banck, Die Wikinger; Priesching, Sklaverei, S. 8–14.

[24] Balard, La Romanie génoise; Balard, La mer Noire; Ehrenkreutz, „Strategic Implications"; Abu-Lughod, Before European Hegemony, S. 212–247.

venrazzienwirtschaft an den Ufern des nördlichen Schwarzen Meeres (und auf der Gegenseite Kosakenheere) – unter dem Schutz des Osmanischen Reiches.

4. *Sakaliba* (so die arabische Bezeichnung, aus der in Konstantinopel *sklabos* und „Slawen" sowie in Mittel-, West- und Südeuropa „Sklaven" wurde) wurden über Fürstensitze und Burgwälle quer durch Europa nach Westen, ins Karolingerreich und nach Italien getrieben, durch fränkische, alemannische, sächsische, polnische, böhmische und ungarische Gebiete. Michael McCormick ist sogar der Meinung, dass sich die erste europäische Wirtschaft, die des Karolingerreiches, auf Sklaven- und Eunuchenhandel in die Gebiete von al-Andalus und Nordafrika gründete (mit zentraler Stellung von Verdun in Mitteleuropa sowie von Konstantinopel in östlichen Südeuropa und Kleinasien).[25]

5. Schließlich bildeten sich in der Neuzeit, ab etwa 1500, ein gigantisches Korsaren-, Razzien- und Menschenhandelssystem sowie lokale Sklavereien im Mittelmeer heraus, inklusive Sträflingssystemen (Galeeren), bei dem sich lokale Herrscher des Mittelmeer-Südufers oder von Inseln entweder der Kontrolle der Osmanen oder Marokkos im Westen unterstellten. Marokko unterhielt auch ein atlantisches Slaving- und Korsarennetz. In den Sklavereien der „Barbaresken" waren noch im 16. Jahrhundert mehr europäische Seeleute und Kaufleute gefangen, als es Afrikaner außerhalb Afrikas waren. Etwa 1,2 Millionen Menschen aus Europa, auch aus England, Irland, Schottland, den Niederlanden oder Hamburg, aber vor allem von den nördlichen Gegenküsten des Mittelmeeres, waren bei den „Barbaresken" versklavt und viele Menschen aus den muslimischen Gebieten im christlichen Europa.[26]

Drei weitere gigantische Menschenhandelsnetze der Weltgeschichte außerhalb Europas werden wir in ihrer quantitativen Dimension wohl nie kennen: erstens der aus vielen Teilsystemen zusammengesetzte Menschenhandel in Indien und an den Ufern des Indischen Ozeans; zweitens über Land vor allem von Süden nach Norden, über den Hindukusch, nach Zentralasien und Persien sowie über See nach Südostasien bzw. von und nach Arabien, Persien und Ostafrika. Und drittens die Handelsnetze und Karawanen durch die Sahara Nordafrikas (oft mit Ziel Ägypten und Häfen Nordafrikas): vom Oyo- oder Sokoto-Reich zur atlantischen Küste (oder nach Norden, Richtung Mittelmeer), aus dem Zentrum Afrikas (heutiger Kongo und Angola) zum Atlantik oder der Sklavenhandel Ostafrikas so-

---

25 McCormick, Origins; McCormick, „New Light"; Henning, „Gefangenenfesseln"; Rotman, Les esclaves.
26 Richardson, „Involuntary Migration"; siehe auch: Hess, The Forgotten Frontier; Davis, Christian Slaves, S. 2–26, besonders S. 23–26, sowie: Davis, „Counting European Slaves"; Matar, „British Captives"; Priesching, Sklaverei, S. 24–52.

wie die Schiffstransporte des Roten Meeres und die abessinischen und subsaharischen Razzienjagd-, Karawanen- und Handelssysteme.[27]

Auch die innerafrikanischen Sklavereien, Razziengebiete und Sklavenhandelsrouten etwa zwischen Senegambien, den Goldgebieten Ghanas, Malis, Kanem-Bornus, Songhays sowie Benins und der Nigermündung und dem Kongoreich oder Monomotapa werden wir in ihrer quantitativen Dimension wohl nie wirklich darstellen können. Afrika war seit um 500 ein globales Zentrum sowohl der Sklavereien wie auch unterschiedlicher Typen von Menschen- und Sklavenhandelssystemen sowie Razzien- und Schuldsklavereien. „Unbeknownst to most, more slaves were probably kept within Africa than were ever exported", schreiben die Autoren einer neuen Studie über die „Bitter Legacy" der Sklaverei in der Geschichte Afrikas.[28] Und Paul Lovejoy sagt zur Second Slavery (moderne Massensklavereien des 19. Jahrhunderts) in Afrika vor dem Hintergrund aller anderen Sklavereien: „there were certainly more slaves in Africa in the nineteenth century than there were in the Americas at any time".[29] Auch über Indien und den Indischen Ozean gibt es alarmierende Schätzungen – Gwyn Campbell ist der Meinung, dass die kumulative Anzahl der am und über den Indischen Ozean verschleppten Sklavinnen und Sklaven „weit" über den 12,5 Millionen liege, die über den Atlantischen Ozean transportiert wurden.[30] Nimmt man die These von menschlichen Körpern als Grundkapitalform ernst – und ich tue das im vorliegenden Buch –, ist Kapitalismus nicht in Europa entstanden, sondern eher im indisch-persischen oder nordafrikanisch-arabischen Raum, mit dem Zentrum Ägypten um 1200.

Aber die transatlantische Sklaverei oder Atlantic Slavery war, wie gesagt, etwas ganz Besonderes. In keinem anderen Großraum haben profitierende Unternehmer (Sklavenhändler/Kapitäne) mehr Förderung durch Herrscher, Eliten, Staat, Kirchen/Religion und Philosophie genossen (mit Ausnahme eventuell des Mamelukenreiches in Ägypten und Syrien). Der Atlantik als Raum erlaubte es marginalen europäischen Gesellschaften per Expansion Grundlagen für eigenständige Kapitalismusformen zu entwickeln. Globaler Kapitalismus hat auf mediterraner Basis seit etwa 1500 vier Ressourcen-Leitprodukte gehabt: Zucker

---

[27] Medard/Derat/Vernet/Ballarin (Hrsg.), Traites et esclavages; Coquery-Vidrovitch/Lovejoy (Hrsg.), The Workers; Falola, „The Yoruba Caravan System"; Pesek, „Afrikanische Träger"; Rockel, Carriers.
[28] Bellagamba/Greene/Klein, „Introduction", S. 2; zum Überblick siehe auch: Finzsch/Horton/Horton, Von Benin nach Baltimore, S. 18–52.
[29] Lovejoy, „Foreword", S. 7.
[30] Campbell, „Slavery", S. 57; siehe auch: Gerbeau, „L'Océan Indien". Gerbeau betont die Unterschiede zwischen Indischem und atlantischem Ozean; siehe auch: Hooper/Eltis, „The Indian Ocean".

1500–2000, Baumwolle 1800–heute sowie fossile Brennstoffe (Kohle/Öl) und Erze 1850–heute (Holz war bis um 1960 immer dabei und Wasser sowie Luft galten als „kostenlos"). Zucker und Baumwolle sowie die wichtigsten Edelmetalle Silber und Gold[31] waren unter Kontrolle von Eliten außerhalb Europas, die nur in europäischen Kolonien notdürftig kontrolliert werden konnten (das gilt im Wesentlichen für Zucker, Silber und Gold). Nach der demografischen Katastrophe der indianischen Bevölkerung der Amerikas waren Arbeitskräfte in der Zucker- und Goldproduktion vor allem Afrikaner (und Afrikanerinnen – bis um 1830 etwa 6–8 Millionen, davon 75 % Männer/25 % Frauen). Versklavte Menschen waren aber nicht nur Arbeitskräfte, sie stellten für europäische Sklavenhändler vor allem Kapital dar, mit dem Eliten der Kolonien (auch) in Abhängigkeit gehalten wurden. Die wichtigste Basis dieses Systems lag in Afrika. In Europa gab es zwar vor allem auf der Iberischen Halbinsel, in Italien, dem Balkan und in Süd- und Osteuropa immer Sklavereien, aber es handelte sich mit Ausnahme der oben dargestellten großen Systeme, an denen „Mitteleuropäer" Zaungäste waren, mit wenigen Ausnahmen eher um Haussklavereien oder Sklaverei-ähnliche Sträflingssysteme (wie Galeerensklaverei oder Dienstknechte (*indenture*)), Deportationen oder verdeckte Kindersklavereien.

Große Sklaverei mit Massen von *cativos* (männliche Kriegsgefangene und Versklavte) lernten Europäer erst wieder mit der Atlantikexpansion kennen; eher nicht als Hauptakteure, sondern zunächst, vor allem in Afrika südlich des Senegal, als Juniorpartner und Transporteure afrikanischer Eliten. Europäer bekamen in Westafrika keinen Fuß auf den Boden und vor 1880 gab es, von Ausnahmen wie Saint-Louis in der Senagalmündung (seit Mitte 17. Jahrhundert), Kapstadt (seit 1652) und vor allem São Paulo de Luanda (Angola, seit ca. 1576) sowie Inseln abgesehen, auch keine Kolonien.

Bekanntlich trennten sich die beiden Flügel der iberisch-europäischen Atlantikexpansion um 1492 bei der westafrikanischen Inselgruppe der Kanaren. Der iberisch-portugiesische Flügel ging in Richtung „Indien" um Afrika herum, der iberisch-kastilische Flügel nahm die Richtung von Osten nach Westen über den Atlantik (und zurück). Die einzigen einigermaßen sicheren Landeplätze für die Iberer in bzw. vor Westafrika waren die Kapverden (vor allem Santiago/Ribeira Grande, die erste europäische Stadt in den Tropen) und die Insel São Tomé im Golf von Biafra. Von den Insel-Plattformen aus schalteten sie sich zunächst in afrikanische Konflikte und Wirtschaftskreisläufe ein. Als Gegenleistung erhielten sie Captives, menschliche Körper, das Hauptkapital afrikanischer Gesellschaften. Zwischen 1470 und 1520 bestand sogar die Gefahr, dass afrikanische Eliten auch die

---

31 Barrett, „World Bullion Flow".

Kontrolle der Inseln übernahmen. Die Gründe waren Liebe und Sex. Söhne iberischer Männer und afrikanischer Frauen (später Tangomãos oder Atlantikkreolen genannt), meist unter Kontrolle der afrikanischen Verwandten ihrer Mütter, kannten beide Gesellschaften. Mit ihren Vätern etablierten sie sich als „Portugiesen" auf den Inseln unter Kontrolle der Europäer. Oft kontrollierten sie den Sklavenhandel. Erst als mit der Conquista Mexikos (1521) in Amerika die Nachfrage nach Sklaven im „atlantischen Raum" (aus Sicht Afrikas) sprunghaft anstieg, konnten iberische und sephardische Sklavenhändler die Menschenhandelslinien von Afrika weg über den Atlantik nach Amerika ausrichten.

Auf São Tomé und auch in geringerem Umfang auf den Kanaren war in der Zwischenzeit (1490–1520) etwas weltgeschichtlich völlig Neues entstanden, zunächst sehr punktuell – sozusagen als Punkte im Punkt.[32] Die vielen Captives, die die Inselbewohner vor allem aus dem Kongoreich bekamen und die sie nicht alle nach São Jorge da Mina verschleppen und gegen Gold eintauschen konnten, mussten beschäftigt werden. Findige Investoren kamen auf die Idee, Zucker-Mühlentechnik (*ingenio*), die bereits im Mittelmeer und auf Madeira entwickelt worden war, mit der europäischen Institution des großen Bodeneigentums (Latifundien) und Massen von an tropische Schwerstarbeit gewohnten Captives zu verbinden. Der *engenho/ingenio* entstand; eine Plantage als Grundstruktur, Kulturraum und Betriebseinheit, die die Iberer sowie Atlantikkreolen mit dem transatlantischen Menschenhandel seit 1520 zunächst nach La Hispaniola in der Karibik und seit ca. 1570 an die Küsten des heutigen Brasiliens verpflanzten.[33] Plantage, große transatlantische Sklaverei, Gewaltinfrastrukturen und Handelssysteme auf der Basis europäischer Hochsee-Schiffstechnologie entstanden etwa gleichzeitig mit dem iberischen Atlantik (um 1450–1650). „Portugiesen" – das konnte vieles bedeuten: Portugiesen von den Küsten des europäischen Portugals, Neu-Christen (hier in den iberischen Königreichen, vor allem nach der Reconquista Spaniens getaufte Juden), Sepharden, „schwarze Portugiesen" von den westafrikanischen Inseln (u. a. die genannten Nachkommen von iberischen Vätern und afrikanischen Müttern – siehe das Kapitel über Atlantikkreolen) oder aus Cacheu oder Luanda, Weiße und freie Farbige aus Brasilien –waren weit über diesen ersten Iberischen Atlantik hinaus bis in das 19. Jahrhundert hinein immer die schlimmsten Sklavenhändler. Um etwa 1517 ergeben sich aus dokumentarischen Referenzen Spuren eines neuen transatalantischen Netzes Kastilien (andalusische Häfen)–Kapverden–La Hispaniola.[34] Monopole folgten. Der Versuch, direkte

---

32 Caldeira, „Aprender os Trópicos".
33 Seibert, „São Tomé".
34 Torrão, „Actividade Comercial Externa"; siehe besonders das Unterkapitel: „O delinear de um novo circuito commercial. Castela-Santiago-Índias de Castela", S. 119f.

transatlantische Handelsmonopole zu etablieren, lag bei der damaligen Supermacht, dem spanischen Imperium. Gegen 1525 ließ Karl V. (als kastilischer König Carlos I.) zu, dass Schiffe, auch portugiesische Schiffe, nach Registrierung in Sevilla von Afrika direkt nach Las Indias fahren durften. „Las Indias" bedeutete bis 1521 (Conquista Mexikos) vor allem La Hispaniola (heute Haiti/Dominikanische Republik), Puerto Rico, Kuba (vor allem Ostkuba) und Jamaika. Seit 1495 setzte massiver Menschenschmuggel mit afrikanischen Captives vor allem von den Kapverden und von den Kanaren ein. Hauptakteure waren lokale Küsteneliten, Atlantikkreolen und Neu-Christen. Es bestand die Möglichkeit der Übernahme des Atlantiks durch Atlantikkreolen, meereserfahrene Afrikaner und ihre afrikanischen Familien. Mit dem Direkthandel zwischen Afrika und den Amerikas konnten so die iberischen Kronen ein – immer gefährdetes, immer durch nichtmonopolistischen Handel (sprich: Interloper-Monopolbrecher, Schmuggel und Piraterie) unterlaufenes – Monopol des Atlantikhandels, auch des Menschenhandels, durchsetzen. Wichtig für die Öffnungsfunktion des imperialen Spaniens ist noch, dass alle anderen Sklavenhändelsmächte des Westens (Portugal, England/Großbritannien, Frankreich, Niederlande, Ostseeanrainer (vor allem Dänemark)) den Ost-Westhandel über den Atlantik und die Belieferung Amerikas mit Sklaven im frühen transatlantischen Handel nach Las Indias (spanische Kolonien in Süd- und Mittelamerika sowie der Karibik) erlernten.[35] Zwischen 1650 und 1790 war das offizielle Spanien fast völlig aus dem direkten atlantischen Sklavenhandel verschwunden. Trotzdem brauchte das spanische Imperium Sklaven. Diese wurden von Kaufleuten und/oder Aktionärsgruppen anderer Sklavenhandelsmächte über *asientos* (Verträge mit der spanischen Krone) geliefert oder gelangten über massiven Schmuggel in das spanische Amerika.[36] Die großen Profiteure des atlantischen Sklavenhandels wurden afrikanische Eliten, kreolische Eliten in den Amerikas, Iberer-Portugiesen sowie ihre Nachkommen rund um den Atlantik, Engländer/Briten, Atlantikfranzosen sowie zeitweilig auch Niederländer und Dänen.

Insgesamt wurden im Laufe der atlantischen Neuzeit (um 1495 bis ca. 1880) ca. 12,5 Millionen Menschen an afrikanischen Küsten von europäischen oder amerikanischen Sklavenhändlern eingetauscht oder gekauft und etwa 11–12 Millionen kamen lebend in den Amerikas an. Allein im 18. Jahrhundert „exportierte" Afrika knapp 6,5 Millionen Menschen (die meisten aus dem Kongo-Angola-Loango-

---

35 Fuente, Havana; siehe auch: Santana Pérez, „El África Atlántica: la construcción de la historia atlántica desde la aportación africana", S. 11–25.
36 Stein/Stein, Silver; Stein/Stein, Apogee of Empire; Borucki, „Trans-imperial History".

Gebiet, d. h., Westzentral-Afrika).[37] Vor allem Portugal/Brasilien (bis 1808/1822 Kolonie Portugals) und somit „Portugiesen" (bis um 1640 oft nicht von anderen Iberern des frühen Handels in die spanischen Kolonien Amerikas zu unterscheiden) zogen hohe Profite aus dem Handel mit Menschen und wurden zu Fachleuten des Menschenhandels.[38]

Nordwesteuropäische Mächte und Sklavenhandelsprotagonisten folgten den Iberern und gründeten den angloamerikanischen und französisch-bourbonischen Atlantik (um 1630–1808/1848). Der Iberische Atlantik konzentrierte sich auf den Südatlantik und wurde von Portugiesen/Brasilianern dominiert (zwischen Brasilien/Karibik und Angola/Luanda, Goldküste sowie Senegambien). „Portugiesen" wurden auch unfreiwillige Lehrmeister der Niederländer und Engländer/Briten bis 1700 und in einer Art Slaving-Shadow-Empire auch noch danach. Der Sklavenhandelsprotagonist „Portugal/Brasilien" verantwortet laut den bisher publizierten Zahlen der *Transatlantic Slave Trade Database* (TSTD2, 2010) rund 5,8 Millionen nach Amerika Verschleppte (von insgesamt 34 948 Sklavenhandelsfahrten[39]). Selbst wenn man Brasilien (seit 1822 unabhängig) mit (niedrig) geschätzten zwei Millionen aus dieser Zahl heraus rechnet, bleibt die Anzahl der durch „Portugiesen" aus Afrika verschleppte Menschen immer noch die gleiche wie die der Briten: rund 3,3 Millionen.[40]

Portugiesen/Brasilianer und Briten (im Verständnis des späten 17. und des 18. Jahrhunderts bis 1783; Brasilianer, darunter auch viele „Portugiesen" auch danach) waren die Schlimmsten im atlantischen Menschenhandel. Das unterstreicht auch eine qualitative Aussage von Père Labat: „Es ist die Mühelosigkeit [durch den umfangreichen atlantischen Menschenhandel], mit der sie die Neger haben, die sie sie wenig schonen und ebenso rüde behandeln lässt, wie es die Portugiesen tun".[41] Das ist ein verbreiteter Anti-Portugiesen-Topos. Daran stimmt

---

37 Tabelle „Numbers of Slaves Taken from Africa...", in: Eltis/Richardson, Atlas of the Transatlantic Slave Trade, S. 23; und Tabelle „Estimated Number of Slaves Carried on Vessels Leaving Major Coastal Regions of Africa, 1501–1867", S. 89; siehe auch ebd., S. 87–158.
38 Caldeira, Escravos.
39 Siehe: www.slavevoyages.org. Ich zitiere die von TSTD2, weil sie die beste, größte und frei zugängliche Datenbank ist, die zur atlantischen Sklaverei (Sklavereien und Sklavenhandel) existiert. Das heißt nicht, dass ich die Zahlen immer für richtig in dem Sinne halte, dass sie durch weitere Forschungen nicht verbessert oder berichtet werden könnten (wie ich es hier auch versuche).
40 Eine gute kurze Synthese des portugiesischen atlantischen Sklavenhandels bis 1700 findet sich in: Sweet, Recreating Africa, S. 15–22.
41 Labat, Noveau Voyage, Bd. V, S. 41. Im Grunde handelt es sich um eine Tannenbaum-Aussage „vor Tannenbaum", die im Wesentlichen für das 17. Jahrhundert zutrifft. Es geht es um den Umfang des transatlantischen Sklavenhandels der Briten und die „Billigkeit"von Sklaven auf Jamai-

nur, dass der Sklavenhandel zwischen 1500 und 1850, vor allem nach Brasilien und in das spanische Amerika, ein Fast-Monopol „portugiesischer" und „brasilianischer" Sklavenhändler blieb (was kaum eine andere Sklavenhandelsmacht sagen konnte – die legalistische Nationszuschreibung sagt allerdings wenig über Mobilität und Kosmopolitismus der Sklavenhändler aus[42]). Als zweite Besonderheit ist die Rolle Brasiliens hervorzuheben: es gab selten einen „Dreieckshandel". Zwischen Afrika und Brasilien war Direkthandel. Das geografisch europäische Portugal spielte, mit Ausnahme Lissabons im 16. Jahrhundert, in diesem Direkthandel kaum eine Rolle – aber seine Kaufleute: „It was Brazilian-originated ships that transported Brazilian goods to Africa, and they returned directly to Brazilian ports with the slaves".[43] In allem anderen galt, ausdrücklich unter Einbeziehung auch arabisch-muslimischer und afrikanischer Sklavenhändler, die im Wesentlichen landgestützt oder in Cabotagschifffahrt operierten: Sklavenhändler sind Sklavenhändler sind Sklavenhändler. Alle behandelten, übrigens auch mit sehr ähnlichen Gewaltinfrastrukturen und Transportorganisationen, verschleppte Afrikaner ähnlich. Die frühe Einführung von Schiffsärzten (*surgeons*) auf britischen Schiffen brachte keine entscheidenden Besserungen.[44]

Die wichtigsten Akteure aber waren nicht wirklich Nationen, sondern Sklavenhändler, Reeder/Finanziers, Kapitäne, ihre Netzwerke, ihr Hilfspersonal und ihre Mannschaften sowie Atlantikkreolen und Schiffe sowie Hafenstädte. Britische Kapitäne, Kaufleute, Schiffsausrüster und Investoren sowie Kapitalanleger haben langfristig, aber relativ konzentriert von 1650 bis 1807, die meisten Menschen in Afrika gekauft oder eingetauscht und über den Atlantik in die relativ kleinen englischen Kolonialterritorien der Amerikas verschleppt, mit einem absoluten Höhepunkt in den Jahren 1781 bis 1800. Insgesamt kommt der Sklavenhandelsprotagonist Großbritannien/USA auf 3 259 440 (GB) und 305 326 (USA) Verschleppte; zusammen rund 3,7 Millionen Menschen. Vor 1808 nahm das britische Parlament, das heute vorwiegend für den *Slave Trade Act* (Verbot des Skla-

---

ka. Franzosen und Spanier, die „katholischen" Mächte, waren immer auf englischen, niederländischen und dänischen Sklavenhandel, entweder direkt oder als Schmuggel (oder mittels eigener Korsarenüberfälle auf britische Kolonien), angewiesen und waren abhängig vom Import von Versklavten; zudem verfügten sie mit dem Piaster (*peso de a ocho*; Silberpeso) über gutes Silbergeld. Deshalb mussten sie ihre Sklaven besser behandeln und besser ausbilden. Briten, Niederländer sowie Dänen exportierten auch Sklaven, meist kurz nach Ankunft auf ihren Inseln in der Karibik, auf spanische oder französische Inseln oder von Curaçao in die Festlandskolonien Spanisch-Amerikas.

42 Yáñez, „Los negocios ultramarinos".
43 Klein/Luna, Slavery in Brazil, S. 161.
44 Ebd., S. 158.

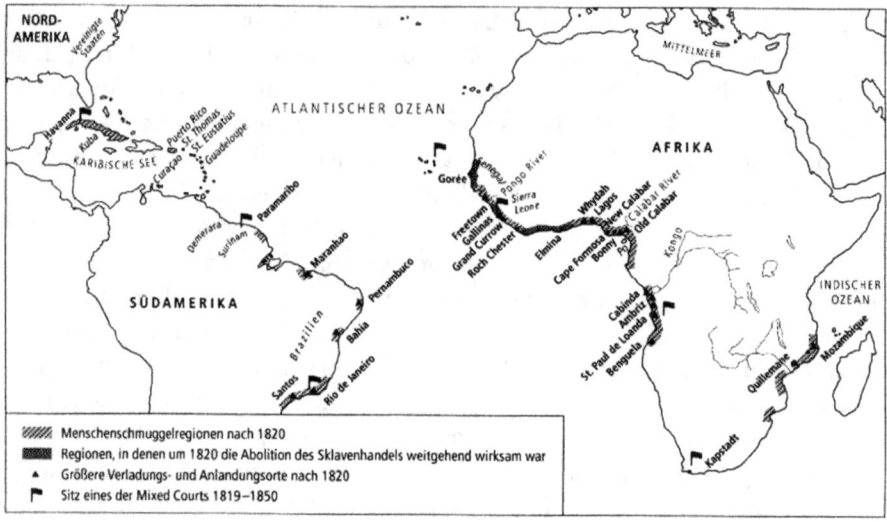

Abb. 1. Regionen des Hidden Atlantic nach 1820, bearbeitet von Christoph Bramann (Goethe Universität Frankfurt), nach: Eltis/Walvin (Hrsg.), The Abolition of the Atlantic Slave Trade, S. 178.

venhandels auf britischen Schiffen) von März 1807 erinnert wird, im Grunde fast nur Pro-Sklaverei und Pro-Sklavenhandels-Gesetze an.[45]

Frankreich kam auf 1 381 404 Verschleppte; Spanien/Kuba auf 1 061 524 (nach den vorliegenden Zahlen – siehe zu neuen Zahlen das letzte Kapitel); die Niederlande auf 554 336 und die Ostseeanrainer, vor allem Dänemark (aber auch Schweden, Kurland und Brandenburg), auf 111 041 Menschen. Das sind alles Minimalzahlen; vor allem deshalb, weil die Macher der Datenbank TSTD im Wesentlichen auf englische, britische und französische Quellen fokussiert sind und die iberischen (vor allem portugiesischen, spanischen und katalanischen) Quellen des Iberischen Atlantiks im 16. und 19. Jahrhundert kaum kennen. Am wenigsten untersucht und bekannt ist die Rolle Spaniens, vor allem deshalb, weil Spanien das größte und reichste Kolonialreich in den Amerikas hatte (bis 1830, dann verblieben nur noch Kuba und Puerto Rico), weil der erste und letzte Menschenhandel des transatlantischen Slavings (1495–1550 und 1851–1880) in spanische Kolonien ging und weil auf Kuba vor dem Hintergrund des Atlantisierung im 19. Jahrhundert die reichste und modernste Kolonie der Weltgeschichte (*Cuba grande*) entstand, die bis 1898 unter Kontrolle Spaniens stand. Das zweite Gebiet, das kaum bekannt

---

45 Zum Vorlauf des Gesetzes von 1807 siehe: Miers, Slavery, S. 3f.; Linden (Hrsg.), Humanitarian Intervention, passim.

ist, betrifft die erneuerte Zusammenarbeit zwischen „Portugiesen" und „Spaniern" im Sklaven- und Menschenhandel des 19. Jahrhunderts. Ich untersuche diese Allianz vor dem Hintergrund der gesamten Atlantisierung (*atlantização*), besonders aber im Schmuggel des 19. Jahrhunderts auf dem Hidden Atlantic im letzten Kapitel.[46]

Insgesamt stimmen die Zahlen der über den Ozean transportierten Menschen und die Rhythmen des Sklavenhandels ziemlich genau überein mit den Zyklen der Entwicklung des atlantischen Kapitalismus vor dem globalen Hintergrund im Wesentlichen noch agrarischer Wirtschaften. Die Mobilität des Slavings dynamisierte die eher statischen Gesellschaften – auch und gerade die Europas. Dieser Handels-Kapitalismus gab einer ganzen Epoche der Wirtschaftsgeschichte seinen Namen: Merkantilismus. Den offiziellen Darstellungen des Merkantilismus, die Sklaverei kaum oder nicht oder nur unter „ferner liefen" erwähnen, fügen wir, sozusagen als transatlantische Basis, die globale Dimension eines Kapitalismus menschlicher Körper und extremer Mobilität/Zirkulation sowie ebenso extremer Gewaltinfrastrukturen, basierend auf dem europäischen Hochseeschiffskomplex (Schiffe, Werften, Häfen, Wissen sowie speziell Orientierungswissen, Kommodifizierungs- und Körperwissen, Ausbildung, Materialien, Technik/Technologien[47]), hinzu. Speziell diese Dimensionen des entstehenden Kapitalismus vernetzte rund um Afrika, die angrenzenden Meere und Ozeane europäische, amerikanische und arabische sowie einige asiatische Zentren, Menschenjagdgebiete, Ressourcenproduktionsgebiete (Plantagenzonen, „zweite Sklavereien") sowie vorrückende Grenzen mit Scharmützeln, Rindern/Pferden, Pflanzen, kulturellen und biologischen Transfers, neuen epidemischen Krankheiten (u. a. Pocken, Malaria, Gelbfieber, Pian/Frambösie (Yaws), Cholera, Diabetes, Karies und Krebs)[48], neuen Konsumwelten, mobilem Wissen, Zirkulation von Ideen, neuen Lebensweisen sowie Massennahrungsmittelkulturen (z. B. Reis, Mais, Maniok, Yams, Erbsen, Bohnen, Erdnüsse), neuen Wohnweisen in den Tropen, Drogen (Alkohol, Zucker, Tabak, Kakao, Kaffee, Kola, Opium[49]), Medikamenten/Ernährungsergänzungen (Chinin, Bedeutung von Vitamin C), Geschmacksstoffen

---

46 Caldeira, Escravos, S. 49–225 sowie S. 256; Borucki; Eltis, Wheat, „Atlantic History and the Slave Trade to Spanish America", S. 433–461.
47 Tomich, „Commodity Frontier".
48 Watts, „Yellow Fever Immunities", sowie: Kiple, „Response". Zu Brasilien siehe: Kosama u. a., „Slave Mortality". Zu Grenzen – nicht der Expansion, sondern als Begrenzung – der Globalisierung in der Neuzeit siehe: Vries, „The Limits".
49 Zusammenfassend aus Perspektive des spanischen Kolonialismus: Fradera, Gobernar colonias, S. 129–152, und Permanyer-Ugartemendia, „Opium"; allgemein: Marks, The Origins, S. 127f.; siehe auch unten zum Coolie-Handel. Zu Kola siehe: Lovejoy, „Kola Nuts".

(wie Gummi-Arabikum, Kola, Tamarindenpaste und -blätter) und Menschenrazzien sowie neuen Sprachen (Kreolsprachen), Kleidungen und Designs (und Farben).[50] Sklavenhändler, vor allem Kapitäne, waren gezwungenermaßen auch oft Tierhändler und verursachten oft unbewusst auch biologische Transfers. Das Tierthema ist so gigantisch, dass ich es hier nur anreißen kann.[51] Jedenfalls entstand der neue Raum des kreolischen Sklavereiatlantiks – zunächst weitgehend in und aus dem mobilen Wissen von Sklavenhändlern und ihrem Personal (darunter viele Atlantikkreolen) bestehend. Das Gesamtkonzept des „kreolischen Raumes" ist in Unterstreichung der kulturellen Eigenqualität des atlantischen Raumes auch in Bezug auf die Hauptakteure des Sklaven- und Menschenhandels besser geeignet als national-imperiale Konzepte wie „Britischer Atlantik", „Angloamerikanischen Atlantik" oder jeweilige Variationen à la „Französischer Atlantik", „Dutch Atlantic", „Ibero-Atlantik" oder „Iberischer Südatlantik" – obwohl man diese Subsysteme für bestimmte Analysesequenzen durchaus nutzen muss.[52]

Wenn es aber überhaupt einen „imperialen" Atlantik gegeben hat, dann war es der iberisch-afrikanische Atlantik. Die Masse der Verschleppten, rund 6–7 von 11–13 Millionen, wurden mit Hilfe afrikanischer Eliten auf iberischen Schiffen von afrikanischen Handelsplätzen unter portugiesischer Kontrolle über den Atlantik in Hafenstädte der iberischen Kolonien der Amerikas (Brasilien, kontinentales Spanisch-Amerika und spanische Karibik sowie Louisiana und Florida) transportiert. Dazu kam Schmuggel aus englischen, niederländischen, dänischen und französischen Kolonien vor allem in der Karibik und über den Río de la Plata (Buenos Aires und *Banda oriental* (Montevideo)). Die beiden iberischen Mächte waren frühe Imperien des Kapitals menschlicher Körper und der Sklaverei-*capitalistas*. Kapitalistische Imperien waren sie deswegen nicht. Wie so oft in der Globalgeschichte profitierten periphere und verschworene Kaufleute-Kommunen à la longue am meisten von diesen Imperien. In der Neuzeit, wenn wir nicht von den

---

50 Drayton, „The Collaboration".
51 Bankoff/Swart, Breeds of Empire; Ferreira„The Supply"; Carney/Rosomoff, In the Shadow; Ferreira, Cross-Cultural Exchange.
52 Rediker, Between the Devil; Hancock, „Slaving"; Curtin, „Europe"; Maxwell, „Hegemonies"; Kleinmann, „Der atlantische Raum"; Alencastro, O Trato dos Viventes; Vries, „The Dutch Atlantic Economies"; Alencastro, „The Economic Network"; Dubois, „An Enslaved Enlightenment"; Meadows, „Engineering Exiles"; Miller, The French Atlantic Triangle, passim; Drescher, „White Atlantic?"; Cañizares-Esguerra, Puritan Conquistadors; Emmer, The Dutch Slave Trade; Cañizares-Esguerra/Seemann (Hrsg.), The Atlantic; Games, „Atlantic History"; Egerton u. a., The Atlantic World. Das kritische Resumée von Greene und Morgan fasst alle einzelnen Atlantiksektionen zusammen: Greene/Morgan (Hrsg.), Atlantic History; Rediker, The Amistad Rebellion; Thornton, A Cultural History; Oostindie/Roitman (Hrsg.), Dutch Atlantic Connections.

Perzeptionen nach 1815 ausgehen, war der systemische Profiteur meist England bzw. das Britische Imperium; das ist der wirkliche Hintergrund der engen Allianz zwischen England und Portugal 1650–1820.[53]

Aber, und diese Position vertrete ich ganz dezidiert, der Ozean zwischen den Amerikas, Afrika und Europa war keine atlantische Erweiterung nationaler Imperien. Wenn überhaupt, war es ein „afrikanischer Atlantik" oder ein „afrikanisch-iberischer Atlantik". Vor allem aber war der Ozean ein transkultureller, ein „kreolischer" Raum des Austausches, „a space in itself"[54] der auf ihm operierenden großen Gruppen, die natürlich auch darüber hinaus (*beyond the Atlantic*) wirkten und über Gewalt, Allianzen, „Investition" menschlicher Körper und Verwaltung vermochten, Enklaven und Territorien zu kolonisieren (in den Amerikas; in Afrika durch Europäer oder Amerikaner zunächst nur sehr punktuell). Atlantikkreolen waren Mittelsmänner (und Familien), die daran beteiligt waren, afrikanische Sklavenhandelsströme über die großen Flusssysteme oder mittels Kontakten zu Kaufleuten und Trägerkarawanen tief aus dem Innern (Interior) des Kontinents an und auf den Atlantik zu ziehen. Dabei spielten afrikanische Eliten sowie (meist) versklavte Träger die Initialrolle und dominierten diese Allianzen/Verbindungen bis zum Ozean. Bis um 1650 bestand sogar die Möglichkeit, dass sie auch den Atlantik selbst dominieren würden. Mit einem Wort, der Atlantik war wichtiger als Europa. Ich wiederhole das gerne noch einmal: nicht Festland-Europa inklusive England war das Zentrum der modernen Welt bis um 1860, sondern der Atlantik stand im Mittelpunkt der Geschichte. Zentralität nationaler Mächte bestand eher darin, diesen Raum und seine Dynamiken politisch und wirtschaftlich zu dominieren. Das sage ich ganz dezidiert gegen alle Versuche, Europa zum „Zentrum" zu machen (eine immer noch sehr starke historiografische Tendenz und Schule) oder alles „ohne Zentrum" zu konstituieren (eine sehr starke philosophische Tendenz und Schule). Allerdings sind Plateaus und Rhizome sowie Marginalitäten, die sich zu Neuem formieren, immer noch besser als Erklärung als die Zentrums-Idee.

Mein Favorit zur grassierenden Unsitte, nationale Atlantike aus europäischer Perspektive zu konzipieren, sind die kritischen Bemerkungen von Gerd Oostindie und Jessica Roitman zum *Dutch Atlantic*:

---

53 Gould, „Entangled Histories". Allerdings gilt das in Bezug auf England nicht für immer und alle Zeit der Atlantic Slavery, wie die Debatten um die Rolle von Sklavenhandel, Sklaverei und Abolition sowie besonders die Bedeutung US-amerikanischen Handels im Rahmen der atlantischen Wirtschaft zeigen, siehe: Tomich, „Econocide?"; siehe besonders die Stelle, an der Tomich ausführt, dass US-amerikanische Kaufleute/Schmuggler britischen Pflanzern keinen Kredit gaben, sondern nur *cash* nahmen, ebd., S. 309–311.
54 Yun-Casalilla, „The History".

it makes little sense to think of one integrated, much less one uniform, ‚Dutch Atlantic.' Even ascertaining what territories constituted the ‚Dutch Atlantic' is difficult in the extreme [...] The roughest of outlines of the Dutch involvement in the Atlantic would run something like this: an ambitious start around 1600, coinciding with the triumphant phase of the Dutch revolt against the Habsburg monarchy and the rise of the Republic as the commercial center of Europe; the founding of the first Dutch West India Company (WIC), explorations, conquests both in the Americas and Africa, crowned by a significant role in the spread of the plantation complex, including African slavery, to the Caribbean. Next came a phase of geographical contraction starting in the mid-seventeenth century, which, by 1680, resulted in a modest, though enduring, Dutch Atlantic ‚empire' of a few scattered islands in the Caribbean (St. Eustatius, Curaçao, Aruba, Bonaire, Saba, St. Maarten [shared with France]), some territories on the „Wild Coast" of Northeastern South America (Surinam, Essequibo, Berbice, Demerara), and the trading outpost of Elmina located on the West Coast of Africa. For the purposes of this book, this is the ‚Dutch Atlantic.' This choice, limiting though it may be, is based on the inter-twined rationales of chronology and methodological delineations. In terms of chronology, Dutch Atlantic history could be divided as follows. The first period extended from 1600 through the 1670s, started with scattered explorations but only got underway seriously with the establishment of the first WIC and the colonization, in this order, of New Netherland, Brazil, the Antilles and finally the Guianas. This ‚Dutch moment in Atlantic history' was a period of military ambitions, framed in the wider context of the Dutch Revolt against the Spanish and the ensuing short-lived Dutch hegemonic role. The second phase covers almost the entire period discussed in this book, starting circa 1680 and ending a bit more than a century later. This was a century of economic growth but also of shifts in centers of gravity within the Dutch orbit. The Fourth Anglo-Dutch War (1780–1784) sealed the fate not only of the Dutch Republic, but equally of its Atlantic possessions, which would never again regain their previous significance. This marks the beginning of the third phase in Dutch Atlantic history, a phase of growing insignificance.[55]

Mittlerweile liegen Untersuchungen über Akteure und Akteursgruppe der Realgeschichte des Atlantiks als kreolischen Raumes vor, so etwa über Atlantikkreolen (denen ich unten ein Kapitel widme), Investoren und Kapitäne sowie Matrosen (mittlerweile auch über Hauptgüter (*commodities*) Food und Ernährung).[56] Der Atlantik war ein idealer Raum nomadisierenden Kapitals und fast ungehinderter Kapitalakkumulation.[57] Die akteurszentrierten Untersuchungen „von unten", auch derjenigen, die später steinreiche Leute waren, zeigen vor allem eines: sie waren kosmopolitisch und sprengen den meist in den gleichen Arbeiten immer noch vorherrschenden national-imperialen Rahmen. Marcus Rediker etwa untersucht auf dem „angloamerikanischen Atlantik" eine ganze Reihe von Kapitänen, die die verbindende Gruppe zwischen dem Terror auf See, „Handel" sowie Auf-

---

55 Oostindie/Roitman, Dutch Atlantic Connections, S. 2f.
56 Scott, Julius S., „Crisscrossing Empires"; Bolster, Black Jacks; Rediker, The Slave Ship, S. 14–40; Ross, Clothing; Kiple, Moveable Feast.
57 Blackburn, The Making, S. 369–580.

traggebern und Gewinnern des Sklavenhandels im Wertsystem des angloamerikanischen Kapitalismus darstellten. Sie alle mussten, einige nur zeitweilig, wie Atlantikkreolen leben und sprechen. Als Vertreter der Kaufleute (*merchants*) finden wir die berüchtigte DeWolf-Familie (oder D'Wolf) aus Rhode Island, die größten Sklavenhändler der US-amerikanischen Geschichte, die Familie Zangroniz aus Spanien oder den Arzt und Sklavenhändler Daniel Botefeur aus Hannover, der später auf Kuba Plantagenbesitzer und Sklavenhalter wurde (siehe unten). José de Zangroniz und sein Sohn Juan Bautista de Zangroniz waren Newcomer auf Kuba (ab 1816); sie handelten und schmuggelten mit allem Möglichen. Um 1850 wurden sie wichtige Importeure von Chinesen (Kulis)[58] – ein fast normaler Aufstieg von *negreros* (*adventurers*), die nach einiger Zeit auf der Terrorseite des atlantischen Handels- und Körperkapitalismus plötzlich wie weiland der Graf von Monte Christo als reiche Kaufleute, Landbesitzer und Politiker sowie honorige Wohltäter in der Öffentlichkeit erschienen.[59] Das konnten sie nur auf Basis des mobilen Wissens über die tropische Lebenswelt auf und am Mittelatlantik sowie der translokalen und transnationalen Makrostruktur Atlantik, die in diesem Zusammenhang als wichtigste Wertsteigerungsmaschine in Bezug auf Körper, Arbeit, Energie, Statusbegründung und Fortpflanzung versklavter Menschen wirkte. Hier konzentrierten sich die Keime des Kapitalismus so intensiv und frei von staatlicher Kontrolle jedweder Art, dass dieser Meeres-Kapitalismus als Grundlage formierter territorialer Gesellschaften (Militär, Nation, Individualismus, Geld) schließlich an den Rändern dieses Makroraumes offen ausbrach: zunächst als enklavenartiger Menschenkapitalismus in Faktoreien, Sklavenhäfen und ihren Hinterländern. Nicht von ungefähr geschah dies zuerst in den Kolonien Amerikas und den Hafenplätzen und Faktoreien Afrikas; am konzentriertesten dort, wo sich beides überschnitt – in Luanda/Angola, das mit knapp 3 Millionen Verschleppter nicht von ungefähr die Top-20-Liste aller Sklavenverschiffungshäfen Afrikas anführt. Luanda war nicht nur Export-Knotenpunkt, sondern auch Zentrum unterschiedlichster Sklavenhandelsnetzwerke und einer Sklavereigesellschaft.[60] Das ist gemeint,

---

[58] Moreno Fraginals, El Ingenio, Bd. I, S. 265–269; siehe auch die Übereinstimmungen mit den offiziellen Listen der großen Kaufleute (*comerciantes*) seitens des Real Consulado: ANC, RC, leg. 69/3721 und 179/8233, sowie die beiden Listen der „mächtigsten Besitzer" der Provinz Havanna, in: Pérez de la Riva (Bearb.), Correspondencia reservada, S. 232–234.
[59] Rediker, The Slave Ship, S. 14–40; siehe auch: Marques, „A participação"; Marques, „Slave Trade".
[60] Medina/Henriques, A rota; Ferreira, Cross-Cultural Exchange, S. 126–165., Domingues da Silva, „The Atlantic Slave Trade from Angola: A Port-by-Port Estimate of Slaves Embarked", S. 105–122.

wenn vom *urban Black Atlantic*[61] die Rede ist. Dann diente diese neue Wirtschaftsform der Status- und Schatzbildung in Monarchien in Afrika und Europa sowie als Merkantilkapitalismus unter Staatsschutz in sich entwickelnden Nationalstaaten, zuerst in Europa. Über Methoden, wie afrikanische Gefangene in diesem System zu schnell bewegbaren Kommoditäten wurden und auf amerikanischer Seite als Sklaven weitere Werte schufen, liegen Arbeiten vor.[62] Auch erste sozialgeschichtliche Profile der „Ladungen" (*cargoes*) sowie der Matrosen von Sklavenschiffen sowie des „sozialen Lebens" von Sklavenschiffen gibt es.[63] Der Unterschied zwischen afrikanischem und atlantischem Menschenkapitalismus, deren Repräsentanten bis um 1860 im Slaving-Sektor meist hervorragend kooperierten – Motto: „Sklavenhändler sind vor allem Sklavenhändler" –, war, dass die Afrikaner eben Menschenkapital exportierten und die Profite wohl im Wesentlichen mutterrechtlich verteilten. Damit verloren sie à la longue – nicht so sehr Macht im Innern, aber Dynamik in der transarealen und transkulturellen Arbeitsteilung.[64] Europäische und amerikanische Gesellschaften dagegen importierten Menschenkapital und konzentrierten die Profite nach patriarchalischem Erbrecht („Vermögen", Akkumulation von Kapital). Damit gewannen sie à la longue.

Die Kultur eines riesigen kreolischen Raumes – des Atlantiks – entstand, getragen von Menschen, die im weitesten Sinne als kosmopolitisches Personal des Sklavenhandels bezeichnet werden können: Matrosen, Offiziere, Schiffsärzte, aber vor allem ehemalige Sklaven und Afrikaner als Wachen, Essensverteiler, Lotsen, Ruderer, Paddler, *grumetes* (Schiffsjungen), Übersetzer, Heiler und sogar Musiker. TSTD2 kommt auf ca. 40 000 Schiffsfahrten nach Afrika und insgesamt auf ca. 12,5 Millionen von den Küsten Afrikas Verschleppter. Wenn das Sklavenhandels-Personal etwa 10–15 % dieser Anzahl ausmachte, handelte es sich immerhin um eine Gruppe von 1,3 bis 2 Millionen Menschen. Ich bezeichne Menschen, die längere Zeit auf dem Atlantik lebten, gerne als Atlantikkreolen, die an das Meer und das Leben in den Tropen gewohnt waren. In gewissem Sinne handelte es sich um itinerante und hochmobile „Bewohner" des Atlantiks (viele ließen sich auf Inseln des atlantischen „Imperiums der Inseln" – vor allem Kanaren, Kapverden, São Tomé und Principe, Fernando Po und auf den Inseln der Karibik – nieder, wo heute noch oft Kreolsprachen gesprochen werden). Am

---

61 Cañizares-Esguerra/Childs/Sidbury (Hrsg.), The Black Urban Atlantic.
62 Smallwood, Saltwater Slavery, S. 33–64 sowie S. 153–181; Lindsay, Captives.
63 Northrup, Africa's Discovery, S. 107–140; Rediker, The Slave Ship, S. 98–101; Christopher, Slave Ship Sailors, passim; Diouf, Dreams of Africa in Alamaba; Zeuske, Die Geschichte der Amistad; Zeuske, Amistad.
64 Inikori/Engerman, „Introduction. Gainers and Losers in the Atlantic Slave Trade", in: Dies (Hrsg.), The Atlantic Slave Trade, S. 1–21; Caldeira, Escravos, S. 155–225.

Beginn der atlantischen Geschichte (1460–1570) waren, entgegen den meisten Darstellungen in Geschichten der Sexualität, afrikanische Frauen, die Mütter aller Atlantikkreolen in Westafrika, sicherlich mächtiger als ihre iberischen Väter (*lançados* – „Vorreiter", „Monopolbrecher", „Eindringlinge"). Erst mit dem ersten außereuropäischen Großreich, das Iberer (in Realität mit Unterstützung vieler indianischer Krieger) erobern konnten, Mexiko, kamen Mythen über Frauentypen auf, die sich den Europäern freiwillig unterwarfen.[65]

Die formellen und offen sichtbaren Gewinner des Menschenkapitalismus (oder Körperkapitalismus – *corporeal capitalism*[66]) waren grosso modo auf nichtafrikanischer Seite die iberischen Monarchien vor allem zwischen 1470 und 1650 in Form von Gründung, Besiedlung, Haltung und wirtschaftlicher Ausbeutung von Kolonialreichen in Amerika (Spanisch-Amerika und Brasilien sowie Angola). Gold etwa, das mit afrikanischen Sklaven in Afrika, Brasilien und im spanischen Neu-Granada (heutiges Kolumbien) gewonnen wurde (auch Diamanten und Smaragde)[67], stellte neben menschlichen Körpern eines der absolut wichtigsten Antriebsmittel und Tauschäquivalente der entstehenden Weltwirtschaft dar (auch wenn Silber, der Haupt-„Schatz", bullion, der Weltwirtschaft, vor allem von Indígenas und Arbeitern des „freien" Arbeitsmarktes abgebaut, erzeugt und transportiert wurde[68]). Zwischen 1620 und 1713 profitierten auch andere europäische Staaten beziehungsweise Monarchien vom entstehenden atlantischen Sklavenhandel im Austausch gegen Edelmetalle, die allerdings auch die Kosten für die Kriege tragen mussten. Menschenhandel und Plantagenwirtschaft sowie der Schiffs-/Hafenkomplex waren die kapitalintensivsten Branchen der atlantischen Ökonomie.[69] Die vielen Seeschlachten und Kriege 1460–1700 hatten fast alle mit der Kontrolle des Atlantiks zu tun und damit auch mit dem Sklavenhandel und Atlantisierung. Das setzte sich 1740 bis 1815 fort, konzentriert auf den Kampf der beiden damaligen Supermächte Großbritannien und Frankreich sowie Dänemark und die Niederlande und, ab 1783, die USA. Geheimnis der „Seemächte" in Bezug auf den Menschenhandel war, dass die Mächte die Kontrolle des Atlantiks durch europäische Schiffe – bei allem Kampf untereinander – sicherten (mit einer kolossalen Erweiterung des Systems innerer und äußerer Statusdegradierungen bis zur Ideologie des Rassismus).[70] Im 19. Jahrhundert war die Lage komplizierter. Die

---

65 Ray, „Interracial Sex"; Scully, „Malintzin".
66 Zum Begriff und zur Geschichte siehe: Zeuske, Handbuch, passim. Ich danke meinem Kollegen Norbert Finzsch für den Hinweis auf den Begriff *corporeal capitalism*.
67 Zu den amerikanischen Minengebieten siehe: Lane, „Africans"; Lane, Colour of Paradise.
68 Dobado-González/García-Montero, „Neither So Low".
69 Weber, „Deutschland".
70 Eltis, The Rise, S. 258–280.

„Seemächte", vor allem Großbritannien, kontrollierten den Atlantik. Europa war bis zur Jahrhundertmitte noch nicht industrialisiert und musste nach der Krise der napoleonischen Kriege auf konsumgelenktes Wachstum setzen: den englischen und europäischen Mittelklassen sowie einigen proto-industrialisierten Untergruppen (wie den Webern) wurden tropische Sklaven-Exportprodukte als Luxusgüter fast aufgezwungen (vor allem Zucker, Kaffee, Baumwolle und Tabak sowie Kakao/Schokolade), den Chinesen auf der anderen Seite des Globus neben Silber (das sie wollten) dagegen vor allem Opium. Angesichts dieser massiven Nachfrage setzten sich private Sklavenhändler mit informeller Unterstützung des spanischen, portugiesischen, brasilianischen Staats sowie afrikanischen und luso-afrikanischen Eliten gegen die Supermächte zunächst mit neuen Sklavereien und Sklavereimodernen durch. Obwohl viele Sklavenhandelsgegner wie Alexander von Humboldt angesichts der Kriegskrisen zwischen 1804 und 1814 geglaubt haben mögen, dass es mit dem „Negerhandel" zu Ende gehe. Den Negreros gelang noch mehr. Bis um 1880 schmuggelten sie afrikanische Gefangene nach Amerika und machten hohe Profite. Um 1850 setzte unter Druck britischer Politik, der Abolitionsdiskurse sowie des Kontraktdenkens auch überall der Übergang zu neuen Formen des Menschenhandels ein – die Phase der globalen *coolitude* (bis um 1940). Noch ist nicht ganz klar, ob es sich nicht um neue Formen des Sklavenhandels und *trafficking of persons* handelte.

Jedenfalls entstanden mit Atlantic Slavery, Slaving und Atlantisierung seit um 1815 im Süden der USA, auf Kuba (dort am ausgeprägtesten) und im Süden Brasiliens sowie in Afrika (Sokoto, Ägypten, auf Inseln und an Küsten des Indiks) Sklaverei-Modernen.

Wer von den einzelnen Akteuren und Akteursgruppen privat profitierte, kann nur in mikrohistorischen Forschungen erhellt werden. Auf jeden Fall gehörten auch afrikanische politische Eliten sowie eine Reihe von Monopolnehmern der iberischen Kronen, *assentistas*, dazu, unabhängig davon, ob das jeweilige Monopol formell ein Erfolg oder ein Misserfolg war (die meisten waren in formeller Abrechnung ein Misserfolg).[71] Forschungen liegen vor allem zu „portugiesischen" und „brasilianischen" Sklavenhändlern oder zu brasilianischen Faktoren in Afrika vor, wie etwa zum berüchtigten Francisco Félix de Sousa, genannt Cha Cha.[72]

Zwischen 1650 und 1800, besonders ab 1700, profitierten am meisten Banker, Reeder (*armateurs*) und Kapitalisten des bis dahin peripheren Europas, die mit Zentren der politischen Macht verbunden waren (oder diese eroberten), und

---

[71] Alencastro, O Trato dos Viventes, S. 116; zu anthropologischen Forschungen über die Akkumalation symbolischen Statuskapitals in Dahomey siehe: Monroe/Janzen, „The Dahomean Feast".
[72] Clarence-Smith, The Third Portuguese Empire, S. 22–60; Silva, Francisco Félix de Souza; Rodrigues, De costa a costa; Caldeira, Escravos, passim.

auch afrikanische politische Eliten der aufsteigenden Sklavenjagdstaaten sowie große Kaufleute; in Europa speziell in England, in den Niederlanden, in Teilen Frankreichs und Dänemarks; zwischen 1800 und 1888 profitierten vor allem amerikanische, brasilianische und iberische Sklavenhandelskaufleute und Sklavenbesitzer sowie afrikanische Eliten neuer Küstenregionen, aber auch Angolas, in einer spezifischen Form kreolischen und kolonialen Menschenkapitalismus sowie den genannten Sklaverei-Modernen. Zwischen 1815 und 1860 begannen im *juste-milieu*-Ambiente auch Konsumenten der großen Städte im Europa der Biedermeierzeit von Zucker, Kaffee, Tabak (Zigarren, seit etwa 1860 auch Zigaretten) und Baumwolle zu profitieren – es kamen aber auch neue Krankheiten.[73] Das ist ein gutes Beispiel für die Zentralität des Atlantiks. Aus der immensen Nachfrage nach Baumwoll-Stoffen entstand, um es ganz essentialistisch zu sagen, der „eigentliche" globale Industriekapitalismus.

Aber eben nicht gleich. Die neue globale Arbeitsteilung brauchte ihre Zeit. Zunächst schien Rentenwirtschaft (Staatseliten lebten von den Einnahmen aus Sklavenhandel und Kolonialismus) sowie Menschen- und Ressourcenkapitalismus, dessen Produkte die europäischen und amerikanischen Konsumenten, aber auch afrikanische Eliten und Sklavenhändler als Luxus ansahen, in seiner modernen Form, als Second Slavery, noch viel mächtiger. Bis um 1870–1880, dem Beginn der sozusagen offiziellen Moderne, mit der sich auch ein an Industrie gebundener Modernediskurs durchsetzte. Bis dahin prägten Exporte von *cash crops* sowie Schmuggel menschlicher Körper den atlantischen Handel. Bis um 1880 kontrollierten iberische Eliten mobile Arbeit (Menschenschmuggel), Zucker, Tabak und Kaffee als Leitprodukte. An der Baumwolle waren sie auch beteiligt, auch wenn diese von der anderen Sklavereimacht USA kontrolliert wurde.[74]

Selbst in Bezug auf Schiffstransportraum konnten die iberischen Eliten mithalten – allerdings nur, wenn man die die Schiffe und Transportmittel des Menschenschmuggels hinzurechnet und auch die sich aus seinen Profiten ergebenden Modernisierungen (wie Transportflotten). Selbst die britische Industrie brauchte bis um 1840 Protektion und auch danach noch indirekt die Sklavereien im Süden der USA und direkt im eigenen Kolonialreich – vor allem Indien, aber auch anderswo.

Dann war auch die Biedermeier-Moderne veraltet bzw. integriert und neue Imperialismen kamen auf die Tagesordnung. Immer, während der gesamten Zeit von 1450 bis 1888, gehörten meist Bankiers und Wechsler als Individuen zu den Ge-

---

73 Austen/Smith, „Private Tooth Decay"; Yun-Casalilla, „The History".
74 Santamaría García/García Álvarez, „Azúcar"; Beckert, King Cotton; die iberischen Mächte (siehe letztes Kapitel) werden nur ganz selten erwähnt: O'Rourke/Williamson, Globalization.

winnern, auch über die verschiedenen Stufen der Geld-, Finanzsystem- und Bankengeschichte, oder die jeweiligen Institutionen, die letztlich das entkörperlichte, gesäuberte und materialisierte Kapital in Form von Geld, Edelmetallen, Anteilen oder Land übertragen bekamen, z. B. im iberischen Bereich Kirchen- und Klösterbauten überhaupt sowie die Institution der Kapelle (*bens de capela*, *capellanía*) oder über Testamente gleich direkt die Kirche.

Individuelle Kapitalisten außerhalb der direkten Kontrolle der Kirche brachten ihre Vermögen erst in Truhen unter oder legten es an (in Land, auch und gerade Plantagen, oder in Bauten; Banken im heutigen Sinne funktionierten in der Breite erst seit dem beginnenden 19. Jahrhundert). Das Problem war die Frage: wie ist aus Kapital mehr Kapital zu machen? Kapitalisten in diesem Sinne sind mit David Hancock und Max Weber Unternehmer, die ihr ererbtes oder geraubtes Kapital und das Kapital anderer Leute (auch in Form von Schulden) sammeln („akkumulieren") und es nutzen, um mehr Kapital zu produzieren. In diesem Vermehrungsprozess nehmen sie wirtschaftliche und andere Risiken auf sich. Sie organisierten Zulieferer, Transport und Konsumenten, die es ermöglichten, höhere Erträge aus dem eingesetzten Kapital zu erwirtschaften. All das kennen wir aus der Weber'schen Lehre von den Kapitalisten als Träger des Rationalismus (und damit des „normalen", eher als „europäisch" oder „amerikanisch" exzeptional gedachten Kapitalismus).[75] All das aber gilt auch für Sklavenbeschaffer, Kaufleute und Träger/Sklavenbewacher in afrikanischen Gesellschaften oder wo auch immer sowie für Schiffsausrüster und Kapitäne des Atlantiks in den europäischen und amerikanischen Sklavereigesellschaften.

Zum Terminus Sklavenhändler ist zu sagen, dass „Händler" oder „Kaufmann" sehr allgemeine Begriffe sind. Kein Kaufmann hat sich „Sklavenhändler" genannt, auch zur Zeit der Legalität des Sklavenhandels nicht – in keiner der regionalen Kulturen im Atlantikraum oder in Nordafrika. „Sklavenhändler" (*slave merchant*) sei ein „misnomer, popularized by the British abolitionists, which was later adopted by historians".[76] Auch *negrero* ist eher eine zeitgenössische abfällige Bezeichnung, die offiziell niemand in den Mund nahm. „Spanische" oder „kubanische" Sklavenhändler – „Spanier" waren es eher auf dem Atlantik und Afrika, „Kubaner" eher, wenn sie mindestens in der zweiten Generation auf Kuba lebten – nannten sich selbst immer *comerciantes* (*merchants*), d. h., Großkaufleute, die Import-Export-Handel betreiben, und dazu gehörten der Import von Sklaven und der Export von Zucker. Oder sie wurden, in ihrer Funktion als Finanziers

---

[75] Hancock, Oceans of Wine, S. 172f.
[76] Ortega, „Cuban Merchants", S. 229; siehe auch: Tadman, Speculators; Murray, „Capitalism"; Murray, „The Slave Trade"; Rodrigo y Alharilla „Spanish Merchants".

der Plantagenproduktion und der Sklavenhandelsfahrten nach Afrika, einfach *capitalistas* genannt. Denn viele von ihnen betätigten sich auch als *refaccionistas*, d. h., Kaufleute-Wucherer-Banker, die die Land- und Sklavenbesitzer (*hacendados*) mit den jährlichen Krediten und finanziellen Diensten (auch Versicherungen) für Operationen der Ingenios versorgten. *Mercaderes* wurden Detailhändler genannt. Im portugiesischen Imperium und seinem Einflussbereich werden die großen Sklavenhändler und Schiffsausrüster sowie Kreditgeber *mercadores, armadores* und *contratadores* genannt, in Frankreich *armateurs* und *merchants*.[77]

Erfolgreiche Comerciantes oder Mercadores kauften sich, als der spanischkubanische sowie portugiesisch-angolanisch-brasilianische Sklavenhandel als Menschenschmuggel des Hidden Atlantic gut etabliert war (seit 1815–1820) und sie Kapitalien und Profite akkumuliert hatten, Plantagen und investierten sowohl Geldkapital wie auch menschliches Kapital, d. h., Körper von Versklavten.[78] Mit ihren Geldprofiten und ihrem Standing kauften sie sich auch in die „anständige" Gesellschaft ein, nachdem sie 15–20 Jahre lang sozusagen unsichtbar auf dem Atlantik und an Afrika Küsten operiert hatten (oder hatten operieren lassen – durch Kapitäne, Supercargos und Faktoren). Wie weiland der Graf von Monte Christo erschienen sie plötzlich als steinreiche Menschen an Land. Es gibt allerdings eine wichtige Grenzlinie in der zeitgenössischen Gruppe der Sklavenhändler oder „Kapitalisten" (*capitalistas*), gerade im dominierenden „spanischen" und iberischen Sklavenhandel des 19. Jahrhunderts. Es ist die Linie zwischen Mongo und Kaufmann/Finanzier (oder *capitalista*). Sie gilt, cum grano salis, auch für den „portugiesischen" Sklavenhandel zwischen Brasilien und Afrika. Mongos waren atlantik- und afrikabasiert, also eher Kapitäne und Faktoren; Finanziers und Capitalistas waren eher havanna- oder amerikabasierte Comerciantes. Es ging um Hierarchien unter Versklavern und im Kern um den Unterschied zwischen solchen Sklavenhändlern, die nicht mit den Verschleppten Kontakt hatten, und solchen, die mit ihnen *face-to-face* zusammenkamen. Am deutlichsten werden die Grenzen zwischen den Gruppen von Sklavenhändlern in Fällen des *Tribunal de Comercio* in Havanna 1821; einen will ich hier skizzieren, um die Differenzierungen deutlich zu machen (im Buch finden sich noch weitere).

1814 heuerte das Handelshaus Inglada Kapitän Miguel Morán für eine Reihe von Sklavenhandels-Expeditionen nach Afrika an. Morán war Konsignatar; er ge-

---

77 Caldeira, Escravos, S. 164–174.
78 Lockhart, „The Merchants"; Ortega, „Cuban Merchants", S. 229; siehe auch: Ferreira, „Padrões de investimentos"; Ferreira, „Negociantes".

hörte mit dem katalanischen Kaufmann aus Barcelona, Ignacio Inglada[79], Gabriel Lombillo (*comerciante*) und José María Zequeira (ein kreolisch-kubanischer Priester aus der Oligarchie) zu den sechs Hauptinvestoren der Unternehmung. Aber Inglada, Lombillo und Zequeira sahen Morán nicht wie sich selbst als Capitalista, als einen der ihren an. „Sklavenhändler" (*traficante de esclavos*) hätte keiner von ihnen als Bezeichnung akzeptiert. Kapitäne galten ihnen eher als angeheuerte Söldner oder Abenteurer. Morán beklagte sich mehrfach, dass er Mitinvestor und Partner sei. Außerdem habe er den schwierigsten und gefährlichsten Teil des Geschäfts geleitet. Er klagte auf mehr Anteil am Gewinn und gleiches Ansehen als Partner. Die anderen Capitalistas/Sklavenhändler machten durch ihre Anwälte klar, dass sie Morán nur als Transporteur und als Mann fürs Grobe und Tumbe in Afrika und nicht als richtigen Kaufmann sahen, der wie sie mit den komplizierten Geschäften des Verkaufs der Sklaven in Havanna befasst sei.[80]

Die wichtigsten Beteiligten, die auch (oder meist) in direkten Kontakt zu den Verschleppten kamen, waren Faktoren und Kapitäne sowie – die waren aber oft schon reine Schreibtischtäter – Kaufleute, die Schiffe ausrüsteten (Reeder, *armadores*, *armateurs*) und/oder große Import- und Exporthandelshäuser in Hafenstädten führten, oft auch Versicherungsgeschäfte. Im iberischen Slang, den oft auch Englisch sprechende Menschen im Sklavenhandel übernahmen, hießen Faktoren *mongos* (nach einem Mande-Wort für „großer Mann/big man"), zum Beispiel der im Buch oft erwähnte Mongo John oder *el mongo de Gallinas* (Pedro Blanco), und *negreros* (portug. *negreiros*) für Kapitäne und direkt im Sklavenhandel engagierte Kaufleute. Konsignatare, Supercargos und Schiffsärzte sowie Schiffsoffiziere bildeten eine Art zweite Reihe, denen es manchmal gelang, zu Kapitänen und noch seltener zu großen Sklavenhändlern aufzusteigen. Um nochmals eine grobe Idee über den quantitativen Umfang der Gruppe zu vermitteln, in deren Kern die Kapitäne standen: wenn es laut TSTD2 40 000 Sklavenbeschaffungsfahrten gegeben hat, muss es auch ungefähr 20 000–30 000 Kapitäne (es hat sicherlich viele Fälle gegeben, bei denen Kapitäne mehrfach fuhren, entweder auf demselben Schiff oder auf anderen Schiffen, das verringert die Zahl) und etwa 80 000 Schiffsoffiziere gegeben haben. Bei Schiffsärzten sind die Zahlen nicht so klar: oft nahmen Kapitäne, vor allem im 16. bis 18. Jahrhundert, auch afrikanische Heiler mit, die konnten mit epidemischen Krankheiten (Gelbfieber, Dengue, Cholera, Malaria) besser umgehen. Erst im späten 18. Jahrhundert setzte wohl eine Professionalisierung unter europäischen und amerikanischen Ärzten ein, die vor al-

---

[79] Die großen Comerciantes erscheinen im AHN nur selten; wenn überhaupt, dann nur mit Hinweis, dass die Hauptakten in ihrer Zeit woanders hingebracht worden seien, siehe: Don Isidro Inglada, vide.
[80] Ortega, „Cuban Merchants", S. 231.

lem wegen der Castings (Körper- und Gesundheitskontrollen der aus dem Inneren Afrikas zur Küste Verschleppten) sowie zur Kontrolle der Pocken- und Choleraepidemien auf den Schiffen angestellt wurden (oft schon mit Pockenimpfungen). Wir haben es also auch mit Spitzenwissen zu tun, das an menschlichen Körpern ausprobiert wurde.

Faktoren agierten vor allem in Afrika, zunächst im Auftrag eines Handelshauses, das unter der Leitung eines großen Kaufmannes (oder einer Krone) stand. Sie trieben Geschäfte mit afrikanischen und/oder arabisch-islamischen Zulieferern (die auch Sklavenhändler sein konnten) oder königlichen Beauftragen afrikanischer Herrscher. Im 19. Jahrhundert, in der Zeit des Hidden Atlantic, wurden Faktoren immer selbstständiger. Oft waren unter ihnen Farbige und Kinder von europäischen oder amerikanischen Vätern und afrikanischen Müttern, also Tangomãos/Atlantikreolen, zu finden, die Anschluss zu Netzwerken afrikanischer Sklavenbeschaffer, königlicher Monopolisten, Chefs von Karawanen, Handels-Häuser („Kanu-Häuser"), Kaufleuten oder privilegierter Händler („Handelsprinzen") hatten.[81]

Afrika wurde in der Geografie europäischer und amerikanischer Sklavenhändler in fünf große Küstengebiete unterteilt: in Westafrika, auch atlantisches Afrika genannt, vom Senegal bis zu den Küstenwüsten Namibias: Senegambien (von den Portugiesen auch Rios de Guiné genannt, von den Engländern Upper Guinea), Goldküste, Sklavenküste, Kongo (mit Loango, Angola und Benguela) sowie Moçambique in Ostafrika. Verschleppte, die an atlantische Sklavenhändler bzw. Faktoren gingen, kamen meist aus Gebieten, die ca. 200 km ins Innere reichten. In den unterschiedlichen Gebieten wurden von afrikanische Eliten unterschiedliche Waren, heute meist *commodities* genannt, nachgefragt. Das Gebiet der Rios de Guiné reichte zunächst vom Senegal bis Sierra Leone, im engeren Sinne, mit Siedlungen und Handelsplätzen von Lançados sowie einigen Europäern (darunter auch Juden) von Gorée (Beseguiche) am Cabo Verde bis südlich des Rio Grande. Dort wurden u. a. Korallen, Macheten, Nägel, Hüte, Pferdeschwänze, Rasseln, Glöckchen und Muscheln sowie Schneckenhäuser gegen Körbe (*godongo*)

---

[81] Zum afrikanischen Handel und zu afrikanischen Kaufleuten in Dahomey siehe: Peukert, Der atlantische Sklavenhandel; Lovejoy, „Commercial Sectors"; Law, „Slave-Raiders"; Barry/Harding (Hrsg.), Commerce et Commerçants; Harding, „Faszination Afrikanische Geschichte"; Harding, „African Economies"; Behrendt/Graham, „African Merchants". Frühe afrikanische Gesellschaften außerhalb arabisch-islamischen Einflusses hatten kaum spezialisierten Kaufleute, siehe: Torrão, „Actividade Comercial Externa", hier besonders das Unterkapitel „Interdição do estabelecimento na Costa: os lançados", S. 106f.

mit Kolanüssen getauscht; es gab kleinere Körbe mit ca. 400–500 Nüssen (*mola*) und größere mit ca. 3000 Nüssen (*barril*).[82] Und gegen Sklaven natürlich.

In Cacheu im heutigen Guinea-Bissau gab es um 1600 ca. 50 Häuser von *brancos* („Weiße", d. h., „Portugiesen"), die einen schwunghaften Handel mit „Sklaven und viel Wachs und Elfenbein"[83] betrieben. Zur „Handelsware" (für mich eher Kapital) Sklaven schreibt Carreira: „Alles bewegte sich rund um den sogenannten *resgate* [= Sklavenhandel/Slaving]".[84] In kaum einem dieser Gebiete/Handelsplätze mit Lançados und einigen Brancos gab es, wie fast alle offiziellen portugiesischen Quellen beklagen, „Polizei, noch irgendeine Form von Regierung noch gar Justiz, aber die, die am meisten konnten und Sklaven haben, beherrschen die anderen"[85] Um 1620 gab es sogar schon den Fall eines „schwarzen Prinzen", der im Sklavenhandel nach Amerika verschleppt wurde: „ein schwarzes Adliger des Landes, den die Siedler [die Moradores/Lançados] sich verpflichtet hatten zurückzuschicken, zur Zufriedenheit der Eingeborenen".[86]

Newson und Minchin heben in ihrem Buch über den „portugiesischen" Sklavenhändler Juan Bautista Pérez die Bedeutung von über 50 Typen indischer Textilien im Sklavenhandel in *Upper Guinea* hervor. Sie meinen damit eigentlich die Rios de Guiné. Manuel Juan Bautista, der transatlantische, „portugiesische" Sklavenhändler und Neu-Christ, war zwischen 1613 und 1618 zwei Mal selbst in Cacheu, um Captives einzutauschen. Ab 1626 lebte er in Lima und hing von Agenten in Cartagena de Indias ab, die zwischen 1626 und 1633 knapp 2500 Verschleppte in Cartagena für ihn erwarben.[87] Neben indischen Baumwolltextilien wurde weiterhin viel Leinen getauscht sowie auch Wolltextilien. Weitere Tauschwaren waren die an den Rios de Guiné und an der Küste zwischen Casamance und São Domingos wie auf den Kapverden selbst hergestellten blauen *panos*-Tücher. Dazu kamen Eisenbarren, die hohe Profite brachten, und andere Metalle (obwohl die portugiesische Krone aus Angst vor Waffenproduktion vor Ort versuchte, ein Verbot durchzusetzen). Auch Blankwaffen wurden importiert, aber insgesamt sehr wenig Feuerwaffen, eher Pulver, außerdem Perlen und Halbedelsteine sowie eu-

---

82 Carreira, Os Portugêses, S. 28; zum Haussa-Kolahandel und zur Organisation dieses Handels siehe: Lovejoy, Caravans of Kola.
83 Carreira, Os Portugêses, S. 39 (in diesem Kapitel auch detaillierte Beschreibung aller Handelsgüter).
84 Ebd., S. 57.
85 Ebd., S. 40.
86 Ebd., S. 42.
87 Newson/Minchin, From Capture, S. 32.

ropäische Weine und Alkoholika, Nahrungsmittel (etwa Brot) sowie Geschirr und Kleineisenwaren bzw. Werkzeuge wie Scheren, Zangen und Messer.[88]

Arlindo Caldeira schreibt zusammenfassend für den Gesamtzeitraum 16.–19. Jahrhundert zu den Tauschwaren vor allem im Kongo-Angola-Gebiet (als individuelles Handelswarenpaket *fazenda* genannt, bei Franzosen *paquet*): indische Baumwollstoffe, oft in indischem Original und Design sowie indischen Farben, später auch europäische, vor allem englische „Markenfälschungen", Alkoholika, weitere Textilien und viele weitere Manufakturwaren europäischer (und später auch amerikanischer) Produktion sowie fast immer auch afrikanische Produkte (*raffia*-Stoffe und -Kleidung, siehe unten), Elefantenschwänze und Metall-(Arm-)Reifen sowie Kola-Nüsse an den Rios de Guiné.[89] Bei Arlindo Caldeira fehlt nur Tabak, ein essentielles amerikanisches Produkt vor allem des 18. und 19. Jahrhunderts.

Noch eine Ebene der Verallgemeinerung höher in der Bewertung des Austausches und der Profite rund um menschliche Körper in Afrika wird man mit John Thornton sagen können: „Africa's trade with Europe was largely moved by prestige, fancy, changing taste, and the desire for variety"[90] – und als solcher war das alles hochvolatil. Vielleicht mit Ausnahme von Feuerwaffen, Rohrzucker (die in Nordafrika sehr wohl produziert wurden) und schwarzer Tabak aus Bahia wurde auch im subsaharischen Afrika alles produziert, was der sehr frühe Handel der Iberer nach Afrika brachte.[91] Auch Commodities stiegen auf oder kamen aus der Mode. Thornton listet für den frühen Handel sieben Warenkategorien auf: Kleidung (Textilien/Stoffe), Metallwaren, Währungen (vor allem Muscheln/Kauris), Schmuck, mechanisches Spielzeug und Kuriositäten (auch Musikinstrumente) sowie Alkoholika.[92] Nur Robert Harms, Spezialist für Loango/Kongo, hält Textilhandel für nicht so wichtig. Für ihn stehen Status-Güter (Feuerwaffen, Pulver, Blankwaffen, Spiegel) an erster Stelle, dann kommen Währungsgüter (Kauris, Perlen, Messingreifen, Textilien), gefolgt von Luxusverbrauchsgütern (Spiegel, Textilien und Alkohole). Auch hier fehlt Tabak.[93] Hermann Wätjen verweist für den niederländischen Handel an der Goldküste im 17. Jahrhundert auf die Bedeutung des Leinens aus Schlesien: „Leinwand, und in erster Linie das von den schlesischen Webern produzierte".[94] Das eigentliche Jahrhundert des Leinens und der indirekten

---

88 Ebd., S. 38–49
89 Caldeira, Escravos, S. 101.
90 Thornton, Africa and the Africans, S. 45.
91 Ebd.
92 Ebd.; zur Goldküste siehe auch: Metcalf, „A Microcosm".
93 Harms, River of Wealth, S. 43–45.
94 Wätjen, „Zur Geschichte", S. 540.

Beteiligung deutscher Hinterlandsregionen wurde das 18. und frühe 19. Jahrhundert (bis um 1840), weil die Leinenstoffe aus Schlesien, Westfalen, Hessen, Schwaben und dem Bergischen Land auch leicht waren, aber im Einkauf viel preiswerter als indische Baumwolle oder europäische Baumwoll-Markenkopien (indiennes). Spiegel erzielten die höchsten Gewinne und Wätjen sagt: „Der Geschmack wechselte auch in Guinea beständig".[95] Hauptnutznießer der Beteiligung an der Atlantic Slavery (u. a. auch in Zucker-und Tabakverarbeitung) wurden in deutschen Gebieten Hamburg und Bremen. Für Dahomey an der Sklavenküste im 18. Jahrhundert hält Werner Peukert fest, dass die Gesamteinfuhren zu drei Vierteln aus Genussmitteln (Tabak und Alkohol) bestanden, der Rest aus Stoffen (die meist in Afrika gleich verarbeitet wurden), Geld-Kauri sowie sehr wenigen Luxuswaren (Korallen, Seide, Gold, Gewehre).[96]

Viele Lançados, Tangomãos und Pumbeiros führten – eigentlich für europäische Händler verbotene – Feuerwaffen (meist Musketen – aus Birmingham, aber auch aus Suhl oder Belgien) und Munition, aber auch Kleineisenwaren und Blankwaffen in ihren Fazendas.[97] Weitere Tauschgüter waren Salz und, wie bereits mehrfach gesagt, sehr, sehr viele Textilien (Baumwolle[98] und Flanelle, auch Leinen sowie Raffia (Raphia = Palmfaserbast)), Tabak (vor allem schwarzer Tabak aus Bahia), Hanf (es entstand ein Hanf-Kult, d. h., quasi-religiöses Kiffen), Kautschuk, Elfenbein, Honig, Wachs, Palmöl, Messingdraht, Perlen (weiße und rote – als Geld), Kauris eher selten, Steinschlossflinten (wegen Pulvermangel eher als Statussymbol), Gewehre, andere Waffen und Eisenwaren, 1,5–2 kg schwere Messingkreuze, schnupftuchgroße Gewebe aus Raffiabast, aber auch Rinder (da in Angola Pferde nicht überlebten, ritten die Chefs manchmal auf Stieren), Papageien und sogar Messingkreuze oder Christusamulette.[99]

Von besonderer Bedeutung war im tieferen Binnenland der Massenhandel Salz gegen Sklaven: es kam häufig zum direkten „Transfer Salz gegen Sklaven".[100] Salzlasten bestanden aus Salzstangen; 20–40 Salzstangen bildeten eine Last. Der Lunda-Fürst Muata Cumbana ließ das erste Kind einer der Frauen der ihm unter-

---

95 Ebd., S. 542; zur Warenpalette siehe: Ebd., S. 540–543.
96 Peukert, Der atlantische Sklavenhandel, S. 150; siehe auch ebd., S. 176–178. Peukert verweist auf Basis seiner Quellen auf die Vorrangstellung der „Portugiesen" aus Brasilien, die wegen des Tabaks aus Bahia in kürzester Zeit die schönsten Sklaven erhielten: ebd., S. 331.
97 Caldeira, Escravos, S. 101. Zur Rolle von Feuerwaffen, dem wichtigsten Technologie-Import afrikanischer Gesellschaften, siehe: Henriques, „Armas de fogo", sowie: Pilosoff, „Guns".
98 Sven Beckert hält es für angemessen, von einem Anteil von 50 % von Baumwollgewebe and den Tauschwaren (d. h., Waren die gegen Sklaven getauscht wurden) anzunehmen, siehe: Beckert, King Cotton, S. 49.
99 Heintze, Afrikanische Pioniere, S. 214–217.
100 Ebd., S. 228.

stellten lokalen Chefs bei der Familie. Die zweiten Kinder kamen in seinen Dienst (d. h., sie wurden Haussklaven). Alle weiteren Kinder wurden zu „Salzkindern": Der Fürst ließ sie gegen Salzlasten eintauschen. Das Salz wurde zum Teil verbraucht und der Rest gegen erwachsene Sklaven weiter im Osten eingetauscht.[101]

Allgemein gesprochen, mussten Kaufleute/Capitalistas oder Faktoren als Sklavenhändler nach den moralischen Maßstäben ihrer Zeit keine Schuldgefühle entwickeln. Der absolute Mainstream damaliger privater und publizierter „Meinung", inklusive der Masse kirchlichen Personals, hielt Sklaverei für ewig und „normal" für „Unzivilisierte" und „Barbaren". Es wurde nachgerade für eine gute Tat gehalten, Menschen aus Afrika in die „zivilisierte" Welt zu holen (und sei es gegen ihren Willen) und ihnen dabei die richtige Religion oder „Zivilisation" zu vermitteln. Unter den Finanziers von Sklavenhandelsfahrten gab es, wie wir gesehen haben, Priester. Abolition des Sklavenhandels galt als böswilliger Trick der Briten, um sich die Vorherrschaft in Handel und Weltpolitik zu sichern (was nicht ganz falsch war). Innerhalb der Gruppe der Kaufleute, Finanziers und Capitalistas konnten sich die großen Negreros auch damit beruhigen, dass sie ja nie einen Menschen mit eigenen Händen verschleppt hatten. Es gab alle Arten von Psychogrammen solcher Kaufleute als Negreros; einige mögen „gut" zu ihren Haussklaven gewesen sein, andere schlecht, andere regelrecht psychopathisch. Um innerhalb ihrer Gruppe aufzusteigen und die Konkurrenz zu übervorteilen, mussten sich sich immer nach den allgemeinen Normen und Regeln verhalten. Das bedeutet etwa, auch wenn sie „gut" zu den Sklaven in ihrem Haus waren, mussten sie sie disziplinieren und unter Herrschaft halten. Oft nutzten sie dazu die Drohung mit Verkauf (die sie auch in die Tat umsetzten) oder sie ließen die Prügelstrafen von extra outgesourcten Kleinfirmen betreiben. Der Staat, vor allem der spanische und portugiesische liberale Staat des 19. Jahrhunderts, förderte formell Sklaverei und informell Menschenhandel (vor den Abolitionen auch formell), weil davon Monopolabgaben, Steuern und Schwarzgelder sowie Profite und Gewinne sprudelten: „Während des ganzen Ancien régime war der Staat selbst der Hauptprofiteur des Sklavenhandels".[102] Und um gleich noch ein Fehlurteil abzubauen – alle religiösen Orden (und Ritterorden) waren am Sklaven-/Menschenhandel beteiligt, selbst die Franziskaner.[103]

Vom Handel mit Menschen – in ihrer Sprache mit „Wilden", „Stücken" – oder einfach Körpern in ihrem Verantwortungsbereich profitierten, wie gesagt, auch Monarchen und große Monopol-Kaufleute, die Wuchergeschäfte betrieben, oder

---

101 Ebd.
102 Caldeira, Escravos, S. 158.
103 Ebd., S. 203–211.

hohe Kolonialbeamte (Gouverneure, Generalkapitäne). Die Monopol-Kaufleute waren eine Art früher Banker (deshalb im spanischen Bereich *capitalistas*), die auch Schiffe oder ganze Expeditionen ausrüsteten und versicherten. Finanziers waren meist eher große Kaufleute als passive Kreditgeber (oder -sammler, wie einige Priester), auch in dem Sinne, dass man ihnen große Geldsummen als Kredite anvertraute.

1776 brach eine antikoloniale Revolution in den britischen Kolonien Nordamerikas aus. Die USA entstanden. Sklaverei von Verschleppten aus Afrika wurde beibehalten; zunächst auch der atlantische Sklavenhandel. 1810 bis 1830 kam es im spanischen kontinentalen Kolonialreich zur *Independencia*, einer gigantischen antikolonialen Revolution in Form langer Kriege. Am Ende blieben nur die beiden Sklaven- und Zuckerinseln Kuba und Puerto Rico unter Kontrolle Spaniens.[104] 1822/25 löste sich Brasilien „ohne Revolution" von Portugal und wurde Kaiserreich. Zwischen 1807 und 1836 kam es, als Reaktion auf die Revolutionen der USA und Haitis (1791–1803[105]) und etwa zeitgleich zu den antikolonialen Revolutionen (und Rebellionen zur See), Kriegen und Jihads auf den Kontinenten[106], zu einer diskursiven und legislativen Abolitionsralley des atlantischen Sklavenhandels unter britischen Druck – beschlossen im dänischen Kronrat, im britischen Parlament, im Kongress der USA und auf dem Wiener Kongress 1815, in geheimen Kronräten sowie anderen Institutionen: Dänemark 1792 (nach einer Zehn-Jahresfrist für 1803); Großbritannien 1807/1808[107]; Niederlande (zum Zeitpunkt der Eroberung niederländischer Kolonien durch die Briten (z. B. Surinam und Karibik 1803, Kapkolonie 1806, Java 1811)) 1815/1818, Frankreich 1793–1802 (zeitweilig), 1815/1818/1831[108]; Spanien 1814, 1817, 1820, 1835, 1845, 1866 und Bra-

---

104 Fradera, Colonias, S. 17–59; Cañizares-Esguerra/Seemann (Hrsg.), The Atlantic, passim; Fradera/Schmidt-Nowara (Hrsg.), Slavery and Antislavery, passim.
105 Geggus, The Impact; Dubois/Scott (Hrsg.), Origins; Klooster, „Le décret"; Girard, „The Haitian Revolution"; Gaffield, „Haiti and Jamaica".
106 Zur reformerischen Transition des Imperiums in der portugiesisch-brasilianischen Welt siehe: Paquette, Imperial Portugal in the Age of Atlantic Revolutions; Paquette, „Portugal and the Luso-Atlantic World in the Age of Revolutions", S. 175–189; zu den Jihads in Afrika siehe: Loimeier, „Die islamischen Revolutionen"; Marx, Geschichte Afrikas, S. 60–74; Lovejoy, „Jihad".
107 Anstey, The Atlantic Slave Trade. Eine Kurzfassung der britischen Abolition unter Einbeziehung der wichtigsten zeitgenössischen Texte findet sich unter: Thomas, Romanticism, S. 17–48; Walvin, Atlas of Slavery; Walvin, „Why Did the British"; zur neuen Arbeitsteilung, der Rolle von Monopolen und Revolutionen sowie der globalen Expansion des Britischen Reiches (und der Bedeutung der Abolitionsdiskurse und -politiken) siehe: Tomich, „Econocide?".
108 Kielstra, The Politics; Belaubre/Dym/Savage (Hrsg.), Napoleon's Atlantic. Die zeitweilige Rückkehr Napoleons 1815 begann in Bezug auf den französischen Sklavenhandel mit dem Paukenschlag des Verbots. Das hatte in Europa keine großen Auswirkungen, weil Napoleon schnell

silien als Kolonie 1810, 1815 und 1817, unabhängig 1831, 1845, 1850/1851/52 (um 1880 interner Sklavenhandel),[109] sowie Portugal 1810, 1815, 1817/18 und 1836/42 (äußerer Sklavenhandel sowie Sklavenhandel zwischen portugiesischen und britischen Gebieten), 1854/1871 (Verschärfungen für ganze Monarchie)[110]; USA 1807/ 1808 (Texas 1840/45); fast alle lateinamerikanischen Republiken zwischen 1810 und 1830[111]. Aber trotz dieser extrem geschichtsmächtigen Bewegungen, Rhetoriken und Politiken sowie Emotionen blieben der kreolische Atlantik des Sklaven- und Menschenhandels und die großen Sklavereien in den Amerikas und in Afrika intakt – sie wuchsen und gediehen sogar. Die Ausnahme in Bezug auf formelle Sklavereien stellte Haiti dar, wo die Revolution der Sklaven und freien Farbigen 1791–1803 sowohl Sklaverei und Sklavenhandel wie auch den Kolonialismus Frankreichs auf Saint-Domingue vernichtet hatte. Die Sklavereigesellschaften um das „neue" Haiti herum (Louisiana, Florida, Neu-Granada, Venezuela, Kuba, aber auch die Eliten des spanischen Teils der heutigen Dominikanischen Republik oder die Eliten der niederländischen Kolonien) verweigerten die Modernität Haitis ohne Sklaverei und Kolonialismus.[112] Sie setzten auf Moderne mit Sklavereien. Sklaven- und Menschenhandel sowie Sklavereien entwickelten sich vor dem Hintergrund der unentschiedenen Situation in Europa zwischen Konsumtion (Biedermeier-Kapitalismus, siehe unten), Produktion (Markenkopien tropischer Produkte (Zucker, Tabak/Zigarre, Baumwolle; Beginn Industrialisierung), Ausbreitung neuer Commodities und Export-Wirtschaft (neue Industrieprodukte; Freihandel ab 1846/Debatten um Protektionismus) sogar weiter, nun vor allem vorangetrieben von amerikanischen und afrikanischen Sklavenhändlern und Sklavenhaltern. Hier gab es drei Hauptrichtungen: erstens die eigenständige Moderne der Second Slavery in den Amerikas sowie in Afrika; zweitens der Hidden Atlantic, der auf Menschenschmuggel beruhte, wobei die verschleppten Menschen tendenziell immer jünger wurden, sodass den Negrero-Schiffen immer mehr Kinder und junge Menschen in den amerikanischen Häfen und Küsten entstiegen und halb tot auf Plantagen oder in Städte getrieben wurden, oft auf Nacht-

---

besiegt wurde, zeigt aber, dass der Kaiser noch um die Verbindung zwischen sozialer Revolution und (seiner) Macht wusste. Die wichtigsten Auswirkungen zeigten sich auf Martinique und Guadeloupe. Ich danke Flavio Eichmann (U Bern) für den Hinweis, siehe seinen Artikel: Eichmann, „The Last Battle".
109 1851 wurden in Brasilien noch 5000 Sklaven eingeschmuggelt, 1852 1000; insgesamt waren es nach 1850 rund 8700, siehe: Caldeira, Escravos, S. 252, 254.
110 Silva, Susana S., „Do Abolicionismo" (S. 133–207: „Apêndice Documental" – die Texte der wichtigsten Gesetze und Verträge). Zum Zusammenhang mit britischen Abolitionen siehe: Miers, Slavery, S. 29–30.
111 King, „The Latin-American Republics".
112 Fischer, Modernity Disavowed.

märschen und barfuß über Küstenriffe und dornige Strandlandschaften. Bei den Sklavenhändlern handelte es sich nun mehrheitlich um kosmopolitische, aber katholische „Portugiesen" zwischen Portugal, Brasilien und Afrika sowie kosmopolitische, katholische „Spanier", darunter viele Katalanen, zwischen Kuba, Puerto Rico, Texas, Brasilien und Afrika (und dort in engen Allianzen mit „Portugiesen", siehe unten). Und für Afrika halten die oben genannten Autoren von „Bitter Legacy" fest: „In spite of legal abolition, in many parts of contemporary Africa [ebenso wie im 19. und 20. Jahrhundert], there are people who are still called slaves in local languages".[113] Drittens gab es „neue" Formen von Sklavereien, d. h., Kontraktsklaverei (*coolies, serviçães, debt slavery*), Emancipados und Deportationen.[114] Alles auf einer Basis, wenn ich es hier einmal auf die Hauptakteure dieses Buches verenge: sie waren nach den proklamierten Abolitionen des Sklavenhandels eigentlich *outlaws* und stammten am Beginn ihrer Laufbahn oft von den Rändern (*margins*) der jeweiligen Gesellschaft, wurden aber in der Realität ihrer Gesellschaften mit zunehmenden Profiten und Gewinnen Honoratioren, Ehrenmänner und gefeierte Unternehmer mit hohem sozialem Standing und starkem Einfluss auf Politik und Rechtsprechung.[115]

In dieser eher späten Zeit kam es zu explosionsartige Ausweitung und Dynamisierung von Schuld- und Kin-Sklavereien im Sog der Atlantic Slavery, die im Trend der Globalgeschichte liegen. Seit den formalen Abolitionen der Sklaverei im portugiesischen Imperium in den 1870er Jahren bekamen die Verschleppten aus dem Inneren an der Küste „Verträge" (*contractos*). Einer der vielen Verteidiger der Sklaverei im *império* konnte mit recht viel Chuzpe sagen: „in allen ‚Faktoreien', sowohl portugiesischen wie ausländischen, finden sich frei engagierte Neger und so frei, dass fast alle aus Cabinda oder Liberia [Kru] sind und wenig Einheimische [aus Angola].= Der Titel [Name], den sie annehmen, ist *serviçães* ... Heute, kann man versichern, gibt es zumindest an der Küste dieser Provinz nicht einen Schwarzen, der nicht weiß, dass es schon keine Sklaven mehr gibt und dass nur Entlohnte arbeiten sollen".[116]

---

113 Bellagamba/Greene/Klein, „Introduction", S. 2.
114 Tinker, A New System; zum Modell, die Abolition von Sklaverei zu dekretieren, sie aber zugleich bestehen zu lassen, sowie zur sogenannten „benign slavery" (Sklaverei als „Schutz" gegen die Unbilden eines „freien" Lebens – Sorge um Miete, Nahrungsbeschaffung, Wegfall des Schutzes durch den Herrn) zu erklären, siehe: Miers, Slavery, S. 30–32; generell siehe auch: Archer (Hrsg.), Slavery; Stanziani, Bondage.
115 Zeuske, „Outlaws"; zur Dekonstruktion, nur Eliten-Abolitionisten und Rechtsanwälte hätten diese Dimension mehr oder weniger offener Kriminalität erkannt und im Kampf für die Aufhebung der Sklaverei ausgenutzt, siehe: Azevedo, O direito.
116 Bericht des Flottenstationskommandanten, gegengezeichnet vom Sekretär des Governo Geral de Angola, Antonio Gomes da Silva Sanches, aus Loanda, 20 de outubro de 1877 (Originalko-

1 Historische Grundlagen d. atlantischen Sklavenhandels und d. Hidden Atlantic — 43

Ein Schreiben des britischen Botschafters an den portugiesischen Ministerpräsidenten im Jahr 1880 informiert über die Details des „alten" Sklavenhandels, der an den Küsten (manchmal schon in Siedlungen, die nicht weit von der Küste entfernt waren und als Sammelpunkte dienten, wie Dondo), unter der Kontrolle von Kolonialbehörden, eine neue legale Form angenommen hatte (*engajados livres*). Der britische Botschafter denunziert dieses System mit folgenden Worten (basierend auf Informationen von britischen Konsuln vor Ort):

> it would appear that, at Dondo [am Cuanza], on the west Coast of Africa, a system has grown up of obtaining negroes from the Interior for the purpose of contracting them as laborers in the Coffee plantations at Cazengo, and elsewhere in western Africa, as well as of transporting them to the Islands of San Tome and Principe, which in some of its features bears a resemblance to the Slave Trade. It is stated namely that three trading merchants have been appointed at Dondo by the Government as Agents the ... registering of Contracts of laborers and domestic servants in Conformity with the Decree of the 27th of march last, and that the persons obtained for these purposes are in large proportions furnished by the Heads and Chiefs of Villages, especially from the neighbouring Libolo, who, in return for such articles as cloth, rum, and powder, in proportion to the value of age and sex, consign their more youthful subjects to certain recruiters who reside in the / interior of country amongst the native tribes, and whose special avocation it is to procure the required numbers applied for on receiving the neccesary supplies. When brought to Dondo the Agent of the Employer at once proceeds to have their heads shaved, and their bodies washed, and provides them with food and accomodation. They are then taken before the Government Agent and registered as free contract ... laborers. It happens that the laborers thus disposed of in the Coffee plantations at Cazengo are well treated, that they are provided with huts such as they are accustomed to, that their earnings are regularly paid to them, and that their weekly amount of labor is only five days, of nine hours each – They appear happy and contended but, knowing that they have been removed from their homes against their will they do not look forward to any other portion or future than that of bondsmen to their employers= An important feature of this system consists in the youth of laborers obtained under it, the majority of the recen/tly contracted people ranging from twelve to twentyfive years. Moreover, these plantations are remarkable for the number of very young children, as young as seven, present on them, who do not apparently belong to any ... families of negroes in the plantations children which, the report says, ... seemed very happy, and were only employed in lighter work about the buildings and houses [.../] the abuses which may arise under a system which practically allows native Africans to be removed from their homes without their consent, and this in a manner not far different from actually purchasing them.– Her Majesty's Government are aware that there is a portuguese law ..., according to which, it is lawful to purchase Slaves for the purpose of setting them at liberty, and they have on previous occasions pointed out that, this law, though undoubtedly having a humane object in view, is capable of being dan-

---

pie), in: AHU, No. 824, Cód. 1E, Fundo: SEMU, Secção: DGU, Datas: 1878–1883: Tráfico e resgate de indígenas para S. Tomé e Comercio da pólvora, GEO: STP MOÇ (unter dieser Nummer bestellt, die Akte hat in Wirklichkeit folgende Signatur: No. 889 (nicht 824!), Fundo: SEMU, Secção: DGU, Datas: 1878–1883, Tráfico e resgate de indígenas para S. Tomé e Comercio da pólvora, GEO: MOÇ ST).

gerously abused – In the present instance however it does not seem that what is done is done in virtue of that law, because the negroes brought to Dondo do not appear / to be Slaves released by purchase from a State of Slavery but the young and defendless members of the black communities in the Interior who have been handed over without their consent by the chiefs and Headmen of those villages in return for stated quantities of cloth, powder, rum, and other articles, and that, on a regularly established system, through the instrumentality of well known Agents established in the Interior for that purpose. This, in the opinion of Her Majesty's Government does amount to a system not very different from one of disguised Slave Trade.[117]

Diese Informationen zeigen uns ganz deutlich den Übergang von afrikanischen Formen der Sklaverei zu neuen Formen der Kontraktarbeit und -sklaverei. Das Neue dieser Kuli-Sklaverei (*coolies*) waren die legalen Formen geschriebener und staatlich kontrollierter Listen sowie Kontrakte; am Anfang kann es auch sein, dass die Arbeitszeit und Lebens- sowie Ernährungsbedingungen im Vergleich zu früheren Ausbeutungs- und Sklavereiformen recht günstig gewesen sind. Aber die Information des britischen Botschafters deutet auch die Tendenz an – aus ihren Gemeinschaften herausgerissene Kinder und junge Menschen ohne Zukunft. Das ist auch Sklaverei, zumal wenn sich bei längerer Einspielung des Systems aus „Kostengründen" Arbeitszeit und Lebensbedingungen änderten. Die Gewinne dabei machten immer noch vor allem die *trading merchants*, d. h., Sklavenhändler, Faktoren/Agenten und Karawanenchefs.

Ein solcher Karawanenchef in Zentralafrika war ein gewisser Paulo Coimbra. Neben ihm gab es weitere große Sklavenhändler in Westzentralafrika, wie den ebenfalls in biografischen Skizzen Beatrix Heintzes dargestellten Paulo Mujingá Congo[118] sowie Lourenço Bezerra Correia Pinto (Spitzname Lufuma) aus der Bezerra-Familie.[119] Einer der Sklavenhändler und Karawanenchefs war sogar selbst als Kind und junger Mann in Moçambique Sklave eines portugiesischen Marineoffiziers gewesen. Er hatte seine Freiheit erlangt, als sein Herr mit ihm nach Lissabon gekommen war (*free soil!*).[120] Zu den Karawanen gehörten auch junge Männer als Träger und Wachen. Träger waren fast immer, zumindest als Kinder oder Jugendliche, versklavt und nach Luanda verschleppt worden.[121]

---

117 Brief des britischen Botschafters aus Lissabon October 5th, 1880, an den portugiesischen Ministerpräsidenten (Originalkopie von Ministerio dos Negocios Estrangeiros vom 9 d'Outubro de 1880 und nach Angola geschickt), in: Ebd.
118 Heintze, Afrikanische Pioniere, S. 95–102.
119 Heintze, Afrikanische Pioniere, S. 56–77.
120 Heintze, Afrikanische Pioniere, S. 78–86; zum Prinzip des *free soil* siehe: Ferrer, Ada, „Haiti".
121 Träger waren in ganz Afrika verbreitet, nicht nur im Kongo/Angola-Gebiet; zum Hintergrund siehe: Pesek, „Afrikanische Träger"; Rockel, Carriers, passim.

Im Grunde handelte es sich bei allem Karawanenkaufleuten, Trägern und Sklavenhändlern, die bei Heintze beschrieben werden, um Atlantikkreolen, auch wenn sie nicht direkt am oder auf dem Atlantik tätig waren. Sie sprachen meist mehrere Sprachen und arbeiteten oft auch als Übersetzer. Über die Aktivitäten des Menschenhändlers Paulo Coimbra heißt es bei Beatrix Heintze:

> Zwischen 1895 und 1912 [d. h., lange nach der formellen Abolition von Sklavenhandel und Sklaverei] hat auch Paulo Coimbra verschiedene große Karawanen der Chiaka geführt, nachdem er vorher schon, vielleicht zunächst als Träger, seinen Vater begleitet, sich von ihm die entsprechenden Kenntnisse angeeignet sowie das für diese weiten und aufwendigen Reisen benötigte eigene Kapital erworben hatte. Eine dieser Karawanen führte er zusammen mit zwei anderen nach Katanga, wo sie Sklaven für die Pflanzungen auf S. Tomé und Príncipe [Sklaverei war dort bereits formell verboten] kaufen wollten. Am Cuanza hatte sich ihnen noch ein Europäer mit fünfzig Mann angeschlossen, so daß die gut ausgerüstete Karawane schließlich dreihundert Mann umfaßte. Obwohl sie häufig angegriffen wurden, gelangten sie heil bis zu den Lunda. Dort kamen sie einem Weißen zu Hilfe, der hier in Kämpfe verwickelt worden war. Auch er schloß sich ihnen zu seiner Sicherheit an, so daß die Karawane schließlich aus vierhundert Personen bestand. Vier Tage vor der Grenze zu Katanga erfuhren sie, daß die belgische Regierung das Land besetzt, den Sklavenhandel verboten und deshalb allen portugiesischen Kaufleuten die Einreise untersagt habe. Wer dennoch käme und Waffen bei sich führte, dem würden alle Waren beschlagnahmt. Paulo Coimbra und seine Leute beschlossen, sich an das Verbot zu halten, sich zu verteilen und ihre Geschäfte im Grenzgebiet zu tätigen [d. h., sich stärker auf den lokalen Menschenhandel zu konzentrieren]. Schon nach einem Monat hatten sie neben Elfenbein und Kautschuk sechshundert Sklaven beisammen. Die Rückreise verlief ohne Zwischenfälle. Wegen der Sklaven machten sie zu Hause nur einen kurzen Zwischenstop, bevor sie ihre Reise nach Catumbela fortsetzten.[122]

Die Karawanen brachten auch atlantische Epidemien (vor allem Pocken) ins Landesinnere (Interior). Karawanenchefs und Träger plünderten die Felder der Dörfer und beteiligten sich an den Konflikten zwischen Lunda-Fraktionen und lokalen Sklavenjägern (wie Chokwe) bzw. nutzten diese aus. Coimbra und andere Sklavenhändler waren Männer mit großem Einfluss und Standing, die oft auch sehr kreativ und gebildet waren und die komplizierten Territorien sowie Verhältnisse in Westzentralafrika der Epoche des Hochimperialismus kannten. Das bedeutet auch, dass diese Informationen über den internen Menschenhandel fast alle aus dem 19. Jahrhundert, manche sogar aus dem frühen 20. Jahrhundert stammen.

Eine besondere Gruppe unter Sklavenhändlern Zentralafrikas waren die Ambakisten (*ambaquistas*). Sie waren Angehörige „der um die portugiesische Festung Ambaca herum seit dem 17. Jahrhundert entstandenen lusoafrikanischen Mischkultur, die im angolanischen Handel und besonders auch im innerafrikani-

---

[122] Heintze, Afrikanische Pioniere, S. 148f.

schen Fernhandel eine entscheidende Rolle gespielt hat".[123] Das Grundkapital für luso-afrikanische Ambakisten und afrikanische Karawanenkaufleute sowie wichtigster, vor allem in den komplizierten Handelsnetzen flexibelster und gesuchter, Gegenwert dieser Waren stellten Sklaven dar – „das ‚Ausgangskapital' bildeten Sklaven".[124] Dann kam Elfenbein, das in der zweiten Hälfte des 19. Jahrhunderts auf den Außenmärkten nach und nach wichtiger wurde. Ambakisten, Quimbares (mobile luso-afrikanische Sklavenhändler) und Sertanejos (Buschläufer, Sklavenjäger) sowie Übersetzer spielten dabei oft Armadores aus Benguela gegen die aus Luanda aus (oder umgekehrt).

Im Innern Zentralafrikas, etwa bei der Organisation von Karawanen in die Ovimbundu-Territorien, nach Lovale und Lunda, oder bei den Ambakisten, spielten Sklaven auch die Rolle eines „Zwischen-Produktes" und zugleich die Rolle von Kapital, Kreditgrundlage sowie Währung beim Austausch von afrikanischen, europäischen oder amerikanischen Waren gegen Elfenbein. Fast alles konnte „in Sklaven" bezahlt werden, auch Strafen vor Gericht. Zudem gilt der Satz von Beatrix Heintze über Angola: „Sklaven bildeten das Hauptmittel zum Aufstieg".[125] Sklavenhandel spielte auch im späten 19. Jahrhundert in den „kommerziellen Unternehmungen noch eine wesentliche Rolle".[126] Eigentlich war es, da Sklaverei und Sklavenhandel formell verboten waren, Menschenhandel. Dieser Menschenhandel auf der Basis der Kapitalisierung und Kommodifizierung menschlicher Körper bildete eine Grunddimension der Second Slavery.

Alle drei, Second Slaveries und Hidden Atlantic sowie Kontraktsklavereien, waren nicht etwa eine „Anomalie" in Afrika oder im damals modernsten Industrie- und Bankenkapitalismus Westeuropas, wie noch Karl Marx für den Sklavenhandel annahm, sondern seine globale Arbeits- und Ressourcen-Grundlage sowie seine Körpergrundlage und, vor allem was den Atlantik und seine Küsten betrifft, räumliche, akkumulative und kulturelle Basis, sozusagen Energie- und Mobilitätsbasis sowie Produkt-, Kultur-, Profit- und Wertproduzent des ganzen Systems (kein Wunder, dass eine weitere Dimension, die Reproduktion durch versklavte Frauen, besonders konfliktreich und traumatisch war).[127] In Bezug auf den Biedermeierkapitalismus (Robin Blackburn[128]) stellten sie, wie gesagt, die Exports- und Angebotsseite dar, mit vor allem in Kolonien expandierenden Grenzen neuer

---

123 Ebd., S. 56–77, hier S. 56.
124 Ebd., S. 170.
125 Ebd., S. 40; siehe auch S. 175–232.
126 Ebd., S. 57.
127 Bailey, „The Other Side of Slavery"; Rodrigo y Alharilla, „Trasvase de capitales".
128 Ich verdanke diesen glücklichen Begriff dem historischen Soziologen Robin Blackburn, der ihn bei einem Vortrag in Wien am 19. September 2014 geäußert hat; Robin Blackburns Bände

Commodities wie Kaffee, Baumwolle, Zucker, Nelken, Tabak, Kakao, Tee und Indigo (auch Opium[129]). Und sie waren noch mehr: für sich, für die Sklavenhalter Brasiliens, Kubas und der USA, bildeten sie Sklaverei-Modernen mit all ihrer Kultur, Kunst, Musik, Opern, Wissenschaft (*ciencia criolla*), Literaturen, Malerei, Mode und Architektur. Die Eliten dieser Länder, vor allem wegen ihrer Macht und ihres Reichtums, sahen auf die ärmlichen Gesellschaften der Eliten Europas herab, vor allem in der Zeit des konsumgelenkten Biedermeier-Kapitalismus 1815–1856. Britische Eliten und Pariser Eliten, die in Dandytum, Luxus, Kosmopolitismus und Bohème machten (Konsum, Realien, Tourismus, Wissenschaften, Spleens, Sport, Kaffeehäuser als Kunst- und Kreativzentren etc.), waren von der Geringschätzung manchmal ausgenommen. Ihnen hielten sich die durch Menschenhandel reich gewordenen Kosmopoliten des Hidden Atlantic für ebenbürtig. Oder man reiste, reich geworden, nach London oder Paris. Aber auch die Eliten-Kosmopoliten der aufkommenden *leisure class* frönten in den Zentren der Welt, die sich damals als „zivilisierte Welt" begriff, dem Biedermeier-Konsum von Sklaven- und Kolonialprodukten, die von Sklavereigesellschaften exportiert und mit dem Kapital menschlicher Körper erwirtschaftet wurden.[130] Erstaunlicherweise kam das Echo der Biedermeier-Welt aus den USA, formuliert vom Wirtschaftsfachmann des Südens Thomas P. Kettell. Er schrieb: „four articles are most necessary to modern civilization [...] sugar, coffee, cotton, tobacco".[131] Künstler und Mittelklassen der großen Städte Europas, aber auch einiger Regionen der Protoindustrialisierung, eiferten ihnen nach (dass sie auch den kosmopolitischen Atlantikkreolen und Matrosen des Atlantiks in der neuen Lebensweise nacheiferten, wussten die wenigsten).

In Kolonialgebieten und potentiellen Kolonialgebieten (Briten in Indien und gegenüber China), ehemaligen Kolonialgebieten, die zu eigener innerer Expansion und Kolonisierung übergingen (wie Brasilien, USA, Ägypten) gab es keinen „schönen", aber meist langweiligen Biedermeier-Kapitalismus. Für diese Gebiete greifen Dale Tomichs „New Atlantic Order" und Sven Beckerts Begriff des Kriegskapitalismus besser:

> Der Kriegskapitalismus gedieh nicht in den Fabriken [des Industriekapitalismus], sondern auf Feldern; er war nicht mechanisiert, sondern flächen- und arbeitsintensiv, da er auf der

---

über Sklaverei in den Amerikas und über die Abolitionen sind grundlegend: Blackburn, The Overthrow; Blackburn, The Making.
129 Marks, The Origins, S. 127f.
130 Theorie kam (und kommt) meist später: Veblen, The Theory; Sombart, Liebe; siehe auch: Sombart, Der moderne Kapitalismus.
131 Zitiert nach: Karp, „The World", S. 416.

gewaltsamen Enteignung von Land und Arbeitern in Afrika, Asien und den Amerikas beruhte. Diese Enteignungen brachten großen Wohlstand und neue Erkenntnisse mit sich, was wiederum den Reichtum, die Institutionen und Staaten Europas stärkte – alles zentrale Voraussetzungen für Europas herausragende wirtschaftliche Entwicklung im 19. Jahrhundert. Viele Historiker haben diesen Impuls als Merkantilismus bezeichnet, aber ‚Kriegskapitalismus' trifft die Rohheit und Gewalt dieses Prozesses wie auch seine enge Verbindung zur imperialen Expansion Europas wesentlich besser [...] Wenn wir an Kapitalismus denken, dann denken wir an Lohnarbeiter – aber diese erste Phase des Kapitalismus [unter Berücksichtigung des iberischen Kronkapitalismus, der „freien" Schmuggelunternehmer und der Atlantikreolen wäre es die zweite Phase] basierte im Wesentlichen nicht auf freier Arbeit, sondern auf Sklaverei.[132]

Nach TSTD2 kam es zwischen 1801 und 1866 noch einmal zur Verschleppung von 3 873 520 Menschen, fast vier Millionen, über den Atlantik, vor allem nach Brasilien (rund 3 Mio) und Kuba (rund 1 Mio). Das sind alles Minimalschätzungen.[133] Keiner bemühte sich etwa im Kuba der komplizierten Küsten und der brummenden Sklavereiwirtschaften, die nicht nur Profite, sondern auch Steuern für das ewig Krieg führende Spanien des 19. Jahrhunderts erbrachten, um eine genaue Statistik der Verschleppten und Versklavten – ganz im Gegenteil: wir werden die genauen Zahlen, die natürlich viel höher lagen (und der Menschenhandel dauerte in Realität auch länger, als TSTD2 annimmt – bis etwa 1880), niemals genau kennen.[134] Für Brasilien dürfte Ähnliches gelten.[135] Deshalb ist es fraglich, ob dieser Satz stimmt: „Von Whydah aus verließ 1865 das letzte Sklavenhandelsschiff Afrika".[136]

Als Haupttrend gesellschaftlicher Entwicklung konnten die Sklaverei-Modernen auf Basis von Second Slavery und Menschenschmuggel-Atlantisierung nur in massiven Kriegen und Revolutionen in den Amerikas beendet werden – der Bürgerkrieg 1861–1865 in den USA war der erste moderne Massenkrieg. Das war so extrem schwierig und kostenreich (auch in Menschenleben), weil ein globalhistorischer Pfad der Modernisierung und Modernität abgebrochen wurde.[137] Auf Kuba führten nationalistische Eliten, die sich zunächst nicht so recht entscheiden konnten, ob sie die Sklaverei beibehalten oder abschaffen wollten, 30 Jahre lang antikoloniale Kriege (1868–1898; in einer Reformphase dazwischen war es sogar die Kolonialmacht Spanien selbst, die die Sklaverei 1880–1886 abschaffte). In Bra-

---

132 Beckert, King Cotton, S. 12–14. Zur *New Atlantic Order* siehe: Tomich, „Econocide?", S. 312–315, sowie: Carrington, „Capitalism".
133 Zeuske, „Out of the Americas"; Zeuske, „Mongos und Negreros".
134 Piqueras, „Censos *lato sensu*"; Zeuske, Die Geschichte der Amistad.
135 Klein/Luna, Slavery in Brazil, passim; Berbel/Marquese/Parron, Escravidão.
136 Hagemann, „Das Königreich Dahomey".
137 Zeuske, „No End".

silien brach unter der Abolition der Sklaverei (1888) das Kaiserreich zusammen – es war, basierend auf den Konzepten der Sklavereimoderne und Globalgeschichte, in vielen Dimensionen „moderner" gewesen als etwa Österreich-Ungarn oder Russland (die erst 1917/18 kollabierten).

1.2 Historiografische Skizze zur Geschichte der Sklavenhändler

Mit Ausnahme einzelner brasilianischer, portugiesischer, britischer, französischer und US-amerikanischer Arbeiten zu individuellen Sklavenhändlern und konkreten Sklavenmärkten gibt es eigentlich nur eine Historiografie des Sklavenhandels. Sie verteilt sich auf ältere Arbeiten und erreicht mit den Schriften und Untersuchungen im Rahmen der Abolitionsbemühungen des britischen und US-amerikanischen Sklavenhandels einen ersten Höhepunkt in der Wissensgeschichte Europas und der Amerikas.[138] Ein neuer Höhepunkt ergab sich mit der Hinwendung zur Geschichte des Atlantiks und zur Globalgeschichte seit 1990. Die Literatur dazu ist unübersehbar. Die Massenquellen, die ich versuche, hier in diesem Buch zu nutzen, sind allerdings noch nicht im Ansatz erfasst oder gar analysiert. Das wichtigste generelle Arbeitsmittel zum transatlantischen Sklavenhandel ist die *Transatlantic Slave Trade Database*.

Ich präsentiere hier deshalb nur eine ganz knappe Skizze der in vorliegendem Buch verwandten wichtigsten publizierten Literatur im Modus der „Sklavenhandelsmächte" (Portugal/Brasilien, England/Großbritannien/West Indies/USA, Spanien/Karibik, Frankreich/Karibik, Ostseegebiete/Karibik, Afrika). Keines dieser Bücher behandelt menschliche Körper als Kapital in weltgeschichtlicher Dimension (eine der wenigen Ausnahmen: Stephen D. Behrendt[139]).

Die Bücher über Sklavenhandel und Sklavenhändler (mit den genannten Einschränkungen) stammen von brasilianischen und portugiesischen Historikern (das bedeutet auch immer Historikerinnen), von US-amerikanischen, kanadischen und britischen Historikern (konzentriert vor allem im Werk von David Eltis und der Tradition von Philip Curtin[140]), von kubanischen, lateinamerikanischen und spanischen Historikern und einigen französischen, skandinavischen, nie-

---

138 Hüne, Vollständige historisch-philosophische Darstellung, sowie: Blake, The History of Slavery and the Slave Trade; zusammengefasst auf Deutsch in: Hochstetter, „Die wirtschaftlichen und politischen Motive". Der wichtigste Dokumentenband ist: Donnan (Hrsg.), Documents.
139 Behrendt, „Human Capital in the British Slave Trade", S. 66–97.
140 Curtin (Hrsg.), Africa Remembered, 1967; Curtin, The Atlantic Slave Trade, 1969.

derländischen, belgischen und deutschsprachigen Autoren (Autorinnen) sowie von einzelnen Forschern aus Afrika.

Eine eigenständige Galaxie der Sklavenhandelsforschung ist die bereits erwähnte Website www.slavevoyages.org, flankiert von anderen Websites (zum Beispiel www.slaveryimages.org), die im Rahmen der Entwicklung der *digital humanities* entstanden sind.

Die wichtigste nationale Historiografie zu Sklavenhandel und Sklavenhändlern ist die Brasiliens, flankiert von Forscherinnen und Forschern brasilianischer Herkunft in den USA.[141]

Die anglophone Forschung zum Sklavenhandel ist am stärksten – was Wunder – an Universitäten und Forschungseinrichtungen Großbritanniens sowie der USA (hier sehr stark auch auf den internen Sklavenhandel in Ante-Bellum-Amerika fixiert) vertreten, hat aber auch Zentren der afrikanistischen und globalhistorischen Forschung in Kanada.[142]

---

141 Alencastro, O Trato dos Viventes, 2000; Rodrigues, De costa a costa, 2005; Reis; Gomes; Carvalho, O Alufá Rufino, 2010; Ferreira, Cross-Cultural Exchange; siehe das Werk von Ana Lucia Araujo; vor allem Araujo (Hrsg.), Paths of the Slave Trade; sowie: Araujo; Candido; Lovejoy (Hrsg.), Crossing Memories, 2011; Araujo, Public Memory of Slavery, 2012; Marques, „A participação norte-americana no tráfico transatlântico de escravos para os Estados Unidos, Cuba e Brasil", S. 91–117; Marques, „Slave Trade in a New World. The Strategies of North American Slave Traders in the Age of Abolition", S. 233–260.

142 Richardson (Hrsg.), Bristol, Africa, and the Eighteenth-Century Slave Trade to America, 4 Bde., 1986–1996; Behrendt; Graham, „African Merchants, Notables and the Slave Trade at Old Calabar, 1720: Evidence from the National Archives of Scotland", S. 37–61; Johnson (Hrsg.), The Chattel Principle, 2004; Sparks, The Two Princes of Calabar, 2004 (Deutsch: Sparks, Die Prinzen von Calabar, 2004); Rawley; Behrendt, The Transatlantic Slave Trade, 2005; Black (Hrsg.), The Atlantic Slave Trade, 4 Bde, 2006; Bailey, African voices of the Atlantic slave trade, 2006; Christopher, Slave Ship Sailors and Their Captive Cargoes, 2006; Walvin, Atlas of Slavery, 2006; Christopher; Pybus; Rediker (Hrsg.), Many Middle Passages, 2007; Rediker, The Slave Ship, 2007; Smallwood, Saltwater Slavery, 2007; Richardson; Schwarz; Tibbles (Hrsg.), Liverpool and Transatlantic Slavery, 2007; Obadele-Starks, Freebooters and Smugglers, 2007; Sherwood, After Abolition, 2007; Tadman, „The Reputation of the Slave Trader in Southern History and the Social Memory of the South", S. 247–271; Lindsay, Captives as Commodities: The Transatlantic Slave Trade, 2007; Falola; Ogundiran (Hrsg.), The Archaeology of Atlantic Africa and the African Diaspora, 2007; Chambers, „Slave Trade Merchants of Spanish New Orleans, 1763–1803: Clarifying the Colonial Slave Trade to Louisiana in Atlantic Perspective", S. 335–346; Hawthorne, „,Being Now, as It Were, One Family': Shipmate Bonding on the Slave Vessel Emilia, in Rio de Janeiro and throughout the Atlantic world", S. 53–77; Williams (Hrsg.), Bridging the Early Modern Atlantic World, 2009; Hawthorne, From Africa to Brazil. Culture, Identity, and an Atlantic Slave Trade, 2010; Eltis; Richardson, Atlas of the Transatlantic Slave Trade, 2010; Tomich, Dale, „Econocide? From Abolition to Emancipation in the British and French Caribbean", S. 303–316; Rediker, The Amistad Rebellion, 2012; Hazell, Alastair, The Last Slave Market, 2012; Krikler, „A Chain of Mur-

Portugiesische Historiografie ist traditionell auf die Pionierfunktion Portugals im 15. und 16. Jahrhundert ausgerichtet bzw. auf Geschichtsschreibung zu einzelnen Kolonien bzw. Imperien. Vor allem in Lissabon und in Werken transnationaler Forscherinnen und sind in den letzten Jahren aber wichtige Arbeiten zum Sklavenhandel und zu Sklavenhändlern und zum iberischen Atlantik entstanden.[143]

In Frankreich hat es die erste Hochphase der europäischen Sklavenhandelsforschung in den 1980er Jahren gegeben. Bis heute stellt die französische Forschung, trotz einer einer Reihe von exzellenten Arbeiten zu Schiffen und Sklavenhändlern, mit wenigen Ausnahmen eine eher nationale Angelegenheit dar.[144]

Niederländische Forschung ist stark auf das 17. Jahrhundert und auf den niederländischen Anteil und die Beteiligung von Niederländern fixiert; es gibt aber auch einige sehr gute Arbeiten zum Atlantik und zum atlantischen Sklavenhandel.[145]

---

der in the Slave Trade: A Wider Context of the Zong Massacre", S. 393–415; Bellagamba; Greene; Klein, „Introduction. When the Past Shadows the Present: The Legacy in Africa of Slavery and the Slave Trade", S. 1–27; Bellagamba; Greene; Klein (Hrsg.), African Voices, 2013; Sparks, Where the Negroes are Masters, 2014; O'Malley, The Intercontinental Slave Trade of British America, 2014; Graden, Disease, Resistance, and Lies. The Demise of the Transatlantic Slave Trade to Brazil and Cuba, 2014; Lawrance, Amistad's Orphans: An Atlantic Story of Children, 2014

143 Marques, Os Sons do Silêncio, 1999 (engl.: The Sons of Silence, 2006); vor allem aber: Caldeira, „Aprender os Trópicos: Plantações e trabalho escravo na ilha de São Tomé", S. 25–54; Caldeira, Escravos e Traficantes no Império Português: O Comércio Negreiro Português no Atlântico Durante Os Séculos XV a XX, 2013: Curto; Souloudre-La France (Hrsg.) Africa and the Americas, 2005; Newson; Minchin, From Capture to Sale, 2007 (The Atlantic World; 12); Seijas, „The Portuguese Slave Trade to Spanish Manila: 1580–1640", S. 19–38; Ribeiro da Silva, Dutch and Portuguese in Western Africa, 2011; Green, The Rise of the Trans-Atlantic Slave Trade in Western Africa, 2011.

144 Siehe vor allem: Mettas, Répertoire des expéditions négrières françaises au XVIIIe siècle, 1975/84; Everaert, De Franse Slavenhandel, 1978; Daget, Répertoire des Expéditions Négrières Françaises à la Traite Illégale, 1988; Daget (Hrsg.), De la traite à l'esclavage, V^e au XIXème siècle, 1988; Daget, La traite des noirs, 1990, sowie: Pétré-Grenouilleau, Moi, Joseph Mosneron, armateur négrier nantais, 1995; Pétré-Grenouilleau, Nantes au temps de la traite des Noirs, 1998; Meyer, Jean, L'armament nantais, 1999; Pétré-Grenouilleau, Les traites négrières, 2004; Stella, „La traite des enfants", S. 197–206; Saugera, La Bonne-Mère navire négrier nantais, 2009; Guillet, La Marie-Séraphique navire négrier, 2009.

145 Postma, The Dutch in the Atlantic Slave Trade, 1990; Klooster, Wim & Oostindie, „El Caribe holandés en la época de la esclavitud", S. 233–259; Oostindie (Hrsg.), Fifty Years Later. Antislavery, Capitalism and Modernity in the Dutch Orbit; Emmer, „Jesus Christ Was Good, but Trade Was Better": An Overview of the Transit Trade of the Dutch Antilles, 1634–1795, S. 206–222; Emmer, The Dutch in the Atlantic Economy, 1580–1880, 1998; Emmer, De Nederlandse slavenhandel, 1500–1850, 2000; Emmer, „The Dutch and the Atlantic Challenge, 1600–1800", S. 151–177; Emmer, „The Dutch and the Slave Americas", S. 70–86; Emmer; Pétré-Grenouilleau; Roitman (Hrsg.), A Deus ex Machina Revisited, 2006; Oostindie; Roitman (Hrsg.), Dutch Atlantic Connections, 1680–1800, 2014.

In Mitteleuropa (Deutschland, Schweiz, Österreich) und in baltischen Staaten/Gebieten (Dänemark, Schweden, ehemaliges Kurland) ist Sklavenhandelsforschung eine eher sehr marginale Angelegenheit mit einer Reihe interessanter Ausnahmen vor allem in und zu Dänemark und deutschen Kaufleuten im atlantischen Raum sowie zum afrikanischen Sklavenhandel.[146]

Die Forschungen zum afrikanischen (internen und externen) Sklavenhandel sind, von wenigen Ausnahmen abgesehen, nach folgendem Muster organisiert: Forscher und Forscherinnen aus Europa oder Nordamerika behandeln den atlantischen und manchmal auch den internen Sklavenhandel. Arbeiten von Forschern aus und in Afrika sind eher selten.[147]

Speziell in spanisch-iberischen Historiografie führt – getreu dem Motto „Geschichte ist nie bewältigt, auch dann nicht, wenn sie verschwiegen wird" der Slaving-Komplex der spanischen und spanisch-amerikanischen Geschichte, dass es praktisch keine Arbeiten über den Sklavenschmuggel, Sklavenhändler und den Hidden Atlantic des 19. Jahrhunderts gibt, mit ganz wenigen Ausnahmen[148].

---

146 Peukert, Der atlantische Sklavenhandel von Dahomey 1740–1797, 1978; Degn, Die Schimmelmanns im atlantischen Dreieckshandel, 1974 (^{3}2000); Degn, „Schwarze Fracht – Dokumentation und Interpretation", S. 37–50; Weindl, „The Slave Trade of Northern Germany from the Seventeenth to the Nineteenth Centuries", S. 250–271; Weber, Deutsche Kaufleute im Atlantikhandel 1680–1830, 2004; David; Etemad; Schaufelbuehl, Schwarze Geschäfte, 2005; Weber, „Deutschland, der atlantische Sklavenhandel und die Plantagenwirtschaft der Neuen Welt", S. 37–67; Cwik, „Atlantische Netzwerke: Neuchristen und Juden als Lançados und Tangomaos", S. 66–85; Pieken, „Fürsten, Menschenhändler und Piraten im transatlantischen Handel Brandenburg-Preußens 1682–1721", S. 39–62; Priesching, Sklaverei in der Neuzeit, 2014; Hanß; Schiel (Hrsg.), Mediterranean Slavery Revisited (500–1800), 2014; Zeuske, Amistad, 2014; siehe auch das eminente Werk von Beatrix Heintze zu Angola.

147 Falola, „The Yoruba Caravan System of the Nineteenth Century", S. 111–132; Barry; Harding (Hrsg.), Commerce et Commerçants en Afrique de l'Ouest, 1992; Inikori; Engerman (Hrsg.), The Atlantic Slave Trade, 1992; Diène (Hrsg.), From Chains to Bonds, 2001; Ballong-Wen-Mewuda, „Africains et Portugais: tous des négriers au xve et xvie siècles dans le Golfe de Guiné", S. 19–38; Perbi, „Merchants, middlemen and monarchs", S. 33–41; Perbi, History of Indigenous Slavery in Ghana, 2004; Thioub, Ibrahima, „Regard critique sur les lectures africaines de l'esclavage et de la traite atlantique", S. 271–292; Nwokeji, The slave trade and culture in the Bight of Biafra, 2010; Niane (dir.), Tradition orale et archives de la traite négrière, 2001. Fundamental sind die Arbeiten von Paul E. Lovejoy (Kanada), Martin A. Klein (Kanada) und John K. Thornton (USA) (siehe Literaturverzeichnis).

148 Lobo Cabrera, „Esclavos negros a Indias a través de Gran Canaria", S. 28–50; Fernández Chaves, „Sevilla y la trata negrera atlántica: envíos de esclavos desde Cabo Verde a la América española, 1569–1579", S. 597–622; eine der ganz wenigen Arbeiten zu Sklaven als Kapital: Tardieu, „El esclavo como valor en las Américas españolas", S. 59–71; Arnalte, Los últimos esclavos, passim; Piqueras, La esclavitud en las Españas …; siehe auch die Arbeiten von Martín Rodrigo y Alharilla (Barcelona), vor allem: Rodrigo y Alharilla, „Spanish Merchants and the Slave Trade.

Forschungen über Sklaverei werden entweder dem Bereich des „Americanismo" zugerechnet oder verbleiben auf dem Niveau von Rechtsgeschichten, die im Grunde auf den thomistischen Grundsatz der „milderen Sklaverei" im katholischen Bereich rekurrieren. Die eigentlichen „harten" Formen der „kapitalistischen Sklaverei" verorteten und verorten die meisten spanischsprachigen Autoren bei Engländern, Hugenotten, US-Amerikanern und Niederländern (Calvinisten).[149] Atlantischen Sklavenhandel haben, nach ähnlicher Lesart (hier auf den iberischen Konkurrenten bezogen), nur Portugiesen betrieben.

Vor allem in Madrid (Consejo Superior de Investigaciones Científicas – CSIC) sowie Valencia/Castellón und Barcelona hat sich aber eine starke Tradition der Beschäftigung mit der Sklaverei in ganz Spanisch-Amerika, im spanischen Imperium, auf Kuba und andererseits eine starke Tradition bei der Analyse des Sklavenwiderstandes herausgebildet.[150] Auch Sklavereien im europäischen Spanien werden seit ca. zehn Jahren verstärkt bearbeitet. Sklaverei in Spanien und im südlichen und westlichen Europa überlebte vor allem in Sevilla, Granada und Lissabon.[151] Es waren im Grunde Forscher aus den USA, die eine neue Beschäftigung mit Sklavenhandel (intern und extern) in und nach Spanisch-Amerika vorangetrieben bzw. tun das gerade und befördern damit eine Revision traditioneller Geschichtsbilder.[152]

Das Symbol und der Erinnerungsort „spanischer Sklaverei" ist Kuba, obwohl es mehr „kubanische" Kreolen als Sklavenhalter gab; Sklavenhandel wird in beiden Kulturen nicht gerne erinnert; aber auf Kuba kann man die Geschichte schlechter totschweigen als in Spanien. Kuba ist das Land der ersten Weltgeschichts- und Kulturgeschichtsschreibung der Sklaverei.[153] Diese eher struktu-

---

From Legality to Illegality, 1814–1870", S. 176–199, sowie: Fradera; Schmidt-Nowara (Hrsg.), Slavery and Antislavery in Spain's Atlantic Empire, New York/Oxford: Berghahn, 2013.
149 Vila Vilar, Hispanoamérica; García Añoveros, „Carlos V"; García Añoveros, El pensamiento; Schmieder, „War die iberoamerikanische Sklaverei mild?"; Andrés-Gallego/García Añoveros, La iglesia; Andrés-Gallego, La esclavitud; Andrés-Gallego, „La realidad"; Piqueras, La esclavitud en las Españas, passim.
150 Laviña/Ruiz-Peinado, Resistencias.
151 Earle/Lowe (Hrsg.), Black Africans; Martín Casares/García Barranco (coords.), La esclavitud, passim.
152 Adelman, Sovereignty and Revolution; Borucki; Eltis; Wheat, „Atlantic History and the Slave Trade to Spanish America", S. 433–461.
153 Saco, Historia de la esclavitud; Ortiz, Los negros esclavos.

ralistische Sklavereiforschung ist das Prunkstück der nationalen Historiografie Kubas[154], auf und über Puerto Rico ebenfalls.[155]

Eine der stärksten und eigenständigsten Tradition der Sklavereiforschung findet sich in Kolumbien[156], während im Territorium der ersten erfolgreichen Plantagengesellschaften Spanisch-Amerikas, in Venezuela, Sklavereiforschung im Wesentlichen dem Bereich der Anthropologie zugerechnet wird und eher als Marginalie in der nationalistischen Historiografie gilt (Ausnahmen, wie Miguel Acosta Saignes und Federico Brito Figueroa, bestätigen die Regel). Ähnliches gilt für die anderen Nationalhistoriografien Lateinamerikas.[157] Sklavenhandelsforschung ist insgesamt wenig entwickelt. Allerdings muss man auch hervorheben, dass wir hier vor einer neuen Etappe der Sklaverei- und Sklavenhandelsgeschichtsschreibung stehen (die neuen Autorinnen und Autoren sind in vorliegendem Buch zitiert).[158]

---

154 Moreno Fraginals, El Ingenio.
155 Cabrera Salcedo, De los bueyes al vapor. Caminos de la tecnología del azúcar en Puerto Rico y el Caribe.
156 Múnera, „Balance historiográfico de la esclavitud en Colombia", S. 193–225; Maya Restrepo, Brujería y reconstrucción de identidades entre los africanos y sus descendientes en la Nueva Granada; Navarrete, Génesis y desarrollo de la esclavitud en Colombia.
157 Acosta Saignes, Vida de los esclavos; Díaz Díaz, „Historiografía de la esclavitud"; Pollak-Eltz, La esclavitud; Ramos Guédez, Contribución; Zeuske, Sklaven und Sklaverei, S. 9–20; González/Chirinos, La presencia africana, passim; Rosal, „Bibliografía Afroargentina".
158 Zeuske, „Historiography"; Zeuske, Handbuch, S. 21–96.

2 Slaving – Traumata und Erinnerungen der Verschleppung

„Solange man lebt, tanzt man."[1]

Jeder Profit (oder „Gewinn") produziert Opfer. Jedes Opfer hat Gefühle und erlebt Schmerzen, hat Angst, ist traumatisiert. Angst und Traumata befallen auch Sklavenhändler, Personal des Sklavenhandels und Versklaver. Insofern ist die Geschichte des Atlantiks auch „un laboratoire historico-cognitif" der Geschichte der Ängste und Traumata.[2] Und der Erinnerungen daran (*memoria*).

Zuerst die Opfer der Sklavenhändler. Wie erlebten Verschleppte Slaving; was geschah den Verschleppten in afrikanischen Sklavereien vor dem Atlantik, in der atlantischen Sklaverei sowie auf dem Atlantik und danach? Atlantic Slavery geht, wie gesagt, über den Meeresraum des Atlantiks hinaus, z. B. in den Landschaften der Versklavung (*catchment areas/slaving zones*) und in den Landschaften der Plantagen (Plattformen), die natürlich an Land lagen. Die großen amerikanischen Plantagen-Sklavereien des 19. Jahrhunderts vor allem in Brasilien (Süden), auf Kuba und im Süden der USA werden, im Gegensatz zu den auf kleinen karibischen Inseln und an Küstenpunkten existierenden Sklavereien bis um 1800/1820, Second Slavery genannt. Es gab auch Second Slaveries in Afrika (Sokoto, Ägypten, Ostafrika). Zu diesen kontinentalen Sklavereien kamen kleinere zweite Sklavereien (wie Surinam bis 1863, Puerto Rico bis 1873 sowie Guadeloupe und Martinique bis 1848) oder Sansibar, Mauritius und Réunion im indischen Ozean. Die modernen Massensklavereien wurden – als letzte in der Welt, die nach Abspaltung des Sklavereisüdens mit seiner spezifischen Moderne später „Westen" genannt worden ist – 1863–65 (USA), 1886 (Kuba) und 1888 (Brasilien) aufgehoben.[3]

Damit endete die formale Geschichte der Sklavereien und des Sklavenhandels in den Amerikas und in Europa, nicht aber die Geschichte der Versklavten, ihrer Gefühle und ihrer Erinnerungen an Verschleppung, Sklavenhandel und Sklaverei.[4] Vor allem nicht in Afrika, wo die Landschaften der Versklavung, der ersten Verkäufe/Tauschaktionen und Transporte (*catchment areas/slaving zones*) la-

---

1 Ortiz, Los bailes, S. 225.
2 Gómez, „L'histoire", S. 11.
3 Tomich/Zeuske, „The Second Slavery"; Drescher, Abolition; Zeuske, Handbuch; Laviña/Zeuske (Hrsg.), The Second Slavery, passim.
4 In vorliegendem Kapitel sind neben den Traumata der historischen Akteure *historische* Erinnerungen („memoria" sowie deren „Konstruktion") Gegenstand. Zum Thema heutiger Erinnerung und Perzeption siehe: Schmieder/Zeuske (Hrsg.), Erinnerungen; siehe die Pionierarbeiten zum iberischen Atlantik: Araujo (Hrsg.), Paths of the Slave Trade; Araujo; Candico; Lovejoy (Hrsg.),

gen. Auch die globale Geschichte der Sklavereien und Sklavenhandelssysteme war nicht zu Ende.[5] In Afrika kam es zur „Adaptationskrise", zur Ausbildung von Strukturen für den *legitimate commerce* mit Produkten wie Erdnüssen, Elfenbein oder Palmöl, die oft mit der Verschärfung interner Sklavereien sowie internem Sklavenhandel verbunden waren. Damit entstanden wirtschaftliche und mentale Grundlagen für neue Formen des Kolonialismus und Imperialismus.[6]

Dieses Kapitel fragt nach Traumata („Schmerzen") und schmerzvollen Erinnerungen der Verschleppung von Afrika in die Amerikas sowie danach, wie wir davon wissen können, wenn Verschleppte/Versklavte kaum jemals selbst geschrieben haben. Wenn sie selbst geschrieben haben, war es für sie schwierig, sich als individuelles „Subjekt" (Selbst) zu konzipieren. Die Geschichte der Traumata und zugleich des kulturellen Wandels sowie der Erinnerungen an Sklavenhandel und Sklaverei begann für die in die jeweilige Sklaverei Verschleppten (*captives/captivos/cautivos*/captifs) zeitlich bereits zu Beginn der atlantischen Sklaverei (in den Gebieten der iberischen Atlantikexpansion um 1300; in niederländischen, französischen und englischen Expansionszonen um 1620). Räumlich gesehen, setzt die Erinnerung in Afrika ein. Slaving, der Gesamtprozess der Verschleppung vom Inneren Afrikas über den Atlantik in die Amerikas[7], war für Captives niemals einfach nur „Transport", „Verkehr", „Migration", „Passage" oder eine Schifffahrt auf dem Meer.

Captives (span. *captivos*) statt „Sklaven" wird heute in der Geschichtsschreibung benutzt, um deutlich zu machen, dass die Verschleppten vorher Freie, Kriegsgefangene, Verurteilte oder Sklaven nach afrikanischen Rechtsvorstellungen waren. Zu Sklaven der Iberer, Europäer oder Amerikaner wurden sie erst nach Kauf/Tausch und Verschleppung auf die Schiffe des transatlantischen Sklavenhandels. Slaving bedeutete für sie vor allem Terror, Tod, Gewalt, Hunger und Durst, Krankheit, Erniedrigung, körperliche und psychische Traumata, Identitäts- und Identifikationsbrüche und Widerstand, aber auch neue Kreativität, Passage-Riten und kulturellen Wandel.[8] Versklavte und Verschleppte haben im Erleben des Slaving nicht selbst geschrieben oder formale Quellen der Selbstrepräsentation produziert. Vor den realen Traumata ihrer Verschleppung sowie Sklaverei

---

Crossing Memories; Araujo, „Transnational Memory"; Araujo, Public Memory; Henriques, Lugares de Memória; siehe auch Vorarbeiten zu diesem Kapitel: Zeuske, Handbuch, S. 440–444; sowie: Zeuske, „Slaving: Traumata".

5 Blight/Harms/Freamon, Indian Ocean Slavery; Zeuske, Handbuch, passim; Austen „The Slave Trade". Zur Weiterexistenz von Sklavereien siehe: Zeuske, „No End".
6 Law/Schwarz/Strickrodt, „Introduction", in: Dies. (Hrsg.), Commercial Agriculture, S. 1–27.
7 Miller, „Slaving as Historical Process".
8 Norman Jr., „The Process", S. 177–207.

(a) (b)

Abb. 2. (a) Sklaven-Baracke (*barracoon, barracón*), Sierra Leone, ca. 1840er, aus: The Illustrated London News, April 14, 1849, Bd. 14, S. 237; für die Goldküste siehe: Sparks, Where the Negroes, passim; (b) Sklaven-Baracke (*quibanga*), Loango, um 1770. Quibangas wurden im Kongo-Angola-Gebiet mit Personal (Köchen, Wachen) als „Dienstleistungszentren" an afrikanische und/oder atlantische Sklavenhändler vermietet. Grandpré, Voyage, Bd. 1, S. 65 (Privatarchiv Michael Zeuske).

innerhalb der Wirtschaftsstrukturen des Atlantiks und der Amerikas lagen die Traumata afrikanischen Slavings: Kriegsniederlage, Razzien, Gefangenschaft, massive symbolische Gewalt, Tötung oder Verurteilung und Opferung Einzelner, Stationen der Versklavung in Afrika und der Transport zur Küste, oft verbunden mit mehreren Käufen und Verkäufen. An der Küste wurden die Verschleppten in *barracones* (*barracões/barracoons/quibangas*)[9] gehalten. Dort unterzogen europäische weiße Schiffschirurgen und Kapitäne oder Offiziere unter Aufsicht afrikanischer Wachen die Körper der Verschleppten einem sehr intensiven Casting auf Aussehen, Krankheiten und Missbildungen. Die Zurückgewiesenen wurden oft getötet.[10]

2.1 Traumata in Afrika, auf dem Atlantik und in den Amerikas

Es ist schwierig, über Menschen, die im atlantischen Sklavenhandel verschleppt wurden, Geschichte zu schreiben. Aus einem einfachen Grund: Die aus dem subsaharischen Afrika verschleppten Menschen kamen, wenn sie nicht Muslime waren (davon gab es einige; in Brasilien gab es sogar eine Gruppenbezeichnung

---

9 Siehe die Erinnerungen an diese Barracones in: Bachiller y Morales, Los negros, S. 56; Pérez de la Riva, „Antiguos esclavos", S. 188f., FN 12 und 19.
10 Krikler, „A Chain of Murder"; siehe auch Verschleppte im niederländischen Sklavenhandel, die nicht verkaufbar waren (*maquerons* oder *macron/macron*): Covey, „Manqueron", S. 270–271.

für sie: *malê*)[11], aus nicht schriftlichen Kulturen. Geschrieben über Sklaverei haben vor allem Versklaver, Kaufleute, Reisende, Kapitäne, Schiffsärzte, Notare und Priester, manchmal auch Matrosen. Matrosen und Personal des Sklavenhandels waren im Wesentlichen von den Traumata des Sklavenhandels, aber auch der Blockade des Sklavenhandels, vor allem aber von Krankheiten, ungewohnter Nahrung und tropischen Bedingungen betroffen.[12]

Verschleppte und Versklavte haben in ihren Gemeinschaften sicherlich über ihre Schmerzen und Traumata gesprochen oder gesungen und sie haben sich auch gemeinsam erinnert. Aber die realen Stimmen und Lieder in ihrer Zeit sind verhallt. In der kulturwissenschaftlichen und historischen Forschung werden Menschen, die keine Selbstrepräsentationen, d. h., Texte über sich und ihre Motive sowie Umstände, geschrieben haben, „Menschen ohne Stimme" oder auch „voiceless" genannt. Ich betone das noch einmal – die Menschen hatten in ihrer Lebenszeit Stimmen und haben diese auch benutzt. Sie haben aber nicht selbst über ihr Leben geschrieben; es gibt kaum Texte, in denen sie ihr Leben erzählen, und deshalb „sprechen" sie in schriftlichen Quellen nicht wirklich, selbst wenn es biografische Texte gibt.[13]

Manchmal begegnen uns Sklaven, die einem Schriftkundigen ihr Leben erzählen, oder ehemalige Sklaven, die Lesen und Schreiben gelernt hatten. Eine der wenigen Quellen eines Sklaven in Afrika, der erzählt, ist die von Henry „Harry" Johnston aufgezeichnete *History of a slave* aus den 1880er Jahren.[14] Ein weiterer Bericht in Form eines autobiografischen Essays stammt von Omar ibn Said (*1770 in Futa Toro – gest. 1864 als Sklave in Bladen Country, North Carolina).[15] Omar ibn Said sagt wenig über die Traumata der Überfahrt. Aber selbst die wenigen Worte lassen Schreckliches erahnen:

> My birthplace was Fut Tûr [Futa Toro], between the two rivers [Senegal und Niger]. I sought knowledge under the instruction of a Sheikh called Mohammed Seid, my own brother, and Sheikh Soleiman Kembeh, and Sheikh Gabriel Abdal. I continued my studies twenty-five years, and then returned to my home where I remained six years. Then there came to our place a large army, who killed many men, and took me, and brought me to the great sea, and sold me into the hands of the Christians, who bound me and sent me on board a great

---

11 Reis, Slave Rebellion; Diouf, Servants of Allah, S. 4–48; Barcia, Manuel, „An Islamic Atlantic Revolution"; Barcia, „West African Islam"; Barcia, West African Warfare.
12 Schwarz (Hrsg.), Slave Captain. Generell zur Problematik von geschriebenen Quellen über Afrika siehe: Jones, German Sources; Jones, Brandenburg Sources; Heintze/Jones (Hrsg.), European Sources, sowie: Brauner, „Das Verschwinden".
13 Siehe: Johnson, Twenty-eight years a slave; Jones, The experience of Rev. Thomas H. Jones.
14 Johnston, The History of a Slave.
15 Alryyes, A Muslim American Slave; Austin, African Muslims; Parramore, „Muslim Slave Aristocrats.

ship and we sailed upon the great sea a month and a half, when we came to a place called Charleston in the Christian language. There they sold me to a small, weak, and wicked man called Johnson, a complete infidel, who had no fear of God at all. Now I am a small man, and unable to do hard work so I fled from the hand of Johnson and after a month came to a place called Fayd-il [Fayetteville].[16]

Der Bericht eines ehemaligen Versklavten, der lange nach dem Erlebensfall über den Weg aus inneren Territorien des heutigen Nigeria zur Küste schrieb, ist die Autobiografie von Olaudah Equiano (die in ihrer Authentizität umstritten ist).[17] Die Profiteure des Großgeschäftes Slaving in Afrika (reiche Kaufherren-Unternehmer (Karawanenchefs), Herrscher (Potentaten, Chefs, „Könige", Priester) und militärische Anführer, *war lords*, private Sklavenhändler (wie ein Mann namens Grand Boucaud in Ouidah an der Goldküste 1773–1788), Priester oder in staatenlosen Gesellschaften *big men* oder *big women* (z. B.: *mungo/mongo*[18]) hinterließen auch kaum schriftliche Erinnerungen an den Sklavenhandel. Nach Schätzungen eines portugiesischen Negreiros fand auf den Märschen, Karawanen- und Kanutransporten vom Interior zu den Küsten Afrikas die Hälfte der Captives den Tod.[19] Eines der diskursiven Hauptprobleme dieses Anfangskomplexes der meisten Sklavenbiografien besteht darin, dass einerseits die europäischen Versklaver und Menschenhändler (nichts anderes waren Sklavenhändler) die „afrikanischen" Schrecken und Traumata zur Legitimierung der atlantisch-amerikanischen Versklavung benutzten und andererseits die Verschleppten, einmal in den Amerikas angekommen, darüber nicht mehr sprachen und sich oft auch nicht mal daran erinnern *wollten*. Erinnerung selbst war traumatisch.

Bereits die afrikanischen Anfänge des Slaving-Prozesses, Menschenjagd und erste Versklavung, waren zutiefst traumatisch. Europäer gab es im Inneren Afrikas bis zur Mitte des 19. Jahrhunderts mit Ausnahme von portugiesischen Gebieten,

---

16 Jameson, „Autobiography of Omar ibn Said".
17 Equiano, The Interesting Narrative; Walvin, Britain's Slave Empire, S. 99–106; Lovejoy, „Olaudah Equiano". Es gibt weitere solcher Stimmen, oft betreffen sie „versklavte Versklaver": Mohammed Baquaqua, Equiano, Ibrahim Abd al-Rahman, Rufino José Maria, die „Prinzen von Calabar" – alle waren versklavt, betrieben aber vor oder nach ihrer Versklavung auch Sklavenhandel; siehe: Curtin (Hrsg.), Africa Remembered; Cugoano, Thoughts and Sentiments; Domingues da Silva, „Ayuba Suleiman Diallo"; Sparks, Die Prinzen; Alford, Prince among Slaves; Gates Jr./Andrews (Hrsg.), Pioneers; Law/Lovejoy (Hrsg.), The Biography; Bailey, African Voices; McKnight/Garofalo (Hrsg.), Afro-Latino Voices; Bellagamba; Greene; Klein with ass. of Brown (Hrsg.), African Voices (im Wesentlichen muslimisches Afrika).
18 Peukert, Der atlantische Sklavenhandel, S. 204; Law/Schwarz/Strickrodt, „Introduction", in: Dies. (Hrsg.), Commercial Agriculture, S. 1–27, hier vor allem S. 6f.
19 Miller, Way of Death, S. 384f.; siehe auch: Thomas, The Slave Trade, S. 386, sowie Caldeira, Escravos, S. 103.

vor allem in Bissau und Cacheu sowie Angola, die schnell sehr kreolisiert waren, nur äußerst selten. „Kreolisiert" bedeutet hier, dass sich auch verbannte „weiße" Portugiesen und ihre Nachkommen mit afrikanischen Frauen sowie farbige Portugiesen aus anderen Gebieten des Imperiums im Hinterland befanden, oft als *degredados* (Verbannte).[20] Sie verhielten sich nicht mehr wie neu angekommen Europäer (d. h., auf irgendeine Art „dumm" oder unerfahren), sondern wie die Einheimischen. Europäische Stimmen über die Menschenjagd im afrikanischen Hinterland sind deshalb extrem selten (mit Ausnahme, ich wiederhole das, vielleicht von Angola und seinem Hinterland in Westzentralafrika, siehe etwas weiter unten). Einer der wenigen europäischen Augenzeugenberichte stammt von Isaac Parker, einem englischen Seemann, der 1765 auf dem Sklavenschiff (Slaver) *Latham* aus Liverpool nach Old Calabar in der Calabar- und Cross-River-Mündung kam. Aus Angst vor dem tyrannischen Kapitän floh Parker zu seinem Geschäftspartner Dick Ebro, einem der großen Efik-Sklavenhändler von New Town (Calabar, östliche Sklavenküste). Er blieb fünf Monate. Eines Tages fragte Ebro Parker: „wollt Ihr mit mir in den Krieg ziehen?". Parker sagte zu und erlebte Razzienslaverei, wie sie überall auf der Welt vorkam (Griechen des Odysseus, Wikinger, Kariben, Razzienkrieger der Zulu-See). Ich zitiere aus dem exzellenten Buch von Randy Sparks: „Die Kanus wurden ausgerüstet mit Pistolen und Munition, mit Säbeln, Schießpulver und Kanonenkugeln. An Bug und Heck der Boote befestigte man je eine leichte Kanone auf einem Holzbock".[21] Tagsüber trieben die versklavten Ruderer-Jungen die Kriegskanus gegen die Strömung über den Fluss. Nachts begannen die Hinterhalte, das Kidnapping und Überfälle auf Siedlungen; zwei bis drei Männer blieben als Wachen bei den Booten, die anderen überfielen als Razzientrupp die Ansiedlungen. Die Gefangenen wurden gefesselt zu den Kanus verschleppt. Als 45 Gekidnappte zusammen waren, kehrte die Expedition nach New Town zurück; die Verschleppten wurden auf Handelshäuser verteilt und den Europäern oder Amerikanern angeboten. Parker nahm nochmals an einer Razzienexpedition ins Hinterland teil. Sie lief genauso ab wie die erste und wie Hunderttausende andere auf der ganzen Welt.[22] Der Bericht über die Teilnahme an einer Sklavenkarawane ins Innere findet sich bei Theophilus Conneau (siehe unten). Sklaven- und Handelskarawanen in Angola und Zentralafrika, bei denen kreolisierte Afrikaner, oft auch christianisierte, wie Ambakisten eine extrem wichtige Rolle spielten und in deren Umfeld ähnliche Razzien stattfanden, habe ich oben auf Basis vor allem der Arbeiten Beatrix Heintzes dargestellt.

---

20 Allgemein zu *degredados* siehe: Coates, Convicts and Orphans; Coates, Convict Labor.
21 Sparks, Die Prinzen, S. 68f.
22 Zeuske, Handbuch, S. 270–284. Zu Razziensklavereien in Europa und an den Grenzen Europas siehe: Martín Casares, „Magrebian Slaves" sowie Clarence-Smith, „Slavery".

Tiefste Traumatisierung betraf auch den kalkulierten Terror des Transports zur Küste und den Terror der Sklavenfestungen, Faktoreien und Sklavenforts[23] sowie der Baracken, Quibangas und Sklavenhäfen mit Korralen, die Entwürdigung der Castings, der körperlichen Untersuchungen, der Nacktheit und der Verschleppung auf die Schiffe der Weißen sowie des quälenden Transports auf dem Sklavenschiff.[24] Zynisch nannten englische Seeleute den ersten Mann, der an Bord anlangte, „Adam" und die erste Frau „Eva"[25]. Zu den „normalen" Schrecken der Überfahrt im Bauch eines Sklavenschiffes kamen oft die Traumata der Flucht der Sklavenschiffe vor der Verfolgung durch (vor allem) britische Schiffe ab 1808, die Sklavenhandelsschiffe jagten und aufbrachten. Das britische Geschwader (*African Squadron*) war 1808 gebildet worden; seit 1819 war Freetown seine Basis (auch Ascension und St. Helena sowie ab 1842 Kapstadt wurden als Stationen genutzt). Zwischen 1808 und 1867 brachte das Westafrika-Geschwader 1600 Schiffe auf und soll 150 000 Captives von Negreroschiffen befreit haben.[26]

Kriege in Afrika, Razzien und die frühe Beteiligung von Portugiesen und ihre Allianzpolitik nach 1470 hatten zur Umwandlung bzw. Entwicklung unterschiedlicher Sklavenerwerbspraktiken und Märkte im Hinterland (*interior*) und entlang der afrikanischen Küsten geführt. Sofern Berichte in portugiesischer Sprache vorliegen, nennen sich die Erwerbs- und Tauschpunkte („Märkte") für Sklavinnen und Sklaven *feiras/pumbos*.[27] Diese Handelsstrukturen wurden auch von anderen „atlantischen" (d. h., europäischen und amerikanischen) Sklavenhändlern benutzt und waren auch im 19. Jahrhundert noch weitgehend intakt. Klassisch ist das Beispiel von Königin Nzinga (oder Njinga – 1583–1663, christlicher Name Ana de Souza), die Widerstand gegen Portugiesen leistete, sich mit Holländern verbündete und sich nur halten konnte, weil sie in Matamba die wichtigsten Sklaventransportrouten und Zugänge zu Razziengebieten kontrollierte (in den 1640ern wurden jährlich 12 000–13 000 Captives zur Küste verschleppt).[28]

Da in diesem Kapitel Traumata im Vordergrund stehen, will ich nur drei traumatische Praktiken aus einer Welt des Schmerzes und der Schrecken anführten,

---

23 Ballong-Wen-Mewuda, „Africains".
24 Rediker, The Slave Ship, passim. Simon Gikandi analysiert den symbolischen Akt der Nacktheit – gerade für calvinistische Protestanten, und das waren viele der englischen und französischen Kapitäne, der Gipfel der Unzivilisiertheit – als symbolische Entwürdigung, zusammen mit der „Ent-Namung" und der Reduzierung auf den nackten Körper: Gikandi, Slavery, S. 211–217.
25 Sparks, Die Prinzen, S. 91.
26 Lloyd, The Navy; Wills, The Royal Navy; Canney, Africa Squadron; Eltis, „O significado"; siehe auch: Howard, American Slavers, S. 70–84.
27 Caldeira, Escravos, S. 100.
28 Miller, „Njinga of Matamba".

die die erste Etappe der atlantischen Gewaltinfrastrukturen kennzeichneten (aber auch diejenigen Etappen, die nach Norden oder Osten führten[29]). Nach António de Oliveira de Cadornega unterhielten sich zwei *pumbeiros* (selbst Sklaven weißer Sklavenhändler in Luanda) über ihre Praktiken des Slaving im Hinterland. Der eine hatte hunderfünfzig *peças* („Stücke" = Körper Versklavter) erworben. Als er als Erster von einer lokalen Krankheitsepidemie auf dem Transportweg erfuhr, habe er seine Peças schnell an andere lokale Sklavenhändler im Tausch gegen Waren (*fazendas*) abgegeben. Als die Epidemie abgeklungen war, kaufte er hundertfünfzig neue gesunde Peças und liefert sie lebend und gesund bei seinem Herrn ab.[30]

Der Jesuit Alonso de Sandoval, der in Cartagena de Indias (heutiges Kolumbien) viele der Neuangekommenen taufte und befragte, berichtet von einem anderen grausigen Detail. Pumbeiros hackten Verschleppten, die auf den Märschen zur Küste todkrank wurden oder starben, die Hand ab, an der sie mit Ketten und Eisenringen (*limbambo/limbambos*) an die langen Reihen der anderen in der Sklavenkarawanen gefesselt waren. Die abgehackten Hände kamen in einen Sack, der am Ankunftsort dem Herrn der Pumbeiros gezeigt wurde, um Auskunft über die Verluste zu geben.[31] Man kann das als jesuitisch-antiafrikanische Gräuelpropaganda abtun, muss es aber nicht.

Das dritte Beispiel ist die Rekonstruktion der *life history* einer Versklavten aus den Bambara- oder Wolof-Gebieten des mittleren Nigergebietes. Es handelt sich um ein Schicksal auf dem Wege in die atlantische Sklaverei; die Frau überstand schon den Transport in Afrika nicht. Der Name der Versklavten wird bei Mungo Park mit Nealee (sicherlich: Nili) verzeichnet. Mungo Park, der schottische Botaniker und Reisende, war „the sole scriptural witness".[32] An einem Ort namens Kamalia war der erkrankte Park für Monate Gast eines muslimischen Sklavenhändlers (*slatee*). Park nennt ihn Karfa Taura. „Kind reception by Karfa Taura, a Slatee", schreibt Park, „who proposes to go to the Gambia in the next dry season with a Caravan of Slaves".[33] Karfa war als Sklavenhändler eine der hochgestellten Persönlichkeiten des Ortes mit starkem sozialem Standing. Während der Tage ihres Zusammenseins erwarb Karfa Taura in Kamalia Menschen, wohl gegen Goldstaub. Die Frau namens Nealee, die vorher schon drei Jahre lang im Bambara-Reich Segu als Sklavin gehalten worden war, gehörte zu dieser Sklavengruppe. Mungo Park schloss sich der Sklavenkarawane (*coffle*) an. Die Karawane beweg-

---

29 Johnston, The History of a Slave, Einleitung von Paul E. Lovejoy, S. 1–17 und passim.
30 Cadornega, História Geral, Bd. I, S. 143f.; zusammenfassend: Caldeira, Escravos, S. 101.
31 Miller, Way of Death, S. 379–443; Heintze, Angola; zu Sandoval siehe: Sandoval, Naturaleza, f. 67v und 68r; siehe auch: Caldeira, Escravos, S. 103.
32 Gikandi, Slavery, S. 52–55.
33 Park, Travels, S. 233.

te sich seit dem 19. April 1797 Richtung Gambia-Mündung und Atlantik. Mungo Park beobachtete die täglichen Routinen der Sklavenkarawane. Er schreibt, dass die Frau so traumatisiert gewesen sei, dass sie sterben wollte. Am 25. April 1797 weigerte sich Nealee, weiterzumarschieren. Der Esel, der die Karawane als Transporttier begleitete, weigerte sich, die am Bein verletzte Frau zu tragen. Andere Versklavte weigerten sich, sie auf einem Bambusgestell zu tragen oder zu ziehen. Mungo Park hält fest: „the general cry of the coffle was, *kang-tegi, kang-tegi* [schneid ihr die Kehle durch]". Park wollte die Gewalttat nicht mit ansehen und bewegte sich zur Spitze der Karawane. Bald kam, schreibt Mungo Park, einer von Karfas Haussklaven und schwenkte Nealees letztes Kleidungsstück. Er hatte ihr nicht die Kehle durchgeschnitten, aber die verwundete Frau einfach nackt auf dem Weg liegen lassen.[34]

Simon Gikandi macht anhand dieses Beispiels eine Unterscheidung zwischen altem, „feudalem" und unmodernem Slaving Afrikas, dessen Geltungsbereich für ihn bis zu den Festungen am Gambia reichte. Ab da ist die Sklaverei für ihn „modern".[35] Benjamin N. Lawrence spricht im Falle der Amistad-Kinder in Bezug auf die Versklavungszonen von *catchment areas* (*slaving zones*) und sagt auch, dass die Routen zur Küste im Gallinas-Gebiet (heutiges südliches Sierra Leone) oft eine Kombination von „established roads and narrow bush paths", zum Teil mit Kanutransport darstellten. Auf den Landwegen waren die Märsche in Gänsereihe langsamer und beschwerlicher.[36]

Viele Verschleppte wurden, nachdem sie die Strapazen des Transports aus dem Landesinneren überlebt hatten, in den bekannten Sklavenforts verkauft. Als eine Art Zoll-Festung standen manche Forts unter gemeinsamer Kontrolle von afrikanischen und europäischen Faktoren; an den meisten Orten aber waren Europäer oder Amerikaner nur geduldet (vor allem an der Goldküste[37]). Andere Verschleppte aus dem Inneren wurden in lokalen Städten, auf Inseln oder in Hafenorten verkauft, wieder andere direkt vom Strand weg, auch von Flussstränden. Wie auch immer das geophysische Umfeld war, alle Verschleppten wurden den gleichen verletzenden, traumatischen und intimen Castings unterzogen, mit denen Faktoren, Kapitäne und Offiziere versuchten, ihren Wert (den Wert ihres Körpers) mit dem der auszutauschenden Waren abzugleichen, dabei Profite herauszuschlagen, und zugleich den potenziellen Wert als Kapital und Arbeitskraft in den Amerikas einzuschätzen. „Slave ships", sagt James Walvin, „spent weeks on end sailing up and down the coast, buying a few slaves here, a handful there. But

---

34 Ebd., S. 66f.
35 Ebd., S. 66; alles nach: ebd., S. 233–236 sowie 308–310.
36 Lawrance, Amistad's Orphans, S. 136.
37 Perbi, „Merchants"; Perbi, History, S. 13–27.

the longer they stayed on the African coast, the higher the death rate among the crew – and among those slaves already packed below".[38] Joachim Nettelbeck, der „aufrechte Bürger" Königsbergs, beschreibt den Schaluppenhandel an der Goldküste:

> östlich nach Kap Palmas; und hier erst begann der Verkehr lebendiger zu werden. Die Schaluppe wurde mit Handelsartikeln beladen, mit Lebensmitteln für zwölf Mann Besatzung auf sechs Wochen versehen und mit sechs kleinen Drehbassen, die ein Pfund Eisen schossen, ausgerüstet. Mein Steuermann befehligte im Boot; ich aber, sein kleiner Dolmetscher, blieb auch nicht dahinten und ward ihm im Handel vielfach nützlich. Wir machten in diesem Fahrzeuge drei Reisen längs der Küste, entfernten uns bis zu fünfzig Meilen vom Schiffe und waren gewöhnlich drei Wochen abwesend. Nach und nach kauften wir hierbei vierundzwanzig Sklaven, Männer und Frauen (auch eine Mutter mit einem einjährigen Kinde war dabei!), eine Anzahl Elefantenzähne und etwas Goldstaub zusammen. Bei dem letzten Abstecher ward auch der europäische Briefsack auf dem holländischen Hauptkastell St. George de la Mina von uns abgegeben.[39]

Der bereits erwähnte Negrero Manuel Bautista Pérez erwarb in Cacheu zwischen Juli 1613 und April 1614 227 Versklavte, 80 % davon einzeln oder zu zweit und nur 10 Gruppen (*lots*), die größer waren als je drei Verschleppte.

Pérez bekam die Verschleppten direkt von afrikanischen Lokalherrschern oder von ungenannten Lançados, Juden, Afrikanern oder „Mulatten" sowie anderen nicht namentlich genannten Agenten; auch sein Bruder Juan Bautista steuerte sieben Captives bei. Einige waren auf lokalen Märkten (Bijorrei, Brucama) getauscht worden. Oder Pérez bekam sie als Schuldrückzahlung. Die meisten kamen aus Bichangor, Bissau, Boula, Geba sowie von Rio Grande oder von Rio Nunes bzw. von den Bijagós-Inseln.[40]

Im kubanischen Spanisch wurde die Gruppe von Sklavinnen und Sklaven, die gemeinsam auf einem Sklavenschiff die Atlantikpassage überstanden hatten, meist *cargazón* oder *armazón* genannt. Die Mitglieder einer Cargazón hatten gemeinsam die systematisierte Gewalt, den Durst, die körperlichen Verletzungen und die schrecklichen Traumata der Atlantiküberquerung und der Ankunft in Sklavenhäfen sowie die Konflikte in den Schiffsladeräumen überlebt.[41] Die einzelnen frisch eingeführten Verschleppten, jetzt durch Gewalt *avant la lettre* und schriftliche Konstruktion rechtlich abgesichertes Eigentum[42], Sklavinnen und Sklaven, nannte man *bozal* oder *bozala* (Französisch: *brut*). Das bezeichnet einen

---

38 Walvin, Britain's Slave Empire, S. 31.
39 Nettelbeck, Ein Mann, S. 19.
40 Ebd., S. 50–55; siehe auch: Conneau, A Slaver's Log Book, S. 104–106, 62–64.
41 Portuondo Zúñiga, Entre Esclavos, S. 113–116.
42 Zeuske, „The Names"; Zeuske, „The Second Slavery".

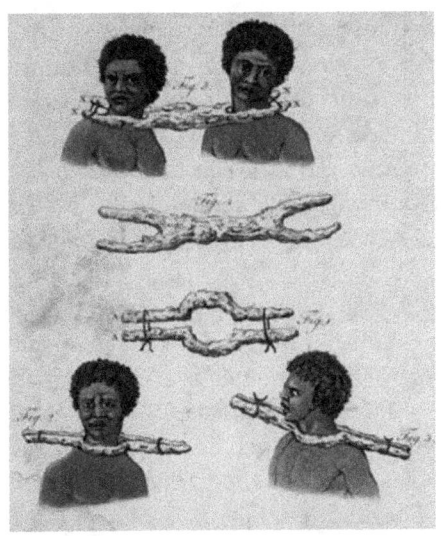

Abb. 3. Holzjoche, die im Sklavenhandel benutzt wurden. Original in: Clarkson, Letters on the Slave-trade, plate 2, vor S. 36. Siehe auch: The Thomas Clarkson manuscript.

wilden Menschen, der kaum der menschlichen Sprache mächtig ist. Hochsee-Sklavenschiffe waren im Grunde, nach Marcus Rediker, Maschinen der Gewalt und mobile Fabriken, die Verschleppte aus Afrika in menschliche *commodities* sowie Kapital für Europäer und Amerikaner verwandelten und aus ihnen Sklaven nach amerikanischem und europäischem Verständnis machten.[43]

Die Geschichten der Sklavinnen und Sklaven in den Amerikas und auch die Geschichte der Atlantisierung der Amerikas müssen in diesem Sinn in Afrika einsetzen. Paradigmatische und zum Teil symbolische Erinnerungsorte – ich möchte von Realien sowie Erinnerungskomplexen des Slaving sprechen – waren (in einer linearen Repräsentation entlang der Gewaltinfrastrukturen vom Innern Afrikas über die Küstenfaktoreien, die atlantische Überfahrt, die Ankunft in amerikanischen Häfen und die Verschleppung zu den Arbeitsorten): Razzienkriegstruppen der Sklavenjagd und ihre Überfälle auf Ortschaften[44], lokale Menschenmärkte im Interior Afrikas (Port.: *pumbos*), Sklavenkarawanen mit Ketten, Hand- und Halseisen, meist aber mit profanen Stricken oder den berüchtigten Holzjochen und grausamen Wächtern, Sklavencompounds, Sklavenbarracones und -festungen (Faktoreien), der Akt des Sklavenkaufs und der Körpertaxierung (Casting) an den Küsten, die Küstenboote der Überfahrt zu den Sklavenschiffen und als zentraler Er-

---

43 Rediker, The Slave Ship, S. 41–45.
44 Jones, From Slaves to Palm Kernels, S. 45–51; Sparks, Where the Negroes, S. 122–161 (Goldküste). Zum Gesamtkomplex der afrikanischen Gebiete siehe: Miller, „Central Africa", sowie Zeuske, Amistad, S. 123–191.

innerungskomplex des Slaving: das Sklavenschiff. Auf amerikanischer Seite sind die wichtigsten Komplexe der Sklavenhafen (nochmals mit Castings und oft mit Quarantäne), Sklavenmärkte, Märsche oder Transporte zu den Versklavungsorten sowie einzelne Sektoren der Sklaverei in den Amerikas (Haussklaverei, Bergwerkssklaverei, Transportsklaverei etc.[45]). Kanus und Sklavenschiffe sind die paradigmatischen Erinnerungsorte der See-Sklaverei. Der paradigmatische und zentrale Erinnerungsort der Land-Sklaverei in den Amerikas ist die Sklavenplantage.[46]

In Rio gab es *Sclavenmagazine*; zum Verkauf wurden die Verschleppten in gemieteten und hergerichteten Häusern der Vallongo-Straße (auch Val Longo) ausgestellt.[47] Für Bahia und Havanna, um nur die drei bedeutendsten Sklavenhandelsstädte Amerikas im 19. Jahrhundert zu nennen, galt Ähnliches. Der Standardsatz spanischer Verkaufsdokumente, eine Art Werbespruch des Sklavenhandels für neu angekommene Verschleppte, lautete: „Bozal-Qualität, Seele im Munde, ein Sack Knochen, zum Marktgebrauch". *Bozal* war ein Begriff, der einen direkt aus Afrika gekommenen „Neger" bezeichnete. Barracones wurden in allen Enklaven des Sklaven-/Menschenhandels eingerichtet, um eine rüde Form der Quarantäne zu garantieren, wie aus der Aussage des Sklavenhändlers und Arztes Dr. Joseph Cliffe (für den Menschenschmuggel nach Brasilien) deutlich hervorgeht:

> The reason to putting them into such place [Barracoon] is this: no owner of an establishment would permit a new cargo of slaves to be taken to his property, because of a species of itch, or disease of the skin which they have very much, would be propagated throughout the whole establishment; therefore no person would have them in a settled place. Those barracoons are in remote places by themselves, where there is no danger of the slaves running away; the object is to have a species of hospital where they are treated till those that get well do get well, and those that die there are buried[48].

---

45 Eines der schrecklichsten Beispiele dieser Gewaltinfrastrukturen eines „Transportes" in den Amerikas ist sicherlich der Marsch von Buenos Aires/Montevideo quer über den Kontinent und die Anden, die nochmalige Verschiffung in Chile (Cabotage) und der Versuch, die Verschleppten nach Lima auf den Sklavenmarkt zu bringen – diese Geschichte von Versklavten, die schon Herman Melville inspiriert hatte, ist von Greg Grandin in seinem neuen Buch analysiert worden: Grandin, The Empire.
46 Mintz, „Plantation"; zu einer der ersten Bemühungen, Sklavenhändler dem Dunkel der Nicht-Erinnerung zu entreißen: Araujo, „Transnational Memory".
47 Gaspari/Hassel/Cannabich/GutsMuths/Ukert, Vollständiges Handbuch, S. 393–1202, Eintrag „Das Kaiserthum Brasilien", hier S. 560.
48 „An Ex-Slavetraders Account of the Enslavement Process in Africa, S. 37; ausführlich siehe unten im Kapitel über „Ankunft in den Amerikas".

Erst wenn die Sklavinnen und Sklaven – und hier schließt sich der Kreislauf im atlantischen Transportsystem und seinen Infrastrukturen der Gewalt – oft nach kräftezehrenden und nochmals extrem traumatischen Fuß-Märschen in unwegsamen Küstengebieten (nur Halbtote wurden auf Karren transportiert; einige Verschleppte wurden nachts von konkurrierenden Sklaventreibern geraubt) auf den Sklavenplantagen ankamen, wurden sie von den Pfarrern getauft und es wurden ihnen Gevatter oder Gevatterinnen (Paten) aus der Gruppe der älteren Sklaven zugewiesen. Sie fanden also – so schaurig das klingt – eine Art neue Heimat, bildeten Initiierungs-Gemeinschaften, oft mit den Schiffsgenossen (*carabelas*) sowie Gevattern, und bekamen nicht ausreichend, aber regelmäßig und mehr zu essen und vor allem zu trinken (wenn sie keinen Widerstand leisteten) als in den Sklavenforts, auf den Schiffen oder in den Barracones der Sklavenhäfen.

Bei den hier geschilderten Gewaltinfrastrukturen ist der Ausgangspunkt die afrikanische Angebotsseite (ich komme auf die Gewaltstrukturen zurück). Es ist auch eine Skizze der Gewaltinfrastrukturen von Seiten der Nachfrage aus den Amerikas möglich, wie Anne Bailey es macht: „(1) demand on plantations in the New World; (2) setup and organization in European ports; (3) setup and manning of slave forts and fortifications along the coast of Africa [Bailey behandelt die Old Slave Coast im heutigen Ghana]; (4) the Middle Passage journeys from the coast of Africa; (5) landing in the New World, including sales and auctions; and (6) industrialization of slave-made products in factories".[49] Das ist richtig, wenn man die atlantische Nachfrage für so wichtig hält, dass sie im Grunde das gesamte System hervorgebracht hat. Dann müssten allerdings die Geschichten des atlantischen Sklavenhandels alle mit der Ausrüstung und der Abfahrt der Schiffe in europäischen und amerikanischen Städten beginnen. Ich halte das afrikanische Angebot und dann den Zwang auf die Iberer/Europäer, sich aus den afrikanischen Handelsnetzen und ihrer Juniorstellung darin wenigstens partiell zu lösen, für wichtiger; dass es in mikrogeschichtlicher Perspektive gelebter Leben chronologisch am Beginn steht, kann nicht bestritten werden. Selbstverständlich sollte dabei die Nachfrage aus den Amerikas (vor allem seit den großen Conquista-Beuten ab 1521) nicht unterschätzt werden. Der Transport an den Küsten und über die Flüsse der Amerikas bzw. über Landrouten an die Orte des Verkaufs (Sklavenmärkte) und der Sklavereien erscheint hier nicht.[50]

Afrikanisten teilen oft die oben von mir dargelegte Sicht auf die Infrastrukturen der Mobilisierung per Gewalt (des „Reisens", des „Verkehrs"), der Haltung in

---

49 Bailey, African Voices, S. 23, 107–142.
50 Diese Perspektive ist am konkreten Beispiel analysiert bei: Newson/Minchin, From Capture, passim.

Barracoons/Barracones oder Quibanguas und des Transports der Verschleppten von Afrika in die Amerikas – meist allerdings ohne die Hinfahrt von den Amerikas nach Afrika zu thematisieren. Das wird bei ihnen unter Atlantik zusammengefasst, aber mehr und mehr auch unter *African Diaspora*.[51]

Für den afrikanischen Teil des Slaving gibt es aus amerikanistischer Sicht vor 1850, wie gesagt, mit wenigen Ausnahmen (wie Missionare, vor allem Alonso de Sandoval, u. a.) keine oder kaum schriftliche Quellen, die Stimmen von Versklavten festhalten, und relativ wenig Visualisierungen.[52] Auch verschwindet dieser atlantische Teil nach 1808 (UK, USA), 1820 (Spanien, Kuba) oder 1836 (Portugal und seine Kolonien) – zumindest was Stimmen der Opfer in den Bäuchen der Sklavenschiffe betrifft – fast völlig in der Nichtschriftlichkeit und unter dem *long black veil* des gezielten Verschweigens. Außerdem waren die Traumata in gewissem Sinne wirklich *unsagbar*. In Archiven der Sklaven- und Plantagenregionen Amerikas finden sich zum Erlebens- und Erfahrungsraum „Unterdeck" eines Sklavenschiffes kaum schriftliche Informationen. Der Sklavenhandelsatlantik wurde für die Opfer des Menschenkapitalismus nach 1820 völlig zu einem Hidden Atlantic des extrem gewalttätigen, traumatischen Menschenschmuggels, sozusagen zu einem Hidden Atlantic zum Quadrat, der Gewalt und Verdrängung in Potenz. Bis in das 19. Jahrhundert war dieser Atlantik Akkumulationsmotor des Kapitalismus und spezifischer Sklaverei-Modernen – in der Realität, nicht aber in Erinnerungen der Versklavten oder in den Diskursen der Versklaver. Über dem Atlantik lag die *omertà* der Menschenhändler und der Kapitalgenerierung – ein dichter schwarzer Schleier des Schweigens und der gezielten Marginalisierung.[53]

Für das Innere Afrikas selbst haben wir eine ganze Menge früher portugiesischer Quellen, von Kapitänen/Piloten, Militärs, oft auch von Mönchen der Missionsorden oder Kolonialbeamten – alles Leute, die schreiben mussten.[54]

Dazu kommen – in unserem Zusammenhang recht späte – Zeugnisse der oben erwähnten schriftkundigen luso-afrikanischen Karawanenchefs und Menschenhändler, wie den Ambakisten, die oft ihre Informationen an europäische Forscher und Expeditionschefs sowie Ethnologen weitergaben. Beatrix Heintze beschreibt, wie wir gesehen haben, für die zweite Hälfte des 19. Jahrhunderts und

---

51 Tondut-Sène, Mame-Kouna, „The Travel and Transport"; zusammenfassend aus afrikanistisch-portugiesischer Perspektive siehe: Caldeira, Escravos, S. 99–154, zur Diaspora siehe: Falola; Childs (Hrsg.), The Yoruba diaspora in the Atlantic world; Falola; Ogundiran (Hrsg.), The Archaeology of Atlantic Africa and the African Diaspora.
52 Zeuske, „Sklavenbilder"; Araujo, Public Memory.
53 Zeuske, „Mongos und Negreros"; Zeuske, „Out of the Americas".
54 Zusammengefasst in: Caldeira, Escravos, S. 99–103 sowie für das muslimische Afrika: Bellagamba; Greene; Klein (Hrsg.), African Voices.

einige Jahrzehnte im 20. Jahrhundert die anhaltende Bedeutung von Karawanen sowie luso-afrikanischen Karawanenhändlern in Angola und darüber hinaus bei der Erschließung des Landesinneren.[55] Alle Typen von Sklavereien, Menschenhandel, Razzien, Plünderungen und Menschenraub finden sich im Panorama der Karawanen. Karawanenkaufleute waren zugleich große Sklavenkaufleute und Chefs von Razzientrupps. Ich will gerne noch eine biografische Skizze hinzufügen. Paulo Coimbra, genannt Mussili, zeigt einen großen Sklavenhändler (*trading merchant*) in voller Aktion. Coimbra war Nachfahre eines „weißen Portugiesen" aus Brasilien, der dort eine farbige Frau (eventuell eine ehemalige Sklavin aus Angola) geheiratet hatte und mit ihr nach Angola und dann ins Hinterland nach Bié gegangen war.[56] Obwohl sich in anderen Gebieten des Sklavenhandels die Schwergewichte der einzelnen Handelswaren verschoben hatten oder wegblieben, dominierten in den Einzugsgebieten der großen Karawanen des späten 19. und frühen 20. Jahrhunderts weiterhin „Sklaven, besonders Mädchen, und Elfenbein"[57] den Lunda-Handel im Hinterland Angolas bis hin zu den großen Seen in Afrika. Das wird seit dem Beginn des afrikanischen Handels und auch seit Beginn des afrikanisch-portugiesischen Handels mit atlantischer Nachfrage so gewesen sein. Mit anderen Waren und Handelspartnern gilt das auch für andere Räume und die dortigen Karawanensysteme (wie zum Beispiel im Oyo- und Yorubagebiet der Sklavenküste sowie Senegambien).[58]

Eine große Karawane aus 700 bewaffneten Männer unter dem Fula-Karawanen-Chef Ama-De-Bella beschreibt Theophilus Conneau. Der Zug kam im November 1826 in Río Pongo (südlich der Rios de Guiné/Senegambien) in der Faktorei von Mongo John (siehe weiter unten) an. Darunter waren auch „principal traders" mit ihren Sklaven und Frauen. Sie brachten 3500 Rinderhäute, 19 große Elefantenzähne, Gold, kleinere Elfenbeinstücke, 15 Tonnen Reis, 40 Sklaven, 36 Stiere, Schafe, Ziegen, Butter, Zwiebeln sowie – sehr gesucht als Beiladung auf Sklavenschiffen – Bienenwachs.[59] Auch in der Biografie des Sklaven Horejandu, der vom Norden Kameruns über das Sokoto-Reich und die Sahara nach Tunis

---

55 Ferreira, Padrões de investimentos"; Ferreira, „Negociantes". Die Zeit bis Ende des 18. Jahrhunderts behandelt: Caldeira, Escravos, S. 91–98.
56 Heintze, Afrikanische Pioniere, S. 155–174, 137–151, besonders S. 137; zum Hintergrund siehe auch: Henriques, Percursores da modernidade; Freire (compil., análises e notas), Olhares europeus.
57 Heintze, Afrikanische Pioniere, S. 213.
58 Falola, „The Yoruba Caravan System".
59 Conneau, A Slaver's Log Book, S. 62–64.

verschleppt wurde, wird die Bedeutung des Langdistanz-Karawanenhandels und seiner komplizierter Organisation deutlich.[60]

Während Informationen über den internen Menschenhandel in Afrika eher selten sind (wie gesagt, vor allem aus amerikanistischer Sicht), finden sich frühe vertrauliche Informationen zur Anlandung von Bozales und zu den Anfängen ihrer Transkulturations- und Identifikationsprozesse.[61] In schriftlichen Berichten, die Verschleppte/Captives als Bozales beschreiben, erscheinen sie meist wie in folgendem Reisebericht:

> On again reaching Matanzas, I ascertained that a slave ship had just entered the port from the African coast, with 250 slaves on board ... On preceding to the quarter where these wretched beings were confined, I found them all huddled together in a large room, in which they were all exposed to sale like some drove of pigs, in a complete state of nudity, with the exception of a bandage tied round their loins. They ... were seated on the floor in groups of eight and ten, feeding out of a parcel of buckets ... Three of these miserable outcasts were extremely ill, from the effects of close confinement during a long voyage.[62]

Das intentionale Verschweigen gilt auch für Rechtsdokumente: Verkaufsprotokolle in den Amerikas (und in Europa) gingen stillschweigend davon aus, dass die Gekauften und Verkauften „rechtmäßig" Versklavte seien, und mussten deshalb immer wieder und systemisch ein Horror-Afrika (Kannibalismus, Idolatrie, Gotteslästerung, Apostasie, Ketzerei, Fehlen von Zivilisation etc.) erfinden und konstruieren. Das konnte gleich noch als systemische Basis von Rassismus außerhalb Afrikas dienen.[63] Ebenso gilt das Verschweigen für Sklavenhändler und ihre Hilfskräfte, aber die redeten an Land. Einige schrieben Briefe, Memoiren oder manchmal auch Artikel, oder es kam zu Gerichtsprozessen, sodass die Forschung in Bezug auf die Versklaver/Menschenhändler sowie ihrer Hilfskräfte über einen schriftlichen Korpus von Informationen, „Stimmen" und Erinnerungen verfügt. Für ihre Privatgeschäfte mit Verschleppten (außerhalb des Auftrages ihrer Auftraggeber) aber galt vollständig omertà, der Zwang des Schweigens – trotz der Tatsache, dass von 1520 bis 1808/1820 Sklavenhandel zwar meist monopolisiert, aber offiziell erlaubt war und dass einige Kreditgeber/Ausrüster einige wenige

---

60 Johnston, The History of a Slave, Einleitung von Paul E. Lovejoy, S. 1–17; Duffill/Lovejoy, „Merchants, Porters"; Holsinger, „Trade Routes"; Falola, „The Yoruba Caravan System".
61 Norman Jr., „The Process".
62 Tudor, Narrative, Bd. II, S. 131.
63 Der „barbarism" und das Hervorheben von Grausamkeiten und kannibalistischen Ritualen war auch eine Darstellungsstrategie Johnstons, siehe: Johnston, The History of a Slave, Einleitung von Paul E. Lovejoy, S. 1–17.

"Privilegien-Sklaven" für Kapitäne, Offiziere, Ärzte und manchmal sogar für altgediente Mannschaftsmitglieder erlaubten.

Einen Ausweg für Forscher, die sich für den Hidden Atlantic interessieren, bieten, wie wir sehen werden, neben den Massen von schriftlichen Wirtschafts- und Verkaufsquellen (sowie Testamenten) in Notariaten, die in einem funktionierenden westlichen Wirtschaftssystem einfach Standard waren, vor allem britische Quellen über die Aufbringung von Sklavenschiffen sowie Quellen, in denen Sklavinnen und Sklaven ihre Erinnerungen auf die eine oder andere Art, oft unter Zwang, zu Protokoll gaben. Ich stütze mich vor allem auf kubanische, britische, spanische und portugiesische sowie Quellen aus den USA. Die absolute große Mehrheit der Quellen waren Eigentumsnotate (Notariatsprotokolle über Kauf, Verkauf und Freilassung). In ihnen kommen Sklaven, von ganz, ganz seltenen Ausnahmen abgesehen, nicht zu Wort und sie enthalten keine Erinnerungen. Aber wir können wenigstens sicher wissen, dass die physischen, materiellen, biologischen Körper der Verschleppten/Versklavten „da" waren. In den Eigentumsnotaten, eben auch weil Eigentum genau beschrieben und definiert sein muss, wurden Verletzungen und Markierungen der Körper des jeweils ganz individuellen Sklaven erwähnt. Die Körperverletzungen, die aus Traumata und Gewalt der Versklaver und Sklavenhändler entstanden, waren (und sind) die Quelle für die Erkennbarkeit der Versklavten. Bis um 1784 waren auch Brandzeichen staatlich vorgeschrieben. Ab 1825–1830 nutzten die Sklavenhändler für ihren Menschenschmuggel neue, kleinere Brandzeichen als Eigentumsmarkierungen auf den Körpern selbst. Schriftlichkeit (Dokumentalität) war für sie nicht auf Papier angewiesen, sondern sie hinterließen die Spuren ihrer Gewalt auf den Körpern.[64] Ziernarben und Tätowierungen der aus Afrika verschleppten Menschen sowie Brandzeichen (*calimbo/carimba*) wurden zu einer Art „Ausweis" (*branding*) des Sklaven- und Menschenhandels.

2.2 Verschleppte – „Stimmen" von „Stimmlosen"

Es gibt nur wenige Berichte oder auch nur Aussagen von afrikanischen Gefangenen über Prozesse des Slaving vor ihrem Sklavendasein auf Kuba oder Brasilien oder einem anderen Teil Amerikas. Aber sie sind vorhanden, sogar in schriftli-

---

64 Zu „ethnischen" Körpermerkmalen (Ziernarben und Identitätstätowierungen) sowie zu von Sklavenhändlern angebrachten Brandzeichen (*calimbos/carimbo* oder *carimba*) siehe: La Rosa Corzo, Tatuados; zur *carimba* als aufgezwungene Identitätsmarkierung („Ausweis") des Sklavenhandels siehe: Fagúndez, „La carimba"; zum englischen und französischen Sklavenhandel siehe: Aguet, A Pictorial History.

chen Quellen. Es gibt mehrere Hauptperspektiven, je nachdem, ob der Sklaverei-Forscher Amerikanist oder Afrikanist ist oder eine nationale beziehungsweise atlantische Perspektive vertritt. Der Amerikanist und Atlantiker, einschließlich des Autors, wird an den Quellen ansetzen, die in seinem Untersuchungsgebiet produziert worden sind; der Afrikanist an seinen Quellen (allerdings müssen, wie die Arbeiten von John Thornton zeigen, oft auch Afrikanisten auf amerikanische, europäische oder ganz allgemein „christliche" Quellen[65] zurückgreifen). Eine dritte Grundkategorie von Quellen wurde auf dem Atlantik produziert, in der atlantischen Seewirtschaft des Slaving (Atlantisierung), aber oft in den Häfen Europas oder der Sklaverei-Amerikas nationalisiert (Schiffspapiere, Ladelisten, Schifflogs, Steuerlisten, Heuerverträge, Memoria über Sklavenhandelsreisen, Berichte von Ärzten) oder stellen, im Falle der binationalen Gerichtshöfe (Großbritannien-Spanien, GB-Portugal etc.) der Mixed Commissions (und Mixed Courts; *British-Spanish Mixed Commission for the suppression of the slave trade* oder *Tribunal Mixto de Justicia*) zur Verfolgung des Sklavenhandels nach 1815[66], in gewissem Sinne frühe internationale, oft bilinguale Quellentexte dar. In dieser Quellenkategorie sind vor allen die Berichte der *captors* (Kapitäne meist englischer Schiffe) zu nennen, die ihre Version des Kapervorgangs von Sklavenschiffen geben, die Berichte, was sie auf dem Schiff vorgefunden haben, die Listen von *recaptives* (befreite Verschleppte; span.: *emancipados*) sowie die Berichte über Verbrechen und die Verhöre (*examinations*) der Kapitäne sowie der Besatzungen von gekaperten Schiffe (siehe unten). Einen weiteren atlantischen Ansatz bieten Informationen von Sklavenhändlern und ihren Angestellten (Schiffärzten, Mannschaftsmitglieder, Hilfspersonal). Slaving war atlantische Kommodifizierung und zugleich Marktwirtschaft sowie Teil eines ursprünglichen Kapitalismus menschlicher Körper mit eben diesen Körpern als wichtigstem Kapital. Regelungen für den gesamten „freien Ozean" Atlantik ließen sich nicht durchsetzen (also versuchte es Großbritannien faktisch im Alleingang im Nimbus moralischer Macht – unterstützt durch die Seemacht, klar – und festigte dadurch seine imperiale Position), aber es existierten neben „nationalen" Gewohnheiten und Marketings je nach „nationalem" Hafen allgemeine Regeln, die alle Sklavenhändler-Kapitäne befolgen mussten. Dazu gehörte zum Beispiel, dass die Verschleppten schriftlich als Eigentum eingeschrieben werden mussten (sowohl im Wortsinne, auf Listen, die jeder Kapitän führte, wie auch symbolisch, als Privateigentum) und dass es den Kapitänen auf die Körper und nicht auf die Persönlichkeit der Verschleppten ankam. Das bedeutet, dass nach 1820 kein Sklavenhändler-Kapitän in seinen

---

65 Alencastro, „Portuguese Missionaries".
66 Martinez, „Antislavery Courts"; Eltis, „O significado".

Schiffslisten individuelle Namen aufschrieb (*noms écrits*), was ja immer einen Status des Verzeichneten voraussetzt, und sei es auch nur der einer getauften Person. Die Kapitäne und ihre Schreiber notierten immer zuerst Nummern, gefolgt von einer Körpercharakteristik nach den Wertmaß der *pieza de Indias* („Indienstück" – Sklave oder Sklavin mit gutem Körper und vollständigem Gebiss, die zum Import nach Spanisch-Amerika zugelassen waren), dem Hinweis darauf, ob es sich um den Körper eines Mannes, einer Frau, eines Mädchens oder eines Jungen handelte. Manchmal kam dazu ein drittes Merkmal, das verzeichnete, zu welcher afrikanischen Kultur (*nación* – z. B. „congo", „mina", „carabalí", „mandinga", „Angola", „lucumí" oder „gangá") der Körper gerechnet wurde.[67]

Das Muster gilt cum grano salis auch für ein im Februar 1853 bei Sagua la Grande an der Nordküste Kubas auf ein Riff aufgelaufenes Negrero-Schiff. Die Behörden mussten ad hoc eine Untersuchungskommission einsetzen. Diese hatte eine extrem schwierige Aufgabe – sie musste das augenscheinliche Verbrechen untersuchen, aber die Hintermänner schützen. Der Name des Schiffes und der Name des Kapitäns sowie des Ausrüsters wurden durch die Art und Weise der Befragung und Einflussnahme auf die (versklavten) Übersetzer manipuliert und damit verborgen. Das Interessante ist, dass während des Sturms die erwachsenen Verschleppten von den Matrosen und Hilfskräften an der Küste verborgen angelandet werden konnten, aber eine Gruppe von 16 Jungen, *negritos bozales* genannt, eine *carabela* – hier wohl am besten als verschworene Gruppe übersetzt – gebildet hatten und auf die Riffe entkommen waren (ohne Schuhe!). Da der Untersuchungskommission keine Liste der Ladung des Schiffes vorlag und auch kein Priester in der Nähe war, listeten sie die Namen auf, die sie hörten. Deswegen haben wir von diesen mutigen kleinen Jungen ihre (afrikanische) Namen, oft auch den Herkunftsort und das Alter. Ob sie Christen waren – was auch gefragt wurde –, ist mit Vorsicht zu betrachten! Ich zitiere längere Teile der Befragung, weil es sich um extrem wertvolles Quellenmaterial handelt.[68]

Der erste der kleinen Verschleppten sagte:

> er heißt Himejere, stammt aus Afrika Congo Mondongo und ist etwa zehn bis zwölf Jahre alt [er antwortete, dass er kein Christ ist – an anderer Stelle in der Quelle] ... Gefragt: wer ihn eingeschifft hat, ob er es freiwillig gemacht, und ob er es gezwungen gemacht hat, antworte-

---

67 Zeuske, „The Names". Die einzig wirklich Identifizierung von Individuen in der Geschichte des Sklavenhandels ist nur über „ethnische" Körpermerkmale möglich (Ziernarben und Identitätstätowierungen; siehe auch nachfolgendes Kapitel und die Ausführungen zu *naciones africanas*): La Rosa Corzo, Tatuados, passim, sowie: Fagúndez, „La carimba".
68 Ich folge dabei nicht der linguistisch-historischen Konvention Menschen aus dem historischen Kongo-Reich in Afrika als „Kongos" zu bezeichnen und auf Kuba oder im iberischen Amerika als „Congos".

te er mittels des Übersetzers, dass ihn einige Weiße geschnappt haben und ihn unter Zwang eingeschifft haben = Gefragt: ob die Weißen, die ihn eingeschifft haben seine eigene Zunge [Sprache] oder die des Herrn Juez sprachen, der ihn befragt, antwortete er: dass die Weißen, die ihn schnappte[n], keine Congos waren und es auch nicht sprachen und er die Sprache, die sie sprachen, nicht verstand = Gefragt: nachdem ihm eine spanische Flagge gezeigt worden war, ob die, die das Schiff hatte, von dieser Farbe gewesen sei, antwortete er: dass es auf dem Schiff viele Fahnen gab und unter ihnen gab es [eine Fahne] von dieser Farbe [der spanischen Flagge] und verschiedene andere = ... es kamen [auf dem zerstörten Schiff] mehr als fünfhundert Neger = Gefragt: ob er weiß, wo die anderen Neger sind, antwortete er: dass die Weißen sie mit an Land genommen haben, einige in Booten [des Schiffes] und andere nach [auch: von] anderen Seiten [der Richter, der durch die Art der Befragung verhindern möchte, dass die Inselbewohner in den Fall hineingezogen werden, bricht an dieser Stelle ab:] In diesem Zustand und weil man keine anderen Erklärungen besorgen könne, verfügte Seine Ehren, für jetzt die Befragung abzubrechen unter dem Vorbehalt, sie, wenn es nötig sein sollte, fortzusetzen.[69]

Der nächste kleine Junge sagte: „er heißt Lando und ist königlicher Kongo und dass er sein Alter nicht weiß". Alle anderen Aussagen sind ähnlich wie die von Himejere, auch über die Flaggen und den Verbleib der anderen Schwarzen (wobei der Verweis auf Inselbewohner schon fehlt): „dass es eine ähnliche [spanische Flagge] gab, aber dass man auf dem Schiff verschiedene andere gehisst hat ... dass mehr als fünfhundert kamen=Gefragt: ob er weiss, wo sich diesen [anderen] Neger befinden, sagte er: dass die Weißen des Schiffes sie in Booten mit an Land genommen haben und unterschiedliche Richtungen genommen haben".[70]

Der dritte Junge sagte aus, dass „sein Name ist Mallala, er ist Congo von Nation und etwa neun Jahre wie man schätzt und dass er nicht getauft ist".[71] Mallala gibt wie die anderen zu Protokoll, dass die anderen Negros [die anderen Verschleppten] nur von der Besatzung des unbekannten Schiffes auf Booten an Land gebracht worden und von Land keine weiteren Blancos in Booten gekommen seien.[72]

---

[69] „Decl.n 22", in: AHN, Estado, Trata de Negros, leg. 8059/1, no. 2 (ohne Foliierung): „Testimonio de la sumaria formada en averiguacion del naufragio de un bergantin que se ignora el nombre, nacion y procedencia, en los arrecifes de Cayo Verde, Quebrado del Sardinero", Boca del rio [Sagua] (heute Isabela de Sagua), 27 de febrero de 1853 – La Habana, 18 de Abril de 1853. – Das ist die erste Befragung eines der kleinen Verschleppten, die Befrager und Übersetzer haben noch keine Vorinformationen wie bei den Nachfolgenden. Aus der Befragung ist sehr schön die formale Strategie der Befrager abzulesen: möglichst nur das fragen, was man wirklich aufschreiben will. Vorher müssen auch Anweisungen an die Übersetzer gegangen sein.
[70] „Decl.n 23 vta.", in: Ebd.
[71] „Decl.n 25", in: Ebd.
[72] Ebd.

Ein kleiner Junge: „sagte, er heißt Banga von Nation Baní [oder Camí bzw. Banú – schlecht lesbar] und ist etwa zehn Jahre" Alles andere ist vom Schreiber des Protokolls in gleiche Stanzen gebracht worden.[73]

Einer der Jungen sagte: „er heißt Calemba von Nation Congo Amaly, dass er sein Alter nicht weiß und dass er nicht getauft ist ... dass die Fahne, die das Schiff hatte nicht gelb und rot war, wie sie man ihm zeigt, denn er erinnert sich, dass sie eine andere Farbe hatte ... die Sprache, die sie auf dem Schiff sprachen ... war nicht die, die er in diesem Moment hörte".[74]

Das Protokoll der Befragung von Gunzá zeigt, wie der Übersetzer die „gleichen" Aussagen aus den Befragten sozusagen konstruierte:

> „dass der Zeuge aussagte, aus Afrika zu kommen, aus dem Dorf Congo Gombe, dass er Gunzá heiße, dass er sein Alter nicht kennt und dass er nicht getauft ist ... [auf Frage nach Schiff, Dauer, Anzahl, etc., sagte] der Übersetzer, nachdem er mit Nachdruck mit dem Aussagenden in seiner Sprache gesprochen hatte, dass dieser angebe, dass einige Weiße ihn und viele Neger, die fünfhundert waren, aus seinem Land verschleppt haben". Alles andere gleicht den vorangegangenen Aussagen.[75]

Das geht auch aus der nächsten Aussagen hervor: „er heißt Bumá [oder Cumá], aus Afrika und Congo Mazongo, dass er sein Alter nicht weiß und dass er nicht getauft ist".[76]

Auch beim nächsten Jungen heißt es: „der Aussagende hat ihm [dem Übersetzer] versichert, dass er sein Alter nicht kennt, dass er aus Congo Cucullo [oder Cuadlo] stammt (Afrika), dass er Mazuzana heißt und dass er nicht getauft ist".[77]

Der nächste Junge: „sagte er heiße Mazuzana aus dem Dorf Congo Macuca in Afrika und dass er das Alter, das er hat, nicht weiß". Gleich, allerdings eventuell getauft.[78]

Der Junge Sabí: „sagte, dass er Sabí heiße aus dem Dorf Congo Cusombo (Afrika), dass er das Alter, das er hat, nicht weiß und dass er nicht getauft ist".[79]

Laut „Übersetzer sagte er, er heiße Cuinquí Kongo umbaco [Ambaca] und sei etwa neun Jahre". Gleich; es könnte aber sein, dass dieser Junge getauft war

---

[73] „Decl.n 26 vta.", in: Ebd.
[74] „Decl.n 29" [No. 27 ist der Alcalde des Küstenabschnitts, der überhaupt nichts gesehen hat; No. 28 fehlt].
[75] „Decl.n 30", in: Ebd.
[76] „Decl.n 31 vta.", in: Ebd.
[77] „Decl.n 32", in: Ebd.
[78] „Decl.n 33", in: Ebd.
[79] „Decl.n 34", in: Ebd.

und Portugiesisch sprach (und deshalb Kastilisch/Spanisch relativ gut verstehen konnte; auch weil er aus Ambaca stammte) – es wird nichts dazu geschrieben.[80]

Zum Schluss hält der Schreiber fest: „es erschienen vor der Kommission die fünf Negritos, die fehlen und die [bisher] nicht befragt wurden und der Übersetzer stellte fest, dass sie heißen: Pachu, von Nation Congo angunga, Nango von Nation Congo Nanemo, etwa zehn Jahre, Quiminí von Nation Congo, quinvalí, etwa dreizehn Jahre, Bazongo, von Nation Congo, bucuando etwa zehn Jahre und Bombrozi, Congo Mucuno, etwa zehn Jahre ... alle ... antworteten auf die gleiche Weise".[81]

Der Fischer (sicherlich auch Pirat, Strandräuber und Sklavenhandelshilfskraft), der die 16 Negritos durch Aufnahme in sein Boot gerettet hatte, hatte schon vorher ausgesagt: „stellte fest, dass er Miguel López hieß, aus Galicien stammend, von Beruf Fischer". Am 27. Februar 1853 habe er aufgelaufenes Schiff gesehen „in etwa einer Meile Entfernung", konnte wegen hohen Seegangs nicht an Bord und habe dem Küstenaufseher Meldung gemacht. Als er befragt wurde:

> Welchen Grund er habe zu sagen, dass das Schiff dem Erscheinen nach Negrero [Sklavenschiff] war ... sagte er: dass wegen der Gestalt des Schiffes und wegen seiner Bemastung ... dass am nächsten Tag, als er weiterfischte, in der Entfernung etwas eines Kabels [ca. 200 Meter] vom verunglückten Schiff und zwischen den Riffen einige Negritos erschienen, deshalb fuhr er sowohl aus Humanität wie auch aus Pflicht, mit einem Kanu um sie abzuholen und holte sie wirklich und sah, dass es Negritos waren und weil er nicht verstand, was sie sagten, nahm er an, dass es Bozales unbekannter Herkunft [Nation] waren ... aber [das Schiff] schien ihm amerikanisch ... die [Negritos] übergab er dem Aufseher.[82]

Der Bericht des für die Sicherheit des Küstengebietes verantwortliche Subdelegado Don Jose Tabater sagte über dir Boote aus, die versuchten, von Land her an das aufgelaufene Schiff zu kommen: „um zu sehen, ob Hilfe nötig ist" – damit wurden diejenigen, die an Land auf die Verschleppten warteten und sie per Boot abtransportieren sollten, sich aber wegen des Sturms verspätet hatten, unverhofft zu Katastrophenhelfern. Der Subdelegado blieb über Nacht in Sichtweite des Schiffes und musste sogar einen Schuss abfeuern („entonces les tiré un tiro"), um, wie er sagte, die „Strandräuber" fernzuhalten. Als er diejenigen, die vom Land in Booten zum verunglückten Schiff fahren wollten, befragte, antworteten sie, sie wollten zum Schiff, um zu sehen, ob sie helfen könnten. Der Subdelegado berichtet auch über Besuch auf dem Schiff:

---

[80] „Decl.n 35", in: Ebd.
[81] „Decl.n 35 vta." [sic], in: Ebd.
[82] „Decl.n 3 vta.", in: Ebd.

> Wir kamen an und es bot sich ein sehr trauriges Bild, nämlich das von drei toten Negern auf dem Deck und drei weiteren im Laderaum[, die] so verwest waren, dass ich den Gestank erleiden musste. Trotzdem habe ich sie sehr genau untersucht und ich sah, dass sie weder einen Schlag [erhalten] noch eine Wunde irgendeiner Art hatten und dass ihr Tod von einer natürlichen Krankheit herrühren musste ... auf dem Schiff gab es nur die toten Neger, die ich gezwungen war, ins Wasser zu werfen, um den Gestank zu entfernen, um eine genauere Untersuchung [des Schiffs] vorzunehmen ... [dort nur Schiffsinstrumente, Segel etc. erwähnt; das Schiff] ist [am Rumpf] durch [Kupfer-]Blech geschützt und nach seiner Bauweise ist es amerikanisch ... wir haben keine Papiere gefunden.[83]

Alles deutet darauf hin, dass die Fischer, so auch der Bruder von Miguel López, Francisco, halfen, Verschleppte anzulanden und dass das dieses Mal wegen schlechten Wetters und Schiffbruch schiefgelaufen war – und dass die Befrager und Protokollanten das verschleiern wollten.

Für den britischen Bereich des Sklavenhandels bis 1808 hat Jerome Handler Stimmen von Captives, von „Überlebenden der Mittelpassage", dargestellt und zugleich die materielle Kultur der Verschleppten, die auf europäische oder amerikanische Schiffe verschleppte wurden, analysiert (von der afrikanischen Seite des Atlantiks).[84] Versklavte Afrikaner wurden von den Plätzen an der Küste, wo sich die Sammelplätze für Transporte aus dem jeweiligen Landesinneren befanden und wo die Verschleppten gefangengehalten waren, zum Strand gebracht und bevor sie in die Kanus gesetzt wurden, die sie zu den wartenden Schiffen transportierten, „the little piece of cotton cloth tied round the loins of the slave is stripped of".[85] Jean Barbot, Agent (Repräsentant) der Französischen Royal African Company im späten 17. Jahrhundert, berichtet über seine Sklavenfahrt 1698–1699. Zwischen den Essensausgaben wurden den Männern gelegentlich „short pipes and tobacco ... and to the women, a piece of coarse cloth to cover them, and the same to many of the men" gegeben.[86] Paul Erdmann Isert, ein Wundarzt aus Brandenburg, war für mehr als drei Jahre der Chef-Chirurg der dänischen Besitzungen an der westafrikanischen Küste. In einem 1787 datierten Brief berichtet er über die Neigung der Afrikaner zu fliehen oder Selbstmord zu begehen und notiert: „For this reason on the French ships they are not even allowed a narrow strip of loincloth for fear they will hang themselves by it, which has in fact happened".[87] Als letztes Beispiel aus Originalquellen verweist Jerome Handler auf William Little-

---

[83] Ebd.
[84] Handler, „Survivors"; Handler, „On the Transportation"; Handler, „Aspects"; Handler, „The Middle Passage"; allgemein siehe: McGhee, „Maritime Archaeology".
[85] Jackson, St. Helena, S. 259.
[86] Barbot, „A Description", S. 547.
[87] Letters on West Africa, S. 176.

ton, britischer Kapitän eines Sklavenschiffes, der in der 1760ern und den 1770ern elf Jahre lang als Slaver nach Afrika gefahren war. Er antwortete auf eine Anfrage im Parlament, die die Kleidung der Sklaven betraf, die ihnen zugestanden wurde: „we do not allow them cloaths [sic] – we could not keep them clean or preserve their health if they had cloaths [sic]".[88]

Im andere Schnittpunkt zwischen Meerestransport und Transport über Land an den amerikanischen Küsten des Sklavenhandels, ihrer Präsentation vor wohlhabenden amerikanischen Käufern, mussten die Verschleppten die vollständige Degradierung zur Ware (*commodification*) erleiden. Die Vorbereitung des atlantischen „Transportgutes" Sklaven begann auf amerikanischer Seite mit einer neuen Ernährung. Die Verkaufsagenten der Sklavenhandelsfirmen sandten den Kapitänen der angelangten Sklavenschiffe frisches Wasser und frische Nahrungsmittel (Bananen, Yams, Maniok, Erbsen, Zitronen und Tabak, auch Alkohol, meist Rum) an Bord. Für die halb verdursteten Sklaven waren vor allem Wasser und Vitamine wichtig. Zyniker unter den Sklavenhändlern, wie Conneau oder DeWolf, beschrieben die Freude der Verschleppten über frisches Wasser und Nahrung als Vorfreude auf ihre Ankunft in Amerika. Die Verschleppten wurden gewaschen und rasiert, mit Öl oder Fett eingerieben und einige Kleidungsstücke wurden ausgegeben, um den Sklaven eine „gute", d. h. gut verkaufbare Erscheinung zu geben – eine Ware mit dem schönen Schein der Warenästhetik zu sein. Das bedeutet *commodification*. Das Öl nannten englische Agenten denn auch bald „Negro Oyle". *Refreshment* nannte sich der Vorgang der Ästhetisierung der „Ware" zum Verkauf im englischen Sprachbereich; in gewissem Sinne hat er Gültigkeit für allen Sklavenhandel von Privaten, bei dem Sklavinnen und Sklaven auch nach Marktregeln an Private verkauft wurden. „Cargoes", die nach den Vorstellungen etwa von Agenten auf Jamaika im 17. Jahrhundert „too many women, too many children, too many older people" enthielten und deshalb als „ordinary" galten, gingen oft in den Schmuggel in spanische Kolonien, wo die Käufer sie mangels anderen Angebots einfach nahmen oder Monopolverkäufer sie in den Markt drückten.[89]

Stimmen über Erfahrungen und schriftlich konstruierte Erinnerungen von Versklavten finden sich auch unter *cimarrones* (geflohenene Sklavinnen und Sklaven), die Widerstand gegen die Sklaverei leisteten und gezwungen wurden, Erinnerungen preiszugeben.[90] So zum Beispiel in den Aussagen der im September 1747 in der Sierra Maestra wieder eingefangenen Cimarrones. Spezialisierte Sklavenjägermilizen mit abgerichteten Hunden (*rancheadores*) hatten ihre Siedlung

---

[88] Lambert, „Minutes", S. 219f.; siehe auch: Handler, „On the Transportation".
[89] Smallwood, Saltwater Slavery, S. 159–163.
[90] Landers, „Leadership and Authority".

(Palenque) El Portillo angegriffen. Der Congo Joaquín Eduardo war von seinem Besitzer aus Bayamo als Spion gegen die Cimarrones ausgesandt worden und in El Portillo (bei Cabo Cruz im Osten Kubas) geblieben. Über seine Atlantikpassage und die Ankunft auf Kuba sagte Joaquín Eduardo, dass er zwanzig Jahre früher auf einem Schiff gebracht und an der Küste Kubas südlich von Puerto del Príncipe angelandet worden sei. Er sei schon einmal geflohen, aber von seinem letzten Besitzer, Andrés de Guevara, wieder eingefangen und als Spion gegen die Cimarrones benutzt worden. Er sagte weiter aus, dass im Palenque El Portillo 19 geflohene Sklaven, darunter sieben Frauen, lebten. Joaquín Eduardo sei 32 Jahre alt und trage keine Brandmarkung, hielt der Schreiber noch fest.[91] Die offizielle Brandmarkung war bis 1784 im spanischen Imperium das Zeichen für Zahlung der Einfuhrsteuer auf menschliche Körper.

Auch der Congo Antonio Felipe war zwanzig Jahre zuvor von einem englischen Schmuggler an der Manzanillo-Küste im Osten Kubas angelandet und verkauft worden. Sein früherer Besitzer, Don Diego Felipe Silveira aus Bayamo, habe ihn nachträglich, durch Bestechung, in Bayamo an Brust und Rücken brandmarken lassen.[92] Ähnliches sagte der Congo Gregorio aus. Auch er sei bei Manzanillo von englischen Schmugglern verkauft worden und nachträglich gebrandmarkt worden. Er sei geflohen, weil sein Herr, Juan de León Estrada, ihm ein Schwein und Tabak, die ihm gehörten, ohne Gegenleistung weggenommen habe. Auch der Carabalí Miguel war durch englische Schmuggler nach Kuba gebracht worden. Da er getauft war, erlaubten ihm die Untersuchungsrichter, einen Eid abzulegen. Er trug keine Brandzeichen und hatte mehr als sechzehn Jahre als Cimarrón gelebt. Von den Engländern war auch die Carabalí-Frau Mariana eingeschmuggelt worden. Sie war gebrandmarkt und durch die Hände mehrerer Besitzer gegangen. Geflohen sei sie wegen der harten Strafen aus trivialen Gründen; als Cimarrona hatte sie siebzehn Jahre gelebt.[93] Ähnliche Aussagen machten auch die Mina-Frau María de la Caridad, die Congo-Frau Juana, die Congo-Frau Rosa, der Mandinga Salvador und der Congo Antonio – alle waren von Schmugglern, meist Engländern, an der Manzanillo-Küste oder an den Küsten von Puerto Príncipe angelandet und „schwarz" (*de mala entrada*) verkauft worden. Die Kreol-Sklavin María Antonia war in Jamaika geboren und nach Kuba verkauft worden. Sie hatte bereits zwei Kinder. Während der Gefangenschaft gebar sie ihr drittes Kind. Das Baby starb am 30. Dezember 1747. Es wurde wie ein Engel gekleidet und ganz in Weiß begraben.[94] Die Mina-Frau María de la Caridad, getaufte Christin, sagte unter Eid aus. Sie sei

---

91 La Rosa Corzo, Runaway Slave Settlements, S. 50f.
92 Ebd., S. 51 (nach: AGI, Santo Domingo, leg. 367).
93 Ebd., S. 52f.
94 Ebd., S. 53–55.

weggelaufen, weil ihre sehr arme Herrin, Ana María Morales, die sie, María de la Caridad, immer mit ihren Arbeitseinkünften unterstützt hätte, sie an ihrem Lebensende habe freilassen wollen. Aber der Erbe sei dagegen gewesen und habe sie geprügelt – ein typisches Schicksal von Sklaven als Teil des Privateigentums einer Familie.[95]

Direkte Stimmen von Captives zur Überfahrt nach 1820 sind im Allgemeinen extrem selten.[96] Wenn es Stimmen gibt, sprechen sie nur in äußersten Ausnahmefällen in der ersten Person (Singular oder Plural); es handelt sich im besten Falle um *life histories*, nicht um *self-narratives*.[97]

Eine allgemeine Beschreibung, die die Vorstellung von der Hölle der Unterdecks (Laderaum) von Sklavenschiffen geprägt hat, ist die von Olaudah Equiano. Sie stammt aus der Mitte des 18. Jahrhunderts. Ich zitiere sie, weil sie so etwas wie ein Muster darstellt und die schreckliche Realität des „Transportes" und des „Verkehrssystems" widerspiegelt:

> Im Laderaum ... herrschte jetzt, da die ganze Fracht des Schiffes dort eingesperrt war, ein Gestank wie die Pest. Die Enge, die Hitze des Klimas, zusätzlich zu der Zahl der Menschen auf dem Schiff, das so überfüllt war, dass kaum Platz blieb, sich auch nur umzudrehen, ließ uns schier ersticken. Das verursachte reichlich Schweiß, sodass die Luft wegen einer Vielzahl von widerwärtigen Gerüchen bald kaum mehr zu atmen war und bei den Sklaven zu Krankheiten führte, an denen viele starben ... Diese elende Situation wurde wiederum erschwert durch das Scheuern der Ketten, das jetzt ganz unerträglich geworden war, und durch den Unrat der notwendigen Zuber [Latrinenkübel], in welche die Kinder oft hineinfielen und fast erstickten. Die Schreie der Frauen und das Stöhnen der Sterbenden machte das Ganze zu einer Szene fast unvorstellbaren Grauens.[98]

Interne Stimmen über die realen Abläufe stammen oft von Leuten, die selbst Erfahrungen im Menschenhandel hatten, so etwa die Briefe, die zwei Angehörige eines Efik-Sklavenhändler-Clans, Little Ephraim und Ancona Robin Robin-John, auf Englisch über ihre Versklavung und Odyssee in der atlantischen Welt zwischen Calabar, Dominica in der Karibik, Virginia und England geschrieben haben. Leider sagen auch sie nichts direkt über ihre Mittelpassage.[99]

Für den Menschenschmuggel zwischen Afrika und Brasilien liegt der Augenzeugenbericht des Geistlichen Robert Walsh vor, der sowohl die Kaperung eines „portugiesischen" Sklavenschiffes durch ein britisches Schiff vor der Küste Bra-

---
95 Ebd., S. 54.
96 Bailey, African Voices; Fabre, „The Slave Ship Dance".
97 Für das Thema Sklavereien und Sklavenhandel nützlich, aber nur bedingt anwendbar: Ulbrich/Medick/Schaser, „Selbstzeugnis"; besser ist: Amelang, „Writing Chains".
98 Equiano, Merkwürdige Lebensgeschichte, S. 58.
99 Sparks, Die Prinzen, S. 87–105.

siliens wie auch die Qualen der Verschleppten auf diesem Schiff beschreibt.[100] Walsh schreibt: „There is nothing which slaves, in the mid-passage, suffer from so much as want of water".[101] Die Unterdecks des Slavers waren auch so eng und so schlecht belüftet, dass viele der verschleppten Kinder gestorben waren.

Für die die erste Hälfte des 19. Jahrhunderts nach 1820 gibt es, wie gesagt, nur wenige, meist indirekte und hybride Spuren von Erinnerungen an die Atlantikpassage. Die Aussagen etwa von Emancipados (von Sklavenschiffen befreite Verschleppte (Engl.: *emancipated slaves, recaptives*), die formal freigesprochen worden waren, aber auf Kuba als Staats-Sklaven arbeiten mussten, und der Amistad-Gefangenen[102], die allerdings auch durch Ohr, Gehirn und Hand der jeweiligen Schreiber gegangen sind, Informationen und Berichte britischer Konsuln nach London und einige wenige andere Berichte sowie Texte und Bilder können das Dunkel etwas erhellen.[103]

Eine der wichtigsten Stimmen ist die des verschleppten Augustino, der vom *Select Committee of the House of Lords* in London befragt wurde. Augustino (nach dem afrikanischen Namen wurde nicht gefragt) war 1830 als ein Junge von ca. zwölf Jahren verschleppt worden. Über die Bedingungen unter Deck sagt Augustino aus: „They were so closely packed together that there was no room to get anything at all between them [...] it was the same as pigs in a sty, they were so thick".[104] Augustino war ein Kind und durfte auf dem Schiff relativ frei umherlaufen. Auf die Frage „Do you know whether many died on board ship?", antwortete er:

> When they were first put on board, they were so very thick together that a great many died in a day; five, six, ten, sometimes even a dozen died in a day, in consequence of excessive heat and the want of water. Their food was twice a week salt meat, and for the general meals of the day farina, a stuff like saw-dust – baked flour. In consequence of having a very insufficient supply of water, their thirst became so intense that many, from absolute suffocation, from the want of drink, died.[105]

---

100 Walsh, „A Horrid Traffic" (Lit. S. 392); siehe auch: Walsh, Notices of Brazil.
101 Walsh, „A Horrid Traffic", S. 140.
102 Zeuske, „Hacer el Caribe"; Zeuske, „Ramón Ferrer".
103 Obwohl etwas veraltet, ist das Werk von José Luciano Franco, zusammen mit Pedro Deschamps Chapeaux einer der wichtigen farbigen Historiker Kubas, hier sehr aufschlussreich: Franco, „Los mongos"; Alonso Álvarez, „Comercio exterior"; grundlegend zur Geschichte der Emancipados ist immer noch Fernando Ortiz, siehe: Ortiz, Los negros esclavos, S. 298–305; zu den Aktivitäten David Turnbulls (britischer Konsul in Havanna) in Bezug auf die Emancipados siehe: Sarracino, Inglaterra, S. 42–77.
104 „Report from the Select Committee of the House of Lords", S. 162f., hier zitiert nach: „It Was the Same as Pigs in a Sty", S. 38.
105 Ebd.

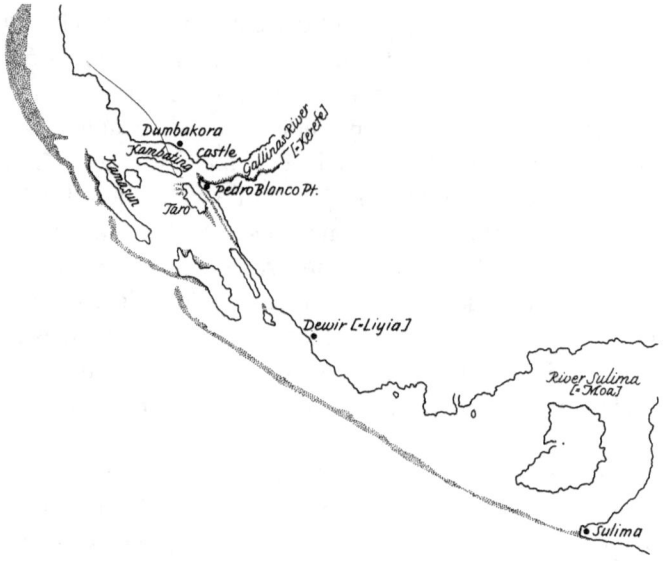

Abb. 4. Die Gallinas-Lagune, nach: Jones, From Slaves to Palm Kernels, S. 2; siehe auch: Lawrence, Amistad's Orphans, S. 47–87.

Der Schiffschirurg Joseph Cliffe hatte zwei Tage vorher über die Wassermengen auf die Frage ausgesagt: „It is horrid almost to say; the quantity is very small. I have known from hearsay, within the last two years, that a teacup-full given once in three days, will support life for 20 or 30 days".[106] Die Qualen des Durstes und des Verdurstens waren, sind und bleiben unsagbar. Auch die psychopathologischen Traumata durch Enge und Dunkelheit sind unsagbar. Über seine Verschleppung in Afrika sagt Augustino: „A merchant sold my uncle some merchandise, and, before it was paid for, my uncle died; the merchant came and seized us all, and made us all prisoners, and took us down to the coast; we were there about a week or 10 days, when we were put on board ship. The clothes of all the negroes going on board ship were stripped off them, even to the last rag".[107] Hier wird in der Erinnerung eines Versklavten der Beginn des Slaving-Prozesses (Schuldsklaverei in Afrika) und der Übergang in die atlantische Sklaverei beschrieben.

Über die Amistad-Gefangenen, die nach einem ersten Transport nach Havanna in der Karibik weiterverschifft werden sollten (*cabotage*), aber das Schiff in ihre Gewalt brachten und bis in die USA segelten, ist mehr bekannt als über jede ande-

---

[106] „An Ex-Slavetraders Account of the Enslavement Process in Africa, S. 33.
[107] „It Was the Same as Pigs in a Sty", S. 38f.

re Gruppe von Verschleppten aus Afrika. Nicht nur wegen ihrer eigenen Aussagen und wegen der Informationen über sie, sondern auch wegen der Informationen von Menschen, die die Traumata des Sklaverei-Atlantiks erlitten hatten und als Zeugen vor Gericht aussagten.[108] Wegen des öffentlichen Interesses in den USA gab der Publizist John W. Barber 1840 ein Pamphlet über den Fall heraus.[109] Darin finden sich 35 individuelle, kurze Lebensgeschichten, die von Josiah Gibbs, Linguist an der Yale University, zusammen mit dem Übersetzer James Covey (oder Cowey), selbst ein Mende (und mit einer eigenen Erinnerung und Narratio seiner Versklavung vertreten[110]), nach Informationen der Captives erstellt worden sind. Folgt man dieser extrem wichtigen Quelle, wurde keiner der Captives von Portugiesen, Spaniern oder irgendwelchen Europäern gefangen. Erst als sie im Landesinneren als Kriegsgefangene oder Entführte (Kidnapping; zusammen ca. zwei Drittel der Captives), Verschuldete oder Verurteilte bereits verschleppt oder verkauft worden waren, kamen auch „Portugiesen" oder „Spanier", im Amistad-Fall Männer namens „Laigo" und „Luiz", die im Auftrag des Obernegrero Pedro Blanco agierten, ins Spiel.[111] Fast alle Amistad-Captives gerieten in beträchtlicher Entfernung von der Küste in den Prozess des Slaving (Verschleppte, die in Gallinas eingeschifft wurden, kamen aus dem südöstlichen Sierra Leone, aus dem heutigen Liberia, Guinea und eventuell sogar aus dem heutigen Mali); es war noch nicht klar, dass es atlantisches Slaving werden würde. Allerdings sagt der Amistad-Captive Fuli im Mai 1841 in einer Kirche in Philadelphia, dass die Spanier (Pedro Blanco und seine Agenten) schwarze Männer angeheuert hätten, um ihn zu fangen. König Siaka von Genduma, ein Geschäftspartner Blancos, verfügte über Vai-Krieger sowie Söldner, die sozusagen auf Bestellung ins Innere zu Menschenjagd-Razzien geschickt wurden.[112] Blanco hatte sich auf Inseln der Flussmündung sein eigenes Reich angelegt, mit Lagern, Werkstätten, Häusern, Barracones sowie Heliographen zur Nachrichtenübermittlung und deutschen Fernrohren[113]; er bediente sich auch der islamischen Vai-Eliten (Siaka) und hatte über Atlantikkreolen gu-

---

108 Lawrance, „La Amistad's 'Interpreter'".
109 Barber (comp.), A History, S. 8–14. Das Original des Pamphletes findet sich als 1 in dem Band mit verschiedenen Folios über den Amistad-Fall unter dem Titel: „The Amistad Captives"; sowie: Zeuske/García Martínez, „La Amistad de Cuba"; Zeuske, Die Geschichte der Amistad; Rediker, The Amistad Rebellion; Zeuske, Amistad, passim.
110 Barber (comp.), A History, S. 14; Lawrance, „La Amistad's 'Interpreter'"; Lawrance, „A Full Knowledge".
111 Jones, From Slaves to Palm Kernels, S. 42–44 (Listen atlantischer Sklavenhändler).
112 „Fulli (Fuliwa)"; siehe auch: Jones, From Slaves to Palm Kernels, S. 45–51; Karte S. 53.
113 Sarracino, Los que volvieron, S. 65–130, zu Blancos Reich siehe ebd., S. 122–124.

te Beziehungen ins Landesinnere. Der Raum des Menschenkapitalismus war, wie bereits mehrfach gesagt, weiter als der Atlantik (*beyond the Atlantic*).

Cinque war einer der Gefangenen, der weit von der Küste entfernt gekidnappt worden war.[114] Cinque „had never seen a white man until he was sold a slave into their hands".[115] Seine Geschichte lautet:

> SING-BE [Cin-gue] (generally spelt *Cinquez*) [[116]] was born in Ma-ni, in Dzho-poa, i.e. in the *open land*, in the Mendi county. The distance from Mani to Lomboko, he says is ten suns, or days. His mother is dead, and he lived with his father. He has a wife and three children, one son and two daughters. His son's name is *Ge-waw*, (God). His king, Ka-lum-bo, lived at Kaw-men-di, a large town in the Mendi country. He is a planter of rice, and never owned or sold slaves. He was seized by four men, when travelling in the road, and his right hand tied to his neck. Ma-ya-gi-la-lo sold him to Ba-ma-dzha, son of Shaka [Siaka], king of Gen-du-ma, in the Vai country. Bamadzha carried him to Lomboko and sold him to a Spaniard. He was with Mayhagila three nights; with Bamadzha one month, and at Lomboko two months. He had heard of Pedro Blanco, who lived at Te-i-lu, near Lomboko.[117]

2.3 Atlantische Routinen, Schrecken und Traumata – die Quellenlage zum Sklavenhandel

Schriftliche Quellen über die über allem lastende Gewalt im Gesamtprozess des Slavings von Afrika bis Amerika wurden fast immer angelegt, wenn, wie im Amistad-Fall oder der Befragungen durch das *House of Lords*, die Routine des Slavings und der Sklaverei unterbrochen waren. Es gibt weitere Fälle von Schiffsrebellionen (wie auf der Brigg *Antelope* – auch: *Fénix* und *Columbia* – 1820), der „spanischen" Brigantine *Solicito* aus Kuba oder der Brigg *Creole* 1841[118]) – sie waren Einzelrebellionen in ganzen Wogen von Rebellionen auf dem revolu-

---

114 Barber (comp.), A History, S. 8–14.
115 See Amos Townsend, Jr. To Lewis Tappan, New Haven, November 13, 1839 (zit. nach: Rediker, The Amistad Rebellion, S. 8f.).
116 Der Name und die verschiedenen Schreibweisen sind reine Spekulationen des Yale-Linguisten Arthur Abraham, der irgendwie unglücklich darüber war, dass er Cinque nicht als Mende-Name deuten konnte. Ich danke Adam Jones (U Leipzig) für den Hinweis.
117 Barber (comp.), A History, S. 8; siehe insgesamt: Jones, From Slaves to Palm Kernels, passim – die beste Arbeit über die Herkunftsregion der Amistad-Captives.
118 Noonan, The Antelope; Rupprecht, „All We Have Done". Zur *Solicito* siehe: Bericht des Kapitäns Juan Villas y Aprisa, „Kapitän, Schiffsmeister und erster Pilot", an Comandante Militar de Marina in Havanna, La Habana (ohne Datum (wahrsch. Dezember 1820)), in: ANC, TC, leg. 240, no. 14 (1820). Hernandez (Gaspar). „Varios de la Tripulacion del Bergantin Negrero ,Solicito' contra D.n Gaspar Hernandez su armador sobre soldadas", f. 15r–18v.

tionären Atlantik, einem gigantischen Raum, der die territorialen Revolutions-Prozesse (Amerikanische Revolution 1776–1783, Französische Revolution 1789–1795, Haitianische Revolution 1791–1803, spanisch-amerikanische Revolutionen 1810–1830, Juni-Revolution in Frankreich 1830 und europäische Revolutionen 1848–1851, aber auch Jihads in den Hinterländern Afrikas, vor allem seit 1804) miteinander verband.[119] Das geschah auf dem Atlantik im Wesentlichen durch Sklavenaufstände und Schiffsrebellionen „von unten". Das sogenannte *Age of Revolutions* 1760–1850 hatte neben den oben erwähnten Jihads (zu Land) gigantische, bisher kaum reflektierte, maritime, ozeanische Dimensionen – *revolution at sea*: Träger waren Schiffsmannschaften, Atlantikkreolen, d. h., Personal des Sklavenhandels, und Verschleppte sowie Hafenarbeiter; außerdem setzte sich die Kommunikationskette über Träger ins Innere der jeweiligen Insel oder Landmasse fort.[120] Wie durch einen zerrissenen Schleier geben uns die Quellen über Rebellionen, Konflikten zwischen Negreros (oft Finanziers/Kaufleute vs. Kapitäne und/oder Personal) sowie Berichten der Emancipados, einige Hinweise auf Gewalt, Krankheiten und Terror an Bord. Auch diese Erinnerungen sind durch den Grad der zeitgenössischen Gewöhnung an die Routine der alltäglichen Gewalt abgeschwächt, doch selbst in dieser abgeschwächten Form und durch Übersetzer und Schreiber verstümmelt, umreißen sie deutlich die hässliche Seite der Entstehung von Gewinnen und Profiten, die später auf der Haben-Seite der Bankkonten oder Kontobücher erscheinen.

Ein Paradefall, in dem die globale Routine der Sklaverei durch eine Revolution unterbrochen wurde, war die Sklavenrevolution auf Saint-Domingue 1791–1803, einem paradigmatischen Zentrum der amerikanischen Sklaverei im 18. Jahrhundert. Die direkte Folge der Revolution oder besser ihr Hauptmotor war die Abschaffung des Sklavenstatus seitens der Versklavten (im Grunde für die Aufständischen seit Beginn ihrer Beteiligung; per Gesetz endgültig 1794), d. h. die Freiheit von Sklaverei *und* Kolonialismus. Aber es herrschte über Jahre Bürger- und Revolutionskrieg, Versklavte mussten also auch das nackte Leben retten. Vor allem viele ehemalige Sklavinnen blieben aus Angst vor dem Krieg bei den Familien ihrer ehemaligen Besitzer, von denen viele ab 1803 als aus Saint-Domingue geflohene „Franzosen" nach Kuba kamen, wo Sklaverei offiziell weiterbestand.[121]

Neben den außergewöhnlichen Großereignissen war es vor allem die Routine des alltäglichen atlantischen Sklaven-Geschäfts, die die Dokumente des Sklavenschmuggels prägte. Alle Routine-Quellen des Slavings tendieren dazu, Lis-

---

119 Siehe zur europäisch-atlantischen Dimension: Kars, „Policing and Transgressing Borders".
120 Armitage/Subrahmanyam (Hrsg.), The Age of Revolutions; Frykman/Anderson/van Voss/Rediker, „Mutiny".
121 Scott/Hébrard, Freedom Papers.

ten, Berichte oder Formulare, zusammengefasst meist in Listen- oder Briefform, zu sein. Es finden sich Zeugnisse über die Bedingungen an Bord der Negrero-Schiffe sowie über ihre menschliche Fracht neben biografischen Publikationen von Schiffsärzten und Sklavenhändlern sowie Log- und Tagebüchern von Versklavern.[122] Schiffsärzte stellten sich gern als neutral dar, sind aber den Versklavern zuzurechnen, denn sie verdienten am Sklavenhandel – oft ganz direkt, indem ihnen etwa „ein Neger" Bonus für soundso viele lebend über den Atlantik gebrachte Verschleppte zugesagt wurde. Dazu kommen Briefwechsel sowie Austausch von Dokumenten und die Berichte der Mixed Commissions (und ihres Umfelds) mit den spanisch-kubanischen Behörden (oder anderen, die ebenfalls in das System der Mixed Courts eingebunden waren, wie Brasilien oder Portugal). All diese Papiere und Texte waren eigentlich auch Routine.

Manchmal, vor allem in Hochzeiten des Abolitionismus, wie 1840–1850, führte selbst die Routine zur Produktion von sensationellen Dokumenten in Form von Überprüfungs-Gutachten (auch hier in Listenform), die noch in ihrer bürokratisierten Sprache das Blut in den Adern gefrieren lassen:

> Examinations
> At Nassau, New Providence, between the 8th and 15th of February 1841; before the Governor, Colonel Francis Cockburn, the Hon. Wm Hamlyn, a member of H.M.'s Council of Collectors of H.M.'s Customs; Robert Duncome Esq.[re], Police Magistrate of the Colony, Charles R. Nesbett Esq.[re] Provincial Secretary, and Keeper of the Records, and John Richardson Esq.[re], Principal Medical Officer, and which took place in consequence of a Letter, a copy of which is hereto attached from David Turnbull Esq.[re], Her Britannic Majesty's Consul and Agent for Captured Slaves at Havana, referring to the treatment of certain Africans, on their passage from Africa to Havana, by one Vicente Morales, the Master of a Slave Vessel called ‚Jesus Maria' and which was captured by Her Majesty's Ship ‚Ringdone' ... [es folgt eine Liste der Verbrechen und der vergewaltigten Kinder; hier einige Ausschnitte:]
> No. 139. *Crossy*. – an African Girl of about the age of 14 years, one of the Witnesses named in the Despatch, being examined through an Interpreter named Thomas Weatherfield, a Private Soldier in H. M.'s 2.d W.I. Regiment [ein farbiger oder schwarzer Soldat], states that while on board the ‚Jesus Maria', Manual [sic], an African, one of the Captain's servants broke a Demyohn [eine Flasche] containing Rum, on account of which the Captain, Vicente Morales, took a stick and severely beat him, which caused his Death, in about two days after, as the Examinant believes, and that the Cotton steeped in Rum and Gunpowder was put up the Fundament of several of the Africans for the avowed purpose of destroying worms.–
> No. 150.–*Mahuma* and 146 *Mamboisi*, African Females about 12 years of age, examined, and fully corroborate the foregoing statement of *Crossy* No. 139. No. 147.– *Cunha* a Female, –No. 7 *Barron* and No. 3 *Duba*, Males, also corroborate the statement of *Crossy* in the fullest manner.

---

122 Siehe etwa die Tagebücher des Soziopathen Thomas Thistlewood auf Jamaika (1750–1786), bei dem Gewalt auch eine extreme sexuelle Dimension hatte (Thistlewood verzeichnet 3852 sexuelle Übergriffe, meist Vergewaltigungen versklavter Frauen), siehe: Burnard, Mastery.

In reference to the cruelties and abuses committed on the Females on board the Schooner ‚Jesus Maria' and alluded to in the Despatch the following examinations were taken viz:
> No. 167. *Jumer*, African Girl, about 12 years, examined and states that no Spaniard, or other Person had any connection with her.
> No. 148.– *Jaddy*, an African Girl about 14 years examined, states that one of the sailors of the ‚Jesus Maria', had connection with her against her will, and that she was previously a Virgin.
> No. 147. *Cunha*, a Girl about 14 years of age examined, states that one of the crew of the ‚Jesus Maria', a Black Man, forced her to have connection with him, and against her will.
> No. 171. *Mamber*, a Girl about 11 years of age, states that one of the Crew of the ‚Jesus Maria' held her while another had connection with her, they were black men, she was much hurt at this time.
> No. 168.– *Mania*, a Girl about 13 years of age, examined, states that the Captain of the ‚Jesus Maria' held her nose and mouth to keep her from screaming and had connection with her, she was hurt at the time.
> No. 140.– *Matta*, a Girl about 15 years of age, states that a Black Man, one of the Crew of the ‚Jesus Maria' held her mouth and beat her with a Rope to have connection with her, and that she cried after the Rape had been perpetrated.
> No. 157.– *Lah*, a Girl about 11 years of age, states that one of the Sailors of the ‚Jesus Maria' threatened to kill her, if she did not allow him to have connection with her and that he hurt her very much at the time. [...]
>
> Examinations taken at the African Hospital on the 9th February 1841, through Interpreters named Jenny Colebrooke and Bella Dalzell.
> No. 47.– *Cattaway*, a boy about 8 years of age examined and states that a boy named Quallabo was thrown into the Sea, by order of the Captain of the Slave Schooner ‚Jesus Maria', and drowned, in consequence of the Boy refusing to take medicine:– this examinant fully corroborates the statement of Crossy No. 139 regarding the murder of Manuel.
> No. 2.– *Fooly*, a Boy about 12 years of age, states that he saw Quallabo thrown into the Sea and drowned, it was by orders of the Captain of the ‚Jesus Maria', he was thrown overboard by the Sailors".[123]

Wichtig für die Routinegeschichte des atlantischen Sklaventransports und ihrer Quellen ist hier, dass alle Nummern der Originalpapiere des Sklavenschiffes und alle „afrikanischen" Namen, die erst nach Aufbringung des Sklavenschiffes durch britische Schiffe durch Übersetzer erfragt und vom jeweiligen Schreiber als *noms écrits* vermerkt wurden, sowie Vergewaltigungen und Verbrechen aufgelistet werden. Wir haben es im Grunde mit hybriden Quellen aus zwei Aktivitäten zu tun: die Nummern verweisen auf die Kommodifizierung im Slaving und die Namen so-

---

123 Anhang eines Briefes von Francis Cockburn aus New Providence, Nassau, Bahamas, 24 de Febrero de 1841, an Lord John Russell (Originalkopie), in: AHN, Estado, Trata de negros, leg. 8020/45, no. 4; zur Jesús María siehe auch: www.slavevoyages.org. Voyage ID=2071 (5.3.2015) sowie: Negros. Carta acusando recibo de la que participó el apresamiento del buque negrero „Jesus Maria", Habana, 21 de Abril de 1841, in: ANC, Reales Cédulas y Ordenes, leg. 121, no. 175.

wie die Auflistung von Verbrechen auf die Verfolgung des Sklavenhandels und die Tatsache, dass den Verschleppten rudimentäre Persönlichkeitsrechte zugestanden wurden. Im Grunde kann man davon ausgehen, dass „ohne Verfolgung" nur Listen mit Nummern und Körpercharakteristika durch die Kapitäne aufgestellt worden wären und dass die Verbrechen auf allen Negrero-Schiffen passierten. Sie wären ohne Verfolgung und Verhör nicht verschriftlicht worden, sondern eventuell in Traumata, Psychosen, Lieder und Erzählungen der Verschleppten und Versklavten eingegangen. Das soll keine Romantisierung der Befreiung durch die Kriegsschiffsmannschaften sein, die, wie an obigem Dokument abzulesen, auch ziemlich rüde Examinationsmethoden, und viel finanzielles Interesse an der Verfolgung der Sklavenschiffe hatten, denn diese wurden als *prize* (gerechte Beute) versteigert und die britischen Sklavenhändlerjäger bekamen einen Anteil daran.

Die portugiesische und die spanische Krone nahmen im Allgemeinen die Untersuchung der Verschleppten aus Afrika und im Speziellen den schriftlichen Bericht aus Nassau ziemlich ernst, wie aus dem folgenden internen Text-Resumé aus Madrid hervorgeht. Möglicherweise hat das zum Erlass des *Bando de Buen Gobierno* von 1842 (Sklavenreglement), der ersten legalen Regelung der Zweiten Sklaverei auf Kuba, beigetragen:

> Das Schiff [Jesús María] fuhr beladen mit 240 afrikanischen Negern, von denen 233 überlebten, als sie auf den Bahamas ankamen ... von der Anzahl dieser Unglücklichen 136 = sind Männer und 97 = Weiber, alle jung, besonders die Weiber, die nicht mehr als 13 bis 15 Jahre alt sind. Diese Mädchen wurden während der Reise von Afrika nach Kuba, laut ihren Erklärungen vor dem Gouverneur von Nassau, in New Providence am 8. Februar des Jahres [1841], deren Details [in einem Bericht] angehängt sind, vergewaltigt und schlecht behandelt durch den Kapitän der ‚Jesús María', genannt Vicente Morales, und durch andere Mitglieder der Mannschaft. Es scheint nicht ehrenhaft, die Details dieser Szenen, die aus der Examinierung der Negerinnen und der Zeugen stammen, in dieser Zusammenfassung zu wiederholen, aber es ist leicht, ihren enormen Umfang und den Skandal abzuleiten, auch wenn die Umstände der Sache den Tisch [die Versammlung der spanisch-kubanischen Autoritäten] vermuten lassen, dass sie nicht vollkommen genau sind, obwohl die Erklärungen in Anwesenheit der obersten Autoritäten unter Einschluss des Gouverneurs gemacht worden sind[124]

Ein anderer Bestand von Berichten und Erklärungen der Mixed Courts von Portugal und Großbritannien ist deshalb so wichtig, weil fast jedes der in den Texten beschriebenen Schiffe im Grunde auch das Sklavenschiff hätte sein können, welches die Amistad-Gefangenen nach Amerika brachte.[125] So zum Beispiel das

---

124 Schreiben aus Palacio 22 de Julio 1841, in: AHN, Estado, Trata de negros, leg. 8020/45, no. 8; Extrakt für den internen Gebrauch in der *Primera Secretaría del Despacho de Estado*.
125 Zeuske, „Rethinking the Case".

Negrero-Schiff mit Namen *Paquete Féliz* (Glückliches Paket).[126] John Strutt Peyton, Commodore des britischen Kriegsschiffes HBS *Madagascar*, das die *Paquete Féliz* am 5. Februar 1838 in der Nähe von Jamaika aufgebracht hatte, gab am 9. Februar 1838 in Kingston zu Protokoll: „the Schooner ‚Felix' [was] sailing under Portuguese Colors, with no guns, commanded by Miguel Abalha who declared her to be bound from the River Galinas over the Gulf of Guinea to the South Coast of Cuba with a crew consisting of twelve men, one Boy a negro servant and five passengers, and having on board three hundred and twenty six slaves". Auf dem Schiff fanden sich 326 Verschleppte, für die Verteilung s. die Tabelle.

Verschleppte an Bord der *Paquete Féliz*.

	Healthy	Sickly
Men	136	2
Boys	99	4
Women & Girls	83	2

Aus: „In the case of the Brigantine Paquete Felis", f. 17r.

Weiter werden Mannschaften und Passagiere aufgelistet:

– Miguel Abalhó   Captain
– Juan Cortina   Passenger
– Juan Miguel Artizan   Boy
– Luis Manzanares,   a Black Cook
List of the Crew returned onboard …
– Ramon de Traolago   Passenger
– Jose Fugaso   _"_
– Diego Uribarri   _"_
– Carlos Oria   _"_
– Alexander Rosario   Seaman
– Nicolas Ignacio   _"_
– Antonio Albelo   _"_
– Francisco Visieri   _"_
– Jose Andre Innaga   _"_
– Marquis Rollan   _"_
– Francisco Allemann   _"_
– Jose Varis   _"_
– Agostin Garria   _"_
– Andre Echeverria   _"_
– Andre Fernandez   _"_
– Francisco dos Santos   _"_ [127]

---

126 Processo do julgamento da Comissão Mista Luso-Britanica.

Der Unterschied zwischen Matrosen und Sklaven auf den Listen der Berichte der Kapitäne über die Kaperung bestand darin, dass Matrosen mit Namen verzeichnet wurden (*noms écrits*); Sklavinnen, Sklaven und Sklavenkinder nicht. Für sie erscheinen nur Zahlen sowie die generischen Bezeichnungen „men", „women", „boys" und „girls".[128] In der Realität drückten sich in diesem diskursiven Unterschied ganze Welten aus. Beides waren Welten der Unterdrückung und der Armut. Doch wiesen sie starke Unterschiede auf.

Slaves	Healthy	Sickly
Men	96	11
Women	27	1
Boys	38	2
Girls	17	4
Total	178	18

Während die Mannschaft, Offiziere und Boys der *Paquete Féliz*, mit Namen aufgeschrieben wurden, erscheint zur ursprünglichen Ladung des Negrero-Schiffes nur die Notiz: 247 Sklaven (75 Men, 37 Women, 52 Boys, 34 Girls, davon 49 krank – die Differenz zur Tabelle sind die nach Aufbringung Gestorbenen).[129] Erst wenn britische Offiziere oder Richter detailliertere Befragungen machten, erfragten und verzeichneten sie auf Listen (wie die des Schiffes *Ninfa* weiter unten) auch „afrikanische" und „christliche" Namen.

Offiziere und Mannschaften der aufgebrachten Sklavenschiffe wurden routinemäßig getrennt Befragungen unterzogen. So auch die der *Paquete Féliz*. Die Antworten des Kapitäns verweisen auf die transatlantischen Verflechtungen der Sklavenhändler und ihres Hilfspersonals. Kapitän Lima stammte von der Kapverdeninsel Boavista und lebte in Praia auf der Kapverdeninsel Santiago. Juan B. Ferreira Santos, ein reicher kapverdischer Kaufmann und Faktor von kubanisch-spanischen Negreros, schickte ihn, die Offiziere und möglicherweise den Schiffsarzt von den Kapverden nach Havanna. Dort habe Kapitän Lima das Sklavenhandelsschiff, das er nach Afrika und zurück steuern sollten, zum ersten Mal gesehen. Lima glaubte, dass das Schiff in Portugal gebaut worden sei. Lima gab an, die Auftraggeber in Havanna nicht zu kennen; er verwies nur darauf, dass

---

128 Ebd., f. 12r.
129 Ebd. (auch Zahlen der Tabelle).

one person on board at the time of capture with a passengers passport, one Pedro Tudela [der in obiger Liste gar nicht erscheint] [was] the former master of the vessel and the Supercargo at the time of capture ... a Spaniard by birth, and a Seaman by profession, and having commanded the vessel from Havannah to Cape Verds as Master (witness being then only a passenger a-board) was there furnished with a passengers passport and re-embarked in the vessel in March last [1837] for a voyage to Bonny [Calabar/Sklavenküste – heutiges südöstliches Nigeria] and Havannah; the said Tudela did not interfere in the arrangement of the vessel, but witness was under his orders respecting her course."[130]

Die Lügen und Ausflüchte sowie Verschleierung der Verantwortlichen waren auch Routine in den Zeugenbefragungen von Sklavenschiffspersonal (möglicherweise gab es sogar zwei Schiffe unter dem Namen *Paquete Féliz* oder *Feliz*, siehe weiter unten). So wird etwa Miguel Alvalla (Abalha), in einigen Texten auch als „master" angeben, gar nicht erwähnt. Manoel de Brito Lima schob die Schuld auf Tudela. Der war offensichtlich geflüchtet. Tudela habe ihn nach der Reise von Havanna zu den Kapverden, als nur „Rum and dry goods"[131] an Bord gewesen seien und er eigentlich zu einem unverdächtigen Hafen aufbrechen wollte (der Name des Hafens ist nach Gehör aufgeschrieben: „Marnham" in Brazil[132], d. h. Maranhão), quasi gezwungen „to steer for the Bonny alledging he had the authority of the Owner for so doing; and the vessel was conducted to the Bonny accordingly where the Supercargo [Tudela] went ashore and purchased slaves from the Natives".[133]

Der Matrose Rolland wurde ebenfalls befragt. Er und der Koch waren in Bezug auf den Besitzer des Schiffes deutlicher als alle befragten Offizieren und Bootsleute: sowohl Rolland, der in der obigen Liste noch als „Marquiz Rollan" firmiert, aber in Wirklichkeit Marco Rolland hieß, wie auch der Boy Juan Miguel Altizenz („Cabin Boy") gaben an, dass der notorische Sklavenhandelskaufmann Pedro Martínez aus Havanna der Besitzer sei (der sich möglicherweise längere Zeit auf dem Schiff aufhielt); sie hätten das auf dem Schiff oft gehört.[134] In den Worten von Rolland: „Saith [sic] the Owner of the vessel is Pedro Martinez, has heard Martinez himself say so; Martinez is a Spaniard by birth; and resides at Havannah ".[135]

Weil viele von den Verschleppten der *Paquete Féliz* krank gewesen seien, brachte Commodore Peyton sie nicht nach Sierra Leone, sondern nach Kings-

---

130 „In the case of the Portuguese Brigantine „Paquete Felis", f. 21v–22r.
131 Ebd., f. 23r.
132 Ebd., f. 22r.
133 Ebd.
134 Ebd., f. 34r.
135 Ebd., f. 26r.

ton.[136] Ein Bruder von Manoel de Brito Lima wirkte auf dem Schiff als Konsignatar, Zeichnungsberechtigter, für den Sklavenhändler Pedro Blanco, wie einer der typischen Einträge über ein Negreroschiff in der Zollstation von Praia zeigt, das zwischen den Zuladungen von Verschleppten in Afrika nach Praia zurückkehrte, um frisches Wasser und Zwiebeln (wegen der Vitamine) aufzunehmen. Die Sklavinnen und Sklaven, die schon auf dem Schiff waren, verbergen sich in den schriftlichen Papieren unter dem Begriff „em lastro", Ballast:

> Bei diesem Zollamt hat Einfahrt genommen Francisco Gonçalvez Viega, Kapitän der spanischen Brigg namens Emprendedor von hundertneunundzwanzig Tonnen, achtzehn Seemänner und ein Passagier von Río Gallinas mit elf Tagen Fahrt [zwischen Río Gallinas und Praia auf Santiago] und unter Ballast mit einigen Kleinwaren [beladen] für João Joze Claudio Lima, seine Konsignatare Don Pedro Blanco in Gallinas kommt um Wasser zu nehmen und fährt nach Cádiz.[137]

„Dom D. Pedre Branco" ist Pedro Blanco, der „Rothschild des Sklavenhandels". Nicht ganz klar geht aus dem Eintrag hervor, ob Blanco auf die Kapverden kommt, um „sich zu erholen", um dann nach Cádiz weiterzureisen.

Viele ähnliche Informationen aus unterschiedlichen Perspektiven kennen wir aus „Memoiren", Korrespondenzen und anderen Quellen von Sklavenhändlern, wie Nicholas Owen, William Snelgrave, Robert Norris, Hendrik Hertogh, Richard Drake[138], John Newton, Schöpfer des hymnischen Liedes *Amazing grace*, der bis etwa zum Alter von 30 Jahren als Kapitän auf Sklavenschiffen fuhr[139], John Ormond alias Mongo John[140] oder Theodore Canot/Theophilus Conneau[141], aber mittlerweile auch von einem afrikanischen Sklavenhändler, Antera Duke aus Old Calabar (heute Südost-Nigeria)[142]. Weitere Quellen sind Logbücher, die Akten der Amistad-Rebellion und der Expertise zum illegalen transatlantischen Sklavenhandel (Hidden Atlantic) in den Gerichtsverhandlun-

---

136 „Captors Declaration", f. 17r.
137 „Reportição prov. dos serv. das Alfândegas".
138 Snelgrave, A New Account; Norris, Memoirs; Drake, Revelations; Owen, Journal; Heijer (Hrsg.), Naar de koning; Heijer (Hrsg.), Expeditie.
139 Newton, The Life; siehe auch: Newton, „Journal". Die Sklavenhändler-Karriere John Newtons ist ausführlich dargelegt in: Hochschild, Sprengt die Ketten, S. 23–44.
140 Mouser, „Trade, Coasters, and Conflict"; Niane, „La guerre des Mulâtres", S. 77f.; siehe auch S. 73–76 und die Liste von Sklavenhändlern nach Monseigneur Lerouge, S. 75f. (siehe auch unten zu Daniel Botefeur).
141 Canot, Sklaven (das ist die heute am weitesten verbreitete gekürzte Ausgabe, siehe auch: Canot, Abenteuer; Originalmanuskript nach Bearbeitung von Brantz Mayer: Mayer (Hrsg.), Captain Canot, sowie unbearbeitetes Originalmanuskript von 1853: Conneau, A Slaver's Log Book.
142 Duke, The Diary, sowie Amelang, „Writing Chains".

gen des Amistad-Falles (1839/1840) und in den Zeugenaussagen[143], Beschreibungen von Sklavenschiffsreisen[144] oder Erinnerungen von Matrosen (Schiffsjungen)[145], dem Fall der Goleta *Batans* (1854)[146], Erinnerungen oder Notizen von Schiffsärzten[147] und Quellen von *privateers* oder *corsarios*, die Patente eines Staates hatten, um Schiffe anderer Nationalität zu überfallen.[148] In Bezug auf Memoiren und Berichte, die in Ich-Form (Ego-Narrative) geschrieben sind (neben Nettelbeck und Conneaus Memoiren von 1853 betrifft das u. a. Richard Drake[149] und einen Thomas Branagan[150]), gelten die von Conneau als die vollständigsten:

---

143 Spanische Version: „El C.S. Comandante Gral. de Marina sobre la sublevacion ejecutada por los negros que conducia la Goleta costera nombrada la Amistad" (Julio de 1839), in: ANC, GSC, leg. 1272, no. 49909, siehe auch die Auflösung des Vermögens von Ramón Ferrer: „Ferrer, Ramón. Intestado de D. Ramon Ferrer" (1839), in: ANC, Escribanía de Marina, leg. 39, no. 385; Zeuske, Die Geschichte der Amistad; Zeuske, La sublevación; siehe auch: Lawrance, „,All we want'"; Lawrance, „,Your Poor Boy'"; Lawrance, „A Full Knowledge". Ramón Ferrers Kabinensklave Antonio sagte zum Beispiel aus: „that the Sch[ooner] Amistad had carried slaves before – every two months [it] made [a] trip", zitiert nach: Lawrance, Amistad's Orphans, S. 82.
144 Adams, Sketches Taken during Ten Voyages; Riland (Hrsg.), Memoirs; Plasse, Journal; Carnes, Journal; Mouser (Hrsg.), A Slaving Voyage; Newson/Minchin, From Capture, S. 101–135; Harms, Das Sklavenschiff.
145 Wheat, „A Spanish Caribbean Captivity Narrative"; Robinson, A Sailor Boy's Experiences.
146 Das Sklavenschiff *Batans*, ein Schoner (*goleta*) hatte 1854 an der Nordostküste Kubas hunderte verschleppter Kinder illegal angelandet (*alijo*), die von Küstenwachen befreit werden konnten; siehe: Arnalte, Los últimos esclavos, passim; das Buch von Arnalte basiert auf: „Testimonio del espediente gubernativo instruido para la averiguacion de la introduccion de negros bozales por la Costa de Nuevitas", Ciudad de Puerto Principe, septiembre/octubre de 1854.
147 Atkins, A Voyage to Guinea; Falconbridge, An account; siehe auch die Notizen (aufgeschrieben 1752 in oder bei Axim, Goldküste) des Schweizer Reisenden und Schiffsarztes in niederländischen Diensten, David Henri Gallandat, über das Schicksal des „schwarzen Philosophen" Anton Wilhelm Amo, in: Verhandlingen, S. XIXf.; siehe auch: Brentjes, Anton Wilhelm Amo, sowie: Ette, Anton Wilhelm Amo; siehe auch die Berichte über die Praktiken der Versklaver und Sklavenhändler: Rice, Radical Narratives.
148 Für Kuba etwa sind die Bände der Notariatsprotokolle der Escribanía de Marina (siehe z. B. die Bände 506 (1800) oder 507 (1801)) voll von Verträgen über Korsarenschiffe und -boote, siehe: AHPStC, Fondo Protocolos Notariales, Escribanía de Marina, (ohne Nummer und Titel der escrituras); für Frankreich siehe: Bréard (Hrsg.), Journal du corsaire Jean Doublet; für die Niederlande: Nettelbeck, Ein Mann.
149 Richard Drakes Memoiren galten noch bis vor wenigen Jahren als „notoriously unreliable, and probably largely fictious", siehe: Law, „Francisco Felix de Souza", S. 192; siehe auch: McCaskie, „Drake's Fake"; Fage, J.D., „Hawkins Hoax".
150 Branagan, The Penitential Tyrant.

Of the first-person accounts of slave trading which have survived, Conneau's is remarkable for its fullness of detail and sense of completeness in covering the entire process of capture, slave factory, Middle Passage, and sale. Richard Drake and Thomas Branagan document more of the cruelties suffered by slaves, as well as the freedom of the slave owner to abuse his/her chattels; they and others confirm some of the procedures (e.g., packing) described by Conneau. But their accounts are briefer and – particularly in Branagan's case – more entangled with polemic. Ultimately it is Conneau's account which offers the most abundant details about the slave trade.[151]

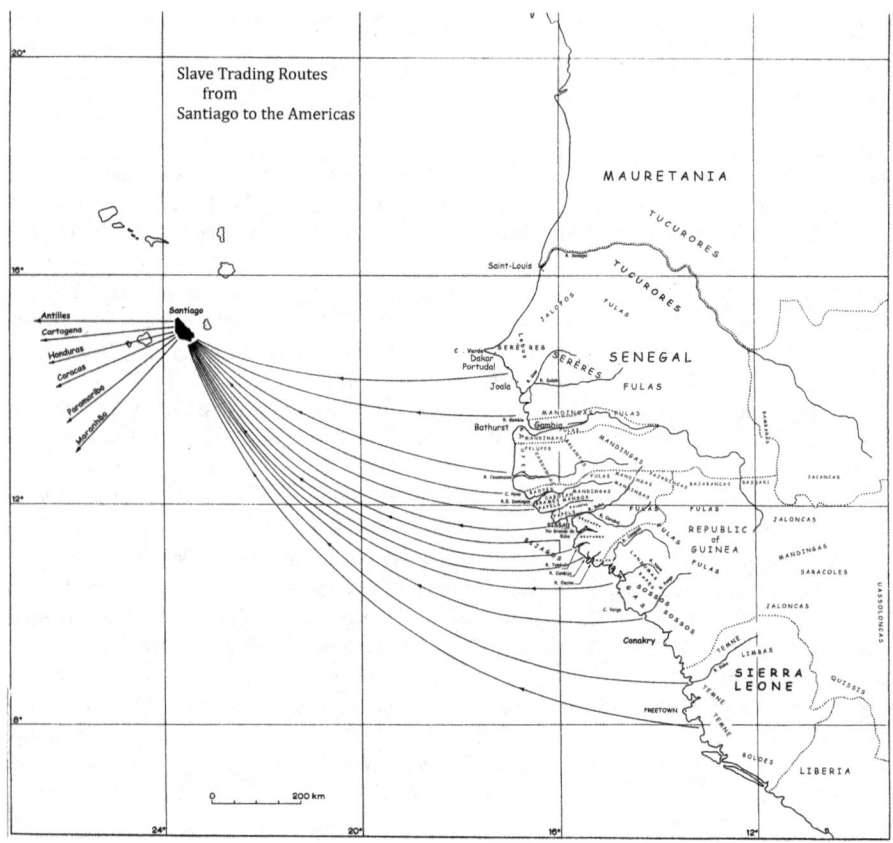

Abb. 5. Routen des Sklavenhandels von Senegambien zu den Kapverden und von den Kapverden nach Amerika, bearbeitet von Marc Siewert nach: „Rotas do tráfico de escravos para Santiago e Américas".

---

151 Smythe, Mabel M., „Introduction", in: Conneau, A Slaver's Log Book, S. III–XI, hier S. XI; siehe zur allgemeinen Kritik an Evidenzen bei Conneau: Jones, „Theophile Conneau".

Ganz selten gibt es allerdings authentische, sozusagen frische, unmittelbar in der Zeit verfasste Berichte wie den eines jungen *piloto* (Steuermann) eines Negrero-Schiffes aus Matanzas, Kuba. Der wichtigste Text dieser Art stammt aus der Feder eines gewissen R.B. Estrada. Es handelt sich um den ausführlichsten Bericht einer Sklavenfahrt von Matanzas zu den Kapverden und ins Río-Pongo-Gebiet.[152] Darin spricht der Verfasser über die Kapverden als Sklavenrelaisstation, die Verhältnisse am Río Pongo, über die Handelswaren und die Ausrüstung des Negrero-Schiffs, über euro-kreolische Sklavenhändler in Westafrika, über afrikanische Eliten des Slaving und über Krankheiten der Sklavenschiffs-Mannschaften (vor allem über schwere Formen der Malaria) und über vieles andere mehr. Estrada schildert auch ziemlich detailliert die Abläufe des Kern-Geschäfts in Afrika. Über Sklaven, die Estrada als *bultos* (Packen) bezeichnet, finden sich aber nur sehr wenige Worte. Im Grunde sind Verschleppte die Leerstelle des Textes.[153]

Auch immer mehr Briefe spanisch-katalanischer Sklavenhändler tauchen auf.[154] Oder von Menschen, die selbst Sklaven gewesen waren und sich – wie Olaudah Equiano und andere – am Sklavenhandel beteiligten oder ehemals, vor der abolitionistischen Karriere, am Sklavenhandel beteiligt hatten.[155] Kaufleute-Kapitäne wie Jean Barbot und viele andere schrieben Erinnerungen, die allerdings mehrheitlich das 17. und 18. Jahrhundert betreffen.[156] Mittlerweile eröffnet sich mit der maritimen Archäologie ein völlig neues und sehr weites Feld, das vor allem Aussagen über Verschleppte und *material culture* der Atlantic Slavery zulässt.[157]

All dies sind wichtige Details sowie Mikrogeschichten der Routine des Hidden Atlantic, zu dem auch die Verfolgung der Sklavenschiffe gehörte. Details und Mikrogeschichten lassen ein generelles Muster erkennen, das sozusagen aus diesen Berichten, Listen und Zeugenbefragungen formiert wird und auch im Falle der *Teçora* (des Schiffes, das die Amistad-Gefangenen von Gallinas nach Kuba ge-

---

152 Mouser, American Colony.
153 Bachiller, C. M., Estrada, R.B., Geografía. Relación de un viaje a las islas de Cabo Verde y Río Pongo, o. O., o. J. [Habana, 1834 oder 1835], 23 Blatt; in: BNC, CC, C.M. Bachiller No. 417, abgedruckt in: García Martínez/Zeuske, La sublevación, S. 149–162, siehe auch: Zeuske, Die Geschichte der Amistad, S. 150f.
154 Sosa Rodríguez, Negreros.
155 Siehe die Auswahl: „Some Who Lived to Tell the Story", in: Thomas, The Slave Trade, S. 800–802 (Appendix One).
156 Hair/Jones/Law (Hrsg.), Barbot on Guinea.
157 McGhee, „Maritime Archaeology".

bracht haben soll[158]) wirksam war. Im Grunde gab es Hunderte, wenn nicht Tausende von Menschen aus Afrika, denen Ähnliches oder Gleiches wie den Amistad-Leuten in Afrika, auf dem Atlantik oder bei der Ankunft in Amerika widerfuhr. Der Hidden Atlantic war im Grunde der große anonyme Verteiler, die „freie See", der „freie Markt", der den Verschleppten ihr Schicksal zuteilte. Hier zeigte sich die Realität des „freien Meeres" von Hugo Grotius. Und die Unterseite des Kosmopolitismus der Eliten.[159] Oft spielte nur der Zufall in Gestalt eines britischen Kreuzers oder in Form einer gelungenen Rebellion eine Rolle und veränderte das weitere Schicksal der Versklavten. Die Masse von ihnen war dazu bestimmt, Commodity und Kapital der Sklavenhändler zu sein, verkauft zu werden und Sklaven in den Amerikas zu werden. Es war relativ zufällig, ob sie nach Kuba, Brasilien, Texas oder irgendwoandershin geschmuggelt wurden. Die Emancipados der *Paquete Féliz* blieben wohl auf Jamaika und die Amistad-Gefangenen kehrten nach Afrika zurück.

Diese Zufälligkeit im Schicksal der Opfer des atlantischen Menschenkapitalismus zeigt sich sehr schön an dem Versuch einer Rekonstruktion der Lebensgeschichte des afrikanischen Sklaven Timbo Samuel Samson. Timbo lebte nach 1830 in Massapa, einem Zentrum des Goldhandels im Monomotapa-Reich im Einzugsbereich des Sambesi auf dem Gebiet des heutigen Moçambique in Ostafrika. Seine Eltern waren wohl in den Konflikten, die durch die Expansionen, Kriege und Wanderungen im Südosten Afrikas ausgelöst worden waren, ums Leben gekommen. Sklavenjäger- und Razzienkriegertrupps streiften umher. Mitte der 1830er Jahre hatten sie die Gegend von Massapa erreicht. Der kleine Junge Timbo wurde versklavt und an Sklavenjäger (*prazeros*) verkauft, die von Portugiesen an der Küste finanziert worden waren. Vom Hafen Quelimane sollte sein Schiff nach Brasilien oder Kuba gehen. Doch ein britischer Kreuzer brachte das Schiff auf und schaffte die „befreiten" Sklaven nach Kapstadt, wo Timbo sein Leben zunächst unter sklavenähnlichen Bedingungen als *mozbieker* fristete, also als Afrikaner, der nicht den ortsansässigen Stämmen zugehörte, und dann in die Dienst von Weißen trat.[160] In diesem Falle bleibt der Lebensweg eines „befreiten Sklaven" (in seiner sprachlichen Unbeholfenheit drückt der Begriff genau den Status aus), eines Emancipado (*recaptive*) im Rahmen der afrikanischen Geschichte. Wäre das Schiff, auf dem sich Timbo befand, in der Karibik oder vor der brasilianischen Küste aufgebracht worden, hätten sich neue Erlebnis-Räume erge-

---

158 In Wirklichkeit hieß das Schiff *Hugh Boyle* und wurde von einem US-amerikanischen Kapitän namens John Brown befehligt; siehe: Zeuske, Die Geschichte der Amistad, S. 8 und 83f.
159 Yáñez, „Los negocios ultramarinos".
160 Schürmann, „Ungeahnte Wege"; siehe auch: Newitt, A History; Harries, „Culture and Classification".

ben, die eigentlich nur noch mit globalgeschichtlichen Ansätzen zu analysieren sind.

Im weiteren Prozess der Verfolgung des Sklavenhandels wurden in der bürokratischen Routine, wenn die gekaperten Sklavenschiffe in einen Hafen geschleppt worden waren, von den Richtern der Mixed Courts und ihren Schreibern Listen der Sklaven angelegt, auf denen, wie gesagt, erstmals auch geschriebene individuelle Namen für sie auftauchten. Aber auch die Namen des Personals der Sklavenschiffe wurden erfasst, wie die Schiffsrollen-Lizenz (ein Vordruck) mit Namen und Herkunft von Kapitän, Offiziere und Besatzung der Brigantine *Ninfa* (126 Tonnen), zur Fahrt von Matanzas nach São Tomé. Die Besatzung bestand aus 29 „hombres de mar" und dem Kapitän Burcet (34 Jahre alt). Die Mannschaftsmitglieder kamen fast alle aus Katalonien, wie der Kapitän namens Burcet und der 1. Offizier (Dn. Juan Barbas; aus Vilasá, kein Alter); der 2. Offizier Francisco Lavandeira stammte aus Galicien (El Ferrol; 21 Jahre) und der Segelmeister Francisco Ribas (38 Jahre) aus Ibiza. Andere Matrosen kamen aus Málaga, von den Kanaren und aus Menorca (Mahon). Auf der Liste kommt auch ein wahrscheinlich schwarzer Schiffsjunge namens „Ign.o Texeira, hijo de Paulino, natural de Cabo Verde" vor.[161]

Meist wird gesagt, dass die Todesraten bei Sklaven und Mannschaften etwa gleich hoch war. Der erste spanische Konsul am Mixed Court von Freetown, Sierra Leone, Francisco Lafer (oder: La Fer), schreibt über Matrosen der Negrero-Schiffe, die aufgebracht worden waren und sich schon unter einigermaßen geregelter Kontrolle befanden (den anderen ist es noch schlimmer ergangen): „Das Hospital ist voll von ihnen, von 36 starben 8 und die anderen haben kein menschliches Aussehen. Es ist ein Jammer".[162]

Zeugnisse über die Abfahrt von Afrika finden sich vor allem in den *Registers of Slaves* der Mixed Commissions. Sie sagen selten etwas Konkretes über unterschiedliche Traumata, denn Sklavinnen und Sklaven wurden vor der Einschiffung vollständig entkleidet und sie wurden schon vor der Illegalisierung des Handels (1808/20) – zum Beispiel wenn Schiffe überladen waren oder ansteckende Krankheiten ausbrachen – einfach ins Meer geworfen, wie in der Erinnerungsszene des Filmes „Amistad" und in dem oben zitierten Dokument oder im Fall der *Zong*, einem Liverpooler Sklavenschiff, dessen Kapitän 1781

---

161 TNA, UK, FO, 313/48 (Captured Ships, 1836–39), Havanna, 16. Mai 1835, f. 15r/16v.
162 Brief von Francisco Lafer vom 16. Februar 1820 nach Madrid, in: AHN, Estado, Trata de negros, leg. 8030, hier zitiert nach: Arnalte, „Cónsules, comerciantes y negreros", S. 74. Siehe die Beschreibung von Freetown und Sierra Leone in den 1830er Jahren: Holman, Travels in Madeira, S. 97–134.

132 Verschleppte über Bord werfen ließ.[163] Diese Traumata und diese Toten erscheinen nicht oder nur in Ausnahmefällen in schriftlich fixierter Form in den Papieren. Aber es gab sie auf allen Schiffen. Olaudah Equiano hat mit seinem Schriftsteller-Pseudonym des „authentischen" Sklavennamens „Gustavus Vassa" wohl die Memoria an die Toten eines solchen barbarischen Vorganges am Leben halten wollen.[164]

Im Protokoll der Aussagen vor einer Mixed Commission[165], der von Havanna, sagt Kapitän Burcet auf die Frage, wo und wann er „Sklaven-Bozales" aufgenommen hätte, wohin sie geliefert werden sollten und wann er losgesegelt sei: In Bimba an der Calabar-Küste habe er 518 Bozales beider Geschlechter geladen. Am 16. November 1835 sei er von Bimba losgesegelt nach Havanna, um sich (wie der Kapitän wohl sogar mit Unschuldsmiene verkündete) dem Gouverneur und Generalkapitän von Kuba zu stellen: „weil er Sklaven-Ladung gezwungenermaßen genommen habe und gegen seinen Willen, sein Wunsch seien Palmöl und Elfenbein und nicht der Negerhandel gewesen, aber dass der König des Territoriums derjenige gewesen sei, der über die Ladung verhandelt habe, die er mitführte, die aus Textilien, Pulver, Gewehren und Schnaps bestanden habe.[166] Der lokale König habe nicht, so die Ausrede, „wie ausgemacht", in Palmöl und Elfenbein bezahlt, sondern ihm die Negros aufgezwungen.[167] Auf die Frage nach dem Unterschied zwischen 518 in Afrika verladenen Verschleppten und 450 angekommenen (bei Aufbringung durch die Briten; im Hafen von Havanna abgeliefert wurden 426 und von denen seien nochmals 30 während der Verhandlungen der Mixed Commission gestorben[168]), sagte Kapitän Burcet, „es habe auf der Fahrt Tote wegen Fiebern und Durchfall gegeben und von dem Ort der Festnahme bis zu diesem Hafen [Havanna] seien siebzehn gestorben.[169]

Der Bericht über die Verschleppten des oben genannten Schiffes *Ninfa*[170], das vom britischen Schiff *Pincher* aufgebracht worden war, zeigt Entsetzliches. Nach

---

163 Baucom, Specters, S. 80–112; zur bildlichen Darstellung siehe: Costello, „Turner's The Slave Ship"; Rupprecht, „A Very Uncommon Case"; Krikler, „A Chain of Murder".
164 Cohn, „Maritime Mortality"; Eltis, „Fluctuations"; Steckel/Jensen, „New Evidence"; der Verweis auf das Sklavenschiff „le Gustave Vassa" findet sich in: Ortiz, Los negros esclavos, S. 148.
165 Englischer Bericht siehe: Schreiben Nr. 12/1836 von Mackay und Schenley.
166 Ebd., f. 23r/v
167 Ebd., FO 313/48 (Captured Ships, 1836–39), 1836, f. 24r.
168 Ebd., FO 313/61: Register of Slaves (1835), f. 101v–141v, La Habana, 4. Februar 1836: „Cargam.to del Bergantin Gol.ta Merc.te Esp.l Ninfa (a.s) Matanzra [sic]", hier f. 140v–141r.
169 Ebd., f. 24v–25r.
170 Ebd., FO 313/61: Register of Slaves (1835), f. 101v–141v, La Habana, 4. Februar 1836: „Cargam.to del Bergantin Gol.ta Merc.te Esp.l Ninfa (a.s) Matanzra [sic]". Fast alle Emancipados der

Ankunft in Havanna wurden die Emancipados untersucht, um herauszufinden, ob sie ins britische Trinidad weitertransportiert werden könnten. Der Generalkapitän schrieb nach Madrid, der „zweite Sprecher der Obersten Medizin-Junta, Dr. Don José Antonio Bernal, der mir den schlechten Zustand der Ladung [d. h. der Verschleppten] bestätigt hat"[171]; im Schlussbericht stellt der Arzt fest:

> von den Männern sind zweihunderteinundzwanzig gesund; und sechs krank, zusammen mit denen, die man von besagtem Schiff [schon vorher] an Land gebracht hat, sind acht an Durchfällen erkrankt und fünfundzwanzig an chirurgischen Krankheiten, darunter befinden sich Geschwüre [vom langen Liegen im Schiff] verschiedenster Art: die Zahl der gesunden Weiber ist vierundsechzig und kranke vierundzwanzig, acht von Durchfällen und sechzehn an chirurgischen Krankheiten[172]

Der große kubanische Historiker José Luciano Franco schildert noch schlimmere Zustände, wie Epidemien und Erblindungen wegen Mangels an Vitamin C oder D auf den langen Fahrten, etwa auf dem französischen Sklavenschiff *Rodeur* und auf dem spanischen Schiff *León* 1819. Die *Rodeur* war am 24. Februar 1819 von Le Havre abgefahren und nach 48 Tagen in Bonny an der Calabarküste angekommen. Am 6. April 1819 fuhr das Schiff mit 160 Verschleppten und 22 Mannschaftsmitgliedern los. Nach 15 Tagen Amerikafahrt stellte der Schiffsarzt namens Maigneau auf Höhe des Äquators fest, dass viele Verschleppte sehr rote Augen hatten und dass sich die Erkrankung wie rasend in den Laderäumen verbreitete. Der Gegenmaßnahme, die der Arzt vorschlug, die Opfer länger an Deck zu lassen, wollte der Kapitän nicht zustimmen. Er fürchtete, dass viele Sklaven sich von Bord ins Meer stürzen würden. An diesem Punkt passierte ein spanischer Negrero aus Havanna, die *León*, die *Rodeur* auf Rufweite. Auch auf der *León* waren schon alle Verschleppten erblindet. Die Mannschaft der *Rodeur* konnte nicht helfen. Von der *León* wurde nie wieder etwas gehört. Die *Rodeur* kam am 21. Juni 1819 auf Guade-

---

Liste waren „Carabali camaron", d. h., Carabaliés aus dem heutigen Kamerun; Übersetzer sind „Juan Duráu y Patricio Amayés morenos libres [freie Schwarze]" (f. 102r). Fast alle Emancipados hatten eine *señal* (Brandzeichen der Menschenschmuggler): „ein N über der rechten Brustwarze". Nr. 135 (f. 114v–115r): „Difón" (Gregorio Naciament.o), 12 Jahre alt, 3,10 Fuß groß, Carabali camaron (señales): „Übersät von Pockennarben: ein N auf [über] der rechten Brustwarze: plattnasig und großer Kopf". Den Mädchen und Frauen wurde das Brandzeichen nicht auf die Brust, sondern auf das „rechte Schienbein" gebrannt, siehe z. B. Nr. 320 (f. 133v–134r): „Viví" (Olalla), 11 Jahre alt, Carabali camaron, 4,2 Fuß groß: „ein S auf dem rechten Schienenbein: rote Lippen: zwei Narben auf dem Bauch und zwei weitere unter dem rechten Knie" (f. 140v–141r).
171 „Bericht" von Generalkapitän Miguel Tacón aus Havanna, 4. Februar 1836, an Secretario de Estado in Madrid, in: AHN, Estado, Trata de Negros, leg. 8023/13, no. 1.
172 AHN, Estado, Trata de Negros, leg. 8023/13, no. 5: Originalkopie des Berichtes von Don José Ant.o Bernal Muñoz an Generalkapitän Tacón.

loupe an. 89 völlig erblindete Verschleppte waren ins Meer geworfen worden oder selbst über Bord gesprungen, zwölf hatten die Sehkraft eines Auges verloren und 14 hatten weiße Flecken auf den Pupillen.[173]

Einen recht authentischen Bericht über Umschlag-Prozesse des atlantischen Slaving gibt der bereits erwähnte Negrero Theophilus Conneau/Theodore Canot (1804–1860; eigentl. Théophile/Theophilus Conneau, Sohn einer italienischen Mutter und eines französischen Vaters, jakobinischer Offizier Napoleons).[174] Der Journalist Brantz Mayer änderte den Namen Conneau in das Pseudonym *Canot* (Französ.: kleines Boot, Dinghi). Die von Conneau beschriebenen Umschlagprozesse waren vielleicht die wichtigste Zwischendimension der Akkumulation von Kapitalien aus Menschenhandel im 19. Jahrhundert. Sie bestand darin, dass die Profite, einmal durch Verkauf in den Amerikas realisiert, eben nicht nach Europa gingen, sondern in Amerika oft neu in Waren, Schnaps, Tabak, Drogen, Textilien, Schiffen, Waffen und Mannschaften angelegt wurden, die wieder nach Afrika zurückkehrten und erneut an die Slaving-Prozesse in Afrika andockten. Conneau berichtet über solche Umschlagprozesse sowie die beteiligten Akteure, Aktionen und Strukturen: Ausrüstung der Schiffe und Anwerbung der Mannschaften, Offiziere und Kapitäne, Abfahrt, Überfahrt und Ankunft in Afrika, Aufenthalt und (in seinem Fall in mehreren Niederlassungen als Faktor und Mongo) an den Küsten, Netzwerke, Ankauf und Anlieferung von verschleppten Afrikanern aus dem Hinterland des Río Pongo, ihre Haltung in Barracones der Faktoreien, Verladung, Transport (Mittelpassage), Anlandung und Verteilung auf Kuba. Dann kam die Neuausrüstung des Schiffes, manchmal ein Abstecher zu einem anderen Hafen der Karibik (z. B. San Juan de Puerto Rico) oder in Brasilien– und wieder zurück nach Afrika. Die Perspektive Conneaus ist positiv, das heißt, er stellt Slaving als positiv für Versklaver, der er selbst war, und Versklavte dar.[175] Im Großen und Ganzen entsprechen nicht die rassistische Perspektive, aber viele Details und Fakten seiner Darstellung, wie oben gesagt, modernen Analysen.[176]

---

[173] Franco, „Comercio clandestino", S. 116f.
[174] Conneau, A Slaver's Log Book, passim [die ausführlichste Ausgabe auf Deutsch ist: Canot, Abenteuer.
[175] Canot, Abenteuer, S. 119–131, siehe auch ebd., S. 257–261; im Original von Conneau ist es: Conneau, A Slaver's Log Book, S. 80–86; siehe auch: Mouser, „Trade, Coasters, and Conflict".
[176] Taylor, If We Must Die, S. 15–39.

2.4 Atlantische Infrastrukturen der Gewalt und individuelle Erinnerungen

Hauptmerkmale der Middle Passage (siehe auch übernächstes Kapitel) waren Terror, Gewalt, Krankheiten, Durst, Traumata, hohe Sterblichkeit sowie gegenseitige Verletzungen und Selbstmorde. Zur Kontrolle der Auswirkungen der Gewalt auf die Körper der Verschleppten finden sich seit dem 18. Jahrhundert zunächst Barbiere und *sangradores* (Blutabzapfer), dann mehr und mehr auch ausgebildete Ärzte auf den Sklavenschiffen (ein kaum untersuchtes Feld).[177] Middle Passage bedeutete aber auch Rebellionen, Slave Ship Dances, Drogen und bestimmte Arten von Kampfsport (Vorformen der Capoeira, *maní*, Boxen, eventuell auch die „mandingo"-Kämpfe aus US-Filmen[178] sowie Wetten auf Sieg oder Niederlage – all dies spielte sowohl für die Versklavten und Verschleppten eine Rolle als auch für die Mannschaften. Jedes Sklavenschiff hatte Essensverteiler (Span.: *dispensero*) und die Funktion des Überwachers (span. *guardian*) der Sklavenunterdecks.[179] Auch die Hundezucht wurde vorangebracht: José Luciano Franco erwähnt scharfe Hunde auf brasilianischen Sklavenschiffen, die nachts die Ladeklappen und Ausgänge der Laderäume, in denen die Verschleppten eingepfercht waren, bewachten. Zudem spielten Hunde, vor allem Mastiffs, eine wichtige Rolle bei der Jagd auf geflohene Sklaven.[180]

In den Laderäumen, unter den Verschleppten eines Schiffs-Cargazón hat es individuelle Freundschaften und Solidarität gegeben, die auf Initiationen und Schwurritualen beruhten und oft lebenslang anhielten. Auf Kuba nannten sich

---

177 Newson/Minchin, From Capture, S. 235–266.
178 „Mandingo-Kämpfe" sind entweder von Quentin Tarantino für den Film *Django* aufgebauscht worden oder es war eine sehr lokale Sache. Allerdings gibt es bei dieser Beurteilung ein caveat: viele der Kämpfe in Afrika sind vor allem (à la Capoeira in Brasilien) auf den Schiffen der Mittelpassage und an den Sklavereiorten in den Amerikas weiterentwickelt worden und vor allem auch von versklavten jungen Kriegern genutzt worden, um über Wetten (und Siege) in der Gunst der Sklavenhalter und Sklavenhändler aufzusteigen. Außerdem kam es eine Generation nach der Abolition der jeweiligen Sklaverei zur Renaissance alles „Afrikanischen". Auf Kuba gab es mit dem *maní* einen ähnlichen Kampftanz: 20 Mann stehen um einen in der Mitte. Jeder aus der Runde kann versuchen, den Herausforderer in der Mitte k.o. zu schlagen (auch mit Fußstößen!) und nimmt dann die Mitte ein – wer übrig bleibt, ist Sieger. *Maní* war eine Art ritualisierter Kampf-Tanz (siehe: Barnet, Biografía de un cimarrón, S. 68f. und S. 24: „Der Maní war ein sehr grausames Spiel"). Mandingos (Mandinke), Spanisch/Port.: *mandinga, mandinka, malinké, mandé o manden* werden als Viehhalter und Händler dargestellt und sehen sich als historische Träger und Nachkommen des Mali-Reiches (13.–16. Jh.); die Eliten sind meist muslimisch; Röhrig Assunção, Capoeira.
179 Taylor, If we must Die, S. 32.
180 Franco, „Comercio clandestino", S. 113.

Schiffsgenossen und symbolisch auch bedingungslose Freundinnen oder Freunde *carabelas*, ein Wort, das von „Karavelle", d. h., Sklavenschiff, abgeleitet ist. Im Bereich des britischen Atlantik der späteren USA hieß die Institution *shipmate*. Die Schiffsgenossenschaft stellte aber auch hier ein fiktive Verwandschaft unter Versklavten dar, ebenso wie *sibbi* in niederländischem Kreol oder *malungo* in brasilianischem Kreol, *malongue* im britischen Trinidad, *máti* in Surinam oder *batiment* in Saint-Domingue.[181]

Für Kuba gibt es neben Fernando Ortiz' älterer Kulturgeschichte sowie den Büchern von José Luciano Franco und Enrique Sosa nur eine Arbeit, die die Überfahrt, die Ankunft, vor allem aber die konkreten Vorgänge der Vorbereitung und des Verkaufs (Marketing) thematisiert – das Werk von Antonio Núñez Jiménez[182] Sklavenmärkte, wie wir sie uns heute gerne vorstellen, kommen nicht vor, zumindest nicht in der Form einer konzentrierten Versteigerung an einem genau definierten Ort, abgesehen von ganz bestimmten Stränden, etwa Bahia. Es war üblich, es mit einer roten Fahne zu signalisieren, wenn ein Schiff im jeweiligen Hafen gesichtet wurde, das aus Afrika kam.[183] Olga Portuondo hält fest, dass in den Zeiten des Freihandels (bis 1820) die Sklavencargos dann in größeren Gruppen von den Schiffen an Land gebracht und auf Versteigerungen in der Nähe der Zollstationen angeboten wurden.[184] Vorher wurden sie mit Kokosöl aufgehübscht. Und sie mussten mit Limettensaft, Orangen und Casabe sowie etwas Rinder-Trockenfleisch oder Kabeljau und billigem Tabak und Schnaps aufgepäppelt werden. Seit etwa 1810 kam auch die Zwangsimpfung gegen Pocken auf, neben schon länger existierender Taufe sowie der Aussonderung der Schwerkranken und der Toten. Das war die Aufgabe von staatlich berufenen speziellen Hafen-Ärzten. Es waren fast immer Ärzte und Bewaffnete, die die Verschleppten nach Anlandung in den amerikanischen Häfen oder an den Küsten als erste von Angesicht zu Angesicht sahen.

Nach der Anlandung warteten die Sklaven außerhalb der Ortschaften auf ihre *feria* (öffentlicher Verkauf auf einer Art Messe); dann wurden auch behilfsmäßige Barracones und Palisadenzäune gebaut, um ihnen Unterkunft zu bieten und sie zugleich an der Flucht zu hindern.[185] Daraus machten große Negreros und Fir-

---

181 Mintz/Price, The Birth, S. 42–51; Rediker, The Slave Ship, S. 303–307; Zeuske, Handbuch, S. 174–199; Borucki, „Shipmate Networks".
182 Núñez Jiménez, Los esclavos negros; für den angloamerikanischen und anglokaribischen Bereich von 1675 bis 1725 siehe: Smallwood, Saltwater Slavery, S. 158–166.
183 J. Kennedy, La Habana, 7 de Julio de 1838. Zu Richard Madden, David Turnbull, Joseph Kennedy und James F. Crawford siehe: Moreno Fraginals, El Ingenio, Bd. I, S. 269–274.
184 Portuondo Zúñiga, Entre Esclavos, S. 113.
185 Ebd.

men oft dauerhafte Einrichtungen. Manche wurden auch zu einer Art Gefängnis und Arbeitshäusern für wieder eingefangene Cimarrones oder herrenlose Sklaven umfunktioniert (*depósitos*). Die Gesamtkomplexe solcher Barracones wurden oft *Consulado* genannt, weil der Consulado (Standesorganisation/Konsulat) der Kaufleute für Finanzierung und Erhaltung der Gebäude verantwortlich war. Nach dem Verbot des Sklavenhandels 1820 fanden Ankunft der Versklavten und ihre Märsche zu den Barracones, Consulados und Haciendas sowie zur Verladung auf andere Schiffe meist bei Nacht statt. Paradigmatisch ist die Aussage eines Amistad-Gefangenen: „The lamps at Havana was lighted when they came on board Amistad".[186]

Seltene Aussagen über die Schrecken des Slaving aus Sicht der Betroffenen finden sich in den englischen Dokumenten aus *The Anti-Slavery Reporter* von 1854, die Juan Pérez de la Riva 1963/64 als Grundlage seines Artikels „Antiguos esclavos cubanos que regresan a Lagos" (Ehemalige Sklaven, die nach Lagos zurückkehren) benutzt hat.[187] Eine paradigmatische Aussage ist die von Lorenzo Clarke. Er sagte aus, dass er 1854 zwischen 35 und 38 Jahre alt war und etwa 22 Jahre zuvor (1832) auf Kuba angekommen sei. Clarke sei aus Lagos (Oyo) und dort bei einem Krieg zwischen *jefes nativos* (eingeborene Chefs) gefangen genommen worden. Die Passage nach Kuba habe er auf der großen Brigantine *El Negrito* gemacht.[188] Das Schiff war ein notorischer Negrero von über 500 Tonnen, der u. a. 1829 unter dem Namen *Octavio* schon einmal von den Engländern gekapert und unter dem Namen *El Negrito* in Sierra Leone für 5000 Pesos an einen Spanier[189]

---

186 Zeugenaussage von Antonio, Kabinen-Boy von Ramón Ferrer, in: „Testimony of Antonio"; siehe auch: The African Captives, S. 29f.
187 The Anti-Slavery Reporter, Bd. II. Third Series, S. 234–239; Pérez de la Riva, „Antiguos esclavos". Rodolfo Sarracino, der ein ganzes Buch unter diesem Titel geschrieben hat, setzt an der Analyse von *life histories* von Menschen an, die nach dem Gesetz des freien Bauches auf Kuba (1870) oder nach der frustrierten Unabhängigkeit (1898) von Kuba nach Lagos zurückgingen und dort (auf der Lagos-Insel, d. h., der historischen Altstadt) eine *Cuban Lodge* bauten, siehe: Sarracino, Los que volvieron, S. 47–64. Einer von ihnen, Hilario Campos, wurde in Lagos zu einem einflussreichen Mann mit Land- und Hausbesitz. Er ist in der Korrespondenz zwischen Fernando Ortiz und Roder Bastide erwähnt als „babalao Campos", siehe: Ebd., S. 50. Noch Fernando Ortiz hatte das Thema im Tenor der Sklavenhändler-Ideologie kurz behandelt – Motto: „Besser Sklave auf Kuba als Prinz in Afrika", siehe: Ortiz, Los negros esclavos, S. 302f. (dabei auch Erwähnung der *Amistad*).
188 Siehe den Heuervertrag für die Reise von 1832: „Contrata", Bergantin Negrito, Francisco Antonio de Sarria, capitan y maestre, La Habana, 14 de Junio de 1832, expedicion a las islas del Principe y Santomé, in: ANC, Notaría Marina 1832, f. 264v–265v; zur Heuer siehe auch: Ebd., f. 265r: „Chirurg Don Jose Sacramento 25 Pesos ... Zimmermann Juan Miranda 45 Pesos".
189 „Certification", in: ANC, Notaría Marina 1830, f. 452r William Cole, Colony of Sierra Leone, 26 of December 1829; siehe auch „V[en].ta de Buq[u].e", D.n Antonio Malvan, La Habana, 10 de

verkauft worden war und 1840 wieder aktenkundig wurde[190]). Mit Clarke zusammen waren 560 andere Verschleppte und Verkaufte auf der *Negrito*, von denen viele Frauen gewesen seien. Die Frauen waren von den Männern getrennt. Viele der Versklavten seien krank gewesen und es habe 22 Tote gegeben. Sie seien in den Zwischendecks in extremer Enge untergebracht gewesen und man habe sich kaum setzen können.[191] Lorenzo Clarke bestätigt, dass ein englischer Kreuzer die *Negrito* aufgebracht und nach Havanna geleitet habe. Für die Gefangenen änderte sich nichts, sie seien in die *Barracones del gobierno* gebracht worden, von wo aus sie den Morro, die vorderste Hafenfestung, sehen konnten – das heißt in die Barracones in der Nähe des heutigen Hotels Sevilla, die schon Humboldt gesehen hatte (am hafenseitigen Ende der Calle Consulado). Dort wurden sie zweiundzwanzig Tage lang festgehalten, bis sie wieder zu Kräften gekommen waren. Dann wurde ein Teil der Gefangenen zum *Consulado del Cerro* (Misericordia am Ende des Paseo Militar, heute Carlos III) gebracht, wo ihre Namen in einem Buch notiert wurden. Dann musste Clarke als Emancipado im Straßenbau und beim Bau der Eisenbahn von Havanna nach Güines arbeiten. Beim Eisenbahnbau wurde Lorenzo persönlicher Sklave/Diener eines US-amerikanischen Ingenieurs namens Clarke (von dem er den Nachnamen übernahm). Der Ingenieur habe ihn um 300 Pesos aus Verdiensten und einem Lotteriegewinn betrogen. Lorenzo Clarke sandte eine Beschwerde (*queja*) zum Generalkapitän. Der habe ihn an einen *síndico* (eine Art vom Staat gestellter Armenanwalt) verwiesen. Der Síndico habe ihn, Lorenzo Clarke, über seine Geschichte und seinen Status ausgefragt, ihn über seine Rechte als Emancipado aufgeklärt und den Ingenieur genötigt, das

---

Julio 1830 (Verkauf an Antonio Maria de Viniegras für 5000 Pesos), in: Ebd., f. 452r–468r. Die Verkaufsbestätigung aus Sierra Leone von 1829 ist Teil des Verkaufsvertrages in Havanna. Dabei auch Liste der Besatzung, die das Schiff nach Praia, Kapverden, und von dort nach Havanna gebracht hat (38 Mann – u. a. aus Bremen, New York, Pernambuco, Ibiza, Madeira, Philadelphia, Gallinas, Kapverden, London, Maracaibo, Bordeaux, Vianna, Faro, Baltimore): Praia, 22 de Março de 1830, Secretario do Governo Antonio Marques da Contabares, in: Ebd., f. 460r. Siehe auch: „Contrata", la Habana, 25 de octubre de 1830, Don Francisco Azpeitiya, zweiter Pilot von *El Negrito* für eine neuerliche Menschenhandelsreise, eine „expedicion de este Puerto á las Yslas de Principe y Santomé" (f. 650v), in: Ebd., 1830, f. 650v–651v. Die nächste Reise unter Kapitän Antonio Sarria, wieder nach São Tomé, fand schon ab Juni 1832 statt; siehe: „Contrata", La Habana, 14 de Junio de 1832, in: Ebd., f. 264v–265v, mit neun Offizieren, Bootsleuten, Handwerkern, Chirurg (Don José Sacramento, 25 Pesos), Koch sowie neun Vollmatrosen (je 25 Pesos) und zehn Leichtmatrosen (*mozos* – je 20 Pesos), einem Pagen (15 Pesos); die beiden 2. Offiziere erhielten je 50 Pesos (alles f. 265r).

190 AHN Madrid, Estado, Trata de Negros, leg. 8023/15: Negros. 1840. Buque Negrito. Reclama contra el maltrato que dice se les dá en Cuba á los negros de d[i].cho buque".

191 Pérez de la Riva, „Antiguos esclavos", S. 171–173.

Geld herauszugeben. Lorenzo habe seine Papiere als Liberto, als freigelassener Sklave, bekommen und als Stauer im Hafen gearbeitet.[192]

Visuelles Wissen ist anderer Art als textuelles Wissen. Baron de Courcy, der auf einer Mexiko-Reise von 1831 bis 1833 auch durch Havanna und sein Umland kam, zeichnete sogar die *Negrito* im Hafen von Havanna. Obwohl Sklavenhandel seit 1820 „strikt" verboten war. Aber offensichtlich bildeten Sklavenschiffe und damit Menschenhandel ein solch offenes Geheimnis, das ein Durchreisender das Bild festhalten konnte.[193] Ich kann das Bild hier nur mit Worten beschreiben, da es sich in Privatbesitz befindet: alle Verschleppten auf dem Schiff scheinen nackt zu sein. Es liegen Tote (?) herum. Auch Kinder sind zu sehen, u. a., eines, das in bittender Stellung vor einem der beiden Matrosen (Wachen?) kniet. Eventuell ist unter den abgebildeten Männern auch der spätere Lorenzo Clarke, der zur Zeit der Skizzierung natürlich noch nicht wusste, dass er einmal diesen Namen tragen würde.[194]

Andere Fälle von Emancipados, die Kuba verließen, bringen noch viel mehr Traumata ans Licht – herzzerreißende Schicksale à la *12 Years a Slave*.[195]

1843 erzählte der etwa 30-jährige James Thompson den Männern vom *Anti-Slavery Reporter* in London seine Geschichte. Thompson war 1812 in New Providence auf Nassau als Sohn eines Iren, John Thompson, und seiner Sklavin geboren worden. Die Verwandten aus der weißen, offiziellen Familie des Vaters verkauften den kleinen James mittels eines vorgetäuschten Familienbesuchs auf Kuba an einen Mann aus Holguín in Ostkuba (heute bekannt als *ciudad blanca* – weiße Stadt) namens Tomás Uela. Der lehrte ihn den Beruf des Tabakarbeiters (*tabaquero*), ohne dass James wusste, dass er als Sklave verkauft worden war. Als er eines schönen Tages Heimweh hatte und sagte, er wolle seine Mutter sehen, eröffnete ihm Uela, dass er ihn für 300 Peso gekauft habe, und prügelte ihn krankenhausreif. Als James sich bei den Behörden beschwerte, konnte Uela alle erforderlichen Kaufdokumente vorweisen. Er schickte James zur Arbeit auf eine Plantage. Uela starb kurz danach. Sein Bruder verkaufte James an einen französischen Bäcker namens Bateaule aus Puerto Príncipe (heute Camagüey). Der behandelte James Thompson relativ gut; der Junge durfte auf Kosten der Bäckerei backen und sonntags Brot auf eigenen Gewinn verkaufen. Nach sieben Jahren

---

192 Ebd., S. 172f.
193 Originalunterschrift der Skizze in Bleistift und Aquarellfarben: „Le Negrito à l'ancre. Dans le port de la havanne". Siehe: Diener/Manthorne, François Mathurin Adalbert, S. 29 und S. 93. Katalogisierung: Núm. 108 „Un barco negrero en el puerto de la Habana" (lápiz y acuarela con raspados\papel amarilado; 24,8 × 34,7 cm).
194 Zeuske, „The Second Slavery".
195 Sarracino, Los que volvieron, S. 65–130.

hatte James 300 Pesos gespart und händigte sie Bateaule aus, um sich freizukaufen. Der gab ihm auch ein (rechtlich wertloses) persönliches Freilassungspapier. Zur gleichen Zeit ging die Bäckerei pleite, denn Bateaule hatte sich mit einem anderen Franzosen zusammengetan, der Säufer und Spieler war. Nach Versteigerung und Verteilung von Gütern für die Gläubiger wurde James für 400 Pesos an einen Señor Maqueta verkauft. Der nahm ihn mit auf eine Kaffee-Plantage in der Nähe von Havanna. James wurde Koch. Die Besitzer-Familie, vor allem die Frau von Maqueta, „Mulattin wie er", schreibt Rodolfo Sarracino, behandelte James nur mit Prügeln und schwersten Strafarbeiten, zusätzlich zu seinen Arbeiten als Koch oder Gärtner. Ganz schlimm wurde es, als James sich in eine Mitsklavin, Juana, verliebte und sie heiraten wollte. Als die Familie das mitbekam, ließ sie beide in einem simultanen *bocabajo* (Strafmethode, bei der das Opfer „Mund nach unten" nackt auf der Erde liegt, die Extremitäten festgezurrt) fast zu Tode prügeln. James entschloss sich, zu fliehen. Auf dem Weg nach Havanna schnappten ihn vier Emancipados, die sich die vier Pesos für eingefangene Cimarrones verdienen wollten. Nach schweren Schlägereien konnte Thompson weiter fliehen. Ein *rancheador* (professionaller Sklavenjäger) mit Hunden wurde auf seine Fährte gesetzt. In einem Fluss konnte James die beiden Hunde töten. Der Rancheador traute sich nicht mehr an ihn heran. James Thompson erreicht Havanna und das Büro von David Turnbull, dem britischen Konsul. Turnbull war zunächst nicht da. Thompson verbarg sich in der Nähe des Hafens, sicherlich bei anderen entflohenen Sklaven (negros curros).[196] Ein Liberto-Paar half ihm, Turnbull zu finden. Der konnte ihn „reklamieren", nachdem Zeugen bestätigt hatten, dass James Thompson als Freier geboren worden war. Allerdings dauerten die Verhandlungen fünf Monate, während derer Thompson in Sklavenbarracones dahinvegetierte. Als der Fall entschieden war, musste Thompson aus der Stadt hinaus auf das Gefängnisschiff *Romney*, welches die Briten mit Erlaubnis Madrids für solche Ausweisungsfälle im Hafen von Havanna unterhielten. Turnbull nahm Thompson schließlich mit nach London, auf Kosten der britischen Regierung. Aus den Quellen geht nicht hervor, ob Thompson auch nach Sierra Leone gelangte. Aber, so schreibt Rodolfo Sarracino, er war genau der soziale Typus, den die britische Regierung für die Besiedelung Sierra Leones suchte: „er sprach fließend Englisch, Spanisch; er war Tabakarbeiter, Bäcker und Koch und hatte die harte Erfahrung der hispanischen [iberischen] Sklaverei überlebt. Aber vor allem er würde sein ganzes Leben lang dem Britischen Imperium gegenüber loyal sein".[197]

---

196 Zeuske, Sklaven und Sklaverei, S. 388–398.
197 Sarracino, Los que volvieron, S. 88–91, Zitat S. 91; zu weiteren, manchmal spektakulären, Fällen siehe: Barcia, „The Kelsall Affair".

Ebenfalls 1843 erzählte William Thomas dem *Anti-Slavery Reporter* seine Geschichte; er war etwa 35 Jahre alt. Ca. 1808 wurde er im heutigen nordwestlichen Kamerun geboren. In einem Territorium, das ein Chief names Bell beherrschte, wurde Thomas (mit anderem Namen) als Kind geraubt und mehrfach verkauft. Er geriet das erste Mal nach Gallinas im Süden von Sierra Leone (Senegambien), in die Barracones von Pedro Blanco. Das Negreroschiff, das ihn nach Kuba transportieren sollte, wurde von einem britischen Schiff aufgebracht. Thomas kam nach Freetown in Sierra Leone und arbeitet für sieben Jahre in einem Hospital. Dann kaufte er sich bei den *gentios*, wie die Portugiesen die freie, nicht unterworfene Bevölkerung bezeichneten, eine Frau für 100 Eisenbarren. Er lernte Englisch. Dann entschloss er sich, dieses Leben zu verlassen, und fuhr mit Kapitän Owen auf die Insel Fernando Po. Dort arbeitete er wieder sieben Jahre lang. Zurück in Sierra Leone wurde er Händler. Er verkaufte den Mandingas Eisen, Musketen, Tabak, Seile und Pulver und tauschte Goldstaub, Reis, Vieh (sicherlich auch Menschen, was er dem *Anti-Slavery Reporter* nicht sagte) und andere Produkte. Am Río Gallinas wurde er auf einer Geschäftsreise gefangen genommen, an der Hand verletzt und von den Barracones Pedro Blancos nach Kuba verschifft, zusammen mit 342 anderen Verschleppten. In Santiago de Cuba gelandet, kam Thomas schließlich nach Havanna. Wegen seiner verletzten Hand wurde er nicht auf eine Plantage verkauft, sondern an einen Hutmacher namens Don José. Der gab ihm täglich 10 Bananen und ein halbes Pfund gekochtes Fleisch. Er musste von vier Uhr früh bis abends um sieben arbeiten, aber Don José ließ ihm die Zeit, sich mit Reinigungsarbeiten, Müllbeseitigung und anderen Arbeiten etwas Geld zu verdienen. Schließlich arbeitete er als Mietsklave (*esclavo alquilado*), unter anderen bei einem britischen Schuldirektor, Mister Walter. Dort sagte man ihm, er solle sich beim britischen Konsul Turnbull melden. Der konnte ihn – nach einem Monat Verhandlungen – „reklamieren". Dann kam William Thomas ebenfalls auf die *Romney* und reiste schließlich über London nach Sierra Leone zurück.[198]

Juan oder John Homrn (sic – vielleicht korrumpierter lokaler Name?) sagte 1847 vor dem *Anti-Slavery Reporter* über sein Schicksal: er sei 1823 in Freetown/Sierra Leone als Freier geboren worden. Seine Eltern gaben ihn, als er 12 Jahre alt war, zum Anlernen und Geldverdienen an einen befreundeten „Ehrenmann" (*gentleman/caballero*) namens Paul „Fevre".[199] Es handelte sich mit Sicherheit um Paul Faber – was zeigt, mit welcher Selbstverständlichkeit Negreros in Sierra Leone verkehrten (siehe unten das Kapitel zu „Leben, Profite und Tod"). Als persönlicher Diener und Laufbursche diente Juan erst am Río Pongo, dann reiste er als

---

[198] Sarracino, Los que volvieron, S. 91–93.
[199] Ebd., S. 96.

Kabinenboy mit Paul Faber nach Havanna. Faber stieg im Hotel des Sklavenhalters und -händlers Francisco „Solen" (O-Stimme Juan Homrn; es handelt sich um den Kaufmann Francisco Soler). Als Faber abreiste, ließ er Juan, sozusagen als Bezahlung der Rechnung (mit Gewinn für Faber – 300 Pesos), zurück. Das wusste der Junge aber noch nicht. Erst als er nach Monaten vorsichtig fragte, zeigt ihm Soler die Kaufdokumente und ließ ihn auspeitschen. Soler nahm Juan nach vier Jahren mit nach Puerto Rico. Juan floh zum britischen Konsul. Der war zu feige, zumal Juan keinerlei Papiere oder Zeugen aufbringen konnte. Juan floh auf ein britisches Schiff und der Kapitän ließ ihn als Schiffsjungen mit nach London reisen. Dort meldete er sich bei der *Anti-Slavery Society*, die ihm mit Zustimmung der Admiralität eine Überfahrt mit dem Schiff *Penelope* nach Sierra Leone beschaffte.[200]

Paradigmatische Beispiele der Verschleppung von Afrika in die Amerikas, von denen wir nicht wissen, ob die Opfer jemals zurückkehren konnten, finden sich in den 1850er Jahren. Ein vollständiges und, wenn man so will, authentisches textliches Zeugnis über die Traumata der Verschleppung aus Afrika, den gesamten „Transport" über den Atlantik und die traumatische Ankunft zur Zeit des Sklavenschmuggels aus der Sicht amerikanischer Quellen stammt von Antonio, einem der verschleppten Jungen der Goleta *Batans* alias *Brick Segundo*:

> Danach ließ man den Bozalneger, der sagte, er heiße Antonio, erscheinen [...] wie es scheint achtzehn Jahre alt ... man fragte ihn wie folgt = Er möge sagen, zu welcher Zeit er zu der Finca [kleine Plantage, wo ein Teil der Verschleppten von den Behörden aufgespürt worden war], in der er war, gelangt sei, woher und welche Menschen ihn dorthin führten antwortete er [auf Portugiesisch]: dass ihn in Bengala [Benguela] und einem Hafen, der als Maranini [oder Masanini] bekannt sei, ein weißer Mann, genannt Nard, der in einem anderen Ort jener Küste lebt und einen Betrieb zur Schnapsherstellung besitzt, gefangen habe, er habe ihm die Arme gefesselt und ihm die Calimba [das Brandzeichen (auch *carimba* oder *calimbo*)] aufgebrannt, das man an seiner Brust vorfindet, und habe ihn auf das Schiff, das Brick Segundo heißt, gebracht, wo schon die anderen Negritos verladen gewesen waren, die sie misshandelten und ihnen den Mund zuhielten, um ihr lautes Weinen zu dämpfen: da sehr viele Engländer [britische Schiffe] herumkreuzten und Streife fuhren, segelte das Schiff bei Nacht los, befehligt durch den Kapitän Enrique Montesinos, Segelmeister Don Pepe und er glaubt er heißt mit Nachnamen Velozo, mit zehn Matrosen Besatzung: dass sie nach vierundvierzig Tagen Fahrt an dieser Küste [Kuba] ankamen und bei Nacht anlandeten und sofort von vielen weißen Männern begleitet losmarschieren mussten, zur gleichen Zeit fackelten sie das Schiff ab, denn das sah man perfekt von dem Weg, den sie gingen, der sehr steinig war [die Verschleppten waren barfuß und mussten über scharfe Klippen laufen]: dass sie an einen Punkt kamen, wo es eine Hütte gab und viele Weiße [das war eine Feria unter Bedingungen der Illegalität] und dann verteilten sich die Neger und Montenos [sic, statt Montesinos] und seine Matrosen hauten ab und bestiegen ein Schiff, das an der

---

[200] Ebd., S. 96f.; zur Rolle britischer Konsuln und Richter siehe: Barcia, „Entre Amenazas y Quejas".

Küste entlangfuhr, es blieben Don José [der neue Besitzer von Antonio] der sich [während der laufenden Befragung] in den Bergen versteckt hält: dass der, der spricht [Antonio], und viele anderen Leidensgenossen bis zu diesem Ingenio [die o. g. Finca] weitermarschierten, in ihm blieben die, die an jenem Nachmittag aufgefunden wurden und die anderen verbargen sich, die man in diesem Moment [auch noch] aufgespürt hatte = Gefragt: welche Anzahl von Sklaven sind von Afrika losgefahren und wie viele sind [auf Kuba] von Bord gekommen, antwortete er, dass achthundert aus Afrika absegelten, es starben dreißig auf dem Meer und viele Kranke landeten an, die sie in zwei Booten [vom Schiff] hinüberbrachten an einen anderen Punkt und auf dem Landweg [beim Küstenmarsch] starben auch ziemlich viele aber er weiß die Zahl nicht, weil die Weißen, die dort waren, herumbrüllten und viele Leidensgenossen raubten [ein bekannter Vorgang – weiße Bauern der Küstenregion raubten nachts einzelne Verschleppte aus den Trecks und verkauften sie auf eigenen Rechnung] und nahmen sie mit sich und er weiß nicht wohin, weil er dieses Land nicht kennt, in dem es etwa zwanzig Tage her ist, dass sie ankamen.[201]

Die Traumata sind alle genau beschrieben. Das ist wirklich eine „subalterne Stimme" – fast meint man, Antonio live sprechen zu hören. Das Problem ist nicht so sehr die Verzerrung durch den Schreiber, sondern die Tatsache, dass die afrikanischen Partien der Narratio und Erinnerung von Antonio eventuell nicht ganz richtig sind – durch den Sprecher („der, der spricht") Antonio selbst verzerrt. Die biografisch-narrativen Spuren, die Arnalte in seinem Buch über Antonio rekonstruiert, zeigen Ambivalenz und Tragik des Slaving-Geschäftes. Arnalte vermutet, dass Antonio nur wissen konnte, dass rund 800 Sklaven auf das Schiff in Afrika verladen worden waren, weil er dem Mongo (Faktor/Sklaventreiber) namens Nard wohl bis zum Ende der grausigen Beladung in Afrika geholfen hatte. Im Moment des Ablegens habe Nard seinen Helfer aus Rache oder wegen eines makabren Scherzes im Suff, einen Stoß gegeben und ihn in die Arme der Sklavenschiffsmatrosen befördert (die ihm dann auch das Brandmal verpassten) – vielleicht auch, um die Zahl der Verschleppten abzurunden.[202]

Ähnliches gilt für den zweiten Zeugen des Untersuchungsrichters, den gebrochen Portugiesisch sprechenden katholischen Christen Manuel María de la Concepción aus Anambaca (sicherlich Ambaca, d. h., ein Ambakist). Manuel war eigentlich Schneider. Er besserte in Afrika seine Verdienste durch Kleinhandel und Hilfsdienste für einen portugiesischen Sklavenhändler namens Bernardino Enrique Abreu auf. Durch dessen Betrug kam er unter die verschleppten Kinder –

---

[201] Zeugenaussage von Antonio, Verschleppter auf der Goleta Batans, 7. Oktober 1854, in: „Testimonio del espediente gubernativo instruido para la averiguacion de la introduccion de negros bozales por la Costa de Nuevitas" (Orthografie und Interpunktion zeitgenössisch), in: AHN, Estado, Trata de negros, leg. 8060, No. 4/3, f. 119r–120r: „El negro bozal Antonio"; Auszüge in: Arnalte, Los últimos esclavos, S. 81.
[202] Ebd., S. 84.

auch Manuel war ein *esclavizador esclavizado* – ein versklavter Versklaver. Seine Aussage bietet die Perspektive eines erwachsenen Mannes. Außerdem charakterisierte er einen Sklavenschiffskapitän aus Sicht des Unterdecks. Deshalb sei seine Aussagen hier ebenfalls in extenso zitiert:

> er sagte, er heiße Manuel de la Concepcion ... gebürtig aus Anambaca [Ambaca] an der Küste von Afrika, unverheiratet, vierundfünfzig Jahre alt und von Beruf Schneider [...] er kann nur sagen, dass es noch keinen Monat her sei, dass er auf dieser Insel [Kuba] zusammen mit vielen Sklaven, die sie von der Küste Afrikas gebracht haben, gelandet ist; er bestätigt ihre Anlandung an der Küste und nahe dem Punkt, wo sie sich nach dreiundvierzig Tagen Schifffahrt befanden ab dem Hafen von Nazarini [oben Mazarini] an der Küste von Afrika, von dem sie bei Nacht losfuhren, dass er, weil er ganz am Grund des Schiffes [im tiefsten Laderaum, wohl als einer der ersten Versklavten; außerdem galten für ihn als Mann besondere Sicherheitsstandards] untergebracht war, weder weiß, wer der Kapitän war noch die anderen weißen Leute, die an Bord waren, aber wenn er ihn [den Kapitän] sehen würde, würde er ihn erkennen, denn er erinnert sich, dass er vorne kahl ist, dürr mit Schnauzbart und übersät von Pockennarben; dass sie ihn in Afrika auf bösartige Art und Weise eingeschifft haben, indem sie ihn in der Nacht überraschten, als das Boot abfuhr, und indem sie in mit den anderen Sklaven verfrachteten, dabei war er frei und in Diensten von Don Bernardo Enrique Abreu, für den er die Sklavenkäufe für seinen Patron erledigte, derselbe habe ihn gefangen und besagtem Patron übergeben [wohl ein großer Sklavenhändler] [...] seit der Landung haben sie in großen Booten alle Kranken in den Küstenwald gebracht, wo sie aufgefunden wurden; er erinnert sich an zwei Weiße, von denen einer ein alter Mann war; dass an diesem Punkt mehr als fünfundzwanzig Neger gestorben sind ... dass sie die anderen Neger verteilten, dass Schiff haben sie in der gleichen Nacht, als sie an Land gingen, verbrannt, er weiss nicht, was mit der Mannschaft passiert ist = Gefragt: ob er getauft sei und wo und durch wen, sagte er: dass sie ihn in der Kirche von Ambaca getauft haben; er erinnert sich nicht an den Namen des Priesters.[203]

Manuel, der Christ, schwarze „Portugiese" und Schneider war ein klassischer Ambakist.[204]

Schriftliche Massenquellen der Mittelpassage und des Marketings, die immer die Perspektive der Versklaver repräsentieren, lassen von den Traumata, die die Verschleppten erleiden mussten, nur sehr indirekt etwas erkennen (etwa in den Angaben über das geringe Alter der verkauften Kinder oder eben in der Brandmarkung als Teil des Marketings). Sie wirken aber in ihrer Geschäftsgeist-Schriftlichkeit fast noch schlimmer als die Erlebnis-Erinnerungen von Sklavinnen oder Sklaven über die Ankunft in Amerika. Zur Entsetzlichkeit des Menschenhan-

---

203 „Testimonio del espediente gubernativo instruido para la averiguacion de la introduccion de negros bozales por la Costa de Nuevitas", in: AHN, Estado, Trata de negros, leg. 8060, No. 4/3, f. 154v–156r; siehe auch: Arnalte, Los últimos esclavos, S. 90.
204 Heintze, Afrikanische Pioniere, S. 155–274.

Abb. 6. William Blake, „Group of Negroes, as imported to be sold for slaves", 1796, aus: Stedman, Stedman's Nachrichten. Das Bild ist eine relativ frühzeitige Visualisierung des Handels mit verschleppten Frauen und Kindern (zusammenhängend offensichtlich auch mit Darstellung von nackten Körpern).

dels im 19. Jahrhundert, zugleich zu seiner Routine, gehörte auch (wie aus vielen der hier vorgestellten Quellen hervorgeht), dass es Handel mit Kindern war. Das hängt unmittelbar mit einem eigentlich immer nur in kalter wissenschaftlicher Sprache erwähnten Problem der „Reproduktion von Sklavenpopulationen" zusammen. Während von Sklavinnen geborene Kinder in den Gesellschaften der Second Slavery vor allem in den Tropen und Subtropen eher selten waren, wurde der Kinderanteil an der Gesamtzahl geschmuggelter Menschen immer größer.[205] Versklavte Frauen litten meist noch mehr als männliche Versklavte.

Eine weitere Quelle des Marketings bietet die Verkaufswerbung für Sklavinnen und Sklaven in kubanischen Zeitungen. Antonio Núñez Jiménez hat 2711 Zeitungsannoncen für die Zeit zwischen 1790 und 1886 analysiert. In 717 davon werden Ethnien beziehungsweise Orte der Herkunft der Sklaven spezifiziert. Der Begriff der *nación* (= an den Gebrauch der Sklavenhändler angelehnte Konstruktion von Herkunftsgruppen in Afrika), zugleich statusdefinierender Marker (in den Amerikas als Sklave und Liberto) sowie *umbrella terms*, die die Verschleppten selbst benutzten (auch um sich an den Sklavereiorten als Gruppen zu konstituieren[206]), ist für das zeitgenössische Verständnis des Verkaufswertes sehr wichtig. Die einzelnen Begriffe sind auch für die Verschleppten und Versklavten offenkun-

---

205 Stubbe, Hannes, „Kindersklaven"; Stella, „La traite"; Lovejoy, „The Children"; Lawrance, Amistad's Orphans, S. 27–46.
206 Borucki, „Shipmate Networks".

dig zentral und spiegeln persönliche Erfahrungen der Atlantic Slavery wider.[207] Es handelt sich um rund 30 ethnisch-kulturelle Herkunfts-Konstruktionen (die oben genannten Naciones; manche Forscher gehen sogar von 140 Unterkategorien aus), z. B.: *arará, bengala, bibí* (oder *viví*), *brique, briche, buase, carabalí, carabalí briche, carabalí bricamo, carabalí suama, congo, congo luanda, congo luango, congo real, chocho, gagar, gangá, gragá, ibo, isuama, lucumí, macuá, machá, mandinga, mandinga fula, mozambique, mina, mina popó, minatantí* und *mondongo*.[208] Die Zeitungsannoncen erwähnen keine individuelle Namen. Viele der Verschleppten und ehemaligen Verschleppten hatten spezielle Brandzeichen, Ziernarben oder Tätowierungen. Die Annoncen hoben mit der Herkunftsbezeichnung (*nación*) auf Qualitäten ab, die Sklavenhändler und Sklavenhalter durch ihre Erfahrung mit Sklaven der jeweiligen Nation vermuteten und glaubten einschätzen zu können. Eine allgemeinere Verkaufswerbung lautete: „Morgen, Freitag, morgens um 10 wird der Verkauf von 260 Negern eröffnet, die der dänische Schoner von der Küste Afrikas hergebracht hat, in den Barracones, die auf Kosten von Don Felipe Allwood laufen (15. Januar 1802)".[209]

Núñez Jiménez hat auch Einschiffungshäfen der Schiffe, die in 30 Zeitungsannoncen erwähnt werden, für die Zeit zwischen 1701 und 1817 analysiert; die Sklavenschiffe kamen aus: Baltimore, Jamaika, Dominica, Guarico (Cap Français auf Saint-Domingue/Haiti), Costa de Guinea (Cacheu/Sierra Leone), Bahamas, São Tomé, Cartagena de Indias, New Providence, Goldküste, Port-au-Prince, Veracruz, Montevideo, Barbados und Río Gambia (Senegambien) – ein recht getreues Abbild der Mischung des afrikanisch-atlantischen, karibischen und amerikanischen Menschenhandels sowie des karibischen Schmuggels, der Havanna bis 1820 mit Sklaven versorgte.[210]

Eine entindividualisierte Massenquelle des Sklavenhandels findet sich seit 1800 sporadisch, seit 1820 bei fast allen Verkaufsdokumenten, da die Verkäufer formell nachweisen mussten, dass die Sklaven, die verkauft wurden, nicht aus dem Schmuggel stammten. Diese *papeletas de armazón* oder *papeletas de venta* (Ladungspapier oder Verkaufspapier) dienten dem offiziellen Nachweis, dass es sich um legitimes Eigentum handelte. Der Standardsatz in einem solchen Dokument lautete: „Don Mariano Padron, Stadtbürger des Distrikts von Güines ... ich verkaufe ... an Don Francisco María Estenoz ... einen Neger, mein Sklave, der nación Macua genannt Juan Crisostomo, den ich aus der Ladung zusammen mit anderen den vierzehnten Januar im vergangenen Jahr 1803 erworben habe ...

---

207 Ebd., S. 238.
208 Núñez Jiménez, Los esclavos negros, S. 11–26.
209 Ebd., S. 24.
210 Ebd., S. 41–55.

zum Preis von vierhundert Pesos".²¹¹ Sklavenkauf und -verkauf war ein hochprofitables Geschäft. Oft wurde der Ausdruck „de armazón" (aus der Ladung) direkt in die Notariatsprotokolle hineingeschrieben; meist wurden aber auch Vordrucke benutzt, wie im folgenden Fall:²¹²

> Mein sehr geehrter Herr: bitte erstellen Sie ein Schriftstück zugunsten der [freien] Schwarzen Madama Josefa Zetti ... über eine Negerin, die ich ihr aus dem Armazon verkauft habe, welches die Brigantine namens Henrrique Kapitän ... ihr Meister D. Simon Sanets [schwer lesbar] von der Küste Afrikas hierhergebracht hat, zum Preis von dreihundertfünfzig Pesos in der Qualität von Bozal, Seele im Mund, ein Sack Knochen, zum Gebrauch des [Sklaven-]Marktes [ein Standardsatz beim Verkauf von Sklaven, die gerade halb verdurstet und verhungert von den Sklavenschiffen auf den Markt kamen] ohne Überprüfung von Verletzungen noch Krankheiten, Herzkrankheit, Gicht, Krankheit von San Lázaro [Lepra] noch irgendeine andere, in die die menschliche Natur fallen kann; weil alle auf Kosten des Käufers laufen und auch [die Kosten] des Schriftstücks.
>
> Unser Herr schütze Sie viele Jahre
> Matanzas und 20. Mai 1820
> B.L.M. de Vmd. S.S.S.
> Zacarias Atkins
> [Vermerk:] In der Verwaltung vorlegen, bevor das Schriftstück zum Herkunftsnachweis erstellt wird.

Nach den Maßgaben des Sklavenhandelsverbotes durfte es seit 1820 nur internen Sklavenhandel und Transport von Sklaven über Küstenschiffe (Cabotage) an Orte außerhalb der Häfen geben. Das spanische Imperium versuchte bereits sehr früh, ein Rechtsstaat zu sein. Die heute heiß debattierte Frage lautet: wie gelang dann die legale Konstruktion eines verbotenen Massenphänomens (des illegalen Menschenhandels nach 1820 sowie des Hidden Atlantic²¹³)? Die Legalität des Illegalen war das eine, seine Realität eine andere. Zwar gab es, wie in den USA bis 1863, erlaubten inneren Sklavenhandel. Aber schon die Verteilung größerer Ladungen von Verschleppten an den Küsten der Insel, der sogenannte

---

211 ANC, Protocolos de Güines. Protocolos Notariales de Pedro José González, No. 385, 1 Tomo, 1812–1813. Protocolos Notariales de Pedro José González, Tomo 1812–1813, „v.ta R.l", Pueblo de Guines, 14 de Agosto de 1813, 176v–178r.
212 ANC, Escribanía varios, leg. 461, no. 6593 (1827): „Tomas Falguerra contra Mª. Josefa Oseti sobre la venta de una negra", f. 11r. Es handelt sich um einen Vordruck (*papeleta de venta*), bei dem die Informationen in Schreibschrift vom jeweiligen Käufer handschriftlich ausgefüllt werden mussten. Die Information verdanke ich Bárbara Danzie León vom Archivo Nacional de Cuba (2004). Das Formular findet sich auch in: Moreno Fraginals, El Ingenio, Bd. II, S. 12f., sowie in: Portuondo Zúñiga, Entre Esclavos, S. 114 (1810).
213 Rodrigo y Alharilla, „Spanish Merchants".

Cabotage-Handel, war eigentlich die Distribution illegal eingeschmuggelter Menschen, die legal keine Sklaven sein durften.[214] Typen „kleiner" Sklavenhändler (*traficantes*) stellten die in den Amistad-Fall verwickelten José Ruiz und Pedro Montes dar. Cabotage-Kapitäne und Verteiler im Sklavenschmuggel waren die Brüder Damián und Ramón Ferrer. Als Cabotage-Kapitäne bedienten die Brüder in jeweils sechs bis zehn Tagen Küstenfahrt in den 1830er Jahren die Route La Habana, Guanaja und Nuevitas, meist um Waren und Sklaven für Puerto del Príncipe anzuliefern.[215] Das Rechtsinstrument am Ende dieser Verteilungskette war der „poder" (eine notariell beglaubigte Rechtsvollmacht), mit der Cabotage-Kapitäne wie Ramón Ferrer allgemeine Verkaufsvollmacht gaben.[216] Eine Straftat ist nicht direkt nachzuweisen – weil in den Notariatsprotokollen nie direkt Worte wie „Sklave" oder „Sklavenhandel" auftauchen. Aber die Vollmachten dienten dazu, geschmuggelte Menschen von Bevollmächtigten verkaufen zu lassen, die laut Papieren entweder so oft verkauft worden waren, dass sich nicht alle Herkunftsnachweise (Eigentumsnachweise) rekonstruieren ließen – worauf auch kein Käufer, Richter oder Funktionär besonderen Wert legte. Oder die Taufpapiere wurden gefälscht, um aus einem *bozal* (in Afrika geboren) einen *criollo* (auf Kuba geboren) zu machen.[217]

Sklaverei und Sklavenhandel waren in jedem Moment, an jedem Ort auf dem langen Weg zwischen Afrika und den Amerikas, in jeder Situation und in jedem Lebensbereich mit Schmerzen, Verletzungen und psychischen Belastungen, also Traumata, für die Versklavten verbunden. Es gab allerdings, wie aus den Memoiren von Esteban Montejo, dem Cimarrón, hervorgeht und aus vielen Berichten über Tänze, Feste und Feiern, auch Momente der Freude und des Genusses für Verschleppte und Versklavte. Und es gab zweifelsfrei auch Traumata der Versklaver, vor allem des Sklavenhandelspersonals.

Sklavinnen und Sklaven reagierten sehr aktiv auf Verletzungen jeder Art, vor allem mit Gemeinschaftsbildungen, kollektiven Aktionen und Ritualen. Sie reagierten auch transzendental – erkennbar an der Rolle von Ahnen und Toten in

---

214 ANC, GSC, leg. 694, no. 22846 (1842): „Expediente en que D. Ramón Pascual y Vives, solicita compar y naturalizar la goleta americana ‚Sabanale' bajo el nuevo nombre de ‚Adelaida' con destino a Cabotaje".
215 ANC, Fondo Miscelanea (FM), leg. 2344, no. Aa (1836): „Entrada de la Goleta Española Cos.[ter]ª Amistad su patron D.ⁿ Damian Ferrer procedente de la Habana con diez y seis permisos. Anclada en Guanaja el 18 de Feb.º".
216 Ramón Ferrer hat zwischen 1837 und 1839 zwei Vollmachten erteilt, die letzte einen Tag vor Antritt seiner letzten Reise, siehe: „ Poder especial", Ramón Ferrer, in: ANC, Notaría Marina 1837, La Habana, 17 de Julio de 1837, f. 369r-v., hier f. 369r; „Poder g.l p.a pleitos [Generalvollmacht für alle Rechtsfälle]", in: Ebd., Notaría Marina 1839, La Habana, 28 de Junio de 1839, f. 357v–359r.
217 Zeuske, „The Names".

2.4 Atlantische Infrastrukturen der Gewalt und individuelle Erinnerungen — 115

Widerstandsritualen/Religionen. Die zeitgenössische Erinnerung daran ist auch immer konstruiert, vor allem durch die Repräsentation im Rahmen der Schriftlichkeit oder im Rahmen visueller Medien. Die Repräsentationen der Versklavten selbst sind auch immer vor allem durch die Kontrolle der Schriftlichkeit seitens Anderer gebrochen. Trotzdem sind es rhetorische und symbolische Texte, die ihre Stimmen enthalten.[218] Ihre Selbstrepräsentationen bleiben, obwohl Sklaven-Erinnerungen in einigen Fällen dieser schriftlichen Fremdrepräsentationen relativ nahe am Ablauf der Ereignisse sind, schattenhaft.

Das hat mich aber nicht daran gehindert, nach „Stimmen" der Versklavten zu suchen – sie haben gesprochen, es gab ihre „Stimmen"! Das geht, nicht zuletzt aus der historischen Analyse der Plausibilität von geschriebenen Quellen hervor, auch und gerade von wirtschaftlichen und juristischen Massenquellen.

---

[218] „Voices and Mediation"; Murphy, „The Curse".

3 Menschenhandel und Castings an den Küsten Afrikas und der Beginn der atlantischen Überfahrt

„In Afrika tanzen sogar die Götter."[1]

Im Jahr 1725 hat der französische Kartograph und Navigator Des Marchais eine Typisierung der Captives und afrikanischen Sklaven erstellt, die den europäischen Sklavenhändlern, hier vor allem französischen *négriers*, an der Goldküste und in der Stadt Whydah/Ouidah/Fida/Ajudá (auch Glehwe) des Sahé- (Savi)-Reiches der Hweda (auch Hueda oder Xwéda), dem nach Luanda größten Sklavenhafen Westafrikas, verkauft oder eingetauscht wurden.[2] Für gewöhnlich waren alle Menschen mit Ziernarben, Gebissverstümmelungen und/oder Tätowierungen gekennzeichnet, die die Europäer „Landesmarkierungen" nannten. Afrikanische Sklavenhändler und Europäer sowie Brasilianer hatten es gelernt, die Körpermarkierungen zu unterscheiden und so ethnische Abstammung und geografische Herkunft der Versklavten zu unterscheiden. Im Laufe der Zeit bildeten sich, wie gesagt, gewisse „Nations"-Stereotypen (*nación/naturalidad*) heraus, denen die Sklavenhändler gewisse unwandelbare „Charakter"- und Kultur-Eigenschaften zuschrieben.[3] Die Verschleppten und ihre Nachkommen nutzten, wie wir wissen, die Herkunfts- und Identitätskonstruktionen ebenfalls.

Nach Chevalier Des Marchais waren sogenannte „Mallais" die begehrtesten Captives. Das waren Versklavte, die von muslimischen Sklavenjägern und -händlern weit aus dem Norden zur Küste verschleppt worden waren. Das Wort „Mallais" bezog sich eigentlich auf die Händler. „Ayois" („Oyois") bezog sich auf Menschen aus dem Oyo-Reich (heutiges südwestliches Nigeria), deren Ziernarben sich strahlenförmig von den Augen zu den Ohren hin zogen.[4] Von den meisten

---

1 Ortiz, Los bailes, S. 195.
2 Chevalier Des Marchais, „Journal du voyage en Guinée et Cayenne" (1724–1726), in: Bibliothéque Nationale (BN), Paris, FF 24223 (die Manuskripte von Des Marchais wurden vom Pater Labat publiziert; siehe: Labat, Voyage du chevalier, hier zitiert nach: Harms, Das Sklavenschiff, S. 220f.; Pariser Ausgabe von 1730 online unter: http://gallica.bnf.fr/Search?adva=1{&}adv=1{&}tri={&}t_relation={%}22cb34568582h{%}22{&}lang=de (3.3.2015). Karte „Westafrika im 18. Jh. – Sklavenhandel". Siehe auch: Law, The Slave Coast, sowie: Law, Ouidah. Zu Portugal und Ouidah (Ajudá) siehe: Araujo, „Dahomey".
3 Die beste heutige Darstellung von Narben, Körper- und Zahnverstümmelungen sowie Tätowierungen aus Perspektive der nach Kuba verschleppten Menschen findet sich bei: La Rosa Corzo, Tatuados.
4 Harms, Das Sklavenschiff, S. 220.

3 Menschenhandel an Afrikas Küsten und Beginn der atlantischen Überfahrt — 117

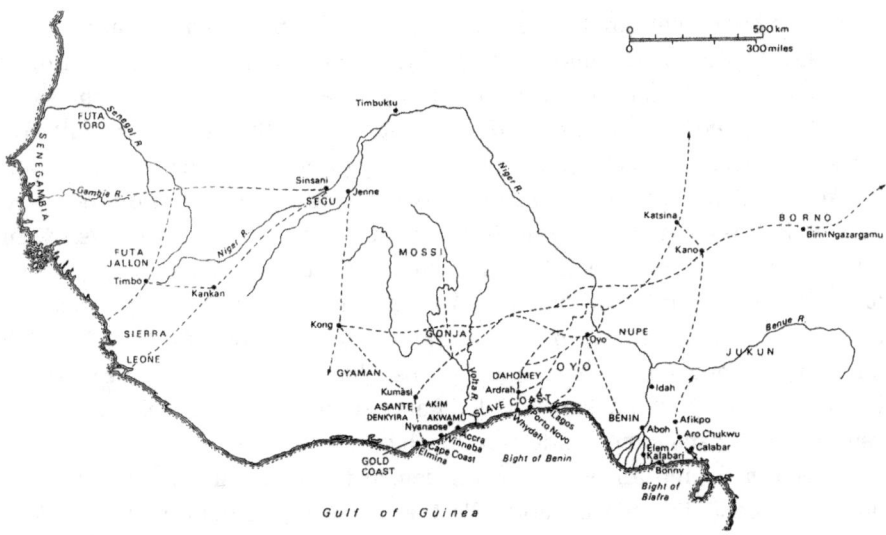

Abb. 7. Sklavenhandelsrouten und Häfen in Westafrika im 18. Jahrhundert, aus: Walvin, Atlas of Slavery ..., S. 69 (Map 40)

Sklavereihistorikern werden Menschen aus dem Oyo-Reich heute als „Yoruba" bezeichnet; auf Saint-Domingue und in Brasilien waren sie als Nago (*anago/nagô*) bekannt, auf Kuba als Lucumí. Des Marchais erwähnt Nago nochmals gesondert von den „Ayois". Die Stirnen der Nago seien mit langen, strahlenförmigen Mustern versehen gewesen.[5] Die Versklavten aus dem Oyo-Reich standen im Ruf, starke Krieger und sehr gute Arbeiter zu sein, aber auch rebellisch und aufsässig. Sehr gesuchte Sklaven waren auch die Aqueras, die Eidechsen und Schlangen auf die Brust tätowiert hätten. Sie galten, ebenso wie die Aradas, die mit Einkerbungen auf den Wangen verziert gewesen seien, als sehr gute Sklaven, arbeitswillig und loyal. Père Labat weist darauf hin, dass die Aradas nicht mit den Einwohnern Alladas, eine Stadt, die mit dem Königreich Sahé/Whydah verbunden war, verwechselt werden dürften.[6]

Einigen Verschleppten schrieben die Sklavenhändler sehr schlechte Eigenschaften zu; so nach Des Marchais den Foin (Fon) aus Dahomey, die Narben an den Schläfen aufwiesen. Sie neigten nach Ansicht des Sklavenhändlers dazu, depressiv zu werden, schlechte, träge Arbeiter zu sein und Selbstmord zu begehen.

---

[5] Ebd., S. 221.
[6] Labat, Voyage du chevalier, Bd. II, S. 125; hier zitiert nach: Harms, Das Sklavenschiff, S. 220, Anm. 27 (S. 532).

Tebou, die Ziernarben auf den Wangen, auf der Brust und am Bauch hatten, standen, ähnlich wie die Guiamba, bei den Sklavenhändlern und -haltern in noch schlechterem Ruf und galten als noch depressiver als die Foin. Des Marchais verkündete auch die Sklavenhändler-Weisheit, dass solche Sklaven nur gekauft werden sollten, wenn sie nicht älter als 10–12 Jahre waren und noch umerzogen werden konnten. Soweit zum Thema Kindersklavenhandel. Minas aus Popo oder von der Goldküste galten als schlechte Feldarbeiter, aber gute Haussklaven, Verwalter und Handwerker; man hielt sie auch für treu und mutig. Bis Mitte der zwanziger Jahre des 18. Jahrhunderts kamen die Versklavten und Verschleppten, viele Opfer von Razzienkriegen, in großen Karawanen zur Küste und wurden in Whydah im kleinen, aber wohlhabenden und dicht bevölkerten Königreich Sahé verkauft. Der König von Whydah bekam von den Karawanen und den europäischen Sklavenschiffen Abgaben und wurde dabei reich.[7]

1724 begann eine lange Serie von Kriegen, in denen das Inland-Königreich Dahomey (unter König Agaja) die Kontrolle über die Küste, die Sklaven-„Produktion" (vor allem durch Kriege), den Transport zur Küste und den Sklavenhandel mit den Händlern vom Atlantik erlangen wollte.[8] Die Kriege machten den Handel unsicher. Agaja erklärte, dass nur er das Monopol auf den Verkauf von Sklaven habe. Viele atlantische Sklavenhändler wichen nach Jakin (Jacquin) oder an andere Anlegeplätze wie Epe oder Little Popo in der Nähe von Whydah aus.[9]

Jerome Handler hat den konkreten Umgang der Kapitäne und ihrer Helfer mit den versklavten Afrikanern an den Schnittstellen zwischen afrikanischer Sklaverei und dem atlantischen Slaving europäischer und amerikanischer Schiffe untersucht.[10] Der Umgang zeichnete sich durch viele Scheußlichkeiten aus. Drei Herrschaftstechniken unterscheiden das Verhalten der Europäer grundsätzlich vom Verhalten der afrikanischen Versklaver und alle drei haben mit dem zu tun, was Europäer für einen Teil ihrer „Überlegenheit" hielten – Schriftlichkeit/Dokumentalität, Brandmarkung und Habitus, gepaart mit Seuchenvorsorge (Wissenschaft/Medizin): Erstens wurden die Menschen zu Körpern mit Nummern nach Wertmaß (*pieza de Indias*) auf den Listen der Kapitäne (siehe weiter unten), zweitens zwang ihnen das Brandmal eine lebenslange Markierung auf und drittens wurden die Körper der Versklavten aller äußeren Reste des afrikanischen Lebens entledigt; sie kamen, wie gesagt, nackt auf die Schiffe, auch, um zu verhin-

---

7 Peukert, Der atlantische Sklavenhandel, S. 61–76.
8 Henige/Johnson, „Agaja"; zum Hintergrund siehe auch: Law, „Slave-Raiders"; Sweet, Domingos Álvarez, S. 9–26.
9 Heijer (Hrsg.), Naar de koning, S. 11–91; siehe besonders S. 46–60.
10 Ich folge in diesem Abschnitt: Handler, Jerome, „The Middle Passage".

3 Menschenhandel an Afrikas Küsten und Beginn der atlantischen Überfahrt

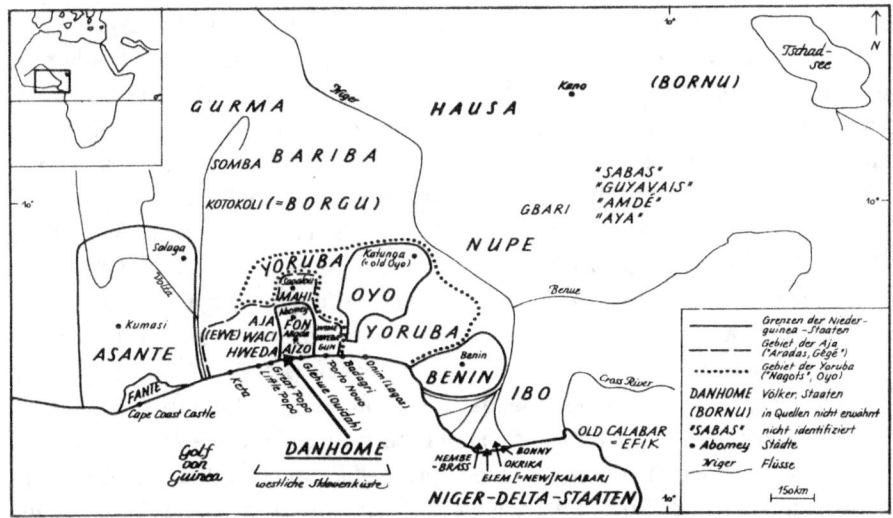

Abb. 8. Die regionale und ethnische Herkunft der Sklaven und Sklavenhändler an der westlichen Sklavenküste und die Niederguinea-Staaten (1740–1797), aus: Peukert, Der atlantische Sklavenhandel, S. 366; siehe auch: Manning, Slavery.

dern, dass Waffen oder religiöse Objekte mitgeführt wurden.[11] Um es nochmals in seiner Bedeutung für das Konzept des Körpers im atlantischen Körper- und Menschenkapitalismus zu unterstreichen, auch weil es fundamentale Unterschiede in Status und Habitus der einzelnen Gruppen deutlich macht: alle Nichtsklaven waren bekleidet, alle Sklaven begannen die Passage im Status der Nacktheit beziehungsweise nur bedeckt mit einem Stofffetzen im Genitalbereich, der ihnen allerdings erst nach der Prozedur der völligen Entkleidung vor der endgültigen Einschiffung auf europäischen oder amerikanischen Sklavenschiffen zugestanden wurde. Es gibt auch Informationen darüber, dass afrikanische Gefangene und Sklaven schon auf den Transportwegen in Afrika ihrer Kleidung beraubt wurden: „captive Africans were stripped of their clothing not long after their capture or during their treks overland in coffles and/or riverine transport from the interior to coastal ports. These trips could sometimes last for months, take place over many miles, and involve any number of African middlemen slave-traders".[12] In Afrika bestand der Sinn eher darin, den Gefangenen, gute oder einfach andere als in der jeweiligen Region übliche Kleidung zu rauben und ihnen Gefangenenkleidung zu lassen – nicht in der Nacktheit an sich.

---

[11] Ebd.; Handler beschäftigt sich intensiv mit den möglichen Gründen.
[12] Ebd., S. 2.

Das Problem für Historiker besteht darin, dass kaum ein Sklavenkapitän oder ein Schreiber wirklich konsistente Aufzeichnungen zu diesem absolut fundamentalen *point of no return* zwischen Afrika und dem Atlantik in Originalquellen hinterlassen hat. Jerome Handler hat trotzdem einige gefunden. Die Beispiele gelten cum grano salis für alle Verschleppten des atlantischen Sklavenhandels, da sehr viele von ihnen auf britischen Schiffen transportiert worden sind:

Im späten 17. Jahrhundert notierte Willem [William] Bosman, ein Offizier der *Dutch West India Company* und Cheffaktor in El Mina an der Goldküste, dass, bevor die versklavten Afrikaner auf die Schiffe verladen wurden, „their masters strip them of all they have on their backs, so that they come aboard stark naked, as well women as men".[13] Jonathan „John" Atkins (1685–1757; Schiffschirurg), 1721 auf einer Sklavenhandelsreise, berichtet von der „great number of slaves ... brought down to Whydah and sold to the Europeans naked; the Arse-clouts they had ... having been the plunder of the populace".[14] Ein britischer Schiffszimmermann namens James Towne verbrachte während verschiedener Fahrten in den 1760ern mehrere Monate an der afrikanischen Küste; er sah, dass im Inland Geraubte „stripped naked and bound, if men", wurden[15]; Frauen wurden auf die gleiche Art behandelt, aber auf dem Treck zur Küste nicht gefesselt.[16] Als ein Kreole aus Jamaika, Angestellter eines Sklavenhändlers, über seine Rückkehr von England nach Jamaika an Bord eines Sklavenschiffes berichtet, erinnert er sich in seinem Tagebuch, dass „none of the slaves had any clothing allowed them, and they all slept on the bare boards"; er schrieb, dass die Sklaven auf einem anderen Schiff „extended naked on the bare boards fettered with irons" waren.[17] In seinem um 1853 geschriebenen Manuskript erinnert sich Theophilus Conneau, der viele Jahr an der Westküste Afrikas, vor allem am Río Pongo, in Gallinas und New Sestos, gelebt hatte, dass gefangene Afrikaner zur Küste gebracht und in Kanus verfrachtet wurden, die sie zum wartenden Sklavenschiff brachten: „Once alongside [the ship], their clothes are taken off and they are shipped on board in perfect nakedness; this is done without distinction of sex. ... The females part with reluctance with the only trifling rag that covers their Black modesty. ... They are kept in to-

---

13 Bosman, A New and Accurate Description, S. 341.
14 Atkins, A Voyage to Guinea, S. 111.
15 Lambert, „Minutes", S. 17.
16 Ebd.
17 Riland (Hrsg.), Memoirs, S. 56f.

tal nudity the whole voyage".[18] Conneau verweist auch darauf, dass „the head of every male and female are shaven".[19]

Der schottische Schiffsarzt Alexander Falconbridge hat Details des europäischen Slaving in Bonny (Calabar) aufgezeichnet.[20] Im Kapitel über die Sklavenbeschaffung im Hinterland legt Falconbridge dar:

> The slaves ... are bought by the black traders at fairs, which are held for that purpose, at the distance of upwards of two hundred miles from the sea coast ... Many negroes, upon being questioned relative to the places of their nativity have asserted, that they have travelled during the revolution of several moons, (their usual method of calculating time) before they have reached the places where they were purchased by the black traders ... They consisted chiefly of men and boys, the women seldom exceeding a third of the whole number ... [they] consist of those of all ages, from a month, to sixty years and upwards.[21]

Falconbridge betrieb während der Kontakte mit den Verschleppten auch eine Art *oral history*: „There is a great reason to believe, that most of the negroes shipped off from the coast of Africa, are *kidnapped*".[22]

Wenn europäische Schiffe ankamen, legten 20–30 große Efik-Kriegskanus (siehe die Beschreibung im Unterkapitel über den portugiesischen Sklavenhandel) von Calabar ab, jedes mit der Ladefähigkeit für 30–40 Sklaven. Sie fuhren flussaufwärts und kehrten nach 10–12 Tagen mit Sklaven zurück, die, wie zitiert, für Falconbridge fast alle Opfer von Menschenraub und Kidnapping waren; frische Kriegswunden sah er nicht. Falconbridge war auf Grundlage seiner Gespräche mit Verschleppten der Meinung, verschleppte Afrikaner würden im Innern von afrikanischen Eliten gefangen gehalten, bis die Sklavenhändler von Calabar kämen und die Verschleppten gegen einen Teil der Güter, die sie von den Europäern erhalten hatten, eintauschten.[23] Von den schwarzen Sklavenhändlern würden die Sklaven extrem schlecht behandelt und sie litten Hunger und Durst. Falconbridge meint, sie müssten von den Europäern eine bessere Behandlung erwarten dürfen: „ from whom, as a more civilized people, more humanity might naturally be expected".[24] Aber: „Their treatment is no less rigorous".

---

18 Conneau, A Slaver's Log Book, S. 82 (Datum März 1827); siehe auch: Jones, „Théophile Conneau".
19 Conneau, A Slaver's Log Book, S. 81.
20 Falconbridge, An account, S. 12–18; siehe die Karten in: Sparks, Die Prinzen, S. 8–10.
21 Falconbridge, An account, S. 13.
22 Ebd.
23 Ebd., S. 16.
24 Ebd., S. 19.

Falconbridge beschreibt auch die Abläufe des Sklavenhandels in Calabar.[25] Zum Beispiel, dass bei Ankunft in Calabar auf den Decks der Schiffe eine Art „House" (mit Dächern aus Matten und Segeln) gebaut wird, zweigeteilt durch eine ‚barricado', eine Barrikade aus festem Holz mit Schießscharten, die den Handels- und Sklaventeil des Schiffes vom Teil der Europäer trennt. Nach Abfahrt von Calabar wurden meist die portugiesischen Inseln São Tomé oder Príncipe angelaufen, um frisches Wasser, Holz, Früchte, Gemüse und Nahrungsmittel aufzunehmen und Kranke abzusetzen. Unter den Mannschaften der Sklavenschiffe gab es hohe Sterbe- und Desertionsraten, was im Umkehrschluss bedeutet, dass die Kapitäne Afrikaner oder Atlantikkreolen in die Mannschaften nehmen mussten. An den afrikanischen Küsten gab es immer wieder europäische Männer, die sich mit Frauen aus der Gegend zusammentaten und Nachkommen hatten. Falconbridge beschreibt auch im Detail die Behandlung der Sklaven, die Krankheiten und die Ernährung.

Nach Falconbridge hätten immer mal wieder europäische Sklavenschiffsbesatzungen versucht, selbst Sklaven zu jagen. Unter den Besatzungen britischer Schiffe nannte sich diese Methode *boating*. Die Ergebnisse waren meist schlecht und, wie Falconbridge schreibt, an der Windward-Küste „very pernicious and destructive to the crews of the ships" – das heißt, es gab zu viele Opfer unter den Europäern.[26]

Aus den Herausforderungen einer modernen anthropologischen Kulturgeschichte der Akteure – die Opfer sind für mich auch Akteure – von Sklaverei und Slaving ergeben sich eine Reihe von Problemen. Eventuell muss später einmal die ganze Geschichte nicht aus der Sicht der Sklavenhändler und ihrer Schreiber, sondern *nur* aus der Perspektive derer neu erzählt werden, die, wie die Verschleppten der *Bella*, die Middle Passage erlitten. Die Umkehrung der Perspektive ist bereits im Gange.[27] Aber sie ist sehr schwierig, weil die Opfer als Akteure weniger Bewegungsraum in den Strukturen der Unterdrückung hatten, ihnen schneller zum Opfer fielen, d.h., den Tod fanden, und weil fast keiner von ihnen einen schriftlichen Bericht über sein Schicksal verfassten. Die meisten Texte, die von Menschen aus Afrika über die neue atlantische Sklaverei und über die Mittelpassage verfasst wurden, repräsentieren fast immer *auch* eine Versklaverperspektive, denn oft waren in Afrika Versklavte auch Versklaver. Das gilt auch für die bisher unbekannten Beispiele, wie der versklavte *dunco* auf dem Sklavenschiff *Brookes* an der Goldküste Ende 1783 oder Anfang 1784. Sein Sklavenstatus ist am besten

---

25 Ebd., S. 12–18.
26 Ebd., S. 18.
27 Diedrich/Gates Jr./Pedersen (Hrsg.), Black Imagination.

3 Menschenhandel an Afrikas Küsten und Beginn der atlantischen Überfahrt — 123

dadurch repräsentiert, dass der Schiffsarzt Thomas Trotter für ihn keinen Namen überliefert. Er war vor seiner eigenen Verurteilung zur Sklaverei wegen „Hexerei" selber Sklavenhändler in Afrika gewesen.[28] Hier wird als *basso continuo* der atlantischen Sklaverei immer auch afrikanische und mit den Migranten aus den Amerikas auch eine neoafrikanische Zentralität und Agency deutlich. Viele der Verschleppten waren eben vor ihrer Versklavung in Afrika selbst Sklavenjäger oder -händler oder waren bzw. wurden vor oder nach ihrer Versklavung Helfer von Sklavenhändlern in Afrika wie die oben genannten Antonio sowie Manuel María de la Concepción, auf dem Atlantik und in den Amerikas wie Olaudah Equiano[29], die zwei „Prinzen von Calabar"[30] oder Quobna Ottobah Cugoano[31], Ayuba Suleiman Diallo (Job Ben Salomon)[32], Ibrahim Abd al-Rahman[33] oder Mohammed Baquaqua.[34] Oder sie wurden nach Versklavung, Sklavenexistenz und Rückkehr nach Afrika Versklaver, wie Antonio Vaz Coelho, in Bahia als Sklave geboren, der sich 1775 in Porto Novo ansiedelte und im Sklavenhandel arbeitete.[35]

Viele der nach Afrika migrierenden ehemaligen Sklaven oder Farbigen während der Zeit des Hidden Atlantic waren, wie etliche weiße Brasilianer auch, von der Motivation getrieben, Arbeit und Gewinn im einzig übergreifend funktionierenden Arbeitssystem – dem Sklavenhandel – zu finden. Ein João de Oliveira siedelte sich als erster Sklavenhändler in Porto Novo an. Oliveira kehrte später nach Brasilien zurück. Er wollte „mourir parmi les catholiques".[36] Viele dieser Migranten waren Vorreiter größerer Gruppen von *brasileiros*, die sich in den 20er oder 30er Jahren des 19. Jahrhunderts dazu entschlossen, nach Afrika zurückzukehren. Die Niederschlagung des Malê-Aufstandes 1835 scheint dabei eine wichtige Rolle als Auslöser gespielt zu haben. Emancipados und Libertos oder ihre Kinder aus Kuba kamen vor allem nach 1844 bis 1900.[37] Ein gutes Beispiel für eine auf Quellen beruhende *life history* eines ehemaligen Sklaven, der als At-

---

28 Rediker, The Slave Ship, S. 17–19.
29 Equiano, The Interesting Narrative; Walvin, Britain's Slave Empire, S. 99–106; Eckert, „Vom Sklaven zum Gentleman"; Rediker, The Slave Ship, S. 108–131.
30 Sparks, Die Prinzen, passim.
31 Cugoano, Thoughts and Sentiments.
32 Rediker, The Slave Ship, S. 78–81; Domingues da Silva, „Ayuba Suleiman Diallo".
33 Alford, Prince among Slaves, passim.
34 Law/Lovejoy (Hrsg.), The Biography; Murphy, „The Curse"; Lovejoy, „Freedom Narratives".
35 Verger, Flux et Reflux. Siehe die frühe Publikation von Narrativen: Curtin (Hrsg.), Africa Remembered, passim; Woodward, C. Vann, „History"; Gates Jr./Andrews (Hrsg.), Pioneers; zu Vaz de Coelho siehe: Turner, „Escravos Brasileiros", S. 5, sowie: Thornton, Warfare, S. 84.
36 Verger, Flux et Reflux, S. 531
37 Sarracino, Los que volvieron, passim; Law, „A comunidade brasileira"; Law, „Yoruba Liberated Slaves".

lantikkreole im Raum zwischen Amerika und Afrika blieb, ist die Geschichte des Sklavenschiffs-Kochs Rufino José Maria, ein *malê* (*mallais* bei Des Marchais) ein muslimischer Nâgo aus Oyo. Seine Geschichte ist vor allem aus brasilianischen Polizeiakten rekonstruiert.[38] Rufino José war Sklave und wurde als Liberto, der sich selbst frei gekauft hatte, Koch auf Sklavenschiffen – insofern hat er ebenfalls eine gebrochene Sklaven/Versklaverperspektive. Köche waren die niedrigsten Mitglieder der Sklavenschiffs-Mannschaften. Oft rekrutierten sie sich aus freien Afrikanern oder aus ehemaligen Sklaven, für die es keine anderen Jobs gab. Es gibt auch prominentere Beispiele: Anton Wilhelm Amo, ein „europäischer Denker und ... Vertreter der deutschen Frühaufklärung [und] zugleich ein afrikanischer Philosoph".[39] Amo, der als Kind anders hieß, war zusammen mit seinem Bruder kurz nach 1700 sicherlich aus den Barracones von El Mina (Goldküste, heutiges Ghana) verschleppt worden. Beide kamen auf einem niederländischen Schiff zunächst in die Karibik. Der Bruder Amos blieb in der Sklaverei in Surinam. Amo wurde „Sklave ohne Sklaverei" in Deutschland und auf dieser Basis Philosoph der deutschen Frühaufklärung (Halle, Wittenberg, Jena). Über die konkreten Traumata der Verschleppung und des „Transportes" (Mobilität – wenn auch erzwungene) hat Amo nie gesprochen.[40] Auch das ist Mikrogeschichte.

Stimmen von Versklavten, die nicht Teil des afrikanischen, atlantischen oder amerikanischen Versklavungsapparates gewesen sind, werden mehr und mehr deutlich.[41] Allerdings ist die Quellenlage kompliziert; meist handelt es sich um Informationsfetzen aus Testamenten, Liedgut; Gerichts- und Polizeiakten, oder rückwärtiger oraler Tradition (Memoria).[42]

Geschichtswissenschaft ist im Zeitalter des Postkolonialismus auch und vor allem reflexiv. Deshalb müssen die Prozesse der diskursiven und medialen Marginalisierung Afrikas neu überdacht werden, auch im Diskurs der nichtafrikanistischen Sklavereiforschungen. Vor allem aber im Diskurs der Kapitalismusgeschichte. Fast ist es so, als ob im „kreolischen Raum" für die eine, die afrikanische Seite, das vor allem seit 1650 von Jesuiten und Kapuzinern verbreitete Diktum der Wildheit, der Unzivilisation, des Kannibalismus und des „dunklen Kontinents" noch immer gilt, nochmals potenziert durch den Viktorianismus des 19. Jahrhun-

---

38 Reis/Gomes/Carvalho, „África e Brasil"; Reis/Gomes/Carvalho, O alufá Rufino.
39 Ette, Anton Wilhelm Amo, S. 157.
40 Ebd., S. 9–17.
41 Handler, „Life Histories".
42 Lienhard, O Mar; Lienhard, „A Rainha Nzinga"; Lienhard, „Afro-kubanische Oralität"; Lienhard, Le discours des esclaves; Lienhard, „Der Diskurs"; Lienhard, „Bases ideológico-culturales"; Zeuske, Cuba grande.

3 Menschenhandel an Afrikas Küsten und Beginn der atlantischen Überfahrt

derts sowie den „wissenschaftlichen" Rassismus seit 1770 – so wurde „Wissen kein Mittel der Emanzipation, sondern ein Instrument der Macht".[43]

In diesem Akteurs-Zusammenhang sind interessante Prozesse im Gange, die Zentralität Afrikas zurückzugewinnen. Viele Prozesse, die Amerikanisten sozusagen „von hinten", vom zeitlichen Ende der transatlantischen Passagen zurückverfolgen, haben ihre Anfänge eben in einem Afrika (oder sogar mehreren „Afrikas") „ohne den Namen Afrika". Damit werden sowohl die Zentralität Afrikas wie auch die vervielfältigende Zentralität des Atlantiks zwischen Afrika und den Amerikas gewonnen („Atlantic as drum"[44]). Besonders deutlich auf einer mittleren Ebene wird das an den Zahlen der Menschenexporte aus den Afrikas, etwa im 18. Jahrhundert, dem „Jahrhundert der Aufklärung" und der Merkantil- sowie Supermachtkriege deutlich: Anfang des 18. Jahrhunderts wurden ca. 20 000 Menschen im Jahr aus Afrika exportiert, Ende des Jahrhunderts waren es rund 80 000 Menschen im Jahr – insgesamt 6 495 500. Also etwa sechseinhalb Millionen Menschen in nur einem Jahrhundert. Multipliziert man diese Zahl mit den rund 300 Pesos, die ein Sklave im spanischen Bereich kostete (in den anderen Sklavereigesellschaften oft etwas weniger), kommt man auf die enorme Summe von 194 8650 000 (fast 2 Milliarden Silberpesos, die man, je nach Umrechnungsschätzung, mal 20–30 nehmen muss, um sie in heutigen Werten auszudrücken).[45] Diese fast zwei Milliarden Silberpesos sind zweifelsfrei ein potentieller Wert, denn niemand hat das wirklich für all die Verschleppten bezahlt (der Wertbegriff „Milliarde" für irgendwelche annähernd realen Berechnungen von Geldsummen kam wohl erst im späten 19. Jahrhundert auf). Auch müssen die Investitionen abgezogen werden, die vor einer individuellen Sklavenfahrt anstanden und oft über Schulden oder Kredite bzw. Verrechnungen aufgebracht wurden. Viele menschliche Körper wurden geschmuggelt, eingetauscht, zur Bezahlung von Krediten oder Schulden verrechnet oder in anderen Werten bzw. Geldarten bezahlt. Aber das gilt ja auch für andere Fundamentalwerte wie Edelmetalle oder den Gesamtwert von Waren im transkontinentalen Austausch. Der Wert des Kapitals menschlicher Körper, der in diesem potenziellen Wert in etwa repräsentiert ist, zeigt aber die Zentralität des atlantischen Raumes und die Bedeutung der von Europäern und Amerikanern dominierten Akkumulationsmaschine der Atlantic Slavery.

---

43 Ferraris, „Was ist der Neue Realismus?", S. 54.
44 Niaah, „Beyond the Slave Ship".
45 Siehe: Tabelle „Numbers of Slaves Taken from Africa...", in: Eltis/Richardson, Atlas of the Transatlantic Slave Trade, S. 23. Nur nach der Krise von 2008 kommen uns diese Milliarden „niedrig" vor. Siehe zum Vergleich den transatlantischen Sklavenhandel des 17. Jahrhunderts in die britischen Kolonien: Burnside/Robotham, Spirits, passim.

3.1 Robert Durand und die Diligent

Im Herbst 1731 kam ein gewisser Robert Durand als Erster Leutnant der *Diligent*, eines privaten Sklavenschiffes aus Vannes, nach Jakin. Durand führte ein Bordbuch, das Robert Harms in seinem Buch „Das Sklavenschiff" verarbeitet hat und das die Slaving-Vorgänge in Afrika und bei der Überfahrt verdeutlicht.

Die Situation in Jakin war wegen der massiven Konkurrenz unter den europäischen Sklavenhändlern nicht unkompliziert.[46] Agaja eroberte auch Jakin (nach der Zeit von Durand, April 1732).[47] Die in Jakin verkauften Menschen kamen vor allem aus zwei Quellen. Die eine Quelle versklavter Menschen waren die Feldzüge König Agajas von Dahomey. 1731 führte Agaja Krieg gegen die Reste der Truppen von Sahé/Whydah sowie gegen die Königreiche Mahi und Oyo im Norden, die miteinander verbündet waren. Die Kriegsgefangenen, sofern sie nicht geopfert wurden, kamen in langen Gewaltmärschen zur Küste von Jakin, oft mit eiternden Wunden und halb verhungert.[48] Die andere Quelle für Sklaven war, wie fast überall in Afrika südlich der Sahara, ein Fluss, in diesem der Fluss, der das Königreich von Whydah durchquerte und nördlich von Jakin von Westen nach Osten erst in eine große Lagune und dann in die Bucht von Benin floss. Wie so oft in Afrika, war ein Fluss oder Gewässer die wichtigste Handelsstraße, die auch von einem Heer nicht ohne weiteres blockiert werden konnte. Joachim Nettelbeck beschreibt die Bedeutung von Gewässern als Transportwege (bei Onim/Lagos):

> Acht unserer Gefährten waren in der Zwischenzeit infolge des ungesunden Klimas gestorben. Dagegen hatte der Kapitän anderthalbhundert Schwarze beiderlei Geschlechts eingekauft und einen guten Handel mit Elfenbein und Goldstaub gemacht. Für alle diese Artikel gilt Kap Lagos als eine Hauptstation, weil landeinwärts ein großer See von vielen Meilen Länge und Breite vorhanden ist, auf welchem die Sklaven von den Menschenhändlern (Kaffizieren) aus dem Inneren in Kanots [Kanus] herbeigeführt werden.[49]

Flüsse waren auch Wege der Versklaver. Die oft von Flüssen aus gefangenen Menschen sowie auf dem Fluss per Kanu Verschleppten waren auf unterschiedliche Art zu Sklaven geworden. Viele waren einfach Gekidnappte, wie oben am Beispiel der Efik-Menschenjäger und des Berichtes von Falconbridge dargelegt. Einige waren Schuldner, die sich nicht hatten auslösen können. Eigentlich wurden Schuld-Sklaven nur an Afrikaner vertauscht oder verkauft, aber der Handel mit den atlantischen Sklavenhändlern war wohl zu verlockend. Einige der Verschleppten

---

[46] Siehe das Unterkapitel: Heijer, „Hendrik Hertog", in: Ebd., S. 41–46.
[47] Ebd., S. 43.
[48] Harms, Das Sklavenschiff, S. 316f.
[49] Nettelbeck, Ein Mann, S. 20.

waren Gekidnappte oder Kriegsgefangene aus den an den Fluss grenzenden Königreichen; sie wurden durch Razzienkriegstrupps verschleppt, so wie oben von Isaac Parker beschrieben.[50] Auch kam es vor, dass Menschen von ihrer Familie oder Gruppe vor allem wegen Hungers, aber auch wegen irgendeines anderen Mangels, gegen eine Schuld aufgerechnet oder verkauft worden waren. Aber egal, ob „Kriegsgefangene, überführte Verbrecher, festgesetzte Schuldner oder verkaufte Verwandte"[51], schreibt Robert Harms, alle Verschleppten waren ihres Geburtsrechtes der „Dazugehörigkeit" (zur Familie, zum Clan, zur Ahnenreihe/Lineage oder zu größeren Gemeinschaften) beraubt worden. Grundsätzlich galt der Satz Jan Vansinas: „a person without a lineage was a slave, a person with one was free".[52] „Überführte Verbrecher" waren zudem oft ärmere junge Männer, die sich auf Sexualabenteuer oder Liebe mit einer Frau aus einem Harem der (oft ziemlich alten) Eliten eingelassen hatten.

Die verstörten Menschen, meist nackt, weil man sie, wir wir gesehen haben, ihrer Kleider beraubt hatte, wurden in den großen Sklavenhof, eine Art ummauerter Pferch, des Herrschers von Jakin getrieben.[53] Ihre Hände waren gebunden. Kräftigen Männern wurde die Arme hinter dem Rücken gefesselt oder sie wurden mit anderen zusammen angekettet. Die Verschleppten wurden von einheimischen Wächtern mit geladenen Musketen bewacht. Jetzt kam die Stunde des Leutnants Durand, der die ersten beiden Castings durchführte.[54] Die Gefangenen hatten oft noch nie einen Weißen gesehen. Das erste Casting bestand in einer relativ flüchtigen Inspektion auf Alter, Geschlecht und ethnische Zugehörigkeit. Weil 1731 immer noch Krieg herrschte, galten nicht mehr alle von Des Marchais beschriebenen Landesmarkierungen (Ziernarben). Die Kriegsgefangenen Agajas waren vor allem Mahi und Oyo und auch die über den Fluss Verschleppten waren in ihrer Mehrheit Menschen der ethnischen Gruppe, die wir heute Yoruba oder Lucumí nennen. Eine Besonderheit des Casting war die Feststellung des Alters. Da es den Sklavenhändlern im Wesentlichen um die Leistungsfähigkeit und das vielfältige Kapital der menschlichen Körper ging, war das Alter von größter Bedeutung. Manche Besteller in der Karibik hatten auch ästhetische Kriterien, die sie den Kapitänen und Schiffsärzten mitgeteilt hatten. Anfangs des 18. Jahrhunderts präferierten Pflanzer von Barbados „junge und vollbusige Frauen", eventuell weil diese Frauen als gesünder galten und/oder ihren neuen Herrn auch se-

---

50 Siehe auch: Villeneuve, L'Afrique.
51 Harms, Das Sklavenschiff, S. 318.
52 Vansina, „Ambaca Society", S. 6.
53 Harms, Das Sklavenschiff, S. 318.
54 Allgemein zu den Castings in Afrika siehe: Krikler, „A Chain of Murder"; Zeuske, Handbuch, S. 298–381.

xuelle Dienste leisten sollten. Pflanzer der spanischen Karibik verlangten eher eine dunkel-schwarze Hautfarbe der Verschleppten und lehnten Versklavte mit gelblich-brauner Hautfarbe ab.[55] Sklavenfaktoren auf Jamaika haben eine Liste erstellt, die säuberlich alle physischen, phänotypischen und psychischen „Defekte" auflistete, die bei Sklavenkäufen in Afrika vermieden werden sollten (cum grano salis gelten diese Auswahlkriterien für alle europäisch-christlichen Slaver bei ihren Sklavenkörper-Castings):

- Dwarfish, or Gigantick Size wch are equaly disagreeable
- Ugly faces
- Long Tripeish Breasts wch ye Spaniards mortally hate [weil viele Sklaven von Jamaika nach Kuba oder an die Tierra firme (heute Kolumbien, Venezuela) geschmuggelt wurden]
- Yellowish Skins
- Livid Spots in ye Skin wch turns to an incureable Evil
- Films in ye Eyes
- Loss of Fingers, Toes, or Teeth
- Navells sticking out
- Ruptures wch ye Gambian Slaves are very Subject to
- Bandy legs [O-Beine]
- Sharp Shins
- Lunaticks
- Idiots
- Lethargicks[56]

Englische, niederländische oder französische Sklavenhändler, die direkt die karibischen Märkte von Plantagenkolonien bedienten (wie Saint-Domingue, Jamaika oder Kuba), kauften am liebsten Männer im Alter zwischen 15 und 30 Jahren, da man davon ausging, dass diese am härtesten arbeiten konnten und nach ca. sieben Jahren sowieso sterben würden. Im Spanischen Imperium galten diese männlichen Sklaven als *piezas de India* („Indien-Stücke" – im Grunde, wie erwähnt, eine Körper-Recheneinheit – galt atlantikweit); auch im portugiesischen Imperium war meist von *peças* (Stücke) die Rede. Strategisch denkende Sklavenhändler aus Sklavereigesellschaften, die nicht nur auf Plantagen ausgerichtet waren, vor allem Portugiesen und Brasilianer, hielten Halbwüchsige zwischen zehn und 15 Jahren für die besten Sklaven. Alle Verschleppten unter acht-zehn Jahren galten als Kin-

---

55 Palmer, „The Slave Trade", S. 22.
56 Schreiben der Faktoren Basnett, Miller und Mill aus Kingston, Jamaika, 9. November 1722 an den Sklavenhändler Humphry Morice in London, zit. nach: Rediker, The Slave Ship, S. 34f., FN 16. Alle Sklavenhändler suchten den *beau captif*, den schönen Gefangenen, der zugleich dem Atlantik-Standard einer *pièce d'Inde/pieza de Indias* entsprechen sollte siehe: Guillet, „Á Loango", in: Guillet, La Marie-Séraphique, 78–95.

Abb. 9. Marché d'esclaves", aus: M. Chambon, Le Commerce de l'Amerique par Marseille, 2 Bde., Avignon,1764, Bd. 2, plate XI, vor S. 400.

der. Die Halbwüchsigen galten auch deswegen für so wertvoll, weil sie noch abgerichtet werden konnten, oft schon die Arbeit von Erwachsenen leisteten und am gesündesten waren. Ein englischer Faktor beschrieb Sklaven, die Portugiesen und Brasilianer für Gold aus Minas Gerais oder schwarzen *soca*-Tabak eintauschten, als „bartlos und zart wie Wachsfiguren".[57] Um die älteren Sklaven von den Jungen unterscheiden zu können, wurden sie auch „Bartsklaven" genannt.[58] Vor den Castings der Portugiesen und Brasilianer rasierten afrikanische Sklavenverkäufer oft junge Männer, die schon Bart aufwiesen, und bearbeiteten ihre Haut mit Bimsstein und Kokosöl, um sie als teure Halbwüchsige zu verkaufen. Portugiesische Sklavenhändler, sagt Robert Harms, hätten es sich angewöhnt, mit der Zunge über Kinn und Wangen der Verschleppten zu fahren, um auch die geringsten Bartstoppeln aufzuspüren.[59] Erstaunlicherweise ist bei der einzigen bildlichen Darstellung solcher Praktiken, die ich kenne, wohl ein Franzose abgebildet (s. Abb. 9). In Bezug auf das Geschlecht waren die meisten Sklavenhändler darauf aus, zwischen einem Viertel und einem Drittel Frauen zu kaufen.

Nach dem ersten Körper-Casting kamen ausführliche medizinische Castings. Der Fall Durands war insofern außergewöhnlich, als dieses Casting normalerwei-

---

57 Zit. nach: Harms, Das Sklavenschiff, S. 319.
58 Ebd.
59 Ebd.

se von den Barbieren oder Schiffsärzten[60] durchgeführt wurde. Der Schiffschirurg der Diligent aber war krank. Er durfte nicht von Bord, da die Sklavenschiffskapitäne in Jakin für jeden an Land gestorbenen Europäer eine Art Begräbnis-Steuer bezahlten mussten (im Gegenwert von zwei Sklaven für jeden Offizier und einem Sklaven für jeden Matrosen).[61] Also führte Durand auch dieses Casting aus. Die Verschleppten waren traumatisiert und in einer Art tiefer Trauerdepression, bei den Portugiesen, die in der Gegend auch operierten, *banzo* genannt.[62] Die verstörten Menschen mussten die Lumpen und Textilstücke, die sie eventuell als eine Art Tanga oder vor den Genitalien trugen, ablegen. Die Wächter zwangen die Erniedrigten, völlig nackt vor Durand zu gehen, zu laufen, die Gliedmaßen auszustrecken, auf und nieder zu springen oder die Arme zu schwenken. Der Leutnant inspizierte genau Augen, Zähne, Haut und überhaupt das „Aussehen" der Verschleppten, denn „hässliche" Sklaven verkauften sich schlecht. Durand legte auch seine Hand auf die Leisten der Inspizierten und ließ sie kräftig husten, um Brüche festzustellen; auf Suche nach Anzeichen von Gonorrhöe, Frambösie oder Syphilis inspizierte er genauestens die Genitalien von Männern und Frauen.[63]

Mit den Castings traf Durand seine Wahl. Dann begann das Gefeilsche um Preise und Waren. Der Preis der Verschleppten wurde in einer Recheneinheit, Unzen Gold, festgesetzt.[64]

Der Kapitän der *Diligent*, Pierre Mary, eine erfahrener Négrier-Sklavenhändler, hatte die Devise ausgegeben, für „portugiesische Sklaven", die es selten gab, sechs Unzen Gold anzubieten, für einen gewöhnlichen Mann fünf Unzen und für allen anderen, wie Frauen und Mädchen, nicht mehr als vier Unzen Gold.[65] Nach der Einigung über den Wert der Sklaven in Unzen Gold (oder: Unzen Gold in Sklaven) kam es zum Feilschen über die Art und den Wert der Waren, die die Europäer mitgebracht hatten. Ein Fässchen Branntwein wurde mit acht bis zehn Unzen Gold bewertet, eine Muskete mit einer Viertelunze und zehn Ellen weißer Leinenstoff (*platilles*) mit einer Unze.[66] Aber das war noch nicht alles, weil auch darüber Einigung erzielt werden musste, welche Waren die afrikanischen Händler überhaupt von den Europäern haben wollten, denn auch das unterlag Angebot und

---

60 Aubrey, The Sea Surgeon, S. 110–126.
61 Harms, Das Sklavenschiff, S. 314.
62 Caldeira, Escravos, S. 105.
63 Harms, Das Sklavenschiff, S. 320.
64 Zu Kauriwährung, afrikanischer Goldunze und Handelsunzensystem als Rechnunggrundlage an der Sklavenküste siehe: Peukert, Der atlantische Sklavenhandel, S. 108–111.
65 Zu den Preisen in Unzen (oder Pesos) siehe auch den Brief von Hendrik Hertogh an Jan Pranger, Jaquin, 27. März 1731, in: Heijer (Hrsg.), Naar de koning, S. 105–107.
66 Harms, Das Sklavenschiff, S. 320.

Nachfrage sowie, wie wir wissen, auch bestimmten Moden (zu den Waren siehe das einführende Kapitel). Das Ganze komplizierte sich dadurch, dass Nachfrage und Wert bestimmter Waren in Jakin ganz anders waren als im Ausrüstungshafen der Europäer. So war ein männlicher Sklave in Jakin für acht Fässchen Branntwein zu haben, die im bretonischen Vannes mit 88 Livres bezahlt worden waren, oder aber für 50 Ellen weißen Leinens, die in Frankreich 225 Livres gekostet hatten – je nachdem, was gerade gefragt war.[67] Bei feineren Baumwoll-Tuchen, die oft aus Indien stammten (feine blaugefärbte Baumwollstoffe aus Pondichéry in Indien hießen *guinées*, europäische Markenkopien wie erwähnt, *indiennes*), war der Preis des Sklaven, in französischen Werten, 180 Livre. Auch über das Verhältnis der Preise von Männern zu Frauen und der von Erwachsenen zu Kindern musste eine Einigung erzielt werden. In dem weißen Leinenstoff etwa kostete ein Mann 50 Ellen, eine Frau 35, ein Knabe 30 und ein Mädchen 25. Bei anderen Gegenwerten konnten Mengen, Werte und Preise variieren. Oft wurden Warengruppen im Wert einer Sklavin/eines Sklaven auch zu einem *paquet* zusammengestellt. Nach dem endlosen Gefeilsche und der Einigung hielt Durand (oder wer auch immer von den Offizieren einen Kauf abgeschlossen hatte) den Kauf in einem Rechnungsbuch fest. Er notierte das Datum, den Namen des Verkäufers sowie was für Waren und wie viele man als Gegenwert gegeben hatte. Über die verschleppten Menschen notierte Durand keine Namen, sondern im Grunde nur das Geschlecht des verkauften Körpers und die Alterskategorie (Mann, Frau, Junge, Mädchen).[68] Dann folgte die Kennzeichnung mit dem Brandzeichen, die besagte *calimba* oder *carimba/o*. Auch das überwachte Durand.

Die Prozedur war bei allen Sklavenhändlern ähnlich, wie aus dem Tagebuch des kurbrandenburgischen Schiffsarztes Johann Peter Oettinger hervorgeht:

> Sobald eine genügende Anzahl der unglücklichen Opfer beisammen war, wurden sie von mir untersucht, die gesunden und kräftigen gekauft, dagegen solche, denen Finger oder Zähne fehlten, oder die mit Gebrechen usw. behaftet waren – mangrones genannt – zurückgewiesen. Die abgenommenen Sklaven mußten dann zu 20 und 30 niederknien, die rechte Schulter derselben wurde mit Palmöl bestrichen und dann mittelst eines Stempels, der die Initialen C AB C (Churfürstlich Afrikanisch-Brandenburgische Compagnie) trug, gebrannt, dann in den für sie bestimmten Unterkunftsräumen streng bewacht. Waren etwa 50 oder 100 Sklaven beisammen, so wurden sie zu zweien und zu dreien zusammengekuppelt und unter Eskorte an die Küste getrieben. Mir lag die Überwachung des Transportes ob, zu welchem Zwecke ich in einer Hängematte hinterher getragen wurde, so daß ich die Kolonne

---

[67] Ebd., S. 321.
[68] Ebd.; siehe auch: Guillet, „La cargaison de départ", in: Guillet, La Marie-Séraphique navire négrier, S. 50–68.

übersehen konnte. An der Küste angelangt, landeten auf ein verabredetes Signal die Schiffsboote, um die schwarze Ladung an Bord zu nehmen.[69]

Bei Durand schleppten zwei bezahlte Helfer einen der verkauften Menschen heran. Die Stelle des Brandzeichens – im Fall der für die Eigner der *Diligent* gekauften Verschleppten die rechte Schulter; Franzosen brandmarkten ansonsten ihre Sklaven oft am oberen Teil der Arms oder auf dem Bauch – wurde mit Talk eingerieben und ein gefettetes Stück Papier darübergehalten. Das Brenneisen wurde in einem Kohlebecken bis zum Glühen erhitzt und dem Sklaven auf die Stelle gepresst, bis das Fleisch versengt war und anschwoll. Davon blieb eine Narbe in Form des Eigentümer-Zeichens.[70] Die Gefangenen mit dem Sklavenzeichen wurden in einem angemieteten Barracón, einem Lagerhaus mit festen Wänden und Dach oder einem ummauerten Hof bzw. eingezäunten Korral oder Quibangua, eingesperrt. Solange noch andere Verschleppte angekauft wurden, beließ man die bereits Gekauften und Gebrandmarkten in den Baracken an Land, weil es dort einfacher war, sie zu versorgen. Es wurde allerdings immer enger. Die Gefangenen erhielten Wasser und Portionen von Reis, Mais, Bohnen, Maniok (Yuca/Kassava) oder Yams mit etwas Pfefferbrühe im Wert von durchschnittlich 35 Kaurimuscheln (ein Ei kostete 20 Kauris und eine Banane 30).[71]

Mittlerweile, mit den verschiedenen Kauf- und Tauschoperationen, leerte sich das Unterdeck des Schiffes. Oben hatten Matrosen für die Zeit des Wartens an der Küste aus Segeln eine Art Sonnendach gefertigt. Die Zimmerleute der *Diligent* begannen nun mit dem Umbau des Schiffes für den Transport der Verschleppten. Aus Pfosten und Planken, die aus Holz gefertigt waren, welches der Kapitän im Fort Axim an der Goldküste hatte kaufen lassen, wurden an den Außenwänden auf halber Höhe des ca. 1,50 Meter hohen Unterdecks Zwischendecks von ca. 1,50 Meter Breite eingezogen, auf denen sich die Gefangenen gerade so ausstrecken konnten. Jeder Gefangene der unter oder auf einem solchen Zwischendeck lag, hatte nur ca. 60 cm Raum über sich und eine Liegefläche von ca. 30 cm Breite. Es wurde auch eine Trennwand durch das Zwischendeck gezogen. In das hintere Verlies unter dem Achterdeck, dessen Zugang durch die Achterdeckaufbauten mit den Kabinen der Offiziere lief, kamen nach und nach Frauen und Kinder; Männer brachte man im vorderen Teil unter, wo sie zu Beginn oft auch noch angekettet waren. In der Mitte des Laderaumes im Unterdeck, wo die Zwischendecks nicht hinreichten, hatten die Gefangenen zwar 1,50 Meter Raum in der Höhe, wurden

---

69 Oettinger (Hrsg.), Unter kurbrandenburgischer Flagge, S. 61; siehe auch: Covey, „Manqueron", S. 270–271; zu Oettinger siehe: Pieken, „Fürsten".
70 Harms, Das Sklavenschiff, S. 321.
71 Ebd.

aber so eng verstaut, dass sie nur sitzen oder sehr gekrümmt liegen konnten. Waren die Unterdecks fertig und sicher für den Transport, begann eine komplizierte Operation der Verladung einzelner Gruppen von Versklavten. Vorher hatten die Schiffzimmerleute noch, ähnlich wie im Unterdeck, das Achterdeck vom Hauptdeck durch die bereits erwähnte feste Sperre getrennt, *barricado*, mehr als mannshoch, mit Schusslöchern versehen und seitlich über die Bordwände hinausreichend. Auf dem Hauptdeck vor dem Barricado, sozusagen in der Sicherheitszone, sollten die versklavten Männer essen und sich bewegen. Kam es zu einer Rebellion auf dem Schiff, konnten sich Mannschaften und Offiziere hinter dem Barricado verschanzen und die Aufständischen notfalls durch die Schusslöcher niederschießen.[72] Schließlich bauten die Zimmerleute noch das Sonnendach ab und brachten außenbords an bestimmten Stellen schmale Planken an, in die Löcher gesägt waren. Das waren Aborte (siehe Oberdeck der *Marie-Séraphique* auf dem Umschlagbild).[73]

Durand beschreibt die komplizierte Operation der Verschiffung der Gefangenen, die mehrmals vonstatten ging, weil die Barracones nur eine begrenzte Menge Menschen fassten. Nicht nur Europäer, sondern noch viel mehr afrikanische Hilfskräfte sowie Vertreter des Herrschers von Jakin nahmen an der Operation teil. Unter den Gefangenen verbreiteten sich Gerüchte, die eigenartig krank aussehenden weißen Männer seien Kannibalen und wollten sie fressen oder ihre Haut zu solchen schwarzen Stiefeln verarbeiten, wie viele von ihnen trugen. Die Sklaventreiber, oft sadistische und abgestumpfte Männer, die dem Alkoholismus verfallen waren, erzählten ihnen immer mehr Schauergeschichten. Viele der Gefangenen aus dem Hinterland kannten weder das Meer noch europäische Hochseeschiffe. Aus Angst versuchten manche, ihre Zungen zu verschlucken und Selbstmord zu begehen oder sich zu verstümmeln, in dem sie sich Finger abschnitten.[74] Vom Barracon in Jakin mussten die Gefangenen, um zum Schiff transportiert und verladen zu werden, fünf Kilometer zum Strand getrieben werden. Das übernahmen afrikanische Hilfskräfte, *caboceers* oder Kaffiziere (Nettelbeck; siehe auch das Kapitel über Atlantikkreolen). Den Gefangenen wurden die Hände auf dem Rücken gefesselt und sie wurden, immer zwei und zwei, zusammengebunden, damit keiner einzeln fliehen konnte. Mit Schreien und Stößen wurden sie bis zum Strand getrieben.[75] Die Wachkräfte, die für den Transport vom Barraccon zum Strand verantwortlich waren, erhielten jedes Mal, wenn eine Gruppe von zehn Gefangenen das dort aufgeschlagene Zelt Durands erreicht hatte, eine Flasche Branntwein. Dort

---

[72] Snelgrave, A New Account, S. 190.
[73] Harms, Das Sklavenschiff, S. 324.
[74] Ebd., S. 325f.
[75] Ebd., S. 326.

wurden die Gefangenen von Wächtern unter Kontrolle gehalten, die pro Gefangenem 160 Kaurimuscheln erhielten.[76] Die Gefangenen wurden gezwungen, vor dem Zelt Durands in Schlange anzutreten. Ihnen wurde jegliches Kleidungsstück, auch die restlichen Lumpen oder Tangas, heruntergerissen. Der Leutnant zählte sie. Jeder einzelne Körper, der wirklich unter Kontrolle der Europäer kam, bekam einen Vermerk im Rechnungsbuch. Damit war für die afrikanische Seite der Transfer von Jakin zum Schiff formell abgeschlossen. Mit diesem Eintrag im Rechnungsbuch, der ersten formalen Liste nach der informellen Casting-Liste, begann auch die formelle Rechts-Konstruktion der afrikanischen Verschleppten als „Eigentum" nach „römischem" Recht (das auch heute noch die Grundlage für „bürgerliche" Gesetzbücher darstellt und immer auf Schriftlichkeit gegründet ist). Jetzt kamen professionelle Kanukapitäne und ihre lokalen Paddlermannschaften ins Spiel (oft Kru), die auf eigene Rechnung den Transport durch die Brandung zum Schiff übernahmen. Die Brandungswellen waren riesig und das Meer schien unendlich. Wenn das Wasser eines Brechers zurücklief, wurden die Gefangenen angetrieben, zu den Kanus zu waten, schnell hineinzuklettern und sich möglichst tief hinzukauern. Die Paddler bildeten eingespielte Teams, die in der Lage waren, die Brandungswogen zu durchfahren. Aber manchmal wurden auch sie voll von einer Woge erfasst und zur Küste zurückgetrieben. Weil alle wussten, dass die Brandungsfahrten extrem schwierig waren, wurden die Paddler für jede Fahrt bezahlt, egal ob sie das Schiff beim ersten Mal erreichten oder nicht.[77] Die Paddler mussten auch darauf achten, dass sich beim „Überqueren der Barriere" (d. h., der Sandbarriere im Meer) keiner oder keine der nackten Gefangenen ins Meer warf. Am Sklavenschiff angekommen, das außerhalb der Brandungszone lag, wurde das Kanu längsschiff manövriert und die Gefangenen einzeln genötigt, eine Strickleiter emporzuklettern. Oben wurden sie von Matrosen in Empfang genommen. Sie brachten Frauen und Kinder in das Achterunterdeck, die Männer in das Vorderunterdeck (vor dem Barricado). Die Männer wurden auf der *Diligent* mit einem von einem Eisenstab zusammengehaltenen U-förmig gebogenen Eisenstück gefesselt, das an den Enden Löcher hatte. Jeweils das linke Sprunggelenk eines Mannes und das rechte eines anderen wurden in die U-Teile eingepasst und durch die Löcher ein kleinerer Eisenbolzen geschoben, der mit einem Schloss gesichert war.[78] Ein Schiffsoffizier überwachte die Operation.

Nachdem eine großer Teil der Gefangenen an Bord war – die ganze Operation hatte nach den Angaben Durands drei Wochen – gedauert, befiel auch den Leut-

---

[76] Ebd., S. 325.
[77] Ebd., S. 327.
[78] Ebd., S. 328.

nant das „Übel des Landes". Nicht *banzo* (Depression) sondern eine Krankheit, die mit Schüben hohen Fiebers, Übelkeit, rasenden Kopf- und Magenschmerzen, Atembeschwerden sowie Lichtempfindlichkeit einherging (wahrscheinlich Malaria). Die Gegenmaßnahmen des Chirurgen bestanden in Aderlässen und Purgierungen (Einläufen), d. h., das Gegenmittel war oft gefährlicher als die Krankheit selbst. Ein anderer Offizier übernahm die Sklavengeschäfte.

Wichtiger waren jetzt die Eigengeschäfte von Kapitän und Offizieren oder Maaten (die es sich leisten konnten). Kapitän und Offiziere hatten noch in Frankreich Darlehen zu hohen Zinsen aufgenommen (*cambye*; span.: *letra de cambio*) und sich einen *port permis* beschafft, der es ihnen schriftlich erlaubte, eine begrenzte Menge an Waren an Bord zu bringen, um sie gegen eine begrenzte Menge an Sklaven einzutauschen (beides hatte Kapitän Mary weit überschritten). Der Zinssatz der Cambyes betrug hohe 30 %, aber der Darlehensgeber musste den Verlust bei Schiffbruch o. ä. selbst tragen. Die Cambyes ermöglichten es dem Kapitän und den Offizieren, Handelswaren auf eigene Rechnung zu erwerben, sogenannte *pacotilles* (Span.: *pacotilla* – „Beilast"). Das war aber noch nicht alles. Die Aufsicht über alle Handelswaren des Schiffes, die in Jakin für die Sklavenankaufsgeschäfte in einem gemieteten Lagerhaus untergebracht worden waren, ermöglichte es den Offizieren, vor allem Durand und dem Kapitän, nur die besten Waren für ihre Sklaven zu tauschen, die natürlich auch die besten und gesündesten waren. Mary erwarb 26 Sklaven, der Zweite Kapitän Pierre Valteau dreizehn und Durand fünf.[79] Die potenziellen Extraprofite waren der wirkliche Grund dafür, dass sich erfahrene Seeoffiziere von privaten Finanziers und Ausrüstern für die Sklavenfahrten gewinnen ließen – denn die eigentlichen Saläre von Kapitän und Offizieren waren eher niedrig. Kapitän Mary etwa erhielt 120 Livre im Monat, für eine fünfzehnmonatige Fahrt 1800 Livre. Für seine eigenen Sklaven zahlte Mary jeweils zwischen 88 und 220 Livre. Er konnte davon ausgehen, für einen erwachsenen Mann als pieza de Indias auf Martinique 950 Livre herauszuschlagen, also einen Extraprofit von 700 Livre. Drei männliche, gesunde Sklaven waren soviel wert wie seine gesamte Heuer.[80] Alle seine 26 Sklaven konnten ihm die Summe von rund 18 000 Livre einbringen – etwa so viel hatte das ganze Schiff die Finanziers, die Brüder Billy und Michel Buat de La Croix aus Vannes, gekostet. Der Knackpunkt des Kapitäns- und Pacotillehandels aber war, dass weder er noch seine Offiziere die immensen Kosten tragen mussten, die die Ausrüster und Eigentümer hatten (Schiff, Versicherung, Mannschaft, Offiziere, Schiffsärzte sowie Hilfskräfte und Sonderkosten vor der Küste Afrikas, Wasser, Lebensmittel etc.; die *Diligent* hatte

---

79 Ebd., S. 330.
80 Ebd., S. 330f.

sogar einen bretonischen Akkordeonspieler an Bord, der für die gesamte Fahrt 195 Livres erhielt[81]). Besonders augenfällig wird der Vorteil des Beilast-Handels bei der Ernährung der Sklaven, denn auch die Pacotille-Sklaven bekamen immer Wasser und Nahrungsmittel, die auf Kosten der Ausrüster angeschafft worden waren. Außerdem waren sie immer die gesündesten und kräftigsten.[82] Jean Barbot, der den Kapitänshandel auf englischen Schiffen kannte, sagt dazu: „solche Sklaven [erhalten] mit Sicherheit die beste Unterbringung an Bord ... wie auch die größten Rationen zur Erhaltung ihres Lebens aus den Vorräten des Schiffes".[83] Auf der Fahrt war mehr als jeder zehnte Sklave ein Privat-Sklave des Kapitäns und mehr als ein Fünftel des Transportraumes der *Diligent* wurde von Verschleppten eingenommen, die nicht den Schiffseignern und Ausrüstern gehörten.[84]

Um das Problem des Pacotille-Handels und des Schmuggels überhaupt unter Kontrolle zu halten, war in den Anweisungen der Schiffseigner klar festgelegt, wie die unterschiedlichen Kategorien von Gefangenen zu kennzeichnen seien: die Sklaven der allgemeinen „Fracht" hatten das Brandzeichen, wie wir wissen, auf der rechten Schulter. Die des Kapitäns waren auf der linken Schulter gebrandmarkt, die des Zweiten Kapitäns auf der rechten Brustseite, die des Ersten Leutnants, d. h., Durands, auf der linken Brustseite. Die Gefangenen der anderen Offiziere waren entweder an der rechten oder der linken Hüfte oder über den Gesäßbacken markiert. Aber auch damit ließ sich das Problem nicht wirklich kontrollieren, obwohl es regelmäßig zu schweren Auseinandersetzungen darum kam, vor allem auf den Schiffen von Monopolkompanien. Auch Brandenburg-Preußen bildete sicherlich keine Ausnahme, auch wenn der Kapitänshandel in der folgenden Anweisung zunächst erlaubt wird:

> Dafern der Capitain rathsam findet, einige Sclaven zu erhandeln, soll ihm solches frey stehen und mag er selbige zu Kauf führen [...] Dafern in denen Ländern einige rare Affen, Papageyen oder andere Thiere und Vögel zu finden sind, soll er selbige erhandeln und mitbringen, imgleichen ein halb Dutzend junge Sclaven von 14, 15 und 16 Jahren, welche schön und wohlgestaltet seyn, um selbige an unseren Hof zu übersenden.[85]

Besonders berüchtigt waren brasilianische und portugiesische Sklavenschiffe, die regelmäßig schwer überladen waren und auf denen sogar Matrosen und Kö-

---

81 Ebd., S. 376.
82 Ebd., S. 331.
83 Hair/Jones/Law (Hrsg.), Barbot on Guinea, Bd. II, S. 783.
84 Harms, Das Sklavenschiff, S. 331.
85 „Kurfürstlicher Auftrag zum Sklavenhandel für J. Bartelsen, Kapitän der Wappen von Brandenburg" (7. Juli 1680), siehe: Jones, Brandenburg Sources, S. 216; siehe auch: Kopp, „Mission Moriaen".

che privat Sklaven und Waren schmuggelten.[86] Auf britischen Schiffen hatten Kapitäne, die meisten Schiffsoffiziere, Ärzte, verdiente älterer Besatzungsmitglieder und Handwerker das Recht, „Privileg-Sklaven" als Privatbesitz mitzuführen.[87] Kapitän Mary betätigte sich auch als Schmuggler von brasilianischem Gold und brasilianischem schwarzen Tabak. Der Einfluss des „portugiesisch-brasilianischen" Sklavenhandels reichte weit. Für brasilianisches Gold und schwarzen Tabak aus Bahia gab Mary im Tausch Waren aus der Schiffsausrüstung (Pökelfleisch, Mehl, Branntwein) oder auch Dienstleistungen und Verleih von Beibooten.[88]

Als das Schiff sich immer mehr mit Gefangenen füllte, stiegen Anspannung und Angst bei Mannschaft und Offizieren. Sie wussten aus Erfahrung, dass die meisten Schiffsrevolten sich in dieser Situation nach der Verladung und bei der Abfahrt, noch in der Nähe der Küste, ereigneten.[89] Die Gefangenen fürchteten die See und das künftige Schicksal, von dem sie oft mehr wussten, als wir heute denken. Sie versuchten, die letzte Zeit an der afrikanischen Küste zu Rebellionen zu nutzen oder nahmen Zuflucht zum Selbstmord, indem sie über Bord sprangen. Sklavenschiffe waren meist von Haien umkreist. Die Matrosen standen Posten unter vollen Waffen, vor allem wenn die verschleppten Männer auf dem Vorderdeck mit Essen versorgt wurden.[90]

Als Kapitän Mary schließlich die Abfahrt mit einer „vollen Ladung" Sklaven befahl, hatte die eher kleine *Diligent* mit ihren 95 Tonnen 256 Gefangene an Bord; 2,7 Gefangene pro Tonne. Die Gefangenen waren wirklich dicht „gepackt". Normalerweise wiesen französische Schiffe 1,9 Gefangene pro Tonne auf. Das Problem war die Ladekapazität eines so kleinen Schiffes wie der *Diligent* in Bezug auf Wasser und Nahrungsmittel für so viele Menschen.

Am Tag der Abreise legte Durand, der soweit wieder genesen war, eine Liste der Gefangenen an, die eigentliche Cargo-Liste des Sklavenschiffes. Sie wies 109 Männer, 71 Frauen, 17 Knaben und 4 Mädchen aus; Namen oder Herkunft kamen nicht vor, nur Geschlecht und Alter von Körpern bestimmter Kategorien.[91] Die 256 Menschen, von denen 201 Besitz der Schiffseigner waren und 55 Besitz der Offiziere, hatte man in einem Sklavenunterdeck zusammengepfercht, das 19 Meter lang und an der breitesten Stelle 6,5 Meter breit war.[92] Die *Diligent* war früher ein Getreidefrachter gewesen. Das Schiff wies nur relativ kleine Luken im Deck auf.

---

86 Conrad, Tumbeiros, passim.
87 Hochschild, Sprengt die Ketten, S. 27.
88 Harms, Das Sklavenschiff, S. 335.
89 Taylor, If We Must Die, passim; Eltis/Engerman, „Shipboard Revolts".
90 Harms, Das Sklavenschiff, S. 336.
91 Ebd., S. 338.
92 Ebd., S. 339.

Unter Deck konnte es enorm heiß werden und die Masse an Menschen verbrauchte den Sauerstoff sehr schnell, vor allem, wenn die Luken wegen Regen oder Unwetter auch noch abgedeckt werden mussten. Dazu kamen der Gestank der Abortkübel, des Erbrochenen und die „übelriechende Flatulenz" der schwer verdaulichen Fava-Bohnen (Pferdebohnen), aus denen die Mahlzeiten der Verschleppten bestanden.[93]

Als das Schiff die Küste von Jakin verließ, hatten nicht mehr afrikanische Eliten, atlantikkreolische Faktoren oder die Umstände an der afrikanischen Küste das Kommando, sondern wieder die Offiziere des Schiffes selbst: Kapitän Pierre Mary, Pierre Valteau und Robert Durand. Wegen der Strömungs- und Windverhältnisse, aber auch weil für die Überfahrt frisches Wasser, Nahrungsmittel und Früchte nötig waren, die es in Jakin, Whydah oder an der Goldküste nicht gab, fuhren die Sklavenschiffe nicht direkt nach Westen, sondern liefen erst einmal die portugiesischen Inseln Príncipe oder São Tomé im Golf von Biafra an.

Die Stimmung auf dem Schiff war weiterhin gespannt, auch weil viele Verschleppte, Mannschaftsmitglieder oder Offiziere die afrikanischen „Krankheiten des Landes" noch nicht auskuriert hatten. Auch deswegen galt ein Aufenthalt auf den Inseln, die im Ruf gesunden Klimas und guten Wassers standen, als angeraten.[94] Die Konflikte auf Sklavenschiffen gingen aber tiefer. Für die Matrosen waren alle Gefangenen, egal ob Mann, Frau oder Kind, potenzielle Rebellen, die danach strebten, sie bei erster Gelegenheit zu töten. Geschichten über Sklavenrebellionen machten die Runde. Bei den Afrikanern, von denen einige aus den ersten Verladungsoperationen schon zwei Monate an Bord waren, bildeten sich, obwohl es vor allem wegen der Enge, aber auch, weil manchmal ehemalige Kriegsgegner an Bord waren, Konflikte gab, informelle Gruppen, Netzwerke und Hierarchien, die erwähnten Carabelas. Nach und nach hatten die Verschleppten entdeckt, wer woher kam, wer welche Sprache sprach, wer reich, wer arm, wer Angehöriger der Elite oder wer ein gemeiner Mann gewesen war und wer warum in die Sklaverei geraten war.[95] Sicherlich gab es auch Sex unter den Verschleppten.[96] Da ein großer Teil der Verschleppten Kriegsgefangene waren, befanden sich viele ehemalige Soldaten in den Sklavenunterdecks der *Diligent*. Allein zwischen 1720 und 1730 war es auf französischen Schiffen zu 17 (gemeldeten) größeren Rebellionen gekommen.[97]

---

93 Ebd., S. 357.
94 Ebd., S. 350f.
95 Ebd., S. 344f.
96 Caldeira, Escravos, S. 136–138; zum allgemeinen Hintergrund von Sexualität und Sklaverei (nicht so sehr der Versklavten untereinander, eher zum Sex von Versklavern mit Versklavten) siehe: Dursteler, „Slavery".
97 Harms, Das Sklavenschiff, S. 347.

Die Matrosen wussten, dass Frauen und Kinder, die relative Bewegungsfreiheit genossen, Botschaften übermittelten, Schwachstellen auskundschafteten und Aufstände planten; zudem argwöhnte man, dass Hexen unter den Frauen wären. Als Netzwerke, Freundschaften, Liebe und fiktive Verwandtschaften auf Basis gleicher oder verwandter Sprachen unter den Verschleppten fester wurden, kam es dazu, dass einige Männer, meist ehemalige Soldaten oder Angehörige der Elite, sich zu Anführern mauserten und sich die anderen Verschleppten um die Führungspersönlichkeiten scharten, die Aufstände planten. So war es auch auf der *Diligent*. Durand hat einen solchen Fall festgehalten, aus dem sich eine Revolte hätte entwickeln können. Früh am Morgen des 29. Novembers 1731 begann ein Mann, der wahrscheinlich Soldat im Heer von Oyo oder Mahi gewesen war, seine Leidensgefährten zu einem sofortigen Aufbrechen des Lukendeckels anzustacheln, was zu einem völlig ungeplanten und spontanem Aufstand geführt hätte. Trotz der Hitze, des Durstes und des extremen Mangels an frischer Luft im Männerunterdeck muss es aber Stimmen gegeben haben, die davon abrieten. Der Soldat geriet in Rage und schlug um sich. Erst biss er sich selbst und dann Gefangene in seiner Nähe. Schreie ertönten durch den Morgen. Matrosen und Bootsleute eilten herbei. Es gelang ihnen schließlich, den Mann zu überwältigen und von seinem Kettennachbarn zu trennen.[98] Das gab dem Kapitän die Gelegenheit, ein Exempel zu statuieren. Alle Verschleppten mussten auf dem Vorderdeck antreten. Der Mann, dessen Namen wir nicht kennen, wurde an einem Tau über die Rahe des Fockmastes emporgezogen. Als er oben im Wind baumelte, trat unten ein Erschießungskommando zusammen. Es durchlöcherte den Mann mit Musketenschüssen derart, dass bald sein Blut aufs Deck troff. Dann wurde der Leichnam über Bord geworfen – den Haien zum Fraß.[99]

Als die *Diligent* nach nur zwölf Segeltagen – eine erstaunlich kurze Zeit – zur Insel Príncipe gelangte, waren sieben weitere Verschleppte und vier Besatzungsmitglieder gestorben.[100] Kapitän Mary ließ Barracones auf Príncipe anmieten, in die die Gefangenen gebracht wurden und in denen sie sich einigermaßen bewegen konnten. Er ließ auch Lebensmittel („Guinea"-Hühner, Enten, Ziegen, Rinder und Maniokmehl (*yuca, tapioca, kassava*), das unter tropischen Bedingungen sehr haltbar ist), Früchte (Zitronen, Feigen, Bananen, Kochbananen), Zwiebeln sowie Wasser kaufen. Das Wasser wurde in große Fässer gefüllt, die acht *barriques* von etwa 240 Litern fassten. Für die Atlantiküberquerung schaffte man in der Regel ein Barrique pro Gefangenem an, was wiederum, nach Abzug der Menge Was-

---

98 Ebd., S. 345f.
99 Ebd., S. 346f.
100 Ebd., S. 355.

ser, die zur Zubereitung des Nahrungsbreis verwendet wurde, ca. drei Viertel Liter Wasser pro Gefangenem und Tag bedeutete. Insgesamt muss die *Diligent* dann für die Versklavten 32 große Fässer an Bord gehabt haben.[101] Als Geschmacksverbesserer wurden oft Kola-Nüsse verwendet.[102] Die Gefangenen erhielten auf der *Diligent* eine Mischung aus einem Viertel Favabohnen, zwei Vierteln (afrikanischem) Reis und einem Viertel Erbsen mit Maniokmehl (*tapioca*). Pro zehn Gefangenen rechnete man für die Überfahrt mit ca. einer Tonne Nahrungsmittel. Über die Wirkung des Nahrungsbreies war man sich nicht ganz einig – es gab Kapitäne, die vor allem den Bohnen „eindickende" Wirkung zuschrieben. Allen war aber klar, dass sie, wie gesagt, zu „übelriechender Flatulenz" führten, die zusammen mit Luft- und Sauerstoffmangel katastrophale Auswirkungen hatte.[103]

Weihnachten 1731 segelte die *Diligent* von Príncipe los, nachdem es nochmals zu starken Spannungen, Ängsten und Konflikten wegen der neuerlichen Verladeoperation der Gefangenen gekommen war. Die Krankheiten schienen unter Kontrolle. Nach kurzem Aufenthalt auf São Tomé nahm die *Diligent* Kurs auf den offenen Atlantik.

Bei Ankunft in Martinique war nur einer der Sklaven des Kapitäns gestorben und ein anderer der Pacotille-Sklaven des Kapitäns hatte auf der Passage einen Tobsuchtsanfall erlitten; sie wurden gegen Sklaven mit dem Brandzeichen der Schiffseigner ausgetauscht (in deren Liste trug man die Ausgetauschten als „gestorben" ein). Kapitän Marys 26 Privatsklaven waren wieder vollständig. Kommentar des Negrero Jean Barbot zu dieser frühen Form der „Unsterblichkeit" von Versklavten: „Die Sklaven des Kapitäns sterben nie".[104]

3.2 Sklavenhandel im portugiesischen Einflussbereich

Die Praxis des Menschenhandels und der Castings, die anhand der Quelle des Bordbuchs von Durand geschildert wurden, spiegelt eher die Erfahrungen des französischen und britischen (sowie niederländischen und dänischen) Sklavenhandels an der sogenannten Sklavenküste im 18. Jahrhundert wider.[105] In Calabar im östlichen heutigen Nigeria gelang es den Europäern und auch später den Ame-

---

101 Ebd., S. 356f.
102 Carney/Rosomoff, In the Shadow, S. 65–79.
103 Harms, Das Sklavenschiff, S. 343–371.
104 Hair/Jones/Law (Hrsg.), Barbot on Guinea, Bd. II, S. 783; Harms, Das Sklavenschiff, S. 419.
105 Siehe generell als Quelle für die Sklavenküste des 18. Jahrhunderts: Römer, Die Handlung; Römer, Nachrichten; Römer, Le Golfe; Römer, A Reliable Account; siehe auch: Law, The Slave Coast, passim.

rikanern nicht, Stützpunkte, feste Handelsposten oder gar Festungen zu errichten.[106] In allgemeinen Darstellungen des Sklavenhandels werden meist Festungen erwähnt, wie auf Gorée, an der Goldküste oder in Dahomey. „Portugiesen" kommen in Darstellungen des atlantischen Sklavenhandels, zumindest in denen, die in Mitteleuropa zirkulieren, kaum vor. „Portugiesen" waren aber in ganz Westafrika, vor allem in bestimmten Gebieten Senegambiens (Bissau, Cacheu, Gallinas, Kapverden) und in Zentralwestafrika natürlich (Angola, Cabinda, Benguela und Moçambique in Ostzentralafrika), aber auch an der Goldküste und an der Sklavenküste, präsent.[107] Arlindo Caldeira beschreibt aus „portugiesischer" Perspektive (ich meine hier die historische Perspektive; Arlindo Caldeira ist zweifelsfrei Portugiese) den Zustrom neuer Sklaven aus dem jeweiligen Interior an die Küstenplätze; die Transporte geschahen oft bereits vor dem Atlantik über Hunderte von Kilometern über Flusstransport-Boote, Kanus und Schiffe, am Kuanza, Bengo und Dando über *patachos de coberta*, eine Art Flussschiffe mit Deck.

Werner Peukert ist einer der wenigen Historiker-Anthropologen, der die Unterschichten im Sklavenhandel in seine Analyse einbezieht. Er sagt, sehr zu Recht, dass Fortsklaven und eine größere Anzahl von freien Arbeitskräften der Küstengebiete vom Sklavenhandel lebten. Während Oberschicht und Mittelschicht im 18. Jahrhundert in Dahomey rund 49 % und 45 % Anteil am Sozialprodukt des atlantischen Außenhandels hatten, waren die genannten Unterschichten und staatliche Bedienstete mit rund 5 % beteiligt.[108]

In Calabar ging im Laufe des massiven Sklavenhandels im 18. Jahrhundert die Macht von den Häuser-Chefs der Efik (*ufok* – Vater des Hauses, sozusagen der *pater familias* einer Verwandten-und Wohngruppe, eines Haushalts) an die wohlhabendsten Männer des Sklavenhandels über, die an der Spitze immer größer werdender Flotillen von Kriegskanus mit versklavten Ruderern standen (Etubom – Vater des Kanus). Die sogenannten „Kanu-Häuser" waren Handelsgesellschaften. Die Groß-Kanus hatten Längen von bis 25 Metern und waren mit bis 120 Mann besetzt: vierzig bis fünfzig Kanu-Jungen (Sklaven) als Ruderer, zwanzig bis dreißig Händler und Bewaffnete sowie eine kleine Kanone am Bug.[109] Die Kanuhäuser-Chefs setzten oft selbst Sklaven in der Landwirtschaft zur Produktion von Yams, Palmöl und anderen Nahrungsmitteln für den Sklavenhandel ein.[110] Die Efik-Sklavenhändler sprachen ein Englisch-Kreol. Sie kleideten sich fast wie Europäer

---

106 Sparks, Die Prinzen, S. 57.
107 Diese anglo-zentrierte Perspektive ändert sich nur langsam; siehe: Araujo (Hrsg.), Paths of the Slave Trade; Araujo (Hrsg.), Politics, passim.
108 Peukert, Der atlantische Sklavenhandel, S. 204f.
109 Sparks, Die Prinzen, S. 65.
110 Ebd., S. 56.

und konsumierten nach europäischen Mustern, was im Endeffekt eine bestimmte Art von Kreolisierung ergab. Ihre Söhne waren manchmal in England ausgebildet; einige konnten lesen und schreiben. Wenn sie Sklaven nicht in Razzienzügen rauben ließen, erwarben sie sie bei den Aro-Händlern des Hinterlandes, die Sklaven in Razzien, durch Verurteilungen und auf lokalen Sklavenmärkten beschafften.[111] Geheimgesellschaften, in Westafrika weit verbreitet (wie z. B. *poro-* oder *ekpe-*Gesellschaft), stellten übergeordnete zentralisierende Instanzen dar, die Religion, Politik und Wirtschaft kontrollierten und zusammenführten. Die streng hierarchisierte Leoparden-Gesellschaft (*ekpe* oder *ékpè* = Leopard) und der Leoparden-Kult in Calabar stellten ein „Machtinstrument der führenden Sklavenhändler"[112] dar. Mitglied der Gesellschaft konnte jeder werden, „auch Sklaven", schreibt Randy Sparks, aber nur freie Männer konnten Führungsränge besetzen und der Zugang zur jeweilig nächsthöheren Stufe musste gekauft werden – damit war die Kontrolle durch reiche Sklavenhändler gewährleistet. Die Ekpe-Gesellschaft war am Cross River im Südosten des heutigen Nigeria und Nordwesten des heutigen Kamerun so weit verbreitet, dass viele ihrer Mitglieder in kriegerischen Konflikten und Razzien versklavt und über den Atlantik verschleppt wurden (oder innerhalb von Afrika).[113] Aber nur auf Kuba kam es zur Formierung einer karibischen Ekpe-Geheimgesellschaft – heute meist als *abakuá* oder *ñáñigos* bekannt.[114]

Itinerante Sklavenhändler im Kongo/Angola-Gebiet erwarben die Versklavten auf spezialisierten Märkte, auf denen auch Castings stattfanden, die auch Hunderte von Kilometern hinter den Küsten liegen konnten, oft an den Ufern von Flüssen. Diese Märkte nannten sich in portugiesischem Kreol *os pumbos* (die Pumbos). Es wurden aber auch Vasallen Portugals, d. h., christianisierte Bewohner von Gebieten unter – oft lockerer – portugiesischer Kontrolle versklavt (wie wir aus Quellen von Versklavten aus dem vorigen Kapitel wissen).[115] Die itineranten Sklavenhändler, im Hinterland von Onim/Lagos, El Mina oder Jakin von Niederländern Kaffiziere oder *caboceers* (auch *cabeceers, cabociers*, von portug. *cabeça* = Haupt, Anführer[116]) genannt. Im Kongo-Angola-Gebiet hießen sie meist *pumbeiros*, aber auch *quissongos, quilambas (kilambas), guenzes, funantes* oder *funidores*. Die abhängigen Agenten waren meist schwarze oder mulattische Männer, „in der Mehrzahl

---

111 Ebd., S. 65; siehe auch: Nwokeji, The Slave Trade, S. 22–52.
112 Sparks, Die Prinzen, S. 74.
113 Johnston, The History of a Slave, Einleitung von Paul E. Lovejoy, S. 8f.
114 Sosa Rodríguez, Los Ñáñigos; Sosa [Rodríguez], El Carabalí; Sosa Rodríguez, „Origen"; Miller, Voice.
115 Ferreira, Cross-Cultural Exchange, S. 52–87.
116 Siehe „Glossarium", in: Heijer (Hrsg.), Naar de koning, S. 201–204, hier S. 201.

selbst Sklaven".[117] So sie erfolgreich waren, konnten sie zu Quimbares und möglicherweise sogar zu Karawanenkaufleuten aufsteigen; sehr wenige sogar zu Sklavenhändlern mit Handelshaus in den großen Sklaven-Umschlagplätzen (wie Luanda), die mit atlantischen Negreros Geschäfte trieben. In Senegambien (Guiné) wurden Sklavenhändler, die bis zur Küste kamen – aus dieser Perspektive – meist Tangomãos genannt; fast immer mit einem Lançado als Ahnherren.[118]

Im Norden des heutigen Gabun und bei Cap López setzte massiver atlantischer Sklavenhandel erst im späten 18. Jahrhundert ein.[119] Im riesigen Einzugsgebiet des Kongo betrieben Kanuführer, Fischer, Piraten und Kaufleute der Bobangi Menschenhandel; sie transportierten die armen Opfer zu den professionellen Vili-Sklavenhändlern von Loango im heutigen Gabun/Republik Kongo.

Die berüchtigten Imbagala-Banden im Kongo bildeten einen Kriegerkult von Söldnern, bei dem Gefangenen-Abschlachtung, Menschenjagd, Kannibalismus, Zauber und Hexerei ganz bewusst eingesetzt wurden. Die Imbangala wurden von den Portugiesen Jagas (oder Yacas) genannt, nannten sich selbst aber *Imbangala* oder *Isinde*. Diese Imbangala oder Jagas waren „substantial contributors to the slave trade".[120]

Afroportugiesische Pumbeiros, Tangomãos und Lançados (Atlantikkreolen) sowie später Ambakisten, vor allem in Senegambien und Oberguinea sowie im Kongo, in Luanda und Angola, kontrollierten den Sklaven-Zwischenhandel, zogen aber im Zentralsudan und in Angola, oft mit Kriegsrazzien sowie riesigen Karawanen, auch tiefer in das Hinterland, um Sklavennachschub zu jagen oder einzutauschen und zur Küste zu bringen.[121]

Theophilus Conneau nennt itinerante Vermittler *barkers*. Er stellt sie deutlich als Angestellte der Faktoren dar: „Barkers are men that on account of their fluent tongue and volubility of language [d. h. Sprachkenntnissen] are employed by factories or chief traders to seek and meet strangers in the Interior and induce them to bring their produce to their patron ... these talking agents – I mean barkers – are supplied by their employer with a small quantity of tobacco and colas [Kola-Nüsse]".[122]

---

117 Ferreira, Cross-Cultural Exchange, S. 58–66; Caldeira, Escravos, S. 100.
118 Siehe zum Hintergrund (für das Kongo/Angola-Gebiet sowie weitere Territorien des 17. Jahrhunderts): Cavazzi de Montecculo, Istorica descrizione; siehe auch: Thornton, „Cavazzi"; für Senegambien: Soares, „Para uma compreensão"; Havik, „Women"; Hawthorne, „The Production"; Hawthorne, Planting Rice; zusammenfassend: Caldeira, Escravos, S. 99–119.
119 Patterson, The Northern Gabon Coast.
120 Miller, „Requiem".
121 Siehe auch: Zeuske, Handbuch, S. 334f.
122 Conneau, A Slaver's Log Book, S. 63.

Für die Verschleppten, die in den portugiesisch-brasilianischen Einflußbereich kamen, lagen, wie gesagt, oft Märsche und/oder Flusstransporte von Hunderten von Kilometern. Für sie endete die Qual des Marschierens (oft mit Gepäck, d. h., Waren, Wasser oder Lebensmittel) in Afrika. Aber nicht die Qualen der Antlantic Slavery. In den Küsten-Barracones bekamen sie etwas mehr Verpflegung, vor allem regelmäßigeres Essen. Und sie konnten sich waschen und wurden (oft mit Öl und regelmäßigerem Essen) für den Verkauf vorbereitet. Für den Verkaufsakt mussten sie sich physisch erholen. Untergebracht wurden sie auch bei den „Portugiesen" in den bereits genannten überdachten *barracões* (besser) oder *cercados* (Korrale – schlechter). In Upper Guinea wartete ein Teil der Sklaven oft an Bord, ein Teil in Barracones mit Lehmwänden und Palmstrohdächern.[123] In Luanda, dem größten und bedeutendsten Sklavenumschlagsplatz (*hub*) Afrikas, wurden die aus dem Interior Verschleppten auf der Ilha do Cabo (oder Ilha de Luanda) in der Bucht vor der Stadt konzentriert. Die trockenen Küsten des nördlichen Angola waren weniger malariaverseucht als die Küsten Senegambiens.[124] Um die Baracken hießen hier *quibangos* (oder *quibanguas*, Abb. 2b). Um sie herum hatte sich eine ganze Hilfs- und Dienstleistungsindustrie angesiedelt. Die Verschleppten wurden auch bei den „Portugiesen" gebrandmarkt (*carimbo*, nach Caldeira von Kimbundu *kirimbu*) und sollten getauft werden[125] (was in dem französischen Bericht über die *Diligent* überhaupt keine Rolle spielt). Die psychischen Traumata der Verschleppten konnte keiner heilen. Viele waren neben der allgegenwärtigen extremen Gewalt geschockt vom Meer, von den Schiffen, von den Weißen, es liefen Gerüchte umher über Kannibalismus (der Sklavenhändler); einige erwarteten auch die Befreiung durch ihre Leute in letzter Minute oder mussten mit ansehen, wie ihre Kinder, andere Angehörige und Freunde an andere Sklavenhändler verkauft wurden. Und es kam oft zu Konflikten unter den Versklavten. Die „Portugiesen" und „Brasilianer" hatten, wie oben erwähnt, mit *banzo* auch einen festen Begriff für die Trauer-Depression der Verschleppten. In nordwesteuropäischen und amerikanischen Quellen wird für Verschleppte der Goldküste eher ein psychopathischer Typus der „tumben" Menschen aus dem Hinterland, à la dummes *greenhorn*, konstruiert – *donkor*, *dunco* oder *odonkor* (in Akan auch *donko* oder *odonko*). Es stellte eine generische Bezeichnung für dumme, kriegsgefangene Menschen aus dem Hinterland dar.[126]

---

[123] Newson/Minchin, From Capture, S. 76.
[124] Ebd., S. 75.
[125] Caldeira, Escravos, S. 107–114; Guillet, La Marie-Séraphique navire négrier, S. 78–95
[126] Ebd., S. 104–107. Zu *donko* siehe: Römer, A Reliable Account, S. 28, 182, sowie: Hartman, Lose Your Mother, S. 154–172; zur Etymologie siehe ebd., S. 86f. Aber vor allem die Sklavenfänger und -verkäufer entwickelten auch Heiler- und Psychokulte, um ihre Traumata und seelischen

Waren alle gekauften oder eingetauschten Verschleppten auf den Schiffen und der Moment der endgültigen Abfahrt brach an, spielten sich herzzerreißende Szenen ab.[127]

Die beiden „Prinzen von Calabar", Little Ephraim Robin-John und Ancona Robin Robin-John, haben, wie bereits angedeutet, keinen persönlichen Bericht über die Abfahrt des Schiffes (*Duke of York*, Kapitän Bivins, 45 Tage Fahrt, 336 Verschleppte), das sie zur Insel Dominica in der Karibik transportierte, hinterlassen. Da sie aber zur Efik-Sklavenhändlerelite gehörten, ging es ihnen sicherlich etwas besser als den Mitverschleppten, die noch nie ein Hochseeschiff gesehen hatten. Die Prinzen kannten sicherlich einige der Offiziere und einige der afrikanischen Mannschaftsmitglieder.[128] In Bonny gab es Ende des 18. Jahrhunderts vier Kategorien von Kaufleuten: den „König", Menschen aus der „Königs"-Familie – von Europäern meist „Prinzen" genannt, enge Vertraute und Funktionsträger in der Elite (von Europäern oft *ducs* genannt) sowie unterschiedliche Höflinge. In Loango hießen die Funktionsträger *mangove* (eine Art Ausländerminister), *mafouge* (eine Art Handelsminister) sowie *maquimbe* (Hafenchef der Reede von Loango). Dazu kamen sehr viele Wachen, Transporteure als Unterschichten des Sklavenhandel und Übersetzer (*markedore*).[129] In Durands Bericht sind die im System der „Portugiesen" bzw. von anderen französischen Sklavenhändlern beschriebenen Zulieferer des Königs, Funktionsträger und die königlichen Kaufleute sowie andere Kategorien von afrikanischen Sklavenhändlern gar nicht so recht erkennbar.

Verletzungen nicht zu groß warden zu lassen; siehe: Zeuske, Handbuch, S. 540–563, hier vor allem S. 552–554.
127 Caldeira, Escravos, S. 114–116.
128 Die Prinzen, S. 87f.
129 Saugera, La Bonne-Mère navire négrier nantais, S. 82–85; Guillet, La Marie-Séraphique navire négrier, S. 78–95.

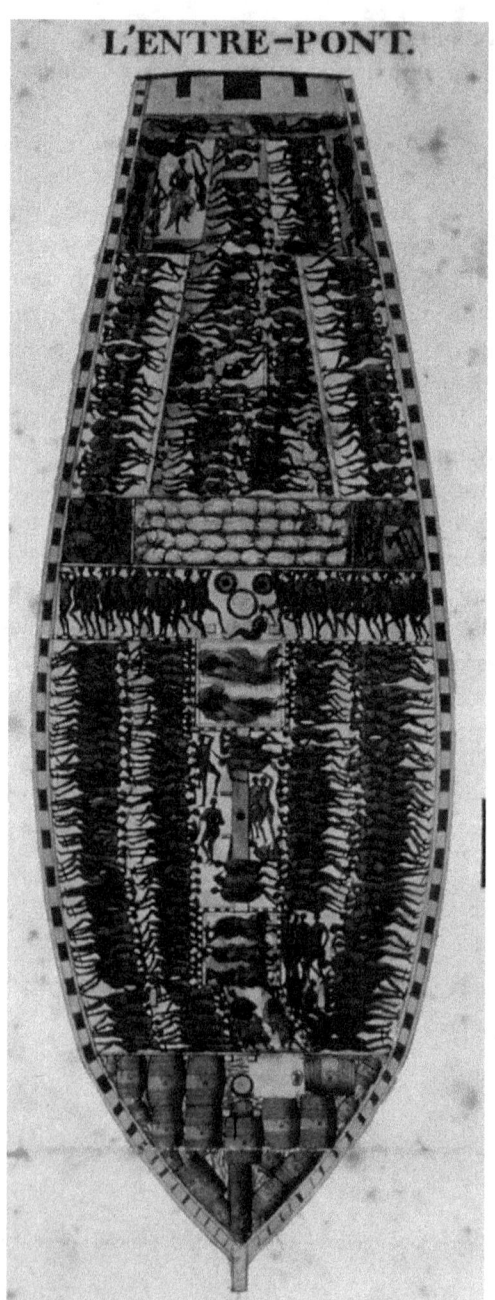

Abb. 10. Ausschnitt „Sklavendeck" („Entre Pont") aus: „Plan, profil et distribution du navire La Marie-Séraphique de Nantes, armé par Mr. Gruel, pour Angola, sous le commandement de Gaugy, qui a traité à Loangue, dont la vue est cy-dessous la quantité 307 captifs [...], 1770" (siehe auch Umschlagbild). Es handelt sich um die Darstellung eines Sklavenunterdecks und der Transportunterbringung der Verschleppten, die von einem Beteiligten des Sklavenhandels auf der *Marie-Séraphique* angefertigt wurde. Im Sklavendeck sind Frauen hinten, Männer vorne (erkennbar an den Fußfesseln) untergebracht, getrennt durch die Sektion mit weißen Ballen (Textilien für den Sklavenhandel) sowie seitliche Kammern mit Seilen und Werkzeugen.
© Château des ducs de Bretagne – Musée d'histoire de Nantes

4 Mittelpassage, Menschenhandel, Atlantisierung und die Schrecken an Bord

„der Neger ist niemals alleine"[1]

Die (Neu-)„Erfindung" der Sklaverei auf dem Atlantik und in den Amerikas und die Quellen geben den Blick auf den atlantischen Raum vor, auf den klandestinen Sklavenschmuggel im globalen, transkulturellen Atlantikraum oder den *seascapes* und *islandscapes* der Sklavereien[2], unterhalb der staatlichen/privaten Monopolisierungsintentionen aller beteiligten Imperien, Kronen oder Monopolgesellschaften. Wichtig sind auch die gemeinsame, sozusagen systemische, Verwendung des Arguments der christlichen Religionen und „Zivilisation" zur Legitimierung der Sklaverei von Afrikanern im Herrschaftsmodell der europäischen und amerikanischen Sklavenhändler und in den amerikanisch-atlantischen Sklavengesellschaften (eine Leistung der christlichen Orden, vor allem der Jesuiten und der verschiedenen Bettelorden).[3]

Schließlich ist auf die in Amerika entstehende konstruierte Tradition der „Afrikanität" der Versklavten als Kultur der atlantischen Diaspora und Kreolisierung zu verweisen.[4] Die europäischen, meist noch national gebundenen Sinngebungen dieses „Ozeans der Sklaverei" sind relativ gut erforscht, aber gerade in Bezug auf die Entstehung des Kapitalismus immer noch umstritten, vor allem, wenn sie nicht nur ökonomische Strukturen und Prozesse ins Auge fassen.[5] Weitgehend unbekannt sind die „afrikanischen" oder islamischen Sinngebungen des Ozeans und der Zentralität des Atlantiks, verbunden für die kongolesische Kosmologie etwa mit den Stichwort *Kalunga* (ein großer Körper aus Wasser, eine Art nasser Hölle), in West-Zentralafrika mit dem Glauben an *Mwene Puto*, den Herrn der Toten, und in Dahomey mit der Tatsache, dass herrschende Eliten ihre politischen sowie militärischen Rivalen mit Hilfe des Sklavenhandels in ein sehr spezielles „Exil", die Versklavung auf dem Meer und hinter dem Meer, trieben.[6] Oder die Neuinterpretationen des Wortes „criollo" (*nkuulolo, crioulo,*

---

1 Ortiz, Los bailes, S. 220.
2 Bentley/Bridenthal/Wigen (Hrsg.), Seascapes, passim.
3 Alencastro, „Portuguese Missionaries".
4 Mintz/Price, The Birth; Röhrig Assunção, „From Slave"; Falola; Ogundiran (Hrsg.) The Archaelogy.
5 Tomich, „Atlantic History".
6 Miller, Way of Death, S. 4f.; Soumonni, „De l'interieur à la côte"; Bay, „Protection".

creole, kreolisch)[7], als Spur des Prozesses der Kreolisierung. Und natürlich die Wechselwirkungen, Repräsentationen, Verwissenschaftlichung und Ikonisierungen dieser Sinngebungsprozesse.[8] Kreolisierung wird bei Amerikanisten traditionellerweise meist mit der Geburt in Amerika angesetzt.[9] Es scheint sich aber immer deutlicher ein Beginn des Gesamtprozesses der Kreolisierung in Afrika selbst abzuzeichnen, auch durch neue historisch-linguistische Studien. Der oben bereits genannte kreolische Raum wäre dann ein transatlantischer vorwiegend „schwarzer" Kulturraum, ein *African Atlantic*, konstruiert über translokale Hin- und Herbewegungen vor allem von Atlantikkreolen sowie Netze und Diasporen, nicht mehr nur Amerika und die dortige, von den „weißen" Texten der kreolischen Eliten konstruierte Kultur. Das Wort „criollo" hat seine Ursprünge möglicherweise in der Bantusprache *kikongo* (die im Klang dem Kastilischen ähnelt) – nkuulolo = Außenseiter, kuulolo = ausgeschlossen.[10]

Sozusagen im Schnelldurchlauf erfolgte eine afrikanisch-atlantische Kreolisierung, fassbar in den Mikrounterschieden der Kreolsprachen im Golf von Guinea (São-Tomense=*Lungwa Santome* (auch *crioulo dos forros*); Angolar=*Lunga Ngola*; Principense=*Lung'ie*; Anobonense=*Fa d'Ambu*)[11] oder auch in der Sprache *Krio*, mit erheblicher Bedeutung für eine neue Stufe der transatlantischen Vernetzungen im 19. Jahrhundert etwa seit 1808 in Freetown (Sierra Leone) unter den Recaptives-Creoles.[12] Deren Mehrheit wurde seit 1830 zu *Aku* (wohl nach einer Begrüßung unter den Yoruba). Heute würde man den Begriff „Yoruba" auf sie anwenden; auf Kuba waren Yoruba „Lucumíes" und in Brasilien „Nâgo".[13] Atlantische Identitäten waren vor allem eines – sehr fluid.

Wie entstand der von Europäern und seit etwa 1800 von Sklavenhändlern aus den Amerikas dominierte Sklavenhandelsatlantik? Im Laufe des 19. Jahrhunderts waren auch noch Kaufleute Portugals, Kataloniens und des Baskenlandes dabei; sie hielten allerdings oft Handelshäuser in Brasilien oder auf Kuba.

Zunächst existierte die Dominanz nicht.[14] Bis um 1300 war der Atlantik ein großer menschenleerer Naturraum, mit Ausnahme seiner Küsten sowie einiger hypothetischer Schiffverbindungen zwischen den Kontinenten und der Fahrten

---

7 Warner-Lewis, „Posited Kikoongo Origins".
8 MacGaffey, „Dialogues"; Northrup, „Kongo Cosmology", S. 18–21.
9 Mintz/Price, The Birth.
10 Warner-Lewis, „Posited Kikoongo Origins".
11 Hagemeijer, „As ilhas"; Seibert, „Creolization"; Caldeira, „Uma ilha quase".
12 Füllberg-Stolberg, „Transatlantische Biographien".
13 Falola/Childs (Hrsg.), The Yoruba Diaspora, passim.
14 Zeuske, Sklaven und Sklaverei, S. 97–171; siehe auch die quantitative Gesamtperspektive: Eltis/Richardson, Atlas of the Transatlantic Slave Trade, S. 159–196.

norwegischer Wikinger über den Nordatlantik nach Island, Grönland und Nordamerika ab etwa 950. Zwischen 1250 und 1415 war der große Mittelatlantik für die später führenden Iberer eigentlich nur ein sehr kleines Meer – wörtlich die so genannte *mar pequeña* (kleines Meer) zwischen dem Süden Portugals und dem heutigen Marokko. Zwischen 1300 und 1450 lernten iberische Seefahrer die Wind- und Strömungsverhältnisse des Ozeans kennen. Das führte zur Realität und Figur der *volta do mar* – eine gigantische Bewegung von Segelschiffen, die mit dem Windrad der Passate und Strömungen in den offenen Atlantik hinaus segelten und südlich des Äquators mit dem entgegengesetzten Windrad und Strömungen an die westafrikanischen Inseln und Küsten gelangten, das ist die „Runde im Meer" (volta do mar). Zwischen 1400 und 1560 existierte eine fast reine afrikanische Hegemonie über die Küsten Westafrikas; nur in Nordafrika bis in das südliche Marokko konnten iberische Razzienkriegszüge bis in das 16. Jahrhundert Städte erobern und zum Teil längere Zeit halten. Das hatte mit der Schlacht von Ksar-el-Kebir (1578) ein Ende (von Melilla und einigen weiteren Orten abgesehen – heute spanische Exklaven). Marokko war seit 1578 außerhalb europäischer Dominanz und südlich des Senegal konnten iberische Kapitäne und Kaufleute nur an afrikanische Hegemonien andocken. Dann kamen Transkulturation und Kreolisierung.

Der wichtigste konzeptionelle Ansatz ist die Aussage von Seymour Drescher, basierend auf John Thornton, dass im subsaharischen Afrika „Menschen die Hauptform von Kapital"[15] darstellten. Die beiden wichtigsten historisch-räumlichen Kristallisationspunkte sind die Plattformen der Kastilier und Portugiesen vor den Küsten Westafrikas, Ribeira Grande auf den Kapverden-Inseln (Santiago) und São Tomé auf São Tomé sowie – wenn auch in geringerem Maße – kanarische Inseln und eine Anzahl von Handelsplätzen an den afrikanischen Küsten, die allerdings alle in einer Art Insel-Festlands-Komplex von Europäern dominierten Inseln, vor allem den Kapverden und São Tomé, zugeordnet waren.[16] Atlantische Sklaverei in ihren Anfängen war eine weitgehend afrikanische Angelegenheit, auch und gerade weil frühe Lançados von den Kapverden und Atlantikkreolen aus Afrika Protagonisten des Menschenhandels waren und in Dauerkonkurrenz zu iberischen Kronmonopolisten standen. Erste Erfahrungen hatten die Iberer auf Madeira (offiziell seit 1420), in Arguim (seit 1440) und noch früher auf Inseln der Kanaren gesammelt. Dort gingen sie nach Regeln der Razziensklaverei vor. Das bedeutet, sie kamen per Schiff, überfielen Siedlungen, brannten alles nieder, töteten Männer, die sich wehrten, und die Alten und

---

15 Drescher, Abolition, S. 19.
16 Zeuske, Sklaven und Sklaverei, S. 215–239; Alencastro, „Gulf of Guinea and São Tomé"; Fêo Rodrigues, „Islands of Sexuality"; Green, „Building Slavery"; Caldeira, „Aprender os Trópicos"; Baleno, „Ribeira Grande".

raubten Frauen und Kinder. Die Conquista der Kanaren und Razziensklavereien bildeten das Modell für die frühen Sklavenjagden der Portugiesen. Diese Razzien funktionierten in Afrika von der Senegalmündung an, gegen 1460 erreicht und zunächst insgesamt *Guiné* genannt, in Richtung Süden nicht mehr. Aus militärischen und geografischen Gründen – die Küsten waren so flach, dass die großen Segelschiffe der Iberer nicht auf Kanonenschußweite herankamen und die Afrikaner hatten auf ihren Flußkanus die bessere Marineinfanterie. Deshalb bekamen die Iberer, wie oben bereits gesagt, im kontinentalen Afrika zunächst keinen Fuß auf den Boden. Die Portugiesen konnten an den Kontinentalküsten Afrikas nicht wirklich Fuss fassen. Sie bekamen später auch die Küsten-Handelsplätze in Afrika (*feitorias, factorías*) nicht wirklich vollständig unter ihre Kontrolle. Deshalb mussten sie Kolonie-Stützpunkte auf relativ weit entfernten Inseln anlegen (Kapverden ca. 460 km und São Tomé ca. 200 km vom Kontinent entfernt). Seit 1460/80 wurden die Inseln Santiago und São Tomé faktisch Hauptstationen der Europäer in den entstehenden Sklaven-Handelsnetzen, die zwar als solche oft bereits vorher funktioniert hatten, aber nun wegen der Hegemonie afrikanischer Eliten, die die Portugiesen seit etwa 1460 anerkannten, partiell über Meer auf Hochseeschiffe und Inseln ausgeweitet wurden.[17] Ähnliches geschah, vor allem nach dem Vertrag von Alcaçovas (1479: zwischen Portugal und Kastilien), auf Inseln der Kanarengruppe.[18] Wie Madeira und die Kapverden für Westafrika, bildeten die Kanaren ein Dispositiv für die Conquista der Karibikinseln, speziell der von La Hispaniola (heute Haiti und Donikanische Republik). Das Modell der Ingenios auf den Kanaren wurde ab ca. 1518/20 in die Karibik übertragen, als dort die Indios ausgestorben waren. Zugleich wurden die Razzienopfer an der westafrikanischen Küste zunächst auf ersten Zucker-Ingenios auf den kanarischen Inseln (wo die Guanchen ausgerottet oder versklavt und verschleppt worden waren) und dann schnell auch auf La Hispaniola im Zucker eingesetzt – auch als „weiße Sklaven" (Mauren und Berber) aus den Razzienfahrten an die gegenüberliegenden Küsten. Die Kanaren sind allerdings nicht so sehr Modell für den ganzen atlantischen Raum geworden wie São Tomé, weil die strategische Ausrichtung der Kastilier/Spanier sich schon um 1515–1521 nach Kontinental-Amerika (Mexiko) verlagerte. Die spanische Krone vermochte das Monopol auf ihren Routen zwar auch nicht ganz, aber besser als die portugiesische Krone durch zu setzen. Das kanarische Ingenio-Modell war eher an den relativ kleinen Landbesitzen

---

17 Green, The Rise.
18 Região Autónoma da Madeira (Hrsg.), História; Fábregas García, „Del cultivo de la caña"; Lobo Cabrera, La esclavitud; Lobo Cabrera, „Esclavos negros"; Lobo Cabrera, „Ingenios en Canarias"; Vieira, Canaviais, Açúcar e Aguardente; Vieira, „Sugar Islands"; Vieira, „La isla de Madeira"; Vieira, „Canaviais e Açúcar".

4 Mittelpassage, Menschenhandel, Atlantisierung und die Schrecken an Bord — 151

von Madeira ausgerichtet. Kanarische Ingenios fanden nicht so günstige Klima- und Wasser-Bedingungen wie in der Nordebene von São Tomé vor. Oft musste Wasser auf Madeira und auf den Kanaren in aufwändig konstruierten Kanälen zu den Mühlen gebracht werden. Ingenios existierten auf vier kanarischen Inseln, Gran Canaria (erste Ingenios; mehr als 15 im 16. Jahrhundert), Teneriffa (elf oder zwölf in der zweiten Hälfte des 16. Jahrhunderts), La Palma (vier) und La Gomera (sechs).[19] Das Wichtigste war, dass die Bedingungen auf La Hispaniola seit ca. 1518 günstiger für die Produktion preiswerteren Zuckers waren als auf den Kanaren.

Die Portugiesen ihrerseits versuchten, das Madeira-Kanaren-Modell der Conquista- und Razziensklaverei nach 1444 auf die Gebiete Senegambiens auszudehnen. Sie kamen aber nicht weit. Der Widerstand war einerseits zu groß. Andererseits waren die Kapverden zu trocken. Sie wiesen nur wenige Täler mit dem notwendigen Wasser auf – im Grunde nur, wie der Name sagt, bei Ribeira Grande (Port.: großes Flußufer). Europäische Kontrolle gab es in Afrika (im Gegensatz zu Amerika ab 1521), wenn überhaupt, entlang der Meeres-Linien der iberischen Netze und auf Inseln in einiger Entfernung vom afrikanischen Kontinent.

Die neuen Sklaven- und Kolonialgesellschaften auf beiden Inseln, Santiago (Kapverden, hier auch weitere Inseln) und São Tomé, funktionierten nach dem Muster der Selbstorganisation. Zugleich versuchte die Krone Portugals die Dynamiken zu nutzen, um ihre Sklaverei- und Ordnungsvorstellungen durchzusetzen (so zum Beispiel im privilegierten Handel und im Verbot für Siedler der Kapverden von 1518, eigene Handelsschiffe auszurüsten).[20] Das Gleiche versuchten sowohl die lokalen portugiesischen Siedler wie auch die lokalen afrikanischen Eliten, die vor allem über Atlantikkreolen unter ihrem Einfluss durchaus auch die Möglichkeiten dazu hatten. Ihre Schiffe konnten nur die Inseln wirklich vor afrikanischen Eliten, ihren Kriegern und Einflüssen (Familien der Frauen) schützen. Zugleich war die Entfernung immer noch segeltechnisch relativ leicht zu überwinden.[21] Bis um 1560 waren die Inseln Teil des afrikanischen Wirtschaftsraumes.

Auf Santiago gab es vor allem Baumwoll-Textilhandel (*panos*), auch Kola- und Raffia-Handel, partiell Pferde-, Metall- und Messinghandel sowie Farbstoffe und andere Güter, wie *commodity currency* (Kauri-Muscheln, *nzimbu*-Muscheln), die sowohl von Sklaven hergestellt wurden als auch wieder zum Handel mit Menschen aus Afrika (Cativos, Sklaven) oder Gold verwendet wurden. Gleiches geschah mit Vieh von den Kapverden: Ziegen, Pferde und Maultiere sowie Geflügel. Vor allem im frühen Handel mit der Goldküste gab es aber auch einen norma-

---

[19] Lobo Cabrera, „Ingenios en Canarias", S. 105f.
[20] Brooks, „Cabo Verde".
[21] Riley, „Ilhas atlânticas", S. 162.

len Vorstellungen vom europäisch-afrikanischen Menschenhandel direkt entgegengesetzten Handel mit Kriegsgefangenen: Portugiesen und Lançados brachten afrikanische Sklaven zu afrikanischen Eliten an die Goldküste.

Vor allem ist in Bezug auf die Anfänge wichtig, dass die Europäer innerhalb afrikanischer Wirtschaftskulturen die Bedeutung von versklavten Menschen, vor allem Männern und Kindern, als Kapital kennenlernten; Genuesen und Venezianer wussten zwar schon darum, auch einige katalanische Fernhandelskaufleute, aber im Grunde kann man sagen, dass die Masse der iberischen Kapitäne, Kaufleute, Halter von Kapitanaten (Verwaltungseinheiten in den iberischen Territorien) und Faktoren diese Kapitalfunktion von Menschen erst in Westafrika voll erkannten.

Der früheste quantifizierbare Bericht, von John Vogt publiziert, zeigt ein für die landläufigen Vorstellungen von afrikanisch-europäischem Sklavenhandel atypisches Verhalten der afrikanischen Eliten und Kaufleuten der Goldküste: sie ließen sich von den Europäern Metallgegenstände bringen, um sie einzuschmelzen und wieder nach lokalem Geschmack zu gießen (50 %), sie ließen sich von den Europäern halbfertige, aber fein gewebte Baumwollstoffe, möglichst Originale aus Indien, liefern, um sie nach ihren lokalen Modevorstellungen umfertigen zu lassen (30 %) und sie ließen sich Kriegsgefangene (Captives) als spezialisierte Arbeitskräfte heranbringen (19 %), um Produkte, Luxusgüter und Waren nach ihren Vorstellungen fertigen zu lassen. Deshalb beteiligten sich auch die Fugger seit Beginn des 16. Jahrhunderts am atlantischen Handel, bei dem afrikanische Kriegsgefangene eine wichtige Rolle spielten: Als Gegenwert schleusten die Fugger alpenländisches und ungarisches Kupfer sowie Messing in den atlantischen Sklavenhandel.[22] Außerdem durften Europäern und Atlantikkreolen den wählerischen afrikanischen Eliten ein paar Perlen und Muscheln sowie Weine bringen, damit sie die Luxuswaren auch innerhalb ihres Wert- und Geldsystems bezahlen konnten – alles aus anderen afrikanischen Regionen oder gar aus dem Gebiet des Indischen Ozeans (nur Weine aus Portugal); die Baumwoll-Pano-Produktion hatten die Portugiesen bald selbst mit afrikanischen Fachkräften auf den Kapverden aufgezogen. Die Eliten der Goldküste – Ähnliches gilt nachgewiesenermaßen für Benin und Biafra – benahmen sich, wie sich bis 2008 und danach auch wieder Eliten von Metropolen der sogenannten „Ersten Welt" aufgeführt haben.[23]

Die Iberer suchten vor allem Gold, Luxuswaren und Gewürze. Die vielen Kriegsgefangenen, die Portugiesen im lokalen Handel eintauschten oder als Beute aus afrikanischen Kriegen verschleppten, wurden aber bald zwangsläufig zu versklavten Siedlern der neuen Inseln und zu Produzenten von Produk-

---

22 Häberlein, Die Fugger, S. 80.
23 Inikori, „Africa", S. 82f.

ten, die in Afrika wiederum im Sklavenhandel benutzt wurden. Beide, Sklaven wie Baumwolltücher, bildeten gesuchte Wertäquivalente im Austausch zwischen Afrikanern und Europäern. Dabei kam es nach und nach auch zu einer Inhaltsverschiebung des Begriffs *captive* (auch in den anderen Sprachformen), der bis zum 17. Jahrhundert noch die Bedeutung von transitorisch und zeitweilig hatte (auch, weil es viele christliche Captives vor allem in Nordafrika gab) hin zu *escravo/esclavo*.[24] In den iberischen Sprachen kam es auch sehr schnell zur fast ausschließlichen Nutzung des Wortes *negro* für Sklave. Die berühmten dunkelblauen Baumwoll-*panos* waren in Afrika immer von Kriegsgefangenen sowie Sklavinnen und Sklaven gefertigt worden und galten neben Pferden faktisch als Wertmaßstab vor allem im senegambischen Menschenhandel.[25] Für die neue Art landwirtschaftlicher Produktion des Atlantiks – Zucker mit Sklaven – waren die Bedingungen auf den Kapverden, wie gesagt, relativ ungünstig.

Für die ländliche Sklaverei und das Leben in den Tropen war São Tomé wichtiger (siehe unten die konzentrierte Argumentation im Kapitel über „Plantagen weltweit"). Nicht umsonst spricht Arlindo Caldeira von „aprender os trópicos" – die Tropen lernen.[26] Auf Madeira und den Kapverden entstand das Grundmuster dynamischer urbaner Sklaverei, Einsatz menschlicher Körper als „Investition" in Urbarmachung und Siedlung, Kriegsgefangenen-Sklavenhandel, atlantischer Transport sowie die anhängenden Handwerks-Produktionssektoren (hier Weberei, Färberei/Gerberei und Textilherstellung). Ribeira Grande war nicht nur die erste portugiesische Stadt direkt vor den Küsten Westafrikas, sondern auch die erste Drehscheibe des atlantischen Slaving der Europäer – die erste von Lissabon abhängige Dependencen-Hauptstadt der Atlantic Slavery. Die andere „europäische" Insel, São Tomé, fungierte zunächst als Zwischenstation (Wasser, Nahrungsmittel, Früchte) im Gold-Sklaven-Austausch mit der Goldküste (Sonderstellung von El Mina) und im Handel mit Benin sowie dem Kongoreich. Nachdem ein erster Siedlungsversuch 1486 in São Tomé gescheitert war, hat der dritte Lehensempfänger (*donatário*) Álvaro da Caminha 1493 die Siedlung in der jetzigen Baía Ana de Chaves angelegt. 1525 wurde die Siedlung zur „vila" und erlangte 1535 Stadtrechte (*cidade*). São Tomé war nach Ribeira Grande auf Santiago (um 1460/1533) die älteste von Portugiesen in den Tropen gegründete Stadt.[27] Auf beiden Inseln lernten Europäer „die Tropen" – dieses Überlebenswissen kam lange vor der Tropenbegeisterung von Wissenschaftler und Künstlern des Nordens (siehe unter „Biedermeier-Kapitalismus", unten).

---

24 Alencastro, O Trato dos Viventes, S. 86–89.
25 Carreira, Panaria caboverdiano; Carreira, Cabo Verde, passim.
26 Caldeira, „Aprender os Trópicos".
27 Ich danke Gerhardt Seibert, Lissabon.

Die kleine Insel São Tomé eignete sich hervorragend zum Zuckerrohranbau und zum Anbau von Nahrungspflanzen wie Bananen. Die flache, gut beregnete Inselnordhälfte wurde Schauplatz einer atlantischen Revolution. Zucker wurde zu dieser Zeit in Europa faktisch noch mit Gold aufgewogen.[28] Da fast immer Massen von Cativos/Sklaven auf der Zwischenhandelsinsel waren, wurden sie mehr und mehr auch als Arbeitskräfte vor Ort eingesetzt. Zusammen mit Technik und Zuckerfachleuten aus Madeira und von den Kanaren entstand auf São Tomé der Grundtypus des atlantischen Ingenio mit ruraler Massensklaverei. Das war eine neue Form der Produktionsplattform, einmalig in der Weltgeschichte. Zugleich bildete sich wohl hier am konzentriertesten – auf iberischer Seite – das Bewusstsein heraus, dass für diese Zeit unnatürlich große Landstücke „ohne Bauern" als Besitzer sowie aus ihrem Lebensumfeld herausgelöste Menschen, die Erfahrungen und Fähigkeiten in tropischer Landwirtschaft hatten, auf die schwere sowie zugleich intensive und spezialisierte Arbeit im Zucker abgerichtet werden konnten.[29] Zugleich konnten diese dauerhaft von ihren eigenen Produktionsmitteln getrennten Bauern nicht nur Tauschware, sondern auch richtiges Kapital sein in dem gigantischen Raum des Atlantiks, in Afrika selbst und in den Amerikas, vor allem auf den am nächsten gegenüberliegenden Küsten der Amerikas (heute Brasilien) und in der Karibik, wo seit 1500 Gold im Cibao-Tal auf La Hispaniola abgebaut wurde und wo sich die flachen Küstenstriche im Osten von Santo Domingo oder im Hinterland von Azua als Zuckerrohrflächen (wie in der Nordebene von São Tomé) anboten. Auf São Tomé entstand auch, wegen der vielen afrikanischen Gefangenen, das Grundmuster der weitgehend unabhängigen Produktion von Nahrungsmitteln durch versklavte Menschen; später in den Plantagenzonen der Amerikas als Sklavengärten oder *conucos* bekannt.[30]

Von wichtigen Ressourcen-Leitprodukten des globalen Kapitalismus fallen vor allem Zucker und Baumwolle mit Sklaven in die Zeit der Atlantic Slavery.[31] Ich halte hier Zucker für wichtiger, vor allem, weil er (auch) transatlantische Sklaven-

---

28 Mintz, Sweetness.
29 Fábregas García, „Del cultivo de la caña".
30 Thornton, Africa and the Africans, S. 169f.; Carney/Rosomoff, In the Shadow, S. 131–135.
31 Zu Silber als Ressourcen-Leitprodukt siehe: Stein/Stein, Silver, passim; Stein/Stein, Apogee of Empire; zusammenfassend aus der Perspektive Neu-Spaniens: Pietschmann, „México". Zucker- und Textilproduktion waren auch die wichtigsten „Industrien" des ayyubidischen und mamelukischen Herrschaftsbereiches in Ägypten und Syrien. Auch dort ist von „Plantagen"für die Produktion von Zuckerrohr sowie von manufaktureller Verarbeitung in Zucker-„Küchen"die Rede. Sklaven aber waren für die Zuckerproduktion im mamelukischen Ägypten viel zu wertvoll und wurden vor allem vom Militär nachgefragt; für landwirtschaftliche Arbeiten war eher militärisch organisierte *corvée* lokaler Bauern maßgeblich, siehe: Abu-Lughod, Before European Hegemony, S. 232f.

händler als Unternehmer bis zur Industrialisierung führte. Sklavenhändler haben irgendwo fast immer etwas mit Zucker und/oder Tabak zu tun gehabt – viele sehr direkt, vor allem 1750–1900. Für die Frühzeit im 16. Jahrhundert ist zwar bekannt, wie viel Zucker von São Tomé nach Europa ging, nicht aber, wie viel davon an den afrikanischen Küsten wiederum im Sklavenhandel gegen Sklaven eingetauscht wurde.[32] Vor allem die Goldküste (das moderne Süd-Ghana, seit der zweiten Hälfte des 15. Jahrhunderts in Kontakt mit Europäern), aber in gewisser Weise auch die Bucht von Benin (heutiges Togo, Republik Benin und Südwest-Nigeria), das Königreich Benin und die Bucht von Biafra (Südost-Nigeria und Küsten-Kamerun), die zunächst überhaupt kaum Interesse für „europäische Billigwaren" (der oft benutzte Topos „Tand" nimmt eher afrikanische Kritiken an Billigwaren auf) aufbrachten und erst seit Mitte des 17. Jahrhunderts in dauerhaften Austausch traten, waren zunächst viel stärker Importeure als Exporteure (z. B. von Sklaven, Muscheln und Stoffen).[33] Sie gaben Gold gegen von Europäern gelieferte Sklaven; eventuell auch gegen Zucker und Baumwollstoffe. Die große Zucker-Plantage, zunächst als Engenho, war ein eher zufälliges Ergebnis des Handels vor den Küsten des atlantischen Afrika. Die Insel São Tomé war, wie wir gesehen haben, unbesiedelt gewesen.[34] Die großen Kontingente von Captives, die die Portugiesen dort zusammenbrachten, waren zunächst Beute, Tauschgut, „Waren" auf einer Depotinsel. Der Menschen- und Sklavenhandel stellte auch nur einen Teilsektor des Austauschs dar, der fast immer in Form von „Handelskorsarentum" oder – in seiner iberischen Form – *rescate/resgate* stattfand.

Zunächst war Menschenkapitalismus eher eine afrikanische Wirtschafts- und Herrschaftsform, auf der Basis von Verkehrssystemen, die von Karawanen sowie Reitern im Norden sowie in Steppengebieten und von Kanus im Fluss- sowie Lagunentransport, Barracones sowie Karawanen zu Fuß (oder auf Rindern) in den subsaharischen Gebieten geprägt waren. Zwischen Afrika als „Produktions"-Region von Captives sowie Verurteilten/Verschleppten und den Amerikas als „Nachfrage"-Region entstand der Atlantik – ein realgeschichtlich konstruierter dritter Raum, in dem auch der atlantische Sklavenstatus der Verschleppten und Captives durch die kontrollierte Mobilität der Gewaltinfrastrukturen sowie schriftliche Eigentumsnotate (Schiffs-Listen, Notariatsprotokolle, Testamente) konstruiert wurde. Der mittelalterliche Menschenhandel quer durch Europa und der arabisch-islamische Menschenhandel zeichneten sich eher durch eine Kombination von Landrouten (Karawanen) und kürzeren Seerouten (Rotes Meer,

---

[32] Zeuske, Sklaven und Sklaverei, S. 215–239.
[33] Inikori, „Africa", S. 82f.; Harding, Das Königreich Benin, passim.
[34] Pinto (Bearb.), Caldeira, Relação do Descobrimento.

Schwarzes Meer, Golf von Persien) aus, wobei sicherlich meist Landrouten und Fußmärsche der Versklavten sowie Kamele/Pferde (für die Sklavenhändler) im islamischen Bereich und Maultiere oder Karren mit Ochsen oder Maultieren in Europa überwogen.

Was zeichnete Atlantic Slavery, die neue Sklaverei Afrikas, des Atlantiks, Brasiliens und der Karibik gegenüber anderen Sklavereitypen in der Weltgeschichte aus? Zunächst zeichnet Atlantic Slavery auf dem Mittelstück der Gewaltinfrastrukturen (deshalb *Mittel*-Passage) zwischen dem Interior Afrikas und dem Landesinneren Amerikas aus, dass sie aus einer fundamentalen Unterlegenheitsposition der Iberer/Europäer in Afrika entstand, die dem Gesamtsystem bis um 1850 räumlich und auch zeitlich vorgelagert war. Die Verfüger über Captives auf den westafrikanischen Inseln lösten mit der Atlantisierung (Richtung Westen und Amerika) ihren Sklavenhandel aus der völligen Dominanz afrikanischer Wirtschaftskreisläufe und profitierten zugleich von den hohen Sklavenpreisen sowie der Nachfrage nach Sklaven aus Guiné in den Amerikas (zur frühen Attraktion des Spanischen Amerika siehe unten).[35]

Die Negreros und Sklavenhändler der Atlantic Slavery gingen – unabhängig von ihrer formalen Nationszugehörigkeit – schnell dazu über, die Körper der Verschleppten zu markieren (und die bereits auf Körpern vorhandenen Markierungen intensiv zu studieren – mobiles Wissen!). Sie entwickelten, relativ flächendeckend zu den Gewaltinfrastrukturen, Identitätsmarkierungen und -kontrolle. Das waren natürlich aufgezwungene Identitäten, Sklavenidentitäten und Sklavennamen.[36] Die Gruppen-Bezeichnungen (*naciones*) wurden allerdings schnell von den Versklavten genutzt. Unter dem Gesichtspunkt der Verkehrsmittel bedeutete Slaving zwischen Afrika und Amerika auf dem Atlantik zunächst extreme Mobilität sowie Transport menschlicher Körper auf Schiffen von Afrika nach Amerika. In Bezug auf das Personal des Sklavenhandels und Matrosen bedeutete der Atlantik Zirkulation. Formal wurde Transport auch als „Schiffsreise" im Wirtschaftsschriftgut vermerkt. Europäische und eurokreolische Schiffe waren zwischen 1300 und 1930 die Wurzel des europäischen Technologie- und Wissenskomplexes par excellence (dann wurden sie vom Flugzeug nicht ersetzt, aber in die zweite Reihe gedrängt). Im 19. Jahrhundert wurden Segelschiffe durch Eisenbahnen, Dampf-

---

[35] Zum afrikanischen Handel sowie zum Export der Kapverden siehe: Torrão, „Actividade Comercial Externa", S. 111, 116–119. Die beste Synthese zu dieser Makrogewaltinfrastruktur Afrika-Atlantik-Amerika (inkl. Brasilien) findet sich bei: Caldeira, Escravos, S. 99–154; aus brasilianischer Sicht der Memoralisierung durch Visualisierung siehe: Moura (org.), A Travessia; zur anglo-amerikanischen Perspektive, zugleich die Perspektive einer historischen politischen Ökonomie, siehe: Smallwood, Saltwater Slavery, passim.
[36] La Rosa Corzo, Tatuados, passim, sowie: Fagúndez, „La carimba".

schiffe und andere mobile Maschinen ergänzt beziehungsweise nach und nach abgelöst. Betrachtet man die wichtigsten Institutionen des seegestützten Slavings zwischen 1400, 1700 und 1900, wird schnell deutlich, dass es sich beim atlantischen Slaving zwischen 1600 und 1880 um ein konzentriertes und zugleich strukturell sowie technologisch und finanztechnisch dynamischeres Mobilitätssystem mit komplexeren Verkehrsmitteln sowie Orientierungsmethoden als im Falle anderer Slaving-Systeme handelte.[37] Arabisch-islamische Slavingsysteme in Europa, Nordafrika, Arabien, der Swahili-Küste, dem Vorderen Orient, dem Osmanischen Reich, dem Balkan, Zentralasien, Indien, Indonesien, dem Mittelmeer sowie Indik, Schwarzem und Rotem Meer waren zwar insgesamt noch großflächiger, aber zugleich in regionalen Blöcken partialisiert, hatten also eher Meso-Dimensionen und zwischen 1750 und 1870 nur regional (Sansibar, Sokoto) eine ähnliche Dynamik sowie Mobilität wie das westliche Slaving. Mit „Holz-Eisen-Maschinen" sind sie ebenfalls verbunden gewesen – allerdings weniger mit einem staatlich geförderten Wissenskomplex der Orientierung und Kartografie. Transportsysteme und Verkehrsmittel waren hochspezialisiert (Dhaus, malaiische Wasserfahrzeuge, Dschunken), aber ebenfalls lokal partialisiert und nicht so eng mit den atlantischen Transport, Wissens- und Industrierevolutionen verbunden wie die Wasserfahrzeuge des Nordens.

Deutlich wird auch, dass es sich bis etwa 1650 um ein von Afrikanern über die Kontrolle der Zulieferung von menschlichen Körpern völlig dominiertes System handelte; auch danach ging auf dem von europäischen Schiffen beherrschten Atlantik, trotz ihrer zeitgenössischen Modernität, „ohne Afrika" gar nichts, zugleich wurden afrikanische Zulieferer immer abhängiger von der atlantischen Nachfrage. Im atlantischen Raum machte der Kapitalismus auf menschliche Körper die Mittelpassage zur Grund- und Startlinie der Epochen kapitalistischer Entwicklungen erst Südwesteuropas (und Italiens), dann Nordwesteuropas und schließlich der USA und aller Gebiete, die im 19. Jahrhundert noch eng mit Menschenschmuggel, Grenzwirtschaften (wie Texas), Terra firme, Kolonialismus und „Zweiten Sklavereien" verbunden waren (Brasilien, die Karibik, bestimmte Teile Frankreichs, Belgien, Katalonien). Das Mittelstück des Ozeans stand im Zentrum der atlantischen Sklaverei, es wurde quasi rhizomartig von Kapitänen auf Schiffen kontrolliert und war Resonanzraum und Basis des Kapitalismus bis um 1870 (selbst in Großbritannien noch, vor allem über Ressourcen, befreite Sklaven, Absatzmärkte, Konsum, Versicherungen und Kredit). Erst um diese Zeit kam der Kapitalismus der Schwerindustrie in anderen Gebieten zum Durchbruch – allerdings wurde das auch nach 1808/1820 weiterlaufende Slaving, das sich nun mit den Ergebnissen

---

37 Salvador, Os Magnatas; Rodrigues, De costa a costa, passim.

der industriellen Revolution selbst dynamisierte, wie oben dargelegt, noch stärker marginalisiert und verschwiegen als schon in der Phase 1650–1800.

Auch Gewalt wurde marginalisiert. Offener Terror sowie symbolische und reale Gewalt sowie die Kontrolle größerer Quantitäten von Versklavten waren um 1650 real und symbolisch dauerhaft und massiv institutionalisiert. Sie galten als „nützlich" im Sinne einer Wirtschaftsform, die Zehntausende in Lohn und Arbeit brachte (wenn auch manchmal in elender Höhe und unter scharfen Gewaltformen, wie bei den Matrosen der Sklavenschiffe). Um den Begriff „Gewalt" nicht zu allgemein zu verwenden: Das gesamte System des Slaving war auch eine Kette gezielter und bewusster Morde (mehr dazu weiter unten).

Unterschiedliche Sklavereien, Hafenwirtschaften und Plantagenwirtschaften waren in der Form von Enklaven, Knotenpunkten (vor allem Offshore-Städte auf Inseln oder Halbinseln) und Portalen an die transozeanische Kernstruktur des Schiffsverkehrs angebunden; es handelte sich an der Basis nicht nur um eine transkulturelle, sondern auch um eine translokale Moderne sowie um, ich wiederhole das, um die Zentralität des Atlantiks zwischen den Afrikas und den Amerikas (Atlantisierung).

Der atlantische Sklavenhandel der Neuzeit verband per Schiff mehrere Großräume, Reiche, Ökumenen, Nahrungssysteme, Ebenen und regionale Wirtschaftskulturen mit jeweils eigenen Wert- und Transportsystemen. In Afrika, im Bereich der Tsetse-Fliege und der Schlafkrankheit waren die Transporte durch Fußmärsche sowie Infanterie-Razzienkrieger zu Fuß oder per Kanu gekennzeichnet. Auf den Meeren wurden ganze Weltkriege, beginnend mit den Kriegen zwischen Kastilien und Portugal sowie dem „Drei-Mal-Dreißigjährigen Krieg"[38] im Südatlantik um das Kongoreich ca. 1561–1667, mit Landtruppen, aber vor allem mit immer mehr Schiffen, um das Recht geführt, das gigantische spanische Imperium in Amerika mit Sklaven aus Afrika zu beliefern (gefolgt durch den Spanischen Erbfolgekrieg, Asiento-Krieg, Siebenjährigen Krieg, napoleonische Kriege etc.). In der Karibik der Plantagen herrschten, wie wir bereits wissen, zwischen 1520 und 1898 fast immer Krieg oder irreguläre Konflikte (Korsaren, Piraten, Bukaniere, Filibustier). Gab es keine Kriege, trieben Piraten und Korsaren, die mit ihren schnellen Schiffen auch auf Sklavenrazzien gingen, ihr Unwesen. Sie verbreiteten auch ihre Lebensweise – „ohne Herren".[39] Auf allen Seiten, nicht nur im englischen Nationalmythos des Francis Drake & Co.

In diesem Sinne waren der iberische Atlantik, wie auch der französische, niederländische und vor allem der britische Atlantik der Versuch einer natio-

---

38 Caldeira, Escravos, S. 79–91.
39 Curtis, „Masterless People".

nalen Systematisierung der Slaving-Kapitalakkumulationmaschinen sowie des Transportsystems unter Kontrolle eines Imperiums sowie privilegierter Kaufleutegruppen bestimmter Städte und ihrer Schiffs- und Finanzwirtschaften (besonders gut nachgewiesen für Sevilla, Antwerpen, Amsterdam, Nantes, Middelburg, Liverpool, London und New York).[40] Anders ausgedrückt, ging es um neue Mobilität und Kanalisierung der Atlantisierung durch mächtige urbane Zentren und Reeder-, Kaufleute- und Bankergruppen, die durch entstehende National-Staaten gefördert und unterstützt wurden, sodass nomadisierendes Geld- und Tauschwertkapital zeitweilig seinen nomadisierenden Charakter zähmte und an Orten verweilte, die günstige Sicherungs- und Verwertungsbedingungen aufwiesen. Wichtigstes Mittel dieser Kanalisierung und Kontrolle waren Emporien/Schnittpunkte oder Portale, Offshore-Inseln, Mobilitäts- und Finanzierungssysteme sowie Schiffe. Die unendlichen Kriege und Konflikte in der Karibik (mit dem Hintergrund europäischer Kriege) – eines, wahrscheinlich sogar das Hauptszenario der Atlantisierung – waren Versuche, die Vorherrschaft einer Macht zu beenden oder zu schwächen (oder ganz neue Welten zu schaffen – Freiheit der Outlaws).

Das Verständnis von Menschen als Kapital fand sich nicht mehr nur in Afrika, sondern mehr und mehr auch in einer atlantischen Wirtschaftskultur, die zunehmend von Europäern dominiert wurde. Ich nenne diese Wirtschaftskultur des Atlantiks – parallel zu den Begriffen „Industriekapitalismus", „Handelskapitalismus" oder „Finanzkapitalismus" sowie „Juste-Milieu-Kapitalismus" (mit konsumgelenkter Entwicklung, weil der „Luxus" der tropischen Sklavereiprodukte noch nicht durch europäische Produkte aufgewogen werden konnte) – „atlantischer Körper- und Menschenkapitalismus". Man könnte sogar, was ich hier noch nicht machen will, mit dem Begriff „Biokapitalismus" operieren. Mit dieser Erweiterung des engen Kapitalbegriffes und des Kapitalismusbegriffes, der Karl Marx, Eric Williams und Pierre Bourdieu geschuldet ist, überwinden wir auch die „Anomalie", als die Marx die Sklaverei und den Sklavenhandel innerhalb der Entwicklung des europäischen Kapitalismus' als globales System bezeichnet hatte. Eric Williams hat Sklavenhandel eigentlich nicht zum Teil seines Arguments gemacht.[41] Marx und viele Marxisten nach ihm gingen (und gehen) von einem richtigen, aber sehr essentialistisch auf entwickeltes Geldkapital (*fiat money*) fixierten Kapitalbegriff aus, im Grunde immer von der jeweils stärksten Währung, unter der Hand vom stärksten Geld und von einer mehr oder weniger „reinen" ka-

---

40 Pétré-Grenouilleau, Moi, Joseph Mosneron; Pétré-Grenouilleau, Nantes, 1998; Rawley, London; es gab allerdings immer Verflechtungen bei allen Bemühungen, die Imperien national auf Linie zu bringen, siehe: Ribeiro da Silva, Dutch and Portuguese.
41 Tomich, „Econocide?".

pitalistischen Industrie-Warenproduktion. Die ersten rüden Kapitalformen aber waren überall menschliche Körper, Land, Tiere, Edelmetalle und Formen von Waren-Geld (*commodity money*). Der gigantische außereuropäische Kolonialbereich musste bei diesem essentialistischen Kapitalbegriff, eigentlich vor allem wegen des Fehlens von staatskontrolliertem „Geld" (*fiat money*), immer als eine irgendwie noch „feudalistische" Anomalie (oder sogar, wie Indien bei Marx, in der Nicht-Entwicklung) stehen bleiben, weil er nur von außen und informell dem essentialistischen Waren- und Geldkapital des Industriekapitalismus unterworfen werden konnte. Sogenannte „Außer"-europäische Gebiete sowie die Meere, die ja die Welt waren und sind, und Kolonien waren aber schon viel weiter. Sie hatten ihre eigenen Kapitalien – vor allem versklavte Menschen und Tiere in Plantagengebieten (speziell Rinder und Pferde, aber auch Maultiere, Esel, Schweine und Hühner) sowie Ressourcen-Produkte (auch Food, Duftstoffe, Medizinen, Drogen und Farben) und Pflanzen. Mit diesem erweiterten Kapitalbegriff überwinden wir realhistorisch die Unfähigkeit von Kapitalismustheoretikern, die Funktion von Sklaverei und Kolonialismus außerhalb Europas in ihre Denksysteme einzubeziehen (wenn sie es denn wollen und können) und beides miteinander zu verbinden. Der Menschenkapitalismus des transatlantischen Slavings auf der gedachten globalen Basislinie Afrika–Atlantik–Amerika (und zurück) war die Voraussetzung für alle anderen Kapitalismen an den Rändern des Atlantiks (Großbritannien, USA, Europa, Afrika etc. und punktuell auch am Indik). Hier zeigt sich eben auch, dass die Kontrolle über Menschen und über sie als multivalentes Kapital (Produktion, Dienstleistung, Tausch, Energie, Transport, Sex/Reproduktion, Militär, Luxus, Status) eine, aber nicht die einzige, Voraussetzung für die Entwicklung von mehr oder weniger Kapitalismus ist. Das betraf auch Kontrolle über Tiere. Das Tierthema kann ich, wie bereits gesagt, hier nur anreißen, es bedarf weiterer Forschungen. Die afrikanischen Eliten gaben gegen Luxusgüter, Tabak, Drogen, Textilien, Alkohol, Prestigewaffen oder Edelmetall einen Großteil ihres wahren Kapitals ab, eben Menschen und Tiere (vor allem Rinder, Schweine, Schafe und Hühner). Weil sie nur punktuell exportintensive Formen von Menschenkapitalismus betrieben aber ansonsten auch von „ihren" Menschen abhingen und seit ca. 1880 mit Akteuren der nunmehr extrem expansiven weiterentwickelten Kapitalismen Europas und Amerikas, die bereits in Modus und Mode (Baumwolle) des Finanz- und Industriekapitalismus liefen, in Konkurrenz gerieten oder sogar kolonial von ihnen beherrscht wurden, entwickelte sich in Afrika nur wenig „anderer" Kapitalismus.

Atlantisches Slaving und Atlantic Slavery prägen ein globalisiertes Wirtschaftssystem mit höchster Mobilität/Zirkulation und sehr vielen Akteuren (zu den Großgruppen siehe das folgende Kapitel über Atlantikkreolen). Ich finde für den Ort dieses Systems, vor allem im 19. Jahrhundert, den Begriff des Hidden Atlantic angemessen – in dreifacher Bedeutung: alle „Atlantike" (portugiesischer, sephardischer, britischer, angloamerikanischer, französischer, niederländischer etc.) wurden in europäischen sowie amerikanischen Zentren wegen des Sklavenhandels, der Gewalt und der wenig christlichen Transkulturalität marginalisiert und das 19. Jahrhundert wurde in den Abolitionsdiskursen und -rhetoriken als „Jahrhundert der Freiheit und Aufhebung des Sklavenhandels" deklariert. Es war in Wahrheit aber ein Jahrhundert massiven Menschenschmuggels auf dem Atlantik, das Kernjahrhundert des Hidden Atlantic. Aber da insgesamt vom Slaving als Basis des Kapitalismus in den inneren kontinentalen Territorien Europas wenig bekannt war und es mehr Mythen als Kenntnisse gab, gilt der Begriff Hidden Atlantic cum grano salis immer auch schon für die Zeit vom 15. bis zum 18. Jahrhundert.

Die Analyse atlantischer Slaving-Prozesse als prozess- und strukturgewordene Gewalt zeigt zunächst ungewohnte Zentralitäten – erst Afrika, dann auch der Atlantik und die Amerikas, nicht einzelne nationale Monarchien, europäische Territorien oder Europa als Ganzes. Das erfordert ein neues historisches Denken jenseits der Rechtssysteme und Nationalhistoriografien, eben Globalgeschichte, die vom Atlantik (oder Indik) aus gedacht wird.[42] Ozeane stellten auch, wie im Kapitel über Traumata dargelegt, Transkulturations-, Transport- und Passageräume dar. Die wichtigsten Akteure aller Breiten waren Kreolen (und Versklavte), im Falle des Atlantik Atlantikkreolen; die Spitzen des Passage-Sklavenkapitalismus dominierten „weiße" Investoren, Kaufleute und Kapitäne, die sich national definierten, aber kosmopolitisch agierten und von aggressiven Imperien geschützt wurden, die lange Zeit an der Spitze und in der Mentalität ihrer Eliten „feudal" agierten. Auf dem Hidden Atlantic entstandenen durch Übernahme, Transkulturation und Verlängerung bzw. Verlagerung afrikanischen Slavings zwischen 1450 und 1650 die Infrastrukturen, in denen Sklaven, Kommerzialisierung, Produktivität, Wertaustausch, Management, Marketing, Arbeit, Energienutzung, Kontrolle und Recycling durch wie auch immer legitimierte Gewalt und Werte (Gewinnstreben) zusammengehalten und organisiert wurden. Das Problem für die expandierenden Europäer war: Sie kontrollierten die Strukturen nicht vollständig und auch nur einen Bruchteil der Kapitalfunktionen des Menschenhandels (zunächst meist nur einige Tauschoperationen). Das änderte sich erst nach 1650, als große nordwesteuropäische Monarchien versuchten, die Kontrolle über den Atlantik an sich zu ziehen.

Dabei hatte das Christentum eine wichtige Bedeutung, vor allem vorangetrieben durch die Internationale der Jesuiten. Sklaverei von „Schwarzen" aus Afri-

---

[42] Es gibt Ansätze der Transnationalität; sie sind aber fast immer aus der Perspektive einer Nationalhistoriografie geschrieben, siehe: Marquese, Feitores do corpo; Horne, The Deepest South.

ka in christlicher Sicht galt, wie bereits gesagt, als etwas „Gutes" für Sklavinnen und Sklaven in den Amerikas: erstens, weil sie aus dem Bereich der „barbarischen Menschenfresser und Despoten im dunklen Afrika" in den christlichen, „humanen" Bereich des Rechts kamen, und zweitens, weil sie auch, sozusagen als „kostenlose Dreingabe", die „richtige Religion" bekamen und deshalb ihr Seelenheil gesichert war. Die Infrastrukturen des Slaving und der Mobilität waren auf Basis portugiesischer Vorleistungen und niederländischer Erfahrungen relativ schnell recht effizient organisiert.[43] Die effiziente Organisation von Gewaltinstitutionen gilt für alle Sklavereigesellschaften, man denke nur an die Infrastrukturen des Capitols in Rom oder die Organisation der großen Opferzeremonien im alten Mexiko. Besonders aber gilt das Kriterium der effizienten Organisation, verbunden mit harter Arbeit und Auswahlprozessen für bestimmte Tätigkeiten sowie Ansätzen von relativ geschlossenen Kreisläufen, für die „große" atlantische Sklaverei und ihre Schiffstransportsysteme zwischen Afrika und Amerika im Zeitraum von 1700 bis 1880.

Zur Atlantisierung gehörten auch Ernährung, Krankheiten und Heilkunst sowie, bereits erwähnt, Sex (ich meine hier Sex unter den Verschleppten).[44] Sklavenschiffe waren, wie wir im ersten Kapitel und zweiten Kapitel gesehen haben, eine Art mobiler Gewaltmaschine.[45] Bis zur industriellen Revolution waren Schiffe aber auch, neben Mühlen, Schöpf- und Hammerwerken, die einzigen Maschinen.[46] Offiziere, Mannschaften, Personal und Hilfskräfte waren routiniert in der alltäglichen Handhabung der schiffgewordenen Gewaltstrukturen und -routinen. Direkte Gewalt gegen die Körper der Verschleppten wurde meist von Matrosen, Personal oder Hilfskräften ausgeübt; Schiffschirurgen und Heiler kontrollierten die Gewalt und behandelten ihre Folgen. Allerdings musste Gewaltausübung immer unter Kontrolle des Kapitäns bleiben. In den Anweisungen aller Schiffe findet sich das strikte Verbot, dass ein Matrose einen Versklavten unmittelbar und auf eigene Entscheidung schlug.[47] Jedes Vergehen von Sklaven sollte zunächst einem Offizier gemeldet werden, um die Spannungen und Konflikte zwischen Matrosen und Verschleppten nicht ausfern zu lassen. Viele Sklavenschiffe hatten Extraposten für Bestrafer (auf spanisch-kubanischen Schiffen *condestable*, aber auch *mayordomo* oder *guardian*[48]). Das Mittel der direkten Gewalt war meist die Peitsche

---

43 Ribeiro da Silva, Dutch and Portuguese, passim.
44 Caldeira, Escravos, S. 133–136; siehe auch: Mott, O sexo.
45 Ich folge hier in etwa: Zeuske, Handbuch, S. 444–450.
46 Pérez-Mallaina, Spain's Men of the Sea, S. 98.
47 Harms, Das Sklavenschiff, S. 382.
48 In einem Heuervertrag von 1831 sind alle drei Funktionen besetzt: ANC, Notaría Marina, 1831, f. 287v–290r „Contrata", Bergantin Regulo, Ramon Gonzalez, capitan, La Habana, 27 de Abril de

oder symbolische Tötungen, wie sie in vielen Berichten und Journalen erwähnt werden. Zum offenen Waffeneinsatz und zur Tötungsgewalt kam es, wie im Fall der *Diligent*, bei Rebellionen. Auch Nahrung und Wasser wurden zur Erzwingung von Ordnung und Kontrolle eingesetzt; zugleich waren sie für die Überquerung des Atlantiks eine conditio sine qua non.

Aus den Schiffsjournalen der *Middelburgsche Commercie Compagnie* (MCC), die in Middelburg aufbewahrt werden, geht der Verlauf von Sklavenfahrten zwischen den Niederlanden, Westafrika und (meist) Surinam oder Curaçao hervor.[49] Sie erlauben auch Aussagen über ein fundamentales, aber ebenso marginalisiertes Element des Atlantiks als Akkumulationsmaschine und Transkulturationsraum: die Ernährung der Versklavten und Mannschaften, die, wie wir wissen, mindestens in der nachgewiesenen Größenordnung von 35 000–40 000 Fahrten (allein für das 18. Jahrhundert 17 000) stattfanden.[50] Eine kaum beachtete Massenproduktion für die „Bewohner" und Passagiere (viele davon unfreiwillige) des Atlantiks. Aus Europa und Nordamerika stammten in dieser atlantischen Massenproduktion vor allem Nahrungs- und Genussmittel für Offiziere und Mannschaften (Zwieback, Wein, Rum, Bier Salzfleisch (Pökelfleisch, Schinken), Salz- und Trockenfisch (Hering, Kabeljau – meist bei Neufundland gefangen), Käse und Tabak). Nicht nur in Bezug auf Menschen, auch in Bezug auf Nahrungsmittel (oft transkulturierte) und Tiere waren Afrika und die Sklavengärten der afrikanischen Diaspora in den Amerikas von größter Bedeutung.

Die wichtigsten Nahrungsmittel aus Afrika waren afrikanischer „roter" Reis (*oryza glaberrima* – wahrscheinlich durch den Sklavenhandel wurden auch asiatischer „weißer" Reis und „weißer" Reis aus den Carolinas in Senegambien eingeführt)[51], gefolgt von Yams. Der wissenschaftliche Name für Yams (*dioscorea cayenensis*) ist irreführend. Yams stammt aus Afrika, nicht aus Cayenne, wurde aber dort, wie in allen anderen tropischen und subtropischen Sklavereigebieten, bald angebaut. *Dioscorea cayenensis* ist in Wirklichkeit afrikanischer gelber Yams. Die langen Yams-Wurzeln können unter tropischen Bedingungen bis

---

1831, expedicion a las islas del Principe y Santomé, f. 289r: alle Offiziere und „Fisico D.n Jose Perani" haben Don-Titel, alle Bootsleute und Spezialisten (*condestable, calafate, mayordomo, dispensero, contramaestre, cocinero, tonelero, carpintero, guardian*) sowie Matrosen und Kabinenboys (*marineros, mozos, page*) nicht.

49 Lüden, Sklavenfahrt, S. 25–27; Davis, Metamorphosen.

50 Zur Ernährung iberischer Seeleute siehe: Pérez-Mallaína, Spain's Men of the Sea, S. 140–153; Caldeira, Escravos, S. 133–136.

51 Carney, Black Rice, S. 69–106 sowie S. 142–159; Karte: „Areas of documented and suspected presence of Oryza glaberrima in the Americas" ebd., S. 155; siehe auch: Linares, Power, sowie: Mouser/Nuijen/Okry/Richards, „Commodity and Anti-commodity".

zu sechs Monate gelagert werden. Im karibischen Spanisch heißt Yams *ñame*; auf Portugiesisch *inhame da Guiné* nach dem Wort *nyambi* in verschiedenen westafrikanischen Sprachen. Auch afrikanische Erdnüsse (Bambara groundnut/ *gobogobo* oder Angola-Bohnen und Sesam (Congo: *gangila*) hatten für die Versorgung der Verschleppten Bedeutung.[52] Andere afrikanische Züchtungen, vor allem für aride und schlechte Böden, wie Sorghum und Hirse, spielten nicht so sehr auf den Schiffen oder in den feuchten Subtropen und Tropen wichtige Rollen, sondern auf den semiariden karibischen Sklaverei- und Schmuggelinseln wie Barbados, Curaçao, Antigua, Bahamas und Anguila oder an der Küste zwischen Westvenezuela und Ostkolumbien – auch und gerade in den Sklavengärten. Die wichtigsten Nahrungs- und Genussmittel des atlantischen Sklavenhandels aus Amerika waren Mais, die transatlantische „Sklavenpflanze" par excellence, und im Südatlantik Maniokmehl[53], *boniato* (Süßkartoffel) sowie amerikanische und afrikanische Erdnüsse (*maní*, im Kongo auch *nguba* und *mpinda*) und Tabake (vor allem die schweren schwarzen Sorten), d. h., Nahrungs- und Genussmittel, die im Laufe des Austausches breitflächig „kreolisiert" worden waren. Um das bereits mehrfach erwähnte Tierthema noch einmal anzureißen: wichtig waren Frischfleisch (oft Schildkröten – *tortugas*, deshalb gibt es in der Karibik so viele Inseln mit dem Namen Tortuga – oder Walfleisch), aber auch lebendes Vieh, vor allem Rinder der Fula (Fulbe/Poule) aus Senegambien oder aus Angola, Schweine und wollose afrikanische Schafe, die auf den Reisen als Frischfleischreserve dienten. Viele dieser Tiere wurden schon sehr zeitig auch auf den westafrikanischen Inseln (Kanaren, Kapverden, São Tomé) gehalten. Für die Exporte afrikanischer Rinder als Kapital und menschlicher Körper als Kapital waren wohl die Kapverden am wichtigsten. Ebenfalls von großer Bedeutung waren Guinea-Hühner. Rinder, Hühner, Schafe sowie Dromedare und andere Tiere gelangten zusammen mit afrikanischen Grassorten („Guinea-Grass") und Sklaven, die die Tiere halten und kontrollieren konnten, in die Amerikas. Die Tiere eroberten in gewisser Weise als Grenzertiere vor allem die tropischen Flachländer sowie Inseln des amerikanischen Raumes (europäische Tiere, vor allem iberisches Rindvieh und Pferde, überlebten eher in höheren und gemäßigten Regionen). Das Vieh formte die Landschaften der großen Flachländer der Amerikas (Llanos, Pampas und Prärien) in Imperien der Rinder und Pferde (Maultiere nicht zu vergessen) sowie Hinterländer der Plantagen- und Bergbauzonen um. Insofern ist vor allem der Pastoralbereich der tropischen amerikanischen Küstenplattformen sowie Pampa- und Llanohinterländer eher transkulturiert im Sinne von afrikanisiert worden (was auch für

---

52 Zeuske, Globalgeschichte, S. 444–450, sowie: Carney/Rosomoff, In the Shadow, S. 139–154.
53 Jones, „Manioc"; O'Connor, „Beyond ‚Exotic Groceries'".

4 Mittelpassage, Menschenhandel, Atlantisierung und die Schrecken an Bord — 165

die religiös konnotierte Botanik und Medizin gilt).[54] Mit dem Sklavenhandel gelangten im Gegenzug auch Pferde aus Brasilien nach Angola.[55]

Weitere Nahrungsmittel aus Afrika waren neben anderen Fleischsorten (Nilpferd, Elefant, eventuell auch „Busch-Fleisch"), Öl (auch Lampen- und Medizinalöle), Medizinalpflanzen, Gewürze, Bananen und andere Früchte, Salz, Kolanüsse (sowie ihre Schalen (*obi*)), Kokosnüsse, frisches Wasser (ganz wichtig; inklusive Geschmackverbesserern und Stimulantien mit verdauungsanregenden und schmerzstillender Wirkung: Koffein und Theobromin aus Kolanüssen).[56] Stationsinseln der Atlantisierung, wie São Tomé, spezialisierten sich nach dem Zuckerboom gegen 1570 auf Nahrungsmittel, Tiere, Früchte, Gemüse (Zwiebeln!) und Wasser zur Versorgung der Sklavenschiffe.

Wasser war das große Problem. Mehr als die Hälfte des Laderaums und zum Teil auch die Oberdecks von Sklavenschiffen waren voller Wasserfässer. Schiffskapitäne rechneten im Normalfall mit zwei Mahlzeiten täglich bei einer Fahrtdauer zwischen zwei und sechs Wochen. Die Mahlzeiten wurden oft von versklavten Frauen auf den Schiffen zubereitet, die den Schiffsköchen zuarbeiteten. Für 10 Verschleppte wurde ca. eine Tonne Nahrungsmittel geladen. Aus dem Logbuch der anderen *Diligent* 1731 geht hervor, dass pro Captive mit einem 60-Gallonen-Fass (eine Gallone = zwischen 3,7 und 4,5 Liter) für eine Reise von 80 Tagen und rund dreiviertel Liter Wasser pro Sklave und Tag gerechnet wurde. Viele Kapitäne waren allerdings wegen der Dysenterie-Erkrankungen der Meinung, den Captives möglichst wenig Wasser geben zu sollen. Eine zusätzliche Tortur. Essen, das im Gesamtprozess des Slaving von Afrika bis Amerika meist eine ähnliche Zusammensetzung hatte (Reis, Mais- oder Yucabrei, sehr wenig Pökelfleisch oder -fisch, gekochte Bananen, etwas Gewürzbrühe sowie Wasser, Fett, billiger Fusel und billiger schwarzer Tabak) war immer knapp seit der Gefangennahme in Afrika. Auf Kuba und in Brasilien machten einige Sklavenhändler, wie Tomás Terry, ein Geschäft daraus, die halbverhungerten Sklaven erst einmal aufzupäppeln, um sie zu höheren Preisen verkaufen zu können. Essen, Nahrung, Diät (auch um Krankheiten vorzubeugen), waren immer Druckmittel, um Wohlverhalten der Captives und Sklaven zu erzwingen; manche Sklaven verweigerten die Nahrungsaufnahme und mussten zwangsernährt werden. Generell hatte jeder Kapitän und jeder Schiffsarzt sein Ernährungsregime; Humboldt schreibt dazu: „Sklaven auf Schiffen, die sie bringen, am ärgsten durch Diätätsregeln gequält".[57]

---

54 Carney/Rosomoff, In the Shadow, S. 155–176; Voeks, „Candomblé Ethnobotany".
55 Ferreira, „The Supply".
56 Carney/Rosomoff, In the Shadow, S. 65–79.
57 Humboldt, Lateinamerika, S. 256–257 (Dok. 172).

Zur Situation der Nahrungsaufnahme sagt Conneau:

> Thirty years ago when the Spanish slave trade was lawful, Captains of slavers were somewhat more religious than they are at present. They made their slaves say grace before meals and thanks after, but in our days they have no time. Masters of such a vessel, with the fear of John Bull only before them, content themselves with a short sentence such as ‚Viva la Habana' and clapping of hands. This hurrah over, a bucket full of salt water is given to each mess and *bon-gré, mal-gré* [wohl oder übel], they are made to wash their hands. Then a kid is placed before them full of either rice, farina, yams or beans, according to what country they belong, as Negroes from the south do not eat the same food as those from the north. At a signal given they all dip their hands and in rotation take out a handful, a sailor watching their movements and the punctuality of the regular turn.[58]

Die Prozesse des Slaving auf der Transport-Linie Afrika–Amerika hatten ein Gewalt-Skelett, das aus den Institutionen routinierter Razzienkrieg, Menschenfang und -verschleppung (mit den entsprechenden Fesseln, Holzjochen, Ketten), Transporte (Fußkarawanen mit manchmal berittenen Personal, Kanus), Barracón, Sklavenhafen, Sklavenschiffe, Märkte und Sklavenplantagen mit ihren Barracones sowie der strukturellen Gewalt von Erschöpfung, Wetter, Hunger und Durst bestand. Diese Makrostrukturen des Terrors überzogen den gesamten Atlantik, zwischen Afrika und Amerika, gehalten von Razzienarmeen in Afrika, befestigten Handelsenklaven, Kaufleute- und Handelsnetzwerkern sowie ihren für den Terror zuständigen Angestellten. Es handelte sich nicht um *eine* Stadt, sondern um städtische Elemente einer Menschenjagd-, Menschentransport- und Kommodifizierungs-Industrie. Viele Sklavenforts, Handelsplätze, Häfen und Bateyes (Zentralkomplex einer Plantage mit Gebäuden und Installationen, Sklavenhäusern bzw. Barracones) wurden zum Ausgangspunkte von Städten. Humboldt sagt zu dieser inhärenten Gewalt unter Einbeziehung von Sklavenselbstmorden (die sich wiederum auf die Traumata zurückführen lassen):

> Der alte Sklavenhändler William Snelgrave behauptet in s[einer] H[istory] of Guinea 1734, daß Küste von Cap Verd bis Angola wohl bis 70 000 Sklaven in guten Jahren ausführe. Die Cormartinos [von der Côte d'Or – Goldküste] sehr böse Neger. {Man hat in Antillen bis 30 gesehen, die aus Mismuth sich zusammen an einem Baum aufgehangen.} In Cumaná habe ich einen Spanier gekannt, der seine Sklaven die ganze Nacht arbeiten ließ (schliefen nicht 2 St[unden]) und nachts auf Stühle gebunden, schlug er 3 Stunden lang langsam einen Sklaven, 150–200 látigos [Peitschenhiebe].[59]

---

58 Conneau, A Slaver's Log Book, S. 82
59 Humboldt, Lateinamerika, S. 256–257 (Dok. 172).

Das gigantische Feld der immer wieder potenzierten Gewalt des Menschenhandels bewirkte, dass auch die Kolonial- und Sklavengebiete der Amerikas von extremster und pathologischer Gewalt überzogen waren.

Gewalt besteht aus vielen Elementen. Eines dieser Elemente war einfach der alltägliche, routinemäßige Zwang, im Ort „Laderaum" eines Sklavenschiffe auf dem Meer zu sein, bei jedem Wetter – auf einer Reise, die keine und keiner der Verschleppten wollte. Man stelle sich nur die Nächte in Enge, Gestank, Sauerstoffmangel und Dunkelheit vor: Einige der Gefangenen wurden schnell seekrank. Viele vertrugen das Essen nicht oder waren so deprimiert, dass sie nichts essen konnten oder wollten. All das führt dazu, dass die Planken der Laderäume jeden Morgen mit einer Schicht aus Fäkalien und Erbrochenem überzogen waren.[60]

Neben den im Traumata-Kapitel dargestellten Berichten über die Hölle der Laderäume, wie dem oben zitierten von Olaudah Equiano, gibt es weitere von Zeitzeugen, die zwar nicht so nah am Geschehen waren wie Equiano (der auch Berichte zusammengefasst haben könnte – siehe oben), aber trotzdem ein Bild der täglichen Gewalt und der Schrecken ermöglichen. Pater Laurent de Lucques fuhr im 18. Jahrhundert auf einem portugiesischen *tumbeiro* (Sklavenschiff) mit, das über 700 Verschleppte geladen hatte. Pater Laurent schreibt:

> Die Schwarzen lagen wie die Tiere in Dreck und Unrat. Irgendjemand brüllte auf der einen Seite, irgendjemand auf der anderen. Einige schrien und jammerten, andere lachten. Kurz, es war ein einziges Durcheinander. Der Platz war für diese Menge von Schwarzen zu begrenzt, sodass es für sie beinahe unmöglich war, die Stellung zu verändern. Der Gestank war unerträglich. Ihr Schlaf war kurz, da sie kaum die Augen zu schließen vermochten. Weil so viele Menschen zusammengepfercht waren, war es ihnen kaum möglich, ihr Essen zum Mund zu führen, und das bisschen Essen, das sie bekamen, war schlecht zubereitet.[61]

Pater Laurent verglich die alltäglichen Verhältnisse des Laderaums mit dem Fegefeuer – nicht mit der Hölle (weil die Reise ein Ende hatte).

Auf allen Negrero-Schiffen gab es immer auch große Mengen von eisernen Fuß- und Handfesseln sowie Wand- und Fußbodenbügel, durch die Ketten liefen. Das waren sozusagen die kleineren Hauptelemente der strukturellen Gewalt (und wichtige Merkmale für Inspektoren in der Zeit nach der Illegalisierung des Sklavenhandels 1808/20, zusammen mit Planken für Zwischendecks und großen Wassertanks).

---

60 Harms, Das Sklavenschiff, S. 388.
61 Lucques, Laurent de, Relations sur le Congo du Père Laurent de Lucques (1707–1717), Bruxelles, S. 283, hier zitiert nach: Harms, Das Sklavenschiff, S. 397.

Wenn es zu Aufständen auf den Schiffen kam, wurde auch aktive und direkte Gewalt gegen Körper und Leben ausgeübt. Mittlerweile sind zwischen 400 und 600 Aufstände und Rebellionen auf Sklavenschiffen bekannt.[62] Einer der Aufstände brach 1756 auf dem Schiff *De Vliegende Faam* aus, auf dem auch zwei Hamburger Dienst versahen. Bei Little Popo im heutigen Togo töteten die Aufständischen diejenigen, die direkten Kontakt mit ihnen hatten: den Schiffsarzt, den Koch und den Schmied sowie Matrosen. Die Mannschaft verschanzte sich hinter dem Barricado und antwortete mit Musketenfeuer. Versklavte nutzten die Gelegenheit und sprangen über Bord. Nach der Niederschlagung (und nur in dem Falle, aber auch nicht immer, wurden Berichte über Sklavenschiffrebellionen verfasst) fehlten 22 Verschleppte und 16 waren schwer verletzt.[63]

Meist aber wurde schreckliche Gewalt nur gegen die Verschleppten ausgeübt; als alltägliche Routine, aber auch dann, wenn Sklavenschiffe durch britische Kreuzer oder andere Kriegsschiffe verfolgt wurden, wie der Fall des Negrero-Schiffes *Magico* zeigt: Der Hafen von Popo am Volta war zwischen 1820 und 1850 ein sehr aktiver Sklavenhafen. Das zeigt auch ein britischer Bericht über das kubanisch-spanische Negreroschiff *Magico*:

> Die Magico, deren angeblicher Schiffsmeister [Kapitän] und Eigentümer José Inza war, fuhr von diesem Hafen [Havanna] am 26. Juni 1825 zur Küste von Afrika ab, wo sie am 16. August ankam. Sie blieb an der Küste bis zum 8. Dezember, als sie zu ihrer Rückkehr von Gran Popo wieder in See stach; am 20. Januar [1826] wurde sie entdeckt und durch den Schoner S.[einer] M.[ajestät] Union gejagt, und nachdem sie den Schoner während des 21. [Januar] in Kampf verwickelt hatte, wurde sie durch ihre Mannschaft am Morgen des 22. am Ufer in der Nähe der Spitze im Norden dieser Insel [Kuba], genannt Manatí, verankert, und wenig später ergriff die Union von ihr Besitz.– Die Besatzung war vorher an Land entflohen, man nimmt an, mit etwa zweihundert Negern; und viele von denen, die [beim Schiff] geblieben waren, fanden sich ernsthaft verletzt, einige waren an verschiedenen Stellen des Schiffes gefesselt [d. h., man hatte die Ketten nicht so schnell lösen können], und man sah im Meer etwa zwanzig oder dreißig ihrer Kadaver, all das war offensichtlich das Resultat der Anstrengungen, die aufgewendet worden waren, um sie zu nötigen, ins Wasser zu springen und an Land zu schwimmen.– Die Mannschaft trieb ihre Barbarei so weit, eine angebrannte Zündschnur in der Santabarbara [Pulverkammer] zu lassen. ... Von den hundertneunundsiebzig Negern, die zur Zeit der Aufbringung an Bord gefunden wurden, starben drei vor der Ausschiffung und einer unmittelbar danach, sodass die Zahl der Emancipados einhundertfünfundsiebzig ist. Einer von ihnen wurde geraubt, nachdem sein Zertifikat der Emanzipation fertig war, während er unter Obhut der Person war, die der Generalkapitän ernannt hatte, um sie vom beutemachenden Schiff zu empfangen ... man hat die wirksamsten Mittel er-

---

62 Taylor, If We Must Die, passim; Anselin, Le refus; Eltis/Engerman, „Shipboard Revolts".
63 Lüden, Sklavenfahrt, S. 25–27.

griffen, um den [geraubten] Neger wiederzubekommen, die ganze Wache von Soldaten, die sie bewachte, ist verhaftet sowie zwei weitere Personen, weil sie an der Tat beteiligt waren.[64]

Logbücher der MMC zeigen neben der typischen Missachtung protestantischer Slaver für Religion und Identität der Verschleppten auch viele konkrete Todesursachen, wie zum Beispiel die „Liste der gestorbenen Sklaven aus der Ladung des Schiffes Brandenburg, geführt vom Kapitän Alexandre Gerritzen, vom 10. August 1791 bis 15. September 1792": meist Dysenterie (Ruhr) und Skorbut („hydrops et scorbut"), Hysterie („collera", „hectica"), Herzversagen („effectus pectoris"), alle möglichen Arten von Fieber (Malaria, Gelbfieber) oder einfach Ertrinken („verdroncken"), Letzteres möglicherweise beim Versuch zu fliehen.[65] Die „Liste der toten Sklaven nebst Krankheiten, welche sie gehabt haben" der Sklaven-Schnau *De Eenigheyd* zwischen Angola und Surinam 1766–1767 zeigt 57 Todesfälle, davon 19 wegen Skorbut, 17 wegen Ruhr, acht wegen Pocken sowie vier wegen Skorbut und Ruhr; ein Mädchen starb aus heiterem Himmel „gesund und sehr schnell".[66] Kurzer Sprung auf die globalhistorische Ebene: fast alle wichtigen Epidemien und großen Krankheiten (Pest, Pocken, Lepra, Cholera, Gelbfieber und Malaria etc.) hingen mit großen Verkehrssystemen und Slaving zusammen.

Hauptmerkmale der Middle Passage – ich wiederhole das – waren Durst, Terror, Hunger, Gewalt, Epidemien, Krankheiten, Traumata und Sterblichkeit sowie gegenseitige Verletzungen, Selbstmorde, aber auch Rebellionen, Slave Ship Dances, Drogen, Kampfsport und neue Sozialformen (wie *fictive kinship* – die Captives gingen quasi Verwandschaftsbeziehungen ein und bezeichneten sich als Brüder, Onkel/Tante, Schwestern, Vater, Sohn) – all dies spielte für die Versklavten und Verschleppten eine Rolle, aber auch für die Mannschaften.[67]

Am Ende der Sklavenschiff-Reise, wenn die amerikanischen Häfen in Sicht waren, wurden meist die Wasserfässer freigegeben und die Kapitäne verteilten Stoff- und Kleidungsstücke, mit denen Sklavinnen und Sklaven eine Art karnevaleske Maskerade aufführten. Besonders niedliche Sklavenkinder und hübsche Sklavinnen nahmen Kapitäne und Offiziere sich als Privatsklaven.[68]

---

64 AHN Madrid, Estado, Trata de Negros, leg. 8022/8, no. 5: Übersetzung eines Schreibens aus dem Englischen von Henry J Kilbee u W.S. Macleay an George Canning, Habana, 22 de Febrero de 1826.
65 Lüden, Sklavenfahrt, S. 116.
66 Ebd., S. 117.
67 Taylor, If we must Die, S. 32.
68 Mount Hope, S. 121.

Manchmal, wie im Falle der bereits erwähnten *Zong* (und anderer Sklavenschiffe) vor Jamaika, ließen Kapitäne kranke Sklaven über Bord werfen.[69] Beim Einklagen der Versicherungsprämie wurde angebracht, dass das zum Schutze der anderen Sklaven und der Besatzung geschehen sei. Oft wurden versklavte Captives gleich vom Schiff weg verkauft, wie im Falle der Schnau *De Eenigheyd*, die die restlichen 44 Menschen aus Angola in Paramaribo am 15. Juni 1767 zur Auktion brachte. Ein Auszug aus der Verkaufsliste zeigt die Preise sowie die Preisunterschiede zwischen gesunden Versklavten und denen mit Gebrechen oder denen, die „unbesehen" (ohne Casting) verkauft wurden:

Auszug aus der Verkaufsliste der *De Eenigheyd*.

Bezeichnung	laufende Nr.	Preis in Gulden
1 Negerin, gesund	1	150,–
1 Neger, gesund	2	340,–
1 Negerin, dito und schwanger	7	290,–
1 Junge	8	200,–
1 Mädchen	9	200,–
1 Neger, unbesehen	10	115,–
1 Neger mit einem Auge	24	180,–
1 Negerin, gesund mit 1 Skrofel	25	270,–
1 Negerin mit Ringelwurm	35	355,–

„Auktion, abgehalten auf Wunsch des Kapitäns Willem de Molder, der das mit Sklaven aus Angola kommende Schiff De Eenigheyd führte. Verkauf unter normalen Bedingungen, Paramaribo den 15. Juni 1767", in: Lüden, Sklavenfahrt, S. 126f.

In den Amerikas gab es unterschiedlichste Sklavenmärkte bzw. Formen des Verkaufs (siehe unten das Kapitel über „Ankunft in den Amerikas"). Vom Verkaufakt an bzw. von der Zuweisung von Versklavten durch Kolonialbeamte zu bestimmten Sklavereibereichen begann das Leben der Verschleppten als Sklaven in den Amerikas (natürlich in ganz lokalen Räumen, Gebieten und/oder Städten); oft auf Plantagen. Extreme Plantagengesellschaften hatten im 19. Jahrhundert einen Lebenszyklus von ca. 40–60 Jahren. Im Allgemeinen konnten Plantagengesellschaften ohne ständigen Sklavennachschub, atlantischen Sklavenschmuggel in Kombination mit „kleineren" internen Sklavenhandelsnetzen, sei es durch Sklavenschmuggel und internen Sklavenhandel wie in den USA oder durch eine Mischung von innerem und äußerem Sklavenhandel wie in Brasilien[70] nicht überleben. Wie weiter unten im Kapitel über Plantagengesellschaften und Skla-

---

69 Krikler, „A Chain of Murder"; siehe auch: Mustakeem, „She must go overboard".
70 Slenes, „The Brazilian Internal Slave Trade"; Graham, „Another Middle Passage?".

4 Mittelpassage, Menschenhandel, Atlantisierung und die Schrecken an Bord — 171

vereimodernen dargelegt, existierten etwa zwei Dutzend formierte Plantagengesellschaften in den Amerikas, atlantisierte Plantagengesellschaften mit Zugang zum afrikanisch-kreolischen Atlantik des Sklavenhandels, Sklavenschmuggelgesellschaften „ohne Plantage" (wie Neu-Granada/Kolumbien, Rio de la Plata oder Texas)[71] und nicht-atlantisierte ohne diesen direkten Zugang. Gescheiterte amerikanische Plantagengesellschaften, deren lokale Eliten sich keinen Zugang zum Atlantik und zu Afrika (Atlantisierung) sichern konnten, brachen meist schon zwischen 1800 und 1830 zusammen (einige schon vorher, wie z. B. Louisiana), viele in den Wirren der kontinentalen Unabhängigkeitskriege gegen Spanien (1810–1830). Aber auch die erfolgreich atlantisierten Plantagen- und Sklavengesellschaften sowie die Formen der „großen" Sklaverei und des Slaving wurden in den Amerikas erst von 1863 bis 1888 (USA, Kuba, Brasilien, Surinam) aufgehoben, meist im Zusammenhang mit Kriegen und Revolutionen.

---

[71] Abello Vives (Bearb.), Un Caribe sin plantación; Campbell, An Empire.

5 Atlantikkreolen. Leben auf und am Atlantik sowie *beyond the Atlantic*

„In den afrikanischen Tänzen bildet man im Allgemeinen keine zweigeschlechtlichen Paare; und wenn Mann und Frau in Kombination tanzen, bewegen sich die die Tänzer immer einzeln."[1]

Es waren Männer aus den Küstenbevölkerungen der iberischen Halbinsel, vor allem Andalusier und Portugiesen, aber auch Genuesen, Florentiner und Venezianer, die am Beginn der neuzeitlichen Globalisierung den Atlantik als neuen Raum konstituierten. In diesem Raum entstanden – zunächst sehr punktuell und rhizomartig auf Inseln – atlantische Sklaverei und atlantischer Menschenhandel, vornehmlich aus afrikanischen Grundelementen. Die Männer setzten, zusammen mit Frauen aus Afrika, die ich gleich vorstelle, die Atlantisierung in Gang. Bald kamen Schmuggler sowie nordwesteuropäische Piraten und Korsaren hinzu. Auch Engländer, Niederländer und Atlantikfranzosen, ein paar Dänen, Brandenburger und Kurländer sowie Friesen, die den Iberern bald Konkurrenz machten, waren Männer.[2] Das ist eine Binsenweisheit, auf die aber kaum jemand fokussiert hinweist – sie und die mit ihr verbundenen Themen wie Sex, Gefühle, Liebe, Angst und soziale Beziehungen haben fundamentale Auswirkungen auf die Geschichte des Atlantik, der Atlantic Slavery sowie der Atlantisierung. Wenn Mobilität die wesentliche Dimension von Modernität ist, dann war die Verbindung von transkultureller Mobilität sowie Sex und Zirkulation (auch von Imaginarien, Ritualen und Performanzen), die mit den ersten Atlantikkreolen ins Leben trat, sozusagen ein Dynamo von Globalisierung und früher Modernität.

Die portugiesische Krone versuchte, den ersten „Iberischen Atlantik" (1450–1640) unter ihrer Kontrolle und der Kontrolle privilegierter Männer, Adliger, Ka-

---

[1] Ortiz, Los bailes, S. 227.
[2] Ich habe mich seit ca. 2004 intensiv mit dem Thema Atlantikkreolen/Atlantisierung auseinandergesetzt, herausgefordert durch die Arbeiten Ira Berlins: Berlin, „From Creole to African", siehe: Zeuske, „Atlantik, Sklaven und Sklaverei"; Zeuske, „Unfreiheit abhängiger Landbevölkerung". Zusammengefasst habe ich meine Erkenntnisse bis Anfang 2013 in: Zeuske, Handbuch, S. 406–422. Ich halte das Thema weiterhin für extrem wichtig und für nicht ausreichend erforscht sowie in der Literatur nicht ausreichend repräsentiert – gerade auch als Basis für das Verständnis heutiger globaler Kultur. In vorliegendem Kapitel habe ich das Thema stärker mit Ergebnissen von Forschungen in Afrika sowie mit Geschichte der Sexualität verbunden. Ich folge der Grundstruktur des Kapitels „Atlantik und Atlantikkreolen", in: Zeuske, Handbuch, S. 405–422. Dort, wo ich Partien aus dem Handbuch für Geschichte der Sklaverei übernehme (die hier oft mit neuen Ansätzen oder Formulierungen durchmischt sind), habe ich das gekennzeichnet; siehe auch: Heywood (Hrsg.), Central Africans; Heywood/Thornton, Central Africans.

pitäne und Kaufleute zu monopolisieren. Deshalb spricht man für diese frühe Phase iberischer Beteiligung am Menschenhandel auch von Kronkapitalismus.[3] Allerdings war monopolistischer Kronkapitalismus nur mit Männern nicht durchzuhalten (die kamen untereinander schnell in Konflikte). Also mussten Frauen her. Nach Lage der Dinge konnten das nur Frauen von Inseln sowie aus Küsten-Kontaktpunkten im subsaharischen Afrika sein.[4] Könige und Kronfunktionäre drückten anfangs die Augen zu; Königinnen vielleicht seltener. Damit kamen interpersonale Allianzen, Europäer in afrikanischen Sozialverbänden und die Nachkommen iberischer Männer und afrikanischer Frauen ins Spiel – Atlantikkreolen. Sie waren die sozialen Träger des Atlantiks als historischer Raum (nicht nur einzelner Diasporas oder des atlantischen Sklavenhandels), der afrikanischen Atlantisierung und Kreolisierung. Ich komme gleich auf die Menschen der Allianzen. Zunächst zu weiteren kollektiven Akteuren sowie Räumen.

Im Grunde folgt die Einteilung der Sektionen des neuzeitlichen Sklavenhandels nach „Nationen" dem frühen Dispositiv Portugals und Kastiliens sowie der Tatsache, dass die Schiffe „nationale" Flaggen als Hoheitssymbole der jeweiligen Monarchie tragen mussten und somit in den (europäischen oder amerikanischen) Ausgangshäfen der staatlichen Rechts- und Tributhoheit (Verschriftlichung, Identifikation, Zölle, Steuern, Abgaben, Quarantäne) sowie der bereits erwähnten Kontrolle der Europäer beziehungsweise Neoeuropäer über die Hochseeschiffe unterworfen waren.[5] Bei Sklavenhändlern handelte es sich meist um interpersonale Netzwerke, die in Makroräumen unter nationalen Bezeichnungen (wie „Portugiesen") operierten, die oft mit formalen europäischen Nationen verwechselt werden. Das ist die Sicht sozusagen „von oben". So einfach und linear bleibt die Geschichte des Atlantiks sowie des Menschen- und Sklavenhandels aber nicht, vor allem wenn auch akteurszentrierte Mikrohistorie à la Carlo Ginzburg, Giovanni Levi, Jacques Revel zum Einsatz kommt (zu den quantitativen Dimensionen siehe weiter unten). Zunächst aber noch die Makrodimension. Besonders wichtig sind zwei Phasen des atlantischen Slaving: 1440–1600 und 1808/20–1880.

Die Übernahme afrikanischer Elemente und Praktiken des Umgangs mit dem Kapital menschlicher Körper sowie die Herausbildung von Akteursgruppen des europäischen und atlantischen Kapitalismus auf dem frühen und transloka-

---

3 De Almeida Mendes, „Les réseaux de la traite ibérique"; Torrão, „Actividade Comercial".
4 Leserinnen und Leser mögen die extreme Vereinfachung von Bezeichnungen wie „Europäer" oder „Afrikanerinnen" entschuldigen. Ich verwende sie nur aus Ökonomie der Sprache; sie haben in den Quellen der jeweiligen Zeit keine Entsprechung (wie die meisten sozialwissenschaftlichen Begriffe, etwa Akteure, auch nicht).
5 Siehe: www.slavevoyages.org; siehe auch: Zeuske, Handbuch, S. 407.

len „Iberischen Atlantik" (der eigentlich iberisch-afrikanischer Atlantik heißen müsste wegen der vielen Atlantikkreolen[6]) fand seine Fortsetzung vor allem im „niederländischen Atlantik", „Britischen Atlantik", im „Angloamerikanischen Atlantik" und im „Französischen Atlantik" – alles Segmente einer gigantischen „Sklavenarbeiterzone", wie John Darwin[7] zu Recht sagt, auf deren Basis periphere nordwesteuropäische Länder und später die USA eine globale Hegemonie erlangten. Auch nach der Abolition des Sklavenhandels durch Großbritannien (1808) existierte der „Iberische Atlantik" weiter – als Hidden Atlantic des Sklaven/Menschenschmuggels bis weit in das 19. Jahrhundert (1880).[8] Seit der Abolition des atlantischen Sklavenhandels nach Brasilien (formal 1831; real 1851/52) blieben die Atlantisierung Kubas und ein spanischer Hidden Atlantic (*Atlántico oculto*) übrig. Dabei handelte es sich im Wesentlichen um einen Hidden Atlantic des Kinderschmuggels.[9] Dieser Hidden Atlantic mit seinen Hauptmärkten Rio, Bahia, Havanna, Whydah, Lagos, Luanda, Praia (Kapverden) und der Stadt São Tomé auf der Insel São Tomé, stellte sozusagen die marginalisierte Seite des bisher in der Wirtschaftsgeschichte präferierten Kosmopolitismus von Kaufleuten und Kaufleutenetzwerken dar, aber auch des mobilen Wissens von Wissenschaftlern, Reisenden und Künstlern[10] – auch und gerade des mobilen Lebenswissens – als mobiles Überlebenswissen.[11] Zugleich zeigt er „kosmopolitische" und transkulturelle Unterschichten bei der Arbeit.[12]

In diesem Kapitel soll es, neben den mehr oder weniger bekannten Verdächtigen und Akteuren des Menschenhandels wie Reeder, Investoren, Sklaven-Kaufleute sowie Kapitäne, die auf der Tagseite ihrer Existenz durchaus unter die Kosmopoliten fallen, um die Frage gehen, ob es eigenständige Kulturen von Menschen- und Sklavenhandelsräumen gegeben hat, wie etwa eine Kultur des globalisierten Atlantiks während der Zeit des Sklaven- und Menschenhandels zwischen Afrika und Amerika; also eine Kultur der Atlantisierung und der Trans-

---

[6] Green, The Rise, passim; Fuente, Havana, passim; Crespi, „Contrabando de esclavos"; Studer, Elena, La trata.
[7] Darwin, Der imperiale Traum, S. 33.
[8] Greene/Morgan (Hrsg.), Atlantic History; Rodrigues, De costa a costa, passim.
[9] Arnalte, Los últimos esclavos, passim; Lawrance, „'All we want'"; siehe: Zeuske, Handbuch, S. 408.
[10] Schulte Beerbühl, „Introduction".
[11] Caldeira, „Aprender os Trópicos"; Brooks, „Cabo Verde".
[12] Racine/Mamigonian (Hrsg.), The Human Tradition 1500–1850; Mamigonian/Racine (Hrsg.), The Human Tradition 1500–2000.

kulturation.¹³ Das bedeutet eine Abkehr von der Nichtbeachtung des Raumes zwischen Afrika und Amerika, zwischen Amerika und Afrika (auf dem auch Europäer zu finden waren) als eigenständige Größe. Diese Größe war, wie wir wissen, nicht von Anfang an vorhanden, sondern erwuchs zunächst punktuell auf den Inseln vor der westafrikanischen Küste und an Flüssen und Flussmündungen (Ästuaren). Die Frage ist auch, ob das zweifellos im Allgemeinen vorhandene Personal des Sklavenhandels auch individuell, als einzelner Akteur, erkennbar und benennbar ist.

Wie oben angedeutet, geschah mit den Männern der Schiffe, die allein oder in Gruppen und Mannschaften auf dem Atlantik und an seinen Küsten herumfuhren, zunächst etwas völlig Anderes, als man sich bei Geschichten des Sklavenhandels vorstellt. Weil die Männer Angst hatten (und andere Gefühle), sich fremd und alleine fühlten, weil sie sich verliebten, weil sie Sex brauchten oder weil sie den Anordnungen der Krone und der Kapitäne nicht Folge leisten oder nicht bestraft werden wollten, flohen sie von den Schiffen an die Küsten.¹⁴ Oder sie nahmen von den neuen Siedlungen der Portugiesen auf den Inseln Kontakt zu Handelspartnern aus Afrika auf und suchten sich Frauen. Diese iberischen Männer werden in den frühen iberischen Quellen *lançados* (Vorreiter/Eindringlinge) genannt. Wann die ersten Lançados an den afrikanischen Küsten gegenüber den Kapverden (oder Kanaren) auftauchten oder ob es sich in gewisser Weise um eine Kontinuum sephardischer und neu-christlicher Netzwerke (bzw. deren Nutzung auch durch Altchristen und Versklavte) handelte, das erst deutlich wurde, als die Krone die Inquisition zur Durchsetzung der Monopole einsetzte (im Falle der Kapverden um die Mitte des 16. Jahrhunderts), ist nicht auszumachen. Auch die Anzahl zu schätzen ist sehr schwierig.¹⁵ Um 1546 vermuteten Vertreter der *moradores* (Siedler) von Santiago, dass es sich um etwa 200 *cristãos-novos* (Neu-Christen) handelte, die „andavam lançados" (als Lançados operierten). Sepharden und Neu-Christen bildeten sicherlich einen signifikativen Teil der Gruppe von einigen Hundert Männern in der ersten Hälfte des 16. Jahrhunderts. Zur Gruppe der Lançados gehörten aber auch *moradores* der Inseln, Seeleute, Männer aus Portugal, die auf die Inseln gekommen waren und nicht den sozialen und juristischen Status von *moradores* erlangt hatten, königliche Funktionäre und Sklaven sowie ehemalige Sklaven. „Einige waren tot [gestorben], andere gewöhnten sich an das lokale soziale Le-

---

13 Am deutlichsten in postkolonialer Perspektive, die die Perspektive der Subalternen, d. h. der Versklavten, einbezieht, bei: Heywood/Thornton, Central Africans; Thornton, A Cultural History, passim.
14 Green, „Fear".
15 Zum Hintergrund siehe: Studnicki-Gizbert, A Nation; Hering Torres, „Judenhass"; Bethencourt, The Inquisition; Hering Torres/Martínez/Nirenberg (Hrsg.), Race and Blood.

ben, gaben die Familie und die christliche Religion auf und starben im ‚Land der Ungläubigen', wieder andere versuchten zurückzukehren und sich wieder in die Gesellschaften einzufügen, die sie vor vielen Jahren verlassen hatten".[16]

Schaut man mit dem Instrumentarium qualitativer Mikrogeschichte auf die aus diesen Allianzen sich entwickelnde soziale Gruppe der – zunächst sicherlich sehr niedlichen – Nachkommen von Iberern und Afrikanerinnen, erscheinen sie als eine neue „atlantische" Gruppe neben den Kapitänen/Offizieren der Sklavenschiffe (siehe unten) und neben der großen Gruppe der Matrosen. Kapitäne waren entweder selbst Sklavenhändler oder eng mit der Familie des kapitalgebenden Sklavenhändlers und Schiffsausrüsters liiert. Das heißt, wir haben es seit ca. 1460 mit drei große Gruppen von Menschen zu tun, die (zum Teil nur zeitweilig) auf dem Atlantik lebten oder die Verbindung zwischen Meer, Küsten und direktem Hinterland sicherten. Seeleute waren eher dem Meer als irgendeiner „Nation" verpflichtet, auch wenn individuell die lokale „Herkunft" für sie sehr wichtig war.[17] Auf jeden Fall können wir die Aussage verallgemeinern: „Seeleute waren den Sklavenhaltern in besonderem Maße suspekt"[18] – auch oder gerade weil Seeleute das Personal der Sklavenschiffe stellten.

Die professionellen Sklavenjäger, eine weitere Gruppe des Slavings, lebten in Großregionen vor allem rings um den Süd- und Zentralatlantik. Sie sind bereits behandelt worden.

Die Gruppe der Atlantikkreolen verkörperte das Neue der Atlantisierung. Die Gruppe war zunächst nicht sehr groß, aber wichtig für Atlantisierung und Atlantic Slavery und bedarf, nachdem sie mehrfach erwähnt worden ist, einer eingehenderen Analyse und Darstellung. Wie fast alles in der Geschichte des Slaving stellten Atlantikkreolen zunächst etwas sehr Marginales dar. Ihre Betrachtung bietet eine Sozial- und Kulturgeschichte des Sklaverei-Atlantiks als eigenständiger Raum, der Atlantisierung und damit der Kultur des „dritten Raumes" zwischen Amerika und Afrika, in dem die Transkulturation des afrikanischen und europäischen Menschenkapitalismus über die Zeit (1450–1880) stattfand. Es war nicht alles nur Diaspora und Reise von Verschleppten über das Meer – aber auch.[19] Es gab eigenständige Lebensformen.

---

16 Torrão, „Actividade Comercial Externa", hier besonders das Unterkapitel „Interdição do estabelecimento na Costa. Os lançados", S. 106f.; siehe auch: Santos, „Origem e desenvolvimento da colonização. Os primeiros lançados".
17 Zeuske, Handbuch, S. 406–422.
18 Finzsch/Horton/Horton, Von Benin nach Baltimore, S. 252; Scott, „Crisscrossing Empires"; Bolster, Black Jacks, passim.
19 Viele Beispiele von Atlantikkreolen im Rahmen eines Diasporakonzeptes bei: Garofalo, „The Shape".

Atlantikkreolen waren, vereinfacht gesagt, Bewohner des Atlantiks und seiner Küsten überall dort, wo Küstenvölker auf Träger der iberischen und europäischen Expansion trafen. Küstenbewohner und -bewohnerinnen und iberische Schiffsnomaden waren Pioniere und Akteure der Kreolisierung und Atlantisierung. Ansatzpunkte, wenn man das in diesem Zusammenhang so sagen darf, waren Liebe, Sexualität, Drang nach sozialer Geborgenheit, aber auch Kalkül der Verwandten. Dahinter stand das Profitstreben der großen Sklavenhändler, auch der afrikanischen, und der Kapitäne. Die Eliten der Küstenvölker hielten besonders in Afrika zunächst nicht viel von den blassen und kränklich aussehenden Neulingen. Das galt insbesondere für die aristokratischen Kapitäne. Matrosen waren ja eher sonnenverbrannt. *Moradores* – Siedler, die länger an einem Ort wie Ribeira Grande oder Cacheu blieben und Handel in Gebieten unter Kontrolle afrikanischer Eliten betrieben – waren auch sonnenverbrannt. Aber die Afrikaner der bis dahin in den afrikanischen Wirtschaften marginalen Küsten erkannten schnell die Möglichkeiten, die sich für ihre Macht, ihren Handel und Transport mit den großen Schiffen (und den Waffen der Europäer, richtig genutzt[20]) ergaben. Und aus der Einsamkeit, der Angst, der Sexualität und der Kontaktfreudigkeit der Matrosen, Monopolbrecher und Bootsmänner.[21] Die Chefs der Dörfer an den Küsten Afrikas gestatteten iberischen Männern (aus Sicht der Krone: Monopolbrecher) in die Familien ihrer Untergebenen einzuheiraten oder mit Frauen lokaler Gemeinschaften zusammenzuleben. Linda Newson und Susie Minchin heben hervor, dass die Portugiesen in Senegambien, an den Rios de Guiné und in Sierra Leone nicht wie an der Goldküste Sklavenhandelsfestungen bauten (besser: bauen durften). Die Portugiesen lebten dort zwar in formalen portugiesischen Siedlungen, die auch immer mehr befestigt wurden, aber sie lebten auch in informellen Siedlungen, wo es, wie António Carreira sagt, weder Polizei noch Gesetz gab. Lançados, fahren Newson und Minchin fort, „were regarded by the Portuguese as outcasts and renegades and referred to as *tangomaos*, lived under the protection of Afrcian chiefs ... some ... became so integrated into African society that they wore African clothes and, when permitted by African social traditions such as by the Banhun, Biafada and Papel, intermarried with local women. African leaders regarded the *lançados* as ‚guests'".[22] Im Grunde waren die Nachkommen dieser Verbindungen Handels- und Kulturbroker im Auftrag der afrikanischen Eliten oder von Privatunternehmern, die Handel an den Küsten des Atlantiks betrieben oder Teil der Netzwerke „großer" Kaufleute oder Faktoren waren (wie die oben

---

20 Zur umstrittenen Rolle von „atlantischen" Feuerwaffen in der Geschichte Afrikas siehe: Thornton, „The Art of War"; Thornton, Warfare, sowie: Pilosoff, „Guns".
21 Everts, „Social Outcomes".
22 Newson/Minchin, From Capture, S. 33.

genannten *barkers*, die Theophilus Conneau beschreibt). Dieser Handel, ich wiederhole es, galt aus Sicht der königlichen Monopole der iberischen Staaten als Schmuggel (*corso*, *contrabando*).

Die Gruppen, die ich hier aus Sicht des Atlantiks eben Atlantikkreolen nenne, hatten zweifelsfrei zunächst keine übergreifende Identität, sondern lokale afrikanisch-atlantische Identitäten. Philip Havik schreibt über sie: „Rather than engaging in landlord-stranger accomodation or creolization, these groups created Afro-Atlantic identities associated with riverine and coastal navigation".[23] Er sagt, sie könnten auch als „canoe-men" oder „workers of African trade" erfasst werden; ich sage, sie können auch übergreifend als afrikanische Atlantikkreolen konzeptualisiert werden. Havik lokalisiert sie an Küsten, Inseln und Flüssen (Ästuaren), wie St. Louis, Gorée, Senegal- und Gambiagebiet, Bissau, Geba (Guinea-Bissau), vom Sinoe River bis Cape Palmas, Whydah, El Mina, Brass/Calabar (Niger-Delta), Cape Cameroon, Wuri-Ästuar, aber auch im Karawanen-Transport, wie die *djilas* in Mandé-kontrollierten Gebieten, in Dahomey/Benin, in Oyo und Angola.[24] Havik ist Fachmann für eine dieser Gruppen in Guinea-Bissau und Guinea, „Christianised Africans locally called Kriston [oft mit Biafada- oder Mandinga-Müttern]".[25]

Die ersten Atlantikkreolen im subsaharischen Afrika mögen zwischen 1493 und 1570 zusammen mit ihren afrikanischen Verwandten auch versucht haben, den Direkthandel zwischen Afrika und Amerika (ohne Zwischenstation in den iberischen Königreichen) unter Kontrolle zu bekommen. Das hätte bedeutet, dass afrikanische Eliten nicht nur das interne Slaving bis zu den Küsten, sondern in der Folge auch den atlantischen Menschenhandel und die Atlantisierung an der Spitze dominiert hätten. Afrikanische Atlantikkreolen verbündeten sich sicherlich auch mit europäischen Piraten- und Korsarenkapitänen sowie, fast noch wichtiger, mit sephardischen Juden und Neu-Christen. Über einen Handelsplatz namens Recife oder Arrecife (auch Rufisque – d. h., ein Ort, der *off-shore* auf einem Riff in der Nähe einer Sklavenhandelsgegend gegründet worden war) in der Nähe von Cabo Verde sagt António Carreira, es habe dort „ausländische Juden und ‚Söhne des Landes, geboren von Negerinnen'"[26] gegeben. Nun muss man nicht jeder Formulierung Glauben schenken. Aber die Informationen über die Anwesenheit von Juden sind zu häufig und sie stammen aus unterschiedlichen Perspektiven.[27]

---

23 Havik, „Traders".
24 Ebd., 199f.
25 Ebd., S. 201.
26 Carreira, Os Portuguêses, S. 28.
27 Garfield, „Public Christians".

Damit kommt Religion als Atlantisierungs- und Transkulturationsdimension ins Spiel, was wiederum auf den riesigen atlantischen Hintergrund der sogenannten „afro-amerikanischen" Religionen (christianisierte Afrikaner und „Sklavenreligionen") verweist.[28] Auch deshalb mussten die Iberer sich auf die Inseln der Kapverden sowie São Tomé und Príncipe konzentrieren. Sonst hätten sie den Pressionen und Aktionen der afrikanischen Eliten nicht ausweichen können. Deshalb kann Robert Harms auch über die Fahrt von den komplizierten Küsten des kontinentalen Afrika auf die „Inseln im Atlantik" schreiben: „Als die afrikanische Küste hinter der *Diligent* zurückblieb und schließlich hinter dem Horizont verschwand, war es beinahe so, als ob das Schiff in eine andere Welt eintauchte".[29]

Die Monopolpolitik der iberischen Kronen führte schon lange vor der Fahrt der *Diligent* dazu, dass der Aufstieg von Nachkommen afrikanischer Frauen und iberischer Väter, die ihre Kinder auch mit auf die Inseln brachten oder nahmen, kontrolliert oder zumindest verlangsamt werden konnte. Auf den Inseln war dieser Aufstieg von farbigen „Portugiesen" (sobald sie das Christentum angenommen hatten) gut kontrollierbar. Mestiços (-as) oder Mulatten, wie Töchter und Söhne von afrikanischen Müttern und iberischen Vätern in offiziellen Dokumenten hießen (in afrikanischen Zusammenhängen Tangomãos), konnten als „Portugiesen" relativ schnell aufsteigen. Aber auch die Nachkommen der ersten nach São Tomé verschleppten Captives und die Kinder afrikanischer Frauen, die auf der Insel angesiedelt worden waren, konnten aufsteigen – es dauerte nur etwas länger. Jean Doublet (befehligte in seiner Karriere auch eine *Diligente* als Kapitän) berichtet über einen Besuch von Praia auf der Kapverdeninsel Santiago: die Stadt sei „habitée par les portugois tous neigres et mûlâtres [sic], jusqu'à leurs moines et prestres, et tous de mauvaise vie et canaille".[30] Von der schlechten Laune Jean Doublets mal abgesehen, lagen die Aufstiegsmöglichkeiten für schwarze Portugiesen einerseits an geschickter Kronpolitik: 1515–1517 waren alle afrikanischen Frauen und Konkubinen der ersten iberischen Siedler (Nachkommen von Lançados waren auch darunter) und ihre Kinder sowie die ersten Captives, die bis 1517 auf der Insel waren, für frei erklärt worden. Damit entstand aus freien Schwarzen, ehemaligen Sklaven, die soziale Gruppe der stolzen *filhos da terra* der Kapverden und São Tomés („Söhne des Landes" im Sinne von Einheimischen). Auch die Kirchenpolitik spielte eine wichtige Rolle. Es gab katholische Bruderschaften (*irmandades*), die das Recht hatten, Sklavinnen und Sklaven freizukaufen. Die Kirche

---

28 Zeuske, Handbuch, S. 408f.; Schorsch, Jews and Blacks; Schorsch, Swimming; Cwik, „Atlantische Netzwerke".
29 Harms, Das Sklavenschiff, S. 343.
30 Bréard (Hrsg.), Journal du corsaire Jean Doublet, S. 49; zur Fregatte *Diligente* (1676) siehe: Ebd., S. 60.

besaß auf São Tomé (beim Ort Trinidade) große Ländereien, die in Parzellen aufgeteilt und an ehemalige Sklaven übergeben wurden. In Bezug auf höchste Kirchenämter dauerte der Aufstieg eines Schwarzen, Manuel do Rosário Pinto, zum Bischof auf den Inseln bis in das 18. Jahrhundert. Der Namenszusatz „do Rosário" verweist darauf, dass es sich um einen Mann aus der Gruppe ehemaliger Sklaven handelte, der Mitglied der Bruderschaft *Irmandade de Nossa Senhora do Rosário* war. Die Auseinandersetzungen zwischen Mestizen und *filhos da terra* um diesen Bischof und seinen (hohen) Posten waren in vollem Gange, als die *Diligent* mit Robert Durand im Hafen von São Tomé war. Auch an der Goldküste gab es Atlantikkreolen, wie Fälle in Elmina zeigen.[31]

Je länger die Atlantisierung andauerte, desto mehr Gruppen von Atlantikkreolen fanden sich auch unter den Seeleuten und dem Personal europäischer Schiffe. Auf den Kapverden und auf São Tomé war es den Iberern gelungen, wie wir gesehen haben, Elemente der atlantischen Transkulturation und eine Reihe von Atlantikkreolen unter ihre Oberkontrolle zu bekommen bzw. zu halten und Atlantikkreolen bei sich zu verdingen. Das wichtigste Resultat der engen, familiären Beziehungen von Iberern und Afrikanerinnen, ich habe es schon mehrfach erwähnt, war, dass sie voneinander lernten und damit die soziale Grundlage für vielfältigste Kreolisierungen und Transkulturationen legten.[32] Meist hatten diese Atlantikkreolen die spezielle Profession des Übersetzers sowohl von Sprachen wie auch von Geschäften und Wirtschaftsmentalitäten – sie waren im allgemeinsten Sinne Kulturbroker und Broker des atlantischen Wandels – ganz deutlich auf Schiffen und Inseln (Imperium der Inseln oder *Atlantic Oceania*), nur punktuell und temporär in den großen kontinentalen Räumen.[33] Da sie von Afrika nach Amerika und zurück nach Afrika segelten, führen sie die Kartenskizzen ad absurdum, die, gebunden an Kapital-, Waren- und Sklavenströme, immer nur dicke schwarze Pfeile von Afrika nach Amerika ausweisen. Itinerare von Atlantikkreolen als Bewohner des Slaving-Atlantiks müssten ein relativ dichtes Hin und Her vor allem zwischen Amerika und Afrika, Afrika und Amerika, aber auch Afrika und Europa zeigen (Zirkulation). Atlantikkreolen waren in der Breite die eigentlichen Akteure des Sklaverei-Atlantiks, vor allem wichtig in der ersten Phase des noch stark afrikanisch geprägten Menschenkapitalismus (1450–1650) sowie wieder in der letzten

---

31 Ebd., S. 360–371; Yarak, „West African Coastal Slavery in the Nineteenth Century: The Case of Euro-African Slaveowners of Elmina", S. 44–60

32 Arlindo Caldeira meint zwar vor allem das „Lernen" der Plantagenarbeit; ich verallgemeinere hier sein Konzept „die Tropen lernen": Caldeira, „Aprender os Trópicos".

33 Zeuske, „Atlantik und Atlantikkreolen", S. 409; siehe auch: Cwik, „Neuchristen und Sepharden"; Seibert, „Creolization"; zum Konzept des *Atlantic Oceania* siehe: Gillis, „Islands in the Making".

Phase des Menschenhandelsatlantiks 1820–1880, den ich als Hidden Atlantic bezeichne.[34] Dieser Atlantik war 1450–1880 das wirkliche Hauptfeld der Geschichte der Neuzeit. Nimmt man Mobilität und Transkulturalität sowie Zirkulation als Kriterien heutiger Globalität, waren diese Menschen die Begründer der Moderne.

Afrikanische Atlantikkreolinnen blieben meist in Afrika. Ein paradigmatisches Schicksal aus dem 19. Jahrhundert, nach ca. zwei bis drei Jahrhunderten Kreolisierung, hat Theophilus Conneau in *Esther's History* festgehalten, einer siebzehnjährigen jungen Frau im Harem von Mongo John (seine eigene verklausulierte Geschichte einer Liebe?): „She was born in the islands of Los from a Mulatto mother and a white parent. Her father, a missionary from England, had abandoned his profession for the more lucrative slave traffic and, after collecting a large quantity of slaves, left for America, and since that time was never heard of. In respect for his first profession her father had given her the Biblical name of Esther".[35] Natürlich kommt Conneau im Zusammenhang von Liebe und Sex sofort auf Hautfarbe zu sprechen, die Rassismus-Fixierung aller Sklavenhändler: „Her color was neither of the repugnant albino whiteness, nor of the displeasing Sambo color. Hers was that peculiar clean blushing quadroon so highly praised by the wealthy Creoles of New Orleans".[36]

Es waren nicht nur Nachkommen von Portugiesen und Afrikanerinnen, die die neue atlantische Kultur prägten. Westafrikaner südlich der Senegal-Mündung hatten keine seegängigen großen Schiffe, denn die dortigen Küsten erlaubten sie im Grunde nicht. Die Küsten sind extrem flach und untief. Die Mündungsarme der Flüsse waren durch Sandbänke versperrt. An den Küsten konnten europäische Schiffe, auch mit ihren Kanonen, keine Hegemonie über afrikanische Kanus und ihre Mannschaften erlangen, die an die Küstenverhältnisse ideal angepasst waren. Deshalb mussten die iberischen Kapitäne mit Küstenbevölkerungen, die per Kanu die Verbindungen zu den Küsten hielten, Allianzen schließen. Das betraf vor allem die Ruderer und Kanubesatzungen der Kru (auch *kroomen* – von: *crew*), die im Laufe der Zeit eine Art neues Küstenvolk bildeten.[37]

Aber es gab nicht nur sehr lokale Kanubesatzunge, farbige Atlantikkreolen fuhren auch als Seeleute und Lotsen oder auch als Köche, Heiler und Musiker auf Schiffen der Iberer und anderer „Seefahrernationen" über den Atlantik. Sie bildeten ein großes Segment der Atlantikkreolen. Sie erscheinen in den Quellen meist am Rande unter unterschiedlichsten allgemeinen Bezeichnungen (Neu-Christen,

---

34 Zeuske, „Atlantik und Atlantikkreolen", S. 410.
35 A Slaver's Log Book, S. 60.
36 Ebd.
37 Zeuske, „Atlantik und Atlantikkreolen", S. 410.

"Portugiesen", Judeoconversos, Afroiberians[38]; manchmal erkennt man sie auch an ihren Namen oder an der Notiz „Sklaven des Kapitäns"). Sie kamen nach Amerika auch als Diener von Entdeckern, Conquistadoren und Kapitänen oder „schwarze" Conquistadoren sowie eben als Lançados, Tangomãos und Baquianos – ein iberischer Begriff, der zunächst für Kenner einer Region im Großraum Westafrika entstand und in der Karibik ab 1495 für „alten Hasen" und Sklavenhändler steht –, aber auch als Walfänger und Abwracker/Fischer (Küstenräuber) oder allgemein als freie Atlantikkreolen. Meist waren sie ihrer polyglotten Fähigkeiten wegen gefragt. Mit diesen transatlantischen und kosmopolitischen Kulturbrokern und -grenzgängern setzte in gewissem Sinne die lokale Vernetzung der Ränder, dann die translokale Durchdringung und schließlich – in Konkurrenz mit imperialen und anderen Interessen – die Konstruktion des atlantischen Raumes und die Formierung von Imperien und Staaten an Land ein.

Es gab weitere Gruppen von Atlantikkreolen, sogar *beyond the Atlantic* (wie zum Beispiel Träger). Ich will hier beispielhaft Kreolen in Afrika und in Amerika behandeln, zu unterschiedlichen Zeiten. Ich will damit die Bedeutung der Gruppe von Menschen hervorheben, die auf dem Atlantik in der gesamten Zeit zwischen dem 16. und dem 19. Jahrhundert lebten, und auch zeigen, wie weit die kulturelle, soziale und wirtschaftliche Atlantisierung in die Kontinente hineinreichte – der Fachbegriff dafür ist, wie eben erwähnt, *beyond the Atlantic*. Und schließlich will ich zeigen, dass Kreolisierung in Afrika in gewisser Weise die Grundlage der Kreolisierungen im atlantischen Raum sowie in den atlantischen Amerikas war und sein musste.[39]

Neben den Gebieten portugiesischen Einflusses in Senegambien wie um Cacheu und Bissau sowie bekannten Beispielen wie El Mina oder Whydah hatte sich im 18. Jahrhundert auch in Old Calabar die kreolische Kultur einer gebildeten Kaufmannschicht der Efik herausgebildet.[40] Persönliche Beziehungen sowie Vertrauen zwischen Kapitänen/Offizieren und Mannschaften auf der einen Seite sowie Efik-Sklavenhändlern und Bevölkerung der Städte – unter Kontrolle von Afrikanern sowie der Ekpe-Geheimgesellschaften – waren trotz einiger Ausbrüche von Gewalt Grundlage des Geschäfts.[41] In anderen Gegenden gab es dieses Vertrauen unter afrikanischem Vorzeichen nicht. An der Korn- oder Pfefferküs-

---

38 Schorsch, Swimming, passim.
39 Allgemein zur Kreolisierung Afrikas und des atlantischen Raumes: Zeuske, „Atlantik, Sklaven und Sklaverei"; Heywood/Thornton, Central Africans, passim; Gerhart Seibert (Lissabon) dagegen grenzt Kreolisierung auf Räume ein, in denen sich eine Kreolsprache durchgesetzt hat: Seibert, „Creolization". In Angola etwa wurde Kimbundu als *lingua franca* benutzt.
40 Law, Ouidah, S. 155–188; Kelly, „Controlling Traders"; Sparks, Die Prinzen, S. 84.
41 Nwokeji, The Slave Trade, passim.

te (heutiges Liberia – auch Windward-Küste) waren die Geschäftsbeziehungen durch einen Kreislauf aus „Entführung, Freikauf und Vergeltung" vergiftet; an der östlichen Sklavenküste und Teilen der Goldküste kam es zu gnadenlosen Kriegen und Bürgerkriegen.[42]

Westafrikanisch-iberischer Menschenhandel begann in Guiné gegen 1460; die sogenannte Sklavenküste (oder Buchten von Benin und Biafra) spielten erst ab Ende des 17. Jahrhunderts eine wichtige Rolle. Bereits um 1500 kamen das Kongoreich und Westzentralafrika ins Spiel, u. a. als das Gebiet mit dem längsten Einfluss des Christentums in Afrika. Linda Heywood und John Thornton sagen zu Recht: „West Central Africans shared quite similar linguistic, social, cultural, and political forms, making for a much more uniform set of beliefs and practices than any other regions of Atlantic Africa".[43] Luanda im heutigen Angola war im Laufe der Neuzeit seit 1560 (formal seit 1576) zum wichtigsten Portal des atlantischen Slaving geworden (insgesamt bis 1880: 2,82 Millionen Captives). Luanda war auch eine Stadt der Atlantikkreolen und der Transkulturation. Der Sog dieser Drehscheibe der Sklaverei wirkte sich auf die Kin-Sklavereien der Hinterland-Gesellschaften aus, ohne dass ich hier die atlantische Nachfrage als alleinigen Grund anführen will; zum Beispiel spielte auch traditionelle Sklaverei-Zwangsarbeit (Trägerdienste), die von Eliten und von der Kolonialmacht mit Gewalt eingefordert wurde, eine wichtige Rolle.[44] Es gab aber auch Gruppen, die wie Atlantikkreolen mit Verbindungen in das Landesinnere agierten (z. B. Ambakisten).[45]

Sklavereien und Sklavenhandel in den Ambundu-Gesellschaften des heutigen nördlichen Angola waren älter „than any reliable oral or written information about Ambundu society".[46] Sie gehören zur Geschichte von Staatsbildungen auch in Kimbundu- und Ovimbundu-Gebieten (Kasanje, Matamba, Lunda), Staatszusammenbrüchen (Kongo-Reich) und frühen Kolonie-Bildungen (Ndongo/Angola), die immer im Zusammenhang mit Kriegen, Sklaven-„Produktion", Sklavereien und Kreolisierungen standen.[47]

---

42 Sparks, Die Prinzen, S. 82f.
43 Heywood/Thornton, Central Africans, S. 49.
44 Heintze, Afrikanische Pioniere, S. 35–53, hier besonders S. 38; Pesek, „Afrikanische Träger".
45 Heywood/Thornton, Central Africans, passim; Havik, „Traders".
46 Vansina, „Ambaca Society", S. 13.
47 Zur Vorgeschichte und zur Verbindung der Conquista Angolas zum iberischen Sklavenhandelsatlantik siehe: Wheat, „Garcia Mendes Castelo Branco", stärker auf das Kongo-Reich fokussiert: Thornton, „'I am a Subject'", sowie zur Spezifik Westzentralafrika insgesamt (Loango, Kongo und Ndongo/Angola): Alencastro, O Trato dos Viventes, S. 188–246, sowie Heywood/Thornton, Central Africans, S. 49–108; zu den Fernhandelsbeziehungen siehe: Vansina, „Long-Distance Tra-

Weil vor allem ab dem 17. Jahrhundert relativ dichte Informationen vorliegen, wählt Jan Vansina diese Zeit, um sie mit den Folgen des Sklavenhandels im 19. Jahrhundert zu vergleichen. Im Innern des heutigen nördlichen Angola verschärften sich Sklavenhandel, Schuldsklaverei und Sklavereien zwischen dem 17. und dem 19. Jahrhundert.[48] Kin-Sklaven und Schuldner-Pfänder (oft Kinder und Verwandte der einflussreichen Mütterbrüder) wurden mehr und mehr in die äußere Sklaverei, d. h. an die Küste und in die atlantische Sklaverei, verkauft. Sie gerieten in die Fänge von Sklavenhändlern, die die Captives an Portugiesen und andere atlantische Negreros verkauften. Die ursprünglichen Sklaverei-Zwangsarbeiten (Trägerdienste), Kauf von Frauen und Razziensklavereien von Fremden, der Fernhandel mit Versklavten, Verurteilten und Verschleppten sowie die eigentlich von der „richtigen" Sklaverei unterschiedene Schuldsklaverei (*nguji*) der Ambundus, alles fest eingewebt in Kin-Strukturen von Matri- und Patrilineages, Virilokalität, Großfamilien, aber auch bilateralen Gruppen aus Schwestern und Brüdern sowie Neffen und Nichten (*muijii*), die vom ältesten der Mutterbrüder angeführt wurden, verschärften sich so sehr, dass auch die Schuldsklaven immer mehr zur Sicherung von Krediten (grundlegende Recheneinheit: „trade goods equivalent to a slave (*banzo*) on credit"[49]) eingesetzt wurden. Die Kredite dienten dem Kauf von Kommoditäten, d. h. mehrheitlich von Portugiesen und atlantischen Kapitänen sowie Kaufleuten importierten Luxus-Waren (siehe weiter oben). Anschaffung und Konsum/Gebrauch dieser Waren, im 17. Jahrhundert im wesentlichen auf Chefs (*sobas*) und Alliierte der Portugiesen beschränkt, hatte sich im 19. Jahrhundert stark verbreitet. Nach ca. 200 Jahren Kriegen und Konflikten in und um Angola[50], am Ende des atlantischen Sklavenhandels, hatten Sklavenhandel, Handelskarawanen mit quasi-versklavten Trägern und Verschärfung der Sklavereien nicht nur die wichtigsten sozio-politischen Institutionen der Gesellschaft in ihren Grundzügen verändert, sondern alle Facetten des Ambundu-Lebens transformiert, unter Einschluss grundlegender demografischer Muster. Um 1850 war nur noch der kleinere Teil der Ambundu-Gesellschaft frei.[51] Die spezielle Unsicherheit, versklavt zu werden, erfasste alle, speziell aber junge Männer. Auf zwei Frauen in der Bevölkerungkam nur ein Mann; wahrscheinlich auch wegen des Imports von versklavten Frauen. Wenn junge Männer nicht versklavt waren, mussten sie auf Befehl älterer

---

de Routes"; siehe auch: Thornton, A Cultural History, S. 29–156, vor allem S. 60–99 („The African Background"); zum Sklavenhandel mit seinen enormen Totenzahlen bis um 1830 siehe: Miller, Way of Death, passim, Tams, Die portugiesischen Besitzungen, S. 85–164.
48 Thornton, A Cultural History, S. 89.
49 Vansina, „Ambaca Society", S. 14.
50 Ebd., S. 13; Thornton, A Cultural History, S. 60–99.
51 Vansina, „Ambaca Society", S. 13.

Verwandter oder Chefs als Razzienkrieger, „porters or as traders"[52], meist in den Sklavenkarawanen, unterwegs sein. Beatrix Heintze schreibt über die Trägerkarawanen, die Zwangsarbeit und den „Transport" zwischen Interior und Küste:

> Die Hauptimpulse gingen [in der ersten Hälfte des 19. Jahrhunderts] immer noch vom Atlantischen Sklavenhandel aus: die Zielrichtung [im Landesinneren] galt vor allem dem Lunda-‚Commonwealth' [etwa heutige Provinzen Lunda Norte und Lunda Sul im Nordosten Angolas], aus dem damals besonders viele Sklaven an die Küste kamen. In dieser Zeit stellten Sklaven zwar noch das Gros der Träger [was sich im Umfeld der Abolition der Sklaverei änderte, die Träger waren formal „frei", aber der Sklavereicharakter der Arbeit blieb, siehe unten unter Abolition der Sklaverei im portugiesischen Imperium], doch bildete letztlich die gesamte afrikanische Bevölkerung Portugiesisch-Angolas ein riesiges Zwangsarbeiterreservoir.[53]

Traditionelle Chefs der Ambundu-Gesellschaft waren Sobas, die kleinere Territorien unterschiedlicher Größe beherrschten und zugleich die Kontrolle über Land und Menschen ausübten. Im Zuge der portugiesischen Conquista wurden auch *sobados* als Herrschaftsbereiche mit Arbeitskräften an Conquistadoren übergeben. In Wert gesetzt werden konnte die Landkontrolle nur durch möglichst viele Menschen. Neben Sobas als Territorialchefs existierten im 19. Jahrhundert *kilambas* (*quilambas*), deren Vorfahren seit dem 17. Jahrhundert servile Tätigkeit für Europäer gemacht hatten; meist handelte es sich um ehemalige War-Lords und Sklavenhändler, Alliierte der Portugiesen, die ihre Ränge durch Eroberung oder Besetzung territorialisiert hatten.[54] Die Chefs, die meist aus den Reihen einer Verwandschaftsgruppe stammten, die aristokratischen Status für sich beanspruchten („Geburt"), wurden durch Titelträger (*kota* – Ältere) und Nichttitelträger (*lemba*) beraten und gewählt. Residenzielle Orte waren *bata* oder *libata*, kleinere Orte, Teile von Chiefdoms. Große Städte oder „Hauptstädte" waren *mbanza*; Residenzen von mehreren Territorialchefs, aber auch von Chefs von Kinship-Gruppen, ihren Klienten und Sklaven. *Sanzala* oder *sanza* schließlich, mittlere Provinzorte, waren Residenzen eines kleineren Soba oder eines mächtigen Patrons (*mwadi*), der von den Portugiesen *morador* (Siedler) genannt wurde. Die in den Sanzalas[55] lebenden Chefs waren entweder Luso-Afrikaner mit großer Verwandtschaftsgruppe (*kinsfolk*) oder Afrikaner, die den portugiesischen way of life angenommen

---

52 Ebd., S. 14.
53 Heintze, Afrikanische Pioniere, S. 38. Das Zwangsarbeiterreservoir von Versklavten als Trägern, zugleich eine Art Privatunternehmer, gilt für ganz Afrika und speziell auch für Ostafrika, siehe: Pesek, „Afrikanische Träger".
54 Heintze, Afrikanische Pioniere, S. 40.
55 In Brasilien wurden die Sklavenquartiere der Fazendas *senzala* genannt, die vom ältesten Mann geführt wurden; siehe Vansina, „Ambaca Society", S. 8.

hatten. Die Ambundu nannten solche Afrikaner *kamundele* – „kleiner weißer Mann".[56] Unter den Luso-Afrikanern fanden sich nach Beatrix Heintze als „europäischen Ahnen"[57] der Luso-Afrikaner *degregados* (verurteilte Kriminelle, die aus Portugal oder Brasilien verbannt worden waren), zurückgelassene oder desertierte Matrosen, Soldaten, Händler und Konquistadoren. Luso-Afrikaner trugen als Zeichen ihres gehobenen Status' Schuhe und europäische Kleidung (oft abgelegte Kleidung europäischer Eliten oder von afrikanischen Schneidern nachgearbeitete Kleidung). Und sie waren in unterschiedlichen Graden der atlantikkreolischen Kultur ausgesetzt, vor allem in Bezug auf Religion, Namensmuster, Begräbnissitten, Ernährung, Konsum sowie Medizin/Heilkunst, materielle Kultur und Musik.[58] Zu den Privilegien von Luso-Afrikanern gehörte, dass sie keine Trägerdienste stellen mussten. Sie sprachen Portugiesisch und Ambundu sowie eventuell weitere Sprachen (Kikongo). Sie verstanden sich als Christen. Viele von ihnen konnten lesen und schreiben.[59] Die meisten der Kamundele waren Unternehmer, die in den Fernhandel auf Sklaven involviert waren. Als mobile Menschenhändler wurden sie auch *quimbares* (Singular auch: *kimbari*) genannt. Sie waren aber auch Sekretäre, Dolmetscher und Berater der Chefs und hatten oft Posten in Kolonialmilizen. Mit „sobas und quimbares" wurden rurale Chefs bezeichnet.

Sehr stark veränderte sich unter Einfluss des Sklavenhandels und der Sklavenhändler (darunter viele Atlantikkreolen), der Nutzung von Verschleppten als Kreditgrundlage und der Veränderung der Kin-Sklavereien die Jurisdiktion. Gerichtshöfe bildeten so, neben Steuerzahlung und Trägerkarawanen, die direktesten Verbindungen zur Außenwelt – zunächst simpel fassbar in der Tatsache, dass Gerichtshöfe viele Menschen zur Sklaverei verurteilten und somit zu Körperkapital machten, das als Gegenwert oder Kreditgrundlage zum Erwerb von Kommoditäten und Luxuswaren diente. In Angola gab es zwei Arten von Gerichtshöfen: erstens den obersten Gerichtshof des *capitão mor*, basierend auf portugiesischem Recht und Kolonialrecht. Dort wurden die Kapitalfälle wie Mord verhandelt. Zweitens gab es den Gerichtshof der Sobas, der auf lokalen Gewohnheitsrechten beruhte. Die Fälle erfassten vor allem alles, was Verletzungen von Eigentum betraf und Schulden. Daneben gab es zwei Art von „Gottesurteil"-Verfahren, die auf der Nutzung von glühendem Eisen und von Gift beruhten. Das für europäische Beobachter möglicherweise erstaunlichste Detail im lokalen Gewohnheitsrecht und seiner Auslegung im Soba-Gerichtshof der Ambundu war die unbedingte „Heiligkeit" des Eigentums – sie war extremer und härter als im England des 18. Jahrhunderts oder

---

56 Ebd.
57 Heintze, Afrikanische Pioniere, S. 40.
58 Heywood/Thornton, Central Africans, S. 221–226.
59 Heintze, Afrikanische Pioniere, S. 40.

im Original des napoleonischen *Code Civil*.[60] Hintergrund waren das traditionelle Prinzip kollektiver Verantwortung für Verbrechen und Vergehen, was vor allem Matrilineages traf, sowie eine wuchernde Korruption, die die reichere Partei privilegierte. Hauptanklagepunkte waren fast immer Ehebruch – welch Wunder in einer Gesellschaft, in der alte Männer über viele Frauen und junge Männer über fast nichts verfügten – und Diebstahl. Auch Anklagen wegen Hexerei waren sehr verbreitet. Sie endeten fast immer in Gottesurteilen und Versklavung. Starb der oder die Angeklagte, wurde eine bestimmte Zahl seiner oder ihrer Verwandten zu Sklaverei verurteilt und verkauft. Als „Ehebruch" konnte irgendeine Ungehörigkeit oder Ungeschicklichkeit gegenüber jemands Ehefrau oder weiblicher Sklavin angesehen werden. Als Strafe wurde die Zahlung von einem oder zwei Sklaven angeordnet. Männliche Schuldige konnten sich der Strafe durch das Angebot entziehen, mit Sklaven zu zahlen (wenn sie welche hatten). Sie konnten sich ebenso einen Sklaven oder den Wert eines Sklaven leihen, indem sie einen oder zwei Mitglieder seiner Lineage verpfändeten. Die Strafe für Diebstahl war unweigerlich Versklavung. Als Diebstahl galt schon die Wegnahme einer einzigen Ähre von einem fremden Feld. Und das in einem Land, in dem es regelmäßig Trockenheit, Ernteausfälle und Hungersnöte gab, von Kriegen ganz zu schweigen. Auch zogen Trägerkarawanen kreuz und quer durch das Land. Die jungen Träger-Quasi-Sklaven waren oft hungrig – auf Essen, Luxus, Liebe und Sex.

Ein weiteres nicht ungewöhnliches Verbrechen war Kidnapping von Kindern und jungen Menschen, um sie in die Sklaverei zu verkaufen. Die Strafe war Versklavung. Der Soba-Gerichtshof und die Gottesurteile waren die Hauptinstrumente, mit denen die lokale Bevölkerung versklavt wurde.[61] Jan Vansina kommt zum Urteil, dass die Hauptwirkung des Sklavenhandels im 19. Jahrhundert nicht mehr in Razzienüberfällen auf die lokale Bevölkerung begründet lag, sondern in der Ausweitung des Kredithungers, um Kommoditäten erwerben zu könne.[62] Menschliche Körper waren zu Kapital geworden. Schuldsklaven und Kinder als Pfänder für Schulden, die vorher Teil von Kin- und Lineage-Beziehungen waren und auch visuell sowie rituell klar von verkaufbaren Sklaven unterschieden werden konnten, waren nach bestimmten Urteilen nicht mehr durch ihre Familien oder Lineages auslösbar. Sie wurden in den atlantischen Sklavenhandel verkauft.[63]

Auch in der Religion wurden die Änderungen deutlich. Persönliche Geister setzten sich immer mehr durch, speziell eine höhere Gewalt namens *kibuku*, ein

---

60 Vansina, „Ambaca Society", S. 12.
61 Ebd.
62 Ebd., S. 26, zum Gesamtkomplex siehe Ferreira, Cross-Cultural Exchange in the Atlantic World, S. 52–87.
63 MacGaffey, „Indigenous Slavery".

persönlicher Geist der „guten Fortune, des Schicksals", eine Art Schutzengel und, wenn eine Individuum erfolgreich gewesen war, ein „Gott des Reichtums". Ähnliches galt für *muta kalombo* (oder einfach Muta), einen persönlichen Geist des Jagderfolgs, der Kriegführung und des Feuers, den besonders die „Büffeljäger"-Soldaten der *guerra preta* (wörtlich: „schwarzer Krieg" = schwarze Soldaten und Wachen) der angolanischen Kolonialtruppen verehrten, von denen sich auch Georg Tams sehr beeindruckt gezeigt hat.

Die Gesellschaft der Ambundu individualisierte und atomisierte sich zunehmend. Eine kleine Gruppe mächtiger Männer, Sobas und Quimbares sowie Krieger-Kaufleute, Luso-Afrikaner und Afrikaner, befreite sich zunehmend von sozialer und politischer Kontrolle durch traditionelle Sozialstrukturen. Atlantikkreolen als Broker hatten ihre eigenen Netzwerke. Gleichzeitig nutzten die Sklavenhändler und Eliten die Rechtsgrundlagen kollektiver Güter und kollektiver Verantwortung, um ihre Ziele zu erreichen. Sie transformierten die Ambundu-Gesellschaften, gefördert durch Kolonialismus, Kriege und Expansion, und setzten sich selbst als kompetitive Elite an die Spitze der Gesellschaft. Zusammen managten sie sowohl Bevölkerung wie auch Eigentum. Movens und Grundlage der Änderungen war die explosionsartige Ausweitung und Dynamisierung traditioneller Kin-Sklavereien zu „großen" Sklavereien.[64] Besonders augenfällig waren die Änderungen am Status der Schuldsklaven. Im Grunde handelte es sich bei allem Karawanenkaufleuten und Sklavenhändlern, die bei Heintze beschrieben werden (siehe oben unter Traumata), um Atlantikkreolen *beyond the Atlantic*.

Atlantikkreolen gab es auch auf der amerikanischen Seite: Am Beginn der Kolonialzeit war in gewissem Sinne auch der „erste Conquistador", Vasco Núñez de Balboa, ein Lançado. Die Europäer drangen von den karibischen Inseln (Santo Domingo/La Hispaniola, Kuba, Jamaika und Puerto Rico) nach Mittelamerika und ins nördliche Südamerika vor. Nicht nur in Afrika, sondern auch in den Amerikas kam es sehr häufig vor, dass Monopolbrecher sich gegen die von den Monarchen vergebenen Privilegien für hohe Adlige zur Wehr setzten und Allianzen mit den lokalen indigenen Eliten schlossen oder sogar in diese einheirateten. Da sich aber die Europäer in Amerika aus unterschiedlichen Gründen und ganz im Gegensatz zu Afrika nach ca. dreißig Jahren als dominierende Gruppe durchsetzten, ist diese Transkulturation ex post ganz anders bewertet worden. In Südamerika wurden die in die lokalen Eliten einheiratenden portugiesischen Schmuggler und Sklavenhändler nicht Lançados oder Tangomãos genannt, sondern Mestizen. Sie wurden oft schnell Teil der lokalen Eliten, der kreolisch-iberischen Oligarchien – selbst dann, wenn sie aus Familien von portugiesischen Neu-Christen stammten;

---

64 Vansina, „Ambaca Society", S. 25f.

hier wird die Transkulturierung nur noch deutlicher. Sie vagabundieren aber auch als schmuggelnde „Portugiesen" durch die Texte der Kolonialgeschichte und der Inquisition. Allerdings oft „farblos".[65]

Im 19. Jahrhundert waren schwarze und farbige Atlantikkreolen auf dem Atlantik (und den europäischen oder amerikanischen Quellen darüber) soweit marginalisiert, dass sie in geschriebenen Quellen oft nur erkennbar und sichtbar werden, wenn es zu Konflikten zwischen Großmächten kam, wie im Falle der Mixed Commissions zur Verfolgung des Sklavenhandels. In den Berichten der britischen Richter der Mixed Commission von Havanna erscheint folgender Bericht:

> H.M. Sloop ‚Arachne', Commander James Burney Esq., being on her way home from Vera Cruz to England fell into with the Spanish Polacra Schooner ‚Joven Reyna' about 30 leagues to the Westward of the Havana and at a short distance from the coast. Commander Burney having found on board 254 African negroes brought her into this Port on the Evening after the capture when the Prize was immediately placed under Quarantine ... 254 negroes remaining alive at the period of detention ... these negroes were taken on board in the River Congo in February last. The owner of the ‚Joven Reyna' is said to be a D.n Buenaventura Martorell the father of the Master. There was a Brazilian negro taken on board on the coast of Africa as interpreter, at a fixed Salary. This man claimed his liberty of the captors at the moment of detention, and the British Prize officer, who remained for eight days in quarantine with the crew and slaves having every reason to believe the man's statement to be correct delivered him up to the Captain General [of Cuba] as a prisoner along with the crew. Although these black Interpreters are in fact no others than the persons employed by the slave traders on the coast of Africa to procure them their negroes, and consequently little deserving of protection the Mixed Court thought it right to call the Captains Generals attention to this man's case.[66]

Farbige und schwarze Atlantikkreolen, in vielen zeitgenössischen Texten oft auch einfach „Portugiesen" genannt, waren aber auch spätestens seit etwa 1480 wie Schatten bei den Menschenhandels- und Sklaverei-Geschäften immer präsent. Ihre Spuren werden in den Amerikas seit etwa 1520 immer stärker vom Triumphalismus der Conquista-Erzählungen (Mexiko, Peru) überdeckt. Oder sie fielen dem fast generellen Schweigen sowie der gezielten Marginalisierung zum Opfer, die Sklavenhandel sowie Kapitalakkumulation wie eine Omertà umgeben. Es sei denn, schriftkundige Atlantikkreolen wurden versklavt, es kam zu Großmachtkonflikten oder die generelle Mündlichkeit der Herrschafts- und Geschäftstechnik wurde von innen her infragegestellt beziehungsweise, wie später bei Olaudah Equiano, instrumentalisiert. Olaudah Equiano war eigenen Aussagen nach

---

65 Zeuske, „Atlantik und Atlantikkreolen", S. S. 411; siehe auch: Fuente, Havana, passim.
66 Zeuske, „Atlantik und Atlantikkreolen", S. 411; siehe auch: TNA, UK, FO 313/13: Entry book (No. 11 of 3d March of 1834 to No. 61 of 11 August of 1835), S. 155f., Schreiben (Originalkopie) Nr. 34/1835 von W.S. Mackay an Duke of Wellington aus Havanna vom 11. April 1835, hier S. 156.

im Innern des heutigen Nigeria als Kind versklavt worden. Er wurde mehrfach verkauft und zur Küste transportiert und an europäische Sklavenhändler vertauscht. Equiano befuhr mit unterschiedlichen Herren die Welten des Atlantiks und kaufte sich frei. Er war selbst Sklavenhändler. Später wurde er Abolitionist und publizierte seine Autobiografie, die zu einem Publikumsrenner wurde. Heute ist er, wie fast alle Atlantikkreolen, umstritten. Es sind Dokumente gefunden worden, die besagen, dass er schon als Sklave in Nordamerika geboren worden sei. Es sind immer sehr hybride Aussagen, die ehemalige Sklavenhändler und Atlantikkreolen zu Papier brachten – Olaudah Equiano etwa wollte mit seinem Pseudonym „Gustavus Vassa", wie wir wissen, wohl auch die Ermordung der Menschen einer ganzen Sklavenschiffsfracht 1783 durch Ertränken in Erinnerung halten.[67]

5.1 Seeleute – Lehrlinge in den Tropen und zeitweilige Atlantikkreolen

Sklaven waren die größte unfreie Gruppe von Arbeitskräften der Atlantischen Sklaverei. Sie hielten diese atlantische Ökonomie am Laufen, gerade in ihren Funktionen als Grundkapital, Commodities und Arbeitskräfte. Seeleute und Matrosen sowie die Gruppen der afrikanischen Atlantikkreolen auf den Schiffen stellten die größte und wichtigste Gemeinschaft von formal „freien" Lohnarbeitern in der translokalen Meeres-Marktwirtschaft. Matrosen waren meist Menschen aus den gemäßigten Zonen der Erde. Sie mussten erst einmal „die Tropen lernen".[68] Ihre Lehrmeisterinnen und Lehrmeister wurden Tangomãos. Ende des 18. Jahrhunderts handelte es sich allein in den an den Atlantik grenzenden Ländern Europas um 300 000–400 000 Männer – viele Matrosen waren auch aus den Hinterländern Europas (Interior) an den Atlantik gekommen.[69] Seeleute waren auch die meisten Piraten, Schmuggler, Sklaventransporteure, Flibustier und Korsaren, die im Zusammenhang der atlantischen Ökonomie immer mitgedacht werden müssen.

Eine eher ungewöhnliche Figur an den Küsten Afrikas und im atlantischen Sklavenhandel war der Matrose James Field Stanfield, dem Marcus Rediker ein

---

67 Zeuske, „Atlantik und Atlantikkreolen", S. 412; siehe auch: Curtin (Hrsg.), Africa Remembered; Equiano, The Interesting Narrative.
68 Caldeira, „Aprender os Trópicos".
69 Rediker, Between the Devil, passim; Scott, „Crisscrossing Empires"; Bolster, Black Jacks, passim (fokussiert auf schwarze Seeleute im 19. Jahrhundert); Frykman, „Seamen"; zum südatlantischen Menschenhandel siehe: Rodrigues, De costa a costa, passim; zur Matrosen-Historiografie aus europäischer Sicht siehe: Ressel, „Die Seeleute".

ganzes Kapitel gewidmet hat. 1749 oder 1750 geboren in Dublin, war Stanfield für eine Priesterkarriere vorgesehen. Seine Studien brachten ihn darauf, à la Robinson Crusoe die Abenteuer der Meere zu suchen. Er wurde Matrose und besegelte viele Ozeane. Stanfield wurde fast zwangsläufig auch Hilfskraft des atlantischen Slaving. Seine Erfahrungen prägten seine Persönlichkeit bis an sein Lebensende. Stanfield machte als Matrose eine Sklavenfahrt von Liverpool nach Benin und Jamaika (1774–1776). Er verbrachte acht Monate in einem Sklavenhandelsfort an der Sklavenküste (Slave Coast). Später wurde Stanfield Schauspieler, der Triumphe und Tragödien menschlicher Existenz kannte.[70] Als die abolitionistische Bewegung Einfluss gewann, entschloss sich Stanfield in den späten 1780ern einen Bericht über den Horror des Sklavenhandels zu schreiben. Stanfields *Observations on a Guinea Voyage, in a Series of Letters Addressed to the Rev. Thomas Clarkson* wurde von der *Society for Effecting the Abolition of the Slave Trade* in London publiziert. Als Serie erschien das Pamphlet von Stanfield auch in amerikanischen Zeitschriften. 1789 veröffentlichte Stanfield ein großes Poem über seine Sklavenhandelserfahrungen unter dem Titel *The Guinea Voyage, A Poem in Three Books*; einige kleinere Gedichte folgten, wie zum Beispiel das auf Authentizität abhebende Poem ohne Titel, das unter dem Motto „Written on the Coast of Africa in the year 1776" stand.[71] Als Literat und gebildeter Mann, der im Laufe seines Lebens einige Prominenz erlangte, repräsentiert Stanfield alle Ambivalenzen der Versklaver/Abolitionisten-Perspektive, wie wir sie auch bei Olaudah Equiano[72] und anderen finden und mit der wir noch oft zu tun haben werden.

Als Beispiel für einen wenig gebildeten Matrosen, der die Arbeit für Heuer auf den Meeren als *wage slavery* empfand, steht Nicholas Owen. „Owen sought to escape wage slavery by becoming a petty slave trader".[73] Owen war ein irischer Seemann aus einer wegen Verschwendung und Trunksucht zusammengebrochenen Bauern- und Fischerfamilie. Er hatte den Atlantik fünfmal überquert. Owen machte sich schließlich nach einem Diebstahl von Waffen und Flucht in der Nähe von Cape Mount im Süden von Sierra Leone selbstständig. Afrikanische Sklavenhändler überfielen ihn aus Rache dafür, dass ein niederländischer Kapitän afrikanische Kanubesatzungen vor der Küste gekidnappt hatte. Als „Engländer" ließen sie Owen am Leben. Er wurde schließlich an einen weißen Sklavenhändler an der Küste verkauft. Dort führte Owen ein Journal und arbeitete als *middleman*, im Grunde als „weißer" Atlantikkreole, der lokale afrikanische Gruppen und Sklavenhändler mit europäischen Sklavenhändlern und Kapitänen zusammenbrach-

---

70 Rediker, The Slave Ship, S. 132.
71 Ebd., S. 132f.
72 Ebd., S. 108–131.
73 Ebd., S. 23f.

Abb. 11. „Branding Slaves", in: Blake, The History of Slavery and the Slave Trade, S. 97.

te.[74] Neben Matrosen kommen als Typen von Hilfskräften und Sklavenhandelsbrokern auch Schiffsjungen und Kabinen-Boys (*grumetes, moços*), Barkers, Ruderer oder Schiffsköche in Frage.[75]

Theophilus Conneau sagt über seine *grumetes*: „a name given to men employed in boats or canoes, equivalent to seamen in the Sosoo language and taken from the Portuguese *grumetes*, ‚young mariners'".[76]

Gerade „weiße" Matrosen und niederes Führungspersonal der Schiffe, wie Bootmänner oder sogar Köche, wurden in vielen Erinnerungen von Sklavinnen und Sklaven als die direkten Gewaltanwender und Vergewaltiger auf dem Atlantik genannt und manchmal auch dargestellt.[77] Der Sklavenhandelsseemann steht in der kollektiven Memoria des atlantischen Slaving, vor allem in der visuellen Memoria, als brutaler Kerl, mit neunschwänziger Katze oder einem Brandeisen in der Hand, im Kampf gegen rebellische Gefangene der Sklavenschiffe oder Vergewaltiger schwarzer Frauen.[78] Trotz dieses Klischees gab es, wie wir im letzten Kapitel erfahren haben, strikte Anweisungen, dass ohne Wissen und ohne Befehl eines Offiziers keine offene Gewalt, keine Bestrafung stattfinden durfte. Die meisten neueren Arbeiten betonen auch die Nähe der Seemannsexistenz während der Sklavenfahrten zur Sklaverei, in einem atlantischen System, in dem sowohl der

---

74 Ebd.; Owen, Journal. Eine von Owens Reise fand 1753 zwischen Sierra Leone und Barbados statt, auf der *Prince Sherboro*, siehe: www.slavevoyages.org/ 36152 (23.12.2009).
75 Rediker, The Slave Ship, S. 20–22.
76 Conneau, A Slaver's Log Book, S. 101 (1827).
77 Bolster, Black Jacks; Roediger, The Wages; Rediker, Between the Devil, passim; Christopher, Slave Ship Sailors, passim; Hartmann, Lose Your Mother, S. 136–153.
78 Taylor, If We Must Die, passim; Anselin, Le refus.

Sklavenhändler-Kapitän wie der Sklavenhalter als *master* bezeichnet wurden. Die Masters verhielten sich beiden Gruppen, Sklaven und Matrosen, gegenüber auch als solche – Symbol war die Peitsche, auch und gerade für Matrosen. Masters – das waren Kapitäne und ihre Exekutoren, d. h., Offiziere und Bootsmänner sowie Aufseher und Männer in Polizeifunktionen auf den Schiffen (wie die oben genannten *condestables*, *mayordomos* oder *guardianes*). Viele überlieferte Zeugnisse von Matrosen stellen den Dienst auf den Sklavenschiffen als Sklaverei dar, zum Beispiel in schriftlichen Erinnerungen, Tagebüchern, Liedern und Gedichten. Sklaven wie Matrosen standen unter schwerstem außerökonomischem, körperlichem Zwang und regelrechtem Terror. Nur Matrosen waren im Ankunftshafen, wenn sie überlebt hatten und abheuern durften oder desertierten, wieder „frei"; Sklaven dagegen blieben der Sklaverei und dem Regime der Peitsche unterworfen – meist ein Leben lang.

Zwischen 1700 und 1750 arbeiteten 25 000 bis 40 000 Seeleute (nur) auf dem Nordatlantik, danach bis um 1800 circa 60 000 (für den iberisch dominierten Südatlantik liegen keine Zahlen vor). Insgesamt segelten von Großbritannien, britischen Kolonialterritorien und später von Gebieten der unabhängigen USA 300 000–350 000 Matrosen auf Sklavenschiffen nach Afrika.

Direkte Solidarisierungen zwischen Seeleuten und Versklavten auf den Sklavenschiffen während der Middle Passage, etwa Befreiungsaktionen und Hilfe bei Aufständen, sind nur ganz selten nachgewiesen – das dürfte bei den Gefahren und drakonischen Strafen, die darauf standen, auch schwierig gewesen sein.[79] Es kam auch bei gemeinsamen Aktionen von Versklavten und Matrosen nur zu kurzen Momenten der Solidarität. Aber Matrosen vor allem der britischen Sklavenschiffe organisierten in Häfen, meist in den englischen Ausgangshäfen, einige der größten Streikaktionen. Sie richteten sich oft speziell gegen die Finanziers und Investoren der Sklavenhandelsfahrten. Matrosen nahmen auch an vielen Aktionen wie Rebellionen und Aufstände gegen Sklavenhändler, Kapitäne sowie Schiffsausrüster in den europäischen Häfen teil. Oder sie flohen, so wie Sklaven auch.

Matrosen bildeten eine kosmopolitische Gruppe mit mobilen Lebens- und Arbeits-Erfahrungen, die den gesamten Atlantikraum umfassten. Sie kannten auch *Atlantic food*: Kabeljau, Tasajo, Kaffee, Zucker, Rum/Wein und Tabak. Sie waren daran gewöhnt, in atlantischen Häfen mit Menschen anderer Kulturen umzugehen oder in multikulturellen Crews zu arbeiten. Sie mögen bescheidener Herkunft gewesen sein, schreibt Emma Christopher, aber „ihre Horizonte waren weit".[80] Die Seefahrerei bildete in den amerikanischen Kolonien, an den Küsten

---

79 Taylor, If We Must Die, passim.
80 Christopher, Slave Ship Sailors, S. 226.

Westeuropas und auf dem Atlantik das wichtigste Segment der Lohn-Arbeit für Unterschichten. Westafrika war Teil dieser globalisierten und transnationalen Welt der Seeleute. Auch afrikanische Fachkräfte gehörten der kosmopolitischen Welt atlantischer Seeleute an. Sie waren vor allem Seeleute der untersten Kategorien, Köche, Übersetzer, Musiker, aber gehörten auch den spezialisierteren Gruppen der Lotsen und Zubringerbootsführer an. Gerade innerhalb dieser multiethnischen und multirassialen Gruppen kam es zu Solidarisierungen über die sich immer deutlicher ausprägenden Rassenlinien und *habita* hinweg. Zugleich waren meist „weiße" Matrosen auf allen Stufen, Sektoren und Abschnitten des Sklaventransportes von Menschen aus Afrika nach Amerika präsent. Matrosen waren der Sklaverei am nächsten. Sie wussten, was „Unfreiheit" bedeutet. So konnten sie sowohl die praktischen Elemente von „Freiheit" (faire Bezahlung, erträgliche Arbeitsbedingungen und Abwesenheit von Hunger und körperlicher Gewalt) wie auch das abstrakte Ideal der Freiheit wohl am besten in der atlantischen Welt würdigen. Damit bildeten sie eine breite soziale Basis des Kampfes um die Abolition und für „Freiheit" in Zeiten der demokratischen atlantischen Revolutionen. Je intensiver sie in Prozesse des atlantischen Slavings eingebunden waren, desto mehr Unfreiheit, Gewalt der Master, Krankheiten, schlimme Dienste und Gefahren von Krankheiten, Hunger sowie Rebellionen mussten sie erleiden.

Die Entwicklung des atlantischen Slaving war begleitet von sich immer deutlicher ausbreitenden Rassenideologien, die Historiker ansonsten meist aus Untersuchungen über Ideen-, Philosophie- und Wissenschaftsgeschichte kennen. Unter Matrosen war „Rasse" aber keineswegs etwas so Eindeutiges wie in den Systematiken der „Rassen-Wissenschaften". Einerseits, so schreibt Emma Christopher, war das Privileg der „weißen Haut" (*whiteness*) letztlich das Element, welches europäische Matrosen aus den untersten Klassen ihrer jeweiligen Ausgangsländer am meisten in ihrer Identität prägte, vor direkter Versklavung schützte und ihnen auf den Schiffen oder in den Amerikas einen Status und Habitus verschaffte, den Menschen dunklerer Hautfarbe niemals hatten, auch Spezialisten wie Lotsen, Ruderer oder Übersetzer nicht. Andererseits lernten sie in Afrika, auf den Schiffen selbst und in den amerikanischen Häfen freie, selbstbestimmte, oft solidarische Schwarze kennen, die Matrosen, Köche, Dolmetscher, Barbiere, Geliebte, Arbeitsgenossen, Freunde etc. waren. Rassenideologien setzen andauernde Neuschöpfung, Reauthentifizierung und Weiterentwicklung voraus. Das geschah auch im Mikrokosmos der Sklavenschiffe, wo Ideologien sozusagen praktisch in Hierarchien und Gewaltausübung umgesetzt und verfestigt wurden: bewaffnete Wachen, Essensausteilung, Anketten, Peitschenbestrafungen, Niederschlagung von Rebellionen, Überbordwerfen, Vergewaltigungen, Brandmarkierungen von Matrosen gegen Sklavinnen und Sklaven.

5.1 Seeleute – Lehrlinge in den Tropen und zeitweilige Atlantikkreolen — 195

Das Leben der Matrosen an Bord atlantischer Sklavenschiffe war ebenso paradox wie widersprüchlich, wozu nicht zuletzt auch die Gefahren beitrugen, bei Sklavenfahrten in Nordafrika durch die sogenannten Barbaresken versklavt zu werden oder einer Schiffsrebellion zum Opfer zu fallen. Die Antwort der Matrosen auf ihre Lage war keine generelle „Solidarisierung aller Unterdrückten" in einer atlantikweiten Internationale der 18. Jahrhunderts, wie einige Stimmen in der Debatte um das *Many-Headed Hydra*-Buch von Linebaugh und Rediker[81] unterstellt haben, sondern die Tatsache, dass Matrosen die weltläufigste, anti-autoritärste, größte, militanteste und unruhigste professionelle Gruppe ihrer Zeit darstellten – Kosmopoliten von unten mit erheblichem mobilem Erfahrungswissen. Seeleute fungierten oft auch als Informationsübermittler in Bezug auf Revolten, Streiks, abolitionistischen Ideen, Rebellionen und sogar Sklavenaufständen; manchmal halfen sie sogar entlaufenen Sklaven. Die größte Besonderheit des *Jack Tar*, der, wie gesagt, auch als Auspeitscher von Sklaven und Vergewaltiger von Sklavinnen in der visuellen Memoria des Westens verankert ist (sein Matrosenhemd verbirgt dabei die Spuren der Auspeitschungen auf seinem eigenen Rücken), war wohl die Ähnlichkeit der Gewalt-Strukturen, die sowohl die Versklavten wie auch Atlantikkreolen und die schwarzen oder farbigen Seeleute erfasste.[82] Um in diesen Strukturen die Herrschaft der Kapitäne als Agenten der Reeder und Großkaufleute zu wahren, stellte Rassismus etwas sehr Nützliches dar.

Sklavenschiffe hatten allerdings oft transkulturelle Mannschaften, darunter neben den freien Atlantikkreolen auch eine Reihe von versklavten Seeleuten oder ehemaligen Sklaven. Rassismus war unter solchen Bedingungen auch ein nützliches Element von Herrschaft, um verschiedene Gruppen gegeneinander auszuspielen.

Über Sklaven oder Matrosen sowie Sklaven *und* Matrosen als Akteure wurde zu dieser Zeit keine Geschichte geschrieben; über Matrosen höchstens als Kanonenfutter für die Weltstellung der britischen Marine. Auch über Sklavenjäger (Baquianos, Grumetes, Barkers, Pombeiros, Prazeros, Panyarrs, Quimbares, Sertanejos, Bandeirantes), Lançados, Tangomãos, Grenzgänger und gefangene Afrikaner und Afrikanerinnen sowie ihre Kinder gab es viele (mündliche) Geschichten, aber kaum Geschichte. Die Unterschichten des Atlantiks waren sicherlich der Gewalt der Eliten ausgeliefert. Transkulturelle, transethnische und transatlantische Solidarität unter ihnen ist zwar wünschenswert, aber gerade mit Blick auf Seeleute,

---

[81] Linebaugh/Rediker, The Many-headed Hydra, passim; siehe auch die Einleitung von Altmeister Josep Fontana in der spanischen Ausgabe; sie fasst die Argumente der Debatte schlüssig zusammen: Fontana, „Introducción".
[82] Alles nach Christopher, Slave Ship Sailors, passim.

Köche, Übersetzer und Atlantikkreolen auf Deck sowie Sklaven (und eventuell Atlantikkreolen) unter Deck oder in Bezug auf die Heiler noch nicht ganz klar.[83]

5.2 Afrikanische und amerikanische Atlantikkreolen und Atlantisierung

Wegen ihrer Bedeutung für Atlantisierung, Kreolisierung und Atlantic Slavery will ich die Atlantikkreolen gerne noch einmal ausführlich vorstellen. In Afrika, vor allem in Senegambien, setzten sich, wie wir wissen, zwischen die iberischen Kronen, Kaufleute-Kapitäne und Funktionäre sowie afrikanische Eliten fast von Anfang an Gruppen spezialisierter Sklavenhändler, Broker und Zwischenhändler, die Lançados. Sie waren informelle „Vorreiter", Brecher der von iberischen Monarchen verkündeten Monopole (zum Beispiel auf Sklaven- oder Goldhandel[84]). Und sie waren Vorreiter transkultureller Sexualität. Sie lebten an den Höfen afrikanischer Chefs, wo sie nach und nach eigene Machtpositionen erlangten. Sie bildeten bald Gruppen und Netzwerke spezialisierter Sklavenhändler und Zwischenhändler.[85] Tangomãos waren in traditionellem Verständnis Europäer und Mulatten (*mestiços*), die sich um die Vermittlung der Anker- und Handelsrechte – *costumes* – für portugiesische Schiffe bei afrikanischen Chefs bemühten und oft selbst Handel betrieben; bei der Interpretation über die Herkunft des Begriffs kommt auch *tanganhão* oder die korrumpierte Ableitung vom arabischen Wort *targama* = Übersetzer vor.[86] Aus der Sicht der frühen portugiesischen Quellen waren Lançados „Portugiesen", die sich ohne Kontrolle durch Funktionäre der Krone in die unbekannte Wildnis der Atlantikränder vorwagten, um Handel und Raub (*resgate*) auf eigene Gefahr zu betreiben; eine *tangomã* war die (afrikanische) Frau, die einen Lançado begleitete. Luis de Molina schreibt am Anfang des 17. Jahrhunderts allerdings auch, dass Tangomãos Negerinnen zum Konkubinat zwangen.[87] Später scheint sich der Begriff Tangomão auf die oben beschriebenen Nachkommen von Portugiesen und Afrikanerinnen bezogen zu haben.[88]

---

83 Zeuske, „Atlantik und Atlantikkreolen", S. 412.
84 Cortés Alonso, „La trata de esclavos", S. 23–50.
85 Ivana Elbl weist frühe Lançados vor allem für die Region der „Guinea rivers" (*rios de Guiné*), die Banhun-Staaten von São Domingo, Buguendo und Sierra Leona nach, siehe: Elbl, The Portuguese Trade, S. 595.
86 Siehe: „Alvará sobre a fazenda dos Tangomãos (15-7-1565)"; siehe auch: Mattoso, Ser escravo, S. 39.
87 Molina, De iustitia, Bd. I, S. 32–36.
88 Zeuske, „Atlantik und Atlantikkreolen", S. 406–422; hier S. 413; siehe auch: Sandoval, „De la esclavitud de estos negros de Guinea y demas puertos hablando en general", in: Sandoval,

5.2 Afrikanische und amerikanische Atlantikkreolen und Atlantisierung — 197

Das Wort *tangomaas* bezeichnete in Temne/Sapi die priesterliche Lineage, die die Simo-Schreine und den lukrativen Kola-Handel von Sierra Leone kontrollierten. Besonders wichtig ist der Hinweis, dass es den Simo-Priestern um die Integration des portugiesischen Transportraumes ging – d. h., Portugiesen wurden von Afrikanern benutzt.[89] Lançados und Tangomãos waren am Beginn vor allem Akteure der sehr aktiven Sexualpolitik der Portugiesen (wie oben in der Einleitung dargelegt). Seit Ende des 15. Jahrhunderts hatte sich Tangomão als Bezeichnung für Nachkommen von Lançados und andere Europäer – Abenteurer, Sträflinge, desertierte Soldaten/Matrosen oder deportierte (jüdische) Neu-Christen – eingebürgert, die afrikanische Lebensweisen und Bekleidungsregeln annahmen, wahrscheinlich auch mehr, wie afrikanische Formen der Religion und Körperkennzeichnungen. Tangomãos waren in der Guiné-Bissau- sowie Bijágos-Region vor allem mit Biafada-Sapi-Kaufleuten verbunden. Das Aussehen ihrer Körper und ihrer Kleidung hing oft davon ab, ob sie in matrilinearen oder patrilinearen Gesellschaften lebten. Viele der illegal Gelandeten, aber später auch viele Kaufleute, Priester oder Kronfunktionäre taten sich, wie oben gesagt, mit Frauen aus den lokalen afrikanischen Gesellschaften zusammen. Einige heirateten sogar nach lokalen Regeln.[90]

Lançados und Tangomãos müssen jedenfalls als Cabeças/Caboceers und Baquianos die Vorväter der Atlantikkreolen Ira Berlins gewesen sein, der diesen Begriff vor allem auf die ersten Sklaven in Nordamerika angewendet hat.[91] Tangomãos waren vor allem in Senegambien im Gebiet der Rios de Guiné zu finden. In Bezug auf das Vermittlungszentrum zwischen afrikanischem und atlantischem Sklavenhandel Cacheu im heutigen Guinea-Bissau schreibt Alonso de Sandoval: „die portugiesischen Siedler, die dort siedeln, die sie Tangomaos nennen".[92] Auf São Tomé nannten sich die Nachkommen von Tangomãos bald nicht mehr so, sondern, wie wir wissen, *mestiços* und, wenn sie Kinder schwarzer Konkubinen oder Nachkommen von Sklaven waren, *filhos da terra* und Portugiesen.[93]

Wie wir auch wissen, waren die ersten Lançados Europäer, keine afrikanischen Atlantikkreolen. Aber ihre Kinder wurden meist afrikanische Atlantikkreo-

---

Un tratado sobre la esclavitud ..., S. 142–149; siehe auch: „Mittelsmänner im Westafrikahandel", nach: Silveira (Hrsg.), Edição Breve, S. 15–18; Carreira, Cabo Verde, S. 55–78; zu den Tangomães siehe: Amaro Monteiro/Vázquez Rocha, A Guiné, S. 10.
89 Brooks, Eurafricans in Western Africa, S. 50.
90 Zeuske, „Atlantik und Atlantikkreolen", S. 414.
91 Berlin, „From Creole to African"; siehe auch: Boulègue, Les Luso-africains.
92 Sandoval, „De la esclavitud de estos negros de Guinea y demas puertos hablando en general", in: Sandoval, Un tratado sobre la esclavitud, S. 142–149, hier S. 146.
93 Garfield, „Public Christians"; Garfield, A History.

len; oft auch Angehörige ihrer erweiterten afrikanischen Familien und Clans oder, wenn die Frauen, oft in der Rolle von Haussklavinnen und Konkubinen, mit auf die Experimentalinseln Kapverden oder São Tomé und Príncipe kamen, Mestizen und Filhos da Terra und „Portugiesen" (wie sie in Amerika „Spanier" und später *mestizos* wurden). Es konnte aber auch schnell passieren, dass Kinder afrikanischer Atlantikkreolen im oben erwähnten florierenden Schiffsjungen-Handel zu *grumetes/gurmetu* (Crioulo) und *grumettas* (Englisch), im Sinne von Schiffsjungen, Kabinenboys und abhängige Quasi-Sklaven degradiert wurden.[94]

In matrilinearen Gesellschaften kam ein fremder Mann für gewöhnlich durch Heirat schneller in vollen Rechtsstatus. Er hatte aber als Mann generell weniger zu bestimmen. Viele Tangomãos lebten lieber in den afrikanischen Gesellschaften ihrer Mütter. Ihre Nachkommenschaft organisierte den Handel zwischen Afrikanern und Portugiesen ebenso wie die ersten Mestizen- und Atlantikkreolengenerationen auf La Hispaniola seit 1493 zwischen Indios und Europäern, Sklavenjäger im brasilianischen Hinterland (Paulistas/*bandeirantes*), viele *métis* in Nordamerika oder die Gründer von Caracas in Venezuela. Viele von ihnen waren die ersten Menschen (auch) europäischer Herkunft, die daran gewöhnt waren, dauerhaft in den Tropen (*tropicalité*) zu leben.[95] Daraus ergibt sich die durchaus spannende und oben bereits angerissene Frage nach der Reichweite dessen, was wir „atlantische Welt" nennen. Klagen über unbotmäßige Küstenbevölkerungen von Subsistenzfischern, Abwrackern, Walfängern oder Strandräubern, die in Verbindung zu Piraten/Korsaren standen, sind Legion. Westafrika mit seinem Menschenkapitalismus und dem regen Handel war auf jeden Fall zu dieser Zeit ein Zentrum der atlantischen Welt des Menschenhandels. Dehnten Atlantikkreolen, Träger und Sklavenjäger/Baquianos diese atlantische Welt bis tief in das Innere der Kontinente und an die Strände, Küsten und Inseln aus? Oder lebten sie nur zeitweise in atlantischen Welten und zeitweise *beyond the Atlantic*, in den lokalen Welten ihrer Mütter und Frauen, den kontinentalen Weiten Afrikas und Amerikas, die nur durch Flusswelten unter einheimischer Kontrolle (oder durch Karawanen) lose mit dem Atlantik verbunden waren, wie viele Spezialisten etwa der Geschichte der *Native Americans* (Indianervölker Nordamerikas, die oft mit Meer und Atlantik nicht viel zu tun haben) mit einigem Recht annehmen? Das Phänomen der „kulturellen Vermittler", die engstens mit Sklaverei und Sklavenhandel als Akteure und/oder Opfer verbunden waren, lässt sich translokal im ganzen Atlantikraum

---

[94] Zeuske, „Atlantik und Atlantikkreolen", S. 415.
[95] Iliffe, Geschichte Afrikas, S. 48f.; Caldeira, „Aprender os Trópicos".

beobachten. Offensichtlich gab es auch Pazifikkreolen und sicherlich auch Kreolen auf dem Indischen Ozean.[96]

Im historisch-soziologischen Sinne kontrollierten Menschen wie Tangomãos, Baquianos, Caboceers, Kaffziere, Barkers, Quimbares, Prazeros, Pumbeiros, Panyarrs, Kulturvermittler und allgemeiner Atlantikkreolen Sprachen, Landschaften, Lebensstile, Performanzen und Handelsusancen mindestens zweier oder mehrerer lokaler Kulturen, die an den atlantischen Küsten aufeinandertrafen. Ähnliche Vorgänge finden sich auf amerikanischer Seite. Gruppen von *cultural brokers* entstanden, die in einer für offizielle Quellen nicht sichtbaren Kultur des verborgenen Atlantik (Hidden Atlantic), des Raub- und Menschenhandels lebten. Aus Sicht portugiesischer Einflussgebiete in Afrika, vor allem Senegambiens sowie Kongo-Angolas, waren es meist selbst versklavte schwarze oder farbige Pumbeiros (Kongo/Angola/Benguela), die die Sklavenmärkte (*feiras/pumbos*) hinter den Küsten, im jeweiligen Interior aufsuchten, oder Tangomãos, die sich irgendwo in ihren Genealogien auf einen weißen/portugiesischen Vater berufen konnten (Senegambien).[97]

Es gibt sehr viele Probleme in Bezug auf Sklaverei, Sklaven- und Menschenhandel, Transkulturation und Kreolen sowie Atlantikkreolen in einer Globalgeschichte des Sklavenhandels; ich will hier drei Hauptprobleme nennen

1. Gab es auch Frauen unter den Atlantikkreolen? Der Begriff der Tangomãe und die Bedeutung afrikanischer und indianischer Frauen in der Frühzeit des Sklaven-Atlantik (in Amerika relativ kurz, in Afrika länger) weisen darauf hin; später gibt es Berichte über afrikanische Frauen als Sklavenhändlerinnen (wie die Frau von José Gaetano Nozzolini (siehe nächstes Kapitel)), die berühmtberüchtigten *signares* (von Portugiesisch *senhoras* (Herrinnen)) und *nharas* – und natürlich als Sklavinnen.[98]

2. Waren Atlantikkreolen eher Versklaver oder Versklavte? Sie waren beides. In Afrika sowieso. Die Grenzen waren, gerade wegen des Widerstands sowie wegen der von Tannenbaum so geschätzten Manumission (individuelle Freilassung) sowie der *coartación*, dem erlaubten und per Gesetz geförderten Selbstfreikauf von Sklaven, im iberischen Bereich der Amerikas fließend. Die fundamentale Rolle der Köche auf den Sklavenschiffen ist bisher fast nicht aufgearbeitet. Auch die Bedeutung der „Sklavenküchen" für die Transkulturation von Ernährungsweisen, Esskulturen und Nahrungsmittelproduktion sowie des Tabakrauchens, des Drogen-Konsums (z. B. Kola-Nüsse, Opium) und Rum-Trinkens (und

---

96 Niekerk, „Translating the Pacific".
97 Caldeira, Escravos, S. 99–154.
98 Brooks, „The Signares"; Brooks, „A Nhara of the Guinea-Bissau Region"; Havik, „Women"; Pantoja, „Género e comércio".

der Mixgetränke) als der ersten globalen Konsumlaster, die zuerst von Seeleuten, Atlantikkreolen und Sklaven praktiziert wurden, für die biologisch-historische Entwicklung großer Menschengruppen in der Globalgeschichte ist noch kaum untersucht worden. Aus historischer Sicht mag man argumentieren, dass die Masse der Atlantikkreolen zu denen gehörte, die zumindest zeitweilig im Dunkel der Omertà des Sklavenfangs, -handels und -schmuggels, inklusive Vermittlung, operierten, wie aus fast allen individuellen „atlantischen" Biografien deutlich wird. Olaudah Equiano, Mohammed Baquaqua, Ibrahim Abd al-Rahman, Rufino José Maria, die „Prinzen von Calabar"; alle waren versklavt, betrieben aber auch vor oder nach ihrer Versklavung auch Sklavenhandel (manche sogar als Sklaven auf den Schiffen); in gewisser Weise gilt das auch, wie bereits gesagt, für die Afrika-Rückkehrer aus Brasilien und Kuba oder für Sierra Leone, wo die Briten befreite Sklaven auch aus den USA ansiedelten, wie Francisco Felix de Souza (der vorher kein Sklave war), Domingo José Martins, Joaquim d'Almeida und Francisco José de Medeiros.[99]

3. Galt das auch für die Amerikas? Ob das auch für karibische Atlantikkreolen und Anhänger des Haitianismus in der Karibik gilt, wie José Caridad González, „Chef der negros loangos" von Coro und Anführer der Rebellion in der Serranía de Coro 1795 oder für den ehemaligen Sklaven und berühmten Heiler Kwasi oder Quacy in Surinam, bleibt zu erforschen.[100] José Caridad entsprach jedenfalls ganz dem Bild des Atlantikkreolen: er stammte aus Curaçao (Curaçao war ein regionaler atlantisch-karibischer Offshore-Umschlagplatz des Schmuggels und der Kreolisierung[101]), sprach mehrere Sprachen, lebte in der dynamischen Stadt Coro, konnte lesen und schreiben. Jane Landers hat an verschiedenen regionalen Sklavereigesellschaften und Problemfeldern auf Basis individueller Biografien in der Zeit der „atlantischen Revolutionen" gezeigt, dass Sklaven und Sklavinnen das Potenzial des Atlantikkreolentums nutzten und oftmals in den Auseinandersetzungen persönliche Freiheit und soziale Mobilität errangen. Auch waren sie oft entscheidend dafür, dass sich der Sieg einer oder der anderen Seite zuneigte. Es gab also eine Reihe von Atlantikkreolen unter den Versklavten in Amerika.[102] Selbst dann, wenn es relativ wenige gewesen sein mögen, waren sie sehr aktiv und auf eine bestimmte Art und Weise einflussreich, im Bereich Konsum und Ernährung

---

99 Zeuske, „Atlantik und Atlantikkreolen", S. 416; siehe auch: Cugoano, Thoughts and Sentiments; Domingues da Silva, „Ayuba Suleiman Diallo"; Walvin, Britain's Slave Empire, S. 99–106; Sparks, Die Prinzen; Alford, Prince among Slaves; Law/Lovejoy (Hrsg.), The Biography; Silva, Francisco Félix de Souza; Law, „Francisco Felix de Souza"; Pybus, Epic Journeys.
100 Parrish, American Curiosity, S. 1–23.
101 Rupert, Creolization.
102 Landers, Atlantic Creoles, S. 15–54.

(etwa als Köche auf Sklavenschiffen[103]), aber auch in den Bereichen, die heute als Musik, religiöse Kulte (für die bestimmte Nahrungsmittel, Medizinal-Pflanzen und Öle wichtig waren) und Widerstandsrituale, Performanz, Körperlichkeit sowie Mode und Sprachen definiert werden – in gewissem Sinne Sinnstiftung, Kultur, Ernährung und Ästhetik. Die Entwicklung atlantischer Ästhetiken, Philosophien, Rituale und atlantischer Sprachen der verborgenen Transkulturalität aus unterschiedlichsten Elementen, vor allem afrikanischen, aber auch europäischen und amerikanischen, wiederum hatte bedeutende Rückwirkungen auf solch harte ökonomische Bereiche wie Textilproduktion und -exporte (das verband etwa Schlesien, Sachsen oder die Westschweiz, innerkontinentale Regionen par excellence, die Leinen oder andere Handels-Stoffe produzierten, mit dem atlantischen Raum), Zucker-, Tabak- und Rumkonsum (auch Wein, Gin und Brandy) oder „weiche" Faktoren wie bildliche Darstellung, die wiederum die europäische Ästhetik beeinflussten, und europäischen Konsum mit Auswirkungen auf Medizin und Gesundheit. Globale Sklavereigeschichte, in deren Zentrum sich unter anderem die „großen" Sklavereien im Zucker, im Kaffee/Kakao, in der Baumwolle, bei den Gewürzen oder im Tabak befinden, kann auch als eine unendliche und quasi unterirdische Geschichte von Zahnkrankheiten, Diabetes, Alkoholismus oder Krebs auf Seiten der Konsumenten beschrieben werden.[104] Oder als Geschichte der Droge Alkohol und anderer Drogen (wie Coca Cola – ein Grundbestandteil war Kola, das fast immer auch dem Wasser von Schiffen aus dem nördlichen Westafrika zugesetzt wurde) sowie Medizinprodukten. Schnaps und Tabak waren aber immer auch Haupttauschartikel im Menschenhandel.[105]

Über afrikanische und europäische Elemente in der Textilienverwendung auf Körpern von Versklavten oder Atlantikkreolen existieren wenigstens Quellen, nicht zuletzt visueller Art, wie unter anderem in den Bildern von Galque, Eckhout, Rugendas, Debret oder Landaluze; gerade Albert Eckhout aus Groningen (1610–1665) ist zum Maler der Atlantikkreolen in Brasilien geworden (um 1640). Noch wichtiger für die Visualisierung anderer Formen der Kreolisierung ist das in Mitteleuropa quasi unbekannte Gemälde des Malers Adrian Sánchez Galque aus Quito von 1599 mit dem Titel „Los mulatos de Esmeraldas" (heute im *Museo de América* in Madrid).[106] Ebenso wie der Schwarze von Eckhout sind auch die *zambos* von Galque im Grunde nicht übereinstimmend mit den heute vorherrschenden Vorstellungen von Sklaverei- und Sklavenhandel. Das liegt nicht so sehr an

---
103 Reis/Gomes/Carvalho, O alufá Rufino, S. 257–302.
104 Austen/Smith, „Private Tooth Decay".
105 Zeuske, „Atlantik und Atlantikkreolen", S. 419.
106 http://ceres.mcu.es/ (6.3.2015) (imagen 00069); siehe: Büschges, „Eine schwarze Conquista".

Abb. 12. Albert Eckhout: „Afro-brasiliansk mand. Signeret 1641" (Titel nicht zeitgenössisch); mit freundlicher Genehmigung von The National Museum of Denmark, Kopenhagen, Ethographic Collections (Albert Eckhout painting N 38A7). Carlos Moura bringt den Originaltitel: „Neger krieger aus der Goldküste", siehe: Moura (org.), A Travessia, S. 271.

den oft von heutigen Kulturwissenschaftlerinnen und Kunsthistorikern bemühten Erklärungen, sondern daran, dass die Marginalisierung des Hidden Atlantic eben nicht überall und immer funktionierte. An vielen Stellen durchbrachen Atlantikkreolen, Cimarrones und andere Kreolen überhaupt die von Kolonisatoren und Conquistadoren kontrollierten Stufen von Exklusion, Marginalisierung und Verschleierung.[107]

Die wichtigsten Gebiete sind Performanz des Tanzes, der Initiationsrituale (alle sogenannten „Afro"-Religionen in den Amerikas haben ihren Anfang in Initiationsritualen[108]), der Trance, der Performanz und der Trommeln. Bei karibischer, kubanischer oder brasilianischer Musik erwartet man das, aber es spielt auch bei zunächst als „weiß" geltenden Tanz- und Musikkulturen eine höchst wichtige Rolle (französische Schiffe etwa führten, wie erwähnt, oft Akkordeonspieler mit). Nicht nur, weil Sklaven und Sklavinnen auf den Schiffen zu verzerrten Tänzen, sogenannten *Slave Ship Dances*, gezwungen wurden, aus denen alle karibischen oder „lateinamerikanischen" Tänze hervorgingen, sondern vor allem, weil Tanz

---

107 Zeuske, „Atlantik und Atlantikkreolen", S. 420.
108 Auch wenn diese Behauptung Stephan Palmié nicht gefallen wird – ich habe als Mikrohistoriker aber nicht die Probleme systematischer Wissenschaften wie der Anthropologie.

5.2 Afrikanische und amerikanische Atlantikkreolen und Atlantisierung

in Afrika eine der höchsten Künste war und ist.[109] Ich erwähne nur die transkulturierten Tänze Tango und Milonga. „Tango" war im iberischen Atlantik und Amerika später die Bezeichnung für „unzüchtige Bewegung" von Sklaven und für den Ort, wo ihre wilden „Tänze" zu sehen waren – oft Hafenviertel, Sklavenmärkte und Prostituiertenbereiche. Milonga ist eine afrikanisch-angolanische Rhetorik, eine „verführerische Rede", die sich über die Zwischenstationen São Tomé oder die Kapverden auf dem Atlantik verbreitete und nach Amerika gelangte.

Ohne den rhythmischen „Sound" der Trommeln und Timbales aus der Tiefe atlantisch-oraler Geschichte, aus der Atlantisierung 1450–1940, ist globale Weltkultur heute nicht mehr vorstellbar. Wichtig sind aus dieser Perspektive nur noch Kulis und Curry (man verzeihe mir die essentialistische Aussage), in diesem Falle indische Kulis und die von ihnen getragene *coolitude*. Oder chinesisches Essen weltweit (siehe letztes Kapitel). Alles Folgen der Kreolisierung des Atlantiks und des atlantischen Sklaven-, Menschen- und Kulihandels sowie der Transkulturationen auch anderer Ozeane. Das ist wirklich „the Atlantic as Drum"![110]

Mit den Auseinandersetzungen im 17. und 18. Jahrhundert wurden translokale, atlantische Potenzen, Ressourcen, Kapitalien, Handelsnetze und -kulturen immer stärker durch die entsprechenden Kronen oder Eliten „nationalisiert" und kanalisiert und versucht, sie unter die Kontrolle von Monopolen sowie bestimmten Städten (und dort angesiedelten Geldgebern, Banken und nationalen Geldsystemen) zu bringen. Auf dieser Basis kam es dann im 18. Jahrhundert zu Entmonopolisierungen und Freihandel. Vor dem Freihandel der 1840er Jahre war Sklaven- und Menschenhandel „Freihandel" (und Schmuggel).

Erfahrene Negreros aus Bahia, Recife und später Rio de Janeiro blieben mit ihren „portugiesischen" oder „brasilianischen" Identitäten und Sprachen, ebenso wie afrikanische Atlantikkreolen, oft auch Nachkommen nach Afrika zurückgekehrter ehemaliger Sklaven oder sogar als Sklaven im Sklavenhandel wichtige atlantikkreolische Vermittler des Geschäfts – auch in Westafrika und an der Sklavenküste (etwa in Whydah, Porto Novo, Little Popo oder Lagos/Oni (Onim)). Als „Spitze eines historischen Eisberges" kann man auf ein Beispiel aus späterer Zeit verweisen. Da es sich auf die alte Kulturtechnik des Übersetzens bezieht, sollte es auch vorher schon ein verbreitetes Geschäft gewesen sein, zumal der afrikanische Übersetzer in der Mitnahme seines Sohnes Erziehungsprinzipien deutlich werden lässt, die sich schon vorher herausgebildet haben müssen. 1828 war eine spanische Brigg mit dem Namen *Guerrero* mit 121 „Africans" an den Florida

---

109 Fabre, „The Slave Ship Dance".
110 Zeuske, „Atlantik und Atlantikkreolen", S. 420.

Keys schiffbrüchig geworden. In dem Brief des Marshalls Waters Smith aus dem Marshal Office des Eastern District von Florida in St. Augustine vom 16. Juli 1828 an Samuel Southard, Secretary of the Navy in Washington, wird folgendes ausgeführt:

> I beg... to state this situation of one of these Africans named Lewis, and his son... of about twelve years of age. This man is a son of an African residing on that part of the coast resorted to by slave vessels; he speaks French and Spanish very well, and can make himself understood in English; he has been over Havana in a slave vessel as Interpreter, and was hired in the same situation by the master of the Brig Guerrero at thirty dollars per month. This information is obtained from Lewis, and also from the captain of the slave brig: he took his son with him on board of the Brig; they were not a part of the slave cargo. Lewis is desirous of going to Havana to receive the wages due him; from whence he states that he can get a passage to Africa. ... Lewis is a smart, intelligent negro, but ... is dissatisfied at being retained here, and having great influence over the other Negroes, is constantly exciting [them] in a way that gives me much trouble.[111]

Es gab Hunderte, wahrscheinlich sogar Tausende solcher Übersetzer.[112] Der Verweis auf die Biografie von Lewis ist eine Minimalantwort auf die Frage, ob Atlantikkreolen eher Versklaver oder Versklavte gewesen sind. Es gibt Quellen über eine Reihe von Versklavern unter den Atlantikkreolen; wenn die Masse Versklavte gewesen sind, haben sie eine wichtige Rolle als Konsumenten, Tänzer, Arbeitskräfte und Kulturvermittler „von unten" gespielt. Ich erwähne noch einmal die absolut fundamentale Rolle von Köchen, Heilern, Trägern, Musikern und Übersetzern auf Sklavenschiffen; so wurde die Rebellion auf dem Sklavenschiff *Amistad* durch Gespräche zwischen versklavtem Koch und Sklaven ausgelöst.

Es ist aber auch eine andere Antwort möglich: Atlantikkreolen lebten in einer Welt, in der Versklavung und Sklavenhandel normal waren und oft von Glück, guten beziehungsweise bösen Göttern oder einfach richtigen oder falschen Allianzen abhingen. Das würde bedeuten, dass Sklavenhandel und Sklaverei tief in der atlantischen Welt, ihren Landschaften und im Denken der Menschen verwurzelt gewesen sind (und auch darüber hinaus). Erst Mitte des 18. Jahrhunderts und seit den atlantischen Revolutionen, besonders seit der Sklavenrevolution von Saint-Domingue/Haiti (1791–1803), entstanden in Amerika und Europa sowie Afrika (dort waren sie oft mit islamischen Rebellionen verbunden) Denkalternativen

---

111 Washington, National Archives, RG 45, M124, Roll 115, f. 79 (mit freundlicher Genehmigung von Gail Swanson, die das Dokument gefunden, transkribiert und mir freundlicherweise zur Verfügung gestellt hat), hier zitiert nach: Zeuske, „Atlantik und Atlantikkreolen", S. 421.
112 Graden, Disease, S. 150–177.

zu Menschenjagd und Sklavereien – mit Gegengewalt erkämpfte Freiheit für ehemalige Sklaven ohne die Institution Sklaverei und ohne fremden Kolonialismus.[113]

Atlantische Identitäten waren, wie ich schon gesagt habe, vor allem eines – sehr fluid. Und, da Geschichtswissenschaft im Zeitalter des Postkolonialismus, wie auch schon gesagt, neben der notwendigen Empirie auch und vor allem reflexiv ist und sein sollte, müssen die Prozesse der diskursiven und medialen Zentralisierung Europas (des „Nordens") und der Marginalisierung Afrikas (des „Südens") neu überdacht werden, auch und gerade im Diskurs der Sklaverei- und Migrationsforschungen. In diesem Zusammenhang sind interessante Prozesse im Gange, mit der Zentralität des Atlantiks auch die Zentralität Afrikas zurückzugewinnen – manche davon zweifellos übertrieben.

Viele dieser Prozesse, die Amerikanisten „von hinten", vom zeitlichen und strukturellen „Ende" der transatlantischen Passagen zurückverfolgen, haben ihre Anfänge eben in einem Afrika oder sogar mehreren Afrikas „ohne den Namen Afrika". Spätestens seit 1550, massiv seit 1800, wirkten aber Menschen, Atlantikkreolen, die auch Amerika und die Sklavereien dort kannten, auf diese „Anfänge" in Afrika zurück.

---

113 Garraway (Hrsg.), Tree of Liberty, passim.

6 Die Upper Class der transatlantischen Sklaverei: Faktoren, Kapitäne und Negreros

„In Afrika umfassen die Begräbnis-Riten normalerweise die Ausführung von Tänzen mit dem Ziel, sich bei dem Verstorbenen einzuschmeicheln, ihn zu besänftigen, zu verabschieden, die Vorfahren anzurufen und, soweit möglich, die Böswilligkeit der Geister zu beschwichtigen".[1]

6.1 Rechtsstreitigkeiten: Risse im *long black veil*

Ende 1813 landete ein Negrero-Schoner aus Kuba an der Küste Afrikas, am Río Pongo im heutigen Guinea. Das Schiff hieß *Isabel*. Besitzer des Schiffes und sein Ausrüster war der *comerciante* (Großkaufmann) Antonio Escoto aus Havanna. Escoto war auch großer Negrero und Capitalista. Der Kapitän des Schiffes hieß Félix Pujadas. Offiziere und Mannschaften waren „Weiße", in Havanna angeheuert – aber sicherlich eine transatlantische Mixtur mit Erfahrungen in den Tropen. Die „Expedition nach Afrika" war im August 1813 aus Havanna abgesegelt. Pujadas hatte den Auftrag, am Río Pongo, in der Sklavenhandels-Faktorei von John Ormond, spanischsprechenden Kapitänen und Kaufleuten als Juan Ormon bekannt, Captives gegen Waren aus Kuba einzutauschen. Im Klartext hieß das: Verschleppte gegen Waren. Der Kapitän ließ gleich nach Ankunft die Warenladung seines Schiffes (*cargamento*) an den Faktor Ormond liefern. John Ormond, Sohn eines Europäers und einer Afrikanerin, von den Einheimischen Mongo John genannt, hatte aus irgendeinem Grunde einen Konflikt mit Kapitän Pujadas. Ein Augenzeuge, Jacob Faber aus Baltimore, mit Residenz in Havanna und Faktorei am Río Pongo, wird später erklären:

> „Dass er den Grund für den Disput des Pardos Ormon mit dem Meister des Schoners nicht kennt, und noch weniger warum er sich weigerte, den Supercargo an Bord zu lassen und ihm die besagten Sklaven zu übergeben, und dass, wenn er auch nicht weiß, auf wie viel die Zahl der Neger anstieg, die man für die Ladung gab, er doch sah, dass man mehr als hundert erhielt".[2]

---

[1] Ortiz, Los bailes, S. 228.

[2] „Declaración", Jacobo Faber (mit Übersetzer) vor Consulado, La Habana, 17 de Noviembre de 1817, in: ANC, Leg. 504, no. 32 (1815). Escoto (Antonio). „D.n Antonio Escoto, sobre justificar el numero de negros con que arribo a Rio Pongo en el Africa, la goleta de su propiedad titulada ‚Isabel'", f. 5r–7r, hier f. 5v; ich folge hier: Zeuske, Amistad, S. 123–130.

Auf jeden Fall hielt Ormond die vereinbarte Gegenlieferung von Verschleppten, etwas über hundert Menschen, zurück. Während der langen Liegezeit des Schiffes in einem der Mündungsarme des Río Pongo erkrankten und starben viele Männer der Mannschaft des Schiffes *Isabel*. Schließlich lieferte Ormond doch noch, wahrscheinlich im Dezember 1813. Um die Rückfahrt nach Havanna heil zu überstehen, musste Kapitän Pujadas freie Schwarze (*negros libres*) vom Río Pongo als Ersatz für die verstorbenen Matrosen anheuern. Als die Mannschaft komplett war, legte das Schiff im Januar 1814 ab, passierte mit der Flut die Schlammbarriere eines des Mündungsarms und gelangte auf hohe See. Wir wissen nicht genau, wann, wo und warum es zur Rebellion auf dem Schiff *Isabel* kam. Was wir wissen, ist, dass die freien Schwarzen mit den Verschleppten eine Allianz schlossen (oder umgekehrt) – möglicherweise gab es auch Verwandte oder Freunde auf beiden Seiten – und dass die Rebellion erfolgreich war. Alle Weißen wurden massakriert. Nach knapp zwei Wochen legte das Schiff mit seinen neuen Herren wieder bei der Faktorei Ormonds am Río Pongo an. Die Informationen von Escoto und die Zeugenaussagen von Faber zur Rebellion entsprechen sich in etwa. Escoto schreibt in einem ersten *memorial*, mit dem er die Untersuchung des Vorfalles im November 1815 ins Rollen brachte, folgendes:

> Juan Ormon, wieder mit der Autorität ausgestattet, die ihm an jenem [Ort] zustand, hielt die Sklaven eine Zeit lang in seiner Gewalt zurück und er schickte sie nicht an Bord, bis er Lust und Laune hatte, und wegen dieser Verzögerung an jenem Ort wurden viele der Besatzung krank und in der Konsequenz starben einige der Seeleute, bis der Fall eintrat, freie Neger zu jenem Zielort mitzunehmen ... vier oder fünf Tage nachdem der besagte Schoner Isabel von diesem Fluss zu seinem Ziel abgesegelt war, kam er wieder zur Anlandung zur gleichen Küste zurück, als Resultat dessen, dass sich die besagten freien Seeleute erhoben hatten gegen den Rest der Weißen der Besatzung, und sie töteten alle.[3]

Faber sagt aus:

> der Schoner Ysabel stach am vierten oder fünften Januar des eben vergangenen Jahren achtzehnhundertundvierzehn von Río Pongo aus zu diesem Hafen [Havanna] in See, und zwischen dem sechzehnten und siebzehnten des gleichen Monats, kehrte es zur Anlegestelle zurück, zum gleichen Ziel von wo es losgefahren war, geführt durch die freien Neger, die sich auf ihm in der Klasse von Seeleuten eingeschifft hatten, bei dieser Gelegenheit erfuhr man, dass diese Neger die von der Fracht [die Versklavten] eingeladen hatten und sie hatten

---

[3] „Memorial", Antonio Escoto an Prior y Consules del Tribunal de Comercio, La Habana, 8 de Noviembre de 1815, in: ANC, Leg. 504, no. 32 (1815). Escoto (Antonio). „D.n Antonio Escoto, sobre justificar el numero de negros con que arribo a Rio Pongo en el Africa, la goleta de su propiedad titulada „Isabel", f. 1r–2r, hier 1v.

sich in Masse erhoben, zerhackten die weißen Personen der Besatzung mit Messern [Macheten] und ermordeten sie auf alle Arten, ohne einen am Leben zu lassen.[4]

Das heißt, die gesamte ursprüngliche „weiße" Mannschaft, einschließlich Bootsleuten, Offizieren und Kapitän (ob ein Chirurg an Bord war, wissen wir nicht), war während der Rebellion wirklich getötet worden. Eine Tragödie. Silviane Diouf hat einige Texte geschrieben über den Hass, der sich in Senegambien über Sklavenjäger und Sklavenhändler aufgestaut hatte.[5] Aber die Tragödie war noch nicht zu Ende. Sie entspricht nicht den normalen Vorstellungen vom Widerstand gegen den Sklavenhandel. Bevor das Schiff wieder bei der Faktorei von Ormond anlegte, flohen einige der aufständischen Verschleppten; wahrscheinlich die jüngsten und stärksten Männer. Der lokale König erhob eine „Ankunfts-Steuer" von 18 Captives. An der Faktorei musterten die Grumetes ab. Sie schnappten sich ihrerseits 12–15 der Captives, um sie als Ersatz für ihre Heuer als Sklaven auszubeuten oder zu verkaufen. Letzteres ist eine Vermutung, aber sehr wahrscheinlich. Jacob Faber dazu:

> Juan Ormon nahm sich die Neger der Ladung wieder mit Ausnahme von achtzehn, die sich der schwarze König Willa Catta an jenem Ort des Río Pongo nahm und ungefähr fünfzehn, die sich die schwarzen Seeleute mitnahmen mit dem Vorwand sich damit den Lohn zu ersetzen für den sie gearbeitet hätten, aber der Aussagende glaubt auch sicher daran, dass einige Sklaven geflohen seien.[6]

Mongo John Ormond tat das, was zum eigentlichen auslösenden Moment der Anklage Escotos wurde – er sperrte die bereits einmal verkauften Captives wieder in seine Barracones und verkaufte sie später noch einmal. Und zwar an Kapitäne von Schiffen, die ebenfalls nach Havanna gingen, wie die Negrero-Schiffe *Atrevido* oder *Junta de Sevilla* des Havannaer Comerciante, Capitalista und Negrero Juan Madrazo. Der heilige Kaufmannszorn des Verlustes und des unberechtigten Konkurrenzvorteils wurde zum Messer, das den *long black veil* der Verschleierungs- und Marginalisierungsstrategien für einen kurzen Moment aufschlitzte. Ormond gab auch einen Teil der Verschleppten an seine Hauptfrau Geni, die sie ihrerseits

---

4 „Declaración", Jacobo Faber (mit Übersetzer) vor Consulado, La Habana, 17 de Noviembre de 1817, in: ANC, Leg. 504, no. 32 (1815). Escoto (Antonio). „D.n Antonio Escoto, sobre justificar el numero de negros con que arribo a Rio Pongo en el Africa, la goleta de su propiedad titulada „Isabel", f. 5r–7r, hier f. 6r.
5 Diouf, Servants of Allah, S. 4–48; Diouf, Fighting the Slave Trade.
6 „Declaración", Jacobo Faber (mit Übersetzer) vor Consulado, La Habana, 17 de Noviembre de 1817, in: ANC, Leg. 504, no. 32 (1815). Escoto (Antonio). „D.n Antonio Escoto, sobre justificar el numero de negros con que arribo a Rio Pongo en el Africa, la goleta de su propiedad titulada „Isabel", f. 5r–7r, hier f. 6r.

auf eigene Rechnung verkaufte. An der Aussage Fabers merken wir, dass der hin- und hergerissen war: einerseits war da die Solidarität unter Faktoren der westafrikanischen Küste, andererseits Sorge um das Geschäftsgebaren seines Konkurrenten Ormond. Faber macht sogar Aussagen zum Verbleib des Schiffes:

> Dass, als die spanische Brigantine El Atrevido zum Fluss oder Hafen Bissau gekommen war und Ormon das erfahren hatte, er ging, um sich mit dem Aussagenden [Faber] zu beraten, ob es machbar oder regelgerecht sei, die vom Schoner Isabel zurückgeholten Neger zu verkaufen, um zu verhindern, dass sie flöhen oder stürben, vorausgesetzt, dass er andere Gleiche [Verschleppte] im Fall der Übergabe an ihren [rechtmäßigen] Herrn [d. h., Escoto] ersetzen könne, durch dieses Mittel spare er sich auch die Kosten einer überflüssigen Versorgung ... [Teile nicht lesbar] ... als er [wirklich] zum Hafen von Bissau ging, war die genannte Brigantine Atrevido schon nicht mehr dort und dann entschied Ormon, die ungefähr zweiundsiebzig [restlichen] Neger, die er mitgeführt hatte, in der Gewalt von John Pierce in Rio Nunos zu lassen, wie er es auch wirklich gemacht hat.[7]

Damit das faule Geschäft nicht so sehr auffiel, hatte Ormond zunächst versucht, die Verschleppten im weit entfernten portugiesischen Bissau erneut an den Mann zu bringen. Dann ließ er die bereits mehrfach Verschleppten am Rio Nunes an einen gewissen John Pierce verkaufen. Wegen des Geschäftes mit dem Havannaer Negrero-Schiff *Junta de Sevilla* und der „parda Gení" ließ Escoto den US-amerikanischen Schiffschirurgen und Menschenhändler „Dr. Samuel Galé, Staatsangehöriger der Vereinigten Staaten von Nordamerika, Beauftragter des Sklavenhandels mit schwarzen Bozales"[8] auffordern, ebenfalls eine Aussage (*declaración*) zu machen. Galé (oder Gale), der wohl Sklavenarzt und Faktor von Juan Madrazo am Río Pongo gewesen war, sagte aus:

> Dass [der Aussagende] einem Engländer aus Bermuda namens Styler Edward Lightbourn in Waren den [Gegen-]Wert von fünfundfünfzig Negern ausgehändigt hat, über die ihm jener zur Zeit der Übergabe der Neger angegeben hat[, dass] fünfundvierzig sein eigenes Geschäft waren und die zehn restlichen das Eigentum der Farbigen Gení, Frau von Ormond waren – diese Anzahl von Negern waren insgesamt dafür [gedacht], die Ladung des Schoners namens Junta de Sevilla aufzufüllen.[9]

---

7 Ebd., f. 7r.
8 „Memorial" (2°), Antonio Escoto en Prior y Consules del Tribunal de Comercio, La Habana, 14 de Noviembre de 1815, in: ANC, Leg. 504, no. 32 (1815). Escoto (Antonio). „D.n Antonio Escoto, sobre justificar el numero de negros con que arribo a Rio Pongo en el Africa, la goleta de su propiedad titulada ‚Isabel'", f. 3r–v, hier f. 3r.
9 „Declaración", M.r Dr Samuel Gale (mit Übersetzung durch Interprete des Consulado D.n Juan Agustin Ferrety), La Habana, 15 de noviembre de 1815, in: ANC, Leg. 504, no. 32 (1815). Escoto (Antonio). „D.n Antonio Escoto, sobre justificar el numero de negros con que arribo a Rio Pongo en el Africa, la goleta de su propiedad titulada „Isabel", f. 4r–v, hier f. 4r.

Das heißt im Klartext, Ormond hatte den Rest der Verschleppten, die vom Rebellions-Schiff Escotos nochmals verschleppt worden waren, an einen Konkurrenten (sicher zu einem Vorzugspreis) verkauft und zehn der Escoto-Captives an seine Hauptfrau gegeben, damit die auch vom Extragewinn profitiere. Beide verkauften die doppelt Verschleppten an den Kapitän und den Supercargo des Schiffs *Junta de Sevilla*. Dieses segelte nach Kuba zurück. Escoto erkannte in Havanna einige „seiner" Captives – möglicherweise an den Brandzeichen. William Turner, ein englischer Menschenhändler aus London, der sich zur fraglichen Zeit 1814 ebenfalls am Río Pongo aufgehalten hatte und jetzt in Havanna war, bestätigte das Ganze nochmals, nachdem er ebenfalls auf Escotos Anforderung hin befragt worden war:

> Dass es ihm erscheint, dass die Neger, die Pardo Ormon nach Porto Bissau geschickt hat, um sie dort zu verkaufen, zweiundsiebzig an der Zahl waren, er ist sich zugleich sicher, dass sie zu denen gehörten, die zur Ladung des Schoners Isabel gehörten [...] Dass Geny, Frau des Mulatten Ormon, zehn Neger der Ladung des Schoners Isabel an einen Engländer von Bermuda genannt Styler Edward Lightbourn verkaufte, die zu den fünfundfünfzig gehörten, die er [Lightbourn] im Tausch gegen Waren an den Supercargo des Schoners Junta de Sevilla verkaufte, wo sie auch wirklich eingeschifft wurden.[10]

Der Konflikt zog weitere Kreise. Juan Madrazo, der Negrero und Großkaufmann, Sklavenhalter und Angehöriger der kreolischen Oligarchie von Havanna und mächtiger Capitalista, rächte sich am Emporkömmling Jacob Faber, Faktor, weil dieser Aussagen gegen ihn gemacht hatte. Jacob Faber war nämlich vom Río Pongo als zahlender Passagier auf Madrazos Sklavenschiff, der *Junta de Sevilla*, nach Havanna gekommen. Hätte Faber nicht gegen Madrazo ausgesagt, hätten wir erstens überhaupt keine Informationen und zweitens wüssten wir viel weniger über das interne Funktionieren des Geschäfts, die Konflikte zwischen kubabasierten großen Negreros sowie die Faktoren in Afrika – und die Profitmöglichkeiten. Faber hatte sich nämlich mit sechs *muleques* (halbwüchsigen Sklaven) und einer *negrita* (wahrscheinlich ein besonders hübsches Mädchen) auf der *Junta de Sevilla* eingeschifft, um von Afrika nach Havanna zu reisen. Seine Rechnungen wollte er mit den Kindersklaven oder mit Geld aus ihrem Verkauf (meist ging es ohne den Umweg Geld – Sklaven als Bezahlung bzw. Verrechnung waren unkomplizierter). Für die *flete* (Bezeichnung für Transportkosten wie für den Transport selbst) der Versklavten hatte er dem Supercargo Galé pro Captive 100 Pesos bezahlt (oder

---

10 „Declaración", William Turner (mit Übersetzer) vor Consulado, La Habana, 17 de Noviembre de 1817, in: ANC, Leg. 504, no. 32 (1815). Escoto (Antonio). „D.n Antonio Escoto, sobre justificar el numero de negros con que arribo a Rio Pongo en el Africa, la goleta de su propiedad titulada „Isabel", f. 7v–8v, hier f. 8r.

in Sklaven schon in Afrika verrechnet – wir wissen nicht „was vorher geschah"). Der Profittrick bei diesen Fletes bestand jedenfalls darin, dass man nicht das Risiko des Schiffskaufes sowie -verlustes, der Organisation der Expedition, Kauf von Nahrungsmitteln etc., hatte. Als Nebengeschäft der Kapitäne, Supercargos, Schiffsärzte, Offiziere, manchmal sogar einzelner Mannschaftsmitglieder waren solche auch *pacotillas* genannten Fletes üblich, wie wir oben bereits gesehen haben. Meist drückten die Ausrüster (in diesem Falle Juan Madrazo) ein Auge zu.

Die Geschäftspaktiken der Pacotille bedeuteten in Zahlen, dass sich auf nahezu jedem Negrero-Schiff sich mehr Verschleppte befanden, als offiziell in Papieren und Berichten angegeben wurde. Hätte Faber nicht ausgesagt, hätte Madrazo zu einem Schwarzgeschäft zwischen seinem Passagier und Dr. Samuel Gale aus Charleston – wie sonst üblich – ein Auge zugedrückt. Madrazo ließ aber sofort nach Ankunft alle Verschleppten (auch die Kinder Fabers), die auf seinem Schiff transportiert worden waren, bewachen, abtransportieren und auf seinen Namen verkaufen. Faber dürfte außer sich vor Zorn gewesen sein. Er präsentierte dem Tribunal de Comercio des Real Consulado eine Quittung von Samuel Gale für die Flete-Sklaven.[11]

Offiziere, Ärzte oder Steuerleute für Sklavenschiffe wurden überall in Amerika angeheuert; „spanische" Schiffe aus Kuba nahmen auch gerne Leute aus Brasilien an Bord. An Bord kam es nach Anheuerung zu internen Absprachen, wie der Menschenhandel vertuscht werden konnte, sollte es zum Kontakt mit britischen Schiffen kommen. Ein Whistleblower namens Juan Manuel Bezanilla legte alles ziemlich genau dar.[12] Der spanische Kolonialbeamte erklärte seinerseits den Vorfall:

> Bezanilla befand sich unter besonderen Umständen an Bord des in Frage stehenden Negreros [der *Columbia*], und erklärte, wenn er gewusst hätte, dass die Felukke sich zu einer Reise aufmachte, um Neger zu dieser Insel zu verschleppen, hätte er sich nicht auf ihr eingeschifft. Er sagt, er befand sich an Land in Brasilien als Pedro Pigat, Kapitän besagten Schiffes el Columbia, ihm vorschlug, ihn in der Klasse der Piloten [Steuermann] einzustellen, um an die Küste Afrikas zu fahren: dass der Kapitän ihm einige Tage, nachdem sie abgesegelt waren, gesagt habe, dass, wenn sie mit irgendeinem englischen Kreuzer zusammentreffen sollten, er, Bezanilla, als Kapitän agieren solle und Pigat als Passagier auftreten müsse: so war es,

---

[11] Originalliste der sieben Kindersklaven, ausgestellt am 21. August 1815 Rio Pongo (in Englisch), in: ANC, TC, leg. 184, no. 13 (1815). Faber (Jacobo): „Jacobo Faber, contra Juan Madrazo, sobre pesos de ciertas cuentas de negros bozales", f. 4r; siehe auch: Zeuske, „Africa", S. 123–191.

[12] AHN Madrid, Trata de Negros, leg. 8042/5, no. 44 (Originalkopie, gez. Palmerston), Foreign Office London, August 31, 1850, an Javier Istúriz, representante español en Londres, f. 1r–v (ohne Foliierung). Bezanillas hatte sich am 3. August 1848 bei Consul Crawford gemeldet und war dann an spanische Autoritäten überstellt worden, die ihn nach mehr als einem Jahr Haft zu einem Jahr „trabajos públicos" begnadigten.

dass Bezanilla klar wurde, dass er nicht der Steuermann war, wie er annnahm, sondern dass er überzähliger [Offizier] an Bord der Columbia war. Dass er dann dem Kapitän Vorwürfe machte, aber ehe man zu einer Einigung gekommen war, kamen sie an die Küste [Afrikas] ohne einen Kreuzer getroffen zu haben und in wenigen Stunden füllte es [das Schiff] sich mit Neger-Sklaven und sie stachen zu dieser Insel in See.[13]

Klar, Bezanilla versuchte sich mit seiner Aussage reinzuwaschen. Aber der Text zeigt, mit welchen Tricks auf den Sklavenschiffen operiert wurde.

Brasilianische Matrosen müssen stark auf „spanischen" Schiffen aus Kuba vertreten gewesen sein, genauso wie „Spanier" auf brasilianischen Schiffen. Der spanische Konsul in Sierra Leone, Adolfo de Guillemard de Aragón, war für seine Landsleute in der britischen Kolonie verantwortlich, die in Schwierigkeiten gerieten – am häufigsten wohl finanzieller Art. Er musste den Matrosen der von den Briten gekaperten Schiffe, die erklärten, sie seien „Spanier", Unterkunft, Verpflegung und medizische Behandlung bezahlen. Der spanische Staat gab wenig Geld. Das brachte den Konsul auf die Idee, alle „Spanier" als „Brasilianer" zu deklarieren. Das war möglich, weil der Konsul wusste, dass die Matrosen aller Sklavenschiffe bei Aufbringung durch die Briten ihre persönlichen Papiere ins Wasser warfen – in der Spache des Konsuls „que hayan tirado al agua sus papeles".[14]

Andere juristische Auseinandersetzungen beschäftigten sich mit der *naturaleza de los bultos* („Natur der Packen"). *Bulto* ist ein spanisches Wort für Packen, Klumpen, Ballen, Paket oder Gepäckstück. Da Sklavenhandel seit 1820 offiziell verboten war, durften „Sklaven" in den Schiffs- und Cargolisten nicht mehr erwähnt werden. Die Listen wurden gefälscht. Zugleich existierte sowohl auf dem Meer wie vor allem in den Empfängerhäfen ein hochkomplexes Schmuggelhandelssystem, das sich modernster Kommunikationsmittel, in dieser Zeit vor allem Zeitungen, Briefe, Boten und bald auch Telegrafie (wie im Falle Pedro Blancos der Heliograph, siehe oben), bediente. Das lief auf amerikanischer Seite meist so, dass bei erster Sichtung eines aus Afrika ankommenden Schiffes eine Notiz in die Zeitung des nächsten größeren Hafens gesetzt wurde (auf Kuba meist Baracoa,

---

13 Ebd., leg. 8042/5, no. 16, La Habana, 18 de Noviembre de 1848 (Originalkopie, unterzeichnet von Graf von Alcoy). Erklärt, wie es zur Entdeckung von 130 Bozales in Cabañas, Bahia Honda, durch den *falucho* [Felukke – kleines Schiff] *Columbia* [Information durch Crawford: „Masted Felucca „Columbia" formerly the „Relampago" of Barcelona, the Masters name Don Pedro Pigat, a native of Catalonia" – ebd.] kam.
14 Leg. 8042/6, no. 1, Sierra Leona, 30 de Junio de 1848, Consúl en Sierra Leona, Adolfo de Guillemard de Aragón an Primer Ministro de Estado in Madrid. Propone considerar como brasileños a los tripulantes de barcos negreros apresados que hayan tirado al agua sus papeles, para evitar el costo de su manutención mientras permanecen a la espera del fallo del Tribunal Mixto de Justicia, aunque [Guillemard] los atienda y se ocupe de ellos, pero con menor gasto para el erario.

Guantánamo oder Santiago de Cuba). In diesen Zeitungsinformationen und in allen anderen schriftlichen Äußerungen (Briefe, handschriftliche Notizen) war das Stellvertreterwort, die Chiffre, für „Körper" der Verschleppten *bulto*. Unter diesem Wort erscheinen die Verschleppten auch in Quellen einer Auseinandersetzung zwischen Kapitän und großem Sklavenhändler – offensichtlich um Boni.

In einer Aussage des Kapitäns Francisco Morales gegen den großen Negrero und Capitalista Francisco Riera bezweifelte der Kapitän, dem offensichtlich ein Bonus nicht gezahlt oder ein Privileg mit dem Verweis auf die Regelungen des Handelsgesetzbuches verweigert worden war.[15] Er versuchte zu verhindern, dass der Fall vor das oligarchiefreundliche *Tribunal de Comercio* gezogen würde. Morales sagt:

> Es geht auch nicht um meine Pflichten als Kapitän des Schiffes, dessen Befehl ich hatte, und ich darf als ein solcher Schiffsmeister auch keine Aktionen gegen die Reeder und Befrachter unternehmen, von denen ich einen Vorteil habe; es handelt sich um einen Vertrag über gewisse Ballen [*bultos*], deren Natur nicht kommerziell ist; ein Geschäft, das seine Existenz der Expedition nach Afrika in der Brigantine Constancia verdankt; welches aber auf keine Art denen entspricht, die das Handelsgesetzbuch enthält und auch dem Tribunal de Comercio nicht zu eigen ist, und sehr entfernt davon ist durch ein königliches Dekret festgelegt, dass dieses Tribunal jene Sachen über Packen [*bultos*] aus Afrika nicht behandeln soll. Deshalb soll man zum Kern der Sache vordringen, über die wir, die Gesellschaft Abrisqueta & Manzanedo von Francisco Riera und ich, streiten, man möge doch endlich auf die vorher zitierte königliche Entscheidung schauen; der Tribunal de Comercio darf unsere Klage nicht annehmen, ihm fehlt jede Rechtszuständigkeit dafür.[16]

Im Grunde sagt der Kapitän, dass Handel mit menschlichen Körpern, *bultos*, illegal ist. Das ist zweifelsfrei richtig. Zugleich wurden massive Profite mit Menschenhandel gemacht. Alle wussten, was *bultos* wirklich waren. Und der Kapitän sagt, dass über eine Sache, die formal gar nicht sein durfte, nicht vor einem Gericht verhandelt werden könne. Er macht Druck, damit die Finanziers ihm, wie es offensichtlich üblich war, ohne Worte oder Papiernachweis den (vor der Fahrt) mündlich ausgemachten Bonus zahlten oder die Augen angesichts seiner Geschäfte mit *bultos* verschlossen. In der Erwiderung des Anwalts von Riera gegen die Drohung des Kapitäns, den Menschenhandel öffentlich zu machen, heißt es:

---

15 „Representacion" D. Francisco Morales (capitán) contra D. Fran.co Riera y la Sociedad de Manzanedo y Abrisqueta, La Habana, 19 de Octubre de 1841, in: ANC, Leg. 389, no. 13 (1841) Manzanedo (Soc.d). „Francisco Riera, y la Sociedad de Manzanedo y Abrisqueta, solicitando se reclame al señor Alcalde Primero la demanda que allí le ha establecido Francisco Morales", f. 9r–10v.
16 Ebd., f. 9v–10r.

Nur eine wirre Vorstellung der Lage ist imstande festzustellen, dass der Vertrag, der wie Morales sagt, aus seiner Tätigkeit hervorgeht, Objekte nichtkommerzieller Natur enthält. Na und? Kennt man in Gesellschaft irgendeine Sache, mit Ausnahme von heiligen [Dingen], die ihrer Natur und ihrem Wesen nach nicht dem Handel unterworfen sind? Wenn diese Behauptung unseres Gegners zum Fürchten ist, ist es nicht weniger die Behauptung, ein unter Kaufleuten geschlossenes Geschäft, auf einem Schiff, und mit Handelsobjekten, solle nicht vom Handelsgericht in Übereinstimmung mit königlichen Bestimmungen beurteilt werden können.[17]

Die Entscheidung in diesem Fall wird aus den Quellen nicht deutlich. Eventuell gab es eine außergerichtliche Einigung.

6.2 Routen, Räume und Personen des Hidden Atlantic

Seit der Übergangszeit zwischen europäischem Sklavenhandel und amerikanischem Menschenhandel auf dem Hidden Atlantic erreichten Schiffe aus Europa, die sich zeitweilig als Sklavenschiffe betätigten, Afrika und die Amerikas im Wesentlichen auf zwei Routen: erstens der Tasajo-Route (europäischer, karibischer oder nordamerikanischer Hafen- Kapverden-Afrika-Kapverden oder São Tomé-südamerikanischer oder karibischer Hafen, meist verbunden mit einer sehr aktiven Rolle der *Banda oriental*/Montevideos im Sklavenhandel; in Europa oder Nordamerika kamen die Schiffe dann mit Trockenfleisch (*tasajo*) an[18]) und zweitens der Iberien-Route (Ausgangshafen-Hafen auf der iberischen Halbinsel-Kapverden-Afrika-Kapverden oder São Tomé-südamerikanischer oder karibischer Hafen-iberischer Hafen; nach Nordeuropa kamen die Schiffe dann mit Wein, Früchten oder Schinken aus iberischen Gebieten). Dazu kam, sozusagen als amerikanisch-karibische Anschlussverbindung, eine amerikanische Karibik-Kaffee-Route (Nordamerika-Karibik-Abstecher nach Kapverden-Afrika-Kapverden-Karibik-Nordamerika; in Nordamerika kamen die Schiffe mit Kaffee an). Für die formalen Papiere fuhren die Schiffe nach Südamerika, Iberien oder in die Karibik und machten offiziellen Transport der Waren, die sie zum Schluß einführten. Sie brauchten nur etwas sehr lange – in dieser Zeit geschah der illegale Handel. Es handelte sich um Routen, deren unschuldige Waren-Bezeichnung auch (manchmal nur) zur Verschleierung des Sklaven- und Menschenhandels diente. Eine ältere (Madeira-)Wein-Route und eine Portwein-Route existierten

---

[17] „Representacion" Arcadio Lamar, Rechtsanwalt der Firma Riera, Manzanedo y Abrisqueta, La Habana, 17 de noviembre de 1841, in: Ebd., f. 15r–16v, hier f. 15v–16r.
[18] Schröter, Die Entstehung, S. 178–213; Borucki, Abolicionismo; Sluyter, „The Hispanic Atlantic's Tasajo Trail", S. 98–120.

seit dem 17. Jahrhundert. Schiffe, die von England und Nordwesteuropa in die Karibik oder nach Nordamerika fuhren (vor allem im 17. und 18. Jahrhundert) taten dies, um schwere amerikanische Exportgüter für die Konsumtion nach Europa zu bringen (*dry goods*): vor allem Fisch, Mehl, Tabak, Kaffee, Reis, Holz und sehr oft Zucker. Es gab keine europäischen Waren, die auf gleiche Weise die Laderäume füllen konnten. Toter Ballast (Sackleinen oder Ziegel bzw. Fliesen) war ein Verlustgeschäft. Deshalb luden vor allem portugiesische, britische, französische, spanische und amerikanische Schiffe (die auch gerne Rum mitnahmen) sehr gerne Madeira- oder Portwein und verkauften dort einen Teil ihrer (vor allem) europäischen Textilien sowie Manufakturwaren.[19] Wein ging auch nach Afrika.[20] Niederländische Schiffe transportierten eher Genever.

Diese Madeira-Kanaren-Kapverden-Route und das Problem der *empty holds* sind aber wiederum nur eine Routenvariante bzw. Teilproblem eines globalen Geschäfts, das sich am besten an den globalen Verflechtungen zwischen Zucker-, Wein-/Alkohol-, Drogen- und Sklavenhandel darstellen lässt. Das Problem ist – wo anfangen in der Darstellung? Ich mache es mal so: Französische Schiffe brachten im 17. Jahrhundert aus dem Asienhandel teure Baumwollstoffe und Kauri-Muscheln mit. Beides war im damals sehr viel „modischeren" Afrika sehr gesucht (in Angola keine Muscheln). Für Stoffe und Muscheln tauschten die in stinkende Wollstoffe oder – so sie Schmuggler waren – in Leder gehüllten Europäer in Afrika Menschen ein. Diese brachten sie zu den französischen Karibik-Inseln. Zurück nach Frankreich transportierten sie Zucker und andere Luxus-Kolonialexportwaren. Einmal etabliert, bildeten sich zwei grundlegende Handels- und Transportformen/Routen heraus, mit unterschiedlichen Zentren und Akteuren (Kaufleuten, Kapitänen, Schiffen). Nantes mit seinen mehr 1700 Sklavenexpeditionen nach Afrika war Zentrum des Circuit-Handels – Sklavenhandel mit Grundlagen im Asienhandel und Abstechern ins Baltikum (vor allem Holz).[21] Das Zentrum des Direkthandels – Wein und andere Produkte/Zuckerhandel zwischen atlantischen Städten und den karibischen Inseln –, natürlich des „französischen", aber für das 18. Jahrhundert auch des „europäischen" Handels mit der Karibik, war Bordeaux (mit „nur" 480 Sklavenexpeditionen nach Afrika). In Bordeaux waren die meisten adligen Besitzer verzeichnet, die in der Karibik Plantagen und Sklaven besaßen. Nantes bereicherte sich an Afrika (Sklavenhandel), Bordeaux an den Antillen (Plantagensklaverei und Import-Exporthandel nach Europa sowie Finanzgeschäfte).[22] Robert Harms verweist darauf, dass es im Circuit-

---

19 Zum spanischen Weinhandel siehe: Arriaga Mesa, La Habana, S. 308–323.
20 Lobo Cabrera, „El comercio"; Hancock, Oceans of Wine, S. 108–110.
21 Pétré-Grenouilleau, Moi, Joseph Mosneron, passim.
22 Stein, „The Profitability"; Hubert, François, „Burdeos en el siglo XVIII".

und Direkthandel ein entscheidendes Wert- und *empty-hold*-Problem gab: die Ladung eines Sklavenschiffs (d. h. ein Schiff voll verschleppter Menschen) brachte Profite ein, die es rund gerechnet ermöglichten, zwei Schiffladungen Zucker einzukaufen (davon wurde auch noch nur eine versteuert und die zweite war sozusagen steuer- und abgabenfrei und brachte Extraprofit). Das Problem bestand darin, woher der Transportraum für die zweite Zuckerschiffsladung kommen sollte. Hier kam der Direkthandel ins Spiel: die Waren aus Europa (oft der genannte billige Ballast wie Sackleinen, Ziegel oder Fliesen) nahmen fast immer nur die Hälfte oder gar ein Drittel des Laderaums ein. Auf die Schiffe der Kaufleute aus Bordeaux (oder Porto) wurde aber, um die „Leere" zu füllen, gleich Wein geladen. Große Kaufleute in Bordeaux waren Bordelaiser, Sepharden, irische Katholiken und Protestanten aus der Schweiz und aus deutschen Regionen (etwa Bremen oder Hamburg[23]). Möglicherweise gab es Zwischenstopps, ähnlich wie bei der Madeira-Route im Falle des englischen Handels, wo noch mehr geladen wurde (was auch immer – Schmuggel etwa, auch mit Menschen). Und zurück transportierten diese Schiffe dann die Massen von Zucker (sowie bald auch Kaffee oder Kakao) – so kam es zum Aufstieg von Bordeaux und der Gironde![24]

Wieder zum 19. Jahrhundert. Nach 1835 wurden Tasajo-Route und Kaffee-Route zu wichtigen Verbindungen des illegalen Menschenhandels. Diese Routen befanden sich den 1830er Jahren fast völlig unter Kontrolle von Negreros aus den Amerikas. „Spanisch"-kubanische und brasilianisch-portugiesische Negreros hatten noch andere Routen, die meist unter der Bezeichnung *comercio de África* zusammengefasst wurden. Als 1835 der Vertrag zwischen England und Spanien den Sklavenhandel „total und endgültig in allen Teilen der Welt" beendete (auf Papier!), führte der Verfolgungsdruck britischer Schiffe dazu, dass „brasilianisch-portugiesische", uruguayische und US-amerikanische Kapitäne und Schiffe sofort die Breschen füllten. Dale Graden hat amerikanische und andere Schiffe aufgelistet: 1836 waren es fünf Schiffe, 1837 elf, 1838 19 und sage und schreibe 23 im Jahr 1839 (von 59 auf der Liste). In der Liste von 1839 könnten sich auch die geisterhafte *Teçora* und die *Hugh Boyle* finden – sie sind aber nicht da.[25] Dies liegt vor allem daran, dass es sich um eine Liste von Schiffen handelt, deren Abfahrt britische Beobachter aus Havanna meldeten – nicht die Ankunft in Havanna.

---

23 Alle profitierten von Sklaverei und – vermittelt, manchmal auch direkt – vom Sklavenhandel. In positivistischer Unschuld ist fast alles dokumentiert in: Schwebel, Bremer Kaufleute.
24 Harms, „Early Globalization".
25 Graden, Disease, S. 218–220. Daten aus: TNA Kew, FO 84, 348. Kennedy and Dalrymple an Palmerston, Havanna, 1. Januar 1841, vervollständigt mit Informationen aus TSTD2. Weitere Informationen über Schiffe finden sich unter: Turnbull, Travels, S. 403; Murray, Odious Commerce, S. 100–106; Murray, „The Slave Trade".

Organisatorische Grundlage der Schiffsfahrt als „Transport" war entweder direkter Schmuggel (Menschenhandel) oder die sogenannte Trampfahrt, die sich gegen Ende des 18. Jahrhunderts im Interesse der Reeder (gegen die Interessen vor allem der Mannschaften und der Hafenkontrollinstitutionen) durchsetzte. Robert Bohn schreibt dazu: „die Reeder [schickten] das meist mit heimischen Produkten beladene Schiff zu einem ersten Zielhafen, in dem die Ladung veräußert wurde. Daraufhin lag es beim Kapitän, in diesem Hafen einen neuen Frachtauftrag zu bekommen. Anschließend sollte er, wie es in einer zeitgenössischen Anweisung eines Reeders hieß: ‚von Hafen zu Hafen spekulieren'".[26]

Und wer waren die amerikanischen und europäischen Sklavenhändler in Afrika? An allen westafrikanischen Küsten (zum Teil auch an ostafrikanischen), Flussmündungen und großen Buchten, wie Benin oder Biafra, fanden sich Negreros, die zweifellos zugleich meist Atlantikkreolen waren; einige Faktoren nur eine Zeit lang.[27] Eigentlich kann man von der Elite der Menschenhändler auf dem Atlantik sprechen, vor allem dann, wenn sie wieder in ihren Heimathäfen oder Häfen, in denen sie zeitweilig zur Elite gehörten (wie viele Spanier und Katalanen auf Kuba), als honorige Kaufleute und Kapitäne auftraten, wie Daniel Botefeur, Pedro Blanco oder Antonio Escoto. Sie waren atlantische und christliche Sklavenhändler. Sie dominierten den Atlantik und die Sklavereigesellschaften Amerikas. Und sie kamen über den Atlantik nach Afrika. Alle waren getaufte Christen. Wenn sie von Kuba aus operierten, waren sie mehrheitlich Katholiken oder zum Katholizismus übergetreten. Das fiel bekanntlich Lutheranern, wie Botefeur, am leichtesten. Aber auch die „Neu-Christen"-Problematik zeigt, dass es viele Synkretismen gab (zu denen auch die „Afro"-Religionen gehörten).

Die Hauptgeldgeber der Afrikafahrer saßen, wie gesagt, vor 1808/1820 in Hafen- und Handelszentren Westeuropas, nach 1820 auch noch in Spanien (erst Cádiz[28], dann vor allem Barcelona) und Portugal. Aber der Fokus der Sklavenhändler und Reeder hatte sich zwischen 1808 und 1820 bis 1880 in die Amerikas, nach Rio, Bahia, Recife, Havanna, Puerto Rico, New Orleans, Rhode Island, Baltimore und New York verschoben. Eigentlich müssten sie im vorliegenden Buch unter der Bezeichnung „christliche Amerikaner" gelistet sein, doch ich folge den Quellen und bezeichne sie als „Portugiesen", „Amerikaner" oder „Spanier". Besonders deutlich wird die Orientierung auf amerikanische Territorien im Falle portugiesischer Sklavenhändler, die sich seit Ende des 18. Jahrhunderts

---

26 Bohn, Geschichte, S. 95.
27 Ross, „The Career of Domingo Martinez"; zu den Geschäften von Pedro Blanco in Havanna siehe: „Pedro Blanco y Compañía", in: ANC, FM, leg. 11408 (Kontobuch); zu französischen Kapitänen auf Schiffen aus Nantes siehe: Saugera, „L'itinéraire de'un négrier", S. 25–44.
28 Morgado García, Una metropolí.

in den beiden Hauptstädten der brasilianischen Sklaverei und des brasilianischen Sklavenhandels, Bahia und Rio, angesiedelt hatten und von dort aus den brasilianisch-afrikanischen Austausch und die Routen zwischen Afrika und Brasilien kontrollierten.[29] „Atlantisch-christliche Sklavenhändler" ist als Gesamtbegriff für dieses Gruppe iberisch-katholischer Großkaufleute sehr gut, um sie von Sklaven-„Produzenten", Razzien- und Sklavenjägern sowie Sklavenhändlern in Afrika (wie Paulo Coimbra, genannt Mussili, siehe oben) abzugrenzen, unter denen es ein paar Atlantikkreolen sowie Amerikaner oder Europäer gegeben haben mag, die im Wesentlichen aber Nichtchristen, Nichteuropäer und Nichtamerikaner waren – mit Ausnahmen, wie wir im Falle von Kongo/Angola und des luso-afrikanischen Christen Paulo Coimbra gesehen haben.

Vor allem US-amerikanische und portugiesisch-brasilianische Negreros und Menschenhandel kommen mittlerweile in den Fokus auch der afrikabasierten Forschung. Eine Leerstelle bilden bisher spanische und kubanische Negreros, damals fast immer als „Spanier" bezeichnet. Sehr deutlich wird diese „Auslassung" des kubanisch-afrikanischen Menschenhandels nach 1820 in Arbeiten etwa von Robin Law, dem bekannten Spezialisten für Geschichte Westafrikas und Whydahs.[30] Er schreibt in einem neueren Artikel über Francisco Félix de Souza:

> However, one British trader who dealt with de Souza in the 1830s understood him to be ‚a Spanish nobleman, who possessed estates in Havana'; and this assertion also appears in the (notoriously unreliable, and probably largely fictitious) memoirs of the self-styled illegal slave trader Richard Drake, who claims to have traded with de Souza at Ouidah [Whydah] in 1839, and, although acknowledging his ultimate Brazilian origins, to have recognized him as a man with whom he had dealings earlier in Cuba. This attribution of a Cuban connection may be simply a confusion, since there was a second Francisco Felix de Souza involved in the slave trade at this time, who was resident in Matanzas, Cuba. But de Souza himself may have contributed to the belief, since according to the British merchant Thomas Hutton, who knew him during the last ten years of his life, he liked to give the impression that he was ‚a Spaniard by birth'.[31]

Law hält den „spanischen Souza" für Mystifikation. Aus Perspektive der Allianzen zwischen „Portugiesen" und „Spaniern" nach 1808 (siehe unten das Kapitel „Versklavte, Sklavereien und Menschenhandel") sowie des spanisch-kubanischen Sklavenhandels und seiner Quellen auf Kuba, die international einfach noch kaum aufgearbeitet sind, kann es aber mit hoher Wahrscheinlichkeit sein, dass de Souza in Matanzas verkehrte, wie viele andere Faktoren und Negreros auch,

---

29 Conrad, Tumbeiros; Conrad, World; Needell, „The Abolition"; Ribeiro, „The Transatlantic Slave Trade"; Zeuske, „Mongos und Negreros".
30 Law, Ouidah.
31 Law, „Francisco Felix de Souza", S. 192.

die oft sogar Kinder in Matanzas oder Havanna ausbilden ließen, als der Sklavenhandel an anderen Orten längst geächtet war. Deshalb hielten ihn viele Negreros für einen „Spanier", was damals auch „Kubaner" bedeuten konnte.

An den afrikanischen Küsten, vor allem im westlichen Guinea „from the Gambia to Cape Palmas"[32], aber im Grunde vom heutigen Guinea-Bissau bis Äquatorialguinea, wurden die Negreros, die Besitzer der europäischen oder amerikanischen Faktoreien (Handelsposten mit Sklaven-Barracoons) Faktoren oder Mongos genannt: „Nominally the country was in Portuguese hands; one of the titles of the King of Portugal was Lord of Guinea. In crumbling castles such as Ambriz and Saint Paul de Loanda a show of government was maintained by the Portuguese proconsuls. But the power lay in the dealers, or ‚factors'".[33]

Allgemein lässt sagen, dass amerikanische und atlantische Sklavenhändler an den Küsten, Flussmündungen und in den Küstenhinterländern Westafrikas als Faktoren eine kosmopolitische, sozusagen globalisierte Gruppe von Unternehmern (Agenten) vor Ort darstellten, wie zum Beispiel: „DaSouza, known to the coast as Cha-Cha, was a Brazilian mulatto. Madame Ferreira, who perhaps did not trade directly in slaves, but maintained herself handsomely by provisioning those who did, was Portuguese".[34] Henry Brotherton war Engländer, Charles Slocum, der Sklavenschiffe mit seinen Langbooten belieferte, war US-Amerikaner. Der bereits mehrfach erwähnte Don Pedro Blanco Fernández de la Trava, *el mongo de Gallinas*, war ein Spanier aus Málaga, der auf Kuba oder in Cádiz lebte, wenn er nicht wegen Liebeskummer nach Afrika flüchtete oder mit „Chacha" de Souza Expeditionen bis Abomay organisierte. Thomas Jourdain war Franzose, Blas Covado Mexikaner, ein gewisser N.P. Biering Däne und „the cynical Theodore Canot, known to the trade as Mongo Gunpowder („mongo" is the Mandingo word for „king") claimed to be an Italian".[35] Faktoren waren längst keine Angestellten mehr, sondern hatten an Küstenpunkten die Macht, bekämpften sich aber oft auch gegenseitig.

Südlich des Rio Casamance bis zum Río Gallinas begann das eigentliche Sklavenbeschaffungsterritorium für den atlantischen Sklavenschmuggel 1810/1820–1850, wie wir im Falle der Sklavenhändler Nozzolini und Barreto gleich sehen werden. Theophilus Conneau bezeichnet Gallinas als „the notorious slave mart

---

[32] Howe, „The Slave Trade", S. 117; siehe auch: Niane, „Africa's Understanding".
[33] Howe, „The Slave Trade", S. 115f.; siehe auch: Misevich, „The Origins of Slaves".
[34] Howe, „The Slave Trade", S. 116; zu de Souza siehe: Ross, „The First Chacha of Whydah"; Law, „A carreira"; Law, „Yoruba Liberated Slaves"; Silva, Francisco Félix de Souza; Law, „Francisco Felix de Souza".
[35] Ebd; siehe auch: Franco, „Los mongos", S. 189–194. Die Informationen über die Sklavenhändler beruhen vor allem auf: Drake, Revelations, S. 70–78.

of the Northwest Coast of Africa".³⁶ Im Labyrinth der kleinen und großen Flüsse, mit ihren Mündungsarmen, Bächen, Mangrovendickichten und Urwäldern, Sand- und Modderbänken, Lagunen und Nehrungen hatten sich Netzwerke afrikanischer, amerikanischer und europäischer Sklavenjäger und -händler gebildet. In den Mündungsgebieten der Rios Cacheu und Bissau existierte seit längerem eine – vor 1820 eher bescheidene – Basis des portugiesischen Sklavenhandels. Für die britische Marine war es hier wegen der Komplexität der Territorien und der formalen portugiesischen Hegemonie schwer, Kontrolle auszuüben und den Sklavenschmuggel zu verfolgen. Zeitweilig hatte die britische Marine einen Stützpunkt auf der Insel Bolama an den Mündungen der Flüsse Jeba und Grande. Der Stützpunkt wurde aber wegen des Klimas, der Feuchtigkeit und vieler Krankheiten aufgegeben. Wegen der günstigen Möglichkeiten für den Schmuggel ist es sogar denkbar, dass hier Kaufleute aus London (wie Forster and Co.) weiterhin Menschenhandel betrieben. Ein britischer Abenteurer, zugleich *businessman*, schrieb 1828 über den Menschenkapitalismus: „the currency of the place and in fact the representation of value ... was according to the value of the slaves"³⁷ – ein Sklave war also die Grundrecheneinheit für Geschäfte.

Das afrikanische Slaving in diesem Gebiet war nicht das ganz große Massengeschäft. Einzelne Sklavenhändler oder Angestellte von Faktoren (*barkers*), oft mit atlantikkreolischem Hintergrund, setzten sich in ihre Kanus, luden Waren im Wert von 100 Dollar und kamen nach einiger Zeit mit zwei oder drei geraubten Menschen zurück.³⁸ US-Schmuggler oder europäische Menschenhändler kauften oder tauschten die „Ware" gerne. Manchmal lebten die Europäer auch über längere Zeit an den afrikanischen Küsten. Sie errichteten an den Flussmündungen unweit des Meeres oder auf Inseln Blockhäuser und Barracones. Dort sammelten sie die verschleppten Menschen, bis Schiffe aus Kuba, Brasilien oder anderen Gegenden anlegten und die Sklaven nach Amerika mitnahmen. Walter Hawthorne hat gezeigt, dass die „headless" oder „staatenlosen" Balanta-Gemeinschaften an der Guinea-Bissau-Küste keineswegs nur Opfer von zentralisierten Sklavenjäger-Staaten waren.³⁹ Die dezentral lebenden Balanta waren ganz im Gegenteil aktiv am Sklavenfang und Sklavenhandel beteiligt. Das gab ihnen Zugang zu Eisen und Eisenwerkzeugen, die es ihnen ermöglichten, Reis intensiver anzubauen, sich effizienter zu verteidigen und aggressiver Sklaven zu fangen.⁴⁰

---

36 Conneau, A Slaver's Log Book, S. 246 (1836–1837).
37 Aussage im Lords Select Committee, 1843, S. 527, zit. nach: Thomas, The Slave Trade, S. S. 683.
38 Ebd.
39 Hawthorne, Planting Rice, passim; siehe auch: Klein, „The Slave Trade and Decentralized Societies".
40 Sweet, „The Subject", S. 38.

Unter Sklavenhändlern, die Kuba und Puerto Rico belieferten, breitete sich immer mehr das Geschäft auf individuelle Bestellung aus, auch bei den Balanta. Ingeniosbesitzer und Sklavenhalter auf Kuba bestellten die menschliche „Ware", die sie sich wünschten, und gaben den Sklavenhändlern Zeichnungen kleiner Brandzeichen vor, die nicht mehr auf den Schultern angebracht sollten, sondern wegen der Geheimhaltung viel diskreter an den Armen, an den Sprunggelenken oder beiderseits der Knie. Die Agenten oder Cargos der großen Negreros, die gerne zufriedene Kunden haben wollten, schauten sich dann an den afrikanischen Küsten die von Balanta-, Fulbe- oder Mandingo-Sklavenjägern und -händlern, Karawanenkaufleuten oder Atlantikkreolen verschleppten Menschen in den Castings an und prüften, ob sie zur Bestellung passten. Wenn ja, bekam die entsprechende Person das „Warenzeichen" des Bestellers oder der Bestellerin auf die Haut gebrannt, sozusagen den Identitätsmarker der transkulturellen Gewaltinfrastruktur. Mit den verschiedenen und sehr unterschiedlichen Brandzeichen konnten sich die Sklavenkapitäne nunmehr auch die verräterischen Schifflisten der Sklavinnen und Sklaven sparen, auf die die britischen Offiziere bei ihren Verfolgungen von Sklavenschiffen immer zuerst aus waren. Die Körper der Versklavten selbst wurden nach 1835 zu einem Teil der Geschäftsdokumentation. Conneau verweist allerdings darauf, dass die „disagreeable operation" des Aufbrennens nur dann durchgeführt wurde, wenn Sklaven verschiedener Eigentümer im Cargo des jeweiligen Schiffes waren: „only when several persons ship slaves in one vessel, otherwise when only one proprietor is sole owner it is dispensed with".[41] Er verweist außerdem auf die Dokumentationsfunktion des Brandzeichens: „Also, when death takes place in the passage, by the mark it is ascertained whose loss it is".[42]

Den muslimisch-afrikanischen Sklavenhändlern, in den Worten von Thomas Clarkson Poules (Fulas) und Mandingues oder Sousou (Susu), war es in dem komplizierten Terrain von Urwald, Flüssen, Küstenlagunen und -sümpfen südlich des von den Franzosen lose kontrollierten Rio Casamance gelungen, alle Versuche der Europäer zurückzudrängen, den afrikanischen Fluss- und Karawanenhandel mit verschleppten Menschen unter Kontrolle zu bekommen. Nutznießer wurden vor allem Schmuggelfirmen, die gar nicht erst an den Versuchen beteiligt gewesen waren, wie die US-amerikanischen Handelshäuser *Charles Hoffmann*, *Robert Brookhouse* und *William Hunt*, alle aus Salem, und *Yates & Porterfield* aus New York.[43] Eine gute Darstellung des muslimischen Sklavenhandels der Susu (der auch von

---

41 Conneau, A Slaver's Log Book, S. 82.
42 Ebd.
43 Aussage im Lords Select Committee, 1843, S. 527, zit. nach: Thomas, The Slave Trade, S. 683.

Estrada beschrieben wird) in dieser Region findet sich in einer Handskizze des amerikanischen Missionars George Thomas aus den 1850er Jahren.[44]

Die Portugiesen hielten am Cacheu und am Bissau fünf kleinere Garnisonen und Festungen, die sie vor allem mit Soldaten von den Kapverden, Verbannten sowie Offizieren aus Portugal besetzten.[45] Einige der hohen Offiziere, wie in den 1820er bis 1850er Jahren Caetano José Nosolini (Nozzolini), 1846 Gouverneur von Bissau, waren die größten Sklavenhändler. Nozzolini übernahm Waren- und Nachschublieferungen für Bissau sowie Cacheu und pachtete Zollstationen.[46] Auch mit Kapitänsgeschäften war Nozzolini in Kuba aktenkundig geworden. Der Kapitän des von Daniel Botefeur ausgerüsteten und finanzierten Sklavenschiffes *Relampago* (Blitz), Juan José Domínguez, transportierte außer den für die Ausrüster erworbenen Verschleppten noch verschiedene Gruppen von Verschleppten, die ebenfalls auf Kosten der Ausrüster und Expeditionsfinanziers verpflegt und mit Wasser versorgt wurden. Die Anzahl der „schwarz" Transportierten verzeichnete der Kapitän in einer Kladde mit dem Titel „Heft von den Negern die an Bord sterben, zu erkennen an ihren [Brand-]Markierungen – 18. Juli 1820".[47] Pro über den Ozean nach Havanna verschlepptem Menschen erhielt er als *flete* (Frachtbezahlung) 60 Pesos. Unter den acht Honoratioren von Bissau (u. a. der damalige Gouverneur; Nozzolini erlangte das Amt erst später) findet sich auch Nozzolini mit der Notiz: „Don Cayetano Norsolini schifft auf seine Rechnung und Risiko drei Neger ein, Marke [Brandzeichen] J.D. rechter Arm, bezahlt 60 P.[eso]s für meine Lieferung nach Havanna".[48] 1827 überzeugte Nozzolini die Briten, seine „Familie" von 61 Personen per Schiff transportieren zu dürfen. Wenig später stellte der britische Gouverneur von Sierra Leone, Sir Neil Campbell, fest, dass es sich in Wirklichkeit um Sklaven von Nozzolini und seiner Frau gehandelt hatte.[49] Nozzolini sandte Schiffsladungen verschleppter Menschen nach Kuba und Brasilien. Gouverneur Nozzolini ließ sich auch von Briten am Gambia mit Waren beliefern.

---

44 Fig. 4. Susu slave traders, as drawn by George Thompson, sometime in the early 1850s, unter: http://common-place.org/vol-10/no-01/yannielli/ (6.3.2015).
45 Brooks, Eurafricans in Western Africa, S. 69–78.
46 „Copia das actas das Sessões da Junta da Fazenda Publica da Provincias de Cabo Verde dese o dia 17 de Maio de 1839 em que teve lugar a sua installação, ate fim de Junho de 1840" (in sich foliiert), in: AHU, Cabo-Verde 1839, SEMU-DGU, caixa 56, f. 21v, 23v: „convocado extraordinariamente a Junta em consequencia d'huma proposta de Cidadão Jose Nozolini, sobre fornecimento de generos para manutenção das Praças de Guiné, e arrendamento das Alfandegas naquelle continente..."; zu Nozzolini siehe: Clarence-Smith, The Third Portuguese Empire, S. 47.
47 ANC, Tribunal del Consulado, Leg. 30, no. 6 (1820): D.n Daniel Buteffeur contra D.n Juan José Dominguez sobre p.s., f. 35r–43r.
48 Ebd., f. 40r.
49 Thomas, The Slave Trade, S. 683.

Er zahlte mit Schuldverschreibungen auf die respektable *Baring Brothers Bank* in London. Die Waren tauschte Nozzolini gegen Sklaven. Einer der Alliierten von Nozzolini im Sklavengeschäft war der größte Kaufmann im benachbarten Cacheu-Zingiehor, Honoratio (Honorio Pereira) Barreto, ein Mulatte und Atlantikkreole, der 1839 den Gouverneursposten der *Guiné Portugueza* übernahm. Von Barreto stammen einige detaillierte Innensichten des Menschenhandels zwischen Bissau, Sierra Leone, Río Pongo und Gallinas. Im Juli 1838 hatte Lissabon dem Gouverneur der Kapverden, Joaquim Pereira Marinho, den Auftrag erteilt, zu eruieren, was mit den von den Engländern „befreiten" Verschleppten in Freetown geschah. Marinho schreibt, er solle herausfinden „welche Beschäftigung man ihnen gebe".[50] Der Auftrag schloss auch ein, dass Marinho über die Nachbarhäfen von Sierra Leone (das war damals im Wesentlichen Freetown) sowie im Speziellen über Río Gallinas informieren sollte: über die Sklavenhandels-Agenten dort und welcher Nation sie angehörten. Marinho führte aus:

> Ich stelle fest, dass es in Río Gallinas englische Kaufmanns-Häuser gibt, die mit dem Spanier Pedro Branco [Blanco] handeln, einem der größten spanischen Sklavenhandels-Kaufleute, und bis jetzt stelle ich nicht fest, dass er ein anderes Geschäft hat; der Río Gallinas, von dem eine reichliche Menge Sklaven abgehen und es scheint, dass niemals ein Schiff an der Ausfahrt von Gallinas aufgebracht worden ist, was sehr leicht wäre, wenn die Engländer es wollten.[51]

Dazu schickte Marinho einen Bericht von Honoratio Barreto, der den Sklavenhandel nun wirklich gut kannte:

> Wenn die Sklaven aufgebracht werden, gehen sie in ein Deposito [ein festes Gebäude à la Barracón] in Sierra Leone und andere werden nach Gambia geschickt; und jedem Engländer, der sieben Pesos bezahlt, wird einer von ihnen gegeben, um ihm kostenlos sieben Jahre zu dienen; aber einige von ihnen, vor allem in Sierra Leone, werden wieder an die Stämme verkauft, nicht mit der Zustimmung der Regierung; einige indigene Engländer [d. h., oft ehemalige Recaptives] von dort beschäftigen sich mit diesem Geschäft: unter diesen Aufgebrachten [ehemaligen Verschleppten], nehme ich an, rekrutieren sie: in Gambia wird die ganze Garnison von ihnen [den Geschäftemachern] gebildet: rar sind diejenigen, die ihre Freiheit genießen, nachdem die traurigen sieben Jahre vorbei sind. In den Häfen im Süden von Sierra Leone und in guter Nachbarschaft dazu sind es, wo man die meisten Versklavungen macht, denn die Faktoreien im Süden wie im Norden sind Gebiete der Stämme und

---

50 Schreiben aus Cabo-Verde Governo Geral, No. 159, 28 de Fevereiro de 1839 von Joaquim Pereira Marinho aus Praia an Visconde de Sá de Bandeira, in: AHU, Cabo-Verde 1839, SEMU-DGU, caixa 56 (ohne Foliierung).
51 Ebd.

werden durch sie geführt, sie sind die einzigen, die es dort gibt: in den europäischen Niederlassungen wird dieser Handel nicht toleriert.[52]

Honoratio Barreto war Sklavenhändler. Er ärgerte sich, dass die Briten die Konkurrenz schädigten. Aber Barreto enthüllt auch, dass die Emancipados/Recaptives bei den Engländern in Sierra Leone (wie auf Kuba) im Grunde zu Staatssklaven wurden.

Jedenfalls kaufte Barreto gleich noch eine ganze Insel, um seine Geschäfte besser abwickeln und schützen zu können (und ließ sich einen Teil der Aufwendungen vom Staat zurückzahlen): „ich hatte die Befriedigung, Euer Ehren den Kauf der Insel des Königs mitzuteilen, den ich auf Ihre Anweisung gemacht habe, was den Wert von acht Sklaven und zwei weitere von meinem Konto gekostet hat; entweder der Wert von acht Sklaven (die einzige Weise, die die Stämme dort zum Zählen haben) [oder] vierhundertvierzigtausend Reis fortes".[53]

Dann durfte noch ein weiterer Negreiro seine Meinung sagen, der mit „Manoel Guterres" unterschrieb. Der Bericht zeigt eines (neben den bekannten Argumenten der Sklavenhändler) – der Schreiber kannte sich sehr gut aus im lokalen Geschäft:

> Es gibt ein großes Gebäude in Sierra Leone, dem man den Namen ‚Etablissement der befreiten Afrikaner' gegeben hat. In diesem Gebäude, das alle möglichen Annehmlichkeiten hat, werden die Sklaven deponiert, schlecht oder recht aufgebracht von den Negrero-Schiffen. Der Prozess der Verurteilung [der Negreros/Kapitäne] in Fällen, die klar sind, dauert nicht mehr als drei oder vier Tage, in zweifelhaften [Fällen] kommt es vor, dass sie sich zwanzig oder mehr Tage verspäten. In Bezug auf Sklaven die nicht verurteilt sind [wo der Prozess noch nicht zu Ende ist], machen die Schiffe, auf denen sie aufgebracht wurden, alle Auslagen zum Unterhalt; [für] die, die verurteilt sind, laufen die Auslagen auf Rechnung der englischen Regierung. Sofort, wenn der Fakt der Verurteilung des aufgebrachten Schiffes zu guter Beute beendet ist, werden die Sklaven zu Emancipados erklärt (Emancipated Africans). Dieser Sachverhalt gibt jedem Kolonisten das Recht, zum erwähnten Etablissement zu gehen und in Anwesenheit des jeweiligen Sekretärs [der Kolonialverwaltung] die Anzahl

---

52 Barreto, Honorio Pereira, Tenente Coronel Governador, „N. 2 Documento do off.o No. 169" (Originalkopie), Guiné Portugueza – Governo Geral e Militar – mil oito cento trinta es oito [1838] – Bissau Novembro vinte oito [28. November] – Numero treze = objecto do Officio – Informações sobre o tráfico da Escravatura = ... esclarecimento sobre o Negocio da Escravatura, e o tratamento, que em Serra-Leôa recebem os Escravos aprezados, in: AHU, Cabo-Verde 1839, SEMU-DGU, caixa 56, Doc. No. 421.

53 Originalkopie eines Schreibens von Honorio Pereira Baretto, Tenente Coronel Governador da Guiné Portugueza an Joaquim Pereira Marinho, Brigadeiro e Governador Geral desta Provincia, Villa da Praia, maio vinte e trez, 1839 [23. Mai 1839], in: AHU, Cabo-Verde 1839, SEMU-DGU, caixa 56, Doc. No. 421 (ohne Foliierung).

von ‚Emancipados' zu nehmen, die er möchte, die ihm für eine [bestimmte] Zeit zugewiesen werden, wofür 10 Schillinge bezahlt [und versichert] sie zu unterhalten und gut zu behandeln.[54]

Der Verfasser hält all dies für eine Maßnahme der Engländer, um Arbeitskräfte zu rauben, die sonst nach Brasilien und Kuba gegangen wären und damit die iberische Konkurrenz zu schädigen. Die Emancipados würden von Engländern für „große Unternehmungen der Landwirtschaft und beim Bäumefällen" eingesetzt (in Amerika – was richtig ist) „die all die Jahre nach England exportiert werden und dass dieses Produkt die Britische Krone so sehr interessiert".[55] Diese „britische Philanthropie", wie sich der Verfasser ausdrückt, bringe eine solch große Anzahl von Negros für Engländer hervor. Nur mit dieser quasi zusammengeraubten Bevölkerung hätten sich Briten in dem relativ kleinen Kolonialterritorium um Freetown überhaupt halten können. Dazu käme, dass sie heimlich über Río Pongo und Río Gallinas Sklaven verkaufen würden:

> Es ist sehr wahrscheinlich und anerkanntermaßen eine Tatsache, dass die Ríos Pongo und Gallinas, in geringer Entfernung von Sierra Leone, jener im Norden, dieser im Süden, die Häfen sind, von denen die größten Anzahlen von Sklaven auf sichere Weise nach Amerika exportiert werden! Einer der stärksten Kaufleute von Havanna, Don Pedro Blanco, Sozius des bekannten Kapitalisten Don Pedro Martines [Martínez] aus Cádiz, hat ein starkes Establissement am Río Gallinas, wo er jährlich mehr als vier- oder fünftausend Neger exportiert ... Die Franzosen haben mehr Expertise und weniger Philanthropie; weil sogar ihre Kriegsschiffe Tausende von Negern zu 250 Francs pro Kopf zur île Bourbon [Réunion] gebracht haben: ihre Kolonialschiffe sind nach dem Vorbild der Engländer mit Emancipados bemannt, die sie aus Philanthropie 10 Jahre zu dienen zwingen, an deren Ende sie philanthropisch nach Kuba und Havanna verschwinden [d. h., illegal verkauft werden].[56]

Nozzolini war, neben den Einflüssen der anderen Kolonialfunktionäre und Negreiros, am meisten von seiner afrikanischen Gattin beeinflusst, Mãe Aurélia Correia, die „Königin von Orango".[57] Orango ist die größte Insel des Bissago-Archipels. Mãe Aurélia war eine Sklavenhändlerin und -halterin, die zur Gruppe der berüchtigten *nharas* gehörte, wie wir wissen, auch *signares* genannt, abgeleitet vom portugiesischen Wort für Herrin, *senhora*.[58]

---

54 „Filantropia Ingleza com os Escravos que tomão aos Navios das differentes naçoens [sic] com quem tem tratados" (Originalkopie ohne Datum, unterschrieben von „Manoel Guterres"), in: AHU, Cabo-Verde 1839, SEMU-DGU, caixa 56, Doc. No. 421.
55 Ebd.
56 Ebd.; zu Sierra Leone siehe auch: Holman, Travels in Madeira, S. 97–134; Sarracino, Los que volvieron, S. 151–162.
57 Thomas, The Slave Trade, S. 684.
58 Brooks, „The Signares"; Brooks, „A Nhara of the Guinea-Bissau Region".

Hen Island, etwas weiter im Süden, war von portugiesischen Offizieren/ Sklavenkaufleuten, wie die Ilheo do Rey Honoratio Barretos, in einen Gefangenensammelpunkt für den Sklavenschmuggel verwandelt worden. Die Sklaven-Barracones auf der Insel wurden durch einen britischen Angriff 1842 zerstört.[59] Auch am Rio Grande gab es in diesem Jahr eine Reihe von dramatischen Szenen. Der britische Commander Sotheby hatte Informationen erhalten, dass sich dort ein spanischer Sklavenschmuggler in den Magrovendickichten verbarg. Er konnte das Schiff aber nicht lokalisieren, obwohl er hunderte kleine Zuflüsse des Rio Grande absuchen ließ. Erst durch Bestechung einer lokalen Chefs bekam er heraus, dass es sich um ein Schiff des Katalanen Juan Pons, alias Tadeo Vidal, handelte. Der britische Commander fand zwar zu guter Letzt das Schiff, aber es war verlassen. Entflohene Sklaven teilten Sotheby mit, dass der Lokalchef Sklaven und Mannschaft sowie Pons versteckt hielt. Erst nach der Sprengung des Sklavenschiffes und der Drohung, auch die Stadt des lokalen Chefs zu beschießen, rückte dieser mit Informationen über den Verbleib der Sklaven, Pons' und seiner Mannschaft heraus. Alle wurden nach Freetown gebracht.[60]

Die nächsten Sklavenhandelsplätze lagen an den fieberverseuchten Flüssen Nunes (Núñez) und Pongo. Hier war das damals von den Portugiesen „Flüsse des Südens" (Rio Nunes, Río Pongo und Mellacorée[61]) genannte Gebiet, heute in etwa die atlantische Küste von Guinea. Rio Nunes war der bevorzugte Umschlagplatz des Menschenhandels der Fulbe-Sklavenhändler aus dem islamischen Futa-Jallon. Sie führten ihre Karawanen aus dem theokratischen Inland-Imperium der Futas zur Küste. Nach Meinung eines britischen Kapitäns überstieg der Fulbe-Sklavenhandel jede andere afrikanische Unternehmung. Obwohl die britische Marine einen Stützpunkt an dem „außerordentlich ungesunden" Fluss, bei Kacundy, anlegen ließ, lief der Menschenhandel bis in die 1830er Jahre nahezu ungehindert weiter. Nur wenn britische Kriegsschiffe direkt in Kacundy anlegten, suchten sich die Fulbe-Händler verschlungenere Wege. Um 1840 waren die Händler am Rio Nunes auf Erdnusshandel und Reis sowie andere legitimierte Güter umgestiegen, die mit Sklaven produziert wurden.

An der Mündung des Nunes-Flusses hatte eine Familie freier Farbiger aus Nordamerika, die Skeltons, 1825 einen Sklavenhandelsstützpunkt namens Victoria gegründet. Elizabeth Frazer Skelton, genannt *Mammy Skelton*, und ihr Gatte William machten mit Fulbe-Händlern einerseits sowie mit nordamerikanischen und anderen Schmugglern und Sklavenhändlern andererseits gute Geschäfte. Die

---

59 Sarracino, Los que volvieron, S. 131–150.
60 Thomas, The Slave Trade, S. 683f.
61 Goerg, „L'exportation".

Skeltons verkauften ihre Sklaven am nahen Río Pongo (Pongas), stiegen aber um 1840 auch auf Nüsse und andere Exportgüter um, wie etwa Reis oder Elfenbein. Elizabeth Skelton, eine „heroine to feminists if a villain to abolitionists"[62], wie Hugh Thomas hervorhebt, dominierte nach dem Tod ihres Mannes den oberen Flusshandel – allerdings mehr mit Nüssen, die von Sklaven geerntet worden waren, nicht mehr mit in erster Linie mit Menschen für den atlantischen Sklavenhandel.

Anders als Rio Nunes blieb Río Pongo auch nach 1840 ein zentraler Schnittpunkt des Menschenhandels.[63] Von seinen sechs Mündungsarmen endeten fünf in großen Sandbänken, über die nur Boote afrikanischer Fachleute hinwegkamen. „Dieser wasserreiche Fluss", schreibt der junge Mann namens R.B. Estrada in seinem Bericht über eine Sklavenfahrt von Kuba zum Río Pongo, um dort Susu-Sklavenhändlern Captives abzukaufen,

> fließt durch sechs Deltas oder Mündungen in den Ozean ... Alle Mündungen des Flusses haben eine Sandbank an ihrer Einfahrt und es ist sehr nötig, sich nicht zu verfahren ... die einzige [Mündung], durch die Schiffe mittlerer Tonnage passieren können, ist die, die Einheimischen *mud-bar* oder Schlamm-Bank nennen, denn die anderen haben sie aus Sand und es ist unmöglich, sie zu passieren, es sei denn mit Booten und bei Flut. Die Schlamm-Bank ist die nördlichste und um sie zu passieren, ankert man draußen in drei oder vier Schiffslängen Entfernung im Sand und schwarzen Schlamm und wartet auf die Flut ... die sechs Mündungen sind sehr ähnlich; die Küste ist sehr flach [hat keine Markierungen], die Nebel und wasserfallartigen Regenfälle, die fast das ganze Jahr fallen und wenn man dann die Mündungen verwechselt, können unvermeidlich Unfälle geschehen.[64]

Die Information des Augenzeugen zeigt uns, warum der Pongo-Fluss so beliebt bei Sklavenhändlern war – noch schwerer als die leichten und beweglichen Sklavenschiffe hatten es die Kriegsschiffe der britischen Marine, über die Schlammbank zu gelangen. Hinter den Barren (Sandbänken) der Mündungen des Río Pongo konnten sich Sklavenhändler und Schmuggler gut verbergen. Deshalb hatten

---

62 Thomas, The Slave Trade, S. 685; zu den schwarzen Loyalisten (grob: Sklaven, ehemalige Sklaven und freie Schwarze, die 1776–1783 auf Seiten Großbritanniens kämpften) siehe auch: Winks, The Blacks; Walker, The Black Loyalists; Pulis (Hrsg.), Moving On; Pybus, Epic, passim; siehe auch: Adderley, New Negroes from Africa; Bannister/Riordan (Hrsg.), The Loyal Atlantic.
63 Mouser, „A History", sowie Mouser, American Colony, passim. Siehe auch das Bild: „Capture of the Slaver Brigantine Paulina: 30 April 1853 in the Rio Ponga, Africa by the Boats of HMS Linnet", artist: Henry Need (Watercolour by Captain Henry Need of HMS *Linnet*), National Maritime Museum (ART/10), London, online unter: http://blogs.rmg.co.uk/collections/2009/06/26/voices_from_the_royal_navys_an/ (6.3.2015).
64 Bachiller, C. M., Estrada, R.B., Geografía. Relación de un viaje a las islas de Cabo Verde y Río Pongo, o. O., o. J. [Habana, 1834 oder 1835], 23 Blatt; in: BNC, CC, C.M. Bachiller No. 417.

sich dort auch besondern viele europäische Sklavenhändler und Atlantikkreolen etabliert, etwa zwanzig.[65]

Dazu gehörten in den 1830er Jahren die Brüder Curtis, die portugiesische Witwe des oben genannten Styler Edward Lightbourn, Bailey Gómez Lightbourn, genannt Nyara Belí, ihr Sohn Styler und ihr Manager Allen, ein Mulatte, sowie die Nordamerikaner Jacob und Paul Faber, die sich 1809 als Protegés von John Ormond in Sangha etabliert hatten und mit dessen Tod die wichtigsten Händler am Pongo wurde. Paul Faber übernahm viele Gewohnheiten seines Protektors. Die wichtigste war die, sich auch eine Armee von Sklavenburschen, *moços*, zu halten. Wie Mongo Johns Geheimgesellschafts-Truppe war auch die Privat-Truppe Fabers in der Lage, richtige Schlachten zu schlagen und Razzien- oder Vergeltungskriegszüge zu führen.[66]

Estrada beschreibt Residenz, Haus, Barracones und Warenhäuser von Paul Faber in Bangalá (Bangalang). Faber war mit einer schwarzen Frau namens Mary verheiratet, auch eine Überlebende der Nova-Scotia-Schwarzen, die nach Sierra Leone gegangen waren. Der Sohn beider, ebenfalls Sklavenhändler, hieß William. Paul Faber war wie sein Bruder, Jacob/Jacobo (James) Faber, den wir bereits kennen, nicht nur Sklavenhändler, sondern auch Sklavenkapitän, und führte öfters Schiffe nach Kuba. Oder er fuhr als Passagier mit und finanzierte das Ganze mit dem Verkauf von Kindern. In Havanna oder Matanzas verkaufte er nicht nur Sklaven, sondern kaufte auch ein. Paul Faber ließ seinen Sohn in Matanzas ausbilden. Nicht umsonst war die Stadt als „Athen Kubas" bekannt. Anfang der 1830er Jahre traf Paul Faber in Havanna einen jungen, ehrgeizigen und gut gebildeten Mann namens Alonso Forest. Forest war Kuba-Franzose. Faber stellte ihm das extrem hohe Gehalt von 2000 Pesos jährlich „und zwölf Neger" (einen pro Monat) in Aussicht, wenn er vom väterlichen Cafetal auf Kuba nach Afrika käme und die Geschäftsbücher Fabers führe. Forest kam zusammen mit Estrada glücklich am Río Pongo an. Dort starb er nach dreizehn Tagen an Geldfieber in Bangalá.[67] Auch Conneau erwähnt einen „spanischen Schreiber", der Kubaner gewesen sein könnte.[68]

Es gab genügend Kapitäne oder andere am Sklavenhandel Beteiligte, die nicht wie Ramón Ferrer vor der Zeit den Risiken des Menschenhandels erlagen und aufstiegen (wie Botefeur oder Pedro Blanco). Ich will noch einen anderen Ferrer er-

---

65 Zu den geografischen Gegebenheiten zwischen Pongo und Sherbro siehe: Howard, „Nineteenth-Century Coastal Slave Trading", Karte S. 24.
66 Zu Paul Faber siehe: „Enoch Richmond Ware's Voyage to West Africa"; zur Liste der Sklavenhändler siehe: Niane, „La guerre des Mulâtres", S. 75f.
67 Bachiller, C. M., Estrada, R.B., Geografía. Relación de un viaje a las islas de Cabo Verde y Río Pongo, o. O., o. J. [Habana, 1834 oder 1835], 23 Blatt; in: BNC, CC, C.M. Bachiller No. 417.
68 Canot, Abenteuer, S. 156.

wähnen: Der „capitán negrero Juan Ferrer Roig"[69] zog seinen jungen Neffen Rafael Ferrer Vidal sozusagen an der familiären Kette der Migrationsnetzwerke nach Kuba. Der Neffe kam 1837 mit 18 Jahren zu seinem Onkel nach Matanzas. Diesem jungen Ferrer ging es besser als Ramón Ferrer. Rafael Ferrer Vidal wurde Gründungsmitglied des *Banco de San Carlos de Matanzas* und erster Konsul des *Tribunal de Comercio* von Matanzas.[70] 1865 ging er zurück nach Barcelona. Er investierte seine in und um Kuba (oder auf dem Atlantik, in Afrika etc.) akkumulierten Kapitalien in der Hauptstadt Kataloniens. In Spanien gibt es einen Begriff für solche Investoren – sie heißen *indianos*. Oft hatten sie, wie bereits mehrfach gesagt und im Falle von Ramón Ferrer analysiert, mit Schiffbau und Reederei zu tun.[71]

6.2.1 Der Prototyp eines Atlantikkreolen: Mongo John

Zur kosmopolitischen Gruppe von Sklavenhändlern und Mongos am Río Pongo gehörte auch John Ormond oder Hormount, ein farbiger Engländer, der in Afrika als *Mongo John* firmierte, der uns bereits begegnet ist.[72] Ormond war der mächtigste Sklavenhändler am Río Pongo in den 1820er Jahren. Alle nannten ihn *Mongo John*. Mongo bedeutet, wie wir wissen, (mächtiger) Mann. „Mongos" ist zugleich eine Sammelbezeichnung für alle Sklavenhändler auf Kuba. Ormond war der „natürliche" Sohn eines schottischen Slavers mit Namen John Ormond (Sr.), der zunächst auf den Loos Islands (Los islands) und am Rio Nunes operiert hatte, mit einer Frau vom Río Pongo, Tochter eines Susu-Chefs. Sein Sohn Mongo John war ein wirklicher Tangomão.[73] 1793 war bei einem kombinierten Angriff von Baga-Kriegern (die mit vergifteten Pfeilen operierten) und einer Rebellion der Verschleppten in den Barracones von John Sr. der erstgeborene Sohn getötet worden; die Faktorei brannte ab.[74] Der zweite Sohn John Ormond (Jr.) hatte in England Schulen besucht und seine Karriere als Matrose auf einem Schiff des Schiffschirurgen und Sklavenhändlers deutscher Herkunft aus Hannover, Dr. Daniel Botefeur, begonnen (zu ihm siehe unten).[75] Botefeur und Ormond waren Geschäftspartner – eventuell waren sie auch enge Freunde. Seit 1802 hatten sie mit engli-

---

69 Rodrigo y Alharilla, „Cuba", S. 280.
70 Ebd.
71 Liste der „Principales navieros de Barcelona (1867)", in: Ebd., S. 283; siehe auch: Rodrigo y Alharilla, „Navieras y navieros".
72 Franco, „Comercio clandestino", S. 120.
73 Thomas, The Slave Trade, S. 685.
74 Koger, Black Slaveowners, S. 112f.
75 „Testamentaria de D. Daniel Botefeur", in: ANC, Escribanía de Luis Blanco (Marzo 10 de 1824, 3ª Pieza), leg 405, no. 4.

schen Sklavenhändlern auf Bance Island im Mündungstrichter des Sierra-Leone-River (Mitomba oder Tagrin) Menschenhandel betreiben. Ormond hatte sich in der Flusssiedlung Bangalá am Río Pongo ein Haus in europäischem Stil eingerichtet. Daneben gab es ein Haus für die Frauen Ormonds – ein Harem (in dem auch Conneaus Esther lebte) – und einen gut befestigten Sklavenbarracon sowie ein mit Schießpulver, Palmöl, Alkohol und Gold gut gefülltes Warenlager.

Mit seinem Bruder dominierte Ormond für eine Generation den Sklavenhandel. Er ging kluge Allianzen mit anderen Faktoren und Sklavenhändlern, wie etwa Botefeur, ein. In Konflikten mit anderen Negreros, vor allem mit der Curtis-Familie und ihren afrikanischen Alliierten, setzte Ormond auf Gewalt, konnte aber vor allem durch Quotenregelungen, Kombination von Menschenhandel mit legitimem Handel (Export von Kaffee von Kaffeepflanzungen, die quasi von den auf ihre Verschiffung wartenden Verschleppten angelegt, bearbeitet und geerntet wurden) sowie Förderung der Expansion des islamischen Sklavenhandelsreiches im Hochland von Futa-Jallon.[76] Ormond setzte Tausende Sklaven auf Kaffeefarmen vor Ort ein, nicht zuletzt, um den illegalen Menschenhandel zu verschleiern. Eine andere Spezialität Ormonds, der die afrikanischen Verhältnisse ebensogut kannte wie die Gepflogenheiten der atlantischen Sklavenhändler, bestand darin, geraubte halbwüchsige Jungen nicht gleich weiterzuverkaufen oder sie wie gewöhnlich im Rahmen ihrer Familien und Clans beschneiden zu lassen, sondern ausgesuchte von ihnen in eigenen Initiations-Riten, oft mit grausamen Tötungen oder rituellem Kannibalismus verbunden, an sich zu binden. Diese auf ihn eingeschworenen jungen Krieger-Sklaven bildeten seine eigene Geheimgesellschaft, die ihn und seine Leute schützte und lokale Chefs, die sich gegen Ormond auflehnten oder ihn betrügen wollten, überfielen und ihre Leute als Sklaven verschleppten. Theophilus Conneau arbeitete lange als Sekretär Ormonds. Als „Lohn" stand ihm „ein Neger per Monat" zu. Conneau stellt Ormond, der wohl schon an Leberzirrhose litt, in seinen Memoiren nicht eben günstig dar. Bis ca. 1825 war Ormond der unumschränkte Herrscher an der Mündung des Río Pongo. Ormond operierte auch selbst in Havanna, wo Botefeur als sein Rechtsbevollmächtigter fungierte.

Bei einem dieser Rechtsstreite handelt es sich um eine der häufigen Auseinandersetzungen zwischen mächtigen Capitalistas aus Kuba oder Spanien mit Kapitänen und vor allem mit Faktoren in Afrika. Faktoren in Afrika waren, wie wir wissen, oft atlantikkreolische Farbige. Sie hatten vor Ort in Afrika meist Netzwerke und mehr Macht als weiße Faktoren und Negreros. Auch Konflikte zwischen den mächtigen Capitalistas als Finanziers und Schiffsbesitzern, Kapitänen, Mannschaften und Konsignataren sowie Supercargos nach einer jeweiligen „Expedition nach Afrika" (Hin- und Herfahrt) waren nicht selten. Ihr verborgener Knack-

---

[76] Barry, Senegambia, S. 134f.

punkt war oft die Macht von „Negern" (Faktoren, *mongos*) im Sklavenhandel an den afrikanischen Küsten. Sie fanden, oft nach Schiffsrebellionen vor der afrikanischen Küste oder nach Kaperungen durch britische Schiffe, vor dem *Tribunal de Comercio* des *Consulado de la Habana* statt. Die Dokumente haben oft seriell die Formulierung „sobre pesos" im Titel und es handelte sich ganz generell entweder um die Aufteilung der Profite (oft wegen Pacotille-Handels der Kapitäne und von Mannschaftsmitgliedern oder wegen Flete von Versklavten auf Kosten derer, die die Expedition und das Schiff finanziert hatten, wie oben beschrieben) oder um die Frage, wer nach Rebellionen und Kaperungen die Kosten tragen sollte, um Forderungen von Kapitänen, ihnen trotz Misserfolgs die versprochenen Gratifikationen („Boni") auszuzahlen, oder einfach um Konflikte um das Kapital menschlicher Körper – etwa wenn diese wie im oben geschilderten Fall im Chaos nach einer Rebellion doppelt verkauft wurden. Fast immer begann alles in Afrika oder auf dem Atlantik, was die Zentralität dieser beiden Großräume für die Sklaverei auf Kuba und für die Kapitalakkumulation im Allgemeinen zeigt. Die juristischen Auseinandersetzungen, die Texte und die schriftlichen Diskurse aber wurden auf Kuba produziert. Im Falle der Auseinandersetzung um Ormond in Havanna begann auch alles in Afrika – schon 1814 war John Ormond dort so mächtig, dass er den spanisch-kubanischen Kapitänen Preise, Geschäftsbedingungen und Wartezeiten diktieren konnte. Der selbstherrliche Ormond hatte den hochnäsigen Kapitän Félix Pujadas von dem oben erwähnten Schiff Escotos, der Goleta *Isabel*, mit der Komplettierung der Ladung von Verschleppten sehr lange warten lassen. In der langen Wartezeit starb fast die gesamte „weiße" Mannschaft. Weil der Kapitän deswegen „freie Schwarze" anwerben musste, kam es, wie oben dargelegt, zur Rebellion.

Im Jahr 1816 kam es in Havanna zu einer neuen, noch bizarreren Auseinandersetzung. Zunächst ging es, wie fast immer, vordergründig um ein Papier mit Zahlen darauf, eine Rechnung („sobre pesos"). Im Verlauf des Konfliktes bediente sich Antonio Escoto, der eine Zeit lang auch als Faktor eines Sklavenhändlers namens „Juan Tillinghast" (Tillinghurst) und Geschäftspartner Ormonds am Río Pongo gearbeitet hatte, all des Rassismus', der in Havanna offensichtlich gang und gäbe war. Escoto hatte eine Rechnung für Ormond[77] ausgestellt, aus der zunächst alle Scheußlichkeiten des Slaving und Informationen über Namen, Schiffe und Expeditionen sowie die Gefahren des Sklavenhandels hervorgehen. Einige Stichworte: Escoto, Tillinghurst und Ormond hatten bei der Ausrüstung und Belieferung einer Sklavenhandelsexpedition des Bergantín *Dos Hermanos* aus Wilmington[78] sowie

---

[77] „D.n Juan Ormond, de la Costa de Africa, C.[uent]a C.[orrien]te con Ant.o Escoto de este com.[erci]o como Albacea de bienes q.e quedaron p.r fallecimiento de J. Tillinghast", in: ANC, Tribunal de Comercio, leg. 32, no. 15 (1816): Botefeur Daniel. Daniel Botefeur, apoderado de Juan Ormond, contra Antonio Escoto, sobre cuentas mercantiles, Havana, 9 de Mayo de 1816, f. 4v–9r.
[78] Ebd., f. 5r.

einer Sklavenhandelsexpedition der Goleta *Fabiana* (Besitzer Gaspar Hernández von der Sklavenhandelsfirma *Hernández y Chaviteau*) zusammengearbeitet.[79] Sie hatten auch die Ausrüstung des Sklavenhandelsschiffes *Dos Amigos* mit Waffen und Pulver finanziert, wie aus der Bemerkung über Pulveranlieferungen hervorgeht. Sie brauchten wehrhafte Negrero-Schiffe, um sich gegen die Korsaren der Independenten unter Simón Bolívar oder einfach andere Sklavenhändler beziehungsweise Piraten zu wehren: „ein Quintal [etwa: Zentner] Pulver, das der Kapitän Don Francisco de Hita der Brigantine Dos Amigos in Baracoa an Bord nahm, als er dort, von Wilmington kommend und bedroht durch die aufständischen Korsaren, einlief".[80] Bei der Expedition der Bergantín *Dos Amigos* hatten Ormond, Escoto und Tillinghurst mit Juan Madrazo zusammengearbeitet, dem ebenfalls mehrfach erwähnten notorischen Negrero.[81] Auf Erlaubnis von Ormond hatte „Kapitän Don D.L. Bernardini, Kapitän und Schiffsmeister der Dos Amigos", acht Versklavte für den Eigenverkauf (Flete – der Transport ging auf Kosten der Ausrüster) bekommen.[82] Tillinghurst, Escoto und Ormond hatten auch eine „zweite Reise der Brigantine Fenix nach Afrika"[83] finanziert. Da die „zweite Reise" erwähnt ist, gab es sicherlich auch eine erste Reise. Die *Fenix* war allerdings vor der afrikanischen Küste von den Briten aufgebracht worden.[84] Ormond und Tillinghurst gaben auch Kredite für die Expedition der Goleta *Dorotea* nach Afrika.[85]

Ormond hielt wohl die Rechnung Escotos für falsch. Als Ormond, der Botefeur vor einem Notar mit Vollmachten ausgestattet hatte (und bei dieser Gelegenheit selbst in Havanna war[86]), durch seinen Rechtsvertreter gegen Escotos Rechnung protestierte, kam es zum Eklat. Wie bei vielen Rechtskonflikten handelt es sich um einen der Risse im *long black veil* der Verschleierungen des Menschenhandels, die tiefer als die Ebenen von Finanzoperationen, Rechnungen, Gelder etc. bis in die Realität menschlicher Körper als Kapital reichen. Escoto, der sich – wie alle anderen Amerikaner und Europäer auch – in Afrika an die Machtverhältnisse anpassen musste, redete in Havanna rassistischen Klartext, der aus der Originalquelle sehr schön deutlich wird:

---

79 Ebd.
80 Ebd.
81 Ebd., f. 5v.
82 Ebd., f. 7v.
83 Ebd., f. 6r.
84 Ebd.
85 Ebd., f. 7r.
86 „Poder", in: ANC, Tribunal de Comercio, leg. 32, no. 15 (1816): Botefeur Daniel. Daniel Botefeur, apoderado de Juan Ormond, contra Antonio Escoto, sobre cuentas mercantiles, La Habana, 23 de Abril de 1816, f. 13r–14r.

> Don Antonio Escoto, Bürger und vom Handel[sstand] dieses Platzes, im Rechtskonflikt, den Don Daniel Botefeur als Beauftragter des Pardo libre [freier Farbiger – das Aussprechen von „pardo" ist damals eine Beleidigung] Juan Ormon, Bewohner des Río Pongo an der Küste von Afrika, anstrengt, indem er mir ausstehende Rechnungen reklamiert ... ich erscheine vor Euer Gnaden [die Señores Prior und Konsuln des *Tribunal de Comercio* von Havanna] und sage: dass man nach vielen Schritten und Verhandlungen dazu gekommen ist, die mündliche Verhandlung ... ich verlange die Vollstreckungsklage, damit er mir die Geldmengen, die er mir schuldet, zurückgibt, und für die Schäden von ziemlichem Ausmaß [aufkommt], die er mich im Negerhandel an jener Destination hat fühlen lassen, wo der erwähnte Ormon seinen Wohnsitz hat. Durch diesen Präzendenzfall wird das Tribunal darüber befinden, da der, der durch Botefeur repräsentiert als Akteur erscheint, ein farbiger Mann ist, der in jenen Regionen lebt und im wüsten Herzen von Afrika, ohne irgendeine Autorität anzuerkennen oder irgendeiner Macht untergeordnet zu sein, ob er mit diesem Status qualifiziert ist, die Vollmacht zu übertragen oder ob er es nicht ist, aus den gleichen Gründen, denn er ermangelt der Voraussetzungen des Gesetzes, um bei einem Prozess zu erscheinen und ein Individuum zu repräsentieren, das nicht nur Bewohner von Afrika ist, sondern ein Eingeborener.[87]

Das ist äußere Statusdegradierung, die sonst nur für Versklavte gilt! Escoto weiß, was er sagt: „Natural de Africa [herkünftig aus Afrika]" sind in Havanna sonst nur Sklaven (theoretisch) ohne irgendwelche Rechte.

Antonio Escoto, notorischer Sklavenhändler und reicher Capitalista, der schon 1813/1814 mehrfach in Listen über von den Briten gekaperte kubanisch-spanische Sklavenschiffe[88] und im oben beschriebenen Fall der Schiffrebellion auf der *Isabel* auftaucht, hatte aber übersehen, dass der „deutsche Spanier/Kubaner" Daniel Botefeur selbst farbige Töchter hatte, in Afrika als Sklavenhändler (Faktor und Chirurg) sozialisiert worden war und Ormond als Geschäftspartner, Freund und Alliierten brauchte. Der Hintergrund der Angelegenheit aber reichte noch tiefer hinter den *long black veil*. Der Grund der Auseinandersetzung lag, wie bereits gesagt, in Afrika, am Río Pongo in der oben beschriebenen Rebellion von Verschleppten (1814), die von Ormond zur Steigerung seiner Gewinne ausgenutzt worden war.[89]

Ormond beging 1833 Selbstmord, als er die Kontrolle über sein Sklavenjagd-Imperium zu verlieren begann. Die wichtigste Macht des Hinterlandes, Futa-

---

87 „Representación de Antonio Escoto", La Habana, Junio 26, 1816, in: Ebd., f. 10r–11v.
88 AHN Madrid, Trata de Negros, Leg. 8050/1, no. 1: „Lista de los Barcos Españoles Negreros cuyas causas penden en el Tribunal Supremo de Apelaciones de Presas [en Freetown y Tortola]", Datum zwischen Juni 1812 und 1815.
89 „Memorial", Antonio Escoto an Prior y Consules del Tribunal de Comercio, La Habana, 8 de Noviembre de 1815, in: ANC, Leg. 504, no. 32 (1815). Escoto (Antonio). „D.n Antonio Escoto, sobre justificar el numero de negros con que arribo a Rio Pongo en el Africa, la goleta de su propiedad titulada „Isabel" f. 1r–2r.

Jallon, strebte andere Allianzen an. Ende 1827 hatte sich Conneau selbstständig gemacht. Er empfing eine Karawane mit einem „Führer von wirklich fürstlichem Rang", also einen Handelsprinzen, der von Ali Mami von Futa-Jallon zur Handelsniederlassung Conneaus in Kambia gesandt worden war.[90] Ali Mami lud Conneau ein, mit einer Karawane nach Timbo zu kommen. Conneaus Bericht ist eine der eher seltenen europäisch-atlantischen Beschreibungen der Interna einer Sklavenkarawane. Conneau stellt sich in seinem typischen rassistischen *basso continuo* als die entscheidende Figur dar. Er war es aber nicht. Conneau war Juniorpartner. Seniorpartner waren der Handelsprinz und die afrikanisch-islamischen Eliten. Der Karawanenführer und Handelsprinz Mami-di-yong, der im Auftrag des Fulbe-Königs Ali Mami von Futa-Jallon agierte, übernahm zur Sicherheit sogar den Stützpunkt von Conneau an der Küste, um ihn „vor dem Mulatten Mongo [Ormond] in Bangalang" zu schützen.[91] Ormond hatte versucht, sein Monopol zu verteidigen. Junior Conneau war aber ein günstigerer Partner für die Sklavenhändler der Fulbe von Futa-Jallon.

6.2.2 Ein paradigmatischer Negrero des Atlantiks – Daniel Botefeur

Einige Bemerkungen zu dem bereits mehrfach erwähnten deutschen Arzt, Kapitän, Negrero und Ingeniobesitzer Daniel Botefeur. Als Plantagenbesitzer und Sklavenhalter müsste er eigentlich im Kapitel über die Sklaverei in Spanisch-Amerika oder im Kapitel über Plantagen behandelt werden. Ich habe ihn an diese Stelle gesetzt, um zu zeigen, wo die Profite aus dem Kapital aus Afrika verschleppter Körper blieben, wenn die Negreros aus unserem Fokus auf den Hidden Atlantic verschwanden und an Land „normale" Kaufleute wurden. Botefeurs Leben in Havanna kann auch als Beispiel dafür gelten, was atlantikkreolische Sklaven- und Menschenhändler taten, wenn sie ihr Kapital anlegten, d. h., wenn sie sich nationalisierten und territorialisierten (Land erwarben) und wie eben der Graf von Monte Christo aus dem „Nichts" in einer der großen Atlantikstädte erschienen. Nur um eine Detail zu erwähnen, das sonst in eher wirtschaftshistorisch ausgerichteten Arbeiten untergeht: zuerst mussten sie Sex haben, in die richtige Familie einheiraten und dann noch die „richtige" Religion annehmen.

Botefeur starb 1821 in Charleston an Herzversagen. Charleston, South Carolina, war Hauptdrehscheibe des Sklavenhandels in den USA. In der Sterbeurkunde

---

90 Canot, Abenteuer, S. 147–154; Conneau, A Slaver's Log Book, S. 63–70; S. 107–143.
91 Canot, Sklaven, S. 102f.

heißt es: „Doctor Daniel Botefer late of Havana in the Island of Cuba"[92], „natural de Hannover en Alemania".[93] Botefeur gehörte zur frühen Gruppe von „spanischen" Kapitänen (mit der oben beschriebenen erfundenen „nationalen" Identität, ähnlich wie Pedro Blanco), die zwischen 1800 und 1815 als Faktoren in Westafrika, vor allem in Senegambien und Gallinas, das transatlantische Geschäft von Briten und Amerikanern lernten und übernahmen. Um 1808 erkannte er wohl die Möglichkeiten, die sich in Havanna und generell auf Kuba boten. Er wurde „Kubaner", der sich sicherlich „Spanier" nennen ließ. Botefeur wurde durch Sklavenhandel steinreich. Er besaß bald ein Handelshaus in Havanna und war an einem zweiten *commercial house* in Matanzas beteiligt, zusammen mit dem Nordamerikaner John S. Latting. In seinem Testament verfügte Botefeur in Bezug auf die Firma in Havanna: „Das Handelshaus, das ich in Havanna habe, bleibt unter der Führung von Don Benjamin Bascomb".[94]

Seine Anfänge in Afrika waren jedoch weit weniger glamourös. Der Lutheraner Botefeur hatte als Hannoveraner Zugang zu englischen Sklavenforts in Afrika (wahrscheinlich zunächst auf Bunce/Bance Island, dann am Río Pongo und in Sierra Leone). In einem Konflikt mit seinem Leibsklaven Roberto erwähnt Botefeur 1818, dass er sich schon 1800 in Westafrika aufgehalten habe, wo er diesen Sklaven in einem englischen Fort in Afrika erwarb. 1802 wird ein Schiff Botefeurs erwähnt, die *Mary Ann*. Botefeur war in den Sklavenhandel eingestiegen, zunächst im westafrikanischen Cabotagehandel. In seiner Beschreibung des Río Pongo von 1806 erwähnt Joseph Corry Botefeur und Ormond: „The principal factories for trade are on the Constintia [Constantia], about 40 miles up the river, Mr. Cummings's factory, at Ventura; Mr. John Irvin's, at Kessey; Mr. Benjamin Curtis's, at Boston; Mr. Frasier's, at Bangra; Mr. Sammo's, at Charleston; Mr. David Lawrence's, at Gambia; Mr. Daniel Botefeur's, at Mary Hill; Mr. Ormond's, Mr. Tillinghurst's, Mr. Gray's, in the Bashia branch".[95] 1809 wird Daniel Botefeur in britischen Quellen erwähnt als „owner of a ship under Spanish colours, at this time on a slaving voyage".[96] Christopher Fyfe beschreibt Daniel Botefeur in seiner Geschichte von Sierra Leone als „a trader at Kissing with strong American connections, especially after 1807. Botefeur was a German, born in Hannover in c. 1770, and he was a practicing medical doctor when he arrived on the African coast".[97]

---

92 „Autos. Testamentaria del Dr. Dn. Daniel Botefeur", in: ANC, Escribanía de Luis Blanco, leg 405, no. 4, f. 5r: Totenschein (englisch), Charleston, 22th day of June A:D: 1821, John M. Davis, Notary Public.
93 Originalkopie des Testaments, Matanzas, 9. Juni 1821, in: Ebd., f. 9r–11v, hier f. 9r.
94 Ebd., f. 10v.
95 Corry, Observations, Kapitel IX.
96 Nach: Thomas, „A Transnational Perspective", S. 197.
97 Fyfe, A History, S. 108.

Es lässt sich nicht genau sagen, wann Botefeur nach Afrika gekommen ist, aber zuerst agierte er auf Bance Island. 1802 lokalisiert Alexander Smith ihn in Kissing als *Bance Island agent* – d. h., als Arzt und Händler an einem Vorposten des atlantischen Sklavenhandels.[98] Eine von Botefeurs Faktoreien hieß *Mary Hill* (Marienberg), auch Mont Mary, eine alternativer Name für den Ort Sangha am Bangalan River.[99] Botefeur hatte auch Handel in den USA. Im August 1806 fuhr er auf dem Schiff *Rose-in-Bloom*, das von Charleston nach Boston segelte und Schiffbruch erlitt. Botefeur kehrte nach Afrika zurück, eventuell mit Zwischenstation in Havanna, wo er die neuen Möglichkeiten des „spanischen" Handels auslotete, die sich nach der Abolition des transatlantischen Sklavenhandels durch Großbritannien und die USA eröffneten.[100] Sein Schoner *Mary Ann* fuhr im Küstenhandel mit Rindern zwischen Río Pongo und Freetown; außerdem besaß er den Schoner *Nueva María*, der für 1816 im atlantischen Sklavenhandel nachgewiesen ist.[101] Die zweite seiner afrikanischen Töchter hieß Maria. Botefeur unterstützte die Schule der *Church Missionary Society* und schickte zwischen 1808 und 1812 sechs seiner afrikanischen Töchter dorthin (Maria, Jenny, Rosalin, Hanna, Eliza, Jane). Um 1810/1811 war Botefeur ca. ein Jahr lang nicht am Río Pongo. Eventuell weilte er zu Geschäften wieder in Havanna oder Bissau. Bruce Mouser schreibt, dass Botefeur „a close associate of John Ormond, Jr. of Bangalan, [and] of John Fraser" war. Fraser hatte 1809 seine Geschäfte (Sklavenschmuggel?) von South Carolina in das (noch spanische) Ost-Florida verlegt. Ein weiterer Geschäftspartner war der oben genannte Stiles (oder Styler) Lightbourn von Farenya am Oberlauf des Río Pongo, dessen Bruder als Staatsanwalt in Charleston agierte. Botefeur war ebenfalls mit dem oben genannten Arzt Samuel Gale (Galé) assoziiert, der zu dieser Zeit eine Faktorei am Río Pongo betrieb.[102] Botefeur muss in Afrika ähnlich gelebt haben wie Ormond. Er hatte mit afrikanischen Frauen mindestens 6–7 Kinder, fast alles Töchter. Seine Lieblingstochter war Rosalin, genannt Rosita.

Noch im Mai 1821, einen Monat vor seinem Tod, wird über Botefeur als Konsignatar eines Menschenschmuggeltransports auf der französischen Schoner-Brigg

---

98 Smith, „Smith Journal", S. 128.
99 Niane, „La guerre des Mulâtres".
100 „Loss of the Ship Rose-in-Bloom" (als „D. Botifeur").
101 Bright, „Richard Bright Journal"; www.slavevoyages.org (voyage 14797); „Nota de los Buques que hán hido al Africa al comercio de Negros, y regresando des.e el año de 1808 h.ta Oct.e de 1817 con espresion del num.o de cabezas importadas" (Hav.a, Nov.e 22 de 1817), in: ANC, RC, leg. 86/3506: Espediente No. 964 sobre cumplimiento de la R.l orden que previene se formalice y remita una justificacion de los buques y numero de negros apresados por los ingleses para establecer la reclamacion competente al Gobierno de S.M.B (Marzo 21.de 1816), f. 9r–22r.
102 Mouser, „A History", sowie: Mouser, American Colony, passim.

l'Africaine berichtet: „French schooner brig l'Africaine, M.B.C. Gnonian captain, consigned to D. Botefeur. She left her cargo of Negroes at the port of Batabanó, south of the island".[103]

Auf Kuba war Daniel Botefeur mit Doña María del Sacramento Romay y Navarrete (Maria Botefeur in englischen Quellen) verheiratet und wohnte mit ihr und fünf seiner kubanischen Kinder (er hatte, wie wir wissen, noch weit mehr in Afrika) in einem Wohnhaus in Havanna. Doña María ging nach Botefeurs Tod wieder zu ihrer Familie zurück, einer der großen kreolischen Adelsfamilien. Die Familie ist vor allem durch den Wissenschaftler Tomás Romey y Chacón, einen berühmten Mediziner, bekannt. Tomás Romay praktizierte im Hafen und an den frisch nach Kuba Verschleppten. Zusammen mit anderen verfasste Don Tomás 1811 ein *Informe* über die Behandlung der Sklaven während der Fahrt von Afrika nach Kuba – eine konzentrierte Synthese aller Scheußlichkeiten des Sklavenhandels- und Sklaventransportgeschäftes.[104]

Laut Inventar war das Wohnhaus der Familie Botefeur-Romay in Havanna voller edler Caoba- und Zedernholzmöbel, teurem Porzellan und Kristall sowie Küchengerät im Wert von über 2300 Pesos.[105] In dem Haus fanden sich auch „Eine Karte der Welt und vier von jedem ihrer Teile, sehr viel benutzt, à sechs Pesos ... Eine große Eisenkiste um Geld aufzubewahren, mit ihrem gängigen Schlüssel und von gutem Gebrauch à hundert Pesos".[106] Doch das Wertvollste des Hauses waren acht relativ junge Haussklaven im Wert von 3000 Pesos.[107] Kurz vor dem Tod Botefeurs kam ein Schiff mit Verschleppten aus Afrika an. Selbst im Testament sorgte Botefeur sich um das laufende Geschäft: „Don Pedro Hep ist interessiert an dem Schoner Paquete, der von der Küste Afrikas gekommen ist, für die Summe von dreitausend Pesos und siebeneinhalb Prozent Kommission über dem Verkaufserlös der Ladung".[108] Und weiter heißt es: „Man soll auch Don Pedro Hep [oder Hess] drei Neger erster Klasse von der Ladung und hundert Pesos Monatsgehalt während der Fahrt geben".[109] Pedro Hep oder Hess war Botefeurs Sklavenschiffskapitän und eventuell auch Faktor in Afrika.

---

103 „List of Slave-ships", May 2nd, 1821; siehe auch: www.slavevoyages.org, Voyage ID 34205 (30.11.2012).
104 ANC, Real Consulado y Junta de Fomento (RC), leg. 150, no. 7409: Expediente relativo á la salud y conservación de los negros en la travesía de la costa de Africa á este puerto, La Habana, 12 de julio de 1811.
105 „Inventario", La Habana, Marzo 7 de 1822, in: ANC, Escribanía de Luis Blanco, leg 405, no. 4, f. 17r–20v.
106 Ebd., f. 18v.
107 Unter „Negros y Negras" zusammengefasst, ebd., f. 20r–v.
108 Originalkopie des Testaments, Matanzas, 9. Juni 1821, in: Ebd., f. 9r–11v, hier f. 11r.
109 Ebd., f. 11v.

Noch wertvoller war die Kombination von menschlichen Körpern und Immobilien, d. h. Grundbesitz in Form einer Plantage. Die meisten seiner Sklaven und Gelder hatte Botefeur in zwei *cafetales* (Kaffee-Plantagen) investiert. Der eine hieß *Gratitud* (Dankbarkeit) – wem war Don Daniel dankbar? Ich zitiere sehr ausführlich aus dem Testament, was die Werte in diesem Cafetal angeht. An diesen rechtskonformen Notaten lässt sich die Parallelstruktur zu den transatlantischen Gewaltstrukturen sehr schön darstellen – die Sammelpunkte des Kapitals aus menschlichen Körpern. In der Schätzungsliste des Botefeur-Testaments erscheinen alle Charakteristiken eines gut ausgestatteten und produktiven Sklaven-Cafetales:

> einhundertelftausend Kaffeebäume in gutem Zustand und [guter] Produktion ... 69 375 Pesos ... Für fünfundvierzigtausend ebensolcher von drei Jahren [am Beginn der Produktivität] ... 22 500 Pesos ... für elftausend ebensolcher von einem Jahr ... 1375 Pesos ... Für fünfunddreißig[tausend] ebensolche von diesem Jahr ... 2185 [Pesos] ... Fabriken [Einrichtungen] für eine Mühle, um Kaffee[bohnen] zu reinigen, mit seinem Oktagon, das mit Zuckerrohrstroh gedeckt ist ... 1190 [Pesos] ... Für ein aus Steinen gebautes Lagerhaus ... 1055 [Pesos] ... Wohnhaus von 200 Ellen Länge und 6 Breite, mit vier Zimmern und zwei Vordächern ... 770 [Pesos]] ... ein Barracon ohne Bedachung [noch im Bau] von 36 Ellen Länge und 63/4 Breite ... 663 [Pesos] ... ein ergiebiger Brunnen, mit seinem Tank und Pumpe, um Wasser heraufzupumpen ... 350 [Pesos] ... drei Kaffee-Trockenplätze von 20 Ellen und 17 [Ellen] Breite ... 1200 [Pesos].[110]

Unter der Überschrift „Negros" sind in der Schätzliste 60 Männer und Jungen mit ihren Sklavennamen verzeichnet, fast alle Männer sind mit 600 Pesos ausgewiesen; Gesamtwert 43 750 Pesos (Silberpesos – ein Vermögen!).[111] Und unter „Mugeres" finden sich 39 Frauen und Mädchen, mit Preisen zwischen 350 und 500 Pesos, darunter ein Säugling: „Sophia von sechs Monaten ... 100 Pesos"[112]; Gesamtwert 19 500 Pesos.[113] Gebäude und Installationen sowie Pflanzen, fast alle von Sklaven gebaut und hergestellt sowie gesät und gepflegt, hatten einen Wert von knapp 100 000 Pesos; die „Negros" und „Mugeres" zusammen einen Wert von mehr als 63 000 Pesos. Dazu kamen Tiere im Wert von 713 Pesos: „ein Stier, ein Ochse, eine Kuh, ein Gespann Maultiere, ein Gespann Pferde, ein bräunliches Pferd, ein rötliches Pferd"[114] – relativ billig im Vergleich zu den Sklaven.

---

110 „Inventario y tasacion del Cafetal Gratitud que quedo por bienes de D.n Daniel Botefeur", La Habana, 24 de Noviembre de 1823, in: Ebd., f. 26r–30r, hier 26r–v.
111 Ebd., f. 28r–29r.
112 Ebd., f. 30r.
113 Ebd., f. 29r–30r.
114 Ebd., f. 27v.

Die Liste zeigt eine Sklaven-Plantage auf dem Höhepunkt des Kaffeebooms. Der Cafetal *Gratitud* war aber nicht nur modern und teuer (den Wert eines damaligen Silber-Pesos (*pesos de a ocho*) kann man wahrscheinlich mit minimal 1:25 in Relation zum heutigen Euro ansetzen), die Liste zeigt auch, dass auf den großen Cafetales bereits Barracones gebaut wurden.

Der andere Cafetal hieß *Enrique* (Heinrich).[115] Für ihn wurde in der Inventarliste aufgezählt: „Sklaven [64 Männer u Jungen, darunter]: Gregorio (cimarrón [geflohener Sklave])... 400, Pio gleich... 400... Cirilo cimarrón... 300; Tomas (verrückt)... 150; 11 Kranke... zu 200 Pesos". Die anderen Sklaven rangierten zwischen 300 und 600 Pesos; zusammen hatten sie einen Wert von 44 650 Pesos.[116] Unter den 58 Frauen und Mädchen findet sich: „Rufina (verrückt).... 000 Pesos"; 14 Sklavinnen waren „enferma" [krank]; alle Kranken wurden zu 200 Pesos geschätzt, die anderen zwischen 300 und 400 Pesos; zusammen: 19 750 Pesos.[117] An das Testament kam ein „Vermerk": „man hat in dieses Inventar und (diese) Schätzung den Neger der Plantagenbesatzung nicht mit hineingenommen, weil er sich auf Flucht befindet".[118]

Noch 1823 stand María Romay, die Witwe Botefeurs, wegen Geschäftsabwicklungen des (illegalen) Menschenhandels mit George DeWolf in Korrespondenz.[119] James DeWolf spricht in einem Brief ganz offen von *pipes of Madeira wine* (für 350 $ die „pipe"), die er kaufen möchte – Menschenschmuggel.[120] Und bis 1844 (wahrscheinlich noch länger) sind Entschädigungsforderungen der Familie wegen Verlusten von Schiffen im atlantischen Sklavenhandel an die Krone in Spanien nachgewiesen.[121]

---

115 „Inventario y Tazacion del Cafetal titulado Enrique", Partido de Canimar y Agosto 29 de 1821 in: Ebd., f. 34r–37r.
116 Ebd., f. 35r–v.
117 Ebd., f. 36r–v
118 Ebd., f. 37r
119 Siehe den Brief: George De Wolf letter to Madam Maria Botefeur, Bristol, May 12, 1823, online unter: http://merrick.library.miami.edu/cdm/compoundobject/collection/chc0184/id/2279/rec/1 (6.3.2015).
120 Siehe: James DeWolf letter to Madam Maria Botefeur, May 9, 1823, online unter: http://merrick.library.miami.edu/cdm/compoundobject/collection/chc0184/id/2409/rec/2 (6.3.2015).
121 AHN Madrid, Trata de Negros, leg. 8025/6, no 3: Luis Martinez aus Madrid, 14 de octubre de 1844, an Secretario de Estado (Ministerpräsident), über Reklamation von „D. Lorenzo Romay y D. Daniel Botefú" wegen der *Candelaria*, die 1815 von englischen Kreuzern aufgebracht worden war. Reklamiert Entschädigung aus den 400 000 Libras Esterlinas (oder „cuarenta millones de reales"), die Spanien laut Vertrag vom 23. September 1817 von Großbritannien bekommen habe und zum Ankauf von Kriegsschiffen aus Russland benützt habe, statt Entschädigungen auszureichen.

7 In den Amerikas. Sklavenmärkte und Sklavenhändler – Profiteure, Großkaufleute, Schiffsausrüster und Negreros

„Der Afrikaner von Amerika ist nicht der Neger aus Afrika, sondern der versklavte Neger"[1]

Eigenartigerweise haben Ankünfte, Abfahrten und die Sklavenmärkte in den Amerikas nie die gleiche Rolle als Erinnerungsorte gespielt wie die Abfahrten aus Afrika, Sklaven-Schiffe (Mittelpassage) oder Plantagen.[2] Ich gehe hier von der Hypothese aus, dass die wichtigsten Werte durch die Profite jeder einzelnen Reise über den Atlantik generiert wurden und dass darauf lange Zeit die Kreditsysteme in Teilen Afrikas, Europas und in den Amerikas beruhten. Diese Gebiete – unterhalb des Großraumes Atlantik oft Grenz- und Transkulturationsräume sowie Enklaven – waren lange Zeit die dynamischsten Territorien der Globalgeschichte.

In den Häfen Amerikas waren die Ersten, die die Körper der Verschleppten kontrollierten, Beamte und Soldaten, die auf die Schiffe geschickt wurden, um Formalitäten und bürokratische Rituale zu erfüllen sowie Quarantäne durchzusetzen. Die Beamten arbeiteten Routinen ab. Die ersten Entscheider zur Verhinderung von Epidemien, waren, wie in Afrika und wie im Falle von Tomás Romay aus der Familie von Botefeurs Ehefrau, Ärzte. Ärzte wie Kolonialfunktionäre wurden von Übersetzern begleitet – oft ehemalige Sklaven oder sogar Sklaven.[3] Bei den Medizinern handelte sich meist um auf Hygiene, Seuchenbekämpfung und Pockenimpfung spezialisierte Militär-, Hafen- und Sklavenärzte in offizieller Funktion. Sie stellten, wenn die Verschleppten gesund erschienen sowie geimpft und

---

[1] Ortiz, Los bailes, S. 253.
[2] Der wichtigste Erinnerungsort von Plantagen mit Massensklaverei in ihrer fast höchsten Form in der Zeit der *Second Slavery* findet sich bei: Cantero, Justo G., Los Ingenios. Colección de vistas de los principales ingenios de azúcar de la isla de Cuba. Edición de lujo. El texto redactado por Justo G. Cantero, gentil.hombre de la camara de S.M. y alferez real de Trinidad. Las laminas dibujadas del natural y litografiadas por Eduardo Laplante. Dedicado a la Real Junta de Fomento, La Habana: Impreso en la litografía de Luis Marquier, 1857; Faksimile: García Mora/Santamaría García (Hrsg.), Los Ingenios.
[3] Graden, „Interpreters, Translators"; Graden, Disease, S. 150–177. Die Beschreibung der Schiffsankünfte von westafrikanischen Inseln in Lissabon im 16. Jahrhundert lässt den Schluss zu, dass diese institutionalisierten Abläufe in den Grundzügen mindesten bis um 1820 für die iberischen Gebiete galten, siehe: Torrão, „Actividade Comercial Externa", S. 118.

wiedergeimpft waren (und die Impfpocken aufgegangen waren), *certificados* (medizinische Zertifikate) aus, die die *negros* zum Verkauf freigaben.[4]

Auch um zu zeigen, dass medizinische Untersuchungen, Castings und Quarantänen eine strukturelle Institution atlantischer Gewalt und zugleich globaler Modernität darstellten, greife ich kurz um ca. 50–60 Jahre zurück.

7.1 Sklavenhändler I. Regulierter Sklavenhandel, Märkte und Schmuggel

Am 1. September 1763 landete eine britische Fregatte aus Liverpool namens *la Bella* (Die Schöne) unter dem Kapitän Giles Thornborrow mit einer menschlichen Fracht im Hafen von Havanna. Das Protokoll über den Verkauf der Sklaven, das von einem Schreiber der Hafenverwaltung angefertigt wurde, sagt sehr viel über die Abläufe des atlantischen Slaving aus. Die Leiden der Versklavten werden unter der offiziellen Sprache allerdings nur deutlich, wenn man sich die zeitlichen Abläufe, die Gewaltinfrastrukturen und den Terror der vorausgehenden Mittelpassage vor Augen hält und zudem bedenkt, wie lange Zeit die Sklaven auch nach ihrer Ankunft im Hafen von Havanna noch auf dem Sklavenschiff zubringen mussten.[5] Dazu sollten wir uns vorstellen, dass die Verschleppten vor der Hölle des Atlantiks möglicherweise auch schon Märsche aus dem Innern Afrikas zur Küste durchlitten hatten.

Das Schiff kam „de la costa de Guinea", von der Guinea-Küste in der Nähe der Mündung des Gambia-Flusses; es war wirklich ein *Guineaman*, wie die britischen Sklavenschiffe auch genannt wurden. In dem 182-Folio-Dokument, welches über das Schiff berichtet, finden sich die Notariatsbelege, an wen Sklaven zu welchem Preise verkauft worden und was mit denen geschah, die nicht verkauft werden konnten.

---

4 „Certificado" von Dr. Márcos Sanchez Rubio, médico y cirujano, in: Archivo Nacional de Cuba (ANC) La Habana, Tribunal de Comercio (TC), leg. 291, no. 6 (1817). Negros: „Dilig.s obradas sobre la entrada en este Puerto de la Goleta Portuguesa titulada la Maria con cargamento de negros", f. 18r; siehe auch Zeuske, „Doktoren".

5 „Testim.o de los Autos obradas sobre la entrada en este Puerto de las costa de Guinea la frag.ta Yng.sa la Bella. su Cap.n Giles ThornBorru [Thornborrow] con Armaz.on de Negros por q.ta [cuenta] del Aciento de D. Jph de Villa Pico, y Comp.", Miguel Jph de Leon, Escribano Real, La Habana, 1 de Septiembre de 1763–4 de Diciembre de 1763, in: AGI, Santo Domingo, leg. 2210, 1763 á 1817: „Expedientes sobre asientos de negros. Isla de Cuba", siehe auch: O'Malley, The Intercontinental Slave Trade of British America, passim.

Als die *Bella* im Hafen von Havanna angelegt hatte, ging zunächst eine Kommission aus *contador* (Rechnungsführer) D. Juan Tomas de la Barrerra, D. Ambrosio Lope, *tesorero de la Real Hacienda* (Schatzmeister der königlichen Kassen) und D. Antonio Diaz de Villega, *guardamayor del Puerto de la Habana* (Hafenmeister) an Bord. Sie befragten den Kapitän und ließen ihn – als „protestante"[6] – auf die Bibel schwören. Bei dem Ritual ist D. Miguel Brito als vereidigter Übersetzer dabei. Kapitän Thornborrow akzeptierte den Übersetzer. Die Kommission befragt den Kapitän über die Reise von Liverpool nach Guinea und Amerika. Thornborrow hatte von Afrika zunächst nach South Carolina segeln wollen. Wegen eines Briefes seines *cargador* (Befrachters)[7], den er in Kingston erhalten hatte und der besagte, dass der Markt in Carolina überfüllt sei, habe er sich nach Havanna begeben. Thornborrow sagte auch, dass er 178 oder 179 Negros an Bord habe: „Gefragt, wie viele Köpfe er aus Guinea herausgeholt habe und wie viele von diesen Negern während seines Aufenthaltes an jener Küste und auch auf der Fahrt gestorben seien, sagte er, dass er nicht wisse, wie viele er aus Guinea herausgeholt habe und dass auch auf der Reise einige gestorben seien, er aber auch nicht wisse, wie viele."[8] Der Kapitän, 30 Jahre alt, wollte keine Geschäftsgeheimnisse verrraten. Er schwor aber (wegen des Schmuggelverdachts), keinen spanischen Hafen oder Landepunkt vor seiner Ankunft in Havanna berührt zu haben. Der Hafenmeister und einige seiner Helfer unterzogen die Laderäume (*bodegas*) des Schiffes dann noch einer Inspektion. Da Sklaven vor allem im Inland von Kuba und speziell im Osten dringend gebraucht wurden, waren auch die Verwaltungschefs der Städte Puerto del Príncipe und Bayamo nach Havanna gekommen, um Sklaven zu kaufen.[9] Das Schiff brachte noch eine Reihe von englischen Waren mit nach Kuba.[10]

Am 21. September 1763 übersetzt Dolmetscher Miguel Brito für den spanischen Generalkapitän auf Kuba, Ambrosio Funes de Villapando Conde de Ricla, Frachtbrief (im Dokument als *carta* bezeichnet, dazu gehört die Liste, auf der die Verschleppten verzeichnet waren), Pass (*pasaporte*) und Schiffstagebuch (*diario de abordo*) der Fregatte *La Bella*.[11] Aus den Schiffspapieren geht hervor, dass die Fregatte am 11. August 1763 von Rio Gambia abgefahren war. Aus den Positionsnotizen des Bordbuchs ergibt sich für die Karibik zunächst ein Kurs parallel zur Nordküste von Saint-Domingue. Von der Ostspitze Kubas, Punta de Maisi, führte der Kurs dann an der Südküste entlang nach Jamaika, von dort um das westli-

---

6 Ebd., f. 2v–3v.
7 Ebd., f. 3r.
8 Ebd., f. 3r–v.
9 Ebd., f. 13v.
10 Ebd., f. 11r–13r.
11 Ebd., f. 5r–8v.

che Kap Kubas (Cabo San Antonio) herum nach Havanna.[12] An einigen Stellen hatte der Kapitän, trotz seines Schwurs, mit Sicherheit schon Sklaven auf eigene Rechnung verkauft. Allerdings gab es wohl ein solches Überangebot von Sklaven auch in Kingston, dass der Kapitän gleich nach Havanna weiterfuhr. Der Schreiber des Protokolls hält fest: „Aus dem erwähnten Schiffstagebuch wird deutlich, dass während der Fahrt rund 12 Sklaven, Frauen, Männer und Kinder gestorben sind, dazu noch einige, die ins Wasser sprangen, es ergibt sich außerdem, dass an einem Schlechtwettertag sieben bis acht Männer der [30-Mann-]Besatzung gestorben sind."[13]

Am 22. September 1763, über 20 Tage nach der Ankunft, beginnen die Verhandlungen über die Anlandung und den Verkauf der versklavten „Neger".[14] Zunächst wurde der Preis – nach langem Hin und Her – auf 135 Silberpesos pro Stück (cabeza/pieza) festgelegt, dazu müssen die Käufer noch alle im Hafen anfallenden Kosten übernehmen. Anwesender Repräsentant, Faktor und Zeichnungsberechtigter (Konsignatar) der Inhaber des Sklaven-Asiento war Silvestre Tanning, ein in Havanna ansässiger Ire.[15]

Am 25. September findet sich an den *Portales de la Real Contaduria*, den Toren des Rechnungshofes, wieder eine Kommission aus Juan Tomas de la Barrera und Ambrosio Lope ein; Generalkapitän Ricla ließ sich vertreten. An diesem Tag kam es wirklich zur Ausschiffung der Sklavinnen und Sklaven. Zusammen mit der Kommission aus Kolonialfunktionären, Asientovertreter, Handelsagenten und Schriftführer sowie Übersetzer kamen ein studierter Mediziner und zwei Chirurgen (Feldschere) mit den vorgeschriebenen „vara y medida" (Elle und Maß). Sie machten ein Casting und nahmen das Stockmaß der Sklaven. Der Schreiber hielt fest:

> sie wurden auf folgende Weise examiniert=Zuerst vierundfünfzig gesunde Neger, die man befand, *piezas de Yndias* zu sein. Und weiter gingen zweiundzwanzig gesunde schwarze Weiber und ein Baby durch, die man auch befand, *piezas de Yndias* zu sein [...] dazu acht *Mulecones* [Halbwüchsige zwischen 7 und 14 Jahren], darunter zwei gesunde Weibchen [*hembras*], die mit je drei Köpfen für zwei *piezas* [*de Yndias*] reguliert wurden [...] sechzehn *muleques* [Kinder bis 6-8 Jahren; Port.: *moleque*, manchmal auch *muleke*], darunter zehn Weibchen, die wegen ihrer Größe [nach der Regel] je zwei Köpfe für *pieza de Yndias* eingeteilt wurden.[16]

---

12 Ebd., f. 7v–8v.
13 Ebd., f. 10r.
14 Ebd., f. 15r.
15 Ebd., f. 66r.
16 Ebd., f. 67v.

Die so gecasteten, eingeteilten und vermessenen Menschen „wurden mit dem Brandmal seiner Majestät auf der rechten Schulter markiert."[17] Der Rest waren Kranke. Was mit ihnen geschah, ist in der Quelle nicht verzeichnet.

Die Sklaven, wie immer abfällig *bozales* genannt, da sie noch kein Spanisch sprachen[18], wurden an Land in ein Gebäude geschafft, das der Schreiber leider nicht näher benennt, wahrscheinlich die *Real Contaduría*, die königliche Zahlmeisterei, weil die über ein festes, verschließbares Gebäude verfügte. Am 28. September starben die ersten vorher als „gesund" bezeichneten Sklaven aus Erschöpfung, Hunger, Traumata oder an Krankheiten, die sie sich während der langen Reise und der langen Liegezeit des Schiffes zugezogen hatten. Der Schreiber Miguel Joseph de León wurde von einem Don Juan Pita, Wächter der *Real Contaduría* „in das Haus, wo sich die Bozal-Neger festgesetzt befinden"[19] gerufen, um nachzuprüfen, ob einer der Sklaven wirklich gestorben sei. Der Schreiber hält fest:

> ich begab mich in eines der Hinterzimmer des besagten Hauses und fand einen *negro de pieza* [ein Mann zwischen 18 und 36 Jahren] auf einem Feldbett auf der Seite liegend, wie es schien eines natürlichen Todes gestorben und obwohl ich ihn drei Mal mit dem Fuss berührte, um ihn zu wecken, machte er in keinem [Moment] eine Bewegung und damit das dokumentiert sei, setze ich folgendes [Protokoll] als Zeugnis der Wahrheit auf.[20]

Gleiche Rituale der Todesfeststellung finden sich noch mehrere in dem Dokument.

Das Maßnehmen und Untersuchen der Körper, die Preisfestsetzung nach dem Maß der *pieza de Indias* und die Feststellung, ob einige der Körper von Versklavten völlig außer Funktion waren und ihren Wert verloren hatten, zeigen die enge Verbindung von Medizin, Menschenhandel als Körperkapitalismus und Sklaverei. „Pieza" war die Recheneinheit für menschliche Körper als Wert. In diesem Sinne war Sklaverei ein reales Herrschaftsverhältnis über Körper und eben nicht nur ein juristisches Verhältnis. Und es gab immer eine enge Verbindung zwischen Ärzten und Sklaverei.[21]

Die Quelle über die Sklavenanlieferung des britischen Sklavenschiffes *Bella* zeigt die typischen Informationen, über die wir zu Schiffsankünften im atlantischen Sklavenhandel des 18. Jahrhunderts vor den großen Pocken- und Choleraepidemien des frühen 19. Jahrhunderts verfügen. Es ging um viel Geld (Preise,

---

17 Ebd.
18 Ortiz, Los negros esclavos, S. 168f.
19 „Testim.o de los Autos obradas sobre la entrada en este Puerto de las costa de Guinea la frag.ta Yng.sa la Bella…", f. 105v/106r.
20 Ebd., f. 106r.
21 Newson/Minchin, From Capture, S. 235–266; Zeuske, „Doktoren".

Gewinne, Steuern, Korruption) und um viel Kapital in Form von Sklavenkörpern. Deshalb wurden Listen und Protokolle angelegt. Das sind Quellen aus Sicht der Versklaver und der kontrollierenden Institutionen.[22]

Da wir es im Falle Spaniens, Portugals (und Frankreichs) mit einem normsetzenden Zentralstaat (zumindest dem Anspruch nach) zu tun haben, löst sich hier die Frage, warum nicht so sehr der konkrete Ort des Sklavenmarktes wichtig war, sondern das kontrollierte legale Prozedere und seine Dokumentierung/Archivierung in Notariatsarchiven. Diese Archivierung in halbstaatlichen Registern unterscheidet die Dokumentierung im iberisch-französischen vom englischen Bereich (im niederländischen Bereich existierte eine Mischform, weil es viele Rechtsprivilegien der Provinzen gab): „Die Kaufs-/Verkaufs-Operationen der Sklaven bekamen im sechzehnten Jahrhundert [seit dem 16. Jahrhundert auf Kuba] mit der Anwesenheit von städtischen Schreibern legalen Charakter. Dafür gab es ein etabliertes Vorgehen, mit dem, nachdem der Käufer und der Verkäufer einmal identifiziert waren, der Sklave identifiziert und beschrieben war, der Preis desselben und die Arten der Bezahlung aufgezeigt waren, der neue Besitzer die ‚Pieza' zum Zeichen des Besitzes am Ohr ergriff".[23]

Dieses eben genannte Ritual des Fortführens am Ohr ist schon erstaunlich.[24] Aber die Geschichte der Sklaverei und des Sklavenhandels ist voller Rituale. Fernando Ortiz beschreibt die Ankunft von Bozales und bestätigt, dass sie in Amerika nochmals gebrannt wurden(*herrado/calimbo*), normalerweise auf der linken Schulter. Dann geht Ortiz auf die Geschichte der Brandmarkung in Spanien ein. Er sagt, dass es Beispiele dafür gibt, dass Sklaven auf eine Wange ein „S" und auf die andere eine Art Nagel (*clavo*) gebrannt bekamen (das wäre die Visualisierung des lautlichen Klangs des Wortes „Es-clavo" („S" und „clavo" = Nagel) im Kastilischen). Es gäbe auch Beispiele für das „S" und das Symbol des Nagels vertikal durch das Zentrum des Buchstabens (in etwa so: $, nur dass der vertikale Strich oben noch einen kleinen Kopf hatte) auf einer Wange und den Namen des Besitzers auf der anderen.[25] Zusammen mit der Brandmarkung bei Ankunft auf Kuba, sagt Ortiz, bekamen die Verschleppten ihren christlichen Sklavennamen (*nombre cristiano*).[26] Die Bozales, sagt Ortiz auch, bekamen im Allgemeinen den neuen christlichen Namen auf eine kleine Metallplakette graviert, die man den frisch Angekommenen wie ein Amulett an einer Kette um den Hals legte; zugleich wur-

---

22 Zum frühen Sklavenhandel (ohne Erwähnung der konkreten Räume) in Havanna siehe: Arriaga Mesa, La Habana, S. 367–455; López Mesa, „La trata negrera", S. 245–253.
23 Arriaga Mesa, La Habana, S. 369.
24 Ortiz, Los negros esclavos, S. 164–176.
25 Ebd., S. 165.
26 Ebd. Zu Namen der Sklaverei siehe: Zeuske, „The Second Slavery".

de der Name auf ihrem Hemd markiert.[27] Und Ortiz zitiert ein Notariatsprotokoll von 1575 über das oben genannte Besitzergreifungsritual des Abführens an einem Ohr: „es ist verzeichnet, wie man ‚augenblicklich und körperlich' Besitz nahm an den Sklaven, die man erwarb, indem man sie am Ohr nahm und ihnen befahl, ‚was sie als sein Besitz machen mussten'".[28]

War ein Schreiber beziehungsweise Notar dabei, konnten Sklaven gleich am Hafen verkauft werden. Ansonsten mussten sie zu den Barracones in Regla (auf der anderen Seite des Hafens von Havanna) oder zu den Barracones in Sichtweite der Puntafestung außerhalb der Stadtmauern (heute parallel zum Endteil des Prado, der Prachtmeile von Havanna, an der Calle Consulado, wie oben im Fall von Lorenzo Clarke dargelegt). Es handelte sich um etwa vierzig grobe Konstruktionen aus groben Baumstämmen und Palmstrohdach: „Diese Barracones waren … der Markt für die neuen Sklaven".[29]

Ortiz druckt eine Zeitungsannonce von 1812 ab: „Hinweis ans Publikum. Am Montag, 30. des laufenden [Monats] zur gewohnten Stunde wird im Barracon Nr. 10 eine Messe von 112 Bozales-Negern beiderlei Geschlechtes eröffnet, die der spanische Schoner ‚Nueva Ana' aus Bahía de Todos los Santos [São Salvador] mit seinem Meister D[on]. Francisco de Gurriaga im Auftrag von Don Pedro Oliver, hergebracht hat"[30] Im Laufe des 19. Jahrhunderts gab es noch mehr Barracones in Havanna.

Es ist sehr wahrscheinlich, dass es auch private Barracones gab. Die Familie des irischen Katholiken Richard O'Farrill y O'Daly (kastilianisierte Namensform) lässt sich bis zum County Longford in Irland zurückführen. Richard war auf der Insel Montserrat geboren worden. 1713 war er Agent der britischen South Sea Company in Havanna. Nach Unterzeichnung des Asientos zwischen England und Spanien 1713 blieb O'Farrill in Havanna, heiratet in eine der kreolischen Oligarchie-Familien ein, betrieb weiter Sklavenhandel und besaß bald zwei Ingenios bei Tapaste in der Nähe Havannas. Zum privaten Barracón der O'Farrills schreibt Rafael Fernández Moya: „It seems Ricardo O'Farrill had his slave depot on a short street known as Callejón de O'Farrill (O'Farill's Alley), which was also called La Sigua and Las Recogidas, situated between Picota and Compostela streets, in the port area and near El Palenque – so called because it was the State's African slave depot. In the present day this place is occupied by the Archivo Nacional (National

---

27 Ortiz, Los negros esclavos, S. 165.
28 Ebd., S. 171. Ortiz zitiert dieses Ritual nach: Pérez-Beato, „El mayorazgo de Antón Recio"; siehe auch: Pérez-Beato, Habana Antigua.
29 Ortiz, Los negros esclavos, S. 166.
30 Ebd., S. 167f.

Archive) building".³¹ Die O'Farrills heirateten im Laufe des 18. und 19. Jahrhunderts in die Elitefamilien der Oligarchie von Havanna ein – ein fast klassischer Weg vom marginalisierten Ausländer und Sklavenhändler zum Kern einer kolonialen Elite.

Castings auf körperliche Schäden (*daños*) fanden auch schon im 17. Jahrhundert statt. Die Casting-Liste eines Hafen-Arztes in Cartagena de Indias zeigt die Werte in Pesos, die den „Schäden" beigemessen wurden (in englischer Übersetzung):

> Account of the daños on the Blacks [Angolans] of señor Diego de Montesinos:
> A male Black called Diego with three missing upper teeth – 4 pesos
> Another Juan; two lower teeth missing with part of the small finger on the right hand missing – 6 [pesos] ... Another called Juan with a bloody sore in the right armpit ....³²

Sehr viele fehlende Zähne und kleinere Gliedmaßen oder unspezifizierte „Fieber". Über die *daños* von 15 Sklaven aus Senegambien (Upper Guinea) heißt es:

> 6 pesos – Firstly, a male Biafara with a drawing on his right shoulder [gemeint ist ein Hautzeichnung (Tätowierung), nicht etwa das „normale" Brandzeichen]
> 15 pesos – Another Biafara without eyebrows, which is unhealthy and ugly
> 2 pesos – Another Biafara with a wound on the left foot
> 2 pesos – A female Biafara with ophthalmia [Augenentzündung]³³

Massive andere Ankünfte, sozusagen „ohne Hafen" und Markt (sondern auf Bestellung), fanden im 19. Jahrhundert, nach formalem Verbot des Sklavenhandels, statt. Conneau beschreibt mehrere Ankünfte auf Kuba. Die aussagekräftigste, auch in Bezug auf die vielen Arten von „Legalisierung des Illegalen", ist das 49. Kapitel seines Buchs unter dem Titel „A White Squall. The Landing of My Cargo" von 1829.³⁴ Die Reise fand ohne spanische Papiere (für Kuba) von Río Pongo über Kacundy am Rio Nunes statt, wo Conneau die Stirn hatte, einen Lotsen zu entführen und ein portugiesisches Sklavenschiff zu überfallen, die Versklavten zu rauben und einen Teil der Mannschaft zu übernehmen: „As I had only a Portuguese pass to the Cape de Verde Islands, I hoisted that national flag whenever I passed some vessels".³⁵ Nach kurzer Überfahrt landete Conneau seine

---

31 Fernández Moya, „The Irish Presence", S. 190.
32 Newson/Minchin, From Capture, S. 323 (Appendix E).
33 Ebd.
34 Conneau, A Slaver's Log Book, S. 185–187.
35 Ebd., S. 179.

Abb. 13. Eine Sklavin mit zwei Kindern wird in Paramaribo öffentlich versteigert. Plate XLIII aus: Benoit, Pierre Jacques, Voyage a Surinam. Description Des Possesions Néerlandaises Dans La Guyane. Cent dessins pris sur nature par l'auteur, Bruxelles 1839; siehe auch: Lockard, Watching Slavery, S. XXVIII–XXXIII; McInnis, Slaves Waiting for Sale.

Ladung, völlig ohne Ortskenntnis, „on a small beach nine miles east of Santiago de Cuba".[36] In der Nähe gab es ein Haus, dessen Besitzer offensichtlich auf solche Anlandungen spezialisiert war; war das Haus mit Landbesitz verbunden, nannte sich so etwas *hacienda de costa*. Der Hausbesitzer gab Conneau und den Verschleppten sowie den Mannschaften „the hospitality customary on such occasion".[37]

Ankünfte von Sklavenschiffen, Sklavenmärkte und direkter Verkauf von Menschen wurden und werden, wie gesagt, ungern erinnert. Es finden sich vergleichsweise wenig Quellen über sie; Bildquellen über Sklavenmärkte meist im Rahmen der Geschichte Brasiliens, von Ausländern gemalt oder skizziert.[38] In Paramari-

---

36 Ebd., S. 185.
37 Ebd.
38 Zeuske, Handbuch, S. 298–381.

bo/Surinam wurde das nackte oder fast nackte Kapital in öffenlichen Spektakeln zur Schau gestellt.

Es gab Sklavenmärkte. In kubanischen Sklavenhäfen und in anderen Häfen Amerikas kamen die Sklaven meist zunächst in die bereits genannten Barracones/ Consulados der Häfen bzw. Hafenstädte (in einigen Städten wurden sie auch *negrerías* genannt, wie in Cartagena de Indias im heutigen Kolumbien); in Havanna handelte es sich um die oben genannte Zollstation sowie weiterhin um große Baracken aus festen Holzstämmen, manche hatten auch gemauerte Wänden mit Palisadenzäunen. Dort wurden die Verschleppten gehalten, bis sie alle Prozeduren über sich hatten ergehen lassen (Castings, Gesundheitskontrollen, bürokratische Wertfestsetzung) und sich Käufer fanden.

Die *negrerías* von Cartagena de Indias im heutigen Kolumbien befanden sich in speziellen Häusern der Straßen de Santa Clara, Santo Domingo, los Jagüeyes und in der Calle del Tejadillo. Die Häuser waren rechteckig, gemauert, mit nur einer Tür und einem sehr hoch angebrachten Fenster. Käufer kamen vorbei und suchten sich unter Kontrolle von Aufsehern und Beamten Versklavte aus. Über 200 Menschen wurden jeweils in die insgesamt 24 *negrerías* gepfercht. Sie mussten auf dem Fußboden schlafen.[39] Generell wurden Sklaven entweder in privaten Geschäften oder öffentlichen Auktionen verkauft. Die großen Sklavenhändler kauften meist große Sklavengruppen (*lots*) von Anbietern direkt oder von Faktoren der *asentistas*. Asentistas waren von der Krone privilegierte Kaufleute, die den ersten Zugriff auf neu angekommen Sklavenlieferungen hatten. Die großen Lots der großen Aufkäufer (En-gros-Sklavenhändler) wurden meist sehr schnell in kleinere Lots aufgeteilt und dann oft noch mehrfach in Cartagena verkauft. Erst dann wurden sie nach Peru, Panama, Nicaragua oder in das Innere Neu-Granadas weitertransportiert.[40] Oder sie blieben in Cartagena. Um 1600 gab es in Cartagena selbst zwischen 10 000 und 12 000 Sklavinnen und Sklaven.[41] Kleinere Lots von wieder eingefangenen Sklavinnen und Sklaven (*cimarrones*), kranke oder von der Inquisition konfiszierte Sklaven wurden oft in öffentlichen Auktionen verkauft.[42]

In die wirklichen Tiefen von *slavery's hell*, in die *slave pens* von New Orleans, führt Walter Johnsons Buch *Soul by Soul*.[43] New Orleans war der größte

---

39 Castillo Mathieu, Esclavos negros, S. 56f.; Vidal Ortega, Cartagena, S. 132f.; Newson/Minchin, From Capture, S. 136–186; Newson/Minchin, „Cargazones", S. 210.
40 Newson/Minchin, From Capture, S. 148.
41 Ebd., S. 139.
42 Navarrete, Historia Social, S. 81f.; Newson/Minchin, From Capture, S. 148.
43 Johnson, Soul by Soul, S. 1–18; Johnson, „On Agency"; Johnson (Hrsg.), The Chattel Principle, passim.

Sklavenmarkt Nordamerikas. In den Sklavenhäusern wurden von Privat an Privat ca. 100 000 Menschen von ca. einer Million Versklavten verkauft, die von der Ostküste, aus Kuba oder aus dem Norden (wie zum Beispiel Solomon Northup), in den sieben Jahrzehnten zwischen der amerikanischen Verfassung und dem Bürgerkrieg in den Süden verschleppt wurden.[44]

Auch in Rio gab es Sklaven-Verkaufshäuser, die oben bereits genannten *Sclavenmagazine* – gemietete Häuser in der Vallongo-Straße (auch Val Longo). Der Verkauf fand auch auf Straßenmärkten statt.[45] Die Verschleppten waren nach den Qualen der Transporte (oft aus dem Interior Afrikas, Küstenpunkte, dann Atlantik, Häfen, dann nochmals Transporte) halbverhungert, psychisch und physisch traumatisiert und klapperdürr – deshalb die bereits erwähnte zynische Kennzeichnung: „calidad de bozal, alma en boca, huesos en costal, á uso de feria" [Bozal-Qualität, Seele im Munde, ein Sack Knochen, zum Marktgebrauch]. Das bedeutet: halbtot.[46]

Alexander von Humboldt beschreibt 1800 einen funktionierenden Sklavenmarkt in der ostvenezolanischen Stadt Cumaná:

> Der große Platz ist zum Teil mit Bogengängen umgeben, über denen eine lange hölzerne Galerie hinläuft, wie man sie in allen heißen Ländern sieht. Hier wurden die Schwarzen verkauft, die von den afrikanischen Küsten herübergebracht werden. Die zum Verkauf ausgesetzten Sklaven waren junge Leute von fünfzehn bis zwanzig Jahren. Man gab ihnen jeden Morgen Kokosöl, um sich die Körper damit einzureiben und die Haut glänzend schwarz zu machen. Jeden Augenblick erscheinen Käufer und schätzten nach der Beschaffenheit der Zähne Alter und Gesundheitszustand der Sklaven; sie rissen ihnen den Mund gewaltsam auf, ganz wie es auf dem Pferdemarkt geschieht ... Man stöhnt auf bei dem Gedanken, daß es noch heutigen Tags auf den Antillen europäische Kolonisten gibt, die ihre Sklaven mit dem Glüheisen zeichnen, um sie wieder zu erkennen, wenn sie entlaufen.[47]

So stellen wir uns einen Sklavenmarkt vor. Cumaná hatte sich um 1800 als *puerto negrero* konsolidiert, vor allem als Sklavenhafen für *negros de mala entrada*, d. h., für Sklaven aus dem karibischen Menschenschmuggel (siehe unten). In Cumaná und anderen ostvenezolanischen Häfen, wie Barcelona de Venezuela, wurden die geschmuggelten Menschen gegen Maultiere, Häute, Talg, lebendes Vieh (Pferde, Maulesel, Rinder und Ochsen) sowie Kakao, Salzfleisch, Trockenfleisch und -fisch getauscht.[48]

---

44 Johnson, Soul by Soul, S. 162–188.
45 Gaspari/Hassel/Cannabich/GutsMuths/Ukert, Vollständiges Handbuch, S. 560.
46 Siehe auch für das 18. Jahrhundert: Mustakeem, „I Never Have".
47 Humboldt, Reise in die Äquinoktial-Gegenden, Bd. I, S. 260f.
48 Brito Figueroa, „Venezuela colonial", S. 272; Hunt, „Scattered Memories: The Intra-Caribbean Slave Trade to Colonial Spanish America, 1700–1750", S. 105–133.

Von den Sklavenmärkten und dem traumatischen Ort des – oft – mehrfachen Kaufs und Verkaufs wurden die Versklavten gezwungen, zu den Sklavereiorten entweder zu Fuß zu marschieren oder sie wurden (meist in Schiffs-Küstentransporten, *cabotage*) zu diesen Orten gebracht.[49] Im Falle des transatlantischen „portugiesischen" Sklavenhändlers Manuel Bautista Pérez war der Einsatzort der meisten verkauften Versklavten Lima. Allerdings gingen einige in Lima nicht verkaufbare Menschen noch weiter nach Arica, Potosí, Cañete oder Pisco, also an andere wichtige Orte des Vizekönigreiches Peru.

In Lima existierte ein reger Sklavenmarkt. Versklavte wurden zum Verkauf in speziellen mietbaren Anlagen im Stadtteil San Lázaro, in *chácaras* (Farmen) im Umland der Stadt oder Privathäusern untergebracht.[50] Im Dezember 1694 wurden die Männer aus Pérez' „Ware" von Doktor Juan de Vega dem medizinischen Casting unterzogen, der danach erklärte, die Sklaven hätten weder „Beschwerden noch irgendeine ansteckende Krankheit" und könnten verkauft werden.[51] Pérez verkaufte die Sklaven für durchschnittlich 570 bis 600 Pesos (oft auf Kredit); Versklavte aus Senegambien wurden lieber genommen als Sklaven aus Angola.[52] Die Unterhaltung der Versklavten (Ernährung) berechnete Pérez mit einem Real proTag[53], medizinische Behandlung extra.[54] Bei *daños* (Schäden) der Versklavten (meist Brüche, fehlende Finger oder Zähne, erblindete Augen, große Wunden, Ringelwürmer oder „Fieber") wurden Pesos (Kleingeld: Real) abgezogen. Manuel Bautista Pérez verfügte über ein riesiges Handelsnetz mit sehr guten Verbindungen zur Gruppe der „portugiesischen" Kaufleute in Cartagena sowie in Panama und in Amerika bis nach Mexico-Stadt, Veracruz und Guatemala; in Europa vor allem in die „Hauptstadt des spanischen Amerika", Sevilla, und nach Lissabon. Pérez war das, was man am ehesten als Geldverleiher und Kreditgeber bezeichnen mag, eine Vorform des Bankers.[55] Manuel Bautista Pérez legte seine Profite in neuen Geschäften an; nicht nur in neuen Sklavenhandelsfahrten, sondern auch in einem Textil- und Luxusgeschäft zum Verkauf von Stoffen aus Europa und aus China, Luxusartikeln, Indigo und Edelsteinen (chinesische Seide bezog er aus

---

49 Paradigmatisch in: Newson/Minchin, From Capture, S. 187–234, oder im Cabotage-Transport der Amistad-Captives entlang der Nordküste Kubas: Zeuske, Die Geschichte der Amistad, passim.
50 Newson/Minchin, From Capture, S. 218 und S. 225–234.
51 Ebd., S. 218.
52 Ebd., S. 228f.
53 Ebd., S. 224.
54 Ebd., S. 267–296.
55 Zum Kreditsystem der „Portugiesen" und allgemein siehe: Böttcher, Aufstieg und Fall, S. 191–199; die Hauptaussage in unserem Zusammenhang der Atlantic Slavery lautet: „Die Zahlungen erfolgten auf alle denkbaren Arten, allerdings nur in den seltensten Fällen bar": ebd., S. 197.

Acapulco, nach dort wiederum kamen Stoffe aus Manila; weitere Seide aus Granada, Córdoba und Valencia[56]). Als Pérez 1635 verhaftet wurde, hatte er Kontakt mit 400 Schuldnern und 100 Gläubigern, viele unter ihnen mittlere und kleine Kaufleute und Krämer, die einige wenige Sklaven kauften oder weiterverkauften. Sie müssen in unserem Sinne als Sklavenhändler und Agenten des Menschenhandels gelten, meist im Auftrag von Großhändlern wie Pérez oder einem weiteren Großkaufmann aus Lima, Antonio de Acuña.[57] Während der sogenannten *asientos de los portugueses* (1595–1640) wurden – so die traditionellen Zahlen – 135 000 Verschleppte nach Cartagena geliefert, nach Veracruz rund 70 000 und nach Buenos Aires rund 44 000 (zur notwendigen Korrektur dieser Zahlen siehe letztes Kapitel).[58]

Quellen über Sklavenmärkte gibt es relativ wenige, aber immer noch mehr als Stimmen von Versklavten. Deshalb, ich wiederhole das, müssen wir in einer Geschichte des Menschenkapitalismus oft auf listenartige Wirtschaftsquellen und *life histories* vor allem von Versklavern und ihren Helfern zurückgreifen. Oder von äußeren Beobachtern, die mobiles und visuelles Wissen produzierten (wie Reisende, Forscher, Maler). Einfach darum, weil es über sie und von ihnen überhaupt Quellen gibt. Zu Gewährsleuten des atlantischen (und zum Teil auch des afrikanischen) Sklavenhandels gehören, wie oben unter Traumata gesagt, auch Equiano, Ayuba Suleiman Diallo und die „Prinzen"[59] sowie Atlantikkreolen, Ärzte, Offiziere und manchmal auch Mannschaften der Sklavenschiffe.[60]

7.2 Sklavenhändler II. „Freier" und regulierter translokaler Sklavenhandel

In diesem Kapitel präsentiere ich Profiteure, Versklaver und Sklavenhändler sowie ihre Helfer in Europa und vor allem in den Amerikas nicht nur im 18., sondern auch im 19. Jahrhundert. Ich mache das, um erstens zu zeigen, dass sie eine ganz eigene Welt von Typen bildeten, zweitens, um Hierarchien unter ihnen deutlich zu machen, und drittens, um ein Panorama individueller Akteure der Makrostruktur atlantisches Slaving vorzustellen, die 1808 keineswegs beendet wurde. Das

---

56 Zu den Waren aus Europa (Sevilla), meist bearbeitetes Leder, Pferdebedarf, Hausrat, Möbel, Delikatessen (Wein, Oliven, Öl, Nüsse, Gewürze, Trockenfrüchte), Küchenbedarf, Waffen, Werkzeuge, Seife und Wachs, siehe: Böttcher, Aufstieg und Fall, S. 200.
57 Ebd., S. 189–191.
58 Vila Vilar, Hispanoamérica, S. 206; siehe auch: Böttcher, „Negreros portugueses".
59 Harms, The Diligent, passim; Ustorf, „Olaudah Equiano".
60 Behrendt, „Crew Mortality".

ist „Weltgeschichte aus der Sicht von Menschen".⁶¹ Auch Sklavenhändler waren Menschen. So wird die makrostrukturelle Sicht auf den Atlantik und auf die Entstehung des Kapitalismus (sowie seiner Grundlagen in Körperkapitalismus und Kolonialismus) ergänzt durch mikrohistorische Lebensgeschichten (*life histories*), die durch die individualisierte Perspektive ganz neue Erkenntnisse ermöglichen.

Die Welten der Sklavenhändler (mit Herkunft aus Europa oder den Amerikas sowie Afrika), der Schiffseliten (Kapitäne, Offiziere, Ärzte), ihres Personals sowie ihrer Helfer waren äußerst vielfältig. Spätestens seit dem 17. Jahrhundert waren ihre Aktionsräume global – zumindest was „Portugiesen", „Niederländer", „Franzosen" und „Engländer" betraf, d. h., auf Atlantik und Indik, sogar, unter Einschluss von „Amerikanern" und „Spaniern" sowie ihren Hilfskräften, auf dem Pazifik vor allem im 19. Jahrhundert.⁶² Was die Eliten der Händler betraf, ich meine die, die wirklich den mit Hochseeschiffen betriebenen Transport menschlicher Körper auf dem Atlantik dominierten, handelte es sich fast immer um Europäer sowie „weiße Amerikaner" aus den britischen Kolonien in Nordamerika/USA (ab 1783) oder im 19. Jahrhundert, hier auch auf Indik und Chinesischem Meer, um „Spanier" und Kreolen aus der Karibik oder „Portugiesen" aus Brasilien sowie aus den Kolonien Portugals und Spaniens. Bis um etwa 1800 werden es mehrheitlich Europäer im weitesten Sinne gewesen sein.

Unter den Großkaufleuten, Reedern und Investoren des atlantischen Sklavenhandels, zumindest was Europäer und Amerikaner betrifft, gab es keine „Farbigen". Auch unter den Kapitänen der niederländischen, anglo-amerikanischen und französischen sowie dänischen Sklavenschiffe gab es keinen „Schwarzen". In britischen Quellen wird nur ein Captain namens John Tittle genannt, der zugleich als „mulatto" bezeichnet wird. Tittle machte zwischen 1765 und 1774 sechs Sklavenfahrten von Liverpool nach Sierra Leone und von dort in die britische Karibik und nach Savannah (Georgia).⁶³ Alle Fahrten waren erfolgreich. Tittle brachte die Mehrzahl der Verschleppten lebend nach Amerika und verkaufte sie dort. Thomas Boulton erwähnt den Kapitän und seine afrikanische Ehefrau in dem gereimten Bericht *The Voyage, a Poem in Seven Parts* (Boston, 1773).⁶⁴ Tittle dürfte die Ausnahme gewesen sein, die die Regel bestätigt.⁶⁵

Die Regel für Reichtum und Hegemonie im atlantischen Sklavenhandel waren Kaufleute wie der 1690 aus Hamburg nach London migrierte und 1714 in

---

61 Tomich/Zeuske, „The Second Slavery".
62 Worden, „The Forgotten Region".
63 Siehe: www.slavevoyages.org (15.12.2009), voyages no. 91076 (1765); 91303 (1766); 91422 (1768); 91495 (1770); 91559 (1770); 91816 (1774).
64 Zitiert nach: Rediker, The Slave Ship, S. 215.
65 Ich folge hier: Zeuske, Handbuch, S. 511f.

den Adelsstand erhobene Sir Peter Meyer, ein aus Dremmen bei Jülich stammender Peter Paggen, der in größerem Stil mit Sklaven handelte, sowie Johann Abraham Korten aus Elberfeld. Sir Peter Meyer besaß Plantagen und Sklaven auf Barbados und Antigua sowie Anteile an einer Londoner Zuckersiederei.[66] Französische Großkaufleute, *armateurs* und *négriers*, hatten eher einen Hintergrund in französischen Hafenstädten oder in der Kolonie Saint-Domingue, wie Jacques-Bartélemy Gruel, *noble homme*, Besitzer und Ármateur des Negrero-Schiffes *La Marie-Séraphique*, mit Sitz auf l'île Feydeau in Nantes. In den Kreis atlantischer Sklavereiunternehmer aus Europa gehörte auch der Kriegsgewinnler und Spekulant Heinrich Carl Schimmelmann (13. Juli 1724 Demmin (Pommern); † 16. Februar 1782 in Kopenhagen, begraben in Wandsbek) sowie sein Sohn Ernst Heinrich Schimmelmann (4. Dezember 1747 in Dresden; † 9. Februar 1831 in Kopenhagen; 1784–1814 dän. Finanzminister). Die Geschichte der Schimmelmanns ist eine Ausnahme, die die Regel bestätigt. Für an englischen oder portugiesischen Sklavenhandel gewöhnte Leser ist es erstaunlich, dass auch Sachsen große atlantische Negreros wie der Hannoveraner Botefeur sein konnten. Natürlich operierten auch viele in England, Frankreich oder Dänemark geborene Unternehmer im Sklavenhandel. Aber es fällt doch auf, dass es eben viele am Anfang eher marginalisierte Immigranten waren, die in dem anrüchigen Geschäft schnell zu Reichtum und Ansehen kamen. Der komentenhafte Aufstieg Schimmelmanns vom Kriegslieferanten und -spekulanten zum Hof-Kaufmann, Sklavenhändler und Plantagenbesitzer zeigt die Potenzen der Symbiose zwischen atlantischem Markt für menschliche Körper, Rationalität und Zweckorientiertheit, Risikobereitschaft, betriebswirtschaftlichem Geschick und königlich-staatlichen Privilegien (Monopolen).[67] Ein ähnlich ungewöhnliches Beispiel des Aufstiegs vom einfachen Matrosen aus Norwegen über afrikanisch-westindischen Sklavenhandel zum großen Kaufmann mit globaler Lebenswelt lässt die *life history* von Peter Dahl erkennen.[68]

Die Geschichte von Joachim Nettelbeck zeigt einen noch marginaleren Menschen: ein schwer erziehbarer Ausreißer, der zeitweilig zum Atlantikkreolen wird (geht das als Königsberger Kurländer?), zum Schiffsoffizier und Sklavenhändler. Nettelbeck schreibt, dass er im Herbst 1749, nachdem das niederländische Schiff *Afrika* in Texel „Ladung, Wasser, Proviant und allen Zubehör, welche der Skla-

---

[66] Schulte Beerbühl, Deutsche Kaufleute, S. 111f., 134–139, 342–344.
[67] Degn, Die Schimmelmanns; Degn, „Schwarze Fracht"; Winkle, „Firma Schimmelmann"; Guillet, „Un nouveau propriétaire", S. 38–40; Saugera, „L'itinéraire d'un négrier", S. 25–44.
[68] Zeuske, „Europa und seine Sklavenhändler", S. 512; siehe auch: Eliassen, „Peter Dahl".

venhandel erfordert, an Bord genommen"[69] hatte, auf die Fahrt nach Afrika ging. „Alle waren mir gut und geneigt", fährt Nettelbeck fort;

> ich selbst war vergnügt und spürte weiter kein Heimweh. Wir hatten zwei Neger von der Küste von Guinea als Matrosen an Bord. Diese gab mir mein Steuermann zu Lehrern in der dortigen Verkehrssprache, einem Gemisch aus Portugiesisch, Englisch und einigen Negersprachen; und ich darf wohl sagen, daß sie an mir einen gelehrigen Schüler fanden. Denn mein Eifer, verbunden mit der Leichtigkeit, womit man in meinem damaligen Alter fremde Sprachtöne sich einprägt, brachten mich binnen kurzem zu der Fertigkeit, daß ich nachher an der Küste meinem Steuermanne zum Dolmetscher dienen konnte.[70]

Nettelbeck lernte als Junge „die Tropen", bevor das Schiff den nördlichen Wendekreis des Steinbocks überfuhr.

Eine am Beginn seiner Laufbahn ebenso marginale Position hatte Hendrik Hertogh, eigentlich Heinrich Hertzog aus Altena in Westfalen (oder aus Frankfurt am Main).[71] Wahrscheinlich als Arbeitsmigrant in die Niederlande gekommen, wird Hertogh 1716 als der jüngste Angestellte von El Mina/Elmina erwähnt.[72] Hertogh organisierte dann den WIC-Sklavenhandel in Jakin (siehe oben) unter den komplizierten Bedingungen der Expansion Dahomeys und der europäischen Konkurrenz. Weder die *Heren Tien* noch Agaja – schon gar nicht – waren mit Hertogh zufrieden. Im April 1738 wird er in seiner Unterkunft in Pattakerie (einem kleinen Handelsposten östlich von Jakin) von vier Afrikanern überfallen und ermordet, der Handelsposten geplündert. Aufstieg abgebrochen durch Tod, wie bei vielen, die direkt mit verschleppten und versklavten Menschen zu tun hatten.[73]

Prominenteste deutsche Immigranten und Sklavenhändler in England waren die um 1720 in London angekommenen Baring-Brothers (bis zum Konkurs 1995 eines der bedeutendsten Bankhäuser der City). Bei den Schimmelmanns und Barings wie bei vielen anderen Slavers ist man gehalten, wieder an Joseph C. Millers Konzept des „strategic slaving"[74] zu denken: Slaving, sagt Miller, ist eine von der Geschichte (oft) honorierte Strategie für ambitionierte Marginalisierte, sich Legitimität, Reichtum und Ehren zu sichern. In drei Hauptdimensionen. Erstens: die ersten wirklich atlantischen Sklavenhändler (Atlantikkreolen/Lançados) erfüllen nachgerade paradigmatisch die Definition der Marginalität Joseph Millers – sie wa-

---

69 Nettelbeck, Ein Mann, S. 18.
70 Ebd., S. 18f.
71 Heijer (Hrsg.), Naar de koning, S. 41.
72 Zur Geschichte El Minas und zur blutigen niederländischen Eroberung 1624/25 siehe die exzellente Einleitung von Henk den Heijer in: Heijer (Hrsg.), Expeditie, S. 11–77.
73 Heijer, Naar de koning, S. 45f.
74 Miller, The Problem of Slavery, S. 18–24.

ren marginal zu den militärischen, aristokratischen oder ekklesiastischen Interessen der iberischen Eliten ihrer Zeit und waren (fast) alle und (fast) immer: „beyond the territorial domains claimed by the military rulers and human souls claimed by the Church".[75] Außerdem kamen sie meist als Einwanderer und waren am Anfang sicherlich allein dadurch marginalisiert. Zweitens: In der europäischen Geschichte waren es eher aus Sicht der großen Monarchien Europas marginale Staaten bzw. Königreiche wie Portugal und England, die aus dieser Position der Marginalität begannen, sich massiv am Sklavenhandel zu bereichern. Drittens: Das bereits genannte „Graf-von-Monte-Christo-Phänomen" – viele der im letzten Kapitel genannten großen iberischen Sklavenhändler begannen als arme, marginalisierte Männer, oft stammten sie aus der Gruppe der frühen radikalen Liberalen.

Die Nachfahren des Gründers Francis Baring wurden jedenfalls zu mächtigen Lobbyisten gegen die Abschaffung des Sklavenhandels und der Sklaverei in England; sie verhinderten ein Verbot britischer Investitionen in nicht-britischen Sklavenhandel und waren lange Zeit unter den größten Exporteuren von Sklaven-Zucker aus Kuba. Agent und Partner der Barings auf Kuba war die Firma *George Knight & Co.* Die Teilhaber der Firma waren wahrscheinlich am Menschenschmuggel, aber auf jeden Fall an der Ausbeutung kubanischer Zuckersklaven massiv beteiligt. Neben den Barings firmierten auch andere Bankgründer unter der Sklavenhändlern Londons: Alexander und David Barclay. Die Barclays wurden zwar, wie viele Quäker, zu Gegnern des Sklavenhandels, aber der Grundstock ihres Vermögens war gelegt. Die 1818 gegründete und bald führende Londoner Bank *J. Henry Schroder & Co* war „wohl" nie direkt, wie Klaus Weber schreibt, am Sklavenhandel oder an Plantagensklaverei beteiligt. Aber die Firma war auf Zuckerhandel spezialisiert, zählte zu den Verteidigern der Sklaverei; auf Kuba saßen, als Havanna Welthauptstadt der Zuckersklaverei war, 53 ihrer sehr guten Geschäftskunden.[76]

Die schöne Stadt Bordeaux an der Garonne, die die Gironde kontrolliert (Ästuar der Flüsse Garonne und Dordogne), war bis zur Revolution auf Saint-Domingue 1791 der wichtigste Umschlag- und Reexportplatz zur Versorgung des kontinentalen Europa mit Rohzucker und Santo-Domingo-Kaffee aus dem Direkthandel. Für die Stadt, neben Nantes eines der Zentren des atlantischen Sklavenhandels, sind für das 18. Jahrhundert 411 Fahrten von Sklavenschiffen nach Afrika belegt. Bei 27 dieser Schiffe sind in Bordeaux etablierte deutsche und deutschschweizerische Reeder ausgewiesen.[77] Unter diesen Reedern fanden sich u. a. die

---

[75] Ebd., S. 30.
[76] Weber, „Deutschland", S. 44–46.
[77] Ebd., S. 48–51.

aus Bremen stammenden Heinrich und Hermann Dravemann, der Hamburger Overmann und sein Sozius Meyer sowie der Schweizer Johann Rudolph Wirtz.[78]

Im Grunde sind diese Akteure reale Beispiele für die Gewinner-Typen (auch wenn Firmen Bankrott gingen) des von Europäern kontrollierten Sklavenhandels-Atlantiks: neben Staaten, Städten und Königen waren es im Wesentlichen Großreeder, Großkaufleute (Monopolnehmer, oft verbandelt mit politischen Machthabern), Wein- und Zuckerhändler sowie Transportunternehmer, die oft auch zu Finanziers, Versicherer und Bankern wurden.[79]

Nehmen wir die Sklavenlieferungen für Spanisch-Amerika und die spanische Karibik (Kuba, Puerto Rico) als Ausgangspunkt, so waren nach italienischen, portugiesisch-neuchristlichen sowie oberdeutschen Bankiers und Machern der Monopolgesellschaften im 17. Jahrhundert britische Slaver und Kapitäne im 18. Jahrhundert weltweit die wichtigsten Lieferanten; mit einer kurzen Krisenphase 1776 bis 1783 wegen des atlantischen Krieges um die USA. Vorher, von etwa 1520 bis 1645, waren es „Portugiesen" und italienische sowie sephardische Kreditgeber gewesen. In dieser Zeit waren ca. 600 000 Menschen nach Amerika verschleppt worden, 60 % davon nach Spanisch-Amerika.[80]

Wie oben in der Einleitung bereits gesagt, waren im iberisch-portugiesischen Bereich Staat, religiöse Orden (d. h. die Kirche) sowie Großkaufleute direkte Profiteure der Atlantic Slavery.[81] Arlindo Caldeira bringt als individuelle Beispiele: drei Neu-Christen als Mercadores (einer davon, António Fernandes de Elvas, mit dem Versuch, am Beginn des 17. Jahrhunderts das Geschäft im iberischen Bereich zu monopolisieren); Francesco Carletti, ein Florentiner Kaufmann; einen Luanda-basierten Portugiesen mit einem Netz von Pumbeiros und Handelsnetzen nach Brasilien, Portugal und an den Río de la Plata und sogar einen ehemaligen Sklaven, der zum Mercador wurde. Der ehemalige João de Oliveira war ein Lucumí/Yoruba, der nach Recife kam und von seinem Herrn als Verantwortlicher nach Porto Novo und Onim (Lagos) geschickt und freigelassen wurde.[82]

Natürlich profitierten auch, wie gesagt, Staat, Krone, hohe Beamte, Kolonialfunktionäre sowie Gruppen von Unternehmern, hohen Klerikern und Höflingen (einige aus dem Umfeld des Reformministers Marquês de Pombal, der die Initiative zur Gründung von zwei Monopolkompanien ergriff, die den atlantischen Sklavenhandel wieder aus angolanischer und brasilianischer Kontrolle nach Portugal

---

78 Zeuske, „Europa und seine Sklavenhändler", S. 513.
79 Ebd; Alencastro, O Trato dos Viventes, S. 96–105; Pieken, „Fürsten".
80 Newson/Minchin, From Capture, S. 1.
81 Caldeira, Escravos, S. 155–225.
82 Ebd., S. 217–219.

ziehen sollten).[83] Und es gerieten auch Sklavenhändler, vor allem Neu-Christen, in die Mühlen der Inquisition (wie der bereits erwähnte Manuel Bautista Pérez; siehe auch die Darstellung der Rolle von Cartagena de Indias).[84]

Sephardim und Neu-Christen, schreibt Eli Faber, hatten bei der niederländischen und englischen Expansion in den Slaving-Atlantik wichtige Funktionen: „their contributions to the sugar industry were ... significant, when it came to providing capital, exporting sugar, and advancing credit for slaves. As creditors ..., they dominated the slave trade"[85] – auch wenn die frühen Monopolgesellschaften für den Sklavenhandel formell unter anderer Kontrolle standen. Sepharden vermittelten Wissen, Expertise und Kapital weiter nach England. Zwischen 1640 und 1713 traten vor allem Niederländer und Franzosen als Sklavenhändler und -schmuggler in Erscheinung; nach dem Ende des Spanischen Erbfolgekrieges erhielt Großbritannien den Asiento für Spanisch-Amerika.[86]

Um neben den bereits Genannten sowie den iberischen Akteuren die noch extremere Spannbreite von Typen zu zeigen, die als Sklavenhändler und Profiteure der Atlantic Slavery bezeichnet werden können, auch wenn sie persönlich höchstens einmal mit „Hofmohren" in direkten Kontakt kamen, sei auf den Großen Kurfürsten Friedrich Wilhelm I. (1620–1688) von Brandenburg in der Zeit der Handelskompanien (Ende 17. Jahrhundert) verwiesen.[87] Der Große Kurfürst war auch ein großer Sklavenhändler. Der Typus ist durchaus repräsentativ für viele europäische Fürsten und Könige, die durch Mittelsmänner am Menschenhandel partizipierten und profitierten. Könige und Eliten der sogenannten Seemächte, wie etwa Queen Elizabeth und die Könige Englands bzw. Großbritanniens[88], profitierten natürlich viel mehr als der Brandenburger. Als Fürst eines kleinen, eher kontinental orientierten Militärstaates (wie in Afrika Dahomey, ebenfalls ein Militärstaat) war Friedrich Wilhelm I. zugleich aber direkter mit Flotte und Kolonialabenteuer verbunden als der englische, der französische, der portugiesische oder der dänische König.[89] Die europäischen Monarchen müssen ebenfalls, wie viele afrikanische Herrscher mit ihrem Monopolhandel mit menschlichen Körpern, als große indi-

---

83 Carreira, As Companhias; Caldeira, Escravos, S. 219–225.
84 Ebd., S. 189–197. Am 23. Januar 1639 wurden auf einem großen *auto de fé* 63 Juden verurteilt, zehn davon zum Scheiterhaufen; prominentester und reichster Verurteilter war Manuel Bautista Pérez. Zum Hintergrund siehe: Silverblatt, Modern Inquisitions.
85 Faber, Jews, Slaves, and the Slave Trade, S. 17f.; siehe auch: Israel, „Jews and Crypto-Jews".
86 Vila Vilar, „La sublevación".
87 Pieken, „Fürsten".
88 Kelsey, Sir John Hawkins.
89 Green-Pedersen, „The Scope"; Green-Pedersen, „The History"; Green-Pedersen, „Colonial Trade".

rekte Sklavenhändler bezeichnet werden.⁹⁰ Aber auch solche Gebilde wie Städte, im englischen Bereich vor allem Liverpool, Bristol sowie London und ihre Kaufleutegremien (wozu auch eine konzentrierte Historiografie vorliegt), waren Akteure des atlantischen Sklavenhandels.⁹¹

Der Paradetyp eines kapitalistischen Großkaufmannes im Sklavengeschäft war der englische *merchant* Humphrey Morice: „Morice was an engaged merchant and shipowner".⁹² Der Kaufmann war Spross und Erbe einer großen Londoner Kaufmannsfamilie, Mitglied des Parlaments, Freund und enger Vertrauter des Premierministers Robert Walpole sowie Gouverneur (*first officer*) der Bank von England.⁹³ Die Geschäfte von Morice reichten nach Europa (vor allem Niederlande und Russland), Westindien (Karibik) und Nordamerika. Den Kern seiner Geschäfte aber bildete Slaving in Afrika und auf dem Atlantik. Der Großkaufmann besaß ein Landgut in der *Cornish countryside* (Cornwall) und ein luxuriöses Haus in der Londoner City. Morice war Arbeitgeber des Sklavenschiffskapitäns des auch bei Humboldt erwähnten William Snelgrave – ein Zyniker ersten Ranges – sowie anderer Kapitäne. Am Beginn des 18. Jahrhunderts hatte er den Angriff der Privaten auf das Monopol der *Royal African Company* angeführt. Morice überzeugte 1721 auch das Parlament davon, das Kriegsschiff HMS *Swallow* an die Küsten Afrikas zu senden, um dort für die Sicherheit des Sklavenhandels zu sorgen. Die *Swallow* führte ihren Auftrag erfolgreich aus, besiegte den Piraten Bartholomew Roberts, dessen Flotille in den drei Jahren von 1719 bis 1722 ca. 400 Kauffahrer und Guineamen gekapert hatte, und patrouillierte vor Bance Island (oder: Bunce Island) in der Mündung des Sierra-Leone-River (Mitomba oder Tagrin) in der Nähe des späteren Freetown nordwestlich der Gallinas-Küste.⁹⁴ Morice besaß eine Flotte von Guineamen, die alle nach weiblichen Mitgliedern seiner Familie benannt waren, wie *Katherine* oder *Sarah*. Morices Schiffe stellten 10 % der Sklavenhandelskapazität Londons dar, als die Stadt sich noch auf dem zweiten Platz der britischen Sklavenhandelshäfen hinter Bristol und (noch) vor Liverpool befand.⁹⁵ Seine Schiffe

---

90 Heyden, Rote Adler, S. 44–61. Schätzungen besagen, dass von ca. 30 brandenburgischen Schiffen zwischen 1681 und 1698 nicht 30 000, sondern ca. 19 240 (oder weniger) Verschleppte aus Afrika in der Karibik, vor allem auf St. Croix und anderen Jungfern-Inseln, von Brandenburgern verkauft worden sind; siehe: Ebd. S. 52; siehe auch: Weindl, „The Slave Trade"; Heyden, „Der Mohr", S. 247–266.
91 Rawley, London; siehe auch die „Top-20-Listen" von Ausrüstungsstädten (in den Amerikas und Europa) sowie Verschiffungspunkten (in Afrika), in: Zeuske, Handbuch, S. 31–43.
92 Rediker, The Slave Ship, S. 33–35; Pope-Hennessy, Sins of the Fathers; Rawley, The Transatlantic Slave Trade; Reynolds, Stand the Storm.
93 Rediker, The Slave Ship, S. 33; siehe auch: Hancock, „Slaving".
94 Rediker, The Slave Ship, S. 22f., S. 33–35; siehe auch: Hancock, „Slaving".
95 Rediker, The Slave Ship, S. 34; siehe auch: Richardson (Hrsg.), Bristol.

machten sechzig Fahrten nach Afrika und verschleppten rund 20 000 Sklaven nach Amerika. Dabei sind noch nicht die Sklaven mitgezählt, die Morices Kapitäne direkt an den afrikanischen Küsten für Gold an portugiesisch-brasilianische Schiffe verkauften.[96] Morices Sklavenfaktoren auf Jamaika haben die Casting-Liste erstellt, die oben unter „Menschenhandel und Castings" zitiert ist.[97]

Durch den Handel mit nach den Kriterien der Besteller zwangsgecasteten Körpern wurde Morice unermesslich reich. Er verwandelte das Kapital menschlicher Körper über die Zwischenstufe anderer Produkte (wie Zucker) und Zahlungsmittel erfolgreich in Boden, Land, Vieh, Gebäude und Geld- sowie Aktienkapital. Trotzdem betrog er die Bank of England, deren Verantwortlicher er war, um 29 000 £ (nach Werten von 2007 7,5 Millionen US-Dollar).[98] Weitere britische Negreros waren Richard Oswald, Hauptfigur von „Citizens of the World", William Davenport aus Liverpool oder John Gladstone, Vater des künftigen britischen Premierministers.[99] Oder John Dawson, „Britain's leading slave merchant and ‚possibly the world's leading slave trader'".[100]

Dawson organisierte zwischen 1785 und 1795 rund 84 Sklavenfahrten, die etwa 10 % des britischen Sklavenmarktes ausmachten.[101]

Von den großen amerikanischen Slavers ist der *slave-trade merchant* Henry Laurens ein repräsentativer Typ des Kaufmanns-Sklavenhändlers. Laurens bevorzugte, im Gegensatz zu Morice, Partnerschaften, um das Risiko zu streuen. 1724 geboren, gründete Laurens 1749 die Handelspartnerschaft *Austin & Laurens*, die sich vor allem mit Sklavenhandel aus Senegambien sowie von der Goldküste nach Charleston befasste. Zehn Jahre später kam noch ein dritter Partner, George Appleby, hinzu. Insgesamt organisierte Laurens mit Hilfe seiner Partnerschaften, die natürlich auch der Verringerung seines Risikos dienten, sechzig Schiffladungen von Sklaven (= Sklavenfahrten), die überwiegend in Charleston ankamen. In diesem Hafen kamen insgesamt mehr als die Hälfte aller Sklaven, die in die britischen Kolonien Nordamerikas beziehungsweise die USA eingeführt wurden, an. Um 1760 war Laurens einer der reichsten Kaufleute nicht nur South Carolinas, sondern aller britischen Kolonien in Nordamerika. Um 1763 entschloss sich Laurens, sein Kapital in Plantagen (unter anderem in Florida), Landspekulationen und in seine Karriere als Politiker zu investieren. Er besaß bald sechs Plantagen, zwei in

---

96 Rawley, London, S. 40–56.
97 Schreiben der Faktoren Basnett, Miller und Mill aus Kingston, Jamaika, 9. November 1722 an Morice in London, zit. nach: Rediker, The Slave Ship, S. 34f., FN 16.
98 Ebd., S. 35.
99 Ebd., S. 35–37; Hochschild, Sprengt die Ketten, S. 26f.
100 Rawley, The Transatlantic Slave Trade, S. 186.
101 Zit. nach: Schwarz (Hrsg.), Slave Captain, S. 154.

7.2 Sklavenhändler II. „Freier" und regulierter translokaler Sklavenhandel — 261

Georgia und vier in South Carolina, wo vor allem Reis angebaut wurde. In der Revolution wurde Laurens in die *South Carolina Assembly* und in den *Continental Congress* gewählt. Er half auch, den Vertrag von Paris (1783) auszuhandeln. In Paris traf er auf alte Geschäftspartner wie Benjamin Franklin und Richard Oswald, der neben Ländereien in Schottland, London, Florida, Jamaika und Virginia ein Sklavendepot (Barracoon), einen Golfplatz und weitere Immobilien auf Bance Island besaß, der Drehscheibe des britischen Sklavenhandels im senegambischen Westafrika. Oswald und Laurens waren Freunde und Sachkenner. Henry Laurens hatte seine Profite aus dem Sklavenhandel in Land, Reichtum, Geld und politische Macht umgewandelt.[102]

Es lohnt auch immer ein Blick auf die Strukturen – in diesem Falle die Struktur „Kapitalakkumulation, Sklavenhafen, Waterkant (*water front*) und Stadt". 1783, als der atlantische Sklavenhandel nach der Amerikanischen Revolution wieder anlief, fand sich der Sklavenhandel in Charleston in den Händen einiger weniger mächtiger Kaufleute, die auch zu Gewinnern der Revolution zählten – *viva la revolución*. Keine andere Stadt im britischen Nordamerika hat mehr Sklaven importiert als Charleston.[103] In Charleston, wie in anderen atlantischen Sklavenhandelsenklaven, kam es zu explosiver Konzentration von Kapitalien aus dem Menschenkapitalismus. 60 % aller nach Charleston importierten Sklaven wurden von einer Gruppe von 18 Individuen und Firmen verkauft. Das schlug sich auch im Stadtbild und in der Rolle der *water front* in der Stadt nieder. Die aktivste Firma, eben *Austin, Laurens, and Appleby*, verkaufte, wie oben erwähnt, allein 60 Schiffsladungen von Verschleppten. Der Sklavenhandel von Charleston wuchs so schnell, dass die Stadt im Zeitraum zwischen 1804 und 1808 zu „one of the great slaving ports of the world" wurde – in diesem Vierjahreszeitraum bedeutender als London und Bristol in England.[104] Insgesamt wurden rund 170 000 Captives bis 1810 in die junge USA verschleppt; die Mehrzahl stammte aus afrikanischen Sklavenhäfen zwischen Senegambien und der Goldküste.[105]

In den USA hatten Einzelstaaten schon 1787 und 1794 Verbote erlassen, Sklaven in ihren Häfen zu anzulanden. In Zeiten des Freihandels und des „Handels mit Neutralen" seit 1799 drangen immer mehr amerikanische Kapitäne, Piraten, Schmuggler und Negreros in den spanischen Häfen der Karibik oder anderer Meere vor. Die jungen USA waren so etwas wie eine Peripherie der spanischen Koloni-

---

[102] Rediker, The Slave Ship, S. 35–37; Rawley, London, S. 83–97; McMillan, The Final Victims, passim; Hochschild, Sprengt die Ketten, S. 41, S. 124f.
[103] Landers, Atlantic Creoles, S. 17.; O'Malley, The Intercontinental Slave Trade of British America, 1619–1807.
[104] McMillan, The Final Victims, S. 94.
[105] Finzsch/Horton/Horton, Von Benin nach Baltimore, S. 53–100.

en in der Karibik.¹⁰⁶ Als in den USA die Regulierungen des „Freihandels" (Piraterie, Schmuggel und Sklavenhandel) zunahmen und der atlantische Sklavenhandel 1808 schließlich verboten wurde, hatten die erfolgreichsten Slaver längst, oft zunächst über Agenten, wie die Firma *Hernández y Chaviteau* für John DeWolf, Ingenios auf Kuba gekauft. Es handelte sich um die drei Haciendas *Mary Ann, Mount Hope* und *Esperanza* zwischen Havanna und Matanzas.¹⁰⁷ Die Haciendas bildeten so etwas wie Depots für die US-Sklavenhändler, produktive Depots, auf denen zugleich Zucker und Melasse oder Kaffee hergestellt wurde. Wenn die Preise in South Carolina stark anstiegen, konnten Sklaven von dort mit kleineren Schiffen nach Texas, Georgia, New Orleans, Alabama oder Charleston geschmuggelt werden.¹⁰⁸ Wenn die Preise in Havanna sehr hoch waren oder die Verwalter schnell Geld brauchten, wurden Sklaven auf Kuba verkauft oder bei anderen Kaufleuten Kredite aufgenommen (davon handelt u. a. der oben erwähnte Briefwechsel zwischen Botefeurs Witwe und den DeWolfs).¹⁰⁹ South Carolina öffnete seine Häfen dem – in den USA reoffizialisierten – Sklavenhandel wieder am 7. Dezember 1803, für die restlichen vier Jahre bis zum endgültigen Verbot ab 31. Dezember 1807; auf Kuba wurde zugleich ein Verordnung erlassen, dass nur Sklavenschiffe die kubanischen Häfen anlaufen dürften, die auch dort Sklaven verkauften.¹¹⁰ Als Hacendados trugen die DeWolfs die Zuckermodernisierung sowie die Annäherung zwischen den USA und Kuba mit. Mitte des 19. Jahrhunderts besaß George DeWolf ein Ingenio in der Nähe von Cienfuegos und James DeWolf den Ingenio *San Juan* bei Matanzas. Eine Frau aus der DeWolf-Familie heiratete Joseph J. Dimock. Die Familie nannte sich auf Kuba Lobo (Wolf); einer ihrer Nachkommen, Julio Lobo Olavarría (1898–1983), war bis zur Agrarreform 1960 der reichste Zuckermagnat Kubas.¹¹¹

Die DeWolf-Lobo-Familie und die andere genannten Slavers waren einige unter vielen Schmuggler-Kaufleutefamilien in den USA, die weiterhin am verbotenen atlantischen Sklavenhandel teilnahmen, wie die Bowies, die Lafittes, Renato Beluche, Juan Antonio Pereira, Samuel Glover, Louis de Aury, James Morgan,

---

106 Gould, „Entangled Histories".
107 Marques, „Slave Trade", S. 255.
108 Tadman, Speculators, passim; Campbell, An Empire.
109 George De Wolf letter to Madam Maria Botefeur, Briol, May 12, 1823, online unter: http://merrick.library.miami.edu/cdm/compoundobject/collection/chc0184/id/2279/rec/1 (6.3.2015), sowie: James DeWolf letter to Madam Maria Botefeur, May 9, 1823: http://merrick.library.miami.edu/cdm/compoundobject/collection/chc0184/id/2409/rec/2 (6.3.2015).
110 Marques, „Slave Trade", S. 233f.
111 Zeuske, Die Geschichte der Amistad, S. 130f.; Pérez Jr., Louis, „Introduction", in: Ders. (Hrsg.), Impressions, S. IX–XVII, hier S. XV; Ely, „Los Lobo cubanos";Rathbone, The Sugar King of Havana.

Monroe Edwards, James Merrill, Samuel May Williams, Richard Royall, Sterling, Pleasant McNeil, James W. Fannin Jr., David Byrdie Mitchell, John A. Quitman, Beverly Chew, James Long, Nathaniel Gordon und viele andere mehr. Oft operierten Sklavenhändler, wie bereits gesagt, auch als Piraten und Geheimagenten.[112] Trotz schärfster Verbote in den USA wurde überhaupt nur ein Sklavenhändler und Kapitän unter Lincoln gehenkt.[113]

Von den Sklavenhandels-Eliten kamen Kapitäne und Offiziere sowie Ärzte am engsten mit den Verschleppten und Versklavten in Kontakt. Kapitäne und ihre Schreiber führten auch die Schiffslisten.[114] Zwischen den europäischen Sklavenschiffskapitänen, die die *coast* besegelt hatten, die westafrikanischen Sklavenküsten, herrschte ein besonderes Gemeinschaftsgefühl, eine Art Negrero-Corpsgeist.[115]

Für die Zeit des frühen iberischen Atlantik und der portugiesischen Hegemonie im Sklavenhandel nach Spanisch-Amerika liegen detaillierte Informationen und Schiffsjournale des bereits indirekt erwähnten Neuchristen und portugiesischen Sklavenhändlers Manuel Bautista Pérez (Manuel Batista Pérez) vor.[116] Seine Sklavenhandelsreise auf dem Schiff *Nuestra Señora del Vencimiento* von Sevilla/Cádiz über Cacheu (heute Guinea-Bissau), Cartagena/Panama und auf einem anderen Schiff bis nach Lima (1616–1619) ist vollständig dokumentiert.[117]

In Frankreich war der bereits mehrfach erwähnte Hugenotte Jean Barbot zunächst kein großer Sklavenhändler, sondern ein von der Ile de Ré stammender Agent einer Monopolgesellschaft und Commis, d. h. bezahlter Repräsentant von Sklavenhändlern aus La Rochelle. Er machte zwei Sklavenhandelsfahrten zwischen Senegambien entlang der westafrikanischen Küsten bis Calabar und Príncipe sowie São Tomé auf der afrikanischen und Cayenne, Martinique und Guadeloupe auf der amerikanischen Seite (1678–79 und 1681–82). Dabei hat Barbot mit Sicherheit auch Geschäfte mit Sklaven auf eigene Rechnung gemacht; ein Teil seiner Heuer bestand aus Sklaven (*pacotille*). 1685 war Barbot eingeschriebener

---

112 Zeuske, Geschichte der Amistad, S. 130; siehe auch: Obadele-Starks, Freebooters, S. 10f.; wenigsten zwei dieser Schmuggler, Louis de Aury und Renato Beluche, hatten um 1815/16 direkte Verbindungen zu Simón Bolívar; Franco, „Piratas"; Venegas Delgado, „Los planes".
113 Soodalter, Hanging Captain Gordon. Wie bereits mehrfach erwähnt, ist zwischen internem und externem (atlantischem) Sklavenhandel zu unterscheiden. Zu internen Sklavenhändlern in den USA siehe: Tadman, Speculators, passim; sowie: Tadman, „The Reputation"; Johnson (Hrsg.), The Chattel Principle, passim.
114 Rediker, The Slave Ship, S. 212f.
115 Mouser (Hrsg.), A Slaving Voyage, S. 78.
116 Caldeira, Escravos, S. 197–203.
117 Newson/Minchin, From Capture, passim; siehe auch: Bühnen, „Ethnic Origins"; Böttcher, „Negreros portugueses".

Kaufmann von La Rochelle. Als er nach England gegangen war, wirkte er als Kaufmann und Finanzier von Sklavenhandelsreisen.[118] Zum ganz großen Slaver allerdings wurde er nicht, zumal in seinen Zeiten die großen Geschäfte von den Kompanien, wie der französischen *Compagnie du Sénégal*, absorbiert wurden. Erst im 18. Jahrhundert kam die große Zeit der *négriers/armateurs* (wie der oben erwähnte Gruel) aus den französischen Atlantikstädten (Nantes, La Rochelle, Bordeaux, La Havre, Honfleur, Dunkerque, Saint-Malo, Lorient sowie Marseille) oder Städte von *Les Amériques*.

Aus der Gruppe der höheren Angestellten des Sklavenhandels stammte der uns bereits bekannte Robert Durand aus Nantes, der als Erster Leutnant, das heißt Stellvertreter des Kapitäns, auf dem französischen Sklavenschiff *Diligent*, einem ehemaligen Getreidetransporter, zwischen Mai 1731 und Anfang 1733 nach Whydah, Dahomey, Jakin, São Tomé und Martinique sowie zurück zum Ausgangshafen Vannes (bei Nantes) fuhr. Durand führte, wie wir wissen, ein ausführliches Journal.[119] Hauptausrüster (Reeder, Armadores) der *Diligent* waren die beiden jungen Kaufleute und Brüder Guillaume und François Billy, Kapitän Pierre Mary. „Als die Männer, die das Unternehmen finanzierten", schreibt der Historiker Robert Harms, „würden die Brüder Billy niemals einen der [256 in Martinique verkauften] Sklaven zu Gesicht bekommen, der mit ihrem Geld gekauft worden war, und ihnen würde auch kaum je der Gestank des Todes, welcher die unteren Decks ihres Schiffe durchzog, in die Nasen steigen".[120] Über das Sklavenhandelszentrum Nantes hält Harms fest: „Trotz des geschäftigen Treibens ein paar Meilen flussaufwärts [der Stadt] war Sklavenhandel für die Bürger von Nantes etwas Abstraktes; seine Realität blieb ihnen verschleiert. Am Kai bekamen sie keine Sklavenschiffe zu sehen und auch keine Sklaven. Wenn die Segler nach Guinea aufbrachen, waren ihre Laderäume voll Tuch, Weinbrand und Kaurimuscheln, und kehrten sie dann über ein Jahr später zurück, so bestand ihre Ladung aus Zucker, Baumwolle und Indigo".[121] Die bretonische Hafenstadt Nantes, einer der wichtigen korporativen Akteure des atlantischen Slavings, wurde durch diesen Handel, wie La Rochelle[122] und Bordeaux oder Liverpool und Barcelona, zu einer reichen Stadt.

Bekannt sind vor allem Lebensgeschichten und oft auch die Memoiren britischer Sklavenkapitäne, wie der bereits erwähnte William Snelgrave. Snelgrave

---

118 Hair/Jones/Law, „Introduction", in: Hair/Jones/Law (Hrsg.), Barbot on Guinea, Bd. I, S. IX–CXV, hier S. XII–XVI.
119 Durand, Robert, Journal de bord d'une negrier, Gen mss, vol. 7, siehe: Harms, The Diligent, sowie: Harms, Das Sklavenschiff.
120 Ebd., S. 61.
121 Ebd., S. 27.
122 Yacou, Jounaux.

hielt sowohl seine Handelspartner unter den Afrikanern wie auch die Sklaven für „fierce brutish Cannibals". Er hielt sich auch zugute, ein Sklavenkind vor einem Opfertod gerettet zu haben. Nach der Rettung stellte sich heraus, dass er selbst die Mutter des Kindes gekauft und damit Mutter und Kind getrennt hatte.[123] Weitere Kapitäne waren: William Watkins, der eine Rebellion der Versklavten an Bord des Guineaman *Africa* im Old Calabar River 1760 brutal niederschlug; James Fraser, der 20 Jahre im Sklavenhandel war, mit Reisen an alle Sklavenküsten Westafrikas (fünf Reisen nach Calabar, vier nach Angola und jeweils eine nach Calabar, an die Windward-Küste und die Goldküste; Alexander Falconbridge war als Chirurg mit Fraser gesegelt[124]); der ebenfalls mehrfach erwähnte John Newton, dessen Karriere als ebenso frommer wie erfolgreicher Slaver 1754 durch einen Schlaganfall beendet wurde, sowie Robert Norris, einer der wenigen Sklavenschiffskapitäne, die es in England schafften, in den Rang eines formellen Kaufmanns und Sklavenhändlers sowie Investors (*merchant*) aufzusteigen.[125]

Wie bereits oben gesagt, waren es drei serielle Mikroherrschafts- und -gewalttechniken, die das Verhalten der Europäer grundsätzlich vom Verhalten der afrikanischen Versklaver unterschieden: Schriftlichkeit/Dokumentalität (Listen), Markierung mit Brandzeichenserien und Habitus, gepaart mit Seuchenvorsorge: erstens wurden die Menschen zu Körpern mit Nummern auf den Listen der Kapitäne. Zweitens sowie drittens wurden die Körper der Versklavten serienweise gebrandmarkt (eine lebenslange Zwangsidentität mit neuem Sklavennamen) und nach den Castings aller äußeren Reste des afrikanischen Lebens entledigt (auch der Haare). Sklavenhandel galt bis zur Konstruktion des Gegenteils (Abolition) allenthalben als *respectable trade*.[126]

Kapitäne waren, wie wir wissen, die *men on the spot* des atlantischen Slaving. Gerade weil sie auf See allein Entscheidungen treffen mussten, hatten sie auch die oberste Strafgewalt auf den Schiffen.[127] Der britische Historiker Stephen Behrendt hat herausgefunden, dass 80 % der Kapitäne britischer Sklavenschiffe zwischen 1785 und 1807 aus dem Milieu kleinerer Kaufleute- oder Hafenhandwerkerfamilien kamen. Der immer etwas anrüchige Job des Sklavenschiffskapitäns (siehe im spanischen Kolonialbereich die Status/Habitus-Unterscheidung zwischen Capitalistas und Kapitänen) war ein wichtiger Kanal sozialen Aufstiegs. Die Heimathäfen der meisten waren Bristol und Liverpool. Einige hatten Väter, die kleine Kaufleute gewesen waren; einige Väter waren selbst Kapitäne oder Sklavenschiffs-

---

123 Rediker, The Slave Ship, S. 25–27.
124 Ebd., S. 29.
125 Ebd., S. 25–32; Snelgrave, A New Account, passim.
126 Vaswani, „A Respectable Trade".
127 Rediker, The Slave Ship, S. 187–221.

kapitäne, wie die DeWolfs in Rhode Island. Giles Thornborrow, der 1763 Sklaven nach Havanna geliefert hatte, kam wohl aus London.[128]

Kapitäne brachten generell vor allem vier wichtige Erfahrungen in das Geschäft als Sklavenhändler ein: erstens persönlich Kenntniss der Meere und der Navigation sowie die Erfahrung des Fachmannes der komplizierten Segelschiffe und zweitens die ebenfalls sehr persönliche Erfahrung im Kommando von Matrosen und Schiffen. Die dritte Erfahrung war die der gezielten Gewalt gegenüber Versklavten und Matrosen – eine Art rationalisierter, serieller Terror. Eine vierte Erfahrungsdimension, die im Sklavengeschäft an den Küsten Afrikas, war nicht unbedingt Voraussetzung dafür, das Kommando eines Slavers oder Guineaman zu bekommen, aber sehr erwünscht. Nur sehr wenige Kapitäne, die, wie gesagt, meist aus niederen Seeleute-, Kaufmanns- und Handwerkerfamilien stammten, schafften den Aufstieg zum großen Sklavenkaufmann, Reeder und Investor in den Sklavenhandel, wie zum Beispiel Robert Norris oder David Tuohy.[129] Die Mehrheit der großen Sklavenhandelskaufleute war niemals auf einem Sklavenhandelsschiff gefahren, war nie in Afrika gewesen oder hatte die Mittelpassage durchgemacht oder die Arbeit ihres „Kapitals", ihrer „Ware" auf den Plantagen Amerikas gesehen (wobei es gerade bei Letzterem erhebliche nationale Unterschiede gab; amerikanische Sklavenhändler kannten meist auch Plantagen). Die beiden Zentralfiguren unter den berühmten „Portugiesen" Newports (1639 gegründet, im Südteil der Insel Rhode Island), Jacob Rivera und Aaron Lopez, zugleich wichtige atlantische Großkaufleute und Sklavenhandelsinvestoren, erklärten 1772: „we have no opinion of the Windward Coast trade".[130]

Newport, Teil des atlantischen Imperiums der Offshore-Inseln, wurde unter den Sklavenhändlern zum wichtigsten Konkurrenten von New York. Auch New York liegt auf einer Insel – Long Island.

Kuba war nach der Unterdrückung des atlantischen Sklavenhandels zwischen Afrika und Brasilien das letzte Land der Amerikas, zugleich eine Kolonie eines der wichtigen europäischen Länder, das die Atlantisierung durch Menschenschmuggel weiterführte. Anlandung in Häfen war durch Bestechung lokaler Funktionäre bis um 1845 noch in vielen Fällen möglich. Danach war illegale Küstenanlandung (*alijo*) die Regel. Küstenanlandungen waren nur unter Mithilfe der Besatzungen von Schiffen möglich, die wie die *Amistad* vor dem jeweiligen Küstenabschnitt patrouillierten. Ein paradigmatischer Bericht über die Anlandung des Negrero-Schiffes *Lady Suffolk* am 18. Mai 1853 in der Bahía de Cochinos

---

128 Behrendt, „The Captains".
129 Behrendt, „Markets"; Morgan, „Remittance Procedures".
130 Platt, „And Don't I Forget"; Kaplan, „The Jewish Merchants".

bei Cienfuegos zeigt, dass sich auch der mächtige Sklavenhalter und Menschenhändler Don Julian de Zulueta (siehe unten unter „Sklavenhändler IV") nicht zu schade war, große Schiffsladungen geschmuggelter Menschen selbst in Empfang zu nehmen. An diesem Tag wurden 1165 Verschleppte angelandet und im Konvoi zur Hacienda de Orbea geführt, „wo sich Don Julian Zulueta einstellte, um sie zu empfangen, Bürger und vom Handelsstand dieser Stadt, hauptsächlicher Ausrüster der Expedition".[131] Zulueta als *armador* war in einer Person Reeder, Ausrüster, Kreditgeber und Finanzier der gesamten Expedition. Und er beschaffte die Menschen aus Afrika für seine eigenen Ingenios (auf Kuba auch *haciendas* genannt). Zulueta war natürlich auf die Hilfe von ortskundigen Führern (*prácticos*) angewiesen. Die Prácticos, wie ein gewisser José Clemente García, führten die Sklaven „und die Mehrheit auf Karren", wie der Bericht festhält, zum *Partido Hanabana*, wo sie zu einem Preis zwischen 24 und 26 Goldunzen verkauft wurden; die Sklavenhalter-Familie Abreu aus Villa Clara – heute noch in der Touristenwerbung als „Wohltäter" erwähnt – kaufte gleich 330 Sklaven en bloc.[132]

Neben den Namen der großen Negreros und der Käufer, die zur Sozialkategorie der Sklavenhändler (Capitalistas) und Sklavenhalter sowie Ingeniobesitzer (Sklavenhalter) gehören, lässt der Bericht an zwei Stellen Organisation und Akteure des Slaving und der konkreten Anlandung sehr gut erkennen. Prácticos wie José Clemente García und seine Brüder sowie Hilfskräfte, die die Region kannten, wie Fischer und weiße oder farbige Subsistenzbauern, Maultiertreiber und Viehhalter, waren extrem wichtig. An der Bemerkung, dass der Kapitän des angelandeten Schiffes, der *Suffolk*, Eugenio Viñas (siehe unten unter „Sklavenhändler III"), und Teile der Besatzung an Land blieben („q.e este y parte de la tripulacion quedaron en tierra [dass dieser und ein Teil der Mannschaft an Land blieben]"[133]), wird deutlich, dass einer der neuralgischen Punkte jeder Anlandung das Treffen dieser beiden Akteursgruppen des atlantischen Slaving – der Mannschaft des Sklavenschiffes unter Führung des Kapitäns oder eines Offiziers sowie der weges- und landeskundigen Prácticos – war. Beide Gruppen arbeiteten sich zu. Strecken-

---

131 Brief des Teniente Gobernador von Cienfuegos, Juan Antonio de Reyes, aus Cienfuegos an den Generalkapitän in Havanna, 14. Juni 1853, in: ANC, AP, leg. 48, no. 24: „Expediente sobre denuncia del Consul Ingles de que el buque Lady Suffolk mandado por D.n Eugenio Viñas hizo de un desembarco de 1100 á 1200 negros bozales entre Mariel y Bahía Honda, pero q.e posteriormente supo que el alijo tuvo lugar en la ensenada de Cochinos, jurisdicción de Cienfuegos. Nota: El Cónsul se nombra Jos: I. Crawford, La Habana, 5 de Junio de 1853, f. 12r–f. 13v; Zitat aus: Schreiben des Generalkapitäns aus Havanna an Teniente Gobernador in Cienfuegos (Entwurf), La Habana, 21. Juni 1853, in: Ebd., f. 20r–22v.
132 Ebd., f. 20v. Auf Karren wegen der Fußverletzungen.
133 Ebd., f. 20r.

weise arbeiteten sie auch ganz praktisch zusammen. Bei kleineren Gruppen von geschmuggelten Menschen übergab die Mannschaft gleich unmittelbar nach der Anlandung die Sklaven an die Prácticos. Das Problem war dann „nur", dass Organisatoren und Überwacher der Anlandung (Matrosen) unter Druck der Verfolgung an den unübersichtlichen Küsten die Prácticos an Land wirklich fanden – und das ohne Funk und GPS. Dafür wurden nach 1845 mehr und mehr kleine Kaufleute aus Städten Kubas engagiert, die wiederum arbeitslose Schiffer (wie einst Ramón Ferrer) anstellten. Die Küstenkapitäne patrouillierten an den Küsten, um die Risken einer langen Kontaktaufnahme zu minimieren. Wenn die Zusammenarbeit nicht funktionierte, passierte das, was oben unter Traumata in Bezug auf die Gruppe der 16 kleinen Jungen beschrieben ist. Die Zusammenarbeit beider Akteursgruppen des Slaving musste vor allem dort perfekt funktionieren, wo wie im Fall der vom Sklavenschiff *Suffolk* die angelandeten Massen von Sklaven, weiterhin unter Bewachung der Mannschaft oder Teilen von ihr und den Prácticos, zu den Punkten getrieben oder geschleppt wurden, wo die Käufer warteten, und von dort aus auf die Ingenios und Haciendas der neuen Besitzer. Kurzkommentar von Conneau zu einem solchen *alijo*: „unsere Ladung [war] sicher in einer Hacienda neun Meilen östlich von Santiago geborgen. Die *San Pablo* brannten wir bis zur Wasserlinie ab und überließen sie ihrem Schicksal".[134]

Die Abfahrten von Negrero-Schiffen auf dem Weg nach Afrika sind in einer Liste der nicht oder schlecht dokumentierten Momente der Atlantic Slavery wahrscheinlich diejenigen, die am schlechtesten wegkommen. Bereits in Zeiten, als atlantischer Sklavenhandel noch als ehrenwertes Geschäft galt, wurden sie lieber unter möglichst geringer Aufmerksamkeit vollzogen. Nach der jeweiligen formalen Abolition des Sklavenhandels, als der Atlantik zum Hidden Atlantic wurde, war die Abfahrt noch geheimer, obwohl oder gerade weil tatsächlich eine ganze Menge von Menschen darum wusste (Familien der Kaufleute, der Kapitäne und Mannschaften, Zulieferer, Prácticos, Hafensklaven, Hafenbeamte und -arbeiter etc.). Historiker haben sich nicht darum gekümmert. Ich bin auf sie nur durch die Suche nach dem zweiten Schiff von Ramón Ferrer, die *Bella Antonia* (die ich seit 2006 suche, aber noch nicht gefunden habe) aufmerksam geworden. Die Abreise von Sklavenschiffen brachte wirklich alle in diesem Buch behandelten Akteure und Akteursgruppen in einen Wirkungszusammenhang, oft auch in direkten persönlichen Kontakt. Im Gegensatz zu Afrika waren in den Häfen Europas und der Amerikas auch die großen Investoren, Reeder und Großkaufleute mit dabei; etwas zurück traten allenfalls farbige und schwarze Atlantikkreolen und Seeleute (die aber zweifellos bei den Abreisen dabei waren).

---

134 Canot, Sklaven, S. 230; Conneau, A Slaver's Log Book, S. 198.

7.2 Sklavenhändler II. „Freier" und regulierter translokaler Sklavenhandel — 269

Wie können wir Abreisen greifbar machen? Erstens, ich erlaube mir nochmals darauf hinzuweisen, im ritualisierten maritimen Brauchtum. Mein liebstes Beispiel ist hier die Anfangszeile der Habanera *La Paloma* („Cuando salí de la Habana, válgame díos" – nur Nana Mouskouri singt den Originaltext) – deshalb ist dieser Satz als Motto dieses Buches zitiert. Zweitens liegt das Geheimnis, wenn ich das einmal so sagen darf, im Zyklus des „sozialen Lebens" der Schiffe. Schiffe waren das Hauptinstrument der Atlantic Slavery, sie waren Hochtechnologie, bis um 1835 meist fast ganz aus Holz, es waren komplizierte Maschinen, schwimmende Fabriken und Gefängnisse, aber auch Wertanlage, Kapital, Statussymbol und Objekt von Schönheit, Bewunderung und Brauchtum. Deshalb musste jedes Schiff nach Bau oder Kauf/Verkauf bzw. nach Einlaufen von außen in einen gegebenen Hafen entweder von einem Notar oder in einer Hafenliste (oft doppelt in Zoll- bzw. Castinglisten) beurkundet werden. Beurkundet werden mussten auch die Übergabe/Übernahme eines Schiffskommandos durch den jeweiligen Kapitän (wenn es, wie wahrscheinlich die Mehrzahl, ein durch Reeder/Großkaufmann angestellter Kapitän war). Und schließlich wurde in jedem Fall ein Heuervertrag notariell aufgesetzt, beglaubigt und im Notariat archiviert. In ihm finden sich das jeweilige Ziel des abfahrenden Schiffes, die wichtigsten Zwischenhäfen, die Offiziers- und Mannschaftsliste (meist mit Funktionen: Handwerker, Bootsleute, Männer mit Polizeifunktion, Arzt, Koch, Pagen, Schiffsjungen) sowie Rechte und Pflichten der vertragschließenden Seiten. Der Punkt Archivierung ist für Historiker besonders interessant. Das trifft für alle genannten Gesellschaften mit Zentralrecht zu. Das heißt, wie bereits erwähnt, Spanien, Portugal und Frankreich, mit Abstrichen Niederlande. Im mikrohistorischen Zugang zur Makrogeschichte des Atlantic Slavery stellen diese Quellen einmalige Fundgruben dar. In ihnen manifestiert sich Vieles – ich will hier nur auf die Häufigkeit der Abfahrt eines Schiffes (oft werden frühere Schiffnamen verzeichnet), die Nennung von Kapitänsnamen sowie Offiziers- und Mannschaftslisten verweisen. Sie zeigen nicht nur das Hin (von Afrika nach Amerika), sondern auch der Her (von Europa oder Amerika nach Afrika). Und sie zeigen in mikrogeschichtlicher Perspektive, auf das jeweilige reale Schiff bezogen, einen der beiden wichtigen Umschlagpunkte der Kapitalinvestition auf dem Sklavenhandels-Atlantik – eben die Abfahrt.[135]

---

[135] Ich habe Abfahrten bisher im ANC, im Quellenbestand Notaria Marina (jährlich), untersucht, siehe: Zeuske, Amistad, S. 65–68 und 239f.; siehe: Zeuske, „Out of the Americas".

8 Europäischer Sklavenhandel global – Plantagen und Sklavereimoderne weltweit

„Der Herr war so wie der Neger der Sklaverei unterworfen, beide allerdings in entgegengesetzten Positionen."[1]

Mobilität, Reisen (Schiffsfahrten/Transport) und Sklavereien sowie Abreisen und Ankünfte gehören im Zyklus des „sozialen Lebens" eines Schiffes zusammen. D. h., in der Materialität eines Schiffes manifestierte Zyklen des Sklaven- und Menschenhandels, zugleich Transport, Wissenkomplex und Mobilität, gehört zur Sklaverei. Aber Sklavereien an Land weisen eigene materielle Strukturen und Besonderheiten auf – sie formen beispielsweise Umwelt und Landschaften sowie Mentalitäten und Psychen.

Die systemische Verbindung zwischen Sklavenhandel und Sklavereien bringen, wie wir wissen, die Konzepte der Atlantic Slavery und der Atlantisierung zum Ausdruck; auch *Atlantic World* wird zunehmend konzeptualisiert.[2] Im globalen Zusammenhang gehört auch die Verschleppung von rund 550 000 Menschen aus Ostafrika über den südwestlichen Indischen Ozean in die Amerikas zur Atlantic Slavery.[3] Die wichtigsten „großen" Sklavereien auf der Basis von Engenhos/Ingenios/Haciendas (Plantagen)[4] entstanden mit der iberischen Atlantik-Expansion zwischen 1450 und 1580 auf westafrikanisch-atlantischen Inseln, in der Karibik und auf den Transportrouten in die Karibik (Brasilien, Tierra firme) sowie mit der breiteren Atlantisierung durch den Sklaven- und Menschenhandel bis in die 1880er Jahre in den Amerikas (und anderswo, manchmal auch „ohne Atlantisierung"). Mit der „Immobilie" (Rechtskonstruktion), dem Großgrundbesitz (Latifundium) sowie der Akkumulation von Kapitalien aus menschlichen Körpern

---

1 Ortiz, Los bailes, S. 254.
2 Leonard/Pretel (Hrsg.), The Caribbean, passim.
3 Hooper/Eltis, „The Indian Ocean".
4 Zeuske, Handbuch, S. 205–218. Zur typologisch-historischen Debatte siehe: Higman, „Plantations"; Wolf/Mintz, „Haciendas"; Thompson, „The Plantation"; Moreno Fraginals, „Plantaciones"; Trouillot, „Culture on the Edges"; zusammenfassend: García Muñiz, „La plantación"; für die Frühzeit der Atlantic Slavery siehe: Caldeira, „Aprender os Trópicos"; Alencastro, „Gulf of Guinea und São Tomé"; Harwich, „Le cacao vénézuélien"; für die Frühzeit des kolonialen Spanisch-Amerika siehe: Ramírez Méndez, „Las haciendas en el sur"; Ramírez Méndez, „Las haciendas cañeras", siehe auch das Sonderheft der Zeitschrift Review: Review Vol. XXXIV:1/2 (2011): Rethinking the Plantation: Histories, Anthropologies, and Archaeologies: In Memory of Lygia Sygaud (1945–2009). Zum Niedergang der Zuckerproduktion in Ägypten seit dem 15. Jahrhundert siehe: Abu-Lughod, Before European Hegemony, S. 232f.

und der Arbeit von Sklaven existierten Plantagen mit Sklaverei insgesamt für ca. vierhundert Jahre in den Amerikas und meist für kürzere Zeit oder nicht durchgehend in Afrika (Ägypten, Wolof, Niger-Tal, Fulbe-Staaten/Sokoto-Kalifat, Kapverden, São Tomé, Angola, Moçambique, Sansibar und Pemba, Ostafrika, Komoren, Mauritius, Réunion, Maskarenen, Madagaskar). Ich darf auf den Zusatz „mit Sklaverei" verweisen – Plantagen als Land- und Eigentumsstruktur aus der Zeit der Sklaverei (aber formal seit den Abolitionen eben „ohne Sklaverei") existieren selbst im kommunistischen Kuba bis heute. Einzelne Plantagen an einem bestimmten Ort existierten als Betriebseinheit, ich verwende mal dieses fade Wort, selten länger als ca. 60–80 Jahre.

Was haben Sklavenhändler mit Plantagen zu tun? Welthistorisch zunächst herzlich wenig, weil Plantagen erst um 1500 als Realität und um 1650/1700 als Konzept zu existieren begannen. Mit der Anlieferung und Verschleppung von Captives aus afrikanischen Konflikten auf die Inseln der westafrikanischen Archipele enstanden, wie oben ausführlich analysiert und dargelegt (und weiter unten unter anderem Aspekt nochmals), die ersten Keime der Akkumulationsmaschine, in der Kapital menschlicher Körper durch individuelle und kollektive Sklavenhändler (oder Lançados, Tangomãos und Atlantikkreolen) in Gebiete verschleppt wurden, wo sie auf großen kolonialen Landstücken zur Arbeit gezwungen wurden. Das menschliche Kapital wurde „angelegt". Nach und nach entstanden primitive Plantagen (*engenhos, roças, haciendas, ingenios*), die sich technisch, technologisch sowie rechtlich und organisatorisch immer weiterentwickelten.[5] Erst geschah diese Verschleppung von den Küsten Kontinentalafrikas auf die westafrikanischen Inseln, dann, ab ca. 1500/1520, über den Atlantik. Sklavenhändler lieferten das Kapital menschlicher Körper und die Arbeitskräfte für Plantagen. Und sie gaben Kredit für die Anlage von Plantagen. Mit ihrem akkumulierten Kapital kauften sich reich gewordene Sklavenhändler, auch manche Kapitäne, oft Plantagen, massiv in der welthistorischen Modernisierungsphase der zweiten Sklavereien (Second Slavery 1800–1888).

Die amerikanischen Plantagensklavereien als hegemonische Sklavereien erscheinen uns bekannt, aber kaum jemand weiß, dass sie lange Zeit in nur sehr punktueller Form bzw. in Gestalt kleinerer geophysischer Plattformen und Landschaften existierten (meist als irgendeine Art von Offshore-Struktur/Enklaven). Dazu kommt, dass über Plantagensklavereien in Afrika[6] im breiteren Publikum nahezu überhaupt nichts bekannt ist. Ich will deshalb einen Abriss der Geschich-

---

5 Miller, „O Atlântico Escravista".
6 Lovejoy, „Plantations"; Lovejoy, „The Characteristics"; Cooper, From Slaves; Cooper, Plantation Slavery; Marx, Geschichte Afrikas, S. 169–171.

te dieser „großen Sklavereien" und Plantagengesellschaften unter globalhistorischem Aspekt geben, d. h. hier vor allem unter Einschluss der Amerikas, des Atlantiks, Afrikas und punktuell auch des Indiks. Das soll zugleich, und hier verweise ich auf die bedeutenden Karibikhistoriker Manuel Moreno Fraginals und Frank Moya Pons, die Rolle der Sklaven-Plantagenregion der Karibik für die Entwicklung des Kapitalismus in der Welt beleuchten.[7] Die Karibik war auch in diesem räumlich-strukturellen Sinne „Erprobungsraum einer Gesellschaft globalen Zuschnitts".[8]

Der Ingenio als agrikultureller Manufaktur- und Maschineriekomplex zur Organisation großer Landwirtschaft und zur Kontrolle sowie Inwertsetzung massenhaften Kapitals menschlicher Körper auf der Basis großer Landstücke entstand auf atlantischen Inseln in der Nähe der westafrikanischen Küsten.[9] Das Ganze stellte eine agro-industrielle und kulturelle Revolution vor der westafrikanischen Küste dar, in der Landkontrolle („Immobilie"), eine eher europäische Tradition, philosophischer Nominalismus, Holz- und Eisentechnik (Schiffe und Waffen) mit der Kontrolle menschlicher Körper (Körper-Kapital, Arbeit, Lebensweise, Körper-Wissen/Medizin), eine in dieser Massivität eher afrikanische Tradition, verbunden wurde. Was auf den Inseln unter mehr oder weniger europäischer Kontrolle gelang, weil Iberer ihre Vorstellungen über Landeigentum durchsetzen konnten, misslang aus den gleichen Gründen mit umgekehrtem Vorzeichen im kontinentalen Afrika (von Krankheiten und Tropenleben mal abgesehen). John Darwin, Shootingstar der britischen Imperial-Historiker, sagt über die eigenartige Tatsache, dass Engländer (und Briten) bis um 1880 im kontinentalen Afrika (Darwin nennt es „atlantisches Grenzland") keinen Kolonialfuß im Lederstiefel auf den Boden bekamen: „Land" sei der Grund gewesen; die „Eigentumsvorstellungen der Engländer" hätten sich „in Afrika nicht durchsetzen lassen".[10] Und dann fährt Darwin fort: „Der Grundbesitztitel [in Europa und Amerika] öffnete einem den Zugang zum Labyrinth der kommerziellen Kredit- und Schuldenwirtschaft". Eben das gelang Europäern, seien es Iberer, Franzosen oder Briten, bis ins späte 19. Jahrhundert in Afrika nicht. Die (meist) ungeschriebenen Besitztitel über Menschen und den darauf basierenden Kredit handhabten afrikanische Eliten, gegenüber denen sich, so Darwin, Europäer/Engländer in Afrika „respektvoll" zu benehmen hatten, besser.[11] Vor allem von São Tomé, den Kanaren und Ma-

---

7 Moreno Fraginals, El Ingenio, passim; Moya Pons, „Las sociedades"; siehe auch: Palmié/Scarano, „Introduction: Caribbean Counterpoints", in: Dies. (Hrsg.), The Caribbean, S. 1–21.
8 Ette, TransArea, S. 207.
9 Martin, „Nach Amerika", in: Martin, Zucker für die Welt ..., S. 52–61.
10 Darwin, Das unvollendete Weltreich, S. 57–60.
11 Ebd., S. 58f.

deira (wo vor allem die Mühlentechnik erprobt worden war) aus verbreitete sich die Plantagenrevolution an den Küsten und auf Inseln des Atlantiks und in den Mündungsästuaren von Flüssen, die in den Atlantik mündeten. Ich habe es schon mehrfach gesagt, wiederhole es aber hier noch einmal konzentriert: Bis um 1800 fanden sich die Grundelemente atlantischer Sklaverei immer in Sklaven-Export- und Import-Häfen sowie Plantagengebieten oder -zonen (Landschaften) auf Inseln und Halbinseln, in einer Art Offshore/Enklaven-Struktur sowie in Transportinfrastrukturen und großen Städten.

Ergebnis der Insel- und Enklavenphase (bis um 1800/1825[12]) sowie der kontinentalen Phase der Land- und Sklavereientwicklung (bis 1888) war die Plantage in der konkreten Form des Ingenio. Die Plantage (zur engeren Begriffsgeschichte siehe weiter unten) kam zwischen 1480 und 1520 auf São Tomé im Golf von Guinea (und parallel, aber nicht so kompakt, auf den Kanaren) zur Welt, als eine elementare und zunächst extrem punktuelle Basis aller weiteren Entwicklung dessen, was später als „Kapitalismus" bezeichnet worden ist. Zucker hatte nach 1500 eine ähnlich globale Leitfunktion für die Entwicklung des atlantischen und globalen Kapitalismus' wie Baumwolle und Kaffee nach 1800. Ein Laboratorium zur „Anlage" des Kapitals menschlicher Körper konnte zunächst nur unter spezifischen kolonialen Bedingungen entstehen.[13] Hans Staden (ca. 1525–1576), der 1549 bei der Überfahrt nach Brasilien auf São Tomé Station machte, schreibt, dass die Insel „ein zuckerreich Eilandt, aber ungesunt"[14] sei. Die Portugiesen, so Staden, hätten dort „viel schwarzer Mohren"[15] und – sehr wichtig –, dass „das ihre eigene leut sein".[16] Tropenerfahrene „Portugiesen" eben.

Seit um 1515 gab es auch Ingenios auf La Hispaniola. Dort existierten um 1525 bereits ca. 20 Zuckerplantagen in der Nähe der Stadt Santo Domingo.[17] 1560 gab es auf La Hispaniola und Puerto Rico mehr als 50 Ingenios und rund 45 000 versklavte Afrikaner.[18]

---

12 Die Zäsur „um 1825" ist wichtig, weil es Jamaika (und den West Indies) sowie den relativ kleinen französischen Kolonien Martinique, Guadeloupe, Cayenne (Franz.-Guayana) und Réunion in Konkurrenz zum aufsteigenden Kuba und Puerto Rico, vor allem wegen der massiven Nachfrage im Biedermeier-Europa, nochmals gelang, Spitzenpositionen der Zuckerproduktion und des -exports (Jamaika mit dem Bleigewicht der englischen Zölle) zu erlangen; die französischen Kolonien produzierten um diese Zeit mehr als Saint-Domingue in seinen Spitzenzeiten, siehe: Tomich, „Econocide?", S. 312–315.
13 Caldeira, „Aprender os Trópico ".
14 Staden, Warhafftig Historia, S. 107.
15 Ebd.
16 Ebd.
17 Otte, Von Bankiers, S. 126f.; Del Río Moreno/López y Sebastián, „El comercio".
18 Sued Badillo, „From Tainos".

Nach einer fast parallelen Inselexistenz auf São Tomé und vor allem Gran Canaria vor der westafrikanischen Küste sowie auf La Hispaniola und auf Puerto Rico in der Karibik wurde die neue Betriebs- und Unternehmensstruktur sowie die atlantische, in ihren Grundelementen afrikanische Sklaverei, durch transatlantischen Menschenhandel auch an Küstenpunkte des heutigen Brasiliens sowie an die „wilden" Küsten des Reiches der Kariben zwischen Amazonas und Orinoko (Guayanas) und Venezuelas transferiert (am Beginn überall kombiniert zunächst mit Sklaverei von Indios).[19] Dort wurde die „große" Sklaverei zusammen mit urbanen Sklavereien, Sklaverei im Transport und im Bergbau (vor allem in Brasilien seit Ende des 17. Jahrhunderts und Neu-Granada/Kolumbien) sowie eben als ländliche Sklaverei, vor allem im Zucker, zwischen 1580/1630 endgültig fixiert, speziell in Küstenenklaven Brasiliens (Rio, Bahia, Pernambuco/Recife, São Vicente) und Venezuelas (südlich des Maracaibo-Sees, San Antonio de Gibraltar, Valles de Aragua, Valles del Tuy/Barlovento), in Yaracuy und an der zentralen Küste (Guarenas und Guatire), um Cumaná, bei Coro.[20]

Die wichtigsten materiellen Verbindungselemente, die diese übergreifende Slaving-Akkumulationsmaschine des Atlantiks zwischen Afrika und Amerika zusammenhielten und vorantrieben, zusammen mit der allgegenwärtigen Gewalt (und ihrer Materialitäten – wie Barracones) waren die Holz-/Metall-Industrie der Maschine „Schiff" sowie die „Maschine" Ingenio (seit etwa 1650 auch Plantage[21])

---

19 Zeuske, Handbuch, S. 205–218; Ferry, „Encomienda", Ferry, The Colonial Elite, S. 45–71. Die venezolanischen Sklavenhalter und Plantagenbesitzer, *mantuanos* genannt, hatten beste Schmuggelverbindungen nach Mexiko (damals Neu-Spanien), siehe: Ferry, „Trading Cacao".
20 Die erste, relativ kleine Plantagen-Plattform der *Tierra firme* (Kakao- und Zuckerplantagen mit indianischen Arbeitskräften, Encomendados, freien Arbeitern und schwarzen Sklaven) existierte seit ca. 1580 am Südufer des Maracaibosees im Hinterland des Hafens San Antonio de Gibraltar, auf einer Ebene zwischen Estanques, der Mündung des Río Escalante, Santa Bárbara und Río Poco, in der Jurisdiktion von Mérida. In den 1670er Jahren kam es zu schweren Erdbeben sowie schon vorher zu massiven Plünderungen durch Piraten, etwa durch Jean-David Nau alias El Olonés (1667; es wurden auch über 1000 Sklaven verschleppt) und Henry Morgan (1669); siehe: Ramírez Méndez, „Las haciendas en el sur"; Ramírez Méndez, „Los esclavos negros"; Ramírez Méndez, La tierra, passim; Ramírez Méndez, „Las haciendas cañeras"; Humboldt hat die zentrale Plantagen-Plattform der Valles de Aragua und Valle del Tuy um 1800 durchreist und beschrieben, siehe: Humboldt, Reise durch Venezuela, S. 185–222. In dieser Gegend kame es nach Ausbruch der Unabhängigkeitrevolution zu massiven Sklavenrebellionen, siehe: Coll y Prat, Memoriales, S. 181, sowie: Castillo Lara, „La candente disputa"; Banko, „Las haciendas azucareras"; Ferdinand Bellermann, der „Tropenmaler", hat die Plantagenregion 44 Jahre nach Humboldt besucht und gemalt (visualisiert); siehe: Achenbach, „Ferdinand Bellermann".
21 *Plantation* ist ein Begriff sowie eine Rechtsfigur (und eine Realität, die Gefangene in *chain gangs* einsetzte) aus der englisch-irischen Kolonialgeschichte sowie der englischen Armengesetzgebung; siehe: Newman, A New World.

und Infrastrukturen des atlantischen Slaving. Frühformen waren etwa Sklaven-Textilproduktion (*panos*), Pferde-, Rinder- und Ziegenhaltung sowie Vorformen der Plantage. Afrikanisch-atlantische Sklavereien unter iberischer Kontrolle funktionierten auf den Kanaren, Madeira, Kapverden und São Tomé noch bis ca. 1600 im Wesentlichen innerhalb afrikanischer Wirtschafts- und Austauschkreisläufe (neben Sklaven und Panos auch Farbstoffe (*pães de tintas*) sowie Kola-Nüsse).[22] Warum nicht nachgewiesen ist, ob afrikanische Eliten auch Zucker oder nicht (und warum) bekamen, bleibt ein Rätsel. Möglicherweise hat sich die Zuckerforschung um diese Frage nur noch nicht gekümmert. Möglicherweise waren Nachfrage und Preise für Zucker im faden und hungrigen Europa des Roggens, der Breie und Suppen sowie der trüben Biere so hoch, dass der Aufwand nur unter diesen Bedingungen lohnte.

Mit Vorläufern seit Beginn der Conquista Amerikas verband das Schiff (und die Kapitäne sowie Sklavenhändler) Prozesse und Räume der afrikanischen Slaving-Akkumulation seit ca. 1525 mit den anderen, zunächst nicht sehr breiten, aber zukunftsträchtigen Akkumulationsprozessen des Atlantik-Handels und der Atlantisierung/Kolonisierung der Amerikas (Nachschub aus Europa, Monopolhandel, Abtransport der Edelmetalle, Personentransport, Nahrungsmittel- und Tiertransporte), aber auch der Konflikte um die Amerikas und den Seehandel, der Plünderung von Küstenstädten und des Schmuggels/der Piraterie. Wichtige Drehscheiben waren, wie gesagt, immer Inseln und Halbinseln. Zwischen 1570 und 1650 kam es zu einer großflächigen globalen Arbeitsteilung: In Amerika fanden die „große" Wirtschaftssklavereien auf kleinen Inseln und Küstenebenen, erste kapitalistische Enklaven-Plantagengesellschaften, interner Sklavenhandel, Bergbau-Massenzwangsarbeit (sowie Bergbau-Sklaverei in tropischen Tiefländern), urbane Haus- und Transportsklaverei statt. In Afrika gab es Razzienwirtschaften, Menschen- und Sklavenhandel, verschiedenste Formen der Schuld-, Kin- und Lineage-Sklaverei sowie Export eines großen Teiles der Versklavten. Erstaunlicherweise existierten schon in Senegambien und im Wolof-Reich Unternehmen, die Plantagen in Amerika glichen (Sorghum, Hirse, Indigo, Baumwolle, Gemüse und Baumkulturen), deren Produkte gegen Gold oder Salz getauscht wurden oder zur Versorgung der Armeen dienten. Sklavenhalter waren Kaufleute, Bauern und Staatsbedienstete. Die Masse der Razzienkrieger und Sklavenhändler, auch im christlichen Äthiopien, waren Muslime.[23] Sklavinnen und Sklaven wurden in Sklavenorten angesiedelt, unter Kontrolle von Aufsehern, die oft ebenfalls Sklaven waren. Auch in Ostafrika existierten bereits Planta-

---

22 Zeuske, Handbuch, S. 205–218; Torrão, „Actividade Comercial Externa", S. 111, 116–119.
23 Lovejoy, Transformations, S. 32.

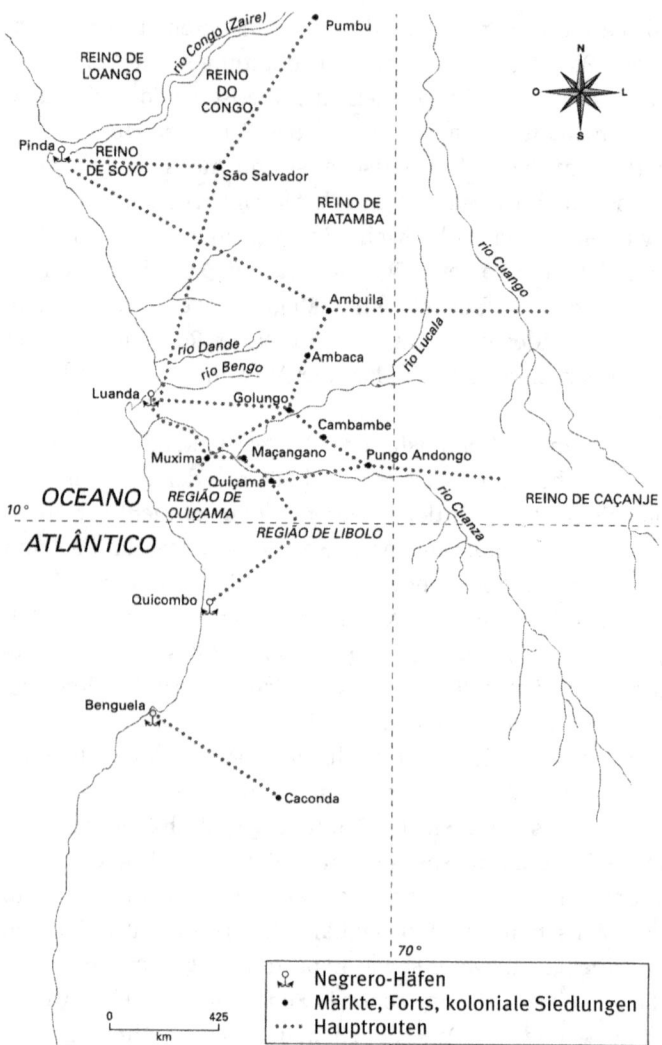

Abb. 14. Hauptrouten zu Lande in Angola im 17. Jahrhundert, nach: Alencastro, O Trato dos Viventes, S. 84.

gensklavereien unter anderem um Mombasa, Malindi und an der Nordwest-Küste Madagaskars, wo keine islamischen Territorialstaaten existierten.[24]

---

24 Ebd., S. 34.

„Große" Sklavereien existierten auch in Westzentralafrika, als die Portugiesen Kontakt zum Kongoreich aufnahmen (Ende des 15. Jahrhunderts). Kongolesische Nobilitäten hatten Sklaven in Siedlungen in der Nähe der Hauptstadt São Salvador (Mbanza Congo, heute im Norden Angolas[25]), in der Provinz Mbanza Sonyo (*reino de Soyo* oder Nsoyo) und in der Nähe des Hafens Mpinda angesiedelt. Es ist noch nicht ganz klar, ob schon richtige Plantagen existierten, aber jedenfalls keine, die für den Export produzierten. Die kongolesischen Eliten investierten auch in die Plantagen auf São Tomé – nicht zuletzt Sklaven. Eine portugiesische Quelle von 1550 weist darauf hin, dass es neben Portugiesen eine Reihe von schwarzen Plantagenbesitzern und Sklavenhaltern aus dem Kongo auf São Tomé gebe, deren Töchter mit portugiesischen Residenten verheiratet seien.[26]

Zwischen 1510 und 1520 wurden von Portugiesen, vor allem Neu-Christen (*cristãos novos*), immer mehr *roças* (Zuckerplantagen) mit *engenhos* (Zuckermühlen) auf den Nordebenen der Insel São Tomé gegründet. Mehr und mehr Captives aus Kongo und Ndongo (Angola) wurden als Beute und Arbeitskräfte auf die Insel verschleppt und in der Plantagenproduktion von Zucker eingesetzt. Der Menschenhandel aus Benin, dem Kongo und aus Guinea (später auch aus Ndongo/Angola) brachte über sephardisch-iberisch-kongolesische Netzwerke immer mehr Versklavte nach São Tomé. Zwischen 1515 und 1530 landeten jährlich 3000–4000 Verschleppte an den grünen Küsten der Insel; 1530 bis ca. 1550 erhöhte sich diese Zahl auf ca. 8000–10 000 Sklaven pro Jahr. 1535 war die Zuckerproduktion von São Tomé dreimal so hoch wie die von Madeira (200 000 Arrobas gegen 68 000 Arrobas bei ca. 11–12 kg pro Arroba). Etwa dreißig Schiffe pro Jahr verließen São Tomé Richtung Lissabon. Wie viel Zucker nach Afrika ging, wissen wir, wie gesagt, nicht. Ich nehme an, es war am Anfang mehr als nach Europa.

Der Zuckerhandel ernährte in Europa große Netzwerke zwischen iberischen Städten (Lissabon, Sevilla[27]), flämischen Städten (vor allem Antwerpen und Amsterdam) und italienischen Entrepôts (vor allem Genua und Florenz) sowie französischen Atlantikstädten wie Nantes und Bordeaux (vor allem seit dem letzten Drittel des 17. Jahrhunderts – wie oben am Beispiel der Routen und des Problems der *empty holds* dargelegt). Vor der Entstehung der großen atlantischen Zuckerproduktion auf den Inseln hatte der Zuckerpreis in Antwerpen bei dreißig Gramm Silber für ein Kilo Zucker gelegen; bis um 1500 fiel der Preis auf ca. fünf Gramm Silber, womit er noch etwa fünfunddreißigmal teurer war als Weizen.[28] Sephardische

---

25 Heywood, „Slavery"; Thornton, „Mbanza Kongo".
26 Zeuske, Handbuch, S. 205–218; Thornton, „Early Kongo-Portuguese Relations"; Lovejoy, Transformations, S. 42.
27 O'Flanagan, Port Cities.
28 Weber, „Deutschland", S. 40f.

und neu-christliche Kaufleute kontrollierten diese Zucker/Tabak-und-Sklaven-Netzwerke im 16. und frühen 17. Jahrhundert in Allianz mit Schiffausrüstern im Norden Portugals sowie italienischen, flämisch-niederländischen und oberdeutschen Kreditgebern.[29] Bis Mitte des 17. Jahrhunderts hatten die Niederlande die Nase vorn. Dann kamen im späten 17. und im 18. Jahrhundert Engländer (Briten) und Atlantikfranzosen. Deutsche und weitere mitteleuropäische Regionen partizipierten am atlantischen System, also auch an der Atlantic Slavery, vor allem über Leinen-Exporte oder Metallprodukte sowie über Kaufleute, die in den atlantischen Städten Kapital akkumulierten (Sevilla, Cádiz, Bordeaux, Amsterdam, London, etc.).[30]

„Zuckerhandel" meint seit São Tomé vor allem die Vermarktung der Ergebnisse von Zuckerproduktion auf Plantagen mit Menschenhandel von kriegsgefangenen versklavten Menschen. Das galt besonders für die Netze, die von den westafrikanischen Inseln aus, oft über Lançados und Tangomãos sowie afrikanische Eliten, schon in die Hinterländer Afrikas reichten und ab ca. 1510 auch über den Atlantik nach Amerika ausgeweitet wurden.

São Tomé wurde, wie wir wissen, Geburtsstätte der atlantischen Plantagenwirtschaft und zu einer paradigmatischen Insel des Zusammenhangs zwischen entstehenden Kolonialgesellschaften, Menschenhandel, Latifundien, Kreolisierung und Atlantisierung durch Akkumulation. São Tomé wurde zugleich zu einer unsinkbaren Plattform des atlantischen Sklavenhandels und „großer" Sklaverei auf Basis von Plantagen, mit einem ersten Höhepunkt im 16. und einem neuen Boom (Kaffee, Kakao) im 19. Jahrhundert (Sklaverei, *indenture*, *serviciais*).[31] Die Plantagen auf der kleinen, grünen Tropeninsel wurden auch zur Geburtsstätte dessen, was heute mit dem Konzept der *tropicalité* erfasst wird („tropisches Leben und Arbeiten"[32]) und des ersten *idioma negreiro*, der ersten Negrerosprache auf Basis des *baixo português*, der portugiesischen Umgangssprache, der kreolischen *língua de São Tomé* (heute *forro*).[33] In Bezug auf die Kreolisierung der Sprachen, der Kleidungsstile, der Ernährung, der Stoffe und der Musik oder gar der afrikanischen Religionen und Götter in ihrem Verhältnis zur christlichen Religion ist die Rolle der Insel noch lange nicht ausreichend erforscht. Besonders nicht in Bezug auf die Bedeutung, die die Insel unter portugiesischer Kontrolle für afrikanische Eliten und Atlantikkreolen hatte, die selbst in den Sklavenhandel

---

29 Rau, „O açúcar"; Vieira, „Sugar Islands"; Stols, „The Expansion".
30 Zeuske, „Preußen und Westindien"; Weber, „Deutschland".
31 Coelho u. a., „Human Microevolution".
32 Caldeira, „Aprender os Trópicos".
33 Alencastro, „Gulf of Guinea and São Tomé".

einstiegen.³⁴ Vielleicht war es eine Forderung vor allem der Kongoelite, die Massen von afrikanischen Kriegsgefangenen unter iberischer Kontrolle nicht in ihren Häfen zu sammeln, wie etwa in Pinda (Mpinda, heute Santo António do Zaire, damals Hafen der Kongo-Provinz Soyo). Vielleicht versuchte die Kongolelite die Insel São Tomé und die paar weißen Portugiesen darauf für den Einstieg in größeren Sklavenhandel zu nutzen, der aus heutiger Sicht den Beginn des atlantischen Slavings markiert?³⁵

Der entstehende Sklavenhandelsatlantik war zugleich ein kreolischer Raum, wie wir es im Kapitel über Atlantikkreolen nachlesen können. Sowohl die Elite São Tomés wie auch Atlantikkreolen und Sklaven und ehemaligen Sklaven waren tropische Kreolen, die auf und am Atlantik lebten. Die bereits kreolisierten schwarzen Sklaven von São Tomé und Ribeira Grande, die unter die Hauptexportgüter etwa der Kapverden fallen (Rinderhäute und Sklaven – *couros e escravos*), meinten Siedler und Conquistadoren in der Karibik und an den Küsten des späteren Brasilien im 16. Jahrhundert, wenn sie von Stärke, Arbeitskraft und Gesundheit der *negros* aus Guiné im Gegensatz zu den faulen, kranken und nicht an christliche Arbeit sowie Werte gewohnten *indios* sprachen.³⁶ Die Sklaven von São Tomé waren bereits an das Verhalten der Iberer sowie an europäische Viren und Krankheitskeime gewohnt, an afrikanische sowieso; sie kannten die *lingua franca* des Menschenhandels und praktizierten religiöse Mischformen zwischen afrikanischen Kulten, christlicher und jüdischer Religion (Neu-Christen). Sie hatten die Traumata der Versklavung und der erzwungenen Adaption an Sklaverei überlebt. Und sie waren schon in den harschen Arbeitsregimes des Zuckersektors trainiert. Zudem stammten sie aus tropischen bäuerlichen Kulturen, kannten sich also auch in den Hack- und Hau-Kulturen der amerikanischen Tropen besser aus als viele ihrer neuen Herren.³⁷

Im und am Indik außerhalb Ostafrikas waren „große" Sklavereien die Ausnahme und Plantagen gab es in den dicht von Bauern besiedelten Territorien nicht. Kolonialismus und Gewalt schufen die „Lücke" für Plantagen und Sklavenarbeit. Plantagen gab es im 17. Jahrhundert nach Vernichtung beziehungsweise Versklavung der indigenen Bauern durch niederländischen Intervention schon in Form der *perken* auf den Banda-Inseln (Muskatnuss): „Die fast menschenleere

---

34 Rüther, „Christentum"; Seibert, „Creolization"; zu demografischen Auswirkungen von tropischen Lebensbedingungen in der Zuckersklaverei auf Versklavte (hier der Unterschied zwischen gemäßigtem Nordamerika sowie subtropischen und tropischen Gebieten der Amerikas): Tadman, „The Demographic Cost".
35 Zeuske, Handbuch, S. 208f.
36 Ebd.; Torrão, „Actividade Comercial Externa", S. 116–119.
37 Bayly, „Bauern und Herren", S. 43–46; Caldeira, „Aprender os Trópicos".

Insel [Lonthor oder „Groß-Banda"] wurde als erste Insel im Indik in eine reine Plantagenwirtschaft umgewandelt".[38] Es folgten Plantagen in Niederländisch-Indien (Java, Sumatra) sowie, vor allem unter französischer Kontrolle auf den Malediven, Maskarenen, Komoren, punktuell auf der gigantischen Insel Madagaskar sowie auf der île de France (ab 1810 Mauritius[39]) erst unter französischer (1715–1810) und dann unter englischer Kontrolle – eine Sklaverei- und Kuliinsel par excellence – und unter Kontrolle von Omanis auf Sansibar und Pemba.

Engenho/Ingenio ist ein Wort, dass auf *ingenium*, also Erfindungsgabe abhebt (wie Ingenieur), die sich in den komplizierten Zuckermühlen, aber auch im organisierten Zusammenwirken von Agrarzyklen, Ernten, Sklaven und Maschinen auf den Plantagen manifestierte. Ingenios, ich wiederhole das, waren zu dieser Zeit neben Segelschiffen die größten und komplexesten Maschinerien der Welt. Es kam zur Umgestaltung von „wilden Landschaften" (u. a. Flussufern, Inseln, Sümpfen und Mooren) sowie Subsistenzwirtschaften in Exportlandwirtschaften (Enklaven) unter Nutzung geeigneter „bauernfreier" Böden („Sklaven-Lücke" – weil indigene Bauern sowie Eliten ausgerottet oder vertrieben waren; am Beginn oft unbewohnte Inseln). In den Kolonial-Enklaven existierte Manufaktur-Technologie und -Technik mit Sklaven-Kapital- und Exportwirtschaften und Organisation von Massen von Menschen. Dazu kamen Holzwirtschaften (oft auch in Peripherien, wie Belize oder Nordamerika), Schiffbau, neue Pflanzen (Zuckerrohr, Tabak und Kakao, später Kaffee, Indigo und Baumwolle, aber auch viele Arten von Getreide, Reis[40], Bananen, Datteln, Erdnüsse, Mais, Yuca, Maniok (als Nahrung vor allem derer, die Cash-Crops produzierten)) und Tiere (europäisches Großvieh, vor allem Rinder und Schweine, afrikanisches Großvieh und Hühner sowie Hunde). Im Umfeld der Plantagen bildeten sich Dienstleistungswirtschaften. Und Plantagen hingen meist von Ernährungsimporten ab (Trockenfleisch und Trockenfisch – *tasajo/bacalao*). Plantagen existierten um Hafenstädte und in Bergbauzonen, im portugiesisch-brasilianischen Bereich mit sehr direkten Beziehungen zu afrikanischen Gebieten (Senegambien, Guinea, Bissau, Sklavenküste, Bucht von Benin, Saõ Tomé, Kongo/Angola, Benguela (oder Benguela Velha), heute Porto Amboin).[41]

Stabile Zentren des großen afrikanisch-iberisch-atlantischen Slavings entstanden in den karibischen Sklaverei-Plattformen Amerikas, nach Vorläufern auf

---

38 Mann, „Sklaverei in Südostasien", S. 120.
39 Allen, „Creating a Garden of Sugar.
40 Zur Reiswirtschaft im *Lower South* der USA siehe: Chaplin, An Anxious Pursuit, S. 227–276; allgemein: Carney, Black Rice; Hawthorne, „From ,Black Rice' to ,Brown': Rethinking the History of Risiculture in the Seventeenth and Eighteenth Century Atlantic", S. 151–163.
41 Zeuske, Handbuch, S. 210.

La Hispaniola) und Kuba, Puerto Rico sowie Küstenpunkten im heutigen Brasilien (Bahia, Pernambuco), an den Mündungen der Flüsse des Karibenreiches (Caribana), in europäischen Worten den Guayanas oder der *wild coast* und Venezuela (Kakao⁴²). Zwischen 1650 und 1800 entwickelten sich „große" atlantisch-kapitalistische Sklavereien auf Basis des *plantation complex* mit *gang-work*. Ausgangspunkt dieser radikal neuen Version rassialisierter Sklaven/Sträflings-Gang-Arbeit war die Experimentalinsel Barbados. Arbeitskräfte (sehr schnell Verschleppte aus Afrika, aber auch „weiße Sklaven"/*indentured servants*) und Freie, koloniale Bodenkontrolle auf einer kleinen Laboratoriumsinsel, Organisation, koloniales Recht und Maschinerie sowie Tiere wurden auf extrem kreativ-gewaltsame Weise in einer neuen Art und Weise miteinander verbunden. *Plantation slavery*, eine Mischung aus iberischer Ingenio-Sklaverei und englisch-irischem Sträflingsregime, wurde zum „erfolgreichsten" Export der Barbados-Eliten.⁴³ In der Karibik, insofern ein globaler Sklaverei-Verdichtungsraum par excellence, entstanden Enklaven-Plantagenwirtschaften auf Inseln, an Flussmündungen oder auf Küstenebenen unter spanischer, englischer, französischer, dänischer und niederländischer Kontrolle: die englischen *West Indies* (Barbados und Jamaika sowie kleinere Inseln: Bahamas, St. Lucia, St. Vincent und seit 1797 bzw. 1815 Trinidad and Tobago, Dominica und Guyana) mit karibischen und nordamerikanischen Randgebieten. Nicht umsonst kamen von einem portugiesischen Sklavenschiff durch englische Piraten mit einem niederländischen Kaperbrief geraubte Verschleppte als erste atlantische Sklaven aus Afrika auf den Boden des Gebietes, das später die USA bildete. Dort bildeten sich drei regionale Typen von Sklavereien heraus: die der Chesaspeake/Virginia-Region (im Kern mit Tabakplantagen, Farmen und Handwerksbetrieben sowie Transportsklaverei), das „Reis-Reich" in South Carolina und Georgia (auch mit Tabak und Indigo sowie Haussklaverei) und im Norden (Haus- und Handwerkssklaverei sowie massiver Sklavenhandel und Sklaverei auf Schiffen und in Häfen).⁴⁴

Die globale Expansion der Niederlande 1600–1660 hatte eine Schlüsselfunktion für Nordwesteuropa.⁴⁵ Nach Niederlagen im Westen (Neu-Amsterdam und Brasilien/Pernambuco) blieb eine niederländische Karibik-Plattform mit Surinam und kleineren Inseln übrig. Surinam war im 18. Jahrhundert fast eine deutsche Plantagenkolonie, jedenfalls stellt sie Joachim Nettelbeck so dar:

---

42 Harwich, „Le cacao vénézuélien".
43 Newman, A New World, passim.
44 Kulikoff, Tobacco and Slaves; Berlin/Morgan, Cultivation and Culture; Berlin, Many Thousands Gone; Finzsch/Horton/Horton, Von Benin nach Baltimore, passim; Berlin, Generations; Sautter, Sklaverei, S. 16–34; siehe auch: Gould, „Entangled Histories".
45 Vries/Woude, The First Modern Economy; Vries, „The Dutch Atlantic Economies", S. 1–29.

Eher hätte man Surinam damals eine deutsche, als eine holländische Kolonie nennen können, denn auf den Plantagen, wie in Paramaribo, traf man unter hundert Weißen immer vielleicht neunundneunzig an, die hier aus allen Gegenden von Deutschland zusammengeflossen waren. Unter ihnen hatte ich während dieser Reise Gelegenheit, auch zwei Brüder, des Namens Kniffel, kennen zu lernen, die aus Belgard in Pommern gebürtig und also meine nächsten Landsleute waren. Sie hatten in früherer Zeit als gemeine holländische Soldaten sich hierher verirrt, aber Glück, Fleiß und Rechtlichkeit [!] hatten sie seither zu Millionären gemacht, welche hier eines wohl verdienten Ansehens genossen. Am Komandewyne besaßen sie zwei Kaffeeplantagen. Die eine hieß Friedrichsburg, und eine andere dicht daneben, welche von ihnen selbst angelegt worden, hatten sie ihrer Vaterstadt zu Ehren Belgard genannt. Zu Paramaribo war eine Reihe von Häusern, die eine Straße von vierhundert Schritten in der Länge bildeten, ihr Eigentum und führte nach ihnen den Namen Kniffels-Loge. Ebendaselbst hatten sie eine lutherische Kirche aufgeführt und zur Erhaltung derselben für ewige Zeiten die Einkünfte der Plantage Belgard gewidmet.[46]

Unter den Inseln stach Curaçao (1634, vorher spanisch) heraus. Die Insel wurde, ähnlich wie das dänische Saint Thomas und das französisch-schwedische Saint Bartolomé (schwedisch 1785–1878; Saint-Barthélemy), als „unsinkbares Sklavenschiff" genutzt.[47]

Die französischen *Amériques* bestanden aus der „Perle" Saint-Domingue sowie Guadeloupe, Martinique und dem peripheren Cayenne und nordamerikanischen Randgebieten (Louisiana, wo es zunächst sehr schwierig war, Plantagensklavereien zu etablieren[48]). Saint-Domingue überflügelte in Dynamik und Export alle anderen Kolonien zwischen 1763 und 1791. Daneben existierte die dänische Karibik mit Saint Thomas und einigen kleineren Inseln (zeitweilig mit kurländischer und brandenburgischer Beteiligung). Selbst die revolutionären Eliten Frankreichs verweigerten den revolutionären Abbruch von Sklaverei und Kolonialismus auf Saint-Domingue/Haiti. Vor allem auf Martinique und Guadeloupe sowie Surinam wurden Plantagengesellschaften rekonstruiert, die wegen der Biedermeier-Nachfrage europäischer Kaffeehaus-Kultur bis 1848 mit Sklavinnen und Sklaven funktionierten und nach der formalen Abolition mit ehemaligen Sklavinnen und Sklaven, die oft die gleichen Arbeiten machten.

Karibische Sklaverei als kolonialer Plantagen-Kapitalismus menschlicher Körper begründete und prägte zusammen mit dem afrikanisch-atlantischen Slaving eine lange Phase der Atlantisierung Amerikas und der Globalisierung Europas sowie die Durchsetzung des Merkantil-, Manufaktur- und Industriekapitalismus sowie der Konsumgesellschaften in Europa (1650–1880) und den Amerikas 1800–1900. Die Lücke zwischen Abolition des atlantischen Sklavenhandels 1808–

---

46 Nettelbeck, Ein Mann, S. 25
47 Crespo Solana, América, S. 25–37, S. 143–218; Vidal, „Un siglo".
48 Chambers, „Slave Trade Merchants".

8 Europäischer Sklavenhandel global – Plantagen und Sklavereimoderne weltweit — 283

1840 und reformistischen Abolitionen der Sklaverei 1838–1888 in seiner Relation zur globalen Kapitalismusentwicklung kommt nicht von ungefähr. Es war nicht nur eine zeitliche Lücke, sondern auch eine spatiale Lücke – selbst bei der Abolition in bzw. für Großbritannien und sein Imperium. Der britische *Emancipation Act* von August 1833 verfügte die Aufhebung der legalen Sklaverei ab 1834 (die Besitzer erhielten Abfindungen). Zunächst war die Abolition verbunden mit einem zeitlich nicht begrenzten *apprenticeship*-System für alle Versklavten ab sechs Jahre; das Experiment wurde 1838 abgebrochen. Um Abfindungen für ehemalige Sklaven kümmerte sich niemand – von einigen ganz radikalen Stimmen abgesehen. Wo immer ehemalige Sklaven konnten, wurden sie *small-holders*, Handwerker, Wäscherinnen/Köchinnen oder Subsistenz-Bauern; sie vermieden Lohnarbeit auf den Plantagen wann immer möglich. Diese Abolition der Sklaverei 1834–1838 galt für die karibischen Kolonien und Bermuda, Kanada, Mauritius sowie die Kapkolonie, aber nicht für Indien und nicht für östliche britische „Besitzungen" oder in den Handelsstationen an der westafrikanischen Küste (eine kleine Kolonie von Emancipados in der Siedlung Sierra Leone, ein Fort in der Gambia-Mündung und Forts an der Goldküste). Britische Bürger durften – außer in den östlichen „Besitzungen", d. h., in indischen Gebieten – keine Sklaven mehr halten. Suzanne Miers hat diesen Typ der Abolition *Caribbean model* genannt.[49]

In diesen globalhistorischen Lücken – noch kaum besungen bis heute – florierten Menschenschmuggelsysteme sowie Sklavereimodernen und neue Sklavereien (Emancipados, Kontraktsklavereien) von Gebieten und Ländern (bzw. für sie), die mit ihren sklavereibasierten Exportwirtschaften Europa als Ganzem noch mindestens bis 1860/1870 überlegen waren (obwohl oder gerade weil sie Kolonien oder ehemalige Kolonien waren – in ihnen konnten sich die Eurokolonisten ungestörter bereichern).

Das *missing link* im Verständnis dieser Entwicklung und zugleich die realhistorische Rettung Europas nach der Katastrophe der napoleonischen Kriege war eine Kombination aus Anstieg im Handel, Transport und Verbrauch der Leitressource Zucker (schon seit dem 17. Jahrhundert) und der mehrfach erwähnte konsumgelenkte Biedermeier-Kapitalismus, politisch-repressive „Ruhe" (Karlsbader Beschlüsse) im Kern Europas und das überschüssige Aggressionspotenzial vor allem Großbritanniens (*New Atlantic Order*; Flotte: Opiumkriege, etc.), Frankreichs gegen Nordafrika und der USA gegenüber Mexiko. Europa als Ganzes, sagen wir unter Einschluss der polnischen Gebiete und des Habsburgerreiches, vor allem seiner sich industrialisierenden Regionen, hatte im Vergleich zu den Ländern der

---

49 Miers, Slavery, S. 4–6; Sierra Leone und die *tradings posts* wurden erst 1843 Kolonien und in den *Emancipation Act* einbezogen; siehe: ebd., S. 29f.

Sklavereimoderne, mit Ausnahme Großbritanniens (Textilien in indischem Design, Eisenbahn- und Dampfschiff-Spitzentechnologie) und Teilen Frankreichs (Luxusprodukte), kaum oder keine äquivalenten Exportprodukte. Dafür aber Tropenbegeisterung seiner Künstler, die oft in Kaffeehäusern saßen (wie die Tropenmaler Rugendas oder Bellermann). Leinen befand sich im Niedergang (ev. gingen Porzellanprodukte, Weine, Waffen und Quincaillerie/Instrumente; die einzelnen Kolonialmächte hatten ihre festen Absatzgebiete). Der biedermeierische Baumwollkleidungs-und-Kaffeehaus-Kapitalismus entwickelte sich, die alten Merkantilformen und den Kriegskapitalismus nutzend (Wissen, Handelshäuser, Sklavereienklaven – nicht aber die alten freizügigen Lebensformen der Atlantikkreolen und des liberalen Adels vor 1792), zwischen Wiener Kongress und Krimkrieg in den großen Städten Großbritanniens und weiteren Städten Europas (Wien, Paris, Bordeaux, Nantes, Berlin, Köln, Dresden, Prag, Budapest, Hamburg, Leipzig[50]) sowie einigen Städten der Amerikas. In den USA[51] – von kleinen Ausnahmen wie New Orleans abgesehen – eher noch nicht. Das kann sehr schön am Kaffeekonsum nachvollzogen werden, der sich in den USA erst mit den großen Ketten der zweiten Hälfte des 20. Jahrhunderts dem „schönen Leben" europäischer Kaffeehauskultur anpasste. Durch die ersten Phasen des Kolonialismus' und des transkontinentalen Austauschs waren europäische Unterschichten mit Kartoffeln und Mais vor dem Hungern nicht gerettet, aber oft bewahrt worden. Sie brachten aber auch neue Krisen, wie die von 1844–1848.

Das sichtbare Ambiente dieses neuen *juste-milieu*-Kapitalismus waren in Luxus verwandelte Produkte der Plantagenzonen: eine Kaffeehauskultur in Form kleiner Paläste für *juste milieu* und Künstler. Darin verkehrten Leute in Baumwollkleidung, die Seifen und Kosmetik aus Palmöl und exotischen Düften sowie Ingredenzien (Parfüms) benutzten, möglichst in chinesischen Lackkästchen; Männer rauchten Zigarren (möglichst „Marken", wie *habanos*).[52] Im Laufe des 19. Jahrhunderts gingen europäische Konsumenten (Männer) auch vom Weinkonsum zu Punschkonsum und zum Konsum von Whisky, exotischem Arrak sowie Rum über. Das mit dem Rum dauerte länger, weil die hochprozentigen Alkohole lange als Sklaven-, Subalternen- und Soldaten-/Matrosengesöffe galten. Gesüßten Kaffee,

---

50 Auch wenn zumindest in Wien und Budapest, möglicherweise auch in Prag, Kaffee aus dem Osmanischen Reich konsumiert wurde (im 18. Jahrhundert), siehe: Do Paço, „Comment le café"; zu den tropenbegeisterten Künstlern siehe: Achenbach, „Ferdinand Bellermann (1814–1868) in Venezuela", S. 133–210. Die Basis dieser Tropenbegeisterung liegt in den mehreren Hundert Jahren mobilen Wissens aus dem „die Tropen lernen" kosmopolitischer Unterschichten/ Atlantikkreolen; siehe auch: Werner, Naturwahrheit und ästhetische Umsetzung.
51 Blackburn, The American Crucible.
52 Carmagnani, Le isole.

Tee und Kakao gab es auch in den Interiors der noch klassisch-feudalen Häuser und großen Paläste, aber auch schon in Kaufleutewohnungen und bei einigen reichen Handwerkern. Manchmal schon mit einem Schuss Rum. Und alle brauchten Zucker. Und alle wollten Baumwollkleidung und Accessoires aus Baumwolle (Unterwäsche, Taschentücher, Schals, Strümpfe, Schirme sowie Schuhe und Handschuhe aus edlem Leder) tragen, vor allem Frauen. Einige besonders Elitäre trugen sogar Seide. Und neue Kosmetika (wie Cremes), exotische Federn sowie Felle und Leder. Banken- und Finanzzentren konzentrierten sich in bestimmten Ländern sowie dort in den Städten der Kaffeehauskultur; wolltuch- und baumwollgewandete Banker mit Seidenkrawatten rauchten Habanos. Sie verschenkten Havanna-Zigarren mit Bauchbinden und in kleinen, exotisch riechenden und verzierten Zedern-Kästchen an ihre beste Klientel. Deren Möbel bestanden, so sie reich genug waren, aus bestem Tropenholz. Kakao wurde zu Schokolade (*chocolate* als Getränk vor allem Spanien und Italien; als „holländisches" Kakaopulver auch in Zentraleuropa). Nach einigen Erfindungen wurde Milchschokolade zum beliebten Naschwerk.[53] Auch Opium und Haschisch wurden genommen. Als Medikament kam Chinin auf. Als Tonikum wurde Kola-Wasser (*tonic water*) getrunken. Limonade aus exotischen Zitronen oder Orangen ging gut – Wein in den südlichen europäischen Gebieten sowie Bier in den nord- und zentraleuropäischen Gebieten allerdings auch. Dieser neue Konsum- und Lebensstil setzte sich in Europa als etwas für breitere Mittelschichten Erstrebenswertes zwischen 1815 und 1840 durch. Für Arbeiter und Arbeiterinnen wurden Tee oder (dünner) Kaffee mit Zucker zu ihrem Teil an der globalisierten Welt des tropischen Luxus. Oft aber nur als Ersatz (Zichorienkaffee und schlechter Kautabak aus europäischem Anbau, d. h., Markenkopien).

Durch die Nachfrage dieses Biedermeiers entwickelten sich in den Sklavenhaltergesellschaften im Süden der USA, in Brasilien und in der Karibik/Kuba, Puerto Rico, zeitweilig auch in den französischen Kolonien (Martinique, Guadeloupe, Cayenne, Réunion) sowie im niederländischen Surinam Grundformen der „Zweiten Sklaverei" – technisierte Plantagenwirtschaften mit „moderner" Massensklaverei und hochmobilen neuen Transportsystemen sowie einer Technik, die von Holz (Schiffe, Mühlen) immer mehr zu Metall überging. Kapitalismus als Second Slavery – nicht nur in den USA, sondern tendenziell *worldwide*. Auf jeden Fall aber auf der Basis von Atlantic Slavery.[54] Oder sollte ich sagen, der europäische (und partiell nordamerikanische) Konsum brachte die Second Slave-

---

53 Harwich, Histoire.
54 Johnson, River of Dark Dreams; Beckert, The Empire of Cotton; Beckert, King Cotton, passim; Baptist, The Half; Grandin, The Empire; siehe auch: Gourevitch, „Capitalism and Slavery".

ries hervor? Brasilien war zunächst am geringsten technisiert, weil Sklaven alle Transportarbeiten und Dienstleistungen übernahmen.

Mit Opiumkriegen gegen China und Raub der Baumwoll-Textilindustrien und -märkte Indiens sowie Designs und Farben durch die Briten (und all den bekannten Zollsystem- und „Freihandels"-Konflikten in Großbritannien) setzte sich eine weitere Form der Modernität durch, die an der Produktionsbasis in Europa nicht mehr auf formal versklavter Arbeit beruhte (Handwerk, Industrie, aber relativ wenig Landwirtschaft). Die Sklavereimoderne der Second Slaveries konnte bis zum amerikanischen Bürgerkrieg und den nachfolgenden antikolonialen Kriegen sowie „bürgerlichen" Revolutionen in Spanien und Frankreich in für Kaufleute fast harmonischer Symbiose mit der Industrie-Modernität existieren und sich mit den Errungenschaften der industriellen Revolution (vor allem Eisenbahnen und Dampfschiffen sowie Krediten, aber auch Zeitungen, Buch und Kommunikation) aus den Enklaven der Plantagensklaverei mit ihren Massen von Sklaven in kontinentale Räume ausweiten.[55] Sklaverei in den Ressourcen- und Kolonialgebieten, illegaler Menschenhandel und Industrie sowie Konsum der Eliten und Mittelschichten waren Dimensionen des modernen Kapitalismus. Atlantic Slavery war als protagonistische „große" Sklaverei sozusagen die koloniale Basis und „Seeseite" – nicht Anomalie, „Anomalien" waren im frühen 19. Jahrhundert eher England und Belgien – des Biedermeier-Kapitalismus und der Freihandels-Expansion mit Industriekapitalismus sowie der Übergänge zur direkt imperialistischen Kapitalismusetappen, die erst mit der Blut- und Eisen-Politik, der Gründerzeit und dem neuen Kolonial-Imperialismus in Afrika, Asien und China (französische Kolonialkriege in Nordafrika, erster Opiumkrieg und Krimkrieg 1856–1880) begann.

Die amerikanischen „zweiten Sklavereien" haben insofern eine Sonderrolle unter den Sklavereien in der Weltgeschichte. Sklavereien und Sklavenhandel als Atlantic Slavery hatten nicht nur den Aufstieg Englands bis 1808 ermöglicht; Sklavereien und Hidden-Atlantic-Menschenschmuggel (und sein gigantischer Unterbau des kreolischen Atlantik) ermöglichten auch den Übergang vom konsumgeleiteten Biedermeier-Kapitalismus in Europa sowie vom Kriegskapitalismus (Sven Beckert) außerhalb Europas zum produktions- und exportgeleiteten Industriekapitalismus/Imperialismus der Gründerzeit in noch größeren Teilen Europas („Klein"-Deutschland als „neues" Imperium, Regionen des Habsburgerreiches, Italien, Nordfrankreich) mit den Ressourcen-Kolonien und ihren neuen Sklavereien (*bonded labour*, *corvées*). Die Plantagensklavereien sind schon in ihrer insularen Phase (bis 1800), speziell die kontinentalen „zweiten Sklavereien"

---

[55] Tomich, „The ‚Second Slavery'"; Tomich/Zeuske, „The Second Slavery"; Laviña/Zeuske (Hrsg.), The Second Slavery, passim.

der Plantagen und der atlantisch-amerikanische Sklavenhandel in der Neuzeit zu von Menschen (und Tieren) sowie Wind- und Strömungsenergie (später auch von elektrischer und weiteren Energieformen) angetriebenen Motoren der Akkumulation des westlichen Kapitalismus geworden, dessen Drehkreuze, Portale/ Emporien auf der Liste der obersten 20 Sklavenhandelsstädte (siehe oben) zu finden sind. Nur auf Basis dieser Sklavereien ist Kapitalismus wirklich als ein „globales" Wirtschaftssystem vielleicht nicht entstanden, aber in der Breite (vor allem in und durch die USA, aber auch in Brasilien und Mexiko, Katalonien oder Kolumbien) zur Entstehung und zum Durchbruch gebracht worden.

Noch deutlicher wird es, wenn wir nicht mehr auf einzelne Länder schauen, sondern, wie oben gesagt, auch auf die Welten des Zuckers, des Kaffees, der Baumwolle, der Farben, des Opiums, des Tabaks sowie des Kakaos (und der Interieurs dieser neuen Lebensweisen; auch des Wissens, der Informationen und der Medien) oder auf das Imperium der Rinder (die meist an den expandierenden Grenzen – frontiers – zu finden waren, zusammen mit Pferden und Maultieren). Dann werden die globalen Dimensionen deutlicher.[56] Das eigentliche Symbol des dieserart konzipierten globalen Kapitalismus, nach Sven Beckert *Kriegskapitalismus*, war der britische Erfolg im ersten Opiumkrieg. Die Debatte um die Silberströme und die Rolle der traditionellen Akkumulation Europas (Adam Smith, Karl Marx, Eric Williams) und der Verweis auf endogene Grundlagen des Kapitalismus in England (Patrick Karl O'Brien, Emmer, Pétré-Grénouilleau) ist aus dieser globalen Sicht eine Scheindebatte – weil das Kapital menschlicher Körper meist fehlt. Schlicht gesagt, es fehlen Atlantik, Atlantisierung und Atlantic Slavery. Vor allem deshalb, weil England (und andere Landgebiete *beyond the Atlantic*) nicht losgelöst von der atlantischen Welt, von den Amerikas und Afrika (sowie Indien, China und Niederländisch-Indien), betrachtet werden kann. Die Exzeptionalitätsthese Englands und Europas ist seit etwa 200 Jahren eine Art *European disease*.[57] Auch nach der viel gerühmten Abolition von Sklavenhandel und Sklaverei durch Großbritannien in seinen atlantischen Kolonien (1808–1838) und des atlantischen Sklavenhandels in den USA und Dänemark blieben die genannten „zweite Sklavereien" Boom-Wirtschaften beziehungsweise wurden es erst, wie die imperialistischen Kolonien seit 1884.[58] Speziell die USA wurden in der Welt der Baumwolle von einer marginalen Peripherie am Nordatlantik zu dem neuen Export-Zentrum der global-atlantischen Wirtschaft, das bis in die 1860er Jahre mit Cotton Kingdom, Sklavenhändler- und Sklavenhalterwirtschaft, der englischen Baum-

---

56 Bailey, „The Other Side of Slavery"; Beckert, The Empire of Cotton; Beckert, King Cotton, passim.
57 Emmer/Pétré-Grenouilleau (Hrsg.), A Deus ex Machina.
58 Lavina/Zeuske (Hrsg.), The Second Slavery, passim.

wollweltindustrie von Lancashire sowie der britischen Herrschaft in Indien (und den Baumwolltextilexporten dorthin und nach China; auch Opium) eine immer noch sklavereibasierte Symbiose globaler Ausdehnung darstellte.[59]

Kuba wurde zur weltweit profitabelsten Kolonie (erst Kaffee, Tabak und Zucker; seit 1830 vor allem Zucker und Tabak).[60] Brasilien wurde von einer Kette von Küsten-Kolonien zu einem unabhängigen Kaiserreich mit der weltgrößten Kaffee-Plantagenwirtschaft mit Massensklaverei im Valle do Paraíba zwischen Rio und São Paulo (dazu noch Zucker, Kakao und Indigo um Bahia, Baumwolle in Maranhão sowie Kautschuk im Amazonasgebiet, 1840–1910).

Afrika wurde nach ähnlichen Inselphasen der Inkubation von Plantagensklaverei (Malediven, Maskarenen, Mauritius 1715–1815: île de France), Réunion (île Bourbon, zwischen 1806 und 1815: île Bonaparte[61], Komoren, die gigantische Insel Madagaskar, Sansibar, Pemba und auf der westlichen Seite São Tomé, wo es auf Basis von Zuckerrohr, Kaffee und Kakao sowie angolanischen Sklaven-Kontraktarbeitern zu einem schnellen Wiederaufschwung der Plantagenwirtschaft im 19. Jahrhundert kam) nach 1815 Ort „großer" Sklavereien. Zentren der Second Slavery in Afrika wurden Ägypten, Sansibar und die revolutionär entstandenen Jihad-Reiche, insbesondere die Futa-Staaten und das Sokoto-Kalifat.[62]

Die Abolitionspolitik Großbritanniens sowie seine transnationale Wirtschaftspolitik, die seit dem Wiener Kongress 1815 einsetzende breitere „humanitäre" Intervention der britischen Flotte (*British Squadron* 1808–1870) gegen den Sklavenhandel (*Atlantic blockade*)[63], die länger wirkenden Konsequenzen der konservativ-imperialen „Kolonialutopie" des restaurativen Europas und die Expansion britischen sowie französischen Einflusses beschleunigten in Afrika vier Prozesse, die, neben formaler Anerkennung ungleicher Verträge, zur Herausbildung von „zweiten Sklavereien" führten.

Erstens: Die Razzien- und Transportmaschinerien der afrikanischen „Sklavenproduktionsgebiete" und die Akkumulationsmaschine des Atlantiks liefen weiter. Gleichzeitig wurden die neuen Gruppen des Menschenhandels auf dem Hidden Atlantic immer risikobereiter und waren immer besser mit Technik sowie Technologie ausgestattet.[64] Aber jetzt stauten sich Verschleppte und Versklavte

---

59 Baptist, Creating an Old South; Baptist/Camp (Hrsg.), New Studies; Johnson, River of Dark Dreams; Baptist, The Half; Beckert, King Cotton, passim.
60 Zeuske, Schwarze Karibik, passim; zur frühen Monokultur des Kaffees siehe: Bergad, Cuban Rural Society.
61 Gerbeau, „L'Océan Indien".
62 Lovejoy/Hogendorn, Slow Death; Eckert, „Abolitionist Rhetorics".
63 Kielstra, The Politics; Linden, „Zur Logik".
64 Zeuske, Amistad, passim.

in Afrika. Zugleich wurden die Imame von Maskat und Sansibar vom britischen Verbot des Sklavenhandels zur See ausgenommen. Auf São Tomé entstand die Kakao-Plantagenwirtschaft mit einem „de facto system of slavery" faktisch aus den alten Menschenhandels- und Transportstrukturen neu. Zwischen 1876 und 1909 wurden zwischen 80 000 und 100 000 *serviçaes* auf die beiden Inseln São Tomé und Príncipe transportiert (aus Angola, Moçambique, den Kapverden, Guinea, auch aus Dahomey und Gabun sowie Krus aus Sierra Leone und Liberia); 40 000 arbeiteten 1908 vorwiegend auf Kakao- und Zuckerplantagen (ernährt durch Brotfrucht, Bananen, Maniok und Fisch). Schlafkrankheits-Epidemien und Malaria rafften sehr viele dahin. Einige wurden nach dem Ende ihrer Kontrakte repatriiert, aber viele starben oder blieben.[65] Die Anwerbung von „armen" Portugiesen und der Versuch um 1895, chinesische Kulis aus Macao anzutransportieren, scheiterten an der Höhe der Kosten und an der Anfälligkeit für Krankheiten der Tropen.[66]

Zweitens: Afro-europäische, vor allem afro-portugiesische, niederländisch-britische und französische Enklaven bei Luanda, Cacheu, Bissau, in der Nähe von Kapstadt, Freetown (Sierra Leone) und im Sambesi-Tal (Zambesia) sowie in Saint-Louis am Senegal erweiterten sich und bekamen neue Bedeutung, vor allem für den sogenannten *legitimate trade*, dessen Exportprodukte (wie Erdnüsse, Kakao, Palmöl etc.) mit lokalen Sklaven produziert wurden. Und seit den 1850er Jahren als Ausgangsgebiete neuer Kolonial-„Reiche".

Drittens: Es kam zu den bereits erwähnten „islamischen Revolutionen"[67], Erneuerungsbewegungen und Jihads in einem breiten Streifen von Senegambien über die Haussa-Staaten des westlichen und zentralen Sudan bis nach Adamawa im heutigen Kamerun (Kerngebiete: Futa Bundu, Futa Toro und Futa-Jallon sowie das Sokoto-Kalifat ab ca. 1800).[68] Die islamischen Revolutionen strahlten über das gesamte Gebiet der Atlantic Slavery aus, speziell nach Brasilien und Kuba.[69] Die Jihads setzten sich in Afrika auch in der zweiten Hälfte des 19. Jahrhunderts in der Mahdi-Bewegung im heutigen Sudan fort – auch in Reaktion

---

65 Clarence-Smith, The Third Portuguese Empire, S. 107. Im südlichen Angola gab es in den 1910er Jahren noch geschätzte 5000 Sklaven und in ganz Angola noch ca. 20 000 (ebd.); siehe auch: Clarence-Smith, „Cocoa Plantations".
66 Clarence-Smith, The Third Portuguese Empire, S. 108; Estácio; Havik, „Recriar China na Guiné: os primeiros Chineses, os seus descendentes e a sua herança na Guiné Colonial", S. 211–235.
67 Loimeier, „Die islamischen Revolutionen"; Marx, Geschichte Afrikas, S. 60–74; Lovejoy, „Jihad".
68 Eckert, „Abolitionist Rhetorics".
69 Barcia, „An Islamic Atlantic Revolution"; Barcia, „West African Islam"; Barcia, West African Warfare.

auf und Auseinandersetzung mit der ägyptisch-britischen Expansion sowie Anti-Sklavenhandelspolitik und verstärkten christlichen Mission. Sklavenrazzien und Menschenhandel muslimisch-afrikanischer sowie lokaler Warlords, Kaufleute und Razzienkrieger nahmen seit der zweiten Hälfte des 19. Jahrhunderts zu und erreichten Zentralafrika. Vor allem Menschenjäger aus Khartum und aus dem Kalifat von Omdurman stützten sich dabei auf versklavte Jungen und junge Erwachsene aus nichtmuslimischen Bevölkerungen, die in den Militärdienst und zur Konversion gezwungen wurden (Sklavenjägertrupps – *bazingir*)[70]

Und viertens kam es, oft in Verbindung mit den vorgenannten Prozessen, aber durchaus auch eigenständig, zur Entwicklung von Plantagenwirtschaften sowie zur Ausbeutung neuer Ressourcen. In Senegambien, Ägypten, in Sokoto, auf Pemba und Sansibar sowie in Ostafrika bildeten sich, etwa parallel zu den Entwicklungen in den Amerikas, „zweite Sklavereien" auf Basis von Plantagen heraus (siehe auch oben zu São Tomé). Im Sokoto-Kalifat waren Sklavinnen und Sklaven, die aus Razzien gegen Feinde und Nichtmuslime von den Grenzen des Islams stammten, vor allem für die Herrschaft der neuen Fulbe-Aristokratie sowie für Haussa-Kaufleute und Handwerker (Textilien, Leder- und Metallproduktion) wichtig. Die Aristokraten behielten auch Kin- und Haussklaverei bei; Sklavinnen und Sklaven waren Diener, Boten, Träger, Wachen, Administratoren, Konkubinen, Küchen- und Dienstpersonal, zum Teil in großen Zahlen. Sklaven stellten die meisten Soldaten. Sklavinnen füllten die Harems. Die Kaufleute-Karawanen der Haussa verbanden das Tal des Benue, das mittlere und obere Voltatal mit dem Bassin des Tschadsees (und weiter in alle Richtungen). In den Karawanen liefen nicht nur Sklaven mit, sie wurden auch von Sklaven organisiert, verteidigt, beherbergt und verköstigt (inklusive der vielen Tiere). Oft waren Sklaven auch das Verkaufs- und Lagerpersonal. Besondere Bedeutung hatten Sklaven in der Textilherstellung und in der Färberei. Sklavinnen waren Spinnerinnen, Männer meist Weber; Gerber und Färber. Handwerker hatten fast immer einige Sklaven, auch Schneider. Handwerks-Sklaven arbeiteten in den Städten oft auch auf eigene Rechnung und gaben ihren Herren einen Teil des Verdienstes. In Kano gab es Ende des 19. Jahrhunderts ca. 50 000 Gerber- und Färberssklaven (zwei der schmutzigsten Arbeiten überhaupt). Obwohl auch sehr viele freie muslimische Bauern einige wenige Sklaven hatten, waren „große" Sklavereien in der Landwirtschaft auf der Basis von Plantagen im Vormarsch. Hirse, Sorghum, Indigo und Baumwolle wurden auf Plantagen angebaut; es gab für Zwiebeln, Tabak, Gemüse und Indigo Bewässerungssysteme. Wie in Senegambien, vor allem im bereits mehrfach erwähnten Futa-Jallon (am oberen Senegal) sowie in den Maraka- und Juula-

---

[70] Cordell, „Warlords".

Städten am mittleren Niger (Masina)[71], waren Plantagen mit großen Zahlen von Sklaven üblich, wenn auch Landwirtschaft freier Bauern existierte. Meist hatten die Sklaven auf den Plantagen, wie in den Amerikas, Sklaven-Gärten zur Selbstversorgung. Plantagen setzten sich in der ersten Hälfte des 19. Jahrhunderts vor allem in der nördlichen Savanne durch (in der Nähe der Städte Kano, Katsina, Sokoto, Gwandu und Zaria). In der zweiten Hälfte expandierte der insgesamt wachsende Plantagensektor auch in die südliche Savanne (Benue-Tal/Yola und Regionen, die zwischen Benue und Niger lagen, vor allem Nupe und Ilorin). Die Plantagen der Aristokratie fielen in drei Kategorien: Erstens gab es Individuen mit privatem Besitz an Plantagen. Zweitens gab es Plantagen, die an bestimmte Ämter (zur Versorgung) gebunden waren, und drittens gab es aristokratische Lineages, die kollektiv Plantagen besaßen.[72]

Und, trotz oder gerade wegen der globalen Abolitionspolitik und ihrer Folgen[73], entstanden im und am Indik 1830–1880 sehr schnell große Plantagenwirtschaften für Nelken (Sansibar und Pemba), inspiriert von der französischen Plantagenwirtschaft auf den Seychellen und Maskarenen, île de France (Mauritius[74]) und île Bourbon (Réunion) sowie Rodrigues. Um 1870 hatte der Sultan von Sansibar (Imam von Maskat) 4000 Sklaven auf seinen Plantagen; andere reiche Pflanzer hatten 1000 oder 2000 Sklaven. Die Sklaven wurden durch (oft versklavte) Aufseher überwacht. Auf nahezu explosive Weise entstanden Plantagensklavereien im kontinentalen Ostafrika gegenüber den Sklaveninseln Sansibar und Pemba von Mtwapa bis Mambrui, aber auch an Punkten bis Banadir im Norden und Moçambique im Süden (Getreide, Kokosnüsse/Kopra, Palmöl, Gummi und Kaffee), auf Java (Zucker und Kautschuk) und Mauritius (Zucker), in Ost-Sumatra (Pfeffer und Tabak), in Assam[75] und auf Ceylon/Sri Lanka (Tee, auf Ceylon auch Kautuschuk). Java wurde im 19. Jahrhundert zum weltweit zweitgrößten Zuckerproduzenten auf der Basis großer Plantagen, die meist mit Zwangsarbeit javanesischer und sundanesischer Bauern funktionierten. Viele Plantagenwirtschaften funktionierten weiter mit Sklaven (in den Amerikas sowieso bis 1865/1888, ansonsten vor allem in Ostafrika bis 1940), im Indik viele mit sklavereiähnlicher Zwangsarbeit. In Niederländisch Indien entwickelte sich die *cultuurstelsel*, wo

---

71 Lovejoy, Transformations, S. 194–201; siehe auch: Searing, West African Slavery.
72 Lovejoy, Transformations, S. 201–208.
73 Zimmermann, „The Long-Term Trajectory of Anti-Slavery in International Politics: From the Expansion of the European International System to Unequal International Development", S. 435–497; Linden, „Zur Logik".
74 Vaughan, Creating the Creole Island.
75 Sinha, „For the Drink". Zu Sklavenhandelssystemen und Sklavereien Indiens und des Indischen Ozeans siehe: Mann, Sahibs.

Bauern einen Teil ihres Bodens für von der Regierung vorgegebene Produkte bereitstellen und ihn bearbeiten mussten; auch *perken* (Plantagen) auf Groß-Banda (Lonthor) funktionierten mit Sklaven (bis 1860) und mit Kulis weiter.[76]

Die amerikanischen Plantagengebiete in den USA und Brasilien arbeiteten mit Sklavinnen und Sklaven aus dem internen Sklavenhandel. Brasilien griff noch bis 1850 auch auf Massen von Verschleppten aus dem atlantischen Menschenschmuggel zurück. Der atlantische Menschenhandel Kubas und der Sklavenschmuggel in die USA währten sogar bis um 1880. Auf Kuba ergänzten ca. 125 000 chinesische Kulis die „große" Sklaverei (Second Slavery). In der Mitte des 19. Jahrhunderts handelte sich um ca. 300 000 Menschen (Feldsklaven) in den relativ kleinen Regionen der *Cuba grande* um Havanna und Matanzas sowie Cienfuegos, die sich im Wesentlichen aus dem atlantischem Menschenschmuggel und aus Emancipados (30 000–35 000) – von Briten und seit 1855 von spanischen Kolonialautoritäten „befreite" Sklaven – speisten. Die zentrale Plantagenplattform der *Cuba grande* war die Llanura de Colón, eine gut beregnete Ebene aus roter Erde mit ca. 33 700 Sklaven und Sklavinnen (1855) mit den größten industrialisierten Ingenios der Welt – erst um 1870 abgelöst durch das Hinterland von Cienfuegos und seine neuen Zucker-*centrales*.[77]

Millionen von Kulis wurden aus Indien und aus China in die Amerikas verfrachtet.[78] Das Element der Kontinuität, das dem weltweiten Kapitalismus eine stabile Basis aus Körperkapital, Ressourcennachschub und Arbeitskraft (sowie tierischer Energie) verlieh, waren versklavte Menschen (Spanisch/Portugiesisch: *brazos*/Englisch: *hands*), Plantagen, lange Zeit und oft mit „großen" Sklavereien, sowie Slaving-Prozesse und Transkulturationen (auch mit Kulis). Die festen Strukturen der Plantagen funktionierten auch nach Abolition der rechtlich definierten und durch spezifische Bindungsformen geprägten Sklavereien sowie Sklavenhandelssystemen weiter. Gewalt und Ausbeutung menschlicher Körper war immer im Spiel. Daher auch die Debatte um die Arbeitssysteme (Bondage, Indenture, Kulis/*coolitude*), die bestimmten rechtlich definierten Sklavereien folgten oder sie ergänzten und aus Perspektive der Arbeit und der Gewalt das Gleiche waren wie Sklaverei. Besonders die britischen Eliten entwickelten Strategien der Machtsicherung durch distinktiven Landbesitz und Ausnutzung des Freiheits- und Selbstständigkeitswillens ehemaliger Sklaven (*recaptives* oder *runaways*, z. B. aus den USA oder aus Jamaika), um die expandierenden Kolonialgrenzen mit Siedlern und – wenn möglich – Großvieh (Rinder, Maultiere, Pferde) sowie

---

[76] Bosma/Giusti-Cordero/Knight (Hrsg.), Sugarlandia Revisited; Bosma/Raben, „Lordly Traditions".
[77] Marrero Cruz, „La llanura de Colón".
[78] McKeown, „Global Migration"; siehe auch: Gabaccia/Hoerder (Hrsg.), Connecting Seas.

neuen Pflanzen zu sichern. Zugleich exportierten sie mit Massen von Sträflingen auch britischen Hochmut, Rassismus und *settler imperialism* in die Welt.[79] Die portugiesischen Eliten standen ihnen in der Nutzung dieser kolonialen Mikropolitiken kaum nach – es kam nur eine noch stärkere informelle Sexualpolitik hinzu.

Nachdem die „großen" zusammengesetzten Sklavereien und Plantagenwirtschaften als konstitutiv für alle europäischen Kolonien in den Amerikas, aber nicht für Kolonien im und am Indik sowie (noch ohne direkte bzw. nur punktuelle europäische Kolonien) in Afrika definiert worden sind, lautet die Frage des Historikers: Wo befanden sich diese „großen" Sklavereien wirklich, wo waren ihre Orte (oder Landschaften/Plattformen), wo sind diese strukturellen Grundelemente des weltweiten Kapitalismus zu verorten und wie „groß" waren sie auf einer Weltkarte? Die generelle Regel lautet: Bis 1800 existierten sie nur sehr punktuell und marginal, auf Inseln und Küstenenklaven (mit wenigen Ausnahmen von Bergwerksgebieten). Auf Weltkarten waren sie fast nicht sichtbar (und darstellbar). Erst nach 1820–1830 kam es, wie bereits gesagt, zur Expansion der Enklaven in die Fläche der Kontinente hinein. Zugleich breiteten sich, vor allem im Norden, Gesellschaften aus, die Sklavenprodukte konsumierten. *Making space for slaveries* im Sinne „großer" Wirtschaftssklavereien in kontinentalen Hinterländern *beyond the Atlantic* und *beyond the Indian Ocean* gelang, mit wenigen Ausnahmen (Brasilien), in der ersten Hälfte des 19. Jahrhunderts nur mit einer Symbiose mit dem Biedermeier- und Industriekapitalismus. Diese „neuen" Sklavereien brachten, wie bereits mehrfach gesagt, auch eine eigene Moderne hervor (1820–1890).

Es gab allerdings auch amerikanische Sklavereigesellschaften mit vielen Sklaven, aber ohne Plantagen, wie die Haciendasklavereien in Städten und Regionen Neu-Granadas (heute Kolumbien) oder die Gold- und Bergbausklavereien des brasilianischen Minas Gerais und des neugranadinischen Chocó. Massen von Sklavinnen und Sklaven gab es in fast allen großen Metropolen und Hafenstädten Amerikas und ihren Hinterländern. Jeremy Adelman spricht nicht ganz zu Unrecht von *slave production* in südamerikanischen Hinterländern.[80] Ein besonders gutes Beispiel für eine Landwirtschafts-, Dienstleistungs- und Fluss-/Hafenökonomie mit Kern Sklavenhandel und Sklavenkulturen und Verbindungen zum Bergbau in einem fast „leeren" ruralen Umfeld, in dem zwar Schmuggel (Vieh, Schnaps und Sklaven), Goldextraktion und eine boomende Rindergrenze funktionierten (sowie eine Reihe eher feudaler Haciendas), es den Eliten aber

---

79 Pybus, Epic Journeys, passim.
80 Adelman, Sovereignty and Revolution, S. 56–100.

nie gelungen war, die ländliche Bevölkerung ihrer lokalen Autonomien zu berauben und Plantagenwirtschaften zu gründen, bieten Cartagena de Indias und Mompóx im heutigen Kolumbien. Und all das, obwohl die Böden der karibischen Küstenebenen des heutigen Kolumbien exzellent für Zucker und andere Exportprodukte geeignet waren und sind. Es gelang im Gebiet der neogranadinischen Küstenstädte Cartagena, Portobello, Santa Marta und Ríohacha nie, den Widerstand indianischer Völker (Wayúu/Guajiros, Motilones, Cimilas, Cunas) sowie den Widerstand geflohener und freier afroamerikanischer Palenques zu brechen oder indianische Ethnien zu versklaven. Was gelang, war kontrollierter großer Sklaven- und Menschenhandel in den Städten Cartagena sowie Mompóx und die Verknüpfung mit Waren-, Vieh- und Edelmetallschmuggel. Das bedeutet in dürren Worten historisch-politischer Ökonomie: Import-Export, Schmuggel und Grenzwirtschaften ja, große Sklavereiproduktion nein. Ähnliches gilt für das andere Ufer der Karibik (genauer: den Golf von Mexiko) – Texas.

„Kleine" Kin-Sklavereien und Übergangsformen zu größeren Sklavereitypen sind, wie eben gezeigt und mehrfach vorher betont, nicht so klar erkennbar wie die Verschleppten der großen Sklavenhandelsstrukturen, die „großen" Sklavereien in den Amerikas oder auf Basis von Plantagen in Afrika oder an und im Indik.

Der Status von Kin-Sklaven zeichnete sich anfangs durch Fehlen von Institutionalisierung und immer durch lokale, kleinflächige Vertikalität gegenüber translokaler Horizontalität formierter großer Sklavereitypen aus. Horizontal wird hier verstanden als große Gruppen von Sklaven und Herren sowie deren Hilfspersonal, die sich in manchen Landschaften der Massensklaverei – wie auf den Latifundien Siziliens, Sardiniens oder auf den großen Plantagen Saint-Domingues, Jamaikas, Kubas, Louisianas und Brasiliens, aber auch auf den zu den Molukken gehörenden Banda-Inseln oder im Sokoto-Kalifat, in Ägypten und auf Sansibar – fast völlig unvermittelt gegenüberstanden. Die Herren standen „oben" und die Sklaven „unten". Dazwischen existierten viele Menschen, die als Sklavenhändler oder als Hilfspersonal der Sklavenhalter ihren Lebensunterhalt verdienten, Sklaven einfingen, bei der Aufsicht des Transports oder in Sklavenhäfen beziehungsweise Sklavenmärkten arbeiteten – kurz, Gewalt wirklich ausübten. Große Sklavereien setzen weiträumige, oft transkontinentale Strukturen voraus, in denen sich Sklaven schnell transportieren, halten sowie gewinnbringend einsetzen, „anlegen" lassen. Massensklavereien in der Landwirtschaft konnten nur dort entstehen, wo sich unter massiver Gewalt in relativ kurzer Zeit lokale und regionale Arbeitsteilungen entwickelten, Menschen als Kriegsgefangene, von Piraten und Sklavenjägern Geraubte durch massiven Sklavenhandel im Dauer-Angebot waren, „freies Land" (Eroberungen, Expansionen, „Sklaverei-Lücke") vorhanden war und die Nachfrage großer, quasi unbegrenzter Märkte nach einem bestimmten Produkt wirksam werden konnte, wie Getreide aus Sizilien für

Rom, Baumwolle aus den USA in Großbritannien, Muskatnüsse und -schalen von den Banda-Inseln oder Zucker, Tabak, Kakao und Kaffee aus Kuba, Nelken aus Sansibar, Zucker und Tabak aus Niederländisch-Indien (Indonesien), Kakao aus Venezuela und São Tomé oder Zucker und Kaffee aus Brasilien für Nordamerika und Europa.

9 Versklavte, Sklavereien und Menschenhandel auf dem afrikanisch-iberischen Atlantik

„Vulgarität des Lebens ohne Künstelei. So geschieht es mit den Tänzen dieser wunderbaren Tänzerin Andalusien, des schwarzen Spaniens, das tanzt."[1]

Die eigentlich weltgeschichtlich tiefenwirksame – denken wir nur an die heutige Rolle Brasiliens – Atlantisierung war die des afrikanisch-iberischen Atlantiks (1400–1900): *el Atlántico africano-ibérico*. Die Perspektive der beiden iberischen Imperien inclusive des portugiesischen Afrikas hat insofern Vorteile, als sie in *deep history/longue durée*-Perspektiven zeigt, dass Sklavereien und Sklavenhandel auf und am Atlantik die Basis für langfristige Territorialisierungen (Kolonien), neues Erfahrungswissen und Akkumulationen auf Basis des Grundkapitals menschlicher Körper sind. Der zentrale Raum war, wie bereits oft gesagt, der Atlantik.[2] Die iberische Halbinsel und das iberische Amerika – heutiges Brasilien, heutiges Lateinamerika und weite Teile der Karibik sowie Nordamerikas – bildeten auf dieser Basis das größte Sklaverei- und Sklavenhandelsimperium der Neuzeit mit der größten Nachfrage nach Verschleppten (außerhalb Afrikas und eventuell Indiens).[3]

Eine neue transatlantische Dynamik entfaltete sich mit der Entstehung von *Las Indias*, des spanischen Amerikas (bis 1510 nur Santo Domingo!), allerdings mit Vorlauf in Westafrika. Das spanische Imperium war, im Einzugsbereich der Atlantisierung des portugiesisch-brasilianischen *Atlântico Sul* sowie des iberisch-afrikanischen Hidden Atlantic der Atlantikkreolen, eine der großen Sklavereiformationen der Weltgeschichte. Sicherlich aber die intensivste, mit den meisten verschleppten Menschen, mit den mächtigsten Diasporas der Gewalt (bis um 1850/70) und den erstaunlichsten Transkulturationen auf der atlantischen Welthälfte.[4] Das hatte Auswirkungen auch auf Ideologien, Religion, Erfahrung und Wissen.[5] Spanien sowie seine Kolonien und Einflussgebiete in Amerika und Asi-

---

[1] Ortiz, Los bailes, S. 262.
[2] Miller, „O Atlântico Escravista. Açúcar, Escravos e Engenhos", S. 9–36; Klein/Mackenthun (Hrsg.), Sea Changes, passim; Alencastro, „Le versant brésilien de l'Atlantique-Sud: 1550–1850", S. 339–382; Berbel; Marquese; Parron, Escravidão e política, S. 21–41.
[3] Bourdeu u. a., La péninsule Ibérique; Paquette, Imperial Portugal in the Age of Atlantic Revolutions: The Luso-Brazilian World, c. 1770–1850, passim; Borucki; Eltis; Wheat, „Atlantic History and the Slave Trade to Spanish America", S. 433–461.
[4] Garofalo, „The Shape".
[5] Bethencourt, Racisms; Bethencourt, The Inquisition; Bethencourt, „Iberian Atlantic"; Barrera-Osorio, Experiencing Nature.

en (Philippinen/nördliche Zulu-See, Guam, Carolinas, Marianen; China (Amoy)) haben, neben Portugal/Brasilien-Angola-Moçambique (sowie Macao und Timor), die zeitlich längste und räumlich ausgedehnteste Kolonial-/Sklaverei-Geschichte in den Amerikas, im atlantischen und im globalen Raum.[6] Die absolut meisten Verschleppten von Afrika nach Amerika gehen auf Kosten iberischer Kapitäne und Sklavenhändler/Kaufleute (ca. 6–7 Millionen der rund 12,5 Millionen aus Afrika Verschleppter). Zentren waren seit ca. 1520–70 die frühe Karibik, seit ca. 1580 Küstenpunkte des heutigen Brasiliens und ab 1700 wieder die Karibik. Der neuzeitliche Atlantik ist in diesem Sinne, wie gesagt, eigentlich ein afrikanisch-iberisches Meer gewesen.[7]

Für den atlantischen Sklavenhandel Spaniens bzw. den Sklavenhandel nach Spanisch-Amerika (und Spanien) gilt, wie in der Einleitung gesagt, Spanien zwischen 1650 und 1790 formal nicht als Sklavenhandelsmacht. „Spanien" bedeutet hier nicht nur potenzielle Handels- und Spekulations- bzw. Finanzeliten sowie Schiffsausrüster und Kapitäne mit ihren Netzwerken und Hilfskräften aus dem europäischen Spanien (damals „Mutterland" – *madre patria*), sondern vor allem auch solche aus den Hafen- und Handelszentren des Kolonialreiches in Amerika, der karibischen Inseln (Kuba, Puerto Rico, Santo Domingo) und anderen Gebieten.

Möglicherweise ist wegen dieses „Herausfallens" aus der formalen Atlantisierung die Geschichte des atlantischen Sklavenhandels in das größte und in gewissem Sinne „erfolgreichste" Kolonialreich der neuzeitlichen Geschichte erstaunlich schlecht bekannt und schlecht erforscht. Die Geschichte des spanischen Kolonialreiches endete erst 1898 – auf Kuba und Puerto Rico, den Philippinen sowie einigen weiteren Territorien.

Generell wird bisher von einer Zahl von rund einer Million (1 061 524[8]) aus Afrika in das spanische Kolonialreich in Amerika Verschleppte ausgegangen; TSTD2 (2010) veranschlagt zudem den Gesamtzeitraum des transatlantischen Menschenhandels zwischen Afrika und dem spanischen Amerika nur auf die Zeit

---

6 Miller, Way of Death, passim; Lucena Salmoral, Los códigos negros; Capela, O escravismo colonial; Capela, O tráfico de Escravos; Klein, „The Slave Experience"; Klein, „El comercio"; Lucena Salmoral, Regulación; Andrés-Gallego, La esclavitud; Martín Casares/García Barranco (coords.), La esclavitud; Piqueras, La esclavitud; Alencastro, O Trato dos Viventes; Ferreira, „Negociantes"; Klein, „A experiência Afro-Americana".
7 Salvador, Os Magnatas; Carreira, Notas sobre o tráfico; Marques, Portugal; Morgan, „Africa and the Atlantic"; Caldeira, Escravos, passim; Fradera/Schmidt-Nowara (Hrsg.), Slavery and Antislavery, passim; Laviña/Zeuske (Hrsg.), The Second Slavery, passim.
8 Siehe: www.slavevoyages.org

zwischen 1514 und 1866. Kurz gesagt: etwa eine Million zwischen dem Beginn des 16. und Mitte des 19. Jahrhunderts.

Ich werde diese Angaben im Folgenden kritisch analysieren und zeigen, dass der Sklaven- und Menschenhandel in die spanischen Kolonien in Amerika länger dauerte und umfangreicher war als in der *Slave Trade Database* dargestellt, vor allem wegen des interamerikanischen Handels und wegen des karibischen und atlantischen Schmuggels (Zentren Karibik sowie Río de la Plata/Banda oriental). Über die versklavten Indios, die Indigenen, wie man heute politisch korrekt sagt, existieren keine allgemeinen Zahlen, nur sehr umstrittene Schätzungen.

Spanien, oder besser gesagt Kastilien (in Kronunion mit Aragón und Navarra) bis ca. 1520 und Spanien ab etwa diesem Zeitraum, gehörte zu den Hauptakteuren und -profiteuren des Menschenhandels ganz am Anfang der Geschichte des transatlantischen Handels und nochmals ganz am Ende (bis ca. 1880, länger als jede andere Macht in Amerika oder Europa).[9] Spanien hatte die größten Besitzungen in der neuen Welt, eroberte die wichtigsten Reiche Altamerikas (Mexiko und Peru), hatte die wichtigsten urbanen Kulturen sowie die größten Städte. Spanien verfügte auch bis um 1820 über die höchsten Exportwerte. Um 1700 führte das spanische Amerika 8 Millionen Silberpesos pro Jahr aus – gegenüber etwa 7,6 Millionen Pesos pro Jahr der britischen Karibik (1,7 Mio. Pfund Sterling); um 1770 exportierte die französische Karibik (vor allem Saint-Domingue) 23,1 Millionen Pesos und die britische Karibik 16,2 Millonen Pesos pro Jahr, während Spaniens amerikanische Kolonien (vor allem Neu-Spanien/Mexiko und Peru, aber mehr und mehr auch die Plantagenperipherien) Produkte im Wert von 31 Millionen exportierten.[10]

Im 18. Jahrhundert, ich wiederhole das gerne noch einmal, betrug der potentielle Wert aller Versklavten aus Afrika knapp zwei Milliarden Silberpesos.

Das Wichtigste aber für die Geschichte des atlantischen Sklavenhandels ist: Spanien setzte die mächtigste frühneuzeitliche Zwangsmigration des Atlantiks, die von Afrikanern nach Amerika, überhaupt erst in Gang (Atlantisierung der Amerikas) und führte den Sklavenhandel auf dem Atlantik zu ersten Höhepunkten. Das steht auch hinter der sogenannten Kron-Union der beiden iberischen Reiche Kastilien/Spanien und Portugal 1580. Aber, ich sage es gerne noch einmal, der spanische Menschenhandel und die Verschleppung in die spanischen Kolonien in Amerika sind bis heute kaum wirklich erforscht.

Zuerst fällt am spanischen Sklavenhandel, im Vergleich etwa zum quantitativ (ab ca. 1650) weit umfangreicheren portugiesischen transatlantischen Menschen-

---

9 Cortés Alonso, „La trata".
10 Stein/Stein, Silver; Stein/Stein, Apogee of Empire, passim; Borucki; Eltis; Wheat, „Atlantic History", S. 433–461.

handel, der eher eine parabolische Figur aufweist, auf, dass der spanische Handel die Form eines ungleichmäßigen „M" mit zwei Höhepunkten erkennen lässt: einen um 1600 und einen etwas höheren im 19. Jahrhundert.

Eine neue Perspektive auf den Sklavenhandel nach Spanisch-Amerika im Rahmen des Konzepts der Atlantic Slavery hat Konsequenzen für die Geschichte des Ozeans und für alle anderen Sklavenhandelsmächte, denn ein erheblicher Teil des nichtspanischen Sklavenhandels ging nach Spanisch-Amerika. Noch augenfälliger werden die Konsequenzen, wenn wir den Atlantik (und seine afrikanisch-iberischen Basisdimension), wie bereits in der Einleitung gesagt, konsequent in den Mittelpunkt stellen. Und die neue Perspektive hat auch spezielle Konsequenzen für Afrika und für die aus Afrika nach Spanisch-Amerika Verschleppten. Nirgends in Amerika, weder im Sklaverei-Imperium Brasilien noch im Süden der USA oder auf Jamaika und Saint-Domingue, gab es eine so bunte Mischung verschiedener Menschen aus verschiedenen afrikanischen Kulturen wie im Spanischen Amerika und speziell auf Kuba.

Zwei Definitionen des „spanischen Sklaven- oder Menschenhandels" sind möglich: erstens Sklavenhandel, besser gesagt, die Anlandung von Verschleppten in spanische Territorien der Neuen Welt durch wen auch immer, und zweitens der Transport und die Verschleppung von Menschen auf spanischen oder in spanischen Häfen registrierten Schiffen (*barcos españoles*). „Spanische" Schiffe und „spanische" Häfen immer in dem oben angedeuteten Sinn der Transnationalität und Transkulturation des Atlantiks als eines „kreolischen Raumes". Von den Privilegien spanischer Kaufleute-Gruppen des europäischen Spaniens (z. B. Sevilla, Madrid, Cádiz und seit dem späten 18. Jahrhundert auch Barcelona oder das Baskenland), d. h., vom inneren Kolonialwiderspruch Spaniens, sehe ich hier im Moment einmal ab.

Beim ersten Punkt, der Analyse des Sklavenhandels in spanische Territorien Amerikas, gibt es schon die erste Überraschung: portugiesisch-iberischer, dänischer, französischer, niederländischer und englischer Sklavenhandel begannen als Handel nach und in Spanisch-Amerika (der Begriff in Spanien war bis um 1830 *Las Indias* oder *los reinos ultramarinos* – die überseeischen Königreiche). Bevor es, mit Ausnahme der Portugiesen in Bezug auf afrikanische *factorías*, Festungen, Faktoreien und Kolonien dieser Nationen in Afrika oder Amerika überhaupt gab, hatten Seeleuten Portugals sowie iberisch-afrikanische Atlantikkreolen (Lançados, Tangomãos, Baquianos) informellen (zeitweilig auch formellen) Zugang zu Häfen sowie den neuen Vizekönigreichen und Provinzen Spaniens in Amerika.[11]

---

[11] Mira Caballos, „Las licencias". Ich folge hier weitgehend: Borucki; Eltis; Wheat, „Atlantic History", S. 433–461.

Etwa seit den europäischen Renaissance-Kriegen um 1520/1560 kamen französische, niederländische und englische Piraten/Korsaren und Schmuggler hinzu. Spanische Conquistadoren und Siedler waren fast von Anfang an im *rescate* (hier: „nichtmonopolistischer Handel", also Schmuggel und Menschenhandel) engagiert, in der Formel „lokale Produkte" (oft Häute, Schildkröten-Fleisch, Vieh, Trockenfleisch, Früchte, Tabak, Kakao, Wasser, Holz, Farbhölzer, Salz) gegen Sklaven und Waren. Oft wurden die Schmuggelaktivitäten als „Unfälle/Reparaturen", Wasseraufnahme und „Schiffbrüche" getarnt, bei denen die Sklavenschiffe auch in nichtautorisierte Häfen einliefen und Handel trieben oder Razzien ausführten. Von den Küsten des späteren Brasiliens entwickelte sich seit ca. 1560 ein massiver Schmuggel zum Río de la Plata und in das 1580 zum zweiten Male gegründete Buenos Aires (*peruleiros*).[12] All das trotz Zwangs der spanischen Krone, ihr Monopol zu achten und trotz schwerer Strafen gegen Monopolverletzer sowie der gegen eigene Kolonialbevölkerungen, die das Monopol nicht achteten, gerichteten gezielten „Verwüstungen" (*devastaciones*) – Aus- und Umsiedlungen der Monopolverletzer.[13]

Neue Daten über bisher unbekannte Fahrten und Schmuggel zeigen, über die Schätzungen von TSTD2 (2010) hinaus, für die Zeit bis 1641 482 000 aus Afrika direkt in das spanische Amerika verschleppte Menschen (ca. 3000 davon waren Sklaven auf den spanischen Schiffen der Indienflotte). Das sind etwa 50 % mehr als bisher bekannt.[14] Sie kamen auch in noch stärkerem Maße als bislang bekannt aus Senegambien. Einige der Sklavenhändler, der portugiesischen Neu-Christ Juan Bautista Pérez oder der Conquistador Luandas, Garcia Mendes Castelo Branco, die zwischen 1599 und 1630 Sklavenfahrten und Sklaventransporte zwischen der iberischen Halbinsel, Afrika (Cacheu, Luanda) sowie Cartagena, Veracruz, Jamaika und Lima organisierten, sind gut dokumentiert (auch wenn es im Falle von Castelo Branco Unsicherheiten zur Person gibt).[15] Manuel Bautista Pérez ist vor allem deswegen so gut dokumentiert, weil er als Teil eines neu-christlichen transatlantischen (sowie „portugiesisch"-„spanischen") Netzwerkes von der In-

---

12 Alencastro, O Trato dos Viventes, S. 78–86; Crespi, „Contrabando de esclavos".
13 Die Krone ließ um 1600 bestimmte Gebiete endemischen Schmuggels gezielt entsiedeln und verwüsten(wüsten = *devastar*), wie zum Beispiel den Westteil der Insel La Hispaniola, woraus später Saint-Domingue unter französischer Kontrolle wurde; siehe: Wright, „Rescates"; Andrews, The Spanish Caribbean; Fuente, „Introducción"; Deive, Tangomangos.
14 Mendes, „The Foundations"; Vos/Eltis/Richardson, „The Dutch"; Wheat, „The First Great Waves"; Borucki; Eltis; Wheat, „Atlantic History", S. 433–461.
15 Alencastro, O Tratos dos Viventes, S. 78–86; Newson/Minchin, From Capture, passim; sowie: Wheat, „Garcia Mendes Castelo Branco"; siehe auch: Otte/Ruiz-Berruecos, „Los portugueses"; Garofalo, „The Shape".

quisition verfolgt und hingerichtet wurde. Sein älterer Bruder Juan Bautista lebte 1612–1617 in Cacheu.[16] Das Problem ist, dass der Atlantik in den meisten Publikationen zum Sklavenhandel nur als (kurz) zu durchreisender Raum ohne eigene Qualität konzipiert ist. Nur mit einem Konzept des Atlantiks als eigenständigem Zentralraum und mit einer prozessualen Atlantisierung ist das Folgende wirklich verständlich.

Das gilt nicht nur für die Zeit des 16. und 17. Jahrhunderts. Auch für die Zeit des späten 18. Jahrhunderts sind Dutzende neuer Sklavenhandels-Fahrten vor allem zum Río de la Plata und nach Venezuela bekannt geworden.[17]

Insgesamt handelt es sich um ca. 11 % mehr Sklaven, die nach Spanisch-Amerika direkt aus Afrika kamen, als in TSTD2 ausgewiesen.

Zur Mitte des 17. Jahrhunderts, vorangetrieben vor allem durch die Lösung Portugals aus der Kronunion mit Spanien im Jahr 1640[18] sowie die Niederlagen des spanischen Imperiums im 30-jährigen Krieg (der zwischen Spanien und Frankreich erst 1559 endete), kam es zum Kollaps des von Spaniern kontrollierten Direkthandels von Menschen zwischen Afrika und dem spanischen Amerika. Herman L. Bennett beschreibt ein eher unvermutetes Ergebnis der ersten engen Allianz der Iberer: „In 1640, the year the Portuguese slave trade to Spanish America ended, the Kingdom of New Spain (colonial Mexico) contained the second-largest population of enslaved Africans and the greatest number of free blacks in the Americas" – genau 35 089 Menschen aus Afrika und 116 529 Menschen mit afrikanischen Vorfahren.[19] Spanien verließ sich nach 1640 im System der Lizenzen (*licencias*) auf einzelne, oft neu-christliche Großhändler und dann im Asiento-System auf Kaufleute-Konsortien aus anderen europäischen Sklavenhandelsnationen (dahinter standen bis 1695 meist Kaufleute mit Sitz in den Niederlanden).[20]

---

16 Newson/Minchin, From Capture, S. 325 (Scheiterhaufen, 1639); Mateus Ventura, Portugueses no Peru; Böttcher, Aufstieg und Fall, passim; Böttcher, „Negreros portugueses".
17 Borucki, „Apuntes sobre el tráfico ilegal"; Borucki, „The Slave Trade"; Borucki, „Transimperial History"; Borucki; Eltis; Wheat, „Atlantic History", S. 433–461.
18 Studnicki-Gizbert, A Nation, passim. Was diese Kronunion für die Herausbildung der spanischen Karibik (Inseln und *tierra firme*) bedeutete, zeigt: Wheat, The Afro-Portuguese Maritime World; siehe auch: Martínez Shaw; Martínez Torres (dirs.), España y Portugal en el mundo: 1581–1668, 2014.
19 Bennett, „Introduction", S. 1.
20 Vila Vilar, Hispanoamérica; Bowser, The African Slave; Palmer, Slaves; Parry, The Spanish Seaborne Empire, S. 268ff.; Ngou-Mve, El África bantú. Der Ausfall des direkten Zuganges zur Atlantisierung schlug sich auch in der Nennung von Sklaven und Sklavinnen allgemein sowie schwarzer Sklavinnen und Sklaven aus Afrika (Bozales) in der privaten Korrespondenz zwischen Spanien und Spanisch-Amerika nieder: Márquez Macías/Candau Chacón, „Las otras mujeres"; O'Malley, The Intercontinental Slave Trade, S. 219–263.

Die Unsichtbarkeit von „Spaniern" und spanischen Schiffen im transatlantischen Sklavenhandel hielt bis um 1789 an. So dominierten Kaufleute der niederländischen Karibik (vor allem mit Curaçao als Stützpunkt und Drehscheibe) den Handel nach Spanisch-Amerika zwischen 1641 und 1694, danach für etwas mehr als sieben Jahre wieder Kaufleutegruppen aus Portugal, von 1703 bis 1713 Franzosen sowie von 1714 bis 1739 britische Kaufleute-Gruppen. In dieser Zeit wurden rund 162 400 Menschen direkt aus Afrika in die spanischen Kolonien im Sinne der oben genannten ersten Definition verschleppt. Mehr als die Hälfte verantworteten Briten.[21] Allerdings gibt es eine Schwierigkeit: in dieser Zahl sind nicht die zunächst in nicht-spanischen Kolonien (wie Jamaika, Curaçao, Barbados, Guadeloupe, Martinique, Surinam u. a.) angelandeten Menschen erfasst, die gleich oder kurze Zeit danach ins spanische Amerika geschmuggelt worden sind. Zwischen 1662 und 1790, mit einer kurzen Ausnahme während der britischen Besetzung Havannas (1762/63), kamen die meisten in den spanischen Häfen der Amerikas angelandeten Verschleppten aus den Häfen nichtspanischer Mächte (Häfen in niederländischen, englisch/britischen, französischen, dänischen und portugiesischen Kolonien). Obwohl sie den Umweg über Häfen einer anderen Kolonialmacht nahmen, müssen diese Verschleppten als direkt aus Afrika verbrachte Sklaven gelten (wie die Verschleppten des britischen Schiffes La Bella). Um diese Verschleppungen genau zu definieren, müssen die Wege über andere, nichtspanische Häfen einzeln analysiert werden.

Insgesamt gab es drei afrikanische Wege über Zwischenstationen (Kanaren, Kapverden, São Tomé/Príncipe) und eine Direktverbindung (Kongo/Angola nach Brasilien[22]) sowie vier Hauptwege bzw. Wegenetze in bzw. bei den Amerikas innerhalb der ersten Definition des Menschenhandels in die spanischen Kolonien Amerikas:
– über Curaçao[23], der unsinkbaren niederländischen Sklavenhandels-Plattform vor der Küste Venezuelas (vor allem zwischen 1662 und 1728 sowie in einzelnen Zeitabschnitten danach);
– Barbados und Jamaika[24];

---

21 Palmer, Human Cargoes.
22 Die Verbindung Gold- bzw. Sklavenküste–Bahia (Brasilien) war nicht direkt; São Tomé und Príncipe waren fast immer Zwischenstation.
23 Hunt, „Scattered Memories: The Intra-Caribbean Slave Trade to Colonial Spanish America, 1700–1750", S. 105–133.
24 Ebd.; Borucki; Eltis; Wheat, „Atlantic History", S. 433–461.

- Brasilien, von wo vor allem Menschen an den Río de la Plata (Buenos Aires und Montevideo bis um 1850[25]) sowie ab 1808, verstärkt ab 1851, in die spanische Karibik, vor allem nach Kuba, verschleppt wurden.
- Ein regelrechtes multi-sektorales und von den Inseln verschiedener nichtspanischer Kolonialmächte gespeistes Menschenhandelsnetz bildete sich unmittelbar in der Karibik zwischen 1790 und 1808.[26] Nachdem es ausgeformt war, überstand es die Abolitionen des atlantischen Sklavenhandels und hatte im Wesentlichen Puerto Rico (bis ca. 1850) und Kuba (bis 1880) zum Ziel.[27]

Im atlantischen Sklavenhandel bis um 1800 überwogen verschleppte Männer direkt aus Afrika. Nach 1800, vor allem im Menschenhandel nach Kuba, kam es, auch unter dem Druck aufklärerischer Ideen und reformerischer Sklavenhalter (wie Francisco de Arango y Parreño[28]) zur Verschleppung von mehr Frauen und ab ca. 1820, wie erwähnt, von immer mehr und immer jüngeren Kindern (manchmal wurden Angaben über das Alter vor den Verboten des Sklavenhandels auch gefälscht, da für Kinder weniger Steuern und Zölle zu zahlen waren).[29] Verschleppte Kinder wurden sogar zu einer Grundvoraussetzung der Nichtlegalität des Hidden Atlantic. Benjamin Lawrance schreibt sehr richtig: „children are more ‚malleable' – or as I prefer, more coercible. A quest for increased *coercibility* is a defining supra-characteristic of the shift from legal to illegal slave trading in societies and economies undergoing abolition".[30]

Das Argument der Sklavenhalter in Bezug auf „mehr Frauen" war – man glaubt es kaum – „Verbesserung der Sklaverei für die Versklavten – Familienbildung". Dieses Argument von „mehr Frauen" wurde gerne von Sklavenhändlern aufgenommen, wie den Capitalista-Negreros Zangroniz (auch: Zangronis oder Sangronis) aus Santander und Havanna: „was für das Wohl des Staates am wich-

---

25 Borucki, Abolicionismo, passim; siehe auch: Schröter, Die Entstehung, S. 178–213; Borucki; Eltis; Wheat, „Atlantic History", S. 433–461.
26 Bulmer-Thomas, The Economic History, S. 50–57.
27 Rodrigo y Alharilla, „Spanish Merchants".
28 Arango y Parreño, „Certificación".
29 Stubbe, „Kindersklaven"; Lovejoy, „The Children"; Lawrance, Amistad's Orphans, S. 27–46.
30 Ebd., S. 36. Siehe auch die Bilder: „Slaves liberated from slaver Zeldina (1857)" – abgebildet sind die Jungen (einer stehend, zwei sitzend, mit *medalla de estaño* für in Afrika oder auf dem Schiff vollzogene Taufe); sowie: Sieben auf den Fersen hockenden Jungen, ebenfalls von der *Zeldina* (1857): „Slaves packed below and on deck"; online unter: http://www.slavevoyages.org/tast/resources/images.faces (6.3.2015).

tigsten ist, ist, den kostbaren Haciendas der Insel Cuba Neger und vor allem Negerinnen zur Verfügung zu stellen".[31]

Im Amistad-Fall erscheinen nicht nur die Figuren der Captives selbst im Licht der Öffentlichkeit. Der Amistad-Fall ist noch viel mehr. Er hilft uns die Welten der Atlantic Slavery aus der Sicht Betroffener zu analysieren. Durch die Lebens-Expertise der Übersetzer und Zeugen vor Gericht, vor allem durch diejenigen, die selbst versklavt und im Sklavenhandel aktiv waren, werden der Hidden Atlantic und zugleich die Biografien verschleppter Kinder rekonstruiert. Die beiden wichtigsten Experten mit Sklaverei- und Menschenhandelshintergrund auf den Hidden Atlantic waren James B. Covey, alias Kaweli, und ein John Ferry. Zu Covey und Ferry schreibt Benjamin Lawrance (ich zitiere längere Textstücke, weil sie wohl am deutlichsten die Erfahrung des Hidden Atlantic „von ganz unten" repräsentieren):

> Covey was born about 1825–1826, of parents from the forested uplands where today Guinea, Sierra Leone, and Liberia meet. At age five or six, he was kidnapped from his home and sold to a Bulom chief. After three years of working in a rice plantation, he was resold to a European. From a coastal barracoon, he became part of an illegal shipment aboard the Segundo Socorro in 1833. The Royal Navy captured this ship, and Covey was transferred to the Church Missionary Society and schooled in Bathurst under the apprenticeship system for liberated Africans. After five years in school, he joined the crew of the HMS Buzzard in 1838, again as part of his apprenticeship with eight other liberated African boys. As part of the crew of a Royal Navy West Africa Squadron vessel, he had participated in seizing several illegal slave ships, including the Emprendador, the Clara, the Eagle, and the Circe. The latter vessel, owned by Pedro Blanco, may well have been the vessel upon which some of the Amistad survivors were originally placed before it beat a hasty retreat, emptied its hold, and was seized by the Royal Navy. Because the Buzzard seized two US flagged ships, it sailed to New York. And in 1839, while in New York, Covey met Gibbs. Several depositions exist from Covey, but Barber's summary was the most widely circulated. Before the District Court Covey stated, they all have Mendi names and their names all mean something ... They speak of rivers which I know [.] they sailed from Lumboko[;] two or three speak different language from the others[,] the Timone language[.] ... They all agree [o]n to where they sailed from. I have no doubt they are Africans[.]'

---

31 AHN, Madrid, Estado, Trata de negros, leg. 8028/1, no. 1: Schreiben (Original) von Juan José de Zangroniz, aus Santander, 23 de Julio de 1816, an Ministerium mit Bitte, auf seinem Schiff *Mulato* eine Sklavenexpedition unter spanischem Kapitän und spanischer Mannschaft ausrüsten zu dürfen; es soll zu portugiesischen Besitzungen in Afrika unterhalb des Äquators fahren und dort Sklaven aufnehmen. Das Ministerium möge das alles dem britischen Außenministerium mitteilen, damit britische Kriegsschiffe keinen Vorwand hätten, die Expedition auf zu bringen. Bittet um ein Zertifikat (Documento ó Pasaporte) der Regierung über o.g. Informationen über seine Expedition.

> What united Ferry and Covey and made them excellent vehicles for translating the survivors' narratives was not simply their polyglossia, but their shared childhood experiences, including kidnapping, enslavement, and forced migration. But what distinguished Covey from Ferry, and indeed above all others, was his capacity to serve as an eyewitness to all the illicit angles of the Atlantic contextual argument. He had been part of an illicit slave shipment; he had seen the extent of Cuban-oriented enterprises on the Galinhas coast of Upper Guinea; and, he had personally participated in the seizure of a Havana-bound vessel owned by Pedro Blanco.[32]

John Ferry war befreiter Sklave und Seemann, der aus dem Hinterland von Gallinas stammte und einige der Sprachen der Amistad-Captives beherrschte. Nochmals Benjamin Lawrance:

> Ferry and Covey had similar Atlantic experiences. Ferry was ‚brought from his native country' at ‚Slan-go-lo' in ‚the Gis-si country' about the year 1821 or 1822, at the age of 11 or 12. He ‚still retained a knowledge of his mother tongue', and also spoke Vai, having ‚lived about one year in the Vai country'. Ferry claimed to have been enslaved in St. Thomas and Colombia, and won freedom after the emancipation proclamation following Simon Bolivar's revolution.[33]

Von den Akteuren wieder zu den Strukturen. Zu den afrikanischen Insel-Drehscheiben ist an dieser Stelle nur zu sagen, dass fast jedes Sklavenschiff seit Ende des 15. Jahrhunderts auf einer dieser Inseln Station machte (Kapverden, São Tome und Príncipe sowie Kanaren). Sie waren den amerikanischen Enklaven sozusagen vorgeschaltet.

Der chronologisch erste bedeutende Versorger Spanisch-Amerikas von eigenen Insel-Besitzungen in der Karibik aus waren Niederländer und Neu-Christen. Niederländische Kapitäne und Schiffsmannschaften hatten mit Hilfe karibischer Piraten und Neu-Christen 1634 die Insel Curaçao erobert. Die meisten Sklaven aus niederländischer Jurisdiktion gelangten zwischen 1658 und 1777 über Curaçao und den niederländischen Entrepôt-Handel in das spanische Amerika – rund 117 700 Menschen.[34] Aus einer anderen Perspektive, nämlich der eines Empfänger-Territoriums mit einer der frühen kreolischen Plantagensklavereien (vorwiegend Kakao) in den Regionen Valles del Tuy, Valles de Aragua, Barlovento, Guarenas und Guatire sowie um Cumaná und im Süden des Maracaibo-Sees,

---

32 Lawrance, „A Full Knowledge", S. 15f.; Lawrance, „‚Your Poor Boy'"; Lawrance, „La Amistad's 'Interpreter'"; siehe auch: Lawrance, Amistad's Orphans, passim.
33 Lawrance, „A Full Knowledge", S. 14f.
34 Klooster, „Curaçao and the Caribbean Transit Trade"; Klooster, „Slavenvaart"; Klooster, „Inter-Imperial"; Israel, Diasporas, S. 511–532; Israel, „Jews and Crypto-Jews", S. 3–17; Jordaan, „The Curaçao Slave Market"; Borucki; Eltis; Wheat, „Atlantic History", S. 433–461.

kommt Alex Borucki zu einer Erhöhung der Zahl etwa um den Faktor 10. Borucki sagt über die Minimalzahlen der TSTD2: „while the Voyages Database shows only 11,500 enslaved Africans arriving in Venezuela directly from Africa, I estimate that 101,000 captives were disembarked there, mostly from other colonies".[35] Auch der Sklavenhandel und die Sklavereien Nicaraguas und der Karibikküste von Honduras und Nicaragua ist revidiert worden; allerdings sind hier die Zahlen des frühen Indio-Sklavenhandels nach Panama und Peru nach unten korrigiert worden.[36]

Von Ausnahmen, wie etwa John Hawkins, *Queen Elizabeth's slaver*, im 16. Jahrhundert abgesehen, kamen Engländer und Briten nach den Niederländern. Spanische Kaufleute begannen in den 1660er Jahren Verschleppte aus Afrika auf Jamaika und Barbados zu kaufen. Dieser innerkaribische spanisch-britische Handel endete formal erst in den napoleonischen Kriegen um 1801. Danach, mit dem Einsetzen der britischen Abolitionspolitik, kamen noch mehrere Tausend Sklaven von britischen Inseln nach Kuba – zusammen mit ihren Eigentümern, die Feinde der Abolitionspolitik waren und auf Kuba bessere Bedingungen für Slaving fanden (bis in die 1840er). Bis Ende des 17. Jahrhunderts war dieser Handel auf britischer Seite durch Monopolkompanien (vor allem *Company of Royal Adventurers to Africa* und *Royal African Company*) notdürftig formal organisiert, danach lief er über private Kaufleute. Insgesamt passierten rund 238 400 Verschleppte aus britischer in die spanische Jurisdiktion vor allem der Karibik, d. h., in erster Linie nach Kuba, Venezuela und Puerto Rico. Nadine Hunt schreibt dazu: „Frustrated Jamaican planters relentlessly argued that Spanish Americans acquired the „best" slaves, because of their ability to pay in silver pesos and pieces of eight".[37]

Der dritte große Umschlagplatz mit Wegenetzen zwischen Afrika, einer nichtspanischen Schnittstelle und Spanisch-Amerika war Brasilien, vor allem São Salvador de Bahia de Todos los Santos (= Bahia) – mit besten Beziehungen zur Goldküste und Benin – und Rio de Janeiro, das wiederum neben Luanda über gute Sklavenhandelsbeziehungen zu Benguela (und Benguela Velha) und zum Hinterland Angolas und des Kongos verfügte.[38] Zunächst lief dieser vielleicht bisher am

---

35 Borucki, „Trans-imperial History", S. 29; siehe auch speziell: Postma, The Atlantic Slave Trade, bes. S. 34–38; Jordaan, „The Curaçao Slave Market"; Klooster, „Curaçao as a Transit Center"; Ribeiro da Silva, Dutch and Portuguese; Ribeiro da Silva, „Crossing Empires"; Klooster/Oostindie (Hrsg.), Curaçao, sowie: O'Malley, The Intercontinental Slave Trade, S. 219–263; Borucki; Eltis; Wheat, „Atlantic History", S. 433–461.
36 Ahlert, La Pestilencia más horrible, passim.
37 Hunt, „Scattered Memories", S. 124.
38 Candido, An African Slaving Port; Silva, „Tráfico"; Candido, „South Atlantic Exchanges".

geringsten erforschte Menschenhandel über Rio (de Janeiro) zum Río (de la Plata) und zur Banda oriental/Uruguay.[39] In einer Größenordnung von ca. 116 200 Verschleppten war dieser Handel mit dem niederländischen Sklavenhandel vergleichbar.

Zu den auf den Hauptwegen Verschleppten kamen noch ca. 60 000 Versklavte aus den französischen und dänischen Kolonien hinzu.[40] Grundsätzlich liegen wir nicht falsch, wenn wir für die Etappen 1470 bis 1640 und 1800 bis 1880 von „Iberern" sprechen.

Der nach 1520–1640 zweite fassbare Boom des „portugiesischen" Handels in die spanische Karibik brach 1808 an (siehe weiter unten zur Allianz/Zusammenarbeit zwischen „Portugiesen" und „Spaniern" als „Iberer"). Es kam zu ungeahnten, allerdings illegalen Steigerungen der Atlantic Slavery.[41] In der Karibik (und in die Karibik) kam es, trotz oder gerade wegen den Abolitionen des 19. Jahrhunderts, d. h., den Verboten des atlantischen Sklavenhandels (siehe Einleitung; ich erwähne hier nur noch einmal Großbritannien (1808), USA (1808), Spanien (1820/1835) und Portugal (1810/1815/1836/42) sowie Brasilien (1831/1850), zu einer massiven transkulturellen Schmuggelwirtschaft, die die Kapitalien und Profite für die Schaffung einer neuen, modernen Form von Sklavereien (Second Slavery) aus Menschenhandel zwischen Afrika und den Amerikas zog (zunächst spanische und französische Kolonien in der Karibik, ab ca. 1845 bis 1880 nur noch nach Kuba und über Kuba in die USA).[42] Die Gewinne wurden, je mehr der Menschenhandel in die Illegalität gedrängt wurde, immer exorbitanter. Sie kompensierten (fast) alle Risiken. 1846 schrieben Gegner des Menschenhandels, möglicherweise etwas übertrieben (aber nicht viel), dass es möglich sei, an den afrikanischen Küsten eine *pieza/peça* für 8–18 Dollar zu kaufen und sie in Brasilien für 300 Dollar zu verkaufen (auf Kuba waren die Kaufpreise für *bozales* längst höher). Zudem fielen im Schmuggel die formalen Steuern weg.[43]

---

39 Borucki, Abolicionismo, passim; Borucki, „The Slave Trade"; Borucki; Eltis; Wheat, „Atlantic History", S. 433–461.
40 Vila Vilar, „La sublevación"; Green-Pedersen, „Colonial Trade"; Gøbel, „Danish Trade"; Hall, Slave Society; Degn, Die Schimmelmanns; Degn, „Schwarze Fracht"; Weindl, „The Slave Trade"; Weber, Deutsche Kaufleute, passim; Gøbel, „The Danish Edict"; Gøbel, Det danske slavehandelsforbud; Weiss, „Danskar och svenskar"; Borucki; Eltis; Wheat, „Atlantic History", S. 433–461.
41 Carreira, O tráfico de escravos; Carreira, Notas sobre o Tráfico, S. 251–317.
42 Lapeyre, „Le trafic négrier"; Dorsey, Slave Traffic; Laviña/Zeuske (Hrsg.), The Second Slavery, passim.
43 Caldeira, Escravos, S. 254.

Zusammen brachte der transatlantische Handel (auf anderen Schiffen) rund 1,45 Millionen Verschleppte nach Spanisch Amerika; der intra-amerikanische, vor allem intra-karibische Handel/Schmuggel, wohl etwas mehr als eine halbe Million Verschleppte.[44] Das ergibt trotz der vorsichtigen Schätzung, entgegen der in TSTD2 genannten Zahl von rund einer Million Verschleppte, schon eine Verdopplung auf ca. zwei Millionen!

Der Direkthandel mit Menschen auf spanischen Schiffen, Schiffen aus spanischen Häfen und unter Kontrolle spanischer Negreros ist schwerer direkt nachzuzeichnen als der Menschenhandel anderer Sklavenhandelsnationen – trotz oder gerade wegen der Tatsache, dass das spanische Weltreich ein bürokratisches Monstrum mit der quantitativ (und qualitativ) größten Mengen an Akten, Listen, Verfügungen, Vorschriften, Gesetzen und Erlassen war.

In atlantischer und globalhistorischer Perpektive begann Spaniens Aktivität im maritimen Menschenhandel ein halbes Jahrhundert vor 1492 in westafrikanischen Gewässern. Klar, Portugiesen waren die ersten Pioniere, aber Spanier kamen kurz hinterher – deshalb ist es, wie gesagt, oft besser, von Iberern zu sprechen. Schon um 1450 segelten kastilische Schiffe von andalusischen Häfen aus nach Westafrika, sogar bis zur Küste von Mina (Goldküste). Erst der Vertrag von Alcaçovas (1469) brachte zwar nicht den Schmuggel zum Erliegen, aber eine notdürftige Teilung der Einflusssphären. Kastilische Sklavenschiffe brachten Schiffsladungen voller Verschleppter zu den Kanarischen Inseln. Diese Fahrten nahmen in den 1520er Jahren zu, vier Dekaden bevor Portugiesen begannen, signifikante Mengen von Captives von Afrika an die Küsten zu bringen, die später zu Brasilien gehörten. Einige der afrikanischen Versklavten kamen über die Kanaren auch nach La Hispaniola oder woandershin in das entstehende spanische Kolonialreich in Amerika.[45]

---

44 Zur Debatte, wie viel Sklaven im 19. Jahrhundert (1808–1880) allein nach Kuba verschleppt worden sind, siehe: Pérez de la Riva, El monto de la inmigración (rund 1,3 Mio); Moreno Fraginals, „Africa in Cuba"; Moreno Fraginals/Klein/Engerman, „The Level"; Bergad/Iglesias García/Barcia, „Introduction"; Bergad, „American Slave Markets"; Bergad, The Comparative Histories. Ich tendiere eher zu den höheren Zahlen von Pérez de la Riva und darüber hinaus, was bedeuten würde, dass die hier genannten 2 Millionen noch zu gering veranschlagt wären: Zeuske, „Out of the Americas"; Zeuske, „Mongos und Negreros"; Borucki; Eltis; Wheat, „Atlantic History", S. 433–461.

45 Pérez Embid, Los descubrimientos; Rumeu de Armas, España, Bd. I, S. 71–74, S 101–104; Vogt, The Portuguese Role, S. 10–18; Brooks, Landlords, S. 136; Elbl, „The Volume".

9.1 Iberische Anfänge und das imperiale Spanien auf dem ersten Iberischen Atlantik (1470–1650)

In allen Gesellschaften des atlantischen Beckens und auch in Afrika existierten wie wir gesehen haben, um 1500 Formen der Kin-, Opfer- und Kriegsgefangenen-Sklaverei; in einigen Territorien gab es ebenfalls Anfänge intensiver Wirtschafts- und Massensklavereien. Auch in allen Gesellschaften Amerikas vor 1492 fanden sich unterschiedlichste Sklavereitypen und -formen.[46] In Kastilien, Andalusien, Aragón und Valencia spielte Haussklaverei seit römischen und westgotischen Zeiten eine starke Rolle.[47] Zu Zeiten des Kalifats und der Taifa-Reiche waren vor allem al-Andalus (speziell Almería, Sevilla, Denía) und die katalanische Levante sowie die Balearen Plattformen des Mittelmeerhandels mit kriegsgefangenen Männern (*sakaliba*) sowie Eunuchen, die, wie in der Einleitung dargestellt, oft aus Gebieten der slawischen Ethnogenese sowie Reichsbildungen im Osten Europas (Balkan) und von den Rändern des Schwarzen Meeres verschleppt worden waren. Aus dieser Perspektive war die karolingische Reichsbildung seit 800 in West- und Zentraleuropa die einer Sklavenjäger- und -händlermonarchie, ähnlich wie Monarchiebildungen im sudanischen Westafrika und Westzentralafrika (Ghana, Mali, Songhay, Futa- und Ashante-Staaten, Dahomey, Oyo, Angola, Matamba, Lunda-Kasanje).[48] Die Tradition des Fernhandels mit männlichen Sklaven sowie der Razziensklaverei blieb auch in der Spät- und Schlussphase der iberischen Reconquista (13.–15. Jahrhundert) in den christlichen Territorien intakt. Allerdings wurde der Fernhandel im Spätmittelalter mehr und mehr von genuesischen und florentinischen Sklavenhändlern, sephardischen sowie katalanischen/balearischen Zwischenhändlern dominiert. In Südspanien waren weiterhin eher lokale Formen von Haussklaverei und urbaner Sklaverei (vor allem Sevilla und Hafenstädte) verbreitet, zu der auch Arbeiten in der Gartenkultur sowie in der kleinen Landwirtschaft gehörten, nicht aber, wie oftmals fälschlicherweise angenommen, schon in einer „großen" Latifundien-Landwirtschaft – auch nicht im Zucker.[49]

Auf jeden Fall hat die lange Tradition der Sklaverei auf der iberischen Halbinsel dazu geführt, dass auch sehr zeitig eine Rechtstradition aufkam, die unter römischem und arabisch-islamischem Einfluss auf die Integration der Hausskla-

---

46 Zeuske, „Historiography"; Zeuske, Die Geschichte der Amistad.
47 Cortés Alonso, La esclavitud; Franco Silva, La esclavitud; Blumenthal, „La Casa dels Negres"; Blumenthal, Enemies and Familiars.
48 McCormick, Origins; McCormick, „New Light".
49 Cortés Alonso, La esclavitud; Franco Silva, La esclavitud; Stella, Histoires d'esclaves; Fábregas García, „Del cultivo de la caña"; Fábregas García, Producción y comercio.

vinnen und Haussklaven hinauslief; im theologisch-philosophischen Sinne wurde die aristotelische Tradition (Sklaverei = Naturzustand) durch eine thomistische Tradition ersetzt. Sklaverei galt in dieser Tradition als unnatürlicher, politischer Zustand, zusammengefasst im Gesetzeskodex der *Siete Partidas*. Als natürlicher Zustand eines Christen galt die Freiheit; getaufte Sklaven waren in dieser Tradition „Brüder ihrer Herren in Christo".[50]

Unter welthistorischem Aspekt waren atlantische Sklaverei und Atlantisierung (Gesamtkomplex der Kapitalakkumulation auf Basis menschlicher Körper im Raum des Atlantiks und in Enklaven an/auf seinen Küsten/Inseln) etwas Neues. Die Grundelemente, die die Atlantisierung auf ihrem Höhepunkt zwischen 1600 und 1888 kennzeichneten, Plantagen und rurale Massensklaverei sowie massive Zulieferung verschleppter menschlicher Körper durch Kaufleute und Kapitäne sowie eine Riesenheer an Hilfspersonal, entstanden im Zuge der portugiesisch-iberischen Atlantikexpansion mithilfe von afrikanisch-iberischen Allianzen entlang der Küsten Westafrikas. Mit dem seit dem 13. Jahrhundert nach „römischem" Recht redefinierten Sklavereikonzept im Hinterkopf begannen vor allem iberische und italische Kapitäne unter Ausnutzung antiker geografischer Kenntnisse (Ptolemäus 1406; Strabo um 1470) am Ende des 14. Jahrhunderts die Erkundung und Ausdehnung der *mar pequeña*, des Meeresraumes zwischen Südportugal und Nordwestmarokko. Ihre Ziele waren Erkundung, Getreide, Gold und Luxuswaren, vor allem Gewürze. Erst um 1460 entstand daraus so etwas wie ein „Projekt der Umrundung Afrikas", verbunden mit einer Finanzierung durch Kriegsgefangenen-Razzienhandel. Überall im circumatlantischen Raum trafen die Iberer auf unterschiedlichste Typen und Formen von Sklavereien. Kurzfristige Finanzierung, Privatgeschäfte und Auffüllung der Mannschaften sowie Entführung von jungen Männern, die zu *lenguas* (Dolmetschern) ausgebildet wurden, waren traditionelle Elemente von Fernhandelsfahrten nach Afrika, Razzienkriegführung und Kidnapping. Kastilien sollte durch den Vertrag von Alcaçovas von den Küsten des subsaharischen Afrikas abgedrängt werden. Das gelang nicht und Kastilien bekam die Kanaren zugesprochen, die wichtigsten Relais-Inseln auf atlantischen Routen nach Las Indias nach 1493. Die Kapitäne betrieben dort seit 1477 zunächst eine intensive Razzien-Sklavenjagd auf Guanchen. Kriegsgefangene Guanchen kamen nach Sevilla und in andere Hafenstädte. Die Portugiesen mussten Razzien auf subsaharische Küsten schon um 1460 wegen des afrikanischen Widerstandes aufgeben; die Kanaren waren 1495 erobert. Seitdem bekamen

---

50 Phillips Jr., La esclavitud; Phillips Jr., „The Old World Background"; Blackburn, „The Old World Background"; Parise, „Slave Law"; Lucena Salmoral, Regulación; Martín Casares, „Historia".

iberische Kapitäne in Afrika vor allem Captives angeboten. Die südiberischen Hafenstädte, vor allem Lissabon und Sevilla, füllten sich mit schwarzen Sklaven.[51] Von dort kamen seit den Kolumbusfahrten und seit Beginn der Conquista von La Hispaniola christianisierte schwarze Sklaven nach Amerika, die ersten wohl schon vor der frühesten schriftlichen Erwähnung 1503. Mehr aber noch füllten sich die einzigen von den Portugiesen an den westafrikanischen Küsten wirklich dominierten Territorien mit schwarzen Captives, die kapverdische Insel Santiago, vor allem der „erste atlantische Sklavenmarkt" der Iberer, die Stadt Ribeira Grande (heute: *cidade velha*) auf Santiago, und São Tomé. Theoretisch war der Massenhandel mit Captives königliches Monopol, stand aber bald auch unter realer Kontrolle von Lançados, Monopolbrechern, die, wie wir wissen, in afrikanische Sozialverbände einheirateten. Ihre Nachkommen wurden zu Tangomãos und Atlantikkreolen. Seit ca. 1495/1500 begannen sie, den Sklavenschmuggel in die Karibik zu organisieren. Ich greife etwas vor: 1518 gaben deshalb die Könige Portugals und die Regentschaft Spanien-Kastiliens das jeweilige Monopol partiell auf und erlaubten Sklaventransporte von Santiago und von São Tomé direkt in die Karibik – ohne Umweg über die Häfen Sevilla und Lissabon.[52]

Für Kolumbus und die ersten Kapitäne, die den Atlantik in Ost-West-Richtung querten, wurden die Kanaren und Kapverden die eigentlichen Ausgangspunkte. In der Karibik hatte Kolumbus ein „mar de islas"[53] gefunden; er verhielt sich als Sklavenjäger und -händler in „kanarischer Tradition", hob aber auch auf seine westafrikanischen Erfahrungen ab.[54] Eigentlich bestand die Sklaverei-Konzeption von Kolumbus, den ersten Kapitänen und Siedlern darin, in der Karibik ein „Guinea à la São Tomé" mit Indios als Captives zu schaffen. Beginnend mit Kolumbus 1494 begann die massive Versklavung indianischer Völker, die in den Zentren Spanisch-Amerikas erst um 1550 unter Kontrolle gebracht werden konnte. Die Krone versuchte immer wieder die direkte Indio-Sklaverei zu unterbinden, entweder durch Verbote oder durch Umwandlung des *repartimiento* (Verteilung von gefangenen Indios als Beute) von Kriegsgefangenen in kontrollierte Formen der Zwangsarbeit (*encomienda*, rotierende Formen der Zwangsaushebung, wie *mita*), ließ aber mit der Definition des *caribe* („menschenfressender, widerständiger Indio") eine Hintertür für die direkte Indiosklaverei offen, ebenso wie mit der Tolerierung adaptierter Formen indianischer Haussklaverei (wie *naboría*), die in den

---

51 Lobo Cabrera, La esclavitud; Cunliffe, Facing the Ocean; Fernández-Armesto, The Canaries; Fernández-Armesto, Before Columbus.
52 Caldeira, Escravos, S. 159.
53 Kolumbus, Schiffstagebuch.
54 Ebd.; Cortés Alonso, „La trata"; Varela, Colón y los florentinos, S. 44–68; Vieira, „Sugar Islands"; Vieira, „Canaviais e Açúcar"; Varela, Cristóbal Colón, S. 126–129.

Peripherien als *entradas* (Razziensklaverei) und Haussklaverei bis in das 19. und 20. Jahrhundert überlebten. Die Karibik entvölkerte sich. Es ist ein Entschuldigungstopos, wenn im Grund immer wieder nur die sogenannte „demografische Katastrophe" angeführt wird. Die Karibik entvölkerte sich auch und gerade wegen der extremen Sklavenjagden und des Versuchs, massiven atlantischen Sklavenhandel von „Indios" zu etablieren.[55] Die Wiederbesiedlung der Karibik und der flachen Küsten der tropischen und subtropischen Amerikas geschah durch Atlantik-Handel mit Verschleppten aus Afrika, sodass Alexander von Humboldt um 1825 von rund 83 % Bevölkerung der Karibik sprechen konnte, die aus Schwarzen und ihren Nachkommen bestand.[56]

Zusammen mit Portugal spielte Kastilien/Spanien im transatlantischen Sklavenhandel zwischen Westafrika und Europa seit 1440 sowie zwischen Westafrika und Amerika seit 1493[57], bis um 1640/50 eine sehr wichtige Rolle. Das heißt für unsere Frage nach dem Menschenhandel auf spanisch-andalusischen Schiffen, dass bis zur Mitte des 17. Jahrhunderts der „iberische" Menschenhandel sowohl portugiesischer wie auch spanisch-andalusischer Menschenhandel war – etwa hälftig.[58]

Bis um 1570 transportierten iberische Schiffe vor allem Captives zwischen afrikanischen Küstenplätzen über die Zwischenstationen der von ihnen kontrollierten Inseln; nur rund 43 000 gelangten nach Südwesteuropa. Seit ca. 1500 setzte aufgrund der Goldfunde in der Karibik die Nachfrage nach afrikanischen Sklaven auf der anderen Seite des Atlantiks ein, verstärkt durch den Zusammenbruch der Arawak-Bevölkerung, die um 1510 deutlich wurde. Kapitäne, Atlantikkreolen und Sklavenhändler schmuggelten aber auch schon direkt zwischen Afrika und Santo Domingo. Der Schmuggel muss so stark gewesen sein, dass beide iberischen Kronen zwischen 1518 und 1530 den direkten Menschenhandel zwischen Afrika und Amerika erlaubten, diesen Handel aber zugleich in Form von Lizenzen und Asientos sowie privilegierten Häfen (in Amerika zunächst nur: Veracruz und Cartagena) zu monopolisieren versuchten.

Die wirklich erste Plantagenwirtschaft mit schwarzen Sklaven in den Amerikas, die recht deutlich noch zu den iberischen Anfängen zählt, entstand im Westen von Santo Domingo, bei Azua (1520–1570).[59] Der offizielle Handel wurde in unterschiedlichen bürokratischen, immer aber schriftlich nachweisbaren

---

55 Mira Caballos, El indio antillano; Mira Caballos, Indios y mestizos, S. 46–48; Mira Caballos, Las Antillas; Mira Caballos, Nicolás de Ovando.
56 Zeuske, Sklaven und Sklaverei, S. 313; Zeuske, „Humboldt".
57 Alencastro, O Trato dos Viventes, passim.
58 De Almeida Mendes, „The Foundations".
59 Del Río Moreno/López y Sebastián, „El comercio azucarero"; Fuente, „Sugar and Slavery".

Formen organisiert, die ich bereits genannt habe: Lizenzen (1533–1595), zentralisierte Asientos (1595–1763), später auch Monopolkompanien. Das begrenzte zwar den Schmuggel, brachte ihn aber nicht zum Versiegen – ganz im Gegenteil.[60] Bis 1650 gelangten auf diese Weise etwas mehr als 250 000 afrikanische Sklaven in die spanischen Kolonialterritorien, vor allem nach Lima (urbane Sklaverei, auch Landwirtschaft), Potosí (Haussklaverei) und Mexiko (anfänglich auch im Silberbergbau) sowie in die Hafenstädte des erlaubten Handels (Cartagena-Portobello-Panama-El Callao, Veracruz, Caracas, La Habana und Buenos Aires, seit 1680 auch über Colônia do Sacramento, heute Uruguay), aber auch in andere Städte und in Gebiete des Goldbergbaus (vor allem Neu-Granada). Allein nach Cartagena, dem amerikanischen Sklavenhaupthafen, eine Mischung aus spanisch-amerikanischem Liverpool und New York, wurden in der Zeit der Kronunion von 1595 bis 1640 135 000 afrikanische Sklaven verschleppt, nach Veracruz 70 000, nach Havanna, Santo Domingo und Puerto Rico 19 644 und durch die spanisch-amerikanische „Hintertür" von Buenos Aires 44 000, die meisten der Letzteren gingen auch nach Peru.[61] Zwischen 1580 und 1620, mit der Kronunion zwischen Portugal und Kastilien, in der Phase des *asiento de negros* 1595 bis 1640/41, erlangten „Portugiesen" wieder starken Einfluss, den sie zum direkten Austausch afrikanische Sklaven–Edelmetalle (vor allem Gold und Silber) in und um Cartagena de Indias ausnutzten. 1610 wurde deshalb ein Inquisitionsgericht in Cartagena etabliert.[62] Die Sklaven kamen zunächst vor allem aus Senegambien sowie seit 1620 mehrheitlich aus Luanda (Ndongo/Angola) und dem Kongoreich. Sie kamen aber nie direkt, sondern, wie gesagt, fast immer über die Umschlagplätze Kapverden oder São Tomé, wo sich erste Formen von Kreolsprachen sowie atlantikkreolischer Kultur herausbildeten. Auch in der Karibik entstanden schnell transkulturelle Lebensformen, als geflohene schwarze Sklaven sich mit widerständigen Indios verbündeten.[63] Cimarrones und Ansiedlungen geflohener (*palenques, cumbes, rochelas*; unter westzentralafrikanischem Einfluss auch *mocambos* und *quilombos*) Elemente der Lebensweise in der Karibik und begründeten die allgemeine Tendenz zur Transkulturation.[64]

---

60 Vila Vilar, Hispanoamérica, S. 167; Böttcher, Aufstieg und Fall, S. 154–167; Böttcher, „Negreros portugueses"; Pérez García/Fernández Chaves, „Sevilla".
61 Vila Vilar, Hispanoamérica, S. 226; Bowser, The African Slave; De Almeida Mendes, „The Foundations"; Newson/Minchin, From Capture, passim; Borucki, „Conexão argentina".
62 Salvador, Cristãos-novos; Böttcher, Aufstieg und Fall, S. 108–139; Studnicki-Gizbert, A Nation; Wheat, „The First Great Waves"; Borucki, „Trans-imperial History".
63 Landers, „Cimarrón Ethnicity".
64 Arrom, Mitología y artes prehispánicas; Arrom, „Para la historia"; Arrom/García Arévalo, Cimarrón; Landers, „Africans in Spanish Colonies"; Landers, „Cimarrón Ethnicity".

Auf den extrem langen Transportlinien zwischen westafrikanischen Inseln und den Sklavenhäfen Spanisch-Amerikas etablierten sich durch den oben genannten Schmuggel und direkten Tausch gegen nachgefragte Produkte (Kakao, Tabak, Brasilholz, Wasser und Früchte) Sklavereienklaven (vor allem Pernambuco, Recife, São Salvador de Bahia seit ca. 1570) und *tierra firme* (vor allem Küstentäler des heutigen Venezuela und der sogenannten *wild coast* der Guayanas – Kakao, seit ca. 1600). Auf diese Enklaven, vor allem Pernambuco, führten Niederländer seit 1620 massive Angriffe und siedelten sich 1630–1654 in Pernambuco an, wo sie portugiesischen Sklavenhandel (auch Häfen in Afrika, wie El Mina, zeitweilig auch São Tomé und Luanda) sowie lokale Sklavereiwirtschaften übernahmen, allerdings dem „Lernen der Tropen" (u. a. Pockenepidemien) einen hohen Zoll zahlen mussten.[65]

Für die spanischen Siedler in der neuen Welt, die Elitestatus beanspruchten, war es immer ein wichtiges Kriterium, inwieweit die Krone und lokale Behörden ihnen den Zugang zur Atlantisierung (Akkumulation durch atlantischen Sklavenhandel) gestatteten. Wenn der Monopolanspruch der Krone nach Kontrolle dieses Austausches hart umgesetzt wurde, griffen sie immer auf Schmuggel, auch Sklavenschmuggel, zurück. Das wiederum bedrohte die Integrität spanisch-amerikanischer Territorien, sodass die Krone sich in Zentralzonen des Schmuggels (vor allem Ostkuba und West-Hispaniola) gezwungen fühlte, den Teufel mit dem Beelzebub auszutreiben und die bereits erwähnten Aus- sowie Umsiedlungen (*devastaciones*, um 1600) anordnete. Das wiederum führte zum Einsickern von Atlantikkreolen, geflohenen Sklaven, Indios, Bukaniern, Flibustiers und schließlich – im Falle des Westteils von La Hispaniola – überwiegend französischsprachiger Korsaren und Piraten. Ähnliches geschah auf den von Spaniern als „unnütz" bezeichneten Inseln der kleinen Antillen und Jamaika (Engländer und Niederländer).[66] Einige Inseln wurden zu unsinkbaren Plattformen des Schmuggels und Sklavenhandels in die spanische Karibik und in die Festlandskolonien (z. B.: Curaçao/Niederlande 1634, Jamaika 1655 und Saint Thomas/Dänemark 1666), andere daneben noch Produktionsplattformen für *cash crops* (vor allem Tabak und Zucker: Barbados, Jamaika, Martinique und Guadeloupe, später vor allem Saint-Domingue). Sie wurden zu Ausgangspunkten nordwesteuropäischer Kolonialreiche, auch weil sie mit Festlandsenklaven in Südamerika verbunden wurden (Guayana, Surinam, Cayenne, Atlantikseite Mittelamerikas) und Nordamerika (Virginia 1608, Louisiana 1690).

---

65 Esteves, „Os Holandeses"; Alencastro, „Johann Moritz und der Sklavenhandel".
66 Paquette/Engerman (Hrsg.), The Lesser Antilles, passim.

Bis um 1600 ging die Masse der Sklaven nach Spanisch-Amerika, dann übernahm Brasilien 1600–1670 die Spitze.[67]

In Afrika raubten Eliten, Kanu- und Karawanen-Kaufleute, Träger sowie Razzienkrieger weiterhin Menschen; Kriege, Luxushandel und Armeezüge führten zur „Produktion" von Sklaven. Handelsorganisationen und Kaufleute sorgten für Transport und Verkauf der Gefangenen (Captives) an europäische Faktoren und Kapitäne. Erst auf den Schiffen des Atlantiks verwandelten sich die Verschleppten in Waren (*commodities*) und „Sklaven" nach euro-kreolischer „römischer" Rechtstradition. Zugleich bildeten die Körper der Verschleppten Kapital, ein Art „Weltgeld" sowie Kreditgrundlage und damit „verborgene" Basis der entstehenden Finanzsysteme. Bis etwa 1830 kamen insgesamt mehr Afrikaner als Europäer in die Amerikas; um 1750 stellten Verschleppte aus dem atlantischen Afrika mehr als drei Viertel aller Immigranten dar.[68] Die transatlantische Massenverschleppung, euphemistisch „Passage" genannt, begründete, wie wir gesehen haben, eine gigantische Akkumulation von Kapitalien auf Basis menschlicher Körper (Atlantisierung).

Die Körper der Verschleppten waren in erster Linie immer Kapital, das durch Kommodifizierung auch zur „Ware" und durch das Gewaltregime „Sklaverei" auch zur „Arbeitskraft" wurde.[69] Arbeitssklaven waren nicht nur Kapital und blieben es, sie produzierten auch selbst Mehrwert (aus dem Unterschied zwischen den Werten oder Wertäquivalenten, für die sie getauscht bzw. gekauft worden waren oder die für ihr Einfangen aufgebracht werden mussten, und ihrem Verkaufswert – und das auch noch relativ schnell) und immer mehr Werte vor allem bei der Urbarmachung von Siedlungen und Land sowie auf den Plantagen, als Bergbausklaven, Haussklaven, Staatssklaven (Emancipados), Wächter, Kutscher, Köche. Selbst als Personal des Sklavenhandels, etwa als Köche, Matrosen, Übersetzer, Schiffsjungen oder Wächter auf Sklavenschiffen oder als Träger zwischen Küsten und Landesinnerem, trugen sie zur Kapitalvermehrung und -erhaltung bei, ebenso Sklavinnen als Mütter von Sklavenkindern. Versklavte als Kapital begründeten alle anderen Formen von Kapital (vor allem Geld- und Immobilienkapital sowie in neue Technik, Technologien und Industrien investiertes Kapital). Sklaven waren in Plantagengesellschaften, aber auch in den Hinterlandsökonomien Grundlage für fast alle Tausch-, Finanz-, Kredit- und Rentengeschäfte. Eine „Rente" etwa bestand in vielen Sklavereigesellschaften darin, dass sich die Witwe eines Sklavenschiffkapitäns oder eines Plantagenaufsehers zwei bis drei Sklaven

---

67 Klein, „The Slave Trade to 1650"; Adelman, Sovereignty and Revolution, S. 58–64; Zeuske, „Unfreiheit abhängiger Landbevölkerung"; Klein/Luna, Slavery in Brazil.
68 Eltis, „Slavery", S. 28f. (table I); Eltis/Lewis/Sokoloff (Hrsg.), Slavery.
69 Lindsay, Captives.

oder Sklavinnen kaufte, die mit Arbeiten auf der Straße ihr Einkommen im Alter sicherten.[70] Die Eliten Spanisch-Amerikas waren durch die Monopolpolitik der Krone, die Zerstörung der Netze von Neu-Christen (vor allem in Cartagena de Indias und Lima) und das Fehlen von formellen Menschenhandelszentren in Afrika und auf dem Atlantik (wie bereits oft gesagt: Atlantisierung) zwischen 1650–1790 von der Möglichkeit großer Profite, die andere machten (die bekannten „Sklavenhandelsnationen") abgeschnitten, partizipierten aber durch massiven Schmuggel.

Neben ihrer Rolle als Kapital menschlicher Körper und als Profitgrundlage waren Versklavte als Arbeiterinnen und Arbeiter sowie Dienstleister die wichtigste Quelle von Produktivität. Die höchst akkumulierte Vorstellung einer „Weltarbeiterklasse" müsste bis ans Ende einer Übergangszeit 1850/60–1940 immer zuerst an Sklavinnen, Sklaven, Schuldsklaven und Kulis sowie viele andere Typen von versklavter Arbeit denken, deren Hauptmerkmal nicht Rechtsnormen (obwohl es die gab, sowohl geschrieben wie auch oral), sondern Gewalt gegen menschliche Körper *avant la lettre* war.[71] Selbst wenn es sich um geschriebene Kontrakte handelte.[72] Auf der bereits mehrfach erwähnten gedachten Infrastruktur zwischen dem Innern Afrikas und den Amerikas machten Versklavte alle Arten von Arbeiten und unterlagen allen denkbaren Formen von Gewalt, Traumata, Kommodifizierung und Entwürdigung. In den Konfliktgebieten wurden Versklavte schnell Mitglieder von kleinen Heeren von Sklavenjägern (Razziensklaverei) und ermöglichten so erst die „Produktion" neuer Massen von Versklavten, aber auch von Nahrungsmitteln und Handwerksgütern oder Tauschwaren. Sklavinnen und Sklaven bauten Nahrungsmittel an und ernteten sie, sie webten und stellten Stoffe her, sie färbten und gerbten Leder, arbeiteten in Bergwerken und in der Viehhaltung, bauten Häuser, Wege und Straßen und versahen alle Transport- und Hafenarbeiten sowie Hausdienste (vor allem auch als Köche und Wasserträger).

Zwischen diesen, sage ich mal etwas essentialistisch, „afrikanischen" Arbeiten (die auch Captives und Versklavte verrichteten, die in den Handelsforts und Sklavenhandelsplätzen an Europäer oder Amerikaner vertauscht oder verkauft wurden) und dem Atlantik lagen die von europäisch-amerikanischen Ärzten und Kapitänen (sowie Offizieren) vollzogenen Castings, ob die in Afrika Versklavten auch den Gesundheits- und Körperanforderungen der großen Sklavenhändler (die meist in europäischen oder amerikanischen Häfen saßen und

---

70 Adelman, Sovereignty and Revolution, passim.
71 Zeuske, „Versklavte und Sklavereien".
72 Siehe methodisch (der Artikel konzentriert sich auf Preußen/Deutschland und England/USA): Keiser, „Between Status and Contract?".

„ehrbare" Kaufmannsfirmen führten) entsprachen. Ich habe diese Castings oben im Konkreten analysiert (vor allem im Kapitel über Traumata und im Kapitel über Menschenhandel und Castings). Erst nachdem dieser Körper-Filter passiert war, gelangten die Verschleppten nackt auf die Schiffe des von Europäern und Amerikanern dominierten atlantischen Systems. Die Seeleute auf den Schiffen bildeten, wie wir gesehen haben, neben dieser bis um 1850 größten Gruppe potenzieller Arbeiterinnen und Arbeiter (die Versklavten unter Deck) die größte und wichtigste Gruppe von formal „freien" Lohnarbeitern in der translokalen Meeres-Marktwirtschaft.[73] Neben Matrosen (und in gewissem Sinne auch Soldaten) bildeten die bereits oft erwähnten Atlantikkreolen eine enorm großen Gruppe von Menschen, die auf dem Atlantik zirkulierten und an seinen Ufern sowie Inseln lebten. Sie waren meist sprach- und kulturgewandte sowie tropenerfahrene Broker, Lotsen, Heiler, Übersetzer, Wachmannschaften, Ruderer, Kabinenboys und Schiffsjungen. Man kann nicht sagen, welche der Gruppen, Matrosen/Soldaten oder quasi-versklavte Atlantikkreolen (die oft auch bei Piraten und Korsaren zu finden waren) bis ca. 1850 die größere Gruppe der Weltarbeiterschaft außerhalb der Landwirtschaft bildete. Erst nach der Krise des 19. Jahrhunderts (Kern 1848er Revolution) kamen nationale Arbeiterschaften in den sich industrialisierenden Nationen des späteren „Nordens" überhaupt in die Nähe solcher Zahlen und Massierungen, übertroffen noch bis um 1900 von Kulis (siehe unten).[74]

Versklavte mussten auch auf Schiffen arbeiten. Nach der von Matrosen und Atlantikkreolen sowie Soldaten, Kolonialbehörden und Ärzten überwachten Anlandung in den Häfen Amerikas, Verkauf und Märschen zu den Häusern der Eliten („Hausssklaverei" – das Wort klingt unschuldig, die urbane Sklaverei bedeutete aber alle Arten von Haus-, Transport-, Träger- und Bauarbeiten, alles Schmutzige und Entehrende– (Totengräber, Henker, Hospitale, Hilfsarbeiten für Handwerke), zu den Bergwerken (vor allem auf Diamanten/Gold in Minas Gerais und Ouro Preto in Brasilien sowie ebenfalls Gold, Smaragde und Platin im damaligen Neu-Granada und Kupfer auf Kuba), zu den Fortifikations-, Hafen- und Straßenbau (auch Eisenbahnbau ab ca. 1840) als Staatssklaven und als rurale Arbeiterinnen und Arbeiter in allen Formen der Landwirtschaft, vor allem aber in den Routinearbeiten der Zucker-, Kakao-, Baumwolle-, Kaffee- und Indigoplantagen, Reis- und Tabakanbaugebieten und allen Arten von Viehhaltung.

---

[73] Bolster, Black Jacks, passim; Frykman, „Seamen".
[74] Hu-DeHart „La Trata Amarilla"; McKeown, „Global Migration".

9.2 Der Atlântico Sul (Portugal-Brasilien) sowie nordwesteuropäischer Atlantik und Bourbonischer Atlantik (1650–1789/1808)

Seit 1640/50 kam es zu einer großflächigen Umstrukturierung des Sklaverei-Atlantiks. Portugal hatte sich, bedroht von den Niederländern, vom imperialen Spanien gelöst und ging eine langfristige Allianz mit England ein, die sich vor allem gegen Kastilien richtete. Spanien verschwand als direkter Akteur zwar nicht völlig, aber weitgehend aus dem atlantischen Sklavenhandel. Die „iberischen Cousins" waren tief verstritten. Die möglichen Profite der Atlantisierung gingen über Verträge zwischen der spanischen Krone und nationalen Akteuren (Frankreich, Großbritannien) oder Handelsfirmen (Asientos) vor allem an die Zentrale in Madrid. Zumindest sollten sie das in der Vorstellung der Krone, die in ihren Plänen Schmuggel, massive Korruption und Unterschleif nicht berechnete.

Der Sieg der Angolaner sowie Portugiesen/Brasilianer in der Schlacht von Mbwila im Südkongo (1665) bereitete dem zentralisierten Kongoreich in Westzentralafrika ein Ende[75] und sicherte den Portugiesen die Kontrolle über Ndongo/Angola sowie seine drei Sklavenexportregionen (Norte, Luanda und Benguela) mit den Häfen Cabinda, Ambriz, Luanda und (Neu-)Benguela und deren Anbindungen an afrikanische „Sklaven-Produktionsregionen" im Hinterland (Lunda-Reich sowie Matamba und Kasanje).[76] Der portugiesisch-brasilianisch-angolanische Südatlantik formierte sich. Die im Zuge der Bandeirantes-Sklavenjägerzüge entdeckten Gold- und Diamanten-Lagerstätten in Brasilien in Minas Gerais und Ouro Preto wurden zum Zentrum eines Sklavenhandels- und Sklavereiimperiums im Südatlantik, flankiert von ländlichen Plantagen-Sklavereien im Nordosten (Bahia, Recife, Pernambuco) sowie urbanen Sklavereien von Schwarzen in Rio sowie gemischten Sklavereien in anderen Regionen.

Spanien war zwischen 1650 und 1808 stärker auf einen entstehenden bourbonischen („französischen") Atlantik und zunächst stärker auf Tabakproduktion mit Sklaven orientiert. Frankreich versuchte, vor allem in der ersten Periode des bourbonischen Atlantiks (1660–1715), die Anlieferung von Versklavten nach Spanisch-Amerika zu monopolisieren. Im Spanischen Erbfolgekrieg 1700–1713 hatte das bourbonische Spanien den Asiento zur Sklavenversorgung seiner „überseeischen Königreiche", die zugleich Kolonien waren, zunächst an das bourbonische Frankreich vergeben. Nach dem Friedensvertrag von Utrecht (1713)

---

75 Thornton, „The Art of War in Angola"; Thornton, Africa and the Africans; Alencastro, O Trato dos Viventes, S. 289–294; Thornton, Warfare, passim.
76 Ferreira, Cross-Cultural Exchange, passim.

kam der *Asiento de negros* für knapp 30 Jahre an Großbritannien (*The South Sea Company/Compañía del Mar del Sur*; Verschleppte anfangs von der *Royal African Company*) mit Faktoreien in Cartagena, Veracruz, Panama, Portobello, Buenos Aires, Havanna und Santiago de Cuba und Sklavendepositorien auf Jamaika und Barbados).[77] Der Asiento ging mit massivem Sklavenschmuggel einher und war oft unterbrochen, am längsten in der *Guerra de Asiento* (1739–1748; auch Krieg der Aachener Allianz, *War of Capt'n Jenkins Ear*). 1750 wurde der Asiento Englands im Vertrag von Madrid aufgelöst und einerseits an Spanier (1765 an das Handelshaus *Aguirre, Arístegui y Compañía*, die 1772/1773 bis 1779 als *Compañía Gaditana del Asiento* firmierte und oft Sklaven von Briten oder Franzosen kaufte) vergeben, andererseits hatten spanische Monopolkompanien (wie die *Compañía Guipuzcoana* seit 1728 oder die *Compañía de la Habana* seit 1740) bereits Rechte auf Sklavenhandel und Lizenzen erhalten.

Vollsklaven mussten, wie wir wissen, nach spanischem Recht ein bestimmtes Maß und Alter haben. Männer zwischen 16 und 30 Jahren, die diese Kriterien erfüllten, galten als *pieza de Indias* und erzielten hohe Preise; ältere Frauen und Männer, Kinder und Halbwüchsige sowie ihre Preise wurden an diesem Maß gemessen.[78]

Sklaven sollten bereits getauft sein, möglichst in Afrika, und erhielten bis 1784 meist zwei Brandzeichen, jeweils am Beginn und am Ende der Atlantikpassage – eines vom Faktor oder Sklavenschiffskapitän im Auftrag des Sklavenhändlers, eines von Kolonialbeamten bei Ankunft. In einem längeren Prozess gab die spanische Krone 1789–1804 den Sklavenhandel für alle *nacionales* („Spanier") frei; zwischen 1808 und 1810 fuhren Sklavenschiffe meist von Kuba aus unter „neutraler" amerikanischer Flagge. Seit den Zeiten der bourbonischen Reformen hatte Spanien auch versucht, den Rechtsrahmen für die entstehende Massensklaverei zu vereinheitlichen. Zunächst wurde für die Karibik der *Código Negro Carolino* erarbeitet (1784), der im Grunde als Testfall für die Entwicklung des spanischen Santo Domingo gedacht war. Seit 1789 zirkulierte ein neuer Kodex, kurz als *Código Negro Español* bezeichnet, der für alle spanischen Überseegebiete gelten und die Prinzipien der Aufklärung mit der von Staat und Unternehmern gewünschten massiven Ausweitung des atlantischen Sklavenhandels und der Massensklaverei vereinigen

---

77 García Rodríguez, „El monto"; Borucki, „The Slave Trade".
78 Fernando Ortiz gibt eine Arbeitsdefinition des Idealtyps „pieza de Indias": „Der Typ Sklave, der den Namen pieza de Indias erhielt, war ein Mann oder ein Weib von fünfzehn bis dreißig Jahren, gesund, gut gebaut und mit komplettem Gebiss", in: Ortiz, Hampa afro-cubana (viele Nachauflagen, z. B. heute die immer zitierte: Ortiz, Los negros esclavos, S. 133; siehe auch S. 168f.

sollte. Wegen Protesten der Sklavenbesitzer und wegen der Sklavenrevolution auf Saint-Domingue 1791–1803 trat dieser Kodex nie formell in Kraft.[79]

9.3 Erste Sklavereien und Second Slavery sowie Menschenhandel – neue Dimensionen der Atlantisierung

Es gab natürlich schon vor den Iberern in Amerika Sklavereien, aber die ersten sozusagen wirtschaftlich und rechtlich nach atlantischen Konzepten definierten Sklavereien wurden von Iberern in den Amerikas etabliert. Sie heißen deshalb hier „erste" Sklavereien.

„Sklavenhandel" zwischen Afrika und den spanischen Kolonien in Amerika wird deshalb hier oft Menschenhandel genannt, weil die Verschleppten erst nach Übergang in die Hände europäischer oder amerikanischer Sklavenhändler als „Sklaven" im Sinne des „römischen" Rechts definiert werden konnten. Vorher waren die Verschleppten in ihrer großen Zahl Kriegsgefangene. Der Menschenhandel kann, wie oben bereits dargelegt, unter zwei grundlegenden Perspektiven gesehen werden: erstens die Ankunft von Verschleppten in Häfen oder Küsten spanischer Kolonien in Amerika oder der Transport/die Verschleppung afrikanischer Captives auf spanischen Schiffen. Auf spanischen Schiffen kamen, um die oben gestellte Frage zumindest vorläufig zu beantworten, vor allem im Schmuggel viel mehr Verschleppte nach Spanisch-Amerika – rund zwei Millionen.

Die wirklich erste Ingenio-/Plantagensklaverei in den Amerikas, die in der Nähe der Stadt Santo Domingo (heute Dominikanische Republik), habe ich bereits im vorhergehenden Kapitel und unter „Anfänge" analysiert. Die Plantagenwirtschaft Santo Domingos geriet seit ca. 1570 in eine Krise. Im spanischen Amerika waren aber Sklavereien und interner Sklavenhandel bereits um 1550 weit verbreitet, auch und gerade in Territorien und Städten im Innern Südamerikas und auf den Antillen. Kauf und Verkauf von Sklaven, Kreditgeschäfte, bei denen Sklaven Sicherheiten darstellten, sowie urbane Sklavereien. Sklaverei Schwarzer im Sektor der Haus-, Dienstleistungs-, Handwerks- und Transportsklaverei sowie im Bausektor und im Bergbau waren Schlüsselelemente von Wirtschaft und Gesellschaft. In den Peripherien überlebten direkte Formen der Indiosklaverei. Jeremy Adelman hat für den Gesamtkomplex der Sklavereien im spanischen Amerika den

---

[79] Konetzke, Colección de Documentos, Bd. III, S. 643–652 (Dokument Nr. 308); Real Cédula sobre educación, trato y ocupaciones de los esclavos (auch: Reglamento para la educación, trato y ocupaciones de los esclavos), Aranjuez, 31 de mayo de 1789, in: Lucena Salmoral, Los códigos negros, S. 279–284 (Apéndice núm. 4) (nach: AGI, Indiferente, 802).

wirkungsvollen Begriff „Hinterlandssklavereien"[80] geprägt und gezeigt, dass die Auseinandersetzung zwischen Sklavenhandels-Monopol und „Freihandel" (Kapitalakkumulation, Atlantisierung) zu einer wichtigen Ursache für die Rebellionen der spanisch-amerikanischen Eliten gegen die imperialen Eliten um 1808/1810 wurde.

Massen schwarzer und anderer Sklaven sammelten sich in den großen Städten, vor allem in den Häfen von Havanna, Veracruz, Acapulco, Cartagena/Panama/Portobello, Caracas/La Guaira, Buenos Aires, Montevideo[81], sowie in den Bergwerkssklavereien der Regionen des Gold-, Silber- und Kupferbergbaus (Minas Gerais, Neu-Granada/Chocó, Neu-Spanien, El Cobre/Kuba).

Erste große ländliche Sklavereien im kontinentalen Spanischen Amerika entstanden, wie wir wissen, im Kakao (vor allem in den Flusstälern südlich des Lago de Maracaibo, südlich und östlich von Caracas sowie um Cumaná) sowie in der Landwirtschaft und im Weinbau der peruanischen Pazifikküste. Auf den Antillen war die Tradition der ländlichen Sklaverei seit dem 16. Jahrhundert nie ganz abgerissen, vor allem auf Kuba. Allerdings kam es zu neuem Aufschwung erst durch Adaption neuer Techniken, Eigentumsformen, Technologien und Organisationsformen aus der englischen sowie französischen Karibik. Einige Versuche, Plantagenkolonien zu etablieren, scheiterten an indianischem Widerstand, wegen des Klimas oder wegen imperialer Konflikte (wie in Florida oder Louisiana unter spanischer Herrschaft 1763–1804). Alle diese ländlichen Sklavereien zeichneten sich in räumlicher Hinsicht dadurch aus, dass es sich um punktuelle Enklaven- und Insellösungen handelte.

Insgesamt gingen von den rund 11–12 Millionen zwischen 1500 und 1878 lebend in Amerika angelangten Sklavinnen und Sklaven geschätzt (die neuen Zahlen für Spanisch-Amerika sind in nachfolgenden Schätzungen noch nicht völlig berücksichtigt) rund fünf Millionen nach Brasilien, zwei Millionen nach Spanisch-Amerika, zwei Millionen in die britische Karibik, 400 000 ins britische Nordamerika und die USA, 1,6 Millionen nach Französisch-Westindien (incl. Cayenne) sowie 500 000 nach Niederländisch-Westindien (inkl. Surinam), 28 000 in dänische Kolonien.[82] Davon arbeiteten insgesamt etwa die Hälfte auf Zuckerplantagen, zwei Millionen auf Kaffeeplantagen, ebenso viele in der Haus- und Transportsklaverei (sowie Wächter), eine Million in Bergwerken (vor allem Brasilien und Neu-Granada/Kolumbien), 500 000 auf Baumwollfeldern, 250 000 auf Kakaoplantagen (vor allem Venezuela) sowie 250 000 im Bau (die Zahlen mö-

---

80 Adelman, Sovereignty and Revolution, S. 58–64
81 Bernand, Negros esclavos; Barcia Zequeira, La otra familia.
82 Mit einigen Änderungen basierend auf: Thomas, The Slave Trade, S. 806 (Appendix Three: Estimated Statistics, S. 805f.).

Anzahl von „offiziellen" Sklaven aus Afrika in Spanisch-Amerika. Quellen: Andrés-Gallego, La esclavitud, passim; Naveda Chávez-Hita, „La esclavitud negra"; Moya, „Migración africana"; Telesca, Historia, S. 337–356; Telesca, „Esclavitud".

Gebiet	Anzahl von Sklaven
Mexiko	200 000
Kuba	780 000
Puerto Rico	77 000
Santo Domingo	30 000
Zentralamerika	21 000
Ecuador, Panama und Kolumbien	200 000
Venezuela	121 000 (101 000*)
Peru	95 000
Bolivien und Río de la Plata (heute Argentinien, Paraguay)	17 213**
Uruguay	100 000
Chile	6000

* Bei Venezuela gibt es immer Debatten um die Zahlen – Alex Borucki kommt auf ca. 100 000; siehe: Borucki, „Trans-imperial History".
** Zu Paraguay, das eine der am längsten anhaltenden Sklavereigeschichten im spanischen Amerika hat, siehe: Williams, „Black Labor"; Telesca, „Esclavitud".

gen absolut nicht mehr ganz richtig sein, sie geben aber einen guten relativen Überblick).[83]

Für die Territorien heutiger Staaten auf dem Gebiet des ehemaligen Spanisch-Amerika kommen Schätzungen auf die offiziellen Zahlen von Sklaven aus Afrika, die in der Tabelle eingetragen sind. Andere Schätzungen, die auch den Direkthandel in der Karibik und den Schmuggel vor allem im 19. Jahrhundert einbeziehen, kommen auf viel höhere Zahlen – wie oben dargelegt.

Auf Ingenios/Plantagen und im Transport und den Infrastrukturen war die eigentliche Produktivität der Sklavenarbeit beheimatet. Plantagen, vor allem ihre industrialisierte Forme, der mechanisierte und durch Eisenbahnen sowie Dampferlinien verbundene Ingenio auf Kuba, waren tropische und kolonial-ländliche Industriezentren mit allen Formen intensiver, präfordistischer Arbeitsorganisation: Schichtarbeit, Tag- und Nachtarbeit, Frauen-Vollarbeit, Sozialeinrichtungen (eine Art Kindergärten sowie „Wohnungsbau" auf den Plantagen), Kleingärten für „treue" Sklavinnen und Sklaven, intensive Seelsorge (eigene Kaplane und Friedhöfe), Krankenstationen, Pfleger und Plantagenärzte (die relativ höchste Medizinerdichte der Welt[84]). Bis auf drei bis vier Führungsfunktionen – Administra-

---

83 Ebd., S. 805. Tabak ist nicht erfasst.
84 Zeuske, „Doktoren".

tor, Oberaufseher (Mayoral = eine Art Manager), Arzt und Kaplan – wurden alle Aufsichts- und Spezialarbeiten (Kutscher, Viehtreiber, Handwerker, Köche, Heiler, Dienerinnen und Diener, selbst Zuckermeister waren oft Versklavte) von Sklavinnen und Sklaven ausgeführt. Mit den Exportprodukten dieser Hochleistungsproduktion (Markenprodukt auf Kuba: Weißzucker, Zigarren, Rum, Kaffee und Leder) zahlten die Besitzer ihre Kredite und Schulden ab, realisierten Gewinne und sicherten Profite und Kapitalien. Die Produkte (vor allem Tabak und Rum/Cachaça sowie Zucker oder Kakao) wurden in Nordamerika oder Europa verkauft, um an andere Waren oder Geld für den Sklavenhandel zu gelangen. Sklaven-Barracones, Sklavenschiffe und Sklaven-Plantagen (sowie Gefängnisse und Armeen) waren die größten und wichtigsten Struktur- und Gewaltinstitutionen der Arbeitserzwingung durch Kontrolle menschlicher Körper.[85] Außerhalb der Amerikas gab es vergleichbare Produktionszentren auf Basis von massiver Sklavenarbeit im 19. und 20. Jahrhundert nur im Sokoto-Kalifat, in Ägypten, im Zulu-Sultanat, in Indonesien, auf den Banda-Inseln, auf Sansibar/Pemba (und Kilwa), auf Madagaskar und Inseln unter europäischer Kontrolle im Indik sowie in Südafrika.

9.4 Sklavenhändler III. Erneuerte iberische Slaving-Allianzen, Menschenschmuggel, slaving zones und Atlantisierung in globaler Dimension 1808–1880

Das ganze atlantische System und die Sklavereien änderten sich fundamental durch die britische Abolitionspolitik, aber vor allem nachdem Spanien in der *Independencia* (1810–1825) aller Festlandskolonien im ehemaligen Spanisch-Amerika (Süd- und Mittel- und Nordamerika) sowie Luisianas (Louisiana, 1804) und der Floridas (1810–1817) verlustig gegangen war.[86]

Keiner hat die Änderung der Stellung der Sklaverei in der atlantischen Welt um diese Zeit besser reflektiert als der kubanische Sklavenhalter Francisco de Arango y Parreño. Und keiner hat wohl auch die Bedeutung der „Portugiesen" im Sklavenhandel des 19. Jahrhunderts besser erkannt als Arango – nachdem er u. a. nach Portugal gereist war.[87] 1809 schrieb er: „In diesen letzten Jahren hat

---

[85] Zeuske, Schwarze Karibik; Zeuske, „Out of the Americas"; Zeuske, „Mongos und Negreros"; Zeuske, Cuba grande.
[86] Rinke, Revolutionen.
[87] Siehe den Bericht Arangos an den Real Consulado: ANC, RC, leg. 92, no. 3923: „Expediente sobre las noticias comunicadas por el Sindico Don Francisco de Arango y Parreño, adquiridas en el viaje por encargo de S.M. ha hecho a Inglaterra, Portugal, Barbada y Jamayca", 30 de Septiem-

es eine totale Transformation im kommerziellen System gegeben".[88] Die Transformation betraf vor allem die neue Stellung Kubas nach dem revolutionären Abbruch auf Saint-Domingue und der Niederlage Frankreichs sowie die Weltstellung Großbritanniens. Großbritannien „used its position as an island and a maritime power to reorganize and control the European state system from the outside, and mediated Europe's relation to the wider world through control by sea".[89] Die Kontrolle von Europas Beziehungen zur „weiteren Welt" bedeutete vor allem Kontrolle des Atlantiks – eine Art neues Monopol. Dieses wurde von den iberischen Mächten unterlaufen – durch Sklavenhandel und Menschenschmuggel.

Kuba, Puerto Rico, die Philippinen sowie Spanisch-Guinea (Fernando Po und Corisco-Río Muní/Äquatorialguinea – Spanien versuchte, in Fernando Po und Río Muní (River Mooney) dem portugiesischen Modell von São Tomé zu folgen) sowie Ifni bildeten das spanische Restimperium.[90] Britische Denunziationen des Sklavenhandels von Iberern in Afrika besagen, dass es auf Corisco im heutigen Gabun um 1840 „Neger-Faktoreien, die spanischen Untertanen gehören"[91], gab. Die Negreros wehrten sich manu militari gegen britische Kontrolleure. Portugal konzentrierte sich auf die Schaffung seines „dritten Imperiums" in Afrika. Zwischen beiden iberischen Imperien bildeten sich, wie wir gesehen haben, neue Allianzen. Neue Akteure kamen ins Spiel. In den 1840er Jahren bildeten sich neue globale Formen von Sklavereien, Bonded-Labor-Formen und Schmuggelsysteme mit menschlichen Körpern („neue" Sklavereien/Kontraktsklavereien) heraus. Dieses neue globale Umfeld wirkte sich auch auf die – sagen wir mal –

---

bre de 1795; sowie: ANC, RC, leg. 93, no. 3924: „Expediente relativo a las noticias adquiridas por el Sindico de este cuerpo en Inglaterra y Jamayca, sobre refinerias de azucar", 28 de Octubre de 1795; siehe auch: ANC, Junta de Fomento, libro 161 (1795–1796), f. 83r–88r.

88 Arango an Generalkapitän Someruelos, La Habana, 17. Oktober 1809, in: ANC, GSC, leg. 1021, 95998, f. 2r–2v; siehe auch: Childs, The 1812 Aponte Rebellion, S. 21–45; zur „Rolle rückwärts" Arangos vom Sklavenhandelsbefürworter zum Sklavenhandelsgegner zwischen 1812 und 1817 (und verschärft nach 1825) siehe die Zusammenfassung Gradens zu den Arbeiten von Manuel Barcia und Matt Childs: Graden, Disease, S. 81–119, hier vor allem S. 102f.

89 Tomich, „Econocide?", S. 311.

90 Fradera, Colonias; siehe auch: Díaz Matarranz, De la trata de negros; Díaz Matarranz, „Hacienda". Als Hintergrund siehe: Fegley, „Death's Waiting Room"; Harms, „Slavery".

91 Schreiben (Original) von Joaquin Mª. de Serria an Generalkapitän von Kuba in Havanna, Madrid, 27. April 1841, in: ANC, AP, leg. 41, no. 2: „Comunicación de la primera Secretaria del despacho de Estado dirigida al Capitan General de la Ysla, fecha Madrid 27 de abril 1841, remitiendole varias copias recibidas del Ministro de S.M. en Londres y de una nota del Ministro Britanico en las cortes, f. 1r–2v, hier f. 1r. Geht zurück auf: Schreiben von Lieutenant G.F. Burdem an Bord der Brig Viper an Commander and Senior officer der Sloop Wolverine, Wm Tucker, Princess [Island?] vom 16. August 1840 (Originalkopie), in: Ebd., f. 3r–5v.

Enklavenwirtschaften formierter Plantagensklavereien an Land aus – sie wurden zu modernen Gesellschaften der Massensklaverei und der großen Exportwirtschaften.

Kubas Westen (*Cuba grande* mit anhängendem Tabaksklavereigebiet im äußersten Westen) zwischen Havanna/Matanzas und Cienfuegos war – auch und gerade wegen der Nichtregulierung durch den Staat im Kolonialbereich – auf dem besten Wege, die kompakteste, rentabelste, technologisch modernste und entwickelteste Plantagenkolonie und Sklavengesellschaft der Welt zu werden.[92] Kubas Aufstieg und Dynamik hingen engstens mit der Atlantisierung, d. h. mit dem Zugang zur großen Akkumulationsmaschine der atlantischen Wirtschaft bis um 1820 und des verborgenen Atlantiks seit 1820 und seinen Ressourcenlinien in Afrika zusammen.[93] Und Kuba war das amerikanische Kolonialterritorium, das am längsten, bis etwa 1880, den atlantischen Menschenschmuggel von Afrikanern, kombiniert mit Kulihandel aus China (siehe unten) aufrechterhielt.

Wie die karibische Sklavenbeschaffung und der Menschenhandel oder besser, die höchst unterschiedlichen Arten des Verkaufs auf Kuba, konkret funktionierten, wissen wir insgesamt nur sehr punktuell. Vor 1789 war Sklavenhandel Kronmonopol (seit 1763 ziemlich durchlöchert, weil Teile oder Abschnitte an einzelne Kompanien oder private Privilegiennehmer gegeben wurde); ab 1820 war der „Freihandel" mit schwarzen Menschen aus Afrika schon wieder durch einen von Großbritannien erzwungenen Vertrag verboten.

Frühe Hinweise vor 1789 etwa für Trinidad an der Südküste Kubas besagen, dass dort Sklaven aus den Beutezügen von kreolischen oder französischen Korsarenkapitänen in öffentlicher Versteigerung verkauft wurden.[94] Eine Quelle von 1747 spricht von einer Sklavin namens „María Elena aus der Nation conga von, wie es scheint, einundzwanzig Jahren"[95], die durch Doña Manuela Alphonso del Manzano verkauft wurde. Doña Manuela hatte die Sklavin von ihrem verstorbenen Mann geerbt. Der wiederum hatte die Sklavin gekauft „in öffentlicher Versteigerung, die man in dieser Stadt [Trinidad] am sechsundzwanzigsten November des vergangenen Jahres siebenundvierzig [1747] gemacht hat, unter anderen [Verschleppten] aus dem Korsarenzug der Kapitäne Roque Mosquera und Francisco Cierto und ich verkaufe sie ihm als Gefangene/zum Dienst Gezwungene gesund an Gliedern und [ohne] Krankheiten mit dem Makel, zur Flucht zu neigen, und

---

[92] Hernández Sandoica, El colonialismo; Naranjo Orovio/Santamaría, „La Edad"; Zeuske, Cuba grande.
[93] Tomich/Zeuske, „The Second Slavery"; Laviña/Zeuske, „Failures".
[94] Marín Villafuerte, Historia, S. 79–90.
[95] „Venta Real", Ciudad de Trinidad, f. 155r.

frei von [finanziellen] Verpflichtungen ... zum Preis von dreihundert Pesos".[96] In einem Testament von 1740 erscheinen als Erbschaft „ein Neger genannt Antonio popo [Nation Popo]; eine Negerin genannt Madalena, beide aus Corso [Korsarenunternehmen]".[97] Die wirklichen *Pirates of the Caribbean*!

Nach 1820 bedeutete manchmal die Ankunft auf Kuba auch den Übergang freier Schwarzer, meist von Schiffsbesatzungen, in die Sklaverei. Auch auf Kuba selbst, d. h., an Land, wie in allen Sklavereigesellschaften, standen freie Farbige vor der Gefahr gekidnappt und in die Sklaverei verkauft zu werden. Aus der Beschwerde einer freien Schwarzen namens Juana Socarrás an den Teniente Gobernador von Remedios geht die Erinnerung an ein solches Kapitalverbrechen hervor, „dass ihre Mutter Tomasa Federica 1812 als Köchin mit acht schwarzen Matrosen auf der brasilianischen Brigantine *General Silveira* ankam". Das Schiff, ein Sklavenhändler, fuhr von Rio nach Havanna. In der Nähe Kubas wurde die *General Silveira* von einem Korsaren aus Cartagena aufgebracht und die freie schwarze Köchin in Remedios auf Kuba als Sklavin an einen Katalanen namens Francisco Romeu, genannt Pancho Avemaría, verkauft, obwohl alle Matrosen und auch die Köchin eigentlich zur Besatzung gehörten und frei waren. Erst nach mehr als vierzig Jahren (1856) konnte Tomasa Federica ihre Freiheit kaufen – für 100 Pesos. Ihre in der Sklaverei geborene Tochter Juana wurde gar erst 1862 für 700 Pesos freigekauft. Der Sohn von Juana Socarrás, José de la Luz, war zum Zeitpunkt der Beschwerde noch Sklave. Die Mutter versuchte verzweifelt, durch die Beschwerde beim Gouverneur seine Freiheit zu erlangen.[98]

Vor 1808 hatte es nur wenige kubanisch-spanische Sklavenhandelsschiffe gegeben. Die meisten Sklaven und Sklavinnen wurden entweder von britischen oder „portugiesischen" Sklavenschiffen nach Kuba gebracht (auch aus Brasilien, siehe unten) oder aus niederländischen, französischen, englischen oder dänischen Karibikkolonien nach Kuba geschmuggelt. Deshalb entsprachen die Bedingungen des atlantischen Sklavenhandels für Versklavte, die nach Kuba verschleppt wurden, denen auf britischen, „portugiesischen" (brasilianischen, kapverdischen, angolanischen), niederländischen, dänischen und französischen Schiffen. Das änderte sich nach 1808 (Verbot des Sklavenhandels auf britischen Schiffen und auf US-Schiffen[99]). Zwischen 1809 und 1880 verschaffte der Skla-

---

96 Ebd.
97 „Testamento", Ciudad de Trinidad, f. 28r.
98 „Expediente promovido por consecuencia de la reclamación de la morena Juana Socarrás respecto á su estado y el de sus hijos", Remedios, 30. Oktober und 30. November 1866; La Habana, 6., 8., 30. November 1866, in: ANC, Gobierno Superior Civil (GSC), leg. 967, no. 34183 (ohne Foliierung); siehe auch: García Rodríguez, La esclavitud, S. 123f.
99 Linden (Hrsg.), Humanitarian Intervention, passim.

venschmuggel nicht nur den neu entstehenden Gruppen von Negreros zwischen Havanna, Madrid und Barcelona Profite, Reichtum und Einfluss, sondern auch Schiffsbauern, Reedern, Werftbesitzern, Kapitänen, Piloten, Ärzten, Fabrikbesitzern, Handelshäusern, Banken, Notaren, Versicherungen und Finanzplätzen – in den Amerikas allen voran in New York, aber auch in Havanna, Baltimore, New Orleans, Rio de Janeiro und Bahia.[100] Oft wurden Schiffe in Nordamerika (USA), in Portugal oder auf den atlantischen Inseln gebaut und in Brasilien oder auf Kuba endgültig ausgerüstet; viele wurden aber auch auf Kuba selbst konstruiert (wie die Amistad).[101] Und obwohl der Sklavenhandel nach 1820 unter der Omertà des Schmuggels ablief, tauchten die Gewinne, die aus Krediten, Schulden sowie dem Kapital menschlicher Körper generiert worden waren, vor allem nach 1860 auf Bankkonten, in realen Geldsummen, in Kapitalien, Schiffen (Flotten), Immobilien, Häusern, Erbschaften und anderen Formen von Vermögen, auch in Form von Stiftungen oder Kirchen, Schmuck oder in Aktien/Anteilscheinen auf.[102]

Die iberischen Allianzen des ersten iberischen Atlantiks waren um 1640–1650 zerbrochen. Seit dem Einmarsch napoleonischer Truppen auf der iberischen Halbinsel 1808 und der Quasi-Besetzung durch Großbritannien bis 1820 verband Portugiesen und Spanier, bei allen alten Animositäten, ein gemeinsames Schicksal. Das wirkte sich auch auf den Sklavenhandel/Menschenschmuggel aus. Mir erlaubt es eine Antwort auf die oben gestellte Frage nach dem Sklaven- und Menschenhandel auf „spanischen" Schiffen. Grundsätzlich ist es für den Hidden Atlantic wahrscheinlich noch wichtiger, von iberischen Schiffen zu sprechen und darunter auch brasilianische Schiffe (mindestens bis 1852) und kubanische Schiffe (bis 1880) zu fassen. Zugleich zeigt der Menschenschmuggel des Hidden Atlantic im 19. Jahrhundert, dass man nicht mehr nur von lokalen Sklavereien sprechen kann, sondern dass sich Sklavereien an Land und atlantischer Menschenschmuggel im Sinne übergreifender Globalisierungstheorien als Hidden Atlantic Slavery darstellten.

Briten wie US-Amerikanern war transatlantischer Sklavenhandel seit den Verboten (Abolitionen), die 1808 in Kraft traten, formal untersagt. Amerikaner betreiben seit 1808 den Sklavenhandel nach Kuba und Brasilien als Offshore-Business; zwar war ihnen das Geschäft als atlantischer Sklavenhandel verboten, aber als unspezifischer „Transport" außerhalb der Küsten und Häfen der USA

---

[100] Armstrong, Tim, „Slavery"; Covo, Manuel, „Baltimore".
[101] Arnalte, Los últimos esclavos, S. 27f.; Obadele-Starks, Freebooters, S. 167–191; Zeuske, Die Geschichte der Amistad, S. 75.
[102] Cayuela Fernández, „Transferencias de capitales"; Rodrigo y Alharilla, „Trasvase de capitales"; Rodrigo y Alharilla, „Cuba; Rodrigo y Alharilla, „Navieras y navieros"; Rodrigo y Alharilla, „Spanish Merchants".

wurde es mehr oder weniger toleriert, manchmal sogar unterstützt, etwa über Förderung des Schiffsbaus oder durch das von dem Sklavenhändler James De-Wolf (1764–1837) eingebrachte Amendment, das es dem *British Squadron* verbot, US-amerikanische Schiffe zu kontrollieren. Erst 1842 sahen die USA sich gezwungen, auf Druck Großbritanniens eine eigene kleine Flotte zur Kontrolle des Menschenschmuggels nach Afrika zu schicken.[103] In die USA wurden in der Endphase der Sklavenfahrten amerikanischer Kapitäne und Schiffe formal keine Sklaven, sondern Melasse, Kaffee oder Zucker eingeführt.[104] Briten begannen schon 1806, Chinesen unter Kontrakt in die Karibik zu transportieren (1806: 192 Kulis); für fünf Jahre. Euphemistisch wurde diese Kontraktsklaverei als *industrial residence* bezeichnet – nur wenige blieben in Trinidad.[105]

Viel wichtiger aber waren die jahrhundertealten Erfahrungen portugiesischer und brasilianischer Sklavenhändler, der iberischen Cousins der „Spanier" (darunter, seit dem 18. Jahrhundert, viele Basken, und seit 1790, wie bereits mehrfach gesagt, viele Katalanen).[106] Ich will die neue Allianz iberischer Sklavenhändler, Kapitäne und Schmuggler an dieser Stelle relativ systematisch darstellen.

Die wichtigste Rolle der „Portugiesen" für „spanische", d. h., auch kubanische, Sklavenhändler war erstens die von Maklern und Zwischenhändlern. Der Handel an der afrikanischen Küste war extrem komplex und kompliziert sowie voll von Fallen für unerfahrene Händler und Kapitäne (wie am Fall *Isabel* 1814 erkennbar). Portugiesen kontrollierten Netze von luso-kreolischen Gruppen (*tangomaos, grumetes, baquianos, pumbeiros, quimbares*, etc.), die die Kulturen, Sprachen und Lebensweisen, Kleidungsgewohnheiten, Designs, Etikette, Ernährung und Krankheiten kannten; sie waren auch gut mit afrikanischen Herrschern, Kaufleuten, Karawanenchefs, Razzienarmee-Chefs und lokalen Machthabern vernetzt. Außerdem besaß Portugal in einer Reihe von afrikanischen Küstenterritorien international anerkannte Souveränitätsrechte.[107]

---

103 Graden, Disease, S. 17; zur Flotte von 1842 siehe: Arnalte, Los últimos esclavos, S. 30; Canney, Africa Squadron: The U.S. Navy and the Slave Trade, 1842–1861.
104 Graden, Disease, S. 12–39.
105 Hu-DeHart, „La Trata Amarilla", S. 167; siehe auch Look Lai, The Chinese.
106 Zu den Katalanen, schon zeitig mit einerseits kulturellem Pränationalismus und transnationalem Kosmopolitismus andererseits, und der globalen Hub-Funktion des Hafens von Barcelona siehe: Maluquer de Motes, „Burguesia catalana"; Fradera, „La participació"; Maluquer de Motes, „Abolicionismo"; Maluquer de Motes, „La formación"; Yáñez, „Los negocios"; Clarence-Smith, „The Portuguese Contribution"; Clarence-Smith, „La traite portugaise"; siehe auch: Clarence-Smith, The Third Portuguese Empire, passim; Clarence-Smith, Slaves, Peasants, sowie: Fradera/Schmidt-Nowara (Hrsg.), Slavery and Antislavery; Schmidt-Nowara, Slavery, Freedom.
107 Clarence-Smith, „The Portuguese Contribution".

In Portugal selbst bedeutete Bürgertum im Grunde lokale Gruppen alter, aber immer noch dynamischer und kosmopolitischer Handelsbourgeoisien, die im Laufe der Modernisierungen und neuen internationalen Arbeitsteilungen der industriellen Revolution vor der Gefahr standen, zurückzubleiben (mit zwei regionalen Polen – Porto im Norden, Wein und Sklaven, sowie Lissabon im Süden, Sklaven und Zucker). Ohne Land zur Modernisierung (fast alles in Adelsbesitz), ohne moderne Infrastrukturen (oder Projekte), ohne Rohstoffe im Lande (vor allem ohne Kohle oder Erze). Im Grunde waren die Handelseliten auf Kolonialhandel, *shadow empire* und die sich 1808 rapide öffnende Nische des „neuen" Sklavenhandels auf dem Hidden Atlantic angewiesen.[108]

Die Beziehungen der „Spanier" zu den „Portugiesen", ihren iberischen Cousins (so nennt sie William Gervase Clarence-Smith), in Afrika liefen im 19. Jahrhundert in zwei Hauptszenarien ab, mit vielen Zwischenkonfigurationen.

Einerseits kauften „Spanier" Menschen in Gebieten, wo „Portugiesen" stabile Machtpositionen hatten (wie im südlichen Senegambien Cacheu, Bissau/Gallinas), an der Sklavenküste von Togo über Ajudá/Whydah bis Lagos (Onim) sowie in Angola und Moçambique) direkt von ihnen oder ihren afro-lusitanischen Nachkommen.

Zweitens spielten „Portugiesen" eine Rolle, indem sie ganz oder teilweise direkte Sklaventransportfahrten von Afrika nach Kuba oder von Afrika nach Brasilien (vor allem Bahia) und dann nach Kuba übernahmen und organisierten. Diese zweite Dimension ist besonders tief im Schatten des Hidden Atlantic verborgen, auch weil die Schiffe oft amerikanische Farben trugen.[109] Grundsätzlich muss man von einem extrem korrupten System ausgehen; transatlantischer Sklavenhandel war auch in portugiesischen Gebieten seit 1836/1842 verboten und ausländischer, d. h., auch spanischer, Handel in portugiesischen Häfen war formal erst seit der Mitte der 1840er Jahre erlaubt.[110] Die Korruption zeigt sich – wie immer – am besten, wenn der *long black veil* der bewussten Marginalisierung und des Verschweigens zeitweilig aufgeschlitzt wurde – meist wenn sich Profiteure in die Haare kamen. Das passierte auf den Kapverden Ende der 1830er Jahre. Wahrscheinlich, weil der brummende Menschenhandel der „Spanier" weiter nach Süden auswich und die Profite geringer wurden. In einem vertraulichen Bericht schreibt ein Untersuchungsbeamter, dass der Gouverneur Joaquim Pereira Marinho für mehr als

---

108 Ebd., S. 31.
109 Klein, „North American Competition"; Marques, „A participação"; Marques, „Slave Trade"; Anderson, „New England Merchants"; Graden, Disease, S. 12–39.
110 Clarence-Smith, „The Portuguese Contribution", S. 26; zum Hintergrund siehe: Miers, Slavery, S. 29f.

zwanzig „ausländische" Schiffe, die formal an „Portugiesen" verkauft worden waren, Pässe habe ausstellen lassen:

> Zwanzig, und so viele ausländische Schiffe, die an portugiesische Untertanen mit Wohnsitz in dieser Stadt verkauft wurden, haben vom Angeklagten Pässe erhalten, um als nationales Eigentum zu fahren und es ist bekannt, dass die Schiffe aus dem Hafen [von Praia] mit der gleichen Mannschaft ausgelaufen sind, mit der sie auch reingekommen waren, ohne auch nur einen Fahnen-Kapitän [d. h., einen Kapitän portugiesischer Nationalität] zu nehmen, und sie widmeten sich dem Sklavenhandel, für den, wie er war [wie er erlaubt war], sie ihre Pässe missbraucht haben, die ihnen immer für Punkte konzediert worden waren, wo man solchen nicht machen konnte.[111]

Und es kam auch heraus, dass eine Verschwörung der Sklaven in Praia Ende 1835 benutzt worden war, um den Gouverneur zu diffamieren und ihn zu zwingen, zwei der „Verschwörer" erschießen zu lassen. Die Anklage gegen Gouverneur Joaquim Pereira Marinho stammte von Manoel António Martins (1772–1845, Gouverneur der Kapverden 1834–1835), der bedeutendste Armador der Kapverden und einer der Honoratioren Praias.[112] Armadores waren meist auch Mercadores.

Zum ersten Hauptszenario: Seit den 1770er Jahren versuchte Madrid, wie oben dargelegt, Souveränitätspositionen und Handelsrechte in Afrika zu erwerben bzw. aufzubauen (Fernando Po, Annobon sowie Handelsrechte an den Calabar-Küste von der Niger-Mündung bis Cabo Lopes). Die Versuche funktionierten entweder nicht richtig (wie in Fernando Po und Annobon) oder kamen ziemlich spät (wie Río Muni in Gabun, einem Einflussgebiet der Franzosen – formell erst 1900) oder beides.[113] Direkten Handel mit arabischen sowie luso-afrikanischen Zwischenhändlern vom Typ Grumetes und Ambakisten gab es im Norden und Süden Sierra Leones, der Bucht von Biafra, der Kongomündung sowie an der ostafrikanischen Küste südlich von Cap Delgado. Die drei wichtigsten Umschlagplätze für den Menschenhandel sowohl direkt mit „Portugiesen" (auch und vor allem mit den ewig unterbezahlten portugiesischen Offizieren und Kolonialbeamten, die sozusagen als letzte Mittelsmänner agierten) als auch mit luso-afrikanischen Zwischenhändlern waren die Kapverden, São Tomé und Príncipe und, seit ca. 1845, die Kongomündung und Luanda.

Ich bringe hier kurz das Beispiel der Kongomündung. Der Großteil der Menschenhandels-Baracken (Barracones/Quibanguas) an den Ufern des Kon-

---

111 Brief „Confidencial" (No. 349/839), aus Villa da Praya da Ilha de Santiago de CaboVerde 20 de Março de 1839, José Joaquim de Silva Guardas an Ministro, Secretario d'Estado dos Negocios da Marinha, e Ultramar, in: AHU, Cabo-Verde 1839, SEMU-DGU, caixa 56.
112 Pereira, Memória Sobre Cabo Verde.
113 Sarracino, Los que volvieron, S. 131–150; Crespi, „En busca".

go gehörte um 1845 „Kubanern" und „Spaniern", einige auch „Brasilianern". Brasilianer-Portugiesen spielten aber insgesamt die Hauptrolle im Sklaven-/ Menschenhandel des Königreichs Kongo, das damals die südlicheren Gebiete der Kongomündung und des Niederkongo umfasste.[114] Auch nordamerikanische Schiffe, die offiziell Fahrten nach Kuba, Rio oder Bahia deklariert hatten (eventuell als „Kaffeefahrten", Trockenfleisch- oder Zuckertransportfahrten[115]), waren als Slaver am Kongo. Der Obernegrero Julian de Zulueta aus Havanna war durch seinen Faktor José Obea vor Ort vertreten. Obea besaß, wie viele andere, neben seinen Quibanguas ein prächtiges Haus und schöne Gärten. Auch Konkurrenten von Zulueta waren dort, so die Mongos Manuel Pastor und ein gewisser Manzanedo (eventuell von der Capitalista- und Negrero Familie Manzanedo aus Havanna[116]). Andere Faktoren waren Pedro Maniett und zeitweilig der berüchtigte Manuel Pinto da Fonseca aus Rio. Die Barracones waren einige Segelstunden hinter der Kongo-Mündung platziert, um Angriffe britischer Kriegsschiffe zu verhindern. Die Region der Mündung und des Unterlaufes des Kongo waren seit jeher, aber besonders seit 1840, neben den Inseln, Luanda und Ouidah (Whydah/Ajudá), die wichtigsten Menschenhandels-Versorgungsgebiete für Kuba und Brasilien. In Mboma (heute Boma), ca. 20 km von der Mündung des Kongo entfernt, befand sich um 1850 das wichtigste Menschenhandelszentrum, in dem die Routen aus dem inneren Sklavenhandels-Zentrum Malebo Pool endeten.[117] Die Mündung des Kongo-Flusses (Zaire) war und ist riesig, die Strömungen sind gigantisch. Die Ebbe zog die Segelschiffe mit starker Strömung in den Unterlauf. Dort wurden die Captives schnell verladen. Bei Flut schossen die kleinen und schnellen Schiffe mit der starken Flussströmung in den offenen Atlantik. Verfolgerschiffe hatten kaum eine Chance. Die schiere Masse der Negrero-Schiffe wird etwas deutlicher, wenn der Blick auf die von britischen Verfolgerschiffen trotz der Schwierigkeiten gekaperten Sklavenschiffe fällt: nördlich der Kongomündung wurden 290, südlich der Kongomündung 280 Sklavenschiffe aufgebracht.[118]

„Spanische" Negreros hingen in Bezug auf Wissen und Information sowie einer Reihe von, sagen wir, Diensten, direkt von Portugiesen ab. „Spanier" benötig-

---

114 Herlin, „Brazil".
115 Siehe zum Fall des Sklavenschiffes *Echo*, das unter dem Namen *Putnam* als Zuckerfrachter gefahren war und später im afrikanischen Handel eingesetzt wurde: http://ldhi.library.cofc.edu/exhibits/show/voyage-of-the-echo-the-trials/the-echo-slave-traders (7.3.2015). Zum Transport von Trockenfleisch, verbunden mit illegalem Sklavenhandel, siehe: Sluyter, „The Hispanic Atlantic's Tasajo Trail".
116 Rodrigo y Alharilla, „Spanish Merchants", S. 188–192.
117 Bennett/Brooks, New England Merchants in Africa, S. 10f.
118 Thomas, The Slave Trade, S. 705.

ten offizielle portugiesische Pässe, um in die Häfen der portugiesischen Gebiete Afrikas einzulaufen; sie ließen (auch ohne Passports) in Häfen unter portugiesischer Kontrolle Schiffe reparieren und wickelten dabei die Geschäfte ab (siehe die ausführlichen Listen der Schiffe von 1840[119]). Wenn es nützlich war, kauften sie portugiesische „Farben" (d. h. Flaggen, manchmal sogar das Recht, diese zu benutzen, sowie „Flaggen-Kapitäne"); sie machten fiktive Verkäufe ihrer Schiffe an lokale „portugiesische" Kaufleute (siehe oben) und teilten die Profite mit ihnen. Dazu kamen nichtöffentliche Kontrakte mit den lokalen Kaufleuten.[120]

Zum zweiten Hauptszenario: Neben dem Problem, wer denn als „Portugiese" gelten soll, spielt beim Nachweis dieses Handels auch eine Rolle, wo die wirklichen „nationalen" Netzwerke der Kreditgeber von Sklavenhändlern, Faktoren und Kapitänen lagen (d. h. in welchem Raum am Atlantik und wie dessen Stellung im jeweiligen Imperium war), im Gegensatz zu der oberflächlichen legalen Nationalität, die Sklavenhändler, Faktoren, Kapitäne und Schiffe oft durch Kolonialismus, Betrug oder Korruption annahmen. „Spanier" konnten nicht ohne „Portugiesen" in Afrika operieren. Kein „Portugiese" konnte ohne „spanische" Partner aus Afrika verschleppte Menschen in Buenos Aires, Montevideo, auf Kuba oder Puerto Rico anlanden (wir kennen aber kaum die genauen finanziellen Absprachen zwischen ihnen).[121]

Der erste sichtbare (auch in den Quellen zu erkennende) Boom „portugiesischen" Sklavenhandels des 19. Jahrhunderts in die spanische Karibik ist 1807/1808 festzustellen. Der nach Brasilien geflohene Prinzregent Portugals liebäugelte einerseits mit der britischen Abolitionspolitik. Andererseits autorisierte er den Sklavenhandel zwischen „seinen Subjekten" und den spanischen Besitzungen. Das war, wie William Clarence-Smith sagt, eine „goldene Gelegenheit" für Sklavenhändler und Kapitäne der „Portugiesen".[122]

Es war noch mehr. Die französische Expansion gegen die iberische Halbinsel seit 1807 und die britischen Gegeninvasionen waren nicht nur eine europäische Angelegenheit. Sie richteten sich auch und vor allem gegen die globale Rolle Portugals zu dieser Zeit. Es ging nicht nur um „britische Waren", sondern um brasilianischen Zucker, Häute und Baumwolle, um Baumwollwaren aus Indien und Seidenstoffe, Porzellan und Lackwaren aus China, um Tee und vor allem um massive Gewinne aus dem Sklavenhandel. Das portugiesische Königshaus floh vor den

---

119 „Mappas dos Navios entrados e sahidos", 1840 (der wichtigsten Kapverden-Inseln), in: Ebd.
120 Clarence-Smith, „The Portuguese Contribution", S. 26.
121 Ebd., S. 27.
122 Ebd.

Anzahl eingeschiffter Sklaven afrikanischer Herkunft, aufgeteilt nach Schiffsflaggen, 1807–1814 (Schätzungen).

Jahr	Spanien	Portugal	Großbritannien	Niederlande	Frankreich	Übrige	Insgesamt
1807		40 138	36 127		0	36 311	112 576
1808		30 335	8 978	304	77	3 150	42 844
1809	993	38 421	18	4	227	500	39 936
1810	7 283	62 984	310		1 079	1 552	72 130
1811	8 520	48 657				776	57 954
1812	4 657	55 316				500	60 473
1813	3 120	47 078				500	50 698
1814	4 665	48 133			637	500	53 934

Quelle: www.slavevoyages.org.

Franzosen, mit britischer Hilfe und auf britischen Schiffen, ins Herz des *império* der Sklaverei und des Sklavenhandels – das „goldene" Brasilien.[123]

Zwar zogen die anglo-portugiesischen Verträge von 1810 und 1815 gegen den Sklavenhandel strikte Grenzen (vor allem auf Papier, diskursiv), aber die größten Ladungen von Sklaven in der Karibik wurden um und in den Jahren nach 1810 von Schiffen auf Kuba und Puerto Rico angelandet, die offiziell als „portugiesische Schiffe" registriert waren. Möglicherweise handelte es sich in Wirklichkeit um britische oder französische Sklavenhändler und Kapitäne.[124]

Seit der formalen Abolition des Sklavenhandels durch die spanische Krone 1820 konzentrierte sich „Menschenhandel mit Abolition" auf amerikanischer Seite in Rio, Bahia sowie Montevideo, Buenos Aires und Havanna (mit Zugang zu Nordamerika). Verschleppte kamen in „the highest rates ever recorded in the long history of the infamous trade"[125], sagt William Gervase Clarence-Smith. „In this booming trade the Portuguese seized the initiative". „Portugiesischer" Sklavenhandel mit den spanischen Kolonien hatte sein Zentrum in Bahia.[126] Wirtschaftlicher Kontext waren der Niedergang des Zuckers im brasilianischen Nordosten und die Produktion des eher drittklassigen „schwarzen" Tabaks, der in der Fer-

---

123 Clarence-Smith, The Third Portuguese Empire, S. 23f.
124 Klein, „The Cuban Slave Trade"; Johnson, „The Rise and Fall"; Klein, „El comercio"; zu Frankreich, dessen Schiffe seit 1822 bis auf etwa ein Dutzend aus dem atlantischen Menschenhandel verschwunden waren, siehe: Jennings, „French Policy"; Jennings, French Antislavery.
125 Clarence-Smith, The Third Portuguese Empire, S. 29–31; siehe auch: Caldeira, Escravos, S. 251–317.
126 Siehe z. B.: ANC, GSC, Esclavitud, leg. 945, no. 33317 (1847): „Sobre la denuncia hecha por el Ministro inglés en la corte acerca de un plan para surtir estas colonias de negros del Brasil".

mentierungsphase mit Zuckermelasse behandelt wurde.[127] Dieser schwarze Tabak, bereits oft erwähnt, war für den Menschenhandel an der Sklavenküste ein unbedingt notwendiges Handelsgut. Es gab weitere Handelsgüter amerikanischer Produktion, wie Alkohol (Rum, Cachaça, *geribita*), Maniokmehl (tapioca), Kaffee und Reis oder Trockenfisch sowie sonnengetrocknetes Rindfleisch. Der größte Sklavenhändler Bahias, Joaquim Pereira Marinho (nicht zu verwechseln mit dem Gouverneur der Kapverden Joaquim Pereira Marinho), galt zugleich als „König des Charque"[128] (*charque* oder *charquí* = *tasajo*, getrocknetes Rinderfleisch; siehe zur „Tasajo-Route" oben). Die größten Sklavenhändler Rios waren die Gebrüder Fonseca; Manuel Pinto da Fonseca, der älteste der Brüder, galt als der weltweite reichste Sklavenhändler (eventuell sogar als der reichste Privatmann überhaupt): – „The most infamous and perhaps the wealthiest slave trader in the world in the 1840s was Manuel Pinto da Fonseca".[129] Dazu kamen die großen Sklavenhändler Joaquim Ferreira dos Santos, José António de Sousa Basto sowie die Brüder Leite Guimarães und José Bernhardino de Sá, der wichtigste Rivale von Fonseca (siehe auch weiter unten).[130]

Die Sklavenküste mit den systematischen Menschenrazzien des Königs von Dahomey, den Bürgerkriegen im und um das Oyo-Reich sowie vor allem mit den Jihads des Sokoto-Reiches wurde seit den 1820er Jahren immer mehr zu einem Beschaffungsgebiet für Sklaven nach Kuba. „Portugiesische" Schiffe oder Schiffe aus Kuba, die die portugiesische (bis 1822/1825) oder brasilianische Flagge hissten, verließen Bahia mit Ladungen von Tabak und Rum.

Zurück in den Norden des subsaharischen Afrikas. Mit Hilfe der „Portugiesen" und anderer Faktoren sowie Mongos tauschten die Kapitäne an den Küsten von Guiné, am Río Pongo, Rio Nuno oder Gallinas Verschleppte und Kriegsgefangene ein und brachten sie nach Kuba. Die Menschen, die Nozzolini an der oberen Guineaküste bis hinunter ins relativ entfernte Gallinas kaufte, gingen im Wesentlichen nach Kuba.[131] Von dort fuhren die „portugiesischen" Schiffe, meist unter brasilianischen, „kubanischen" oder spanisch-katalanischen Kapitänen (wie es

---

[127] Clarence-Smith, „The Portuguese Contribution".
[128] Salvador, Os Magnatas, passim; Clarence-Smith, The Third Portuguese Empire, S. 53; Clarence-Smith, „La traite portugaise", S. 432; siehe auch: Araujo, „Transnational Memory", S. 19–22. Pereira machte seit 1835 zunächst Geschäfte mit der mächtigsten Sklavenhändlerin Luandas, Ana Joaquina dos Santos Silva (1779–1859). Zwischen 1839 und 1850 gelang ihm die Organisation von 33 Negrerofahrten zwischen Benin und São Salvador de Bahia; Pereira war auch Agent von Dominguinho da ‚Costa' (Domingo Martínez) aus Lagos in Bahia, siehe: Ebd., S. 21f. Pereira hat heute noch ein Denkmal als „Wohltäter" in Bahia (Ebd., S. 24).
[129] Clarence-Smith, The Third Portuguese Empire, S. 54.
[130] Ebd., S. 54–56.
[131] Brooks, „A Nhara"; Carreira, O tráfico de escravos, S. 29–34; Ternant, Les colonies, S. 26.

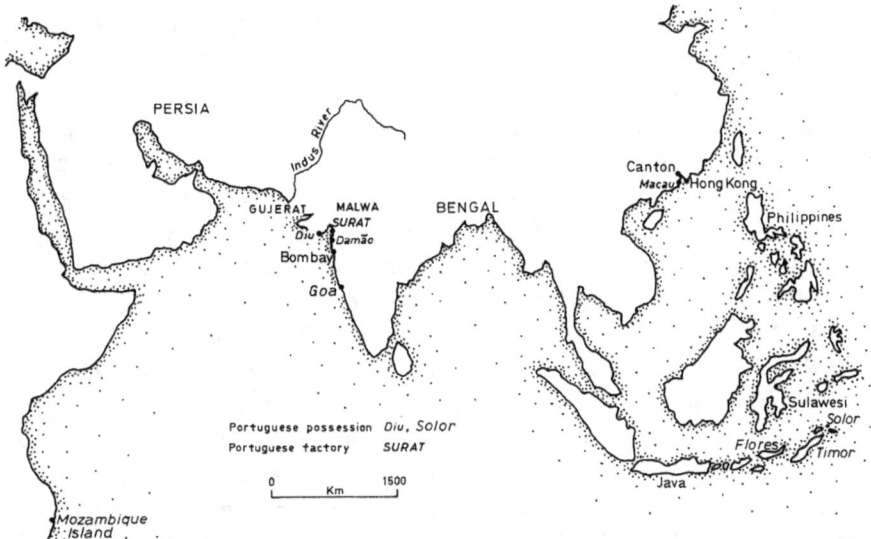

Abb. 15. Portugal in Ostafrika, Asien und Indik mit Orten des Opiumhandels, nach: Clarence-Smith, The Third Portuguese Empire, S. 33.

für Pedro Blanco bekannt ist), mit den Gewinnen der Transaktionen nach Bahia zurück. Obwohl Kuba selbst Tabak produzierte, gelang es nie, den „schwarzen" Tabak aus Bahia zu kopieren.[132]

Die beiden wichtigsten Sklavenhändler an der Sklavenküste mit Verbindungen und Kredit nach bzw. in Bahia waren Francisco Félix de Souza und Domingo José Martins (siehe auch unten).[133] Die beiden wichtigsten „portugiesischen" Negreros in Senegambien waren Joaquim António de Matos und José Caetano Nozzolini, die in Verbindung mit Kapitalgebern in Lissabon und in Havanna standen.

Ehe ich einige der wichtigsten Akteure des Sklaven- Menschenhandels vorstelle, hier kurz ein Überblick über die Räume (*slaving zones*), die in Afrika wichtig für „Portugiesen" (in erster Linie), aber auch für „Spanier" waren.

Ich beginne, im Gegensatz zur sonstigen Perspektive (aus Europa nach Süden, um Afrika herum) mit Ostafrika. Moçambique, benannt nach Insel und portugiesischer Festung auf dieser Insel, war zunächst eine Art Unterkolonie des portugiesischen Indiens, vor allem der Gujarati-Häfen und Diu. Dabei wurden auch immer Sklaven mitgehandelt – das bedeutet, dass sie nie so konzentriert transportiert

---

132 Verger, Flux et Reflux, S. 28–39 (für Tabak) und S. 420–422 (für den Handel Bahia-Westafrika-Kuba-Bahia).
133 Clarence-Smith, „The Portuguese Contribution", S. 28.

wurden wie auf Schiffen der atlantischen Mittelpassage. Moçambique war ein Gebiet, in dem „Portugiesen" zunächst nur Positionen und Handelserfolge hatten, weil „portugiesische" *banyans* (Hindu-Kaufleute aus Gujarat), Parsen, muslimische Kaufleute aus portugiesischen Gebieten sowie einige alt-christliche Familien bis zur Öffnung der Häfen und bis zum „Sieg" britischer Textilien sowie dem formalen Verbot des Sklavenhandels in den 1840er Jahren Vermittlungs-Monopole zu beiden Seiten des Indischen Ozeans hatten (von Cap Delgado aus südlich).[134]

Die Goldproduktion auf dem Plateau von Zimbabwe ging zurück; auch der Elfenbeinhandel im Norden. Zwischen dem Niedergang indischer Textilien (vor allem im Norden) und den von der Zulu- und Matabele-Expansion ausgelösten Konflikten und Verwüstungen (*mfecane*, vor allem 1816–1835) kamen die Verbindungen nach Indien immer mehr in Krise. Dazu trug auch die gescheiterte Politik einer eigenständigen „portugiesischen" Opiumproduktion und eines translokalen Opiumhandels bei (getragen von einer „motley collection of Scots, British Indians, Armenians and others, and the only notable Portuguese among them was Rogério de Faria").[135] In Mittel-Moçambique, vor allem am Sambesi (Zambesia), gab es viele feudale Grundbesitze (*prazos*), in deren Besitzerfamilien sich immer mehr „portugiesische" Afrikaner und Afrikanerinnen durchsetzten. Die *prazeros* waren durch die Aufhebung feudaler Titel seitens der Liberalen in Portugal in den 1830er stark verunsichert. Im Grunde blieben in dieser Situation nur der Sklavenhandel und sein Ausbau in Richtung Amerika; nur in diesem Handel hatten „Portugiesen" überhaupt eine Chance.[136]

Mit Zunahme des Menschenhandels Richtung Atlantik und Amerika brachten auch mehr und mehr kleine Dhaus Verschleppte aus dem Gebiet unter Omani-Kontrolle nördlich von Moçambique und Ibo. In Moçambique entstanden aus früheren asiatischen Sklavenhandelsnetzen drei Netze, die Verschleppte in den Hidden Atlantic einspeisten. Im Norden wurden Banyans faktisch zu lokalen Agenten „portugiesischer" Sklavenhändler, die oft in den Amerikas saßen (und betrieben auch Geschäfte mit islamischen Sklavenhändlern aus Angoche).[137] In Zentral-Moçambique operierte eine Allianz lokaler „portugiesischer" Amtsinhaber (ähnlich wie in Guinea-Bissau; siehe Honoratio Barreto unter „Atlantikkreolen") und Prazo-Herren mit ihren Sklaven-Razzienarmeen (*prazeiros*). Einige Amtsträger strebten direkte Allianzen mit Prazos an (auch durch Heiraten). Einige Prazos beschafften sich Waffen und befestigten die Flusszusammenflüsse.

---

134 Ich folge hier dem immer noch exzellenten Buch von William Gervase Clarence-Smith, siehe: Clarence-Smith, The Third Portuguese Empire, S. 28.
135 Ebd., S. 25–29; Zitat S. 26.
136 Hooper/Eltis, „The Indian Ocean".
137 Clarence-Smith, The Third Portuguese Empire, S. 34f.

Einer der erfolgreichsten war Manuel António de Souza, genannt Gouveia, der aus Portugiesisch-Indien stammte. Er wurde zum mächtigsten Prazeiro und Sklavenhändler im südlichen Zambesia. Viele der Prazo-Lords fürchteten allerdings die Überfälle seitens der *ngunis* (Razzienarmeen in Tradition der „Zulu-Revolution"), vor allen die des Staates von Gaza (1824–1895) in Moçambique im Süden des Sambesi und im heutigen südöstlichen Zimbabwe sowie Teilen Südafrikas. Auch Makua-Krieger aus den Nordosten und Yao-Krieger aus dem Nordwesten betrieben Razzien-Kriegszüge. Viele Prazeiros verkauften kurzerhand die Bevölkerung ihrer Prazos und gingen nach Indien, Portugal oder Brasilien.[138]

Angola war die solideste Bastion portugiesischer Herrschaft in Afrika. Viele Reiseberichte beschreiben Luanda als die einzig „europäische" Stadt zwischen Senegalmündung und Kapstadt. Am Kongo-Ästuar, an den Mündungen und an der Kongo-Küste anerkannten die Briten keine portugiesischen Ansprüche außer Cabinda. Wegen des Benguela-Stromes ist die Küste Angolas trocken, fast wüstenartig. Das schützte in gewissem Sinne die Portugiesen, ebenso wie das Klima etwas weniger schrecklich als in anderen tropischen Gebieten auf sie wirkte. In den Oasen entlang der Flussläufe[139], die von Gebirgsplateaus des Interiors zum Atlantik laufen, lagen Landgüter, auf denen von Sklaven fast alles produziert wurde, was die Siedlungen und der Sklavenhandel an Nahrungsmitteln und Vorräten (Öl etwa) benötigten.[140] Sprache und Gebräuche in Benguela und Luanda waren stark von Brasilien, vor allem von Rio, beeinflusst. Der Kimbundu-Dialekt von Luanda breitete sich als *lingua franca* in Angola aus. Wie oben bereits gesagt, kauften von den großen Karawanen unter afrikanischen Karawanenchefs in Luanda und an der Küste meist nur die Sklavenhändler niedrigeren Ranges. Die ganz großen Kaufleute ließen Menschen im Landesinneren durch ihre Pumbeiros (oft selbst Sklaven) beschaffen.[141] Ab 1830 stiegen auch Nachfrage (u. a. des Biedermeier-Kapitalismus in Kontinental-Europa) und Preise für Kolonialprodukte allgemein (Wachs, Elfenbein, Palmöl, Wild-Kaffee). Außer Kaffee wurden nahezu alle Kolonialprodukte, die von Angola nach Lissabon importiert wurden, weiter in andere europäische Länder exportiert.[142]

Im „portugiesischen" Angola operierten drei Gruppen von Sklavenhändlern: lokale kreolische Familien („Luso-Afrikaner"), Immigranten aus Portugal (und von den atlantischen Inseln) sowie Immigranten aus Brasilien. Brasilianer konzentrierten sich zunächst vor allem in Benguela. Portugiesische und kreolische

---

138 Ebd.
139 Heywood/Thornton, Central Africans, S. 49–108.
140 Clarence-Smith, The Third Portuguese Empire, S. 36.
141 Ebd., S. 38.
142 Ebd.

große Sklavenhändler waren oft versippt und verschwägert; Portugiesen blieben möglichst nicht lange in Angola und wichen nach Brasilien oder Portugal aus bzw. kehrten dorthin zurück, oft aus Angst vor Krankheiten. Mit dem britischen Druck nach 1808 schlossen die „Portugiesen" zu beiden Seiten des Atlantiks, trotz vieler Konflikte um Kredit und Schulden, als Sklavenhändler (und -innen) die Reihen.[143]

Nördlich des Kongo, in den Buchten von Benin und Biafra (bzw. an der Sklavenküste und an der Calabarküste) sowie den Küsten des heutigen Gabun, waren die wichtigsten Basen des portugiesischen Kolonialreiches die bereits oft erwähnten Inseln São Tomé und Príncipe. Weil ich sie in chronologischer Perspektive als Ausgangspunkte der Atlantic Slavery schon oft behandelt habe, hier in struktureller Hinsicht der *slaving zones* der Iberer im 19. Jahrhundert nur ein sehr kurzer Exkurs. Beide Inseln hatten laut Clarence-Smith für Europäer, die noch nicht die „Tropen gelernt" hatten, ein „extremely unhealthy climate". Nach dem Niedergang im 17. und 18. Jahrhundert, der nie vollständig war, weil immer die Relaisfunktion im atlantischen Sklavenhandel blieb, kam es im 19. Jahrhundert aus zwei Gründen zu einem massiven Aufschwung: massiver Menschenschmuggel (und die Produktion von Nahrungsmitteln für die Sklavenschiffe) und Wiederaufschwung eigenständiger Plantagenproduktion vor allem von Kaffee (seit 1800) und Kakao (seit 1850).[144]

Die Hauptstadt des Archipels São Tomé und Príncipe wurde 1753 nach nach Santo António auf Príncipe verlegt, näher an die Küsten des Kontinents. Dort lebten die wichtigsten kreolischen Familien und dort befanden sich die größten Plantagen, auf denen Sklaven Nahrungsmittel und Kaffee produzierten. Auf den Inseln lebten um 1820 ca. 15 000 Einwohner, darunter viele Sklaven. Auch unter den Eliten waren ehemalige Sklaven, vor allem Kinder von afrikanischen Frauen. „Most of the creoles were physically African in appearance"[145], schreibt Clarence-Smith, aber unter den Ahnen befanden sich, wie oben gesagt, auch iberische Männer und es gab Verwandtschaftsbeziehung nach Salvador de Bahia in Brasilien und Angola. Die kreolischen Familien von São Tomé und Príncipe betrieben Sklavenhandel in der Bucht von Biafra und an der Küste des heutigen Gabun. Die Versklavten wurden auf kleinen Schiffen verschleppt, zusammen mit Elfenbein, Farbholz, Ebenholz. Die aus den Küstengebieten Verschleppten wurden in Santo António und in São Tomé konzentriert, sodass Sklavenschiffe schnell menschliche Fracht laden konnten. Als die britischen Kontrollen intensiver wurden, über-

---

143 Ebd., S. 38f.
144 Clarence-Smith, „Cocoa Plantations".
145 Clarence-Smith, The Third Portuguese Empire, S. 39.

nahmen meist „Spanier" den atlantischen Sklavenhandel, denen oft von Lokalbehörden falsche Papiere (Pässe) ausgestellt wurden. In der Nähe von Whydah (Ajudá) hatten die Portugiesen ein Fort, das vom König von Dahomey toleriert wurde und bis 1836 konnten von dort Sklaven vor allem nach Príncipe transportiert werden. Bis zu diesem Jahr war Sklavenhandel zwischen portugiesischen Territorien erlaubt. Ajudá war eine Art Unterkolonie von Salvador de Bahia.[146] Während der napoleonischen Kriege zogen die Portugiesen die Garnison zurück und nur ein Zollbeamter blieb dort – Francisco Félix de Souza. Besonders hier war der schwarze Tabak aus Bahia stark gefragt.[147] Der Sklaven- und Menschenhandel verlagerte sich mehr und mehr nach Osten, in Richtung Lagos und Calabar. Hunderttausende von Kriegsgefangenen aus den Kriegen um das Oyo-Reich und aus den Jihad-Kriegen im Hinterland wurden zu den Küsten transportiert. Viele Sklavenhändler waren ehemalige Sklaven aus Brasilien, mit guten Beziehungen zu „Spaniern", wie etwa Joaquim de Almeida. Auch Palmöl wurde exportiert.

Auf den Kapverden konzentrierte sich der Sklavenhandel aus Senegambien und weiter südlich bis Gallinas und Liberia. Die oben beschriebenen fünf im 19. Jahrhundert übrig gebliebenen Forts an den Rios de Guiné (Cacheu, Bissau etc.) waren Kolonien der Kapverden. Die Inselgruppe, vor allem Santiago, war im 19. Jahrhundert ein „modernes" Exportzentrum. Sie hatte eine aktive Handelsbilanz vor allem mit Lissabon und Angola (Blau-violette Färberflechte, Salz, Häute, Textilien, Rum, Mais, etwas Zucker und Kaffee, Ziegen, Hühner und Rinder). Obwohl sich die Baumwoll-Pano-Produktion wegen der britischen und amerikanischen Konkurrenz im Niedergang befand, waren die Kapverden weiterhin Zentrum der Nahrungsmittelproduktion für Sklavenschiffe und Walfängerschiffe, an die auch Wasser und Gemüse (Zwiebeln) geliefert wurden. Eine vollständige politische Integration in das Territorium Portugals, wie die Azoren und Madeira in den 1830er Jahren, war aber wegen der weitgehend kreolischen Bevölkerung mit eigener Kreolsprache (60 000 um 1820) und der vielen Sklaven umstritten. Bis um 1815 wurden Verschleppte oder Eingetauschte aus Afrika vor allem in Santiago (Praia) konzentriert. Danach waren vor allem „Spanier" aktiv, denen, wie mehrfach hervorgehoben, portugiesische Papiere (Pässe) verkauft worden waren; Schiffe hatten oft fiktive Besitzer auf den Kapverden, fuhren aber tatsächlich für „Spanier". Die waren außerhalb der Kapverden besonders südlich und nördlich von Freetown aktiv, ganz speziell, wie wir gesehen haben, in Gallinas im südlichen Sierra Leone.[148]

---

146 Verger, Flux et Reflux, passim.
147 Clarence-Smith, The Third Portuguese Empire, S. 41f.
148 Ebd., S. 43f.

Im gesamten Sklavenhandel spielten portugiesische Produkte, von Weinen abgesehen, keine große Rolle – weder im Sklaven- noch im Drogenhandel.[149] Von den anderen Inputs (Kapital, Waren, Schiffe und Mannschaften) kam verdeckter Kredit oft über Waren von Briten (vor allem über Rio); in Bezug auf Textilien waren sowohl „Portugiesen" wie „Spanier" ebenfalls stark von Briten abhängig, flankiert von Rum aus den USA, Kuba und Brasilien, Tabak aus Bahia und Wein/Madeira aus Portugal. Schiffe wurden in Brasilien, in den USA (vor allem Baltimore), auf Kuba, in Spanien und sogar in Damão in Indien (Teakholzwälder) gebaut, aber auch auf den Kapverden, sogar über Schiffbau in Moçambique gibt es (wenige) Quellen. Seeleute kamen, wie gesagt, aus Portugal, Spanien, aus Kuba und Brasilien, auch aus den USA und von vielen Inseln, aber auch Männer von den Kapverden hatten eine gute Reputation als Seeleute.[150]

Von den Räumen und Inputs zu den Akteuren. Ein großer Sklavenhändler im Süden Moçambiques (Inhambane und Lourenço Marques) war José Nunes da Silveira, auf den Azoren geboren. Er hatte Gewinne als Kapitän im Asienhandel, sicherlich auch im Opiumhandel, gemacht und eine Flotte von zwanzig Schiffen zusammengebracht. Sein Nachfolger wurde Vicente Tomas dos Santos.[151]

An diese Stelle passt eine Liste der „portugiesischen", im weiteren Sinne iberischen Sklavenhändler des Hidden Atlantic und Afrikas. Alle werden wir nie kennen, aber Umrisse werden deutlich. Ich greife dazu auf das Buch von Arlindo Caldeira zurück.[152] Zu einer solchen Liste gehören der bereits erwähnte Mercador Cha-Cha, der philanthropische Graf von Ferreira in Cabinda und Rio de Janeiro sowie die legendäre Dona Ana Joaquina dos Santos Silva. Dona Ana Joaquina war wahrscheinlich Tochter eines portugiesischen Vaters und einer mulattischen Mutter in Angola, Chefin eines Handelshauses in Luanda (mit Subunternehmen in Cabinda, Ambriz, Benguela und Moçâmedes sowie São Tomé) und große Negreira mit besten Beziehungen (über ihre *pumbeiros*) in den gesamten angolanischen Raum (*sertão angolano*). Sie besaß mehr als zehn Schiffe. Im Norden Angolas wurde sie *dembo ualála* oder *ná-andembo* genannt – Herrin der *dembos* (Dembo = Provinzfürst); in Luanda trug sie den Titel „Baroness von Luanda".[153]

In Luanda ist auch eine ehemalige Sklavin als große Sklavenhändlerin nachgewiesen. Sie hieß Ana Francisco Ferreira Ubertaly (bei Georg Tams: Anna Ober-

---

149 Ebd., S. 44.
150 Ebd.
151 Ebd., S. 35f.
152 Caldeira, Escravos, S. 262–317.
153 Silva, Francisco Félix de Souza; Caldeira, Escravos, S. 278–284; siehe auch: Pantoja, „Género e comércio".

thaly[154]). Anna wurde freigelassen und fand wegen ihrer Schönheit schnell einen einflussreichen Mann, den sardischen Arzt Carlos Ubertali. Ubertali war zunächst als Verbannter (*degredado*) in Luanda. Dann wurde er, wie viele in dieser Stadt, als Verwalter (*almoxarife*) der königlichen Lagerhäuser und Sklavenhändler reich. Seine Frau führte seine Geschäfte nach seinem Tod sehr erfolgreich weiter. Es gab, neben der weiter oben genannten Gattin José Gaetano Nozzolinis, Mãe Aurélia Correia von den Bijágos-Inseln, Dona Ana Joaquina von Luanda und Dona Ana Francisca Ubertaly, eine weitere sehr berühmte „portugiesische" Sklavenhändlerin die *princesa negra* Dona Maria Correia (Maria Correia Salema Ferreira, 1788–1861), Tochter einer Frau aus begüterter Familie „schwarzer Portugiesen" Príncipes und eines Majors der Milizen, der aus Brasilien nach São Tomé und Príncipe gekommen war, António Nogueira. In ihrem Testament erscheinen neben anderen Reichtümern 376 Slaven und Sklavinnen sowie 14 Plantagen.[155]

Der Portugiese aus Portugal, Ângelo Francisco Carneiro Lisboa, war zunächst Cargo auf Negreiro-Schiffen zwischen Benguela, Luanda und Pernambuco und Lissabon (wo sein Bruder operierte). Später wurde er zum großen Sklavenhändler im Norden Brasiliens. Sein erstgeborener Sohn, Ângelo Francisco Carneiro (1837–1870) wurde von König Pedro V. 1859 als *visconde* in den portugiesischen Adel erhoben; er hatte an der Universität Jena in Thüringen seinen Doktor in Philosophie gemacht und war *comendador* des Christus-Ordens.[156] Weiter treten auf der Liste der Sklavenhändler-Typen des 19. Jahrhunderts auf: erstens der „fortschrittliche" Sklavenhändler aus Funchal auf Madeira, Arsénio Pompílio Pompeu de Carpo, der in Luanda als Wirt einer Taverne den Sklavenhandel begann, schnell aufstieg, Schiffe und Handelshäuser besaß, zum reichen Dandy wurde und dann durch Kaperungen der Engländer sowie Prozesse und Verbannungen verarmte. Er beendete sein Leben als Karawanenkaufmann in Angola.[157] Zweitens José Francisco de Azevedo Lisboa, aus armen Verhältnissen, wurde zum Gründer einer neuen Handelsgesellschaft, der *Companhia de Pernambuco*; in Brasilien kannte man ihn unter dem Namen Azevedinho. Drittens ein *vizconde negreiro*, José Bernhardino de Sá, Konkurrent der Fonsecas, der zwar zeitweilig verbannt wurde, aber bei seinem Tode den Visconde-Titel trug, der sowohl in Brasilien wie auch in Portugal anerkannt war.[158] Ein weiterer „Portugiese" aus der *nobreza da terra* (was auch Nachkommen der ersten Versklavten des 16. Jahrhunderts sein konnten) Príncipes war João Maria de Sousa Almeida; im Kastenjargon ein *mestiço*. Er galt als

---

154 Tams, Die portugiesischen Besitzungen, S. 85–164.
155 Caldeira, Escravos, S. 284–286.
156 Ebd., S. 288–293.
157 Marques, „Arsénio Pompílio Pompeu de Carpo"; siehe auch: Caldeira, Escravos, S. 293–300.
158 Ebd., S. 300–307.

Modernisierer der „Sklaverei ohne Sklaverei" auf São Tomé, propagierte und realisierte Kaffee- und Kakaoanbau auf São Tomé und Príncipe.[159] Auf São Tomé besaß er die Plantagen Água-Izé und Castelo do Sul (zusammen 80 Quadratkilometer mit zwölf Kilometer Küste). Er führte auch den Brotbaum auf der Insel ein – heute unübersehbar im grünen Meer von São Tomé und wichtige Grundlage der Ernährung. Den Namen seiner Plantage nahm er, wie ein feudaler Ritter, in seine Titelatur als Baron auf (barão de Água-Izé, 1868).[160]

Der bereits erwähnte Manuel Pinto de Fonseca war mit seinen Brüdern ein so erfolgreicher Mercador, dass sie zusammen eine Bank gründeten. Wegen seines Reichtums, der den Leuten aus dem „Nichts" entstanden schien, wurde der am meisten bekannte der Brüder, Manuel, schon Millionär und Bohemien, conde de Monte Cristo genannt. Die Bank Fonseca & Burnay wurde 1991 vom Banco Português de Investimento aufgekauft.[161]

Es gab nicht wirklich einen „letzten Negreiro", da der transatlantische Transport fließend in andere Massentransporte, wie Kulis, Emancipados und Deportierte sowie Auswanderer überging, aber Francisco António Flores, geboren in Brasilien und Akteur vor allem in Ambriz (wo er Sklaven-Barracones und vor allem, wie weiland Ramón Ferrer, Cabotage-Boote besaß), ist ein gutes Beispiel. Flores fuhr oft als Cargo auf den Schiffen zwischen Angola und Brasilien mit. Er agierte auch als Faktor sowie Cabotage-Transporteur für andere Negreiros und Mercadores. Schließlich legte er sein Kapital in Dampfer-Linien zwischen Lissabon und Luanda an. Er soll aber auch immer mal wieder, eben als einer der letzten Negreiros, die Linie zwischen legalem und illegalem Transport überschritten haben (wie die Zuluetas): nachdem der brasilianische Markt um 1852 endgültig geschlossen war, ließ er Verschleppte nach São Tomé und Kuba transportieren (siehe auch weiter unten zu den letzten „spanischen" Negreros).[162]

Aus britischen Quellen ergibt sich, dass Schiffe, die als „portugiesische" registriert waren, nie mehr als 10 % der illegalen Sklavenimporte nach Kuba verantworteten. Allerdings ist kaum bekannt, ob jemals überhaupt so viele „Portugiesen" wirklich Besitzer von Schiffen gewesen sind. Einige große Sklavenhändler von Bahia waren Geschäftspartner von Negreros in Havanna. Wie wir gesehen haben, fuhren auch Schiffe von Kuba nach Bahia. Sie führten nach Ladung von Tabak eventuell portugiesische/brasilianische Farben. Obwohl die Tabak-Nachfrage die Wirtschaft Nordostbrasiliens voranbrachte, beruhte Tabakproduktion weit weniger auf Sklavenarbeit als Kaffee- und Zuckerproduktion. Zucker-, Reis- und Baum-

---

159 Clarence-Smith, „African and European Cocoa Producers".
160 Caldeira, Escravos, S. 311–314.
161 Ebd., S. 307–311.
162 Ferreira, „Padrões de investimentos"; Caldeira, Escravos, S. 314–317.

wollproduktion im Nordosten Brasiliens stagnierten. Da Rio relativ gut mit Sklaven aus Angola, Benguela und Moçambique versorgt war, sandten Sklavenhändler von Bahia, allen voran der oben erwähnte große Negreiro Joaquim Pereira Marinho, in den späten 1830er und in den 1840er Jahren sowie nach 1851 Verschleppte aus Afrika eben vorrangig nach Kuba.

Dieser Sklavenhandel war allerdings den Eliten in der portugiesischen Metropole ein Dorn im Auge, die eine Politik des „dritten Imperiums" verfolgten. Nach dem gescheiterten „Ersten Imperium" („O Império Tricontinental"; 1557–1660) und dem gescheiterten „Zweiten Imperium" („O Império Ultramarino", 1660–1825; vor allem Brasilien: Unabhängigkeit 1822/1825 anerkannt) war es in Portugal zur liberalen Revolution von 1820 (Entmachtung der Briten) und zu schweren Bürgerkriegen gekommen. Bernardo de Sá Nogueira de Figueiredo, Marquês von Sá da Bandeira, liberaler Septembrist, kam 1836 an die Regierung. Er ließ, fast als eine der ersten Maßnahmen, den atlantischen Sklavenhandel verbieten (nicht den Sklavenhandel in Afrika). Die Eliten der portugiesischen Metropole strebten unter seiner Führung, wie bereits erwähnt, ein „Drittes Imperium" („O Império Africano", 1820–1974) an, mit der Zentralachse Portugal-afrikanische Kolonien (Bissau/Cacheu-Bijágos-Kapverden, São Tomé und Príncipe, Ajudá, Lagos (Onim), Angola und Moçambique). Dazu kamen die indischen Kolonien Goa, Diu, Damão und das südchinesische Macao sowie Flores, Timor und Solor (Macao hatte lange ein Monopol auf Sandelholz und Sklaven aus Piratenrazzien von Timor und anderen Inseln[163]). Sá da Bandeira hatte begriffen, dass die Atlantisierung die Kolonien in Afrika und die Eliten von der Metropole Portugal entfernte. Afrika als Plattform des portugiesischen „Dritten Imperiums" und des portugiesischen „imperialism of the weak"[164] brauchte, nach Sá da Bandeira, seine Ressourcen selbst – auch um Portugal gegen den weiter wirkenden spanischen Hegemonismus auf der iberischen Halbinsel zu schützten. Allerdings, wie João Pedro Marques ganz deutlich unterstreicht, stand dieser Abolitionismus der portugiesischen Septembristen dem Hauptprotagonisten Sá de Bandeira nicht als solcher im Zentrum. Sá de Bandeira band den Abolitionismus diskursiv (und real) an britische Unterstützung. Die Ausführung überließ das Gesetz im Grunde den Kolonialbeamten vor Ort, die noch stärker als die zentralen Eliten den Interessen von lokalen Plantagenbesitzern, Sklavenhaltern, Karawanenkaufleuten und Negreiros ausgeliefert waren. Oder sie waren selbst Negreiros in Afrika. Der Abolitionismus der portugiesischen liberalen Eliten war Teil eines Kolonialpro-

---

163 Clarence-Smith, The Third Portuguese Empire, S. 29f.
164 Ebd., S. VII.

jektes, einer „Kolonialutopie" des „Dritten Imperiums" mit Basis Afrika und der Hauptressource afrikanische Arbeitskräfte.[165]

Nach diesen Maßnahmen der Liberalen und der (wiederholten) Abolition des Sklavenhandels in Brasilien gingen seit 1851/1852 wichtige Sklavenhändler von Rio und Bahia zurück nach Europa (Lissabon) und in die USA. Einige versuchten es auch auf Kuba. Joaquim Marinho (wie gesagt – nicht der Gouverneur Marinho von den Kapverden) investierte Sklavenhandelskapital in die Tabakfabrik Xábregas in der Nähe der portugiesischen Hauptstadt und kaufte einen Grafen-Titel. Sein jüngster Sohn blieb, mit einem brasilianischen Adelstitel, in Brasilien.[166] Lissabon wurde in den 1850er Jahren nochmals zum europäischen Zentrum des atlantischen Menschenhandels. Manuel Pinto da Fonseca kam 1851 mit einem Geldkapital von geschätzten 1 000 000 Pfund Sterling nach Lissabon.[167] Zusammen mit einem seiner Brüder, beide berüchtigte Menschenhändler, hofften sie auf eine Wiedereröffnung des brasilianischen Marktes. In der Zwischenzeit lebten sie das Leben von Millionären in der Endzeit des Biedermeier-Kapitalismus und organisierten Transporte nach Kuba. Als Brasilien geschlossen blieb, ging dieser Handel ein, nicht zuletzt wegen massiver britischer Proteste. Auch auf Kuba verhinderten die Behörden die Ansiedlung portugiesischer Firmen, deren Halter aus Brasilien ausgewiesen worden waren: Sie wiesen „Brasilianer" und „Portugiesen" ebenfalls aus.[168]

---

165 Marques, Os Sons do Silêncio; Alexandre, „Portugal"; Alexandre, „O Império Africano"; Alexandre, Velho Brasil, Novas Áfricas.
166 Clarence-Smith, „La traite portugaise", S. 432.
167 Ebd.
168 AHN, Estado, Trata de negros, leg. 8043/6, no. 41: Schreiben von Houden an Don Juan de Zavala, Madrid, June 12th, 1856. Der Generalkapitän Kubas verwies folgende Personen wegen illegalen Sklavenhandels von der Insel: „Don José Manuel Aciera Reis, Don José Casanova, Don Antonio Ceferino Abelarde, Don Luis Croft"; bereits 1854 gab es intensive geheime Beobachtungen und Ausweisungen: Ebd., leg. 4642/12, no. 3, carta del Marqués de la Pezuela desde la Habana, 7 de febrero de 1854 an Presidente del consejo de ministros, „über eine Negrero-Vereinigung um Sklaven auf die Insel zu bringen"; ebd., leg. 4642/12, no. 4, copia de carta de Pezuela, La Habana, 6 de febrero de 1854, an Ministro de Estado, que dispuso la salida de la Isla del Portugues Antonio Severino de Abelar [= Antonio Ceferino Abelarde], uno de los agentes comisionados por la asociacion negrera [„compuesta de portugueses y brasileños"] ... en el Vapor Americano Black Warrior con destino a Nueva York, en union de otro individuo de su propia nacion llamado Gaspar Joaquin de Morla [oder Moria]"; ebd., leg. 4642/12, no. 19, Originalkopie eines Briefes von Pezuela, La Habana, 1º de enero de 1854, an Ministro de Estado in Madrid; es wird auch noch der Name (neben den o.g.) Francisco de los Santos Tabares genannt; in: Ebd., leg. 4642/12, no. 20 (Originalkopie ohne Datum von José Estévan an Secretario de Gobierno in Madrid) wird die Vereinigung von Sklavenhändlern „asociacion brasileña-portuguesa" genannt.

Zu welchen konkreten Verwicklungen und Konflikten der portugiesisch-spanisch-nordamerikanische Menschenhandel führen konnte, zeigt ein Fall von 1851. Der *Comandante general de Canarias*, d. h. militärischer Chef der Kanarischen Inseln, Marqués de la Concordia, schreibt nach Madrid:

> durch eine Denunziation des englischen Konsuls in Orotava hatte sich ein englischer Seemann des Schiffes Dos Amigos gestellt, der die Reise nicht fortsetzen wollte, weil die sich zur Küste Afrikas richtete, zum Sklavenhandel. Aus den Erklärungen der Mannschaft geht hervor, dass es ein spanisches Schiff ist, das von Havanna nach New Orleans aufgebrochen ist, wo es mehrere Tage blieb; von dort fuhr es mit der Fahne der Vereinigten Staaten [und einem US-amerikanischem Kapitän namens Durkee] los, indem es sich [wieder] nach Kuba wendete, in dessen Hafen von Cabañas es Wasseraufnahme machte und sich mit Lebensmitteln und Utensilien [Waren] von der Art versah, die für die Sklaven verwandt werden. Der Marquis de la Concordia schickte die Fortsetzung des Expediente [juristische Akte], die im Gericht für Kriegswesen und Schutz von Ausländern verfolgt wurde. Viele der Mannschaft, die [zunächst] wie Spanier erschienen, waren [in Wirklichkeit] Ausländer [u. a. aus Hamburg, Norwegen, Schweden, Portugal, Niederlande]; das Schiff hieß früher Gabriel und hatte sich dem Sklavenhandel gewidmet. Es gehörte dem Kaufmann aus Havanna Juan Manzanedo.[169]

[Erklärung des zweiten Steuermanns:]

> als Besitzer eben dieses Schiffes sind Don Juan Mansanedo [Manzanedo] und Don Francisco Riera[170] vom Handelsstand Havannas anerkannt ... und zuerst unter nordamerikanischer Flagge und danach unter portugiesischer, hatte es mit Sklaven gehandelt. Es hatte sich eine erhöhte Menge von Lebensmitteln beschafft, die ihm die Obrigkeit der Isla del Príncipe gegeben hatten, um [angeblich] einem portugiesischen Schoner zu Hilfe zu eilen. Der Konsul der Vereinigten Staaten fordert die Auslieferung des Schiffs [*Dos Amigos* alias *Gabriel*] als seinem Land gehörig.[171]

Nach der Krise von 1856 kam die Stunde New Yorks als letzter Bastion großer portugiesischer Sklavenhändler des Atlantiks und Indiks: „the Americans turned a blind eye on their activities".[172] Während der Präsidentschaften von Franklin Pierce und James Buchanan (beides Südstaaten-Demokraten) zwischen 1853 und 1861, flankiert von Goldfunden in Kalifornien sowie der Südexpansion der USA, war das Klima für Sklaverei und Sklavenhandel sehr offen.[173] Dazu kam zeitweilig eine recht radikale liberale Antisklavenhandels-Politik Spaniens auf Kuba unter Generalkapitän Juan Manuel de la Pezuela y Ceballos Escalera, *marqués de*

---

169 AHN, Estado, Trata de Negros, leg. 8051/1, no. 4, f. 9v
170 Ebd., leg. 8051/1, no. 4, f. 5r.
171 Santa Cruz de Tenerife, 10. September 1839, Enrique Jph Rodriguez, in: Ebd., leg. 8051/1, no. 4, f. 5r.
172 Clarence-Smith, „The Portuguese Contribution", S. 29.
173 Takaki, A Pro-slavery Crusade.

la Pezuela und *conde de Cheste*, 1853–1854).[174] Die Eliten auf Kuba ließen sehr schnell annexionistische Neigungen erkennen (Anschluss Kubas an die USA), viele Sklavenhändler verlegten ihre Kontore in die USA. Sie stellten vermehrt „portugiesische" Fachleute ein.[175] Formal traten die atlantischen Sklavenhändler als Weinhändler und Frachtflottenchefs auf. Besonders für dieses Jahrzehnt gilt noch heute die Aussage José Antonio Francos: „Der Sklavenhandel war das Geschäft des Nordens und die Sklaverei war das Geschäft des Südens".[176] Die *Portuguese Company* in New York stützte sich auf illegalen Handel ihrer Transportflotte, geschützt durch amerikanische Rechtsanwälte, Beziehungen mit Sklavenhaltern sowie amerikanischen Marineoffizieren und gedeckt durch die aristokratische Figanière-Familie, die öfter den portugiesischen Botschafter oder den Generalkonsul Portugals in den USA stellte. 1850 bis 1862 kam die große Zeit des Schmuggels mit Basis in den USA (vor allem New Orleans und später New York).[177] 1857 etablierten sich in New York die Firma *Cunha Reis & Figanière* (mit Verbindungen bis Moçambique). Die *Portuguese Company* vereinigte sich bald mit anderen iberischen Transport-Gesellschaften. Sie hatte enge Beziehungen zu José Antonio Suárez Argudín, einem der mächtigsten Sklavenhändler und Sklavenbesitzer Kubas.[178] 1859 wurden nochmals rund 30 500 Sklaven nach Kuba verschleppt (sehr viele von Amerikanern und von den Dampfern Zuluetas) und zu Preisen zwischen 1200 und 1500 Pesos verkauft.[179] 1860 ließen Suárez Argudín und sein Partner Cunha Reis (der starke Positionen in Moçambique hatte) ein Projekt zur verschleierten Verlängerung der Sklaverei ausarbeiten (*Proyecto de inmigración africana para las islas de Cuba y Puerto Rico y el Imperio del Brasil, presentado a los respectivos gobiernos por los Sres. Argudín, Cunha Reis y Perdomo*, La Habana 1860).[180] Die Kontraktarbeiter sollten auf Grundlage eines portugiesischen Gesetzes, das es erlaubte, Sklaven aus dem Landesinneren der afrikanischen Ko-

---

174 Arnalte, Los últimos esclavos, S. 31–34; Cayuela Fernández, „Los capitanes generales".
175 Arnalte, Los últimos esclavos, S. 27f.
176 Franco, „Comercio clandestino", S. 104.
177 Moreno Fraginals, El Ingenio, Bd. I, S. 278–287; Arnalte, „Empire City, capital de la trata", S. 27f.; zu einer der Dutzenden Sklavenschiffsfahrten von New York nach Moçambique, die entdeckt wurden (der Fall der Sklavenschiffes Echo 1858), siehe http://ldhi.library.cofc.edu/exhibits/show/voyage-of-the-echo-the-trials sowie http://ldhi.library.cofc.edu/exhibits/show/voyage-of-the-echo-the-trials/the-echo-slave-traders (7.3.2015); Karp, „The World".
178 Zu Schiffen dieser Hochphase des atlantischen Menschenschmuggels (die meisten sind als „Americans" verzeichnet) siehe: Graden, Disease, S. 228–232; siehe auch: Farrow/Lang/Frank, Complicity, passim.
179 Marrero Cruz, Julián de Zulueta, S. 65; zu Sklavenpreisen siehe auch: Bergad/Iglesias García/Barcia, „Introduction"; Bergad, „American Slave Markets"; Bergad, The Comparative Histories.
180 Pérez de la Riva/Cortés, „1860", S. 273, FN 27.

lonien (vor allem Angola) aus der Sklaverei „frei" zu kaufen, vierzehn Jahre lang ihre Schulden abarbeiten (die Schuldsumme bestand zudem noch aus Kosten für die Freilassungspapiere und die Überfahrt nach Kuba).[181] Auch Joaquim Pereira Marinho, der Großnegreiro aus Bahia, versuchte mittels einer *Companhia União Africana* den Menschenhandel nach Kuba zu organisieren.[182] Die Verbindungen zu Julian de Zuluetas *Compañía Expedición por África* (mit mehr als zwanzig Schiffen; Zulueta war Hauptaktionär) sind noch zu untersuchen.[183]

Erst im amerikanischen Bürgerkrieg unterdrückte die Lincoln-Administration die illegalen Menschenhandelsaktivitäten in den USA. Auf Kuba ließen Generalkapitän und Verwaltung die illegalen Aktivitäten beobachten. Aber noch in den 1860er Jahren gibt es Informationen über Zusammenarbeit zwischen spanischen und portugiesischen Negreros, wie die folgenden aus der *Estação Naval de Moçambique*:

> im Hafen von Moçambique [ist] das spanische Schiff ‚America', angekommen aus Cádiz über Buenos Aires [Tasajo-Route], und man weiß ... dass es zum Ziel hat ... eine Ladung von Sklaven ... zwei weitere Schiffe, die auch dem Haus ‚Binhas' [Eugenio Viñas?[184]] aus Cádiz [gehören] ... [die] Brig ‚Caridade', dessen Kapitän Don Jayme e Gorra Binhas ist, ist sehr bekannt ... als Negreiro. Dass dieses Haus Beziehungen hat mit einer Gruppe von Personen aus Lissabon, die diejenigen sind, die ihm die Dinge in Afrika vorbereiten, um sofort seine Ladungen fertig zu bekommen. Es ist festgestellt, dass das Schiff sich mit ordentlichen Papieren präsentiert und sagt, es müsse eine wichtige Ladung Reis für Havanna kaufen ... der Kommandant der englischen Korvette „Orestes"... bestätigt außerdem, dass alle Schiffe

---

181 Clarence-Smith, „The Portuguese Contribution", S. 29; zu den Details des Geschäfts mit *serviçaes* siehe ein Schreiben des britischen Botschafters (das Schreiben bezieht sich auf Kontraktarbeiter, die alle sehr jung waren, in São Tomé; die geschilderten Verhältnisse im Landesinneren Angolas und die Geschäfte der Agenten dürften aber cum grano salis auch für alle anderen Kontraktformen gelten): „They are first captured in the Interior, and are then brought to Novo Redondo and Benguella, where they are sold to Agents of the San Thomé Planters at prices varying from £4 to £6 [offiziell als „Freikauf" deklariert] in goods. They are registered and contracted by the Government Authority for a period of five years, on the expiration of which term a return passage is to be provided to those who wish to repatriate. In as much however, as the offer is never made or the opportunity afforded, they can never leave the Island; they are consequently obliged to recontract and thus become permanent indentured labourers". Originalkopie des Schreibens des britischen Botschafter Walter Baring in Lissabon vom 7 December 1882 (Kopie im Ministerio erstellt am 11 de Dezembro de 1882) an Ministerio dos Negocios Estrangeiros, in: AHU, No. 889, Fundo: SEMU, Secção: DGU, Datas: 1878–1883, Tráfico e resgate de indígenas para S. Tomé e Comercio da pólvora, GEO: MOÇ ST; siehe auch: Candido, „Trade"; Clarence-Smith, Slaves, Peasants, passim.
182 Araujo, „Transnational Memory", S. 22.
183 Marrero Cruz, Julián de Zulueta, S. 59.
184 Eugenio Viñas y Castellets (1809–1879) war einer der bekanntesten Sklavenhändler Valencias; siehe: Piqueras, La esclavitud, S. 112–118.

des Hauses ‚Binhas' aus Cádiz im Sklavenhandel beschäftigt sind und dass ihre Besitzer eine Gesellschaft von Portugiesen in Lissabon haben, die ihnen in Moçambique die Ladungen vorbereiten.[185]

9.5 Sklavenhändler IV. Hidden Atlantic und Sklavereimoderne sowie Menschenschmuggler, Revolutionen und Emanzipationen

In den Unabhängigkeitsbewegungen Spanisch-Amerikas (1810–1830) wurde in den meisten Territorien gleich zu Beginn der atlantische Sklavenhandel verboten, nicht aber Sklavereien sowie interner Sklavenhandel. Oft wurden später, wie im Falle Simón Bolívars 1816, lokale Abolitionen der Sklaverei aus militärischen Gründen (alle waffenfähigen Männer dienen in der Armee) dekretiert. Diese militärischen Abolitionen griffen vor allem in Frontier-Territorien.[186] Allerdings waren die Patrioten nicht wirklich Abolitionisten. Im Zuge der Institutionalisierung der neuen Staaten wurden meist auch Gesetze des *vientre libre* (freier Bauch: nur neugeborene Kinder von Sklavinnen sind frei) erlassen, die Sklavereien meist aber unter anderem Namen und Detailänderungen (*manumisión*) beibehalten. In fast allen neuen Staaten Lateinamerikas kam es zu schweren Kämpfen, Bürgerkriegen, agrarischen Rebellionen und blutigen Caudillokriegen unter Beteiligung von Sklaven. Erst im Zuge dieser Auseinandersetzungen wurde in den 1850er Jahren, mit wenigen frühen Ausnahmen (Chile 1823, Mittelamerika 1824, Mexiko 1829), die Sklaverei formal aufgehoben. Afroamerikanische Bevölkerungen ehemaliger Sklavinnen und Sklaven blieben in vielen Ländern vor allem im 19. Jahrhundert ein wichtiges Element der Bevölkerungen und Kulturen; Geschichte und Traditionen der Afroargentinier, Afrokolumbianer, Afromexikaner, Afrovenezolaner, Afroperuaner oder Afrouruguayer etc. werden erst nach und nach aufgearbeitet.[187]

Spanien selbst wurde zwischen 1808 und 1939 von Interventionen, Militärrevolten, Revolutionen, Aufständen, Bürgerkriegen und Putschen zerrissen. Die Rettung des liberalen Spanien waren Atlantic Slavery, Kolonialismus und ille-

---

185 „Officio Confidencial N. 2", 15 d'agosto de 1863, Estação Naval de Moçambique (gesonderte Seitenzählung im Dokument, S. 1–17), Bord des Vapor (Dampfer) „Anna Maria", cap. tenente Domingos de Souza Rodrigues, S. 4–6, in: AHU, No. 2761, Cód. 2G, Fundo: SEMU, Secção: DGU, UI tipo: cx, Datas: 1840–1888: Tráfico de escravatura, GEO: ULT.
186 González/Chirinos, La presencia africana, passim; Fischer, „Bolívar in Haiti".
187 Andrews, Afro-Latin America; siehe auch: Ramos Guédez, Contribución; Hoyos Körbel, Bolívar y las negritudes; Zeuske, Simón Bolívar. History and Myth.

gale Atlantisierung – die *Cuba grande* der Sklaverei (sowie Puerto Rico) und der Hidden Atlantic des Menschenhandels. Die isabellinische Monarchie (1834–1868) und die Monarchie überhaupt konnten sich, trotz republikanischer Versuche (1868–1874), nur noch mit Hilfe der Ausplünderung der Kolonien, eines massiven transatlantischen sowie karibischen Menschenschmuggels (1820–1880) und modernster Sklaven-/Plantagen-Exportwirtschaftskomplexe halten.[188] Diese entstanden speziell auf Kuba (Westkuba um Havanna-Matanzas, Cienfuegos-Sagua, Cárdenas; 1790–1886) und im Osten sowie Süden Puerto Ricos (1815–1850), zunächst auf der Basis Kaffee, Tabak und Zucker, seit Konstruktion der ersten Eisenbahnen Lateinamerikas 1837 vor allem auf Zucker. Zwischen 1820 und 1878 entstand, wie wir wissen, ein völlig neuer Atlantik, ein verborgener Atlantik, der zwischen Afrika und Kuba sowie Brasilien eine gigantische transkulturelle Sklavenhandels-, Akkumulations- und Jobmaschine schuf (Atlantisierung).[189] Nach 1820 bildeten sich auch, trotz offiziellen Verbotes und gebetsmühlenartiger Abolitionsrhetorik, schnell neue soziale Gruppen spezialisierter Sklavenhändler(*negreros/capitalistas*), Sklavenschiffskapitäne und Afrika-erfahrener Faktoren (Mongos) sowie noch größere Gruppen von Hilfspersonal (Träger, Matrosen, Lotsen, Ruderer/Paddler, Übersetzer, Wächter, Aufseher, Sklavenjäger etc.) heraus. Aus den Reihen vor allem der Negreros formierte sich seit den 1830er Jahren eine neue transatlantische Elite Spaniens, unter der sich viele Katalanen sowie Basken einerseits und Hochadelstitel andererseits fanden.[190]

Diese Entwicklungen hatten, neben vielen anderen Konsequenzen, Auswirkungen auf Staatspolitik, Wirtschaftsmentalität und den Kern des Regierens im spanischen Imperium.[191] In Spanien und seinen Kolonien, obwohl diskursiv und rhetorisch unzweifelhaft sehr liberal, oft sogar radikal-liberal (u. a. erste wirklich liberale Verfassung 1812), gab es erstens sehr schnell einen Grundkonsens über die Notwendigkeit von Sklaverei und Menschenhandel und deshalb eine schwache Abolitionsbewegung und -politik (von rühmlichen Ausnahmen abgesehen). Zweitens gab es einen Grundkonsens, beim Zensus, den Mitteln rationalen Regierens, vor allem in den Kolonien und speziell auf Kuba nicht so genau hinzuschauen.[192] In Portugal gab es in der ersten Hälfte des 19. Jahrhunderts den festen Konsens, Sklaverei und Sklavenhandel „eigentlich" zu erhalten, wie auch immer,

---

188 Schmidt-Nowara, Empire and Antislavery; Schmidt-Nowara, „The End of Slavery.
189 Zeuske, Die Geschichte der Amistad, passim; Zeuske, Handbuch; Zeuske, Die Monte Christos.
190 Zeuske, „Out of the Americas".
191 Fradera, Gobernar colonias; Fradera, Colonias, S. 17–59.
192 Piqueras, José Antonio, „Censos *lato sensu*"; Schmidt-Nowara, „Anti-Slavery in Spain".

und damit eine neue Kolonialpolitik als Basis der Erhaltung des lusitanischen Imperiums zu betreiben.

All das geschah, um vom Allgemeinen auf Spanien und seine Kolonien zurückzukommen, natürlich nicht nur durch einen relativ direkten Konnex zwischen wirtschaftlichen Strukturen und Prozessen sowie politischen Formen (wie Monarchie), sondern vor allem auf der Ebene der Akteure.

Die Verbindung zwischen liberalen Monarchien, Kolonie und Sklaverei sowie Sklavenschmuggel liegt in der Entstehung einer transkulturellen Gruppe von Sklavenhändlern sowie Sklavenbesitzern, die sich im spanischen Imperium als extrem konservativ-christliche Gruppe zwischen Havanna, Madrid, Barcelona, Cádiz und Sevilla organisierte. In ihren mittleren Levels (vor allem Kapitäne, Offiziere und Ärzte) produzierten und nutzten sie mobiles Wissen. Sie waren atlantische oder globale Kosmopoliten (was in unserem Zusammenhang nur ein anderer, elitärer Ausdruck für Atlantikkreolen ist). Die mächtigsten und reichsten Repräsentanten dieser atlantischen Gruppe bildeten eine spanisch-iberische transatlantische Oligarchie – katholisch natürlich. Einige von ihnen trugen spanische Hochadelstitel und wurden politisch von – oft auch radikalen – Liberalen zu den wichtigsten Repräsentanten des hispanistischen Integrismus nach 1860.[193] Viele von ihnen übten als privilegierte Chefs großer Handelshäuser und Capitalistas Bankfunktionen der Zucker-Plantagenwirtschaft (*refacción*) aus. Ab Ende der 1850er Jahre übernahmen sie in der kapitalaufwändigen Modernisierung oft ganze Kaffee- und Zuckerplantagen. D. h., sie territorialisierten nicht nur sich und ihr Kapital menschlicher Körper (und andere Kapitalformen), sondern sie schoben mit Hilfe von Sklavenarbeit ganze Grenz-Territorialkomplexe von Plantagengesellschaften in Landschaften vor, die bis dahin eher wenig von Menschen berührt waren

Als große Negreros, Kaufleute und Menschenschmuggler zwischen Kuba und dem Süden der USA tauchen sie sehr häufig in den britischen Quellen auf: so etwa die Zuluetas, Vater Pedro José de Zulueta y Madariaga (verheiratet mit einer Ceballos aus einer Kaufleute-Familie von Cádiz), Sohn Pedro Juan Zulueta y Ceballos (beide Träger des Grafentitels *conde Torre Díaz*), der Cousin des Letzteren, Negrero und *chinero* Julian de Zulueta, Francisco Marty y Torrens, Francisco Durañona (a) Caña Brava; Pedro Forcade; das Haus Cuesta, Pascual Goicochea; Simón Poey; *Hernández & Co.*; David Nagle; *Manzanal & Co.* (später *Cuesta, Manzanal & Co.*), José Ricardo O'Farrill sowie Salvador Samá (erster Marqués de Marianao, mit seinen Brüdern Pablo und Pedro Valentin[194]) sowie der notorische *negrero principalí-*

---

193 Schmidt-Nowara, Empire and Antislavery, passim.
194 Rodrigo y Alharilla, „Cuba".

simo der ersten Jahrhunderthälfte Joaquín Gómez. 1857 führten Negreros schon die Liste der Plantagenbesitzer mit den meisten Sklaven an: Julian de Zulueta mit 1475 Sklavinnen und Sklaven (er kaufte danach noch zwei Ingenios und andere Besitztümer mit Sklaven), Pablo Hernández, José Ricardo O'Farrill mit 755, Juan A. Hernández mit 623 sowie Justo Cantero in Trinidad (es gab noch mehr).[195]

In den Jahren 1836 bis 1870 wandelten sich ehemalige Negreros, am erfolgreichsten vielleicht die Drake-Familie (mit Zwischenstufe *trata de chinos*[196]), zu Kreditbankern und Kaufleuten. Bei der Kaufleute-Familie Vidal-Quadras, die u. a. ein Cafetál bei Guantánamo namens *Santa Isabel* besaß (1849 130 Hektar, 51 Sklavinnen und Sklaven[197]), wird auch vermutet, dass sie, ähnlich wie die López-Brüder (Antonio und Claudio, die Marqueses de Comillas), heimlich mit Verschleppten handelte. Julian Zulueta errang den zweifelhaften Titel „Prinz der Esclavistas" (Antonio Gallenga)[198] und wurde zum reichsten und einflussreichsten Mann der Insel. In Santiago de Cuba fungierte Prudencio Casamayor als Ausrüster von Negrero-Schiffen. Der wichtigste katalanische Sklavenhändler Santiagos war Joseph Martí y Gola. Es gab eine große Gruppe kleinerer und mittlerer katalanischer Negreros sowie Weiterverkäufer und Hehler geschmuggelter Menschen.[199] Auch Agustín de la Tejera y Oliva aus Andalusien gehörte zur Gruppe der Sklaverei-Capitalistas in der heimlichen Hauptstadt Kubas. Der Konsul der USA, Maurice Rogers, gehörte wohl auch zu den Santiaguero-Sklavenhändlern. Antonio Vaillant y Berthier, *marqués de la Candelaria de Yarayabo*, sowie Andrés Hardy waren an Sklavenhandelsexpeditionen beteiligt.[200]

Einige aus der Sklavenhändler-Elite wurden im hispano-kubanischen System der Wahlen zu den Cortes zu Entscheidern im politischen System (auch wenn das Wahlexperiment in der Kolonie Kuba 1837 abgebrochen und erst 1876 wieder aufgenommen wurde) – Negreros, Sklavenhändler und Sklavenhalter als Wahl-

---

195 Marrero, Cuba, Bd. IX, S. 209; zum Sozialprestige und zu den Titeln spanischer Negreros auf Kuba siehe Rodrigo y Alharilla, „Spanish Merchants", S. 192–196.
196 Marrero Cruz, Julián de Zulueta, S. 55–58.
197 AHPStC, Protocolos Notariales, Escribanía de Juan Giró, No. 279, f. 99r–101r, Santiago de Cuba, 4. Mai 1849; siehe auch: Rodrigo y Alharilla, „Una saga de banqueros".
198 Piqueras, La esclavitud, S. 112–118; Rodrigo y Alharilla, „Spanish Merchants".
199 Santiago war segeltechnisch der erste kubanische Hafen für Schiffe, die aus Spanien (Barcelona) kamen. Antonio López war nicht direkt Sklavenhändler (*negrero*), sondern hatte zunächst nur einen schäbigen Laden (*tienda*). Durch Heirat bekam er Geld und Beziehungen. Dann beteiligte er sich an den Netzwerken, die geschmuggelte Menschen aus Afrika über ganz Kuba verkauften. Familie López kaufte Plantagen und transferierte um 1860 das Kapital nach Spanien. Die Brüder López wurden Flotten- sowie Bankgründer und erhielten später Adelstitel, siehe; Rodrigo y Alharilla, Los Marqueses de Comillas.
200 Zeuske, Amistad, S. 79f.

männer.²⁰¹ Insgesamt gilt wohl die von Moreno Fraginals notierte Tendenz. Zwischen 1820 und 1830 konsolidieren sich Gruppen von „Spaniern" als Comerciantes/Capitalistas auf Kuba, die die Funktionen von Negrero, Großkaufmann des Export-Import-Geschäftes und Refaccionista in ihren Personen vereinen: Moré, Ajuria, Zulueta, Ibáñes, Suárez Argudín, Tarafa, Pastor, Zaldo, Samá, Bueno, Valencia, Baró, Lombillo, Esteva, Martí, Hidalgo, Conill. Und dazu kamen sicherlich noch Negreros, die nie ins Licht geschriebener Texte kamen.²⁰²

Bis in die 1830er Jahre hatte illegaler Sklavenhandel für die nunmehr „alte" Elite der Begründer des Zuckerbooms etwas Anrüchiges gehabt (vor allem wegen der vielen Schulden). Dann war die alte Elite entweder gestorben oder ihre Firmen waren wegen Verschuldung aufgekauft – oft von Negreros. Die „neue" Elite der Sklavenhändler, für die der Schmuggel oft nur einen Teil ihrer weitverzweigten Aktivitäten darstellte, waren seit 1845 meist Männer mit spanischen Hochadelstiteln: Pedro de la Cuesta, Conde de Reunión (Jahr des Titels: 1847), Gabriel Calixto Lombillo y Herce, Conde de Casa Lombillo, Salvador Samá, Marqués de Marianao (1860), Manuel Pastor, Conde de Bagaes (1852), José Antonio Suárez Argudín, Marqués de Casa Argudín (1872), Francisco Ibáñes, Conde de Ibáñez (1880) sowie – der wichtigste von allen – Pedro José de Zulueta y Madariaga (Vater), Pedro Juan de Zulueta y Ceballos (Sohn) sowie Julian de Zulueta (Cousin), Marqués von Álava (1875).²⁰³ Es gab aber viel mehr Negreros, so Francisco Marty, der bereits erwähnte *negrero principalísimo* Joaquín Gómez, aber auch José Ricardo O'Farrill oder die Familien DeWolf (auch Wolf, D'Wolf oder Lobo) und die eben genannten Drakes (die sehr zeitig auch schon als Versicherer und Wucherer-Banker agierten).²⁰⁴ Zu welchen Verrenkungen sich die Kolonialbehörden hergeben mussten angesichts der Tatsache, dass Negreros die wichtigsten Posten der Kontrolle von Sklaverei und Sklavenhandel sowie Emancipados mit ihren Leuten besetzten, zeigt ein Brief von Generalkapitän José de la Concha nach Madrid auf die Anfrage, ob denn die Mitglieder einer 1851 zu bildenden Kommission, die über das Schicksal der Emancipados auf Kuba beraten sollte, Negreros seien:

> Es ist die Wahrheit, dass Don Rafael de Toca ... Verwandtschaftsbeziehungen mit Don Joaquín Gómez hat, aber weder die Nachforschungen noch die Verbesserungen, die man mit den Emancipados anstellt [in der zu gründenden Kommission], haben irgend etwas mit dem abgelehnten Sklavenhandel zu tun, und es ist auch nicht sicher, dass der alte und seit drei Jahren blinde und völlig von den Geschäften zurückgezogene Don Joaquin Gómez an

---

201 Pérez de la Riva (Bearb.), Correspondencia reservada, S. 232f.
202 Moreno Fraginals, El Ingenio, Bd. II, S. 143; Rodrigo y Alharilla, „Spanish Merchants".
203 Pérez de la Riva/Cortés, „1860", S. 269; Ortega, „Cuban Merchants"; Cayuela Fernández, „Transferencias de capitales".
204 Franco, „Comercio clandestino", S. 117.

der Spitze derer ist, die an jenem Handel interessiert sind; und Don Rafael Toca, sein Neffe, der sein Handelshaus repräsentiert, genießt eine tadellose Reputation von Ehrenhaftigkeit und Moralität. Es ist möglich, dass Don Francisco Aguirre[205] sich in ihm [dem Sklavenhandel] betätigt hat, aber sicherlich verdankt er das Vermögen, das er hat, nicht diesem verbotenen Handel [welch Zynismus!]; aber das wäre in einer sehr weit zurückliegenden Epoche gewesen sein, in der er [der Sklavenhandel] nicht, wie jetzt, verboten war. Wie viele Untertanen Seiner Britannischen Majestät verdanken ihren Reichtum dem gleichen Handel! Don Francisco Aguirre ist jetzt, wie der Graf de Cañongo, eine hoch ehrenhafter, arbeitsamer und verständiger Eigentümer; und das sind die Qualitäten ... [die wir brauchen] in denen, die die Kommission bilden ... Don José Mig.[ue]l Urzainquí, seine Ehrenhaftigkeit und Rechtschaffenheit ist so anerkannt, dass er deswegen heute Direktor der Casa de Seguros [Versicherung] ist und er ist in keiner Weise des guten Namens unwürdig, den er durch die Freundschaft verdient, die er mit Don Joaquin Gómez hat, [Gómez seinerseits ist] eine respektable Person und von sehr alter Havannischer Abkunft, wo er alle jene zu Freunden hat, die sich durch ihren Reichtum und ihre soziale Position hervorheben.[206]

So etwas nennt sich Amigo-Netzwerke. Das ist wirklich eine Politik der „Böcke zu Gärtnern"!

Die Negreros waren aus zwei Hauptgründen (auch) an der Emancipado-Kommission interessiert; einer schlimmer als der andere. Im Innern Kubas ging es darum, das korrupte System der staatlich organisierten Sklaverei der Emancipados (Vergabe für sieben Jahre an eine „ehrenwerte" Familie – von den Briten übernommen) beizubehalten.[207]

In der äußeren Atlantisierung ging es um eine genial-teuflische Idee, die wahrscheinlich Pedro Blanco als erster in die Praxis umgesetzt hatte. Direkter und heimlicher Schmuggel aus Afrika wurde wegen der Jagdlust britischer Marine-Militärs immer schwieriger. Das trieb die Sklavenpreise hoch. Also strebten die Negreros – ihre politische Spitze saß in der Kommission – eine Formalisierung unter den Stichworten „Freiheit" und „Kontrakt" an. Der Ansatz war, dass es besonders nach der extremen Repressionswelle von 1843/44 (bekannt als „Verschwörung" von La Escalera) viele Libertos und Emancipados gab, die ihr letztes Hemd für eine Rückkehr nach Afrika gaben. In Summe konnten diese Gelder die teuren Ausrüstungen und Schiffreisen nach Afrika finanzieren. Jetzt die geniale Idee Pedro Blancos: überfüllte Hinreisen finanziert durch die rückkehren-

---

205 Siehe: Zeuske, „Saint-Domingue".
206 Brief von José de la Concha, Cap. Gral., an Primer secretario de Estado, La Habana, 29 de Mayo de 1851, in: AHN, leg. 8044/7, no. 8 (sobre „formación y trabajos de la comisión de emancipados"); información detallada sobre presidente (conde de Cañongo), y vocales Rafael de Toca, José Manuel Urzainqui, Francisco Aguirre.
207 Ortiz, Los negros esclavos, S. 298–305; Zeuske, „Emancipados oder „freie" Verschleppte als Staatssklaven der Atlantisierung", in: Zeuske, Die Monte Christos.

de Ex-Sklaven und heimlich Finanzierung auch der Rückfahrten durch dieselben Rückkehrer (zumindest was Nahrungsmittel und Wasser sowie Vorrichtungen zu ihrem Transport betraf). Man musste die Ausrüstungen bei der Abfahrt von Kuba nur etwas umfangreicher, größer gestalten – im korrupten Ausrüstungsgeschäft (catering) nicht allzu schwierig. In Afrika gab es das portugiesische System der *engajados livres/serviciais* (siehe das Kapitel über Traumata und die Pläne zum Transport von Kontraktarbeiter und der Abarbeitung von Schulden) und eine Reihe von Emancipados, die keine Arbeit hatten oder aus anderen Gründen Ortswechsel suchten (siehe den Fall William Thomas, oben). Und in Gallinas oder Ouidah/Ajudá (Cha-Cha) sowie vielen anderen Punkten warteten iberische Negreros darauf, ihre Gefangenen unter dem Anschein der Legalität nach Kuba transportieren zu lassen, auf Schiffen, die legale Papiere hatten (wegen des offiziell erlaubten Rücktransportes von ehemaligen Sklaven nach Afrika auf der Hinfahrt).

Spektakulär für diese Art von „legalem" Sklaven-Transport war der Fall der Schoners *San Antonio* (a) *Caiman* unter Kapitän Pedro Antonio Gazá, der schon bei Abfahrt in Havanna eine doppelt bezahlte Mannschaft doppelter Größe als auf normalen Fahrten an Bord nahm. Auf den Kapverden ließ Kapitän Gazá den berüchtigten Pedro Álvarez, einen Agenten Pedro Blancos, zusteigen. Das Schiff wurde vor Sierra Leone von den Briten aufgebracht. Die Untersuchungen wiesen eine Riesenmenge an Nahrungsmittel und Wasser nach, außerdem Zwischendecks wie für den Verschleppten-Transport. Wegen des Prozesses, in dem Gazá in Sierra Leone verurteilt wurde (obwohl er noch gar keine Verschleppten hatte laden lassen), sind die Papiere (u. a. die Namensliste der Libertos, die nach Afrika zurück wollten[208]) überliefert. Der Fall stellte für Jahre eine Streitfrage zwischen Spanien und Großbritannien dar.[209]

All die Anstrengungen der Negreros zu beiden Seiten des Atlantiks führten dazu, dass die 1850er Jahre zu einer neuen Hochzeit der Sklavereien und der Atlantisierung wurden. Auf dieser Basis, in der Kombination von Biedermeier-Kapitalismus, Tropenbegeisterung, Kriegskapitalismus, neuen Technologien und Sklavereimoderne, führte „der Westen" den Krimkrieg gegen Russland (der dort wiederum u. a. zur „Bauernbefreiung" 1861 führte). Dann kamen der Bürgerkrieg in den USA und die ersten antikolonialen Bewegungen in der spanischen Karibik (1868–1880) sowie die demokratische Revolution in Spanien (1868–1874). Das än-

---

208 ANC, GSC, leg. 943, no. 33273 (1844): „Sobre haberse concedido permiso al Capitán D.n Pedro Antonio Gazá del bergantin español „San Antonio" (a) Caiman para conducir varios negros libres a las costas de Africa". Die Namensliste findet sich auch in: Sarracino, Los que volvieron, S. 120f.; siehe auch die Tabelle von Schiffen mit „repatriierten" Emancipados: „Grupos de emancipados y repatriados automanumitidos con regreso documentalmente fundamentado", in: Ebd., S. 224.
209 Ebd., S. 113–122.

derte die Großwetterlage in den Amerikas. Nicht aber in Afrika. Für Afrika kann man mit William Gervase Clarence-Smith nochmals sagen: „The labour issue was at the centre of colonial politics, and the powerful planters of São Tomé and Angola obtained the maintenance of a *de facto* system of slavery".[210]

Auf Kuba und Puerto Rico brachen, wie bereits erwähnt, langanhaltende antikoloniale Konflikte und Revolutionen (1868–1898) aus. Als der erste Unabhängigkeitskrieg auf Kuba begonnen hatte (1868) und massive neue Arbeitskräfte-Migrationen unter Kontrolle der Negreros nicht durchzusetzen waren, transferierten seit Ende der 1860er Jahre viele „Spanier" ihre in der Atlantic Slavery auf Basis menschlicher Körper geschaffenen Kapitalien, natürlich in Geld- oder anderen Wertformen (auch über „mecanismos hereditarios [Erbmechanismen])"[211], als Aktien oder Sachwerte (u. a. Schiffe), sukzessive nach Spanien (vor allem Katalonien) und Europa. Banken, Dampferflotten, ganze Stadtviertel und Unternehmen sowie die Kerne von Stadtsilhouetten (Barcelona) entstanden auf Basis dieser Kapitalien, wie auch eine Reihe der größten Vermögen des atlantischen Raumes (zusammen mit den o.g. Brasilianern: Pedro Blanco, Julio Leblanc, Nicolás Castaño, Pedro Martínez, Francisco Marty, der Zulueta-Clan, die Samás, Tomás Terry, die Marqueses de Comillas).[212] Das Handelshaus des Francisco Hernández (später *Hernández y Chaviteau*) sowie Martín Tarafa hatten enge Verbindungen zu britischen und amerikanischen Sklavenhändlern.[213] Kuba war für sie, nimmt man die Formulierung von Martín Rodrigo „ein Raum der Akkumulation, aber kein Raum der Investition".[214]

Unter dem Stichwort „die letzten werden die ersten sein" kann man die Geschichte der meisten dieser Negreros schreiben. Menschen- und Sklavenhändler wie die Zuluetas, die Terrys, Pedro Blanco, die Drakes, die Martínez, die Taylors oder die Castaños führten die Ranglisten der atlantischen Reichen an.[215] In den jeweiligen Mutterländern und weit darüber hinaus profitierten Firmen in der Massenproduktion, von Textilien, Reedereien und vor allem Banken (das Haus Taylor, die Familie Drake, Tomás Terry und die Familie Zulueta werden zu den Be-

---

210 Clarence-Smith, The Third Portuguese Empire, S. 107.
211 Rodrigo y Alharilla, „Cuba".
212 Ely, Cuando reinaba su majestad; Cayuela Fernández, „Transferencias de capitales"; Bahamonde Magro/Cayuela Fernández, Hacer las Américas; Alonso Álvarez, „Comercio exterior"; Piqueras, „Capitales"; Rodrigo y Alharilla, „Con un pie"; Rodrigo y Alharilla, Los Marqueses; Rodrigo y Alharilla, „Los Goytisolo"; Rodrigo y Alharilla/Castañeda Peirón, „Los Vidal Quadras"; Rodrigo y Alharilla, Indians; Rodrigo y Alharilla, „Trasvase de capitales"; Piqueras, La esclavitud, passim.
213 Ortega, „Cuban Merchants", S. 235.
214 Rodrigo y Alharilla, „Cuba", S. 286, sowie Rodrigo y Alharilla, „Navieras y navieros".
215 Thomas, The Slave Trade, S. 628–649.

gründern des Bankwesens auf Kuba gezählt).²¹⁶ Der „letzte" Negrero und reichste Kaufmann der atlantischen Welt, hochgelobt als Modernisierer (sozialer Wohnungsbau, Theater, Fotografie) und Wohltäter war Tomás Terry (Caracas 1808–Paris 1886). Aus irisch-katholischer Familie, wurde er nach Bolívars Independencia zum bitterarmen Flüchtling, Migrant und zum marginalen Hausierer in der neu entstehenden Plantagenzone um Cienfuegos und schließlich zum „innovativsten" Negrero Kubas; Besitzer der weltweit modernsten und größten Zucker-Fabrik bei Cienfuegos (*Central Caracas*). Die Zuluetas wurden in den siebziger Jahren noch von diesem Krösus der Negreros übertroffen.²¹⁷ Terry ließ in der Krise von 1857 den Ingenio *Caridad de Juraguá* bei Cienfuegos zu einem zentralen Schnittpunkt des Menschenschmuggels ausbauen.²¹⁸ Als Sklavenhändler war Terry nie in Afrika und päppelte eigentlich nur die bedauernswerten Opfer des Menschenschmuggels nach tagelangen Märschen an wüsten Korallenküsten auf seinem Ingenio auf und verkaufte sie später teuer. Am Ende seines Lebens war Terry fast so reich wie Rothschild.²¹⁹ Und er und seine Familie werden immer wieder unter Kosmopoliten verbucht.

Der Durchbruch zu „großen" Plantagenwirtschaften der Second Slavery²²⁰ im Bereich der spanischen Kolonien gelang auf Kuba und Puerto Rico erst nach dem Zusammenbruch der globalen Modellsklavereiwirtschaft Saint-Domingue durch die einzige erfolgreiche Sklavenrevolution der Weltgeschichte (1791–1803) und nach dem Niedergang der Zuckerwirtschaft auf Jamaika (um 1835). Die spanische Krone war im Kampf gegen die Unabhängigkeitsrevolutionen im kontinentalen Spanisch-Amerika gezwungen, weitgehende Reformen auf Kuba zu dekretieren (u. a. Freiheit des Holzeinschlages – die kubanischen Wälder wurden Opfer des Zuckers – und legales Privateigentum des Landbesitzes, mit dem Recht der Separation). Aus Spanisch-Amerika, Saint-Domingue und Florida kamen auch Plantagenfachleute und Sklaven nach Kuba, deutlich vor allem im *minuto francés* 1800–1850 in Santiago de Cuba und Guantánamo.²²¹ Während der Unabhängigkeitsrevolution 1810–1825 kamen auch sehr viele Spanier mit beträchtlichen Kapitalien aus den ehemals spanischen Festlandkolonien sowie Santo Domin-

---

216 Tablada [Pérez],/Castelló, La Historia, S. 120–137.
217 Obwohl der Autor fast jedes Hinweis auf Sklavenschmuggel vermeidet (weil sich in den offiziellen Terry-Quellen kaum schriftlichen Hinweise finden): Ely, Cuando reinaba su majestad, S. 385–418. Siehe auch die Autoren der Bankgeschichte Kubas: Tablada; Castelló, La Historia, S. 124–128.
218 García Martínez, Esclavitud, S. 55–76.
219 Rodrigo y Alharilla, „De la esclavitud".
220 Tomich, „The ,Second Slavery'".
221 Duharte Jiménez, „La circulación".

go, Louisiana und den Floridas nach Kuba. Um Kuba und Puerto Rico zu halten, sah sich die Krone zu umfassenden Modernisierungsreformen genötigt, in deren Zentrum, wie gesagt, die Umwandlung von Landbesitz in Bodeneigentum und die Freigabe des Waldes für die Anlage neuer Plantagen stand. Für das 1795 an Frankreich abgetretene Santo Domingo hatte die siegreiche Sklavenrevolution die Folge, dass die siegreichen Truppen der schwarzen Militärs mit der Besetzung des Ostteils der Insel mehrfach (1802, 1822) die Abolition der Sklaverei proklamierten und 1822 auch mehr oder weniger durchsetzten.[222]

Die neue Boomwirtschaft der Kaffee- und Zuckerplantagen im Westen Kubas, um Havanna und Matanzas, die *Cuba grande*, fand mit dem bereits erwähnten Francisco de Arango y Parreño (1765–1837) einen kongenialen Theoretiker der amerikanischen Plantagenwirtschaft mit Massensklaverei – ein Freund Alexander von Humboldts.[223]

Humboldt beschäftigte sich selbst in seinem *Essai sur l'Île de Cuba* mit dem erstaunlichen Wirtschaftsboom der letzten verbliebene „Kron"-Kolonie Spaniens.[224]

Die nachfolgenden Zahlen der Sklaven zeigen, dass die Konzentration im kubanischen Zuckersektor immer mehr zu- und in der traditionellen Haussklaverei immer mehr abnahm. Allerdings hat José Antonio Piqueras gezeigt, dass es zu der Grundlage der Allianz zwischen spanischen und kubanischen Eliten gehörte, die Zahlen der Versklavten und damit der illegal ins Land Verschleppten nicht in vollem Umfang publik werden zu lassen. Der Staat wies die Beamten an, nicht so genau hinzusehen und vor allem Plantagenlisten sowie Notariatsarchive nicht genau zu prüfen. Als der relativ genau erhobene Zensus von 1867 eine viel höhere Zahl von Sklaven ergab als erwartet (nämlich 402 167; siehe die offiziellen Zahlen von 1862 in der Tabelle), wurde er kassiert und nicht publiziert.[225]

Ab 1837 wurde das interne Infrastruktur- und Transportproblem Kubas durch den Bau erster Eisenbahnen gelöst. Die *Cuba grande* expandierte in Form von Boomzyklen in das flache Innere der Insel, wo der Wald den Ingenios geopfert und das Kapital menschlicher Körper vor allem im Zucker, aber auch in Kaffee, Tabak, Transport und Dienstleistungen „angelegt" (*fomento*) wurde. Zwischen 1820 und 1878 wurden nach offiziellen Zahlen mehr als 700 000 Menschen im Sklavenschmuggel nach Kuba verschleppt, obwohl Sklavenhandel seit 1820 verboten war und englische Kriegsschiffe spanisch-kubanische Sklavenschiffe zwecks Durchsetzung internationaler Verträge[226] auf dem Atlantik verfolgten und auf-

---

222 Turits, Foundations; Turits, „Raza".
223 Tomich, „The Wealth of the Empire"; Zeuske, „Arango y Humboldt".
224 Humboldt, Essai Politique; Zeuske, „Humboldt".
225 Piqueras, „Censos *lato sensu*", S. 198.
226 Appendix 1 in: Sherwood, After Abolition, S. 178–185.

Anzahl der Sklaven in Kuba. Nach: Instituto de Historia de Cuba, Historia de Cuba, Bd. I, S. 403, tabla 51. Zahlen wurden überprüft und zum Teil nachberechnet, nach: Zeuske, „Versklavte und Sklavereien", S. 28.

Sektor	1841	1862
Ingenios	100 000 (22,91 %)	172 671 (47,73 %)
Cafetales	60 000 (13,74 %)	25 942 (7,17 %)
Sitios und Estancias	66 000 (15,12 %)	31 768 (8,78 %)
Vegas	14 263 (3,26 %)	17 675 (4,88 %)
Vieh-Haciendas	– (–)	6 220 (1,72 %)
Haussklaven	196 202 (44,95 %)	75 977 (21,00 %)
Potreros (spez. Viehzucht)	– (–)	31 514 (8,71 %)

brachten, wie nochmalige Vereinbarungen mit Großbritannien (1835) und Strafgesetze (1845) festlegten. Und obwohl es zwischen 1843 und 1857 zu Krisen und neuerlichen Umstrukturierungen des Menschenhandels kam. Die Verschleppten wurden durch Mixed Commissions, internationale Gerichtshöfe, bestehend aus britischen und spanischen Richter in Havanna und Sierra Leone, formell befreit, aber auf Kuba als Emancipados wie Staatssklaven eingesetzt. Es handelt sich um ca. 30 000 Menschen (meine Schätzung); David Eltis hat aus britischen Quellen Nachweise über 12 328 Emancipados, die von der Mixed Commission in Havanna (1819–1854) „frei" gesprochen wurden, sowie über 14 417 Verschleppte, die zwischen 1854 und 1866 von den Kolonialautoritäten Kubas und spanischen Schiffen „befreit" wurden.[227] Die Verschleppten galten formal als *libres* (Freie). Wie genau die Erklärung zu „libres" ablief, zeigt eine Information über eine illegale Anlandung (*alijo*) von Verschleppten auf der Zapata-Halbinsel 1854 („Anlandung von Bozalnegern am Rio de Hatibonico im Zapata-Sumpf, Jurisdiktion Matanzas, angrenzend an die von Cardenas"[228]): der Gobernador de Matanzas sei sofort „zum Punkt [hingegangen], wo sie durch die Einführer deponiert worden waren [auf einem Potrero (kleine Viehfarm)], an ihm fand er hunderteinunddreißig beiderlei Geschlechts ... er erklärte sie für frei und nötigte sie [nach Havanna] zu kommen, um sie in der Eigenschaft von Lehrlingen an Personen von Rang und Moralität zu binden, in Übereinstimmung mit der zu diesem Zweck diktierten Ordenanza".[229] Wegen der Vorlagen für die Ordenanza (königlicher Erlass) waren Negreros in der Emancipado-Kommission.

---

227 Zit. nach: Graden, Disease, S. 96f.
228 AHN, Estado, Trata de Negros, leg. 8059/3, no. 1, Madrid, 4 de Julio de 1854 (Ohne Foliierung).
229 Ebd.

9.5 Sklavenhändler IV. — 359

Der kubanische Zensus von 1841, so ungenau er auch im Einzelnen war, zeigte jedenfalls, dass es auf der Insel bereits mehr Sklaven als „weiße" Spanier und Kubaner gab, nämlich bei etwa einer Million Einwohner ca. 43 % Sklaven, 15 % freie Farbige und rund 42 % Weiße.[230]

Kuba war die wichtigste Second Slavery Amerikas. In Organisation, Strukturen und Renditen (noch bis 1950!) war Kuba die modernste Agrikultur der Welt. Havanna wurde zur Welthauptstadt des Zuckers und die Trauminsel von Zigarrenfreunden (*habanos*). Trotz der Verträge mit Großbritannien (1817, 1835, 1845) sowie einer Reihe von spanischen Gesetzen zur Verfolgung des äußeren Sklavenhandels (1845, 1866) florierte der transatlantische Menschenschmuggel bis in die 1870er Jahre, möglicherweise noch länger.[231]

Bis um 1870 gab es auch so etwas wie eine Industrialisierung unter kolonialen Bedingungen auf Tabak-Plantagen sowie die modernsten und größten Zuckerfabriken der damaligen Welt auf der Basis von Sklavenarbeit. Zwei internationale Markenprodukte – Weißzucker und Habano-Tabake (in Pinar del Río) – wurden hergestellt. Seit 1870 kam es unter Druck der Rübenzuckerkonkurrenz zur nochmaligen Modernisierung/Reorganisation und zur partiellen Entindustrialisierung der Zuckerproduktion in Form der Centrales, riesigen Fabriken im Zuckerrohrfeld, in denen ein Halbfertigprodukt (brauner Zucker) für den Export in die USA hergestellt wurde (alles frühe Probleme der Globalisierung). Die wichtigsten Kapitalien der Zuckerwirtschaft und überhaupt der „zweiten Sklaverei" kamen weiterhin aus dem Sklavenschmuggel zwischen Afrika und Kuba sowie aus der Ausbeutung der Sklaven. Die Arbeitsbedingungen im Zucker waren extrem hart. Sklavinnen und Sklaven konnten sich und ihre Kinder freikaufen, auch in Anzahlungen (*coartación*) und nutzten im 19. Jahrhundert mehr und mehr das positive Recht zu ihren Gunsten.[232] Das wurde auch in der ersten positiven Gesetzessammlung zur Sklaverei (1842) festgehalten (*Bando de Gobernación y Policía de la Isla de Cuba* von 1842, mit einem *Reglamento de esclavos* sowie einer *Instrucción de Pedáneos* im Anhang).[233] Allerdings kam es immer wieder zu Fluchten (*cimarronaje*) und Rebellionen; der Widerstand war in einigen Gebieten so intensiv, dass der Beruf des Sklavenjägers (*rancheador*) entstand, der von speziell gezüchteten Sklavenjagdhunden begleitet wurde. Rancheadores bildeten immer wieder auch Sklavenjä-

---

230 Zeuske, Schwarze Karibik; Zeuske, Die Monte Christos, passim.
231 Zeuske, „Out of the Americas".
232 Fuente (coord.), Su „único derecho"; Zu Tabak und Sklaven siehe: Zeuske, „Sklaven und Tabak in der atlantischen Weltgeschichte" (demnächst in Historische Zeitschrift).
233 Valdés, „Bando de Gobernación" (nur Reglamento); siehe Ausschnitte aus dem Bando und der Instrucción de Pedáneos in: Ortiz, Los negros esclavos, S. 439–442, 449–452; alle drei Texte in: Bando de Gobernación; Lucena Salmoral, Los códigos negros, S. 141–159.

germilizen, die über lange Zeit vor allem in den gebirgigen Zonen der Insel einen Guerillakrieg gegen Ansiedlungen (Palenques) geflohener Sklaven führten.[234] Der direkte Widerstand erfasste allerdings kaum jemals mehr als 5 % der Sklaven und Unterschichten. Eine viel tiefere Auswirkung auf die Gesellschaft hatten Kulturen und Religionen der unterschiedlichen ethnisch-religiösen Gruppierungen, die immer wieder mit Verschleppten aus Afrika aufgefüllt wurden, die über den Hidden Atlantic verschleppt worden waren (auf Kuba, wie gesagt, *naciones* genannt; die wichtigsten waren *mandingas*, *minas*, *lucumis*, *carabalis* und *congos/angolas* sowie *macúas*), oft mit Dutzenden Unterkategorisierungen.[235] Die Nachkommen von Sklaven gründeten, schon seit dem 16. Jahrhundert, religiöse *cofradías* sowie, vor allem im 19. Jahrhundert, *cabildos de nación* (seit 1878 *sociedades de recreo e instrucción*), die auch zu Keimzellen der Transkulturation, neuer Kulte und Religionsformen wurden.[236]

Kuba wurde im Spanischen Restimperium zur „melkenden Kuh"; das Mutterland konnte sich aufgrund des kolonialen Mehrprodukts (Steuern, Abgaben, Zölle, *donativos*, Bestechung, Ämter auf Kuba) bis 1898 im Kreis der Großmächte halten – auch eine Konsequenz der Kapitalisierung und Fiskalisierung menschlicher Körper. Wie im portugiesischen Imperium gab es zwar literarischen Abolitionismus und politischen Reformismus. Aber mit Reformen innerhalb eines von Sklavenhaltern (und ihren Söhnen, wie Notaren, Advokaten, Priester, Intelektuelle etc.) geprägten Rechtssystems auf der Basis des wirtschaftlich und finanziell extrem profitablen Systems der Atlantic Slavery waren Sklaverei und illegaler Menschenhandel nicht zu beseitigen.[237] Nach langen Reformreden und gescheiterten Reformen kam es im Verlauf von Revolutionen in Spanien (1868–1874) und auf Kuba (erster antikolonialer Zehnjähriger Krieg 1868–1880) zum Beginn der engeren Emanzipationsepoche (1868–1886), verbunden mit dem Versuch einer neuen Restaurationsreform (1875–1893).[238]

1869 hatte aber die *república en armas*, der itinerante Gegenstaat der antikolonialen Independentisten des Zehnjährigen Krieges, die Führung im Prozess der Abolition übernommen, indem nach den Grundidealen der Französischen Revo-

---

234 La Rosa Corzo, Los palenques; La Rosa Corzo, Runaway Slave Settlements, S. 223–254; La Rosa Corzo/González, Cazadores; insgesamt zum Widerstand siehe: Laviña, „Comunidades"; Laviña/Ruiz-Peinado, Resistencias, passim.
235 López Valdés, Componentes africanos; López Valdés, Africanos.
236 Montejo Arrechea, Sociedades de instrucción; Childs, „Pathways"; Barcia Zequeira, Los ilustres apellidos; Barcia Zequeira/Rodríguez Reyes/Niebla Delgado, Del cabildo de „nación".
237 Ghorbal, Réformisme et esclavage, passim.
238 Roldán de Montaud, La restauración; Roldán de Montaúd (Hrsg.), Las Haciendas públicas; Blackburn, „La esclavitud".

lution die Freiheit aller Menschen proklamiert wurde. Die Elite der Separatisten bestand allerdings aus Sklavenhaltern. Sie wollten auch in der *manigua* (ein ähnlicher Begriff wie Port. *sertão* – bewaldetes Busch- und Bergland) nicht auf persönliche Dienstleistungen verzichten und erließen parallel ein *Reglamento de Libertos*, nach dessen Maßgaben die ehemaligen Sklaven Pferde- und Dienstburschen ihrer ehemaligen Herren im Feld sein sollten.[239] Zu den wichtigsten Kämpfern des *Ejército Libertador* zählten ehemalige Sklaven, freie Schwarze und Farbige sowie Chinos (in Havanna steht ein Denkmal für die *chinos cubanos* mit der Inschrift: „es gab keinen Verräter unter kubanischen Chinesen; es gab keinen Deserteur unter kubanischen Chinesen" (Gonzalo de Quesada)).[240]

Der spanische Überseeminister Segismundo Moret erließ im Gegenzug zur Abolitionspolitik der Independenten die Ley Moret vom 4. Juli 1870, auch *Ley de Vientres Libres* genannt („freier Leib" oder „freier Bauch" – die ab Zeitpunkt der Proklamation von Sklavinnen geborenen Kinder waren formal frei; präzisiert durch den *Reglamento para la ejecución en Cuba y Puerto Rico de la Ley Moret*, Madrid 1872). Im Artikel 5 verfügte das Gesetz auch: „Alle Sklaven, die aus irgendeinem Grund dem Staat gehören werden als frei erklärt. Ebenso treten diejenigen, die unter dem Titel Emancipados unter dem Schutz des Staates waren, ab sofort in die volle Ausübung der Rechte von Freigelassenen".[241] Damit erkannte der Kolonialstaat an, dass Emancipados Staatssklaven waren, und verfügte ihre Freilassung. Der spanisch-kubanische Kolonialstaat gewann damit zunächst die Initiative zurück, zumal in Puerto Rico die Ley Moret als *Ley Preparatoria* galt, als vorbereitendes Gesetz für die endgültige Abolition der Sklaverei. 1873 wurde die Sklaverei auf Puerto Rico aufgehoben.[242]

Erst nach der Ley Moret, am 25. Dezember 1870, proklamierte der kubanische independentistische Präsident Carlos Manuel de Céspedes (später „Vater des Vaterlandes") die vollständige Abolition der Sklaven innerhalb der republikanischen Gemeinschaft. Die spanische Republik (die die Monarchie im europäischen Spanien 1868 gestürzt hatte) befreite, wie im Gesetz von 1866 angedroht, am 24. März 1873 auch alle nicht im Zensus von 1867 erfassten Sklavinnen und Sklaven (etwa 10.000 Menschen).

---

239 Pichardo, Documentos, I, S. 380–382.
240 Yun, The Coolie Speaks, S. 33.
241 Pichardo, Documentos, I, S. 384.
242 Ebd., S. 383–386; Morales Carrión, Auge y decadencia; Cabrero, „La abolición"; Dorsey, „Women"; Schmidt-Nowara, Empire and Antislavery; „Ley de Vientres Libres", bei: Ortiz, Los negros esclavos, S. 452–455; zu den Durchführungsbestimmungen des Reglamento von 1872 siehe ebd., S. 455–466 und Torres-Cuevas/Reyes, Esclavitud, S. 230–241; Dorsey, Slave Traffic; Schmidt-Nowara, Slavery, Freedom.

Am offziellen Ende des Zehnjährigen Krieges (auch: *Guerra Grande*), im Pakt von Zanjón von 1878 (Art. 3), wurde dann die „Freiheit der Sklaven und chinesischen Kolonen (*colonos*), die sich in den Reihen der Insurgenten befinden" festgeschrieben. Die Sklaven, die auf spanischer Seite gekämpft hatten, wurden zum Teil auch freigelassen. Damit behielten die Separatisten zumindest in dieser Frage eine aktive Position und erlangten einen Teilerfolg in der Frage der Emanzipation in einer Zeit, da die Zuckerwirtschaft noch stark von der Sklavenarbeit abhing.[243]

Wir wissen nicht, noch nicht, ob nicht auch in der Zeit des Krieges Menschen als Sklaven nach Kuba geschmuggelt wurden.

Die „Freiheit der Sklaven" und der Krieg von 1868–1878 stellten seitdem ein, wenn nicht das, Kernelement des independentistischen Diskurses auf Kuba dar, dem sich auch Weiße, deren einzige Alterssicherung oft ein oder zwei Sklaven darstellten, und altfreie Farbige (die vorher Sklaven besessen hatten, wie die Familie Maceo) anschließen konnten.[244]

Nach dem Ende der *Guerra Grande*, dem Kompromissfrieden von Zanjón und der *Guerra Chiquita* proklamierte die spanische Regierung den *Patronato* (8. Mai 1880[245]). Das Patronat war in gemeinsamer Aktion des Staates und der Sklavenhalter auf acht Jahre angelegt gewesen, wie es auch der Text der *Ley de Patronato* klar ausdrückt. 1880 gab es noch rund 200 000 Sklaven. Die spanische Regierung entzog in Ausführung des Patronats der Kirche die Registratur und gründete erst ein *Registro de Esclavos* (1866), dann ein *Registro de Patrocinados* (1880) und schließlich auch ein Zivilregister (die *ley de registro civil* galt ab 1. September 1884).[246] Am 7. Oktober 1886 erging die *Real Orden suprimiendo el Patronato* – schamvoll verborgen im Finanzhaushalt für 1886; rund eineinhalb Jahre vor dem

---

[243] Pichardo, Documentos, Bd. I, S. 403f. Radikale Indpedentisten unter Antonio Maceo führten den Krieg, genannt *guerra chiquita*, wegen der Nichtabolition der Sklaverei zwei Jahre weiter.
[244] Ferrer, Insurgent Cuba, S. 112–138.
[245] Pichardo, Documentos, Bd. I, S. 413–418.
[246] AHPM, Fondo Esclavos (Bozales), leg. 23, No. 117: „Comunicaciones relativas al envío de dos ejemplares de las leyes sobre represión y castigo del tráfico negrero, así como instrucciones para el empadronamiento de los esclavos", Matanzas, 24 de septiembre de 1867; ebd., leg. 23, No. 119: „Varias comunicaciones sobre instrucciones para el desenvolvimiento del cargo de Registrador de esclavos", 10 de enero a 12 de marzo de 1868; Reglamento de Ley de 1880, aboliendo la esclavitud en Cuba, in: Ortiz, Los negros esclavos, S. 470–487. Einer der Artikel dieses Reglaments ist: „De los Registros", in: ebd., S. 482–486; siehe auch: ANC, Gobierno General, Registro Civil, 1884–1888, leg. 585, No. 14: „Copias de circulares y disposiciones del Gobierno Gral. de la Isla de Cuba, Real Aud. y Gob. Interventor relativas a las inscripciones de nacimientos, defunciones y matrimonios en el Registro Civil. 1884–1888" (ohne Foliozählung).

vorgesehenen Termin.[247] Neuere Forschungen zeigen, dass die Massensklaverei am längsten beibehalten wurde, wo die potentesten Hacendados die fortgeschrittenste Technologie und Arbeitsorganisation anwandten.[248] Mit der Aufhebung des Patronats kamen die restlichen *patrocinados*, Sklaven, endgültig in den Status von Libertos. Unter ihnen lebten 1899 noch etwa 13 000 geborene Afrikaner aus den letzten großen Sklavenimporten zwischen 1850 und 1880. Der engere Prozess der Abolition, verstanden als legale Aufhebung und Abschaffung der Sklaverei, dauerte auf Kuba 17 Jahre, von 1869 bis 1886. Die Zeit der Postemanzipation und ihr Kernprozess, die Integration der Sklavinnen und Sklaven in die kubanische Gesellschaft, dauerten natürlich länger. Für Männer war die formale Integration, der Weg vom „Sklaven zum Bürger", allerdings erstaunlich kurz (im Vergleich zu anderen iberoamerikanischen Staaten) – er dauerte nur fünfzehn Jahre (bis 1901); für Frauen war er dreißig Jahre länger (bis 1933).[249] Die Kürze des Prozesses für Männer hat ihren Grund in den antikolonialen Revolutionen 1868–1898. Sie hatten Waffen. Allerdings existierte auch eine statusbegründende Dimension des alltäglichen Rechts, in der die Gruppe der Sklaven und Sklavinnen sowie ihre freien Nachkommen, egal ob Libertos zur Zeit der Sklaverei oder als Ex-Sklaven nach der Abolition 1886, als eine „vaterlose" Gruppe ohne die Legitimität einer kirchlich geschlossenen Ehe konfiguriert war.[250] Die meisten ehemaligen Sklavinnen und Sklaven trugen auch nicht den „ehrenhaften" Namen der zwei Nachnamen des kastilischen Namenrechts (*apellidos*), sondern fast immer, da ehemalige Sklavinnen kaum je formal verheiratet waren, nur den ersten Nachnamen eines ihrer letzten Herrn und in juristischen Dokumenten das Kürzel „sin segundo apellido" oder „sin otro apellido", einige noch bis Anfang der 60er Jahre des 20. Jahrhunderts.[251] Diese Rassenmarkierung ohne Erwähnung von Rasse markiert einen Teil des Erbes der Sklaverei[252], das sich vor allem in den wirtschaftlich-juristischen Strukturen (Latifundium–informelles Kleineigentum[253]), in der kubanischen Arbeiterbewegung des 20. Jahrhunderts (einer der Hauptverdienste der Arbeiterbewegung sind die Allianzen zwischen Schwarzen und Weißen!), in den Biografien

---

247 Pichardo, Documentos, Bd. I, S. 419–421; „Real Orden suprimiendo el Patronato", Gaceta de la Habana, 29. Oktober 1886, in: Ebd., I, S. 420f.
248 Santamaría García, „Evolución"; Fuente, „Esclavitud".
249 Zeuske, Schwarze Karibik, S. 503–525.
250 Morrison, „Creating an Alternative Kinship"; zur Sexualität-Geschichte, siehe: Schmieder, „Sklaverei".
251 Zeuske, Schwarze Karibik, S. 465–502; Herzog, „Nombres y apellidos"; Zeuske, „Sklaverei, Postemanzipation".
252 Zeuske, „Legados de la esclavitud".
253 Scott/Zeuske, „Property in Writing".

ehemaliger Sklaven und ihrer Nachkommen, aber auch in der kubanischen Kultur, Sprache, Religiosität, Alltagsgeschichte, Esskultur und Musik sowie in vielen anderen Bereichen ausmachen lässt.[254]

---

[254] Barnet, Biografía de un cimarrón; Barnet, Der Cimarrón; Zeuske, „The Cimarrón in the Archives"; Zeuske, „El Cimarrón"; Zeuske, „Novedades"; Zeuske, „Hidden Markers"; Zeuske, „The Names".

10 Coolies – asiáticos und chinos: Globale Dimensionen der Second Slavery

„Die Chinesen mochten das Opium sehr."[1]

Die besondere Dimension „spanisch-portugiesischer" Zusammenarbeit steht unter dem Label *Coolies zu Sklaven* (span.: *culíes*) – nicht Coolies *statt* Sklaven![2] Alle Profiteure des Kapitals menschlicher Körper suchten seit der Krise der 1840er Jahre (Briten schon seit 1806) auf der ganzen Welt alternative Quellen lebendiger Arbeit, vor allem als die Preise der Verschleppten aus Afrika wegen der Verfolgung von Sklavenschiffen durch britische Kreuzer stiegen – in der Welt außerhalb Afrikas, wo sie fielen.[3]

Über die Emancipados hat Rodolfo Sarracino schon 1988 geschrieben, dass sie im legalen Sinne „weder Libertos noch Sklaven waren".[4] Es sollte sich um 1850 zeigen, dass auch die *chinos* schnell als Sklaven in eine „estructura social esclavista"[5] assimiliert und – sage ich – transkulturiert wurden.

Menschenhändler und Versklaver präferierten keine Gruppe oder Ethnie. Einige präferierten nicht mal Menschen. Sie hätten auch Tiere statt Sklaven genommen. In der Debatte waren Maultiere, Esel oder Rinder – aber die konnten nicht überall eingesetzt werden. Und die Menschenhändler dachten und operierten wie die Romanhelden von Jules Verne – global und kosmopolitisch. Sie experimentierten mit Mayas aus Yucatán, Apachen aus Nordmexiko, libanesischen, syrischen Christen und Arabern aus dem Osmanischen Imperium, mit katholischen Deutschen aus dem Schwarzwald des Kaiserreiches, Spaniern aus Galicien und von den kanarischen Inseln, „freien", aber verschuldeten Afrikanern von Fernando Po und Portugiesen von den Azoren, Kapverden oder Madeira.

Auch der Transport, Handel (*blackbirding*) und die Kontraktsklaverei von Melanesiern und Polynesiern (*kanaka*) nach Australien, auf französische und deut-

---

[1] Barnet, Biografía de un cimarrón, S. 71.
[2] Luzón, „Chineros"; Naranjo Orovio/Balboa Navarro, „Colonos asiáticos"; Balboa Navarro, „Colonos contratados"; die empirische Grundlage von Tinker ist zwar der britische Kolonialismus, aber sein Konzept des „new system of slavery" lässt sich bestens auf den iberischen Bereich anwenden: Tinker, A New System of Slavery, passim; siehe auch: Behal/Linden (Hrsg.), Coolies; López, Chinese Cubans, S. 15–53.
[3] Clarence-Smith, „The Portuguese Contribution", S. 29.
[4] Sarracino, Los que volvieron, S. 67.
[5] Ebd.

sche Kolonien im Pazifik sowie nach Peru und Guatemala spielten eine Rolle.[6] Inwieweit Spanier und und Eliten aus spanischen Kolonien beteiligt waren, ist wenig erforscht. Der Kampf gegen die Razzienkrieger der Iranun in der Zulu-See im Süden der Philippinen um die Mitte des 19. Jahrhunderts deutet auf eine Beteiligung von Spaniern hin und auch „Portugiesen" von Timor, Flores und Solor waren nicht weit.[7]

Der Arbeitskrafthunger der kubanischen Zuckerindustrie war nach den Krisen von 1830–1835 sowie 1844–1845 wieder so groß, dass der Atlantik als Rekrutierungsgebiet nicht mehr ausreichte, zumal die aggressive britische Politik den Menschenhandel aus Westafrika zunehmend verunsicherte.[8] Neben der massiven Verschleppung von Sklaven aus Calabar, Westzentralafrika sowie Ostafrika begannen Hacendados und Negreros ab 1844 den Kauf chinesischer Kulis aus von Briten und Portugiesen kontrollierten Häfen Chinas zu diskutieren (Spanier bevorzugten zunächst Amoy).[9] Seit 1847 wurden durch Sklavenhändler wie Zulueta chinesische Kulis aus dem Süden des chinesischen Imperiums über das Chinesische Meer und den Atlantik (manchmal auch über den Pazifik) nach Kuba verschifft.[10] Es kamen auch schon Chinesen in die portugiesischen Plätze Afrikas (vor allem nach Moçambique und Guinea-Bissau). Im Wesentlichen kamen sie über die beiden im Perlflussdelta (Rio das Pérolas) etwas über 100 Kilometer voneinander entfernt liegenden Städte Canton (Guangzhou – 1757 bis 1842 die einzige für Ausländer-Handel zugelassene Stadt Chinas) und Macao (Macau) – zugelassen für „Portugiesen" und „Spanier".[11] Mit dem ersten Opiumkrieg (1839–1842)

---

6 Maude, Slavers in Paradise; Docker, The Blackbirders; Moore, Kanaka; Campbell, Ian C., A History, S. 101–115; Munro, „The Origins"; Horne, The White Pacific; Brown, „A Most Irregular Traffic"; generell zur Debatte um Sklaverei und Kontraktformen der Sklaverei: Tinker, A New System, passim; Baak, „About Enslaved Ex-slaves".
7 Warren, „Slave Markets"; Warren, Iranun and Balangingi.
8 Klein, „The End".
9 Yun, The Coolie Speaks, S. 14–21.
10 Pérez de la Riva, „El viaje a Cuba", S. 213; Pérez de la Riva, „El tráfico de culíes chinos", S. 217; siehe auch: „Informe del señor D. Francisco Diago a la Real Junta de Fomento sobre el proyecto de inmigración china"; Corbitt, A Study; Jiménez Pastrana, Los chinos; Clarence-Smith, „The Portuguese Contribution"; Hu-DeHart, „Chinese Coolie Labour"; Baltar Rodríguez, Los chinos de Cuba; Naranjo Orovio/Balboa Navarro, „Colonos asiáticos"; Schottenhammer, „Slaves"; Fernández de Pinedo Echevarría, Comercio exterior, S. 222–224; Marrero Cruz, „Traficante de esclavos y chinos", S. 46–79; López, „Afro-Asian"; Yun, The Coolie Speaks, passim.
11 Im strikten Sinne war Macao keine Kolonie, sondern ein *leasing*-Territorium. Portugal bezahlte eine jährliche Rate an China, siehe: Clarence-Smith, The Third Portuguese Empire, S. 28; zu den Chinesen in Afrika siehe: Estácio; Havik, „Recriar China na Guiné", S. 211–235.

10 Coolies – asiáticos und chinos: Globale Dimensionen der Second Slavery — 367

erzwang Großbritannien die Zulassung von fünf Städten in China für ausländischen Handel (Canton, Fuzhou, Amoy/Xiamen, Ningbo, Shanghai).

Insgesamt kamen zwischen 1847 und 1874 über den europäischen Zugriff chinesische Kontraktarbeiter, fast nur Männer und mehrheitlich Kantonchinesen, um die halbe Welt nach Kuba (mehrheitlich Indik-Atlantikroute). Evelyn Hu-DeHart hat die Unternehmer beschrieben, die das Projekt *Coolies zu Sklaven* vorantrieben: die bereits genannten Angehörigen des Zulueta-Clans (Julian Zulueta y Amondo auf Kuba und in Spanien sowie den USA; sein Onkel Pedro José de Zulueta y Madariaga in London und dessen Onkel José Fernando Zulueta) an der Spitze ihrer Firmen repräsentierten das, was wir heute eine multinationalen oder transnationalen Konzern nennen würden:

> global capitalists closely linked to the world financial markets, importing and exporting a variety of products around the world. So, for them to initiate the coolie trade from China to the Americas constituted a normal expansion of their global economic activities. Sometime in 1846, an agreement was sealed between Zulueta and Company in London and the British in the [early] treaty port of Amoy. On June 3, 1847, the Spanish ship Oquendo docked in Havana with 206 Chinese on board after 131 days at sea.[12]

Amoy war ein Hafen außerhalb der imperial-chinesischen Kontrolle, in dem sich spanische Akteure des Opiumexports und -handels niederließen (oft in Allianzen mit englischen Firmen, die das gleiche in Hongkong und Singapur taten).[13]

Wie fast immer in der Globalgeschichte der Arbeit[14] waren Kontraktarbeiter, in diesem Falle chinesische Kulis auf Kuba, meist noch schlechter dran als Emancipados und Sklaven. Im Grunde waren sie, wie Emancipados, Staatsklaven – der Staat (genau: *Junta de Fomento*), hielt sie in Barracones, überwachte und strafte sie nicht nur, sondern zirkulierte sie auch und bot sie auf Arbeitsmärkten an bzw. setzte sie selbst bei öffentlichen Arbeiten ein.[15] Einer der jungen Männer, die in China in die Fänge der Werber geraten war, drückte den Status von Chinesen auf

---

12 Hu-DeHart, „La Trata Amarilla", S. 167; siehe auch: Marrero Cruz, Julián de Zulueta, S. 55f.
13 Fradera, Gobernar colonias, S. 129–152; zu portugiesischen Versuchen, die Malwa-Opiumproduktion zu stimulieren und zum portugiesischen Opiumhandel (vor allem über Damão, Diu und Surat) siehe: Clarence-Smith, The Third Portuguese Empire, S. 25–29. Der portugiesische Opiumhandel hatte wichtige welthistorische Konsequenzen: Da die Briten die portugiesischen Exporte nach China nicht unter Kontrolle bekamen, wurde er zu einem der Gründe für den ersten Opium-Krieg 1840–1842 (siehe ebd., S. 26); siehe auch: Permanyer-Ugartemendia, „Opium".
14 Palmer (Hrsg.), The Worlds; Linden, Workers of the World.
15 Yun, The Coolie Speaks, S. 111–137; López, Chinese Cubans, S. 27–32.

Kuba in dem Satz aus: „No matter what status one had in China, one will become a slave [in Cuba]."¹⁶

Am besten funktionierte auch bei diesem neuen Sklavenhandel die Allianz zwischen „Spaniern" und „Portugiesen", neben der anfänglich recht guten Zusammenarbeit zwischen „Spaniern" (wie den Zuluetas) und „Briten" in Hongkong und am Finanzplatz London. Seit den 1850ern auch wieder mit den „Portugiesen" in Macao im Perlflussdelta (seit 1845 Freihafen und seit 1847 stärker unter portugiesischer Kontrolle¹⁷). Das Ganze gehört auch zu einem vergessenen Kapitel europäischer Kolonialgeschichte: Spanien in Ostasien und auf dem Pazifik. „Portugiesen" und „Spanier" und ihre Allianzpartner in Spanien und Kuba organisierten „a de facto Chinese slave trade to Cuba".¹⁸ Oft lagen die Iberer in harten Konflikten mit den Briten in Indien (u. a. wegen des Opiumhandels), aber manchmal gab es auch Kooperationen, vor allem im Kulitransport. Macao wurde zeitweilig zur profitabelsten Kolonie Portugals. Zwischen 1847 und 1874 wurden 140 000 Chinesen Richtung Kuba transportiert und 125 000 davon erreichten Kuba lebend (nach 1880 kamen nochmals ca. 35 000, vornehmlich aus Kalifornien; zu den globalen Zahlen siehe oben).¹⁹ Zwischen einem Sechstel und einem Viertel dieser Anzahl gingen durch Macao (1850–1875).²⁰ Nochmals ca. 100 000 Coolies wurden nach Peru verschleppt und dort vor allem auf Plantagen in Küstengebieten eingesetzt (insgesamt erreichten rund 225 000 als „neue" Kuli-Sklaven Kuba und Peru).²¹

In den 1850er Jahren kostete ein chinesischer Coolie zwei Drittel einer afrikanischen *pieza* (der Kontrakt zwischen 400 und 500 Dollar²²), trotz viel höherer Transportkosten von China nach Kuba. Der Spruch der Negreros dazu war: „Chinese [are] weaker and less productive than Africans".²³ Rechtlich-technisch gesehen wurden die Kontrakte der Chinesen verkauft, nicht ihre Körper wie bei

---

16 „Addendum: Selected Petitions" in: Yun, The Coolie Speaks, S. 243–259, hier S. 243.
17 Zur Vorgeschichte Macaos seit ca. 1550 siehe: Schleich, „Die portugiesische Händlerkolonie".
18 Clarence-Smith, „The Portuguese Contribution", S. 29.
19 Naranjo Orovio/Balboa Navarro, „Colonos asiáticos"; Luzón, „Chineros"; Schottenhammer, „Slaves".
20 Teixeira, O comércio de escravos; Dias, „Do tráfico.
21 Hu-DeHart, „Opium", S. 169. Diese 225 000 Menschen aus China sind Teil der ca. 2,5 Millionen Migranten aus Südasien und Ostasien in die Amerikas, die Adam McKeown erwähnt: McKeown, „Global Migration", S. 157 (die Hälfte der 2,5 Millionen kam bis 1885 in die Amerikas, die andere Hälfte danach – ebd.), siehe auch: McKeown, „Chinese Emigration in Global Context, 1850–1940", S. 95–124.
22 López, Chinese Cubans, S. 27.
23 Clarence-Smith, „The Portuguese Contribution", S. 29.

Verschleppten aus Afrika. In der Realität wurden sie aber genauso als Kapital menschlicher Körper behandelt wie Afrikaner.

Die Situation in Südost-China trug sehr zur Entstehung und Entwicklung dieses De-Facto-Sklavenhandels bei. Ein Pool versklavbarer Menschen war dort durch schwere Konflikte zwischen Kantonesen und einwandernde Hakka (eine der acht han-chinesischen Gruppen) entstanden, durch extensive Clan-Kriege und später durch die schweren Kämpfe des Taiping-Bürgerkrieges. Die kaiserliche Obrigkeit leerte die übervollen Gefängnisse durch Verkauf von Männern an die Sklavenhändler. Haupthäfen waren Swatow, Canton, Amoy, Huangpu (Whampao), Hongkong (vor und während seines Status als britische Kolonie) sowie, wie gesagt, vor allem Macao.[24] Daneben gab es Razziensklavereien, vor allem durch Piraten-Gemeinschaften, die Meeres- und Flussküsten heimsuchten und beraubten (vor allem in der Guangdong- und Fujianprovinz). Eltern in Not verkauften ihre Kinder. Viele Schuldner, oft Opfer von Spiel- und/oder Drogensucht (mit von den Briten gewaltsam in den Markt gedrücktem Opium[25]), wurden verkauft oder verkauften sich selbst. Zu diesen eigentlich direkt Versklavten („straight slaves"[26]) kamen einige freie Männer, die auf falsche Versprechungen hereinfielen oder auf kleine Geldsummen, die ihnen vorgestreckt wurden.

Die liberalen Eliten Portugals schufen die formalen Voraussetzungen für den Aufschwung ihrer Kolonie Macao. In der Gesetzgebung folgte Portugal dem Beispiel Großbritanniens in Indien. Sklaven wurden nicht mehr Sklaven genannt: „Die Sklaverei in Macao kann man heute als ausgelöscht betrachten und den wenigen Individuen, die dort als Sklaven und Libertos registriert sind [die Besitzer hatten die meisten Haussklaven und versklavten Kinder nicht registrieren lassen] kann man nur schlecht diesen Namen geben".[27] Und triefend vor Zivilisationsduselei heißt es: „ Man könnte die Sklaverei in der Stadt Macao als ausgelöscht nach allem Recht erklären [d. h., die Abolition proklamieren], so wie es glücklicherweise schon de facto ist, die so die Ehre erlangen würde die erste der portugiesischen Besitzungen zu sein, wo dieser große Akt der Zivilisation proklamiert sein würde".[28] Sklaven ohne Institution, wie die vielen Geraubten, Geflohenen oder Verschleppten aus Südchina, mussten nicht mehr Sklaven genannt werden –

---

24 Hu-DeHart, „La Trata Amarilla", S. 168; siehe auch: Van Dyke, The Canton Trade; López, Chinese Cubans, S. 24–27.
25 Spanier, unter Führung eines radikalen Liberalen, taten das Gleiche ab ca. 1815 für Manila (und sicher auch Lateinamerika), siehe: Fradera, Gobernar colonias, S. 129–152.
26 Clarence-Smith, „The Portuguese Contribution", S. 29.
27 Gesetze und Dokumente zur Abolition im portugiesischen Imperium finden sich unter: „Apêndice Documental", in: Silva, „Do Abolicionismo"; Zitat: S. 187.
28 Ebd.

sie wurden zu Kulis. Das Gesetz war eine der Voraussetzungen für den massiven Aufschwung der chinesischen Kuli-Diaspora auf Kuba und in Peru sowie Panama ab 1857.

Wie sehr das portugiesische Macao von Aufständen und Bürgerkriegen in China profitierte, zeigt ein Brief des Gouverneurs Isidoro Francisco Guimarães aus Macao:

> Macao bleibt weiter ruhig, während es viel Vorteil zieht vom gegenwärtigen Stand der Sachen, der es ihm erlaubt, ein außergewöhnliches Geschäft zu machen. Alles ist sehr teuer, aber alle gewinnen proportional außer denjenigen, die von der Regierung leben [wie der schreibende Gouverneur] ... Die Anzahl der Lorchas [Schiff mit Rumpf europäischer Bauart und chinesischer Takelage] steigt, und sie sind alle im Handel [auch Menschenhandel] zwischen Canton und Macao beschäftigt, den man heute insgesamt mit ausländischen Schiffe macht, weil die Rebellen, die den Fluss besetzt halten, keine chinesischen Schiffe passieren lassen.[29]

Allerdings waren auch die apokalytischen Reiter von Kriegen, Schmuggel und Menschenhandel nicht weit – Epidemien. Der Gouverneur meldet: „dysenterias, garritilhas, e febres [Dysenterien [Ruhr], garritilhas [für mich unübersetzbar, klingt aber schlimm], und Fieber [Mehrzahl]]".[30] Dazu kamen ausländische Militäreinsätze (u. a. spanische Flotteneinsätze gegen Piraten), Vorläufer des Zweiten Opiumkrieges (1856–1860) und Kämpfe der Taiping-Rebellion zwischen „Rebellen" und *imperialistas* (kaiserlichen Truppen).[31]

In den 1850er Jahren kam es zu Enthüllungen des Kontraktarbeiterhandels als „neue" Sklaverei in der britischen Presse. Bis dahin waren die Massen von Verschleppten durch Hongkong geschleust worden. Die Briten erließen den *Passenger Act* (1855) und unterbrachen damit den Transport von Coolies auf britischen Schiffen. Seitdem lief das Geschäft vornehmlich über Macao. Um die iberische Allianz nochmals zu unterstreichen: „Portugiesen" aus Macao spezialisierten sich auf die Beschaffung, sozusagen am Ausgangspunkt der Versklavung. Ihre Partner, „Spanier" sowie „Franzosen", spezialisierten sich auf den de-facto-Sklavenhandel und Transport nach Lateinamerika, vor allem nach Peru (Pazifik-

---

29 Brief des Gouverneurs Isidoro Francisco Guimarães aus Macau, 12 de fevereiro 1855 (No. 281) an Ministro e Secretario d'Estado dos Negocios da Marinha e Ultramar, in: AHU, Macau Timor, ACL-SEMU-DGU-005, Cx. 0021, 1854–1855 (ohne Foliierung).
30 Bericht von Isidoro Francisco Guimarães aus Macau, 12 de março de 1855 (No. 285) an Ministro e Secretario d'Estado dos Negocios da Marinha e Ultramar, in: ebd.
31 Dias, „Do tráfico".

route) und Kuba (Pazifik- sowie - Indik-Atlantikroute), auch in afrikanische Kolonien Portugals (vor allem Moçambique).³²

„Portugiesen" und kreolische Agenten organisierten die Zusammenstellung größerer Gruppen von Coolies in den Barracones von Macao; auf chinesischem Boden waren ausschließlich Chinesen als Anwerber (*runners/ corretores*) aktiv; allerdings wurden die *colonos* (Kolonisten) auf „lorchas portuguezas" (die erwähnten Flussschiffe mit chinesischer Takelage) nach Macao gebracht – d. h., „Portugiesen" waren auch hier aktiv. Der Gouverneur von Macao musste sich öfter mit dem beschäftigen, was er „Missbrauch" nannte: „Missbräuche, die man in Whampoa bei der Anwerbung von Chinesen beging, die sich auf portugiesischen Lorchas einschifften".³³

Einige kubanische und peruanische sowie spanische Unternehmer sandten eigene Agenten und Personal nach Macao, aber das Hauptgeschäft machten „Portugiesen" und kreolische Mittelsmänner sowie die Administration der Kolonie. Ein Portugiese leitete auch eine der drei wichtigsten Coolie-Transportfirmen auf Kuba. Portugiesen spielten allerdings beim Meerestransport per Schiff nach Kuba und Peru nur eine kleine Rolle; hier waren speziell Franzosen sehr aktiv.

Fast alle offiziellen Schreiben und Berichte über Kulis hoben als erstes den „Kontrakt" als Differenz zur „abscheulichen Sklaverei" hervor. Über die Kontrakte schreibt Evelyn Hu-DeHart:

> Portuguese authorities in Macau oversaw the loading process and legalized the documents. The contract was supposed to be read to the coolie in the appropriate Chinese language, so that he fully understood its terms, and signing it signified acceptance and agreement. He was also given a copy in Chinese to keep, while a Spanish version was issued to the planter in Cuba or Peru who bought his contract... Throughout the years of the trade, some of the basic terms remained constant, such as the eight years of servitude and the pay of one peso a week, or four a month. In addition to a salary, coolies were paid in food and clothing, which usually consisted of some specified amount of rice, meat or fish, yam or vegetables, as well as two changes of garment, one jacket and one blanket a year. Housing was also provided without rent. The contract specified three days off during the New Year, and usually Sundays as well, although this was rarely honored even when stipulated. Furthermore, the contract provided for medical attention, although it also stipulated the circumstances under which the planter could withhold wages until the coolie's recovery from illness or injury. The planter was also assured a full eight years' service, so that the coolie was obligated to make up for lost days of

---

32 Clarence-Smith, „The Portuguese Contribution", S. 29; siehe vor allem: Yun, The Coolie Speaks, S. 14–21 (zu den Schiffen S. 20); Estácio; Havik, „Recriar China na Guiné", S. 211–235; siehe auch: Legoy, „Le Havre et le transport des coolies au milieu du XIXe siècle", S. 1–17.
33 „Bericht No. 85", Macaó 25 de septembro de 1859, Isidoro Guimarães an Ministro e Secretario d'Estado dos Negocios da Marinha e Ultramar, in: AHU, Macau Timor-ACL-SEMU-DGU-005, Cx. 0025 (ohne Foliierung).

work by extending his service beyond the eight calendar years. In addition, he was given an advanced payment of eight to 14 pesos, to be used for passage and a new change of clothing at the time of departure, which constituted a debt to the planter to be repaid by deductions from his salary at the rate of one peso per month.[34]

Auf Kuba und in Peru gab es eine Reihe von neuen Kontraktformen, die meisten auf Spanisch.[35]

Diese Kontraktarbeit, bei der zu diskutieren ist, ob sie überhaupt als Weg zur „freien" Arbeit gelten kann, wurde zu einem Hauptweg des Übergangs zu „neuen" Sklavereien und damit der Sicherung von Arbeitskräften und Kapital in der Second Slavery. Ich will es noch einmal wiederholen, damit die Dimensionen deutlich werden: es handelt sind um rund 2,5 Millionen Menschen zwischen 1806/1838 und 1940 – bis zum formalen Ende der Sklaverei in den Amerikas in der zweiten Hälfte des 19. Jahrhunderts vornehmlich aus Britisch-Indien und China, danach auch aus Niederländisch-Indien.[36]

Einer der ersten Hacendados, der von der *Junta de Fomento* 1847 in einem Mustertransport aus China verschleppte Menschen kaufte, um sie bei der Urbarmachung seiner modernen Ingenios in der Ebene von Cárdenas einzusetzen, war Francisco Diago y Tato.[37] Nach einer Unterbrechung 1848–1852 kam der Chinesen-Handel richtig in Schwung. Transport und Behandlung der Asiáticos oder Chinos waren ähnlich wie die von Menschen, die im Sklavenhandel verschleppt wurden – manchmal aber sogar schlimmer. Die chinesischen Kulis galten als „freie Arbeiter", die sich selbst zur Reise nach Kuba entschieden und einen Kontrakt unterschrieben hatten.[38] Der Chinesenhandel wurde kaum überwacht.[39]

Chinos und und auch Maya-Indígenas aus Yucatán kamen in solchen Mengen, dass sich der *Real Consulado* 1849 veranlasst sah, ein Reglamento, ähnlich wie für die schwarzen Sklaven, zu erlassen (*Reglamento para el manejo y trato de*

---

34 Hu-DeHart, „Opium", S. 171; siehe auch: Jiménez Pastrana, Los chinos, passim
35 Yun, The Coolie Speaks, S. 112–115.
36 Tinker, A New System, passim; Mckeown, „Global Migration"; Houben/Seibert, „(Un)freedom"; Houben/Lindblad (Hrsg.), Coolie Labour.
37 Pérez de la Riva, „El tráfico de culíes chinos";Deschamps Chapeaux; Pérez de la Riva, Contribución a la historia de gentes sin historia …, S. 215–232, hier S. 217, siehe auch: „Informe del señor D. Francisco Diago a la Real Junta de Fomento sobre el proyecto de inmigración china", in: Ebd., S. 219–223.
38 ANC, DyR, leg., 547, No. 28 (1866): „Documento que contiene Contrata de trabajadores chinos con destino a Cuba. Fecha Macao, 25 de octubre de 1866".
39 Deschamps Chapeaux; Pérez de la Riva, Contribución a la historia de gentes sin historia …, S. 215–232; López, „Afro-Asian".

los colonos asiáticos e indios en la isla de Cuba. 10 de abril de 1849).[40] Kuli-Sklaven, verschleppte Kinder aus Afrika (wie die oben erwähnten Jungen vom Schiff ohne Namen, die Kinder der *Zeldina* 1857 und der *Wildfire* 1860[41] oder die der bereits erwähnten Goleta *Batans*) sowie Emancipados verhinderten in den zwanzig Jahren zwischen 1857 und 1886 einen Zusammenbruch der Massenproduktion mit Sklaven und verschleppten Menschen. Damit sicherten sie auch den Kapitalwert der versklavten Körper und Plantagen. Mit der Zwangsimmigration neuer Sklaventypen wie Emancipados und Kulis erhielten auch die „normalen" Sklaven, die wegen der Verfolgung des atlantischen Menschenhandels sporadisch immer mal mehr und mal weniger geschmuggelt wurden, wieder mehr Wert. Die am Ende der vierziger Jahre fallenden Sklavenpreise stiegen vor allem mit dem Abbruch des atlantischen Menschenhandels nach Brasilien und dem Ende der Krise von 1857 wieder massiv.[42] Die große Zuckerproduktion Kubas konnte ausgeweitet werden und die Preise für ihre Produkte senken. Der Zwischenschritt der Staatssklaverei und der globalen Verschleppung von Kulis, für die auf globaler Ebene vor allem Briten verantwortlich zeichneten, belebte auch Menschenschmuggel der „spanischen" Negreros von Kuba neu. So kam es nach einem Zwischenhoch 1850–1854 ab 1856 nochmals zu einem Aufschwung des atlantischen Menschenhandels und des Menschenhandels mit Coolies, der bis 1874 anhielt.[43] Erst als die Südstaaten der USA im Bürgerkrieg geschlagen waren, kam das langsame Ende des Massensklavenschmuggels.

Chinesen oder auf Kuba, *asiáticos*, wurden, wie gesagt, oft noch schlechter als Sklaven behandelt. Die Transportunternehmer der großen Schifffahrtsunternehmen unterschieden zwischen Sklaven und Kontraktarbeitern, aber mental und real behandelten sie Chinesen genauso rassistisch und gewalttätig wie Emancipados und schwarze Sklaven.[44] Die Transporte über die Ozeane waren – auch wegen der Dauer der Reise – noch schrecklicher als die Transporte auf den Negrero-Schiffen über den Atlantik. Oft wurden den Asiáticos nicht einmal die Rechte des Selbstfreikaufs zugestanden wie den Sklaven.[45] Und wegen der Fremdheit und des totalen Fehlens von Frauen in den Populationen der Chinesen in Amerika (in Peru macht sich das noch mehr als auf Kuba bemerkbar) war ihr Leben schlimmer als

---

40 Abgedruckt in: Rodríguez Piña, Guerra de castas ..., S. 187–191 (Anexo 2).
41 Bark Wildfire, 1860, auf dem Weg nach Kuba, in: „Slaves", unter: http://www.slavevoyages.org/tast/resources/images-list.faces (8.3.2015).
42 Klein, „The End", S. 190; Tornero, „Azúcar".
43 Die Krone erließ mehrfach Anordnungen gegen die „trata"; siehe: ANC, GSC, leg. 1035, no. 35897 (1861): „Contra los importadores de la trata en la Isla, armadores y complices".
44 Hu-DeHart, „Chinese Coolie Labour"; Hu-DeHart, „Race Construction".
45 Pérez de la Riva, „El chinito Pablo".

Tab. 10.1. Menschenhandel nach Kuba 1853–1874

Jahr	Verschleppte aus Afrika	Verschleppte aus China
1853	12 500	4 307
1854	11 400	1 711
1855	6 408	2 985
1856	7 304	4 968
1857	10 436	8 547
1858	19 992	13 385
1859	30 473	7 204
1860	24 895	6 193
1861	23 964	6 973
1862	11 254	344
1863	7 507	952
1864	6 807	2 153
1865	145	6 400
1866	1 443	12 391
1867	k.A.	14 263
1868	k.A.	7 368
1869	k.A.	5 660
1870	k.A.	1 227
1871	k.A.	1 448
1872	k.A.	8 160
1873	k.A.	5 093
1874	k.A.	2 490
Gesamt	174 528	124 242

Nach: Hu-DeHart, „Chinese Coolie Labour", S. 71. Die genaueste Gesamt-Auflistung der Abfahrten in chinesischen Häfen (141 515) und Verkäufe in Havana (124 793) sowie Toten der Überfahrten (16 578) findet sich unter: „Chinese Landing in the Port of Havana, 1847–1874", in: López, Chinese Cubans, S. 23.

das von Sklaven. Es gab auch für Chinos ein Leben *beyond the plantation* – es war kaum besser als das auf den Plantagen. Coolies arbeiteten in Warenlagern und im Hafen, vor allem bei schweren Dock- und Transportarbeiten, beim Eisenbahnbau, oft auch auf urbanen Baustellen; einige waren auch im Verkauf tätig. Eine Reihe von ausländischen Besuchern beobachtete auch Coolies, oft zusammen mit bestraften Sklaven, bei Sträflingsarbeiten.[46]

William Clarence-Smith hält deutlich fest: „In spite of an elaborate legal rigmarole of ‚indentured labour', there can be no doubt that the Chinese in Cuba were effectively in the position of slave".[47] Als Gründe führt er an: Asiáticos unterlagen

---

46 López, Chinese Cubans, S. 32–36.
47 Clarence-Smith, „The Portuguese Contribution", S. 29.

auf Kuba nicht nur einem Kontrakt, sondern wurden, wie oben dargelegt, zu vielen Nachfolge-Kontrakten – auf Spanisch – gezwungen. In keinem der ursprünglichen Kontrakte gab es irgendeine Bestimmung zur Rückkehr nach China; die chinesischen Arbeiter wurden offen unter der legalen Fiktion von „‚endorsing‘ contracts" verkauft.[48] Diejenigen, die die acht Jahre überlebten und nicht durch betrügerische Kontrakte weiterhin ein Leben als Sklaven fristeten, wurden als Landstreicher (*vagrantes*) angesehen – dagegen gab es harte Gesetze auf Kuba. „Landstreicher" wurden gezwungen, neue Kontrakte (*recontracting*) zu unterschreiben, oder sie wurden zu Sträflingsarbeiten verurteilt.[49]

Die Gesetzgebung, nach der mindestens ein Fünftel der Coolies Frauen sein sollten, wurde schlicht ignoriert.[50] Coolitude von Frauen wurde allerdings von „spanischen" Kuli-Kaufleuten gefordert, in den portugiesischen Behörden debattiert – und als „pure" Sklaverei abgelehnt. Der Gouverneur von Macao schrieb 1859 über die „Verschiffung von chinesischen Frauen nach Havanna"[51] Das Ministério in Lissabon ordnete an: „dass man dem Handelshaus von Don Rafael R. Torrices konzediere, chinesische Frauen nach Havanna zu exportieren".[52] Der Gouverneur war dagegen: „solche Ladungen wären aus nichts anderem als gekauften Frauen zusammengesetzt und sie würden ein Geschäft purer Sklaverei darstellen".[53]

Nur wenige ehemalige Coolies, die Geld – meist aus illegalen Tätigkeiten wie Drogen-Verkauf (Opium[54]), Glücksspiel oder kleinen Läden auf oder in der Nähe der Plantagen – zusammenbringen konnten, kehrten nach China zurück. Für die Ostregion Kubas um Santiago de Cuba ist bisher ein Rückkehrer nachgewiesen, ein Koch, der auf einem Coolie-Schiff via England und Hongkong nach China reiste.[55] Andere, ebenso wenige, wurden Kolonnen- und Zeitarbeiterchefs auf Kuba oder in Peru. Evelyn Hu-DeHart schreibt dazu:

---

48 Yun, The Coolie Speaks, S. 132.
49 Hu-DeHart, „Opium".
50 Von den 34 650 Chinesen, die in der kubanischen Volkszählung von 1862 erwähnt werden, waren 25 weiblich. Die Volkszählung von 1872 kam auf 58 400 Chinesen, von denen nur 32 Frauen waren, zwei unter Kontrakt und 30 frei; ebd., S. 170.
51 „Bericht No. 70", Macaó 21 de Agosto de 1859, Isidoro Guimarães an Ministro e Secretario d'Estado dos Negocios da Marinha e Ultramar, in: AHU, Macau Timor-ACL-SEMU-DGU-005, Cx. 0025 (ohne Foliierung).
52 Ebd.
53 Ebd. Dem Bericht wurde ein *regulamento* (Kuli-Reglement) beigelegt (veröffentlicht in: Boletim do Governo, Macau, sabbado, 7 de Junho 1856).
54 Hu-DeHart, „Opium", S. 170; zum breiteren Hintergrund siehe: Fradera, Gobernar colonias, S. 129–152, sowie Barnet, Biografia de un cimarrón, S. 49–123.
55 López, Chinese Cubans, S. 44f.

Recontracting in turn quickly gave rise to the appearance of a group of ex-coolies who became in effect labor contractors (contratista or enganchador) taking on the task and responsibility of recruiting, managing and, very importantly, disciplining labor crews (cuadrillas) on plantations. In a role which can also be described as a middleman subcontractor, they did all the negotiating on behalf of their labor crews, collecting a ‚salario colectivo [Sammellohn]' from the planter which they then distributed to the workers after taking a cut of about 10 percent.[56]

Als Fazit dieses Kapitels kann man festhalten, dass die meisten Autorinnen und Autoren, so etwa Kathleen López, William Gervase-Smith oder Franklin Knight, den Sklaverei-Charakter der Coolie-Existenz unterstreichen: „Chinese labor in Cuba in the nineteenth century was slavery in every social aspect except the name".[57] Nancy Morejón, die kubanische Poetin, spricht von einem „neuen Kuli-Konzept der Sklaverei".[58]

1872 gab es 58 400 Chinesen auf Kuba; 34 408 davon befanden sich noch unter Kontrakt (59 %). Nach dem Zensus von 1872 waren 14 046 Chinesen legal frei (entweder naturalisiert mit Bürgerrecht oder als Ausländer), 7036 galten als geflohene Kontraktarbeiter; 1344 wurden als Cimarrones in Depósitos festgehalten (und arbeiteten dort), weitere 1508 waren ebenfalls festgehalten – weil sie auf „recontracting" oder auf ein Urteil warteten oder verurteilt waren.[59] Im Zensus von 1877 standen noch 25 226 Chinos unter Kontrakt und 21 890 hatten ihre Kontrakte erfüllt.[60]

Sklaverei in Form der Kuliarbeit hat tiefe Spuren in der Geschichte Kubas und der karibischen Plantagenwirtschaften hinterlassen.

---

56 Hu-DeHart, „Opium", S. 174. Zu Cuadrillas unter der Führung von *chinos* und zur Konkurrenz zu den „most profitable brokers of Chinese labor" (*colonial officials, police*), siehe: López, Chinese Cubans, S. 62–64.
57 Knight, Slave Society, S. 119; López, Chinese Cubans, S. 50–53.
58 Yun; Laremont, „Chinese Coolies and African Slaves in Cuba, 1847–74", S. 99–122, hier S. 100.
59 Resumen por jurisdicciones del padrón general de asiáticos de la Isla, correspondiente al año de 1872 (23 de septiembre de 1873), in: Boletín de Colonización 1, no. 18 (15 de octubre de 1873), S. 5.
60 López, Chinese Cubans, S. 44.

11 Kurze Konklusion

„Slavers introduced resources from outside and protected them from local rivals."[1]

Der wichtigste Beitrag dieses Buches zur Globalgeschichte ist die der Zentralität des Atlantiks sowie der Akkumulation aus Sklaven-/Menschenhandel für die Entwicklung dessen, was heute „Kapitalismus" und „Westen" (sowie mehr und mehr auch „Norden") genannt wird, ihre Entstehung und ihr erster Höhepunkt 1400–1900. Diese Fokussierung auf den Atlantik steht in bewusstem Gegensatz zu anderen Theorien, die andere Zentralitäten behaupten oder überhaupt keine Zentralität mehr anerkennen. Um den Bogen über die Zentralität des Kapitals menschlicher Körper auf und am Atlantik aus der Einleitung und aus den Kapiteln wieder aufzunehmen: Im 17. und 18. Jahrhundert mit Vorlauf seit ca. 1450 stehen die rhizomartigen Schiffsbewegungen des Sklavenhandels auf dem Atlantik im Zentrum der modernen Geschichte und bildeten zugleich die Basis für die sich öffnende „great difference" im 19. Jahrhundert – „great difference" bezeichnet bekanntlich die Frage nach den Ursachen der dynamischen Entwicklung Europas im Vergleich zu China und Indien im 19. Jahrhundert. Der Atlantik war allerdings kein klassisch geordneter Raum, sondern eher ein Raum des Chaos, ein Raum größter Freiheit und größter Gewalt. Um nochmals die Zahlen aus TSTD2 zu nennen: Zwischen 1651 und 1866 wurden insgesamt 11 350 923 (fast 11,4 Millionen) Menschen aus Afrika verschleppt und kamen lebend in den Amerikas an. Sie repräsentieren, egal, wie hoch man den Preis zwischen 150 und 300 Silberpesos für einen Verschleppten setzt, den höchsten potenziellen Wert der damaligen Zeit (hinter Edelmetallen). Erst zwischen 1840 und 1900 kommen andere Zahlen ins Spiel (wie zum Beispiel translokale Migrationen/Kulis).

Der zweite Beitrag des vorliegenden Buches ist die Einbeziehung Afrikas in den Gesamtprozess des *Atlantic slaving*, vor allem über die Annahme einer gedachten Linie von Gewaltinfrastrukturen aus rhizomatischen Netzwerken, die von den Landschaften der Sklaverei (*catchment areas, slaving zones* oder Razziengebiete) im Interior Afrikas über die Küsten, den Atlantik (Mittelpassage) bis zu Küsten und Hafenstädten sowie Sklavereiorten in den Amerikas reichten. Die Kapitelgliederung des Buches ist nach diesen Infrastrukturen der Gewalt organisiert. Dazu kommt das Element der Zirkulation/Wiederholung und der Konstitution des Sklavereiatlantiks durch Einbeziehung auch der Abfahrten von Sklavenschiffen aus den Amerikas (Out of the Americas).

---

[1] Miller, The Problem of Slavery, S. 23.

Der dritte Beitrag vorliegenden Buches liegt in den mikrohistorischen Zugängen zu Makrothemen und -räumen. Ich meine damit die *life histories* vor allem der Verschleppten, aber auch der Sklavenhändler und –händlerinnen, des Sklavenhandelspersonals, der Atlantikkreolen, der Mannschaften, Ärzte und Kapitäne von Sklavenschiffen. Kapitäne als Typen von Sklavenhändlern bilden den Übergang zu *life histories* von Sklavenhändlern. Ich verbinde die Mikroansätze gelebter Leben sehr stark mit Wissensgeschichte („Lernen der Tropen"; mobiles Wissen), *life style* (Kosmopolitismus „von unten") sowie Traumata, Ernährung und Konsum (*food*). Menschenhandel und mobiles Wissen bedeutet in unserem Zusammenhang der Atlantic Slavery: Wir müssen uns mit dem provozierenden Gedanken vertraut machen, dass viele der berühmten Forscher und Reisenden (sowie Ärzte) des 19. Jahrhunderts auf Wegen/Routen wandelten oder fuhren, Personen, Wissen, Praktiken, Dienste und Strukturen nutzten, die für den Sklavenhandel geschaffen worden waren und von Menschenhändlern bereits lange genutzt wurden (Infrastrukturen der Gewalt). Ähnlich Provozierendes lässt sich zu Medizin, Nahrungs- und Genussmitteln formulieren: was im 19. Jahrhundert, spätestens im Biedermeier-Kapitalismus, zum *life-style-food* des europäischen Adels und europäischer Bourgeoisie geworden war, konsumierten, rauchten und schluckten Menschenhändler, ihr Personal, Atlantikkreolen und oft sogar Versklavte schon seit 200–300 Jahren. Das mobile Wissen von Ärzten und Heilern, die die Menschen-Castings überwachten und versuchten, die Epidemien des Menschenhandels (Cholera, Malaria, Geldfieber, Ruhr, Pocken) unter Kontrolle zu halten, trug ganz erheblich zur Entwicklung der „westlichen" Medizin bei.

Und der vierte Hauptbeitrag ist die Betonung des afrikanisch-iberischen Atlantiks als Basis aller anderen „Atlantike" und der Rolle der iberischen Allianzen für die Entwicklung dieses Atlantiks speziell im 16. und 19. Jahrhundert. Wie wir im vorletzten Kapitel am Beispiel des iberischen Atlantiks, Kubas und Spaniens sowie Portugals und an den *life histories* von Sklavenhändlern gesehen haben, war (und ist) Sklaverei und Menschenhandel, konzentriert auf die Kapitalfunktion menschlicher Körper und Körperteile, menschlicher Energie, Arbeitsleistung, Tauschware, Sexualität und Reproduktion sowie ihrer Produktivität und der Profite, die daraus gezogen werden können, Grundlage der Entwicklung aller atlantischen Gesellschaften. Aus historischen Gründen nutzten vor allem die sogenannten Seemächte Europas Sklaverei, direkten Kolonialismus und Menschenhandel in Form offener Marktwirtschaften und Institutionen (vor allem Banken oder Steuern) für ihren Aufstieg und Erfolg – sie begannen als marginale, periphere Mächte, um sich dann erst christliche Mächte und Zivilisation oder lateinisches Europa, später „Abendland" und „Westen" zu nennen und die afrikanischen sowie atlantischen Ursprünge ihrer Entwicklung, die Gewalt und die archaischen Ausbeutungsformen menschlicher Körper zu marginalisieren und zu verschweigen – Marginalisierung im Quadrat. Je effizienter und gewalttätiger diese Seemächte waren, desto dynamischer. Das gilt nicht nur für England, sondern auch für Portugal. Portugal war immer so marginal, dass es mehrfach vor der Gefahr stand, als individuelle Monarchie und individueller Staat aus der Geschichte zu verschwinden (15. Jahrhundert, 1580–1640 und 1808–1825). Jedesmal arbeiteten sich vor allem Handels-Eliten mit massivem Sklavenhandel und neuen Kolonialprojekten zwar nicht an die Spitze – zumal es auch keine ähnlich erfolgreiche bürgerliche Revolution wie in England gab (vor allem nicht so zeitig) – aber wieder in den Kreis der europäischen Sklavenhandels-, See- und Kolonialmächte. Und all das trotz miserabler Ausgangsdaten (geografische Lage in Bezug auf Europa, keine Bodenschätze, geringe Bevölkerung) sowie extremer Stärke und extremen Gewichts traditioneller Eliten und Institutionen (Kirche, Hof, traditioneller Adel), die nur von Renten existierten (und das nicht schlecht). Ähnliches gilt für die Atlantikküste (Hugenotten) in der französischen katholischen Zentralmonarchie und für eine Reihe von Jihad-Staaten Afrikas (aber auch für Militärstaaten à la Dahomey). Und für Kastilien/Spanien. Spaniens Wiederaufstieg vom Verlust der Supermachtposition über die Krisen des 18. Jahrhunderts (1700–1815 und Independencia 1810–1830; Bürgerkriegs- und Revolutionschaos des 19. Jahrhunderts bis um 1874) lief nach dem Muster: von der Marginalität zum neuen Imperium der Inseln mit der effizientesten Sklaverei und eigener, in den Kolonien begonnener Industrialisierung sowie atlantischem Menschenschmuggel und Atlantisierung im Quadrat (auf Kuba und Puerto Rico). Dänemark war auch am Anfang marginal und galt bis in die 1860er Jahre als europäische Mittelmacht vom gleichen (oder höheren) Rang als Preußen. Die Sklaverei- und Sklavenhandelseliten der Amerikas (Kuba, Brasilien, Süden der USA) hielten sich den Eliten der Metropolen bzw. der Nichtsklavereigebiete der USA für weit überlegen.

Aus ebenfalls historischen Gründen war das noch im 16. Jahrhundert viertklassige, marginale und periphere England (allerdings mit hohen Steuern und Militärausgaben) am erfolgreichsten in der Gruppe der Marginalen. Vor allem durch die im europäischen Maßstab zeitige Durchsetzung der Macht einer neuen Kaufleute- und Grundbesitzer-Elite, zu denen Sklavenhändler gehörten, und durch die Konzentration globaler Macht in einem Handels- und Finanzzentrum als Metropole eines dynamischen imperialen Staates – die sogenannte *Glorious Revolution* 1688. Dieser in seiner monarchischen Form etwas schäbig verfasste Staat verband interne Entwicklung (vor allem Landwirtschaft) sowie Staatsschuldenpolitik, Kriegs- und Kreditfinanzierung, Geldpolitik, Bankenwesen und Handel mit der Akkumulation aus menschlichen Körpern, Sklaverei und Sklavenhandel sowie Expansion in Gestalt von Kolonien – auch und gerade grade mittels relativ schlanker Institutionen – am erfolgreichsten. Und mitten in der Krise der napoleonischen Kriege schwenkte er auf den Freiheits-Liberalismus der

Abolitionsdiskurse um und auf seine Moral-Rhetoriken, Meinungs- und Sprachpolitik als Ideologie des Industriekapitalismus und Freihandels sowie „freien Marktes" und „freier" Konsumtion. Heuchlerischer als in Bezug auf Sklavereien und Menschenhandel war neben der Prüderie des „Viktorianischen Zeitalters" nur noch die Geschichte des weltweiten Opiumhandels sowie der militärischen Handelspolitik („Kriegskapitalismus").

Andere Staaten und Imperien setzten lange Zeit auf eine unverhüllte Sklavereimoderne (USA, Portugal-Brasilien, Spanien-Kuba, Niederlande und viele andere Imperien). Gerade im Falle Portugals, immerhin das Land Europas mit der längsten direkten Kolonialgeschichte (bis 1974), stimmt das, wenn auch eher in Form eines *imperialism of the weak* sowie eines *shadow empire* (und natürlich Brasiliens, das über Sprache und Kultur immer noch mit Portugal verbunden ist, aber auch mit Angola und anderen afrikanischen Staaten). Wegen der erfolgreichen und sehr dynamischen Verbindung von Massensklavereien, Kolonialismus und Exportwirtschaften auf Basis von Plantagen gelang es einer eigentlich schon im 19. Jahrhundert hilflos veralteten europäischen Gesellschaft auch, afrikanische Räume des Menschenkapitalismus, der dort quasi erfunden worden war, schon vor der Phase des Hochimperialismus ab 1850 zu kolonisieren und mehr schlecht als recht, aber immerhin zu beherrschen. Spätestens um diese Zeit setzten sich der britische Liberalismus sowie seine „Werte" als diskursives Ideal des sich herausbildenden „Westens" heraus (bis um 1925 erlaubte man sich noch, vom „zivilisierten Abendland" zu sprechen).

Sklavenhändler spielten immer eine sehr wichtige Rolle – auch wenn sie sich später Bankiers nannten. In Afrika wurden sie Chefs (auch von Handels-Häusern), Handelsprinzen oder Könige genannt und stellten lange Zeit, machmal bis heute, die politischen Eliten. Einige Nachkommen von Sklavenhändlern gibt es auch in der „westlichen" Welt noch – vor allem wenn es ihren Vorfahren gelang, das Kapital menschlicher Körper zu territorialisieren oder zu monetarisieren sowie in andere Kapitalformen zu verwandeln und/oder langlebige Institutionen zu gründen (wie Banken).

Aber Sklavenhandel und Menschenschmuggel als Atlantisierung und Globalisierung waren viel mehr. Sie prägten die Kultur, Sprachen, Gefühle, Wissen, Ernährung und Unterhaltung, aber auch Mobilität, Lebensweisen und Medien einer sich immer mehr globalisierenden Welt, nicht zuletzt durch den „Kosmopolitismus" der Atlantikkreolen und den Kaffee/Zucker/Tabak-Komplex des Biedermeier-Kapitalismus (was bis in solche Dimensionen wie die Entwicklung des „modernen" männlichen Selbst reicht).[2]

---

[2] Zeuske, Handbuch, passim. Zur Geschichte von (verborgener) Sklaverei/Sklavenhandel und *self-fashioning* für den englischsprachigen Bereich siehe: Gikandi, Slavery, passim.

Und menschliche Körper als Kapital sowie versklavte Menschen und archaische Ausbeutungsformen transkultureller Körper sind noch heute Teil unserer Welt. Es gibt keine Sklaverei als definierte Institution des Eigentums nach „römischem" Recht mehr (*legal ownership*), aber Massen von Menschen in undefiniertem Rechts-Status, die den Plateaus „Sklavinnen ohne Institution" und Kin-Sklavereien (siehe Einleitung) entsprechen. Manchmal nur zeit- oder abschnittsweise auf ihren „freien" oder erzwungenen Migrationen und globalen Mobilitäten. Das ist das Problem der Sklavereien heute.

Quellen

Archivo General de Indias (AGI), Sevilla, Spanien

[1] „Testim.o de los Autos obradas sobre la entrada en este Puerto de las costa de Guinea la frag.ta Yng.sa la Bella. su Cap.n Giles ThornBorru [Thornborrow] con Armaz.on de Negros por q.ta [cuenta] del Aciento de D. Jph de Villa Pico, y Comp.", Miguel Jph de Leon, Escribano Real, La Habana, 1 de Septiembre de 1763–4 de Diciembre de 1763, in: Archivo General de Indias, Sevilla (AGI), Santo Domingo, leg. 2210, 1763 á 1817: „Expedientes sobre asientos de negros. Isla de Cuba", f. 105v/106r.

Archivo Nacional de Cuba (ANC), La Habana

[1] ANC, Gobierno Superior Civil (GSC), Esclavitud, legajo (leg.= 946, número (no.) 33374 (1850): „Expediente sobre noticias de un desembarco en Trinidad de negros esclavos procedentes del Brasil a de las colonias extranjeras".
[2] Bericht Arangos über seine Reise nach England und Jamaika, in: ANC, Junta de Fomento, libro 161 (1795–1796), f. 83r–f. 88r.
[3] „Contrata", Bergantin Negrito, Francisco Antonio de Sarria, capitan y maestre, La Habana, 14 de Junio de 1832, expedicion a las islas del Principe y Santomé, in: ANC, Notaría Marina 1832, f. 264v–265v.
[4] „Poder especial", Ramón Ferrer, in: ANC, Notaría Marina 1837, La Habana, 17 de Julio de 1837, f. 369r-v., hier 369r.
[5] „Representación de Antonio Escoto", La Habana, Junio 26, 1816, in: ANC, Tribunal de Comercio, leg. 32, no. 15 (1816): Botefeur Daniel. Daniel Botefeur, apoderado de Juan Ormond, contra Antonio Escoto, sobre cuentas mercantiles, La Habana, 23 de Abril de 1816, f. 10r–11v.
[6] ANC, Donativos y Remisiones (DyR), leg., 547, No. 28 (1866): „Documento que contiene Contrata de trabajadores chinos con destino a Cuba. Fecha Macao, 25 de octubre de 1866".
[7] ANC, Escribanía de Marina, leg. 39, no. 385 (1839): „Ferrer, Ramón. Intestado de D. Ramon Ferrer".
[8] ANC, Escribanía varios, leg. 461, no. 6593 (1827): „Tomas Falguerra contra Mª. Josefa Oseti sobre la venta de una negra", f. 11r.
[9] ANC, Fondo Miscelanea (FM), leg. 2344, no. Aa (1836): „Entrada de la Goleta Española Cos.[ter]ª Amistad su patron D.ⁿ Damian Ferrer procedente de la Habana con diez y seis permisos. Anclada en Guanaja el 18 de Feb.".
[10] ANC, Gobierno General, Registro Civil, 1884–1888, leg. 585, No. 14: „Copias de circulares y disposiciones del Gobierno Gral. de la Isla de Cuba, Real Aud. y Gob. Interventor relativas a las inscripciones de nacimientos, defunciones y matrimonios en el Registro Civil. 1884–1888" (ohne Foliozählung).
[11] ANC, GSC, leg. 1035, no. 35897 (1861): „Contra los importadores de la trata en la Isla, armadores y complices".

[12] ANC, GSC, leg. 694, no. 22846 (1842): „Expediente en que D. Ramón Pascual y Vives, solicita compar y naturalizar la goleta americana „Sabanale" bajo el nuevo nombre de „Adelaida" con destino a Cabotaje".
[13] ANC, Protocolos de Güines. Protocolos Notariales de Pedro José González, No. 385, 1 Tomo, 1812–1813. Protocolos Notariales de Pedro José González, Tomo 1812–1813, „v.ta R.l", Pueblo de Guines, 14 de Agosto de 1813, 176v–178r.
[14] ANC, RC, leg. 93, no. 3924: „Expediente relativo a las noticias adquiridas por el Sindico de este cuerpo en Inglaterra y Jamayca, sobre refinerias de azucar", 28 de Octubre de 1795.
[15] ANC, Real Consulado y Junta de Fomento (RC), leg. 150, no. 7409: Expediente relativo á la salud y conservación de los negros en la travesía de la costa de Africa á este puerto, La Habana, 12 de julio de 1811.
[16] ANC, Real Consulado y Junta de Fomento (RC), leg. 92, no. 3923: „Expediente sobre las noticias comunicadas por el Sindico Don Francisco de Arango y Parreño, adquiridas en el viaje por encargo de S.M. ha hecho a Inglaterra, Portugal, Barbada y Jamayca", 30 de Septiembre de 1795.
[17] ANC, Reales Cédulas y Ordenes, leg. 121, no. 175 (Habana, 21 de Abril de 1841). Negros. Carta acusando recibo de la que participó el apresamiento del buque negrero „Jesus Maria".
[18] ANC, TC, leg. 184, no. 13 (1815). Faber (Jacobo): „Jacobo Faber, contra Juan Madrazo, sobre pesos de ciertas cuentas de negros bozales", f. 4r.
[19] ANC, Tribunal del Consulado, Leg. 30, no. 6 (1820): D.n Daniel Buteffeur contra D.n Juan José Dominguez sobre p.[eso]s., f. 35r–43r.
[20] Arango an Generalkapitän Someruelos, La Habana, 17. Oktober 1809, in: ANC, GSC, leg. 1021, 95998, f. 2r–2v ANC, Gobierno Superior Civil (GSC), leg. 1021, 95998, f. 2r–2v.
[21] ANC, GSC, leg. 427, no. 20575 (1854): „Expediente a consecuencia de la comunicación del Consul ingles sobre asociación en el Brasil con objeto de introducir esclavos en esta isla".
[22] „Autos. Testamentaria del Dr. Dn. Daniel Botefeur", in: ANC, Escribanía de Luis Blanco, leg 405, no. 4, f. 5r: Totenschein (englisch), Charleston, 22th day of June A:D: 1821, John M. Davis, Notary Public.
[23] „Certificado" von Dr. Márcos Sanchez Rubio, médico y cirujano, in: ANC, Tribunal de Comercio (TC), leg. 291, no. 6 (1817). Negros: „Dilig.s obradas sobre la entrada en este Puerto de la Goleta Portuguesa titulada la Maria con cargamento de negros", f. 18r.
[24] „D.n Juan Ormond, de la Costa de Africa, C.[uent]a C.[orrien]te con Ant.o Escoto de este com.[erci]o como Albacea de bienes q.e quedaron p.r fallecimiento de J. Tillinghast", in: ANC, Tribunal de Comercio, leg. 32, no. 15 (1816): Botefeur Daniel. Daniel Botefeur, apoderado de Juan Ormond, contra Antonio Escoto, sobre cuentas mercantiles, Havana, 9 de Mayo de 1816, f. 4v–9r.
[25] „Declaración", Jacobo Faber (mit Übersetzer) vor Consulado, La Habana, 17 de Noviembre de 1817, in: ANC, Leg. 504, no. 32 (1815), Escoto (Antonio). „D.n Antonio Escoto, sobre justificar el numero de negros con que arribo a Rio Pongo en el Africa, la goleta de su propiedad titulada „Isabel", f. 5r–7r.
[26] „Declaración", M.r Dr Samuel Gale (mit Übersetzung durch Interprete des Consulado D.n Juan Agustin Ferrety), La Habana, 15 de noviembre de 1815, in: ANC, Leg. 504, no. 32 (1815). Escoto (Antonio). "D.n Antonio Escoto, sobre justificar el numero de negros con que arribo a Rio Pongo en el Africa, la goleta de su propiedad titulada „Isabel", f. 4r–v.

[27] „Declaración", William Turner (mit Übersetzer) vor Consulado, La Habana, 17 de Noviembre de 1817, in: ANC, Leg. 504, no. 32 (1815), Escoto (Antonio). „D.n Antonio Escoto, sobre justificar el numero de negros con que arribo a Rio Pongo en el Africa, la goleta de su propiedad titulada ‚Isabel'", f. 7v–8v.

[28] „Expediente promovido por consecuencia de la reclamación de la morena Juana Socarrás respecto á su estado y el de sus hijos", Remedios, 30. Oktober und 30. November 1866; La Habana, 6., 8., 30. November 1866, in: ANC, GSC, leg. 967, no. 34183 (ohne Foliierung).

[29] „Interrogatorio cerrado", in: ANC, Escribanía de Daumy, leg. 370, no. 1 (1818): Daniel Botefeur, contra su esclavo Roberto sobre hurto, La Habana, 26 de febrero de 1818, f. 7r–9r.

[30] „Inventario y tasacion del Cafetal Gratitud que quedo por bienes de D.n Daniel Botefeur", La Habana, 24 de Noviembre de 1823, in: ANC, Escribanía de Daumy, leg. 370, no. 1 (1818): Daniel Botefeur, contra su esclavo Roberto sobre hurto, La Habana, 26 de febrero de 1818, f. 26r–30r.

[31] „Inventario y Tazacion del Cafetal titulado Enrique", Partido de Canimar y Agosto 29 de 1821 in: ANC, Escribanía de Daumy, leg. 370, no. 1 (1818): Daniel Botefeur, contra su esclavo Roberto sobre hurto, La Habana, 26 de febrero de 1818, f. 34r–37r.

[32] „Inventario", La Habana, Marzo 7 de 1822, in: ANC, Escribanía de Luis Blanco, leg 405, no. 4, f. 17r–20v.

[33] „Memorial", Antonio Escoto an Prior y Consules del Tribunal de Comercio, La Habana, 8 de Noviembre de 1815, in: ANC, Leg. 504, no. 32 (1815). Escoto (Antonio). „D.n Antonio Escoto, sobre justificar el numero de negros con que arribo a Rio Pongo en el Africa, la goleta de su propiedad titulada ‚Isabel'", f. 1r–2r.

[34] „Memorial" (2°), Antonio Escoto en Prior y Consules del Tribunal de Comercio, La Habana, 14 de Noviembre de 1815, in: Ebd., f. 3r–v.

[35] „Nota de los Buques que hán hido al Africa al comercio de Negros, y regresando des.e el año de 1808 h.ta Oct.e de 1817 con espresion del num.o de cabezas importadas" (Hav.a, Nov.e 22 de 1817), in: ANC, RC, leg. 86/3506: Espediente No. 964 sobre cumplimiento de la R.l orden que previene se formalice y remita una justificacion de los buques y numero de negros apresados por los ingleses para establecer la reclamacion competente al Gobierno de S.M.B (Marzo 21.de 1816), f. 9r–22r.

[36] „Nota de las mercancías q.e lleva á la Costa de Luango para la permuta de Negros, y rancho para retorno la Fragata nombrada Ciudad de Zaragoza su capitan d. Bernardo Rapalo ... asaver" (Nota N.o 1 zu „Observaciones de la Compañía de Cuesta Manzanal y Hermano, referentes al Comercio de Negros con cinco Documentos agregados su f[ec]ha 23 de Nov.re de 1809"), in: ANC, Real Consulado, leg. 74, no. 2836: Sobre prorroga de termino concedido por S.M. en R.l orden de 22 de Abril de 1804 para traer negros de la costa de Africa, f. 24r–24v.

[37] „Nota de las mercancías q.e lleva á la Costa de Angola para la permuta de Negros, y rancho para retorno la Fragata nombrada Junta Central (alias) el Bruch su capitan d.n José Tamadas... asaver" (Nota N.o 2 zu „Observaciones de la Compañía de Cuesta Manzanal y Hermano, referentes al Comercio de Negros con cinco Documentos agregados su f[ec]ha 23 de Nov.re de 1809"), in: ANC, Real Consulado, leg. 74, no. 2836: Sobre prorroga de termino concedido por S.M. en R.l orden de 22 de Abril de 1804 para traer negros de la costa de Africa, f. 25r–25v.

[38] „Pedro Blanco y Compañía", in: ANC, FM, leg. 11408 (Kontobuch).

[39] „Poder g.l p.a pleitos [Generalvollmacht für alle Rechtsfälle]", in: ANC, Notaría Marina 1837, La Habana, 17 de Julio de 1837, Notaría Marina 1839, La Habana, 28 de Junio de 1839, f. 357v–359r.
[40] „Poder g.l p.a pleitos [Generalvollmacht für alle Rechtsfälle]", in: ANC, Notaría Marina 1837, La Habana, 17 de Julio de 1837, f. 369r–v.
[41] „Poder", in: ANC, Tribunal de Comercio, leg. 32, no. 15 (1816): Botefeur Daniel. Daniel Botefeur, apoderado de Juan Ormond, contra Antonio Escoto, sobre cuentas mercantiles, La Habana, 23 de Abril de 1816, f. 13r–14r.
[42] „Representacion" D. Francisco Morales (capitán) contra D. Fran.co Riera y la Sociedad de Manzanedo y Abrisqueta, La Habana, 19 de Octubre de 1841, in: ANC, Leg. 389, no. 13 (1841) Manzanedo (Soc.d). „Francisco Riera, y la Sociedad de Manzanedo y Abrisqueta, solicitando se reclame al señor Alcalde Primero la demanda que allí le ha establecido Francisco Morales", f. 9r–10v.
[43] „Representacion" Arcadio Lamar, Rechtsanwalt der Firma Riera, Manzanedo y Abrisqueta, La Habana, 17 de noviembre de 1841, in: ANC, Leg. 389, no. 13 (1841) Manzanedo (Soc.d). „Francisco Riera, y la Sociedad de Manzanedo y Abrisqueta, solicitando se reclame al señor Alcalde Primero la demanda que allí le ha establecido Francisco Morales", f. 15r–16v.
[44] „Testamentaria de D. Daniel Botefeur", in: ANC, Escribanía de Luis Blanco (Marzo 10 de 1824, 3ª Pieza), leg 405, no. 4.
[45] „Certification" (Originalkopie), in: ANC, Notaría Marina 1830, William Cole, Colony of Sierra Leone, 26 of December 1829 f. 452r.
[46] „Contrata", in: ANC, Notaría Marina 1857, La Habana, 14 de agosto de 1857, Capitan de la fragata Peruana [Nicanor Arrue] nombrada Maria Natividad, f. 354r–355r.
[47] „Contrata", in: ANC, Notaría Marina 1857, La Habana, 17 de agosto de 1857, Don Miguel Nogueras Capitan y piloto del bergantin Peruano Arquitecto al ancla en este Puerto [de la Habana], f. 357r–358r.
[48] Schreiben (Original) von Joaquin Mª. de Serria an Generalkapitän von Kuba in Havanna, Madrid, 27. April 1841, in: ANC, Asuntos Políticos (AP), leg. 41, no. 2: „Comunicación de la primera Secretaria del despacho de Estado dirigida al Capitan General de la Ysla, fecha Madrid 27 de abril 1841, remitiendole varias copias recibidas del Ministro de S.M. en Londres y de una nota del Ministro Britanico en las cortes", f. 1r–2v.
[49] Bericht des Kapitäns Juan Villas y Aprisa, capitan, maestre y primer piloto, an Comandante Militar de Marina in Havanna, La Habana (ohne Datum (wahrsch. Dezember 1820)), in: ANC, TC, leg. 240, no. 14 (1820).

Biblioteca Nacional de Cuba (BNC), La Habana, Colección Cubana (CC)

[1] BNC, CC, C. M. Bachiller: „Estrada, R.B., Geografía. Relación de un viaje a las islas de Cabo Verde y Río Pongo", Havanna, wahrsch. 1834 oder 1835 (23 Blatt; C. M. Bachiller No. 417).[3]

---

3 Abgedruckt in: García Martínez; Zeuske, La sublevación esclava en la goleta *Amistad*, S. 149–162.

Archivo Histórico Nacional (AHN) Madrid

[1] AHN, Estado, Trata de negros, 8020/11: 1828. Don Isidro Inglada, vide: don Andrés Ortiz de García. Carpetilla.

[2] Archivo Histórico Nacional, Madrid (AHN), Estado, Trata de negros, leg. 8020/45, no. 4, Anhang eines Briefes von Francis Cockburn aus New Providence, Nassau, Bahamas, 24 de Febrero de 1841 an Lord John Russell (Originalkopie).

[3] AHN Madrid, Estado, Trata de Negros, leg. 8022/8, no. 5: Übersetzung eines Schreibens aus dem Englischen von Henry J Kilbee u W. S. Macleay an George Canning, Habana, 22 de Febrero de 1826.

[4] AHN Madrid, Estado, Trata de Negros, leg. 8022/50: „Negros. 1840. Pedro Montes. Relativo á que sea juzgado en Cuba, por haber violado las leyes sobre tráfico de negros". 1840, 11 de noviembre. Ministro inglés en Madrid, Mr. Arthur Aston en carta (comunicación) al secretario de Estado, se refiere a la nota dirigida por Mr. Jeningham a Pérez de Castro „sobre los negros introducidos en La Habana en buque portugués Yecora [sic] y posterior venta por José Ruiz y Pedro Montes, para transportarlos a otra parte de la isla en el barco Amistad".

[5] AHN Madrid, Estado, Trata de Negros, leg. 8023/15: „Negros. 1840. Buque Negrito. Reclama contra el maltrato que dice se les dá en Cuba á los negros de d[i].cho buque".

[6] AHN Madrid, Estado, Trata de negros, leg. 8043/6, no. 41: Schreiben von Houden an Don Juan de Zavala, Madrid, June 12th, 1856.

[7] AHN Madrid, Estado, Trata de Negros, leg. 8059/3, no. 1, Madrid, 4 de Julio de 1854 (Ohne Foliierung).

[8] AHN Madrid, leg. 8044/7, no. 8 (sobre „formación y trabajos de la comisión de emancipados"); información detallada sobre presidente (conde de Cañongo), y vocales Rafael de Toca, José Manuel Urzainqui, Francisco Aguirre.

[9] AHN Madrid, Trata de Negros, leg. 8025/6, no 3: Luis Martinez aus Madrid, 14 de octubre de 1844.

[10] AHN Madrid, Trata de Negros, leg. 8042/5, no. 44 (Originalkopie, signed Palmerston), Foreign Office London, August 31, 1850, an Javier Istúriz, representante español en Londres, f. 1r–v (ohne Foliierung).

[11] AHN Madrid, Trata de Negros, Leg. 8050/1, no. 1 [1 gefaltetes A3-Blatt]: „Lista de los Barcos Españoles Negreros cuyas causas penden en el Tribunal Supremo de Apelaciones de Presas [en Freetown y Tortola – MZ]" Datum zwischen Juni 1812 und 1815.

[12] AHN, Estado, Trata de Negros, leg. 8023/13, no. 1: Bericht von Generalkapitän Miguel Tacón aus Havanna, 4. Februar 1836 an Secretario de Estado in Madrid.

[13] AHN, Estado, Trata de negros, leg. 8024/30, no. 29, La Habana, 7 de Julio de 1838, J. Kennedy (Originalkopie und Übersetzung).

[14] AHN, Estado, Trata de negros, leg. 8030, Brief von Francisco Lafer vom 16. Februar 1820 nach Madrid.

[15] AHN, Estado, Trata de negros, leg. 8060, No. 4/3, f. 119r–120r: „El negro bozal Antonio".

[16] AHN, Estado, Trata de negros, leg. 8060/4, no. 3: „Testimonio del espediente gubernativo instruido para la averiguacion de la introduccion de negros bozales por la Costa de Nuevitas", Ciudad de Puerto Principe, septiembre/octubre de 1854.

[17] AHN, Madrid, Estado, Trata de negros, leg. 8028/1, no. 1: Schreiben (Original) von Juan José de Zangroniz, aus Santander, 23 de Julio de 1816.

[18] AHN, Estado, Trata de negros, leg. 8020/45, no. 8, Schreiben aus Palacio 22 de Julio 1841.
[19] „Testimonio del espediente gubernativo instruido para la averiguacion de la introduccion de negros bozales por la Costa de Nuevitas" (Orthographie und Interpunktion zeitgenössisch), in: AHN, Estado, Trata de negros, leg. 8060, No. 4/3, f. 119r–120r: „El negro bozal Antonio" (Auszüge publiziert in: Arnalte, Los últimos esclavos de Cuba, Madrid: Alianza 2001, S. 81).
[20] AHN, Estado, Trata de negros, leg. 8060, No. 4/3, „Testimonio del espediente gubernativo instruido para la averiguacion de la introduccion de negros bozales por la Costa de Nuevitas", f. 154v–156r.
[21] AHN Madrid, Estado, Trata de Negros, leg. 8059/1, no. 2 (ohne Foliierung), „Decl.n 22", „Testimonio de la sumaria formada en averiguacion del naufragio de un bergantin que se ignora el nombre, nacion y procedencia, en los arrecifes de Cayo Verde, Quebrado del Sardinero", Boca del rio [Sagua – heute Isabela de Sagua], 27 de febrero de 1853 – La Habana, 18 de Abril de 1853.

Arquivo Histórico Ultramarino (AHU), Lisboa

[1] „Bericht No. 70", Macaó 21 de Agosto de 1859, Isidoro Guimarães an Ministro e Secretario d'Estado dos Negocios da Marinha e Ultramar, in: AHU, Macau Timor-ACL-SEMU-DGU-005, Cx. 0025 (ohne Foliierung).
[2] „Captors Declaration. In the case of the Brigantine Paquete Felix Manoel de Brito Lima Master", John Strutt Peyton, Commodore of the 2nd Class HBS Madagascar, 9th February 1838, f. 16r–20v, hier f. 17r.
[3] „Confidencial" (Brief) (No. 349/839), aus Villa da Praya da Ilha de Santiago de CaboVerde 20 de Março de 1839, José Joaquim de Silva Guardas an Ministro, Secretario d'Estado dos Negocios da Marinha, e Ultramar, in: AHU Lisboa, Cabo-Verde 1839, SEMU-DGU, caixa 56.
[4] „Copia das actas das Sessões da Junta da Fazenda Publica da Provincias de Cabo Verde dese o dia 17 de Maio de 1839 em que teve lugar a sua installação, ate fim de Junho de 1840" (in sich foliiert), in: AHU Lisboa, Cabo-Verde 1839, SEMU-DGU, caixa 56, f. 21v.
[5] „Filantropia Ingleza com os Escravos que tomão aos Navios das differentes naçoens [sic] com quem tem tratados" (Originalkopie ohne Datum, unterschrieben von „Manoel Guterres"), in: AHU Lisboa, Cabo-Verde 1839, SEMU-DGU, caixa 56, Doc. No. 421.
[6] „Bericht No. 85", Macaó 25 de septembro de 1859, Isidoro Guimarães an Ministro e Secretario d'Estado dos Negocios da Marinha e Ultramar, in: AHU, Macau Timor-ACL-SEMU-DGU-005, Cx. 0025 (ohne Foliierung).
[7] „Officio Confidencial N. 2", 15 d'agosto de 1863, Estação Naval de Moçambique (gesonderte Seitenzählung im Dokument, S. 1–17), Bord des Vapor „Anna Maria", cap. tenente Domingos de Souza Rodrigues, S. 4–6, in: AHU Lisboa, No. 2761, Cód. 2G, Fundo: SEMU, Secção: DGU, UI tipo: cx, Datas: 1840–1888: Tráfico de escravatura, GEO: ULT.
[8] AHU, No. 824, Cód. 1E, Fundo: SEMU, Secção: DGU, Datas: 1878–1883: Tráfico e resgate de indígenas para S. Tomé e Comercio da pólvora, GEO: STP MOÇ (Akte hat in Wirklichkeit folgende Signatur: No. 889 (nicht 824!), Fundo: SEMU, Secção: DGU, Datas: 1878–1883, Tráfico e resgate de indígenas para S. Tomé e Comercio da pólvora, GEO: MOÇ ST).
[9] AHU, No. 889, Fundo: SEMU, Secção: DGU, Datas: 1878–1883, Tráfico e resgate de indígenas para S. Tomé e Comercio da pólvora, GEO.

[10] Barreto, Honorio Pereira, Tenente Coronel Governador, „N. 2 Documento do off.o No. 169" (Originalkopie), Guiné Portugueza – Governo Geral e Militar – mil oito cento trinta es oito [1838] – Bissau Novembro vinte oito [28. November 1838] – Numero treze = objecto do Officio – Informações sobre o tráfico da Escravatura = ... esclarecimento sobre o Negocio da Escravatura, e o tratamento, que em Serra-Leõa recebem os Escravos aprezados, in: AHU Lisboa, Cabo-Verde 1839, SEMU-DGU, caixa 56, Doc. No. 421.

[11] Bericht von Isidoro Francisco Guimarães aus Macau, 12 de março de 1855 (No. 285) an Ministro e Secretario d'Estado dos Negocios da Marinha e Ultramar, in: AHU Lisboa, Macau Timor, ACL-SEMU-DGU-005, Cx. 0021, 1854–1855 (ohne Foliierung).

[12] Brief des Gouverneurs Isidoro Francisco Guimarães aus Macau, 12 de fevereiro 1855 (No. 281) an Ministro e Secretario d'Estado dos Negocios da Marinha e Ultramar, in: AHU Lisboa, Macau Timor, ACL-SEMU-DGU-005, Cx. 0021, 1854–1855 (ohne Foliierung).

[13] Schreiben (Originalkopie) von Honorio Pereira Baretto, Tenente Coronel Governador da Guiné Portugueza an Joaquim Pereira Marinho, Brigadeiro e Governador Geral desta Provincia, Villa da Praia, maio vinte e trez, 1839 [23. Mai 1939], in: AHU Lisboa, Cabo-Verde 1839, SEMU-DGU, caixa 56, Doc. No. 421 (ohne Foliierung).

[14] Schreiben aus Cabo-Verde Governo Geral, No. 159, 28 de Fevereiro de 1839 von Joaquim Pereira Marinho aus Praia an Visconde de Sá de Bandeira, in: AHU Lisboa, Cabo-Verde 1839, SEMU-DGU, caixa 56 (ohne Foliierung).

Instituto do Arquivo Histórico Nacional de Cabo Verde, Praia, Santiago (IAHN CV)

[1] Instituto do Arquivo Histórico Nacional de Cabo Verde, Praia, Santiago (IAHN CV), Secretaria Geral de Governo (1803–1927), SR 10 Comissão Mista Luso-Britanica, A1/A1.10/caixa 72: Processo do julgamento da Comissão Mista Luso-Britanica: o caso do navio „Paquete Felix", Março-Agosto 1838.

[2] „In the case of the Portuguese Brigantine „Paquete Felis" Manoel de Brito Lima Master. Examination of the said master on the standing Interrogatories taken and filed 2nd August 1838", in: IAHN CV, Secretaria Geral de Governo (1803–1927), SR 10 Comissão Mista Luso-Britanica, A1/A1.10/caixa 72-25: Processo do julgamento da Comissão Mista Luso-Britanica: o caso do navio „Paquete Felix", Março-Agosto 1838, f. 21v–22r.

[3] IAHN CV, Reportição prov. dos serv. das Alfândegas. Livro de entradas dos navios de longo curso, Abril de 1837 a 17 de Fevereiro de 1840, Alfândega Praia; f. 61r, Março 30 [1838], No. 44.

[4] IAHN CV, Secretaria Geral de Governo (1803–1927), SR 10 Comissão Mista Luso-Britanica, A1/A1.10/caixa 72-25: Processo do julgamento da Comissão Mista Luso-Britanica: o caso do navio „Paquete Felix", Março-Agosto 1838: „In the case of the Brigantine Paquete Felis Manoel de Brito Lima Master. Captors Declaration, with list of Items annexed ", f. 16r–20v (darin Bericht über die Aufbringung, dated 13th July and filed 1st August 1838, John Strutt Peyton, Commodore of the 2nd Class HBS Madagascar, 9th February 1838 (Originalkopie), f. 17r).

Archivo Histórico de Matanzas (AHPM), Fondo Esclavos (Bozales)

[1] AHPM, Fondo Esclavos (Bozales), leg. 21, No. 60: „Borrador de comunicación sobre noticias de un desembarco de bozales proyectando por cuenta de una sociedad formada en el Brasil, que tiene agentes en Cuba, 19 de enero de 1854".
[2] AHPM, Fondo Esclavos (Bozales), leg. 23, No. 117: „Comunicaciones relativas al envío de dos ejemplares de las leyes sobre represión y castigo del tráfico negrero, así como instrucciones para el empadronamiento de los esclavos", Matanzas, 24 de septiembre de 1867.
[3] AHPM, Fondo Esclavos (Bozales), leg. 23, No. 119: „Varias comunicaciones sobre instrucciones para el desenvolvimiento del cargo de Registrador de esclavos", 10 de enero a 12 de marzo de 1868.

Archivo Histórico Municipal de Trinidad (Cuba) (AHMT)

[1] AHMT, Fondo Escribanía Antonio Ramírez Barroso, 1752–1776, t. I, 1752/53, „Venta Real", Ciudad de Trinidad, 8 de agosto de 1753, f. 155r–156v.
[2] AHMT, Fondo Escribanía Tomás Herrera, tomo 1740 á 1744, „Testamento", Ciudad de Trinidad, 2 de marzo de 1740, f. 27r–30r.

Archivo Histórico Provincial de Santiago de Cuba (AHPStC)

[1] AHPStC, Fondo Protocolos Notariales, Escribanía de Marina (ohne Nummer und Titel der escrituras).

Archivo General de Puerto Rico, San Juan de Puerto Rico (AGPR)

[1] Carta von Luis Rio, vecino de Guayama, an Alcalde Real ordinario, Patellas 4 de Enero de 1825, in: Serie Esclavos, 1799–1825, no. 23, caja 59 (ohne Foliierung).
[2] Originalübersetzung eines an das Schreiben von Luis Rio anhängenden Dokumentes (aus dem Französischen) über den Transport von dreizehn *negros bozales* von Guadeloupe nach Puerto Rico, Punta Pytre veinte y siete de Diciembre de mil ochocientos veinte y cuatro [Pointe á Pitre, 27. Dezember 1824] in: Serie Esclavos, 1799–1825, no. 23, caja 59 (ohne Foliierung).
[3] Carta von D.n Nicolas Pland [oder Planel] de este vecindario à nombre y con poder de D.n Pedro Pellot del de la Aguadilla, vecino de Guayama, an Alcalde Real ordinario, Patellas 4 de Enero de 1825, in: Serie Esclavos, 1799–1825, no. 23, caja 59 (ohne Foliierung).
[4] Originalübersetzung eines an das Schreiben von Nicolas Pland anhängenden Dokumentes (aus dem Französischen) über den Transport von dreihundert *negros bozales* (130 Frauen und Mädchen; 170 Männer und Jungen) von Guadeloupe nach Puerto Rico, Punta Pytre

veinte y siete de Diciembre de mil ochocientos veinte y cuatro [Pointe á Pitre, 27. Dezember 1824] in: Serie Esclavos, 1799–1825, no. 23, caja 59 (ohne Foliierung).

[5] Poder Especial, firmado por Tomás Perez Guerra (alcalde), en la Muy Noble y Muy Leal Ciudad de San Juan Bautista de Puerto-Rico, 8 de Julio de 1824 (der es Pedro Pellot erlaubt, über seinen Repräsentanten Nicolas Pland die 300 Verschleppten auf der Insel zu verkaufen).

National Archives, Kew Gardens, UK, Foreign Office (TNA)

[1] TNA, FO, 313/48 (Captured Ships, 1836–39), Havanna, 16. Mai 1835.
[2] Schreiben Nr. 12/1836 von Mackay und Schenley aus Havanna an Palmerston, 26. Januar 1836, in: TNA, FO, 313/14: Entry book (24.8.1835–25.10.1836), S. 94–95.
[3] TNA, FO, 313/13: Entry book (No. 11 of 3d March of 1834 to No. 61 of 11 August of 1835), S. 155–156, Schreiben (Originalkopie) Nr. 34/1835 von W. S. Mackay an Duke of Wellington aus Havanna vom 11. April 1835.

Beinecke Rare Books and Manuscript Library, Yale University, New Haven

[1] „The Amistad Captives", in: Beinecke Rare Books and Manuscript Library, Yale University, New Haven, Cb 79110.
[2] „Fulli (Fuliwa)", in: Townsend, William H. (1822–1851), Sketches of the Amistad captives, [ca. 1839–1840], Box 1, folder 4, GEN MSS 335, Beneicke Rare Book and Manuscript Collection.

Weitere

[1] Chevalier Des Marchais, „Journal du voyage en Guinée et Cayenne" (1724–1726), in: Bibliothéque Nationale (BN), Paris, FF 2422.
[2] Washington, National Archives, RG 45, M124, Roll 115.
[3] Commodities of Empire Project (www.commodityhistories.org).
[4] „Al. v. Humboldt Nachlaß", in: Biblioteka Jagiellońska Kraków, Oddział Rękopisów.
[5] Houghton Library, Harvard University, Escoto Papers: José Augusto Escoto Cuban History and Literature Collection, ca. 1574–1922 (MS Span 52).

Gedruckte Quellen

[1] „Addendum: Selected Petitions", in: Yun, Lisa, The Coolie Speaks. Chinese Indentured Laborers and African Slaves in Cuba. Philadelphia: Temple University Press 2008, S. 243–259.

[2] „Alvará sobre a fazenda dos Tangomãos (15-7-1565)", in: Brásio, António (Hrsg.), Monumenta Missionaria Africana. África Ocidental (1469–1599). Suplemento aos séculos XV e XVIS, Vol. IV, Lisboa: Agêcia Geral do Ultramar, MCMLIV (1954), S. 255.

[3] „An African who had been carried to Brazil as a slave, and returned and offered his technical help to Allada", in: Thornton, John K., „Horses, Boats and Infantry: the Gap of Benin", in: Thornton, Warfare in Atlantic Africa 1500–1800, London: UCL Press, 1999, S. 75–97.

[4] „An Ex-Slavetraders Account of the Enslavement Process in Africa and the Illegal Traffic to Brazil (1848–1849)", in: Conrad, Robert E., Children of God's Fire: a Documentary History of Black Slavery in Brazil, Pennsylvania: Pennsylvania State University Press, 1994, S. 28–37.

[5] Arango y Parreño, Francisco, „Certificación de la Secretaría del Consulado de la Habana y Real Orden reservada de 22 de abril de 1804, sobre escasez de hembras esclavas y medios de propagar la especie negra", in: Arango y Parreño, Obras de D. Francisco de Arango y Parreño, 2 Bde., La Habana: Publicaciones de la Dirección de Cultura del Ministerio de Educación, 1952 (Obras I), Bd. II, S. 196–198.

[6] Bachiller y Morales, Antonio, Los negros, Barcelona: Gorgas, 1887.

[7] Bando de Gobernación y Policía de la Isla de Cuba. Espedido por el Escmo. Sr. Don Gerónimo Valdés.- Presidente, Gobernador y Capitán General, La Habana: Imprenta del Gobierno y Capitanía General por S.M., 1842.

[8] Barber, John W. (comp.), A History of the Amistad Captives, New Haven, CT: Published by E. L. & J. W. Barber, 1840 [Reprint: Special Journal Reprint of the Journal of the New Haven Colony Historical Society Vol. 36:2 (Spring 1990)].

[9] Barbot, Jean, „A Description of the Coasts of North and South Guinea and of Ethiopia Inferior, vulgarly Angola: Being a New and Accurate Account of the Western Maritime Countries of Africa", in: Churchill, Awnsham, A collection of voyages and travels, Vol. 5, 1732, S. 1–588.

[10] Blake, William O., The history of slavery and the slave trade, ancient and modern. The forms of slavery that prevailed in ancient nations, particularly in Greece and Rome. The African slave trade and the political history of slavery in the United States, Columbus, Ohio: H. Miller, 1857.

[11] Bosman, Willem, A New and Accurate Description of the Coast of Guinea. London: J. Knapton & D. Midwinter, 1721.

[12] Bréard, Charles (Hrsg.), Journal du corsaire Jean Doublet de Honfleur, lieutenant de frégate sous Louis XIV / publ. d'après le ms. autographe [...], Paris: Perrin et Cie., 1887 (online: http://gallica.bnf.fr/ark:/12148/bpt6k204786p.r=Journal+du+Corsaire+Doublet.langDE (09. November 2014)).

[13] Brown, William Wells, Le récit de William Wells Brown, esclave fugitive, écrit par lui-même. Traduction, introduction et notes de Parfait, Claire ; Rossignol, Marie-Jeanne, Rouen : Publications des universités de Rouen et du Havre, 2012.

[14] Carnes, J. A., Journal of a Voyage from Boston to the West Coast of Africa, Boston: J. P. Jewett, 1852 (reprinted, New York: Johnson Reprint, 1970).
[15] Cavazzi de Montecculo, Giovanni Antonio, Istorica descrizione de' tre' regni Congo, Matamba e Angola situati nell' Etiopia inferiore occidentale e delli missioni apostoliche esercitateui de religiosi Capuccini ..., Bologna, per G. Monti, 1687 (Cavazzi, João António, Descrição histórica dos três reinos do Congo, Matamba e Angola; trad., notas e índices pelo Pe. Graciano Maria de Leguzzano; introd. bibliográfica por F. Leite de Faria, 2 Vols., Lisboa: Junta de Investigação do Ultramar, 1965).
[16] Clarkson, Thomas, Letters on the Slave-trade, and the State of the Natives in Those Parts of Africa, which are Contiguous to Fort St. Louis and Goree: Written at Paris in December 1789, and January 1790, London: James Phillips, 1791, plate 2, facing p. 36. Siehe auch: The Thomas Clarkson manuscript, arranged in 13 letters, addresses various aspects of the slave trade in the region that lies between the Gambia and Senegal Rivers (1789–1790) (online: http://quod.lib.umich.edu/c/clementsmss/umich-wcl-M-2872cla?view=text (08. Februar 2015)).
[17] Coll y Prat, Narciso, Memoriales sobre la Independencia de Venezuela, Caracas: Academia Nacional de la Historia, 1960.
[18] Conneau, Theophilus, „Chapter 19th. How the Free Black Becomes a Slave", in: Conneau, Theophilus, A Slaver's Log Book, or 20 Years Residence in Africa. The Original 1853 Manuscript by Captain Theophilus Conneau, Englewood Cliffs: Prentice Hall, 1976, S. 104–106.
[19] Conneau, Theophilus, A slaver's log book or 20 years' residence in Africa, Englewood Cliffs, N.J.: Prentice-Hall 1976 [die ausführlichste Ausgabe in Deutsch ist: Kapitän Canot, Abenteuer afrikanischer Sklavenhändler, Wiesbaden: fourier, 2003].
[20] Correspondencia reservada del Capitán General don Miguel Tacón con el Gobierno de Madrid; 1834–1836. Introducción, notas y bibliografía por Pérez de la Riva, Juan, La Habana: Consejo Nacional de Cultura; Biblioteca Nacional José Martí. Departamento de Colección Cubana, 1963.
[21] Corry, Joseph, Observations upon the Windward Coast of Africa – The religion, character, customs, &c. of the natives; with a system upon which they may be civilized, and a knowledge attained of the interior of this extraordinary quarter of the globe; and upon the natural and commercial resources of the country; made in the years 1805 and 1806; with an appendix, containing a letter to Lord Howick, on the most simple and effectual means of abolishing the slave trade, London: Printed for G. and W. Nicol, 1807 (unter: http://www.gutenberg.org/files/12539/12539.txt (14. Oktober 2012)).
[22] Cugoano, Quobna, Thoughts and Sentiments ob the Evil of Slavery and Commerce of the Human Species, London: Dawsons Pall Mall, 1969.
[23] Doublet, Jean, „Chapitre Prémier", in: Bréard (Hrsg.), Journal du corsaire Jean Doublet de Honfleur ..., S. 28–51.
[24] Drake, Richard, Revelations of a Slave Smuggler. Being the autobiography of Capt. Rich'd Drake, an African trader for fifty years-from 1807 to 1857. With a preface by his executor, Rev. Henry Byrd West, of the Protestant Home Mission, New York: R. M. DeWitt, 1860 (elektonisch siehe: Drake, Philip, Revelations of a slave smuggler: being the autobiography of Capt. Rich'd Drake, Electronic Text Center, University of Virginia Library).
[25] Duke, Antera, The Diary of Antera Duke, an 18th-Century African Slave Trader, Behrendt, Stephen D.; Latham, A.J.H.; Northrup, David (Hrsg.), New York: OUP, 2010.

[26] „Enoch Richmond Ware's Voyage to West Africa, 1842–1843", in: Bennett, Norman; Brooks, JR., George E., New England Merchants in Africa. A History through Documents 1802 to 1865, Boston: Boston University Press, 1965 (African Research Studies; Number 7), S. 298–314.

[27] Equiano, Olaudah, Merkwürdige Lebensgeschichte des Sklaven Olaudah Equiano, von ihm selbst veröffentlicht im Jahre 1789, Edwards, Paul (Hrsg.), Frankfurt am Main: Insel-Verlag, 1990.

[28] Equiano, Olaudah, The Interesting Narrative of the Life of Olaudah Equiano, or Gustavus Vassa, The African, Written by Himself (Authoritative Text), ed. by Sollors, Werner, New York, London: W. W. Norton Company, 2001 (A Norton Critical Edition).

[29] Falconbridge, Alexander, An account of the slave trade on the coast of Africa. By Alexander Falconbridge, late surgeon in the African trade, London: Printed by J. Philipps, 1788 (New York: AMS Press, 1973 Reprint; siehe auch: www.books.google/books).

[30] Falconbridge, „The Manner in Which Slaves are Procured", in: Falconbridge, An account of the slave trade on the coast of Africa ..., S. 12–18.

[31] George De Wolf letter to Madam Maria Botefeur, Bristol, May 12, 1823, unter: http://merrick.library.miami.edu/cdm/compoundobject/collection/chc0184/id/2279/rec/1 (27. Mai 2013).

[32] Grandpré, Louis Marie Joseph Ohier de [auch: Degrandpré], Voyage á la côte occidentale d'Afrique fait dans les années 1786 et 1787, 2 vols., Paris: DENTU Imprimieur-Libraire, 1801 (www.books.google.de/books).

[33] Groeben, Otto Friedrich von der, Orientalische Reisebeschreibung des Brandenburgischen Adelichen Pilgers Otto Friedrich von der Gröben: Nebst der Brandenburgischen Schifffahrt nach Guniea ..., neu hrsg. und mit einer Einleitung versehen durch Heyden, Ulrich van der, Hildesheim: Olms, 2013.

[34] Hair, Paul E.H.; Jones; Law (Hrsg.), Barbot on Guinea. The Writings of Jean Barbot on West Africa 1678–1712, 2 Bde., London: Hakluyt Society, 1992.

[35] Hair; Jones, Adam; Law, Robin, „Introduction", in: Hair; Jones; Law (Hrsg.), Barbot on Guinea. The Writings of Jean Barbot on West Africa 1678–1712, Bd. I, S. IX–CXV, London: Hakluyt Society, 1992.

[36] Heier, Henk den (Hrsg.), Naar de koning van Dahomey. Het journaal van de gezantschapsreis van Jacobus Elet naar het West-Afrikaanse koninkrijk Dahomey in 1733, Zutphen: Walburg Pers, 2000.

[37] Heijer (Hrsg.), Expeditie naar de Goudkust: het journaal van Jan Dircksz Lam over de Nederlandse aanval op Elmina, 1625–1626, Zutphen: Walburg Pers, 2006.

[38] Holman, James, „Chapter IV", in: Holman, Travels in Madeira, Sierra Leone, Teneriffe, St. Jago, Cape Coast, Fernando Po, Princes Island, Etc, Etc, London: Routledge, 1840, S. 97–134 (online: https://archive.org/stream/travelsinmadeir01holmgoog#page/n130/mode/2up (03. Februar 2015)).

[39] Humboldt, Alexandre, Essai Politique sur l'Ile de Cuba, avec une carte et un supplément qui renferme des considérations sur la population, la richesse territoriale et le commerce de l'Archipel des Antilles et de Colombia, 2 vols., Paris: Librairie Gide et fils, 1826.

[40] Humboldt, Alexander von, „Sklaven", Cumaná, Herbst 1800, in: Humboldt, Lateinamerika am Vorabend der Unabhängigkeitsrevolution. Eine Anthologie von Impressionen und Urteilen aus den Reisetagebüchern zusammengestellt und erläutert durch Margot Faak. Mit einer einleitenden Studie von Manfred Kossok, Berlin: Akademie-Verlag, 1982 (Beiträge zur Alexander-von-Humboldt-Forschung, Bd. 5), S. 256–257 (Dok. 172).

[41] Humboldt, „Fünftes Kapitel", in: Humboldt, Reise in die Äquinoktial-Gegenden des Neuen Kontinents, ed. Ette, Ottmar, 2 Bde., Frankfurt am Main und Leipzig: Insel Verlag, 1991, Bd. I, S. 257–290.
[42] Humboldt, „Von Caracas an den See von Valencia und nach Puerto Cabello (8.2. – 5.3. 1800)", in: Humboldt, Reise durch Venezuela. Auswahl aus den amerikanischen Reisetagebüchern. Ed. and introd. Faak. Berlin: Akademie Verlag 2000 (Beiträge zur Alexander-von-Humboldt-Forschung, Bd. 12), S. 185–222.
[43] Hüne, Albert, Vollständige historisch-philosophische Darstellung aller Veränderungen des Negersclavenhandels von dessen Ursprunge an bis zu seiner gänzlichen Aufhebung, 2 vols., Göttingen: J. F. Roewer, 1820.
[44] „Informe del señor D. Francisco Diago a la Real Junta de Fomento sobre el proyecto de inmigración china", in: Pérez de la Riva, Juan, „El tráfico de culiés chinos", in: Deschamps Chapeaux, Pedro; Pérez de la Riva, Contribución al la historia de la gente sin historia, La Habana: Editorial de Ciencias Sociales, 1974, S. 219–223.
[45] „,It Was the Same as Pigs in a Sty': A Young African's Account of Life on a Slave Ship (1849)", in: Conrad, Robert Edgar: Children of God's Fire. A Documentary History of Black Slavery in Brazil. Pennsylvania: Pennsylvania State University Press 1994, S. 37–39.
[46] James DeWolf letter to Madam Maria Botefeur, May 9, 1823: http://merrick.library.miami.edu/cdm/compoundobject/collection/chc0184/id/2409/rec/2 (27. Mai 2013).
[47] Jameson, John Franklin, „Autobiography of Omar ibn Said, Slave in North Carolina, 1831 [autobiographischer Essay]", in: The American Historical Review 30, No. 4. (July 1925), S. 787–795 (Electronic Edition; online: http://docsouth.unc.edu/nc/omarsaid/omarsaid.html (17. Nov. 2014)).
[48] Johnson, Thomas L., Twenty-eight years a slave or, The story of my life in three continents, Bournemouth/London: W. Mate & Sons/Christian Workers' Depot, 1909 (online: https://archive.org/details/twentyeightyears00johnrich (02. Februar 2015)).
[49] Johnston, Harry Hamilton, The History of a Slave, ed. and introduced by Lovejoy, Princeton: Markus Wiener, 2012 (Original London: Kegan Paul, Trench, & Co.,1889) (online: https://archive.org/stream/historyofslave00johnuoft#page/n0/mode/2up (16. November 2014)).
[50] Jones, Adam, German Sources for West African History, Wiesbaden: Franz Steiner, 1983 (Studien zur Kulturkunde; 66).
[51] Jones, Brandenburg Sources for West African History 1680–1700, Stuttgart: Franz Steiner Verlag, 1985 (Studien zur Kulturkunde 77).
[52] Jones, Thomas H., The experience of Rev. Thomas H. Jones, who was a slave for forty-three years, Boston: A. T. Bliss & Co., 1857 (Written by a friend, as related him by Brother Jones) (online: https://archive.org/stream/20456875.4809.emory.edu/20456875_4809#page/n5/mode/2up (02. Februar 2015)).
[53] Labat, Jean-Baptiste, Noveau Voyage aux Isles d'Amérique, 6 Bde., Paris: Guillaume Cavelier, 1722, Bd. V, S. 41 (hier zitiert nach: http://gallica.bnf.fr/ark:/12148/bpt6k1028176/f48.image.r=.langFR (04. September 2013)).
[54] Labat, Voyage du Chevalier Marchais en Guinée, Isles voisins et a Cayenne : faite en 1725, 1726 &1727, 4 Bde., Paris: Chez Saugrain, 1730 (online: https://3c.web.de/mail/client/dereferrer?redirectUrl=http%3A%2F%2Fgallica.bnf.fr%2FSearch%3Fadva%3D1%26adv%3D1%26tri%3D%26t_relation%3D%2522cb34568582h%2522%26lang%3Dde (09. November 2014)).

[55] Labat, Jean-Baptiste, Voyage du chevalier des Marchais en Guinée, isles voisines, et a Cayenne, fait en 1725, 1726 & 1727..., 4 vols., Amsterdam: Aux depens de la Compagnie, 1731.

[56] „Ley de Vientres Libres", bei: Ortiz, Fernando, Los negros esclavos, La Habana: Editorial de Ciencias Sociales 1975, S. 452–455.

[57] „List of Slave-ships which have entered the Port of the Havannah", May 2nd, 1821, in: Report of the Committee of the African Institution: Read at the General Meeting ..., London: Ellerton and Henderson, 1822, S. 106.

[58] „Loss of the Ship Rose-in-Bloom", in: The Maryland Gazette, Boston, Thursday Sept 4, 1806, p. 1 (Erwähnung von „D. Botifeur").

[59] Kolumbus, Christoph, Schiffstagebuch. Aus dem Spanischen von Roland Erb, Leipzig: Reclam Verlag, 2001.

[60] Konetzke, Richard, Colección de Documentos para la Historia de la Formación Social de Hispanoamérica, 1493–1810, 3 vols. in 5 Bden., Madrid: Consejo Superior de Investigaciones Científicas, 1958–1962.

[61] Mayer, Brantz (Hrsg.), Captain Canot; or Twenty Years of an African Slaver being an Account of His Career and Adventures on the Coast, in the Interior, on Shipboard, and in the West Indies. Written out and Edited from the Captain's Journals, Memoranda and Conversations, by Brantz Mayer, New York: D. Appleton and Company; London: George Routledge and Co., M.DCCC.LIV [1854] (unter: http://www.gutenberg.org/files/23034/23034-h/23034-h.htm (10. Oktober 2010)).

[62] „Mittelsmänner im Westafrikahandel: Lançados auf inoffiziellen Handelswegen (1592)", in:Schmitt, Eberhard; Beck, Thomas (Hrsg.): Dokumente, Bd. V: Das Leben in den Kolonien, Wiesbaden: Harrassowitz 2003, S. 209–212 (Dok. 23).

[63] Molina, Luis de, De iustitia et iure tomi sex, 3 Bde., Mainz; Antwerpen: Ioannem Keerbergium, 1615.

[64] Newton, „Journal of a Slave Trader, 1750–4", in: Engerman; Drescher; Paquette, Robert (Hrsg.), Slavery, Oxford: OUP, 2001 (Oxford Readers), S. 162–164.

[65] Nettelbeck, Joachim, Ein Mann. Des Seefahrers und aufrechten Bürgers Joachim Nettelbeck wundersame Lebensgeschichte von ihm selbst erzählt; Ebenhausen bei München: Wilhelm Langewische-Brandt, 1910, S. 19 (online: http://www.gutenberg.org/files/23333/23333-h/23333-h.htm (22. Oktober 2014)).

[66] Newton, John, The Life of John Newton, Once a Sailor, afterwards Captain of a Slave Ship, and subsequently Rector of St. Mary Woolnoth, London. „An Authentic Narrative", Written by Himself..., New York: American Tract Society, 1854 (online: http://books.google.de/books/about/The_Life_of_John_Newton.html?id=eLo7AAAAYAAJ&redir_esc=y (13. Dezember 2014).

[67] Oettinger, Paul, Unter kurbrandenburgischer Flagge: deutsche Kolonial-Erfahrungen von 200 Jahren. Nach dem Tagebuche des Chirurgen Johann Peter Oettinger; unter Mitwirkung des kaiserlichen Vize-Admirals z. D von Henk herausgegeben von ..., Berlin: R. Eisenschmidt, 1886.

[68] Owen, Nicholas, Journal of a Slave-Dealer: A View of Some Remarkable Axedents in the Life of Nics. Owen on the Coast of Africa and America from the Year 1757, ed. Martin, Eveline, Boston: Houghton Mifflin, 1930.

[69] Park, Mungo, „Chapter XIX", in: Park, Travels in the Interior Districts of Africa Performed under the Direction and Patronage of the African Association, in the Years 1795, 1796, and 1797, London: Printed by W. Bulmer and Company, 1800 (4th edition), S. 227–238.

[70] Pichardo, Hortensia (Hrsg.), Documentos para la historia de Cuba, 5 vols. in 4 Bden., La Habana: Editorial de Ciencias Sociales 1973.
[71] Real Cédula sobre educación, trato y ocupaciones de los esclavos (auch: Reglamento para la educación, trato y ocupaciones de los esclavos), Aranjuez, 31 de mayo de 1789, in: Lucena Salmoral, Los códigos negros de la América Española, Madrid: Ediciones UNESCO – Universidad de Alcalá, 1996, S. 279–284 (Apéndice núm. 4) (nach: AGI, Indiferente, 802).
[72] „Reglamento de Ley de 1880, aboliendo la esclavitud en Cuba", in: Ortiz, Fernando, Los negros esclavos, La Habana: Editorial de Ciencias Sociales 1975, S. 470–487.
[73] Report from the Select Committee of the House of Lords, Appointed to Consider the Best Means which Great Britain Can Adopt for the Final Extinction of African Slave Trade. Session 1849, London: 1849.
[74] Riland, John (Hrsg.), Memoirs of a West-Indian Planter. Published from an Original MS, London: Hamilton, James &. Co. [et als.], 1827.
[75] Robinson, Samuel, A Sailor Boy's Experiences aboard a Slave Ship in the Beginning of the Present Century, Hamilton: William Naismith, 1867 (reprinted, Wigtown, Scotland: G. C. Book Publishers, 1996).
[76] Saco, José Antonio, L'Esclavage à Cuba et la révolution d'Espagne, Paris: F. Dentu, 1869.
[77] Saco, Historia de la esclavitud desde los tiempos más remotos hasta nuestros días, 3 Bde., [S.l.] [s.n.] [s.a] París: Tip. Lahure, 1875–1877.
[78] Saco, Historia de la esclavitud de la raza africana en el Nuevo Mundo y en especial en los países américo – hispanos, tomo 1, Barcelona: Imprenta de Jaime Jepús, 1879.
[79] Saco, Historia de la esclavitud de la raza africana en el Nuevo Mundo y en especial en los países Americo-Hispanos, 4 Bde., La Habana: Imprenta de A. Álvarez 1893.
[80] Saco, Historia de la esclavitud de los indios en el nuevo mundo seguida de la historia de los repartimientos y encomiendas. Introducción de Fernando Ortiz, 2 Bde., La Habana: Cultural S.A., 1932 (Colección de Libros Cubanos, dir. Fernando Ortiz, Vols. XXVIII–XXIX).
[81] Saco, Historia de la esclavitud de la raza africana en el Nuevo Mundo y en especial en los países Americo-Hispanos. Prólogo Fernando Ortiz, 4 Bde., La Habana: Cultural S.A., 1938 (Colección de Libros Cubanos, dir. Fernando Ortiz, Vols. XXXVII–XL).
[82] Saco, Acerca de la Esclavitud y su Historia, La Habana, Editorial Ciencias Sociales, 1982.
[83] Saco, Obras, ensayo introductorio, compilación y notas: Torres-Cuevas, Eduardo, La Habana: IMAGEN CONTEMPORÁNEA, 2001 (Biblioteca de Clásicos Cubanos).
[84] Saco, Historia de la Esclavitud (Volúmen I), Ensayo introductorio, compilación y notas Torres-Cuevas, La Habana: IMAGEN CONTEMPORÁNEA, 2002 (Biblioteca de Clásicos Cubanos).
[85] Saco, Historia de la Esclavitud (Volúmen I–VI), Ensayo introductorio, compilación y notas Torres-Cuevas, La Habana: IMAGEN CONTEMPORÁNEA, 2002–2006 (Biblioteca de Clásicos Cubanos), in: CD „Orígenes del pensamiento cubano. Biblioteca digital de clásicos cubanos", vol. II, La Habana: 2007.
[86] Sandoval, Alonso de, „De la esclavitud de estos negros de Guinea y demas puertos hablando en general", in: Sandoval, Un tratado sobre la esclavitud; introducción, transcripción y traducción de Vila Vilar, Enriqueta, Madrid: Alianza Editorial, 1987 (Alianza Universidad), S. 142–149.
[87] Silveira, Luis (Hrsg.), Edição Breve dos Rios de Guiné feito pelo Capitão André Álvarez d'Almada [1592], Lisboa: 1946.

[88] „Slave ad by Henry Laurens and partners in the South Carolina Gazette, April 26, 1760". Courtesy of „The Atlantic Slave Trade and Slave Life in the Americas: A Visual record" website, www.hitchcock.itc.virginia.edu/Slavery, Virginia Foundation for the Humanities and the University of Virginia Library.

[89] Smith, Alexander, „Smith Journal, December 1802", in: Mouser (Hrsg.), Guinea journals: Journeys into Sierra Leone during the Sierra Leone phase, 1800–1821, Washington: University Press of America, 1979, S. 128.

[90] Snelgrave, Captain William, A New Account of Some Parts of Guinea and the Slave Trade, London: 1734 (Reprint: London: Frank Cass & Co, 1971).

[91] Staden, Warhafftig Historia und Beschreibung einer Landtschafft der Wilden ..., ed. Klüpfel, Karl, Stuttgart: Bibliothek des Litterarischen Vereins in Stuttgart, 1859 (N. Federmanns und H. Stadens Reisen in Südamerika, 1529 bis 1555).

[92] Stedman, Gabriel, Stedman's Nachrichten von Surinam und seiner Expedition gegen die rebellischen Neger in dieser Kolonie in den Jahren 1772–1777: ein Auszug aus dem englischen Original, Hamburg: bei Benjamin Gottlob Hoffmann, 1797 (Neuere Geschichte der See- und Landreisen; 8).

[93] Tams, Georg, „Loanda oder Angola", in: Tams, Die portugiesischen Besitzungen in Süd=West=Afrika: Ein Reisebericht. Mit einem Vorwort von Professor Dr. Carl Ritter, Berlin: Kittler, 1845, S. 85–164 (www.books.google.de/books (12. November 2010)).

[94] Testimony of Antonio, January 9, 1840, U.S. District Court, Connecticut: www.amistad.mysticseaport.org/library/court/district/1840.1.9.antoniotest.html (18. Mai 2007).

[95] The African Captives. Trial of the Prisoners of the Amistad on the Writ of Habeas Corpus, before the Circuit Court of the United States, for the District of Connecticut, at Hartford; Judges Thompson and Judson, September Term, 1839, New York: Published and for Sale at 143 Nassau Street, 1839.

[96] The Anti-Slavery Reporter. Under the Sanction of the British and Foreign Anti-Slavery Society, Vol. II. Third Series, London: Peter Jones Bolton, 1854.

[97] Thornton, „Cavazzi, Missione Evangelica"/ Übersetzung der „Araldi-Manuskripte" und Erschließung (online: http://www.bu.edu/afam/faculty/john-thornton/cavazzi-missione-evangelica-2/ (22. Dezember 2014)).

[98] Torres-Cuevas, Eduardo; Reyes, Eusebio, Esclavitud y sociedad. Notas y documentos para la esclavitud negra en Cuba, La Habana: Editorial de Ciencias Sociales, 1986.

[99] Tudor, Henry, Narrative of a Tour in North America, Comprising Mexico, the Mines of Real del Monte, the United States, and the British Colonies with an Excursion to the Island of Cuba, 2 Vols., London: James Duncan, 1834 (www. books.google.de/books).

[100] Valdés, Geronimo, „Bando de Gobernación y Policia de la Isla de Cuba/Reglamento de esclavos", in: Pichardo, Hortensia (Hrsg.), Documentos para la historia de Cuba, 5 vols. in 4 Bden., La Habana: Editorial de Ciencias Sociales 1973, I, S. 316–326 (nur Reglamento).

[101] Villeneuve, René Claude de, L'Afrique, ou histoire, moeurs, usages et coutumes des africains: Le Sénégal, 4 Bde., Paris: Nepveu, 1814 (online: https://archive.org/stream/lafriqueouhisto00villgoog#page/n237/mode/2up (08. Februar 2015)).

[102] Walsh, Robert, Notices of Brazil in 1828 and 1829, 2 Bde., London: Frederick Westley and A. H. Davis, 1830 (http://archive.org/details/noticesofbrazili01wals, http://archive.org/details/noticesofbrazili02wals).

[103] Walsh, „‚A Horrid Traffic': Life on a Slave Ship", in: Hanke, Lewis; Rausch, Jane M. (Hrsg.), Peoples and Issues in Latin American History, 2 Bde., Princeton: Markus Wie-

ner, 2000 (Vol. I: The Colonial Experience; Vol. II: From Independence to the Present), Bd. II, S. 136–143 (Lit. S. 392).
[104] www.slavevoyages.org. Voyage ID=2071 (18. April 2009).
[105] Winsnes, Selena A. (trans. and ed.), Letters on West Africa and the Slave Trade: Paul Erdmann Isert's Journey to Guinea and the Caribbean Islands (1788), Oxford: The British Academy, Oxford University Press, 1992.

Literatur

[1] Abello Vives, Alberto (comp.), Un Caribe sin plantación. Memorias de la cátedra del Caribe colombiano.Primera versión virtual, San Andrés: Universidad Nacional de Colombia; Observatorio del Caribe Colombiano, 2006.
[2] Abu-Lughod, Janet L., „Cairo's Monopoly under the Slave Sultanate", in: Abu-Lughod, Before European Hegemony. The World System A.D. 1250–1350, Oxford: Oxford University Press, 1989, S. 212–247.
[3] Achenbach, Sigrid, „Ferdinand Bellermann (1814–1868) in Venezuela", in: Achenbach, Kunst um Humboldt. Reisestudien aus Mittel- und Südamerika von Rugendas, Bellermann und Hildebrandt im Berliner Kupferstichkabinett, München: Hirmer, 2009, S. 133–210.
[4] Acosta Saignes, Miguel, Vida de los esclavos negros en Venezuela, Valencia, Venezuela: Vadell Hermanos, ^{3}1984 (erste Auflage: Caracas: Hespérides, 1967).
[5] Adderley, Marion, New negroes from Africa: slave trade abolition and free African settlement, Bloomington: Indiana University Press, 2006.
[6] Adelman, Jeremy, Sovereignty and Revolution in the Iberian Atlantic, Princeton and Oxford: Princeton University Press, 2006.
[7] Adelman, „Capitalism and Slavery on Imperial Hinterlands", in: Adelman, Sovereignty and Revolution in the Iberian Atlantic ..., S. 56–100.
[8] Adelman, „The Slave Hinterlands of South America", in: Adelman, Sovereignty and Revolution in the Iberian Atlantic ..., S. 58–64
[9] Aguet, Isabelle, A Pictorial History of the Slave Trade, Genève: Éditions Minerva, 1971.
[10] Ahlert, Regine, La Pestilencia más horrible ... Die Geschichte der indigenen und schwarzen Sklaverei in Nikaragua, Köln: Inaugural-Dissertation, 2014.
[11] Alencastro, Luiz Felipe de, O Trato dos Viventes. Formacão do Brasil no Atlantico Sul, seculos 16. e 17., São Paulo: Companhia das Letras, 2000.
[12] Alencastro, „São Tomé – Laboratório tropical", in: Alencastro, O Trato dos Viventes ..., S. 63–76.
[13] Alencastro, „Lisboa, capital negreira de Ocidente", in: Alencastro, O Trato dos Viventes ..., S. 77–116.
[14] Alencastro, „O Mercado Ibero-Americano", in: Alencastro, O Trato dos Viventes ..., S. 78–86.
[15] Alencastro, „Cativos e escravos", in: Alencastro, O Trato dos Viventes ..., S. 86–89.
[16] Alencastro, „Preadores, assentistas, governadores e banqueiros", in: Alencastro, O Trato dos Viventes ..., S. 96–105.
[17] Alencastro, „Le versant brésilien de l'Atlantique-Sud: 1550–1850", in: Annales: Histoire, Sciences Sociales 61:2 (2006), S. 339–382.
[18] Alencastro, „Gulf of Guinea and São Tomé: A Laboratory for Tropical Slavery", in: Bethencourt, Francisco; Curto, Diogo Ramada (eds), Portuguese Oceanic Expansion 1400–1800, Cambridge: Cambridge University Press 2007, S. 110–112.
[19] Alencastro, „The Economic Network of Portugal's Atlantic World", in: Bethencourt; Curto (eds), Portuguese Oceanic Expansion 1400–1800 ..., S. 113–137.
[20] Alencastro, „Johann Moritz und der Sklavenhandel", in: Brunn, Gerhard; Neutsch, Cornelius (Hrsg.), Sein Feld war die Welt. Johann Moritz von Nassau-Siegen (1604–1679).

Von Siegen über die Niederlande nach Brasilien und Brandenburg, Münster [etc.]: Waxmann, 2008 (Studien zur Geschichte und Kultur Nordeuropas; Bd. 14), S. 123–144.

[21] Alencastro, „Portuguese Missionaries and Early Modern Antislavery and Proslavery Thought", in: Fradera, Josep M.; Schmidt-Nowara; Christopher (Hrsg), Slavery and antislavery in Spain's Atlantic empire, New York: Berghahn Books, 2013, S. 43–73.

[22] Alexandre, Valemtin, „Portugal e a abolição do tráfico de escravos (1834–1851)", in: Análise Social Vol. XXV:3 (1991) (2.º), S. 293–333 (unter: http://analisesocial.ics.ul.pt/documentos/1223038698G8jRF9au8Nl18MP8.pdf (29.April 2012).

[23] Alexandre, „O Império Africano (séculos XIX–XX) – As linhas gerais", in: Alexandre (Hrsg.), O Império Africano – Séculos XIX e XX, Lisboa: Edições Colibri, 2000, S. 11–28.

[24] Alexandre, Velho Brasil, Novas Áfricas: Portugal e o Império (1808–1975), Porto: Edições Afrontamento, 2000.

[25] Alford, Terry, Prince among Slaves, New York; London: Harcourt Brace Jovanovich, 1977.

[26] Allain, Jean (Hrsg.), The Legal Understanding of Slavery: From the Historical to the Contemporary, Oxford: OUP, 2012.

[27] Allen, Richard B., „Creating a garden of sugar: land, labor, and capital, 1721–1936", in: Allen, Slaves, Freedmen and Indentured Laborers in Colonial Mauritius, Cambridge; New York: Cambridge University Press, 1999 (African Studies), S. 9–31.

[28] Álvarez, Rolando; Guzmán, Marta, El cafetal. Cultura y sociedad, La Habana: Editorial de Ciencias Sociales, 2013.

[29] Amaro Monteiro, Fernando; Vázquez Rocha, Teresa, A Guiné do século XVII ao século XIX. O testemunho dos manuscritos, Lisboa: Préfacio, 2004.

[30] Amelang, James S., „Writing Chains. Slave Autobiography from the Mediterranean to the Atlantic", in: Hanß, Stefan; Schiel, Juliane (Hrsg.), Mediterranean Slavery Revisited (500–1800). Neue Perspektiven auf mediterrane Sklaverei (500–1800), Zürich: Chronos Verlag, 2014, S. 541–556.

[31] Anderson, Jennifer L., „New England Merchants and the Circum-Caribbean Slave Trade", in: Araujo, Ana Lucia (Hrsg.), Paths of the Slave Trade. Interactions, Identities, and Images, Amherst: Cambria Press, 2011, S. 21–48.

[32] Andrés-Gallego, José; García Añoveros, Jesús María, La iglesia y la esclavitud de los negros, Pamplona: Ediciones Universidad de Navarra (EUNSA), 2002.

[33] Andrés-Gallego, „La realidad de una situación límite: la esclavitud", in: Andrés-Gallego, Derecho y justicia en España y la América prerrevolucionarias, Madrid: Fundación Mapfre Tavery y Funcación Ignacio Larramendi, 2005, S. 24–36 (http://www.joseandresgallego.com/docs/DerechoYJusticiaAmYEspPrerrevol.pdf (11. Mai 2013)).

[34] Andrés-Gallego, La esclavitud en la América española, Madrid: Ediciones Encuentro, S.A.; Fundación Ignacio Larramendi, 2005.

[35] Andrews, Kenneth R., The Spanish Caribbean: Trade and Plunder, 1530–1630, New Haven: Yale University Press, 1978.

[36] Anselin, Alain, Le Refus de l'esclavitude: Résistances Africaines a la Traite Négrière, Paris: Editions Duboiris, 2009.

[37] Anstey, Roger T., The Atlantic Slave Trade and British Abolition 1760–1810, London: Macmillan; Atlantic Highlands: Humanities Press, 1975 (Cambridge Commonwealth Series).

[38] Araujo, Ana Lucia, Romantisme tropical: L'Aventure d'un peintre français au Brésil, Québec: Presses de l'Université Laval, 2008.

[39] Araujo, „Les représentations de l'esclavage dans les gravures des relations Voyage pittoresque et historique au Brésil (1834) de Jean-Baptiste Debret (1768–1848) et Deux Années au Brésil (1862), de François-Auguste Biard (1799–1882)", in: Canadian Journal of Latin American and Caribbean Studies 59, no. 30 (2005), S. 161–183.

[40] Araujo, (Hrsg.), Paths of the Slave Trade. Interactions, Identities, and Images, Amherst: Cambria Press, 2011.

[41] Araujo; Candido, Mariana P.; Lovejoy, Paul E. (Hrsg.), Crossing Memories. Slavery and African Diaspora, Trenton: Africa World Press, 2011 (The Harriet Tubman Series on the African Diaspora).

[42] Araujo, „Forgetting and Remembering the Atlantic Slave Trade: The Legacy of Brazilian Slave Merchant Francisco Felix de Souza", in: Araujo; Candido; Lovejoy (Hrsg.), Crossing Memories ..., S. 79–103.

[43] Araujo, Public Memory of Slavery: Victims and Perpetrators in the South Atlantic, New York, 2012.

[44] Araujo, „Dahomey, Portugal and Bahia: King Adandozan and the Atlantic Slave Trade", in: Slavery & Abolition: A Journal of Slave and Post-Slave Studies Vol. 33:1 (2012), S. 1–19.

[45] Araujo, „Transnational Memory of Slave Merchants. Making the Perpetrators Visible in the Public Space", in: Araujo (Hrsg.), Politics of Memory ..., S. 15–35.

[46] Archer, Léonie (Hrsg.), Slavery and Other Forms of Unfree Labour, London: Routledge, 1988.

[47] Armitage, David; Subrahmanyam, Sanjay (Hrsg.), The Age of Revolutions in Global Context, c. 1760–1840, Basingstoke: Palgrave Macmillan, 2009.

[48] Argenti, Nicholas; Röschenthaler, Ute, „Introduction: Between Cameroon and Cuba: Youth, Slave Trades and Translocal Memoryscapes", in: Social Anthropology 14:1 (2006), S. 33–47.

[49] Armstrong, Tim, „Slavery, Insurance, and Sacrifice in the Black Atlantic", in: Klein, Bernhard; Mackenthun, Gesa (Hrsg.), Sea Changes. Historicizing the Ocean, London: Routledge, 2004, S. 167–185.

[50] Arnalte, Arturo, „Cónsules, comerciantes y negreros (españoles en Sierra Leona en el siglo XIX)", in: Estudios Africanos, Vol. X, Nos. 18–19, Madrid (1996), S. 65–79.

[51] Arnalte, Los últimos esclavos de Cuba. Los niños de la goleta Batans, Madrid: Alianza Editorial, 2001.

[52] Arnalte, „Empire City, capital de la trata", in: Arnalte, Los últimos esclavos de Cuba ..., S. 27–28.

[53] Arriaga Mesa, Marcos, „El comportamiento del mercado esclavista habanero entre los años 1550 y 1600", in: Arriaga Mesa, La Habana 1550–1650, Madrid: Sílex, 2014, S. 367–455.

[54] Arrom, José Juan, Mitología y artes prehispánicas de la Antillas, México: Siglo Veintiuno Editores, 1975.

[55] Arrom, „Para la historia de las voces conuco y guajiro", in: Arrom, Estudios de lexicología antillana, La Habana: Casa de las Américas, 1980, S. 47–62.

[56] Arrom; García Arévalo, Manuel A., Cimarrón, Santo Domingo, República Dominicana: Ediciones Fundación García-Arévalo 1986.

[57] Austen, Ralph A., „The Slave Trade as History and Memory: Confrontations of Slaving Voyage Documents and Communal Traditions", in: The William and Mary Quarterly 58:1 (Jan. 2001), S. 229–244.

[58] Austen; Smith, Woodruff D., „Private Tooth Decay as Public Economic Virtue: The Slave Triangle, Consumerism, and European Industrialization", in: Inikori, Joseph E.; Engerman, Stanley L. (Hrsg.), The Atlantic Slave Trade: effects on economies, societies, and peoples in Africa, the Americas, and Europe, Durham: Duke Univ. Pr. 1992, S. 183–203.

[59] Ayala, César, American Sugar Kingdom. The Plantation Economy of the Spanish Caribbean 1898–1934, Chapel Hill and London: The University of North Carolina Press, 1999.

[60] Bahamonde Magro, Angel; Cayuela Fernández, José G., Hacer las Américas. Las élites coloniales españolas en el siglo XIX, Madrid: Alianza Editorial, 1992.

[61] Bailey, Anne Caroline, African voices of the Atlantic slave trade: beyond the silence and the shame, Kingston, Jamaica: Randle, 2007.

[62] Bailey, „From the Middle Passage to Middle Quarters, Jamaica. The Transformation of a Personal Journey", in: Bailey, African voices of the Atlantic slave trade ..., S. 1–24.

[63] Bailey, „European and American Agency in the Atlantic Slave Trade on the Old Slave Coast", in: Bailey, African voices of the Atlantic slave trade ..., S. 107–142.

[64] Bailey, Ronald, „The Other Side of Slavery: Black Labor, Cotton, and Textile Industrialization in Great Britain and the United States", in: Agricultural History 68:1 (Apr. 1994), S. 35–50.

[65] Balard, Michel, La Romanie génoise: 12e siècle – début du 15e siècle, 2 Bde., Roma: École Française de Rome, 1978.

[66] Balard, La mer Noire et la Romanie génoise (13e -15e siècles), London: Variorum Reprints, 1989.

[67] Balboa Navarro, Imilcy, „Colonos contratados: chinos e indios sudamericanos", in: Balboa Navarro, Los brazos necesarios. Inmigración, colonización y trabajo libre en Cuba, 1878–1898, Valencia: Centro Francisco Tomás y Valiente UNED Alzira-Valencia/Fundación Instituto de Historia Social, 2000, S. 123–133.

[68] Balboa [Navarro]; Piqueras, José A. (Hrsg.), La excepción americana. Cuba en el ocaso del imperio continental, Valencia: Centro Francisco Tomás y Valiente UNED Alzira; Fundación Instituto de Historia Social, 2006.

[69] Baltar Rodríguez, José, Los chinos de Cuba. Apuntes etnográficos, La Habana: Fundación Fernando Ortiz 1997 (La Fuente Viva).

[70] Banck, Claudia; Die Wikinger, Stuttgart: Theis, 2009.

[71] Banko, Catalina, „Las haciendas azucareras en la Venezuela del siglo XIX", in: Bolivarium. Anuario de Estudios Bolivarianos Año X,11 (2004), S. 145–167.

[72] Bankoff, Greg; Swart, Sandra; with Boomgaard, Peter; Clarence-Smith, William Gervase; Bernice de Jong, Boers and Pombejra, Dhiravat no, Breeds of Empire: The Invention of the Horse in Southeast Asia and Southern Africa 1500–1950, Copenhagen: Nordic Institute of Asian Studies Press, 2007.

[73] Bannister, Jerry; Riordan, Liam (Hrsg.), The Loyal Atlantic: Remaking the British Atlantic in the Revolutionary Era, Toronto: University of Toronto Press, 2012.

[74] Baptist, Edward E., The Half Has Never Been Told: Slavery and the Making of American Capitalism, New York: Basis Books, 2014.

[75] Barcia Zequeira, Maria Del Carmen, La otra familia. Parientes, redes y descendencia de los esclavos en Cuba, La Habana: Casa de las Américas/Colombia: Ministerio de Cultura, 2003 (Ensayo Histórico-Social).

[76] Barcia Zequeira, Los ilustres apellidos: Negros en la Habana Colonial, La Habana: Publicaciones de la Oficina del Historiador de la Ciudad de la Habana/Ediciones Boloña (Colección Raíces), 2009.
[77] Barcia Zequeira; Rodríguez Reyes, Andrés; Niebla Delgado, Milagros, Del cabildo de „nación" a la casa de santo, La Habana: Fundación Fernando Ortiz, 2012.
[78] Barcia, Manuel, „Entre Amenazas y Quejas: un acercamiento al papel jugado por los diplomáticos ingleses durante la Conspiración de la Escalera, 1844", in: Colonial Latin American Historical Review 10:1 (2001), S. 1–26.
[79] Barcia, „An Islamic Atlantic revolution: Dan Fodio's Jihad and slave rebellion in Bahia and Cuba, 1804–1844", in: Journal of African Diaspora, Archaeology, and Heritage Vol. 2:1 (2013), S. 6–18.
[80] Barcia, „The Kelsall Affair: A Black Bahamian Family's Odyssey in 1840s Cuba", in: Johnson, Walter (Hrsg.), The Chattel Principle: Internal Slave Trades in the Americas, 1808–1888, New Haven: Yale University Press, 2004, S. 275–290.
[81] Barcia, „West African Islam in colonial Cuba", in: Slavery and Abolition Vol. 35:1 (2014), S. 292–305.
[82] Barcia, West African Warfare in Bahia and Cuba: Soldier Slaves in the Atlantic World, 1807–1844, Oxford: Oxford University Press, 2014.
[83] Barnet, Miguel, Biografía de un cimarrón, La Habana: Instituto de Etnología y Folklore, 1966.
[84] Barnet, Miguel, „La vida en los ingenios", in: Barnet, Biografía de un cimarrón ..., S. 49–123.
[85] Barnet, Miguel, Der Cimarrón. Die Lebensgeschichte eines entflohenen Negersklaven aus Cuba, von ihm selbst erzählt. Nach Tonbandaufnahmen herausgegeben von Miguel Barnet. Aus dem Spanischen übersetzt von Hildegard Baumgart. Mit einem Nachwort von Heinz Rudolf Sonntag und Alfredo Chacón, Frankfurt am Main: Suhrkamp-Verlag, 1999 (suhrkamp taschenbuch 3040).
[86] Barrera-Osorio, Antonio, Experiencing Nature: The Spanish American Empire and the Early Scientific Revolution, Austin: University of Texas Press, 2006.
[87] Barrett, Ward, „World Bullion Flows, 1450–1800", in: Tracy, James D. (Hrsg.), The Rise of Merchant Empires, 2 Bde., Cambridge: Cambridge University Press, 1990 (Bd. I: Long Distance Trade in the Early Modern World, 1350–1750; Bd. II: The Political Economy of Merchant Empires. State Power and World Trade, 1350–1750); Bd. I, S. 224–254.
[88] Barry, Boubacar; Harding, Leonhard (Hrsg.), Commerce et Commerçants en Afrique de l'Ouest. XIXe et XXe siècles. L'Exemple du Sénégal. Paris: Edition L'Harmattan, 1992.
[89] Barry, Senegambia and the Atlantic slave trade; transl. from the French by Ayi Kwei Armah, Cambridge [etc.]: Cambridge University Press, 1998 (African studies series; 92).
[90] Baucom, Ian, „'Madam Death! Madame Death!': Credit, Insurance, and the Atlantic Cycle of Capital Accumulation", in: Baucom, Specters of the Atlantic. Finance Capital, Slavery and the Philosophy of History, Durham/London, 2005, S. 80–112.
[91] Bay, Edna, „Protection, Political Exile, and Atlantic Slave-Trade: History and Collective Memory in Dahomey", in: Mann, Kristin; Bay, Edna G. (Hrsg.), Rethinking the African Diaspora. The Making of A Black Atlantic World in the Bight of Benin and Brazil. Special Issue. Slavery and Abolition 22,1, London (April 2001), S. 42–60.
[92] Bayly, Christopher A., „Bauern und Herren", in: Bayly, Christopher A., Die Geburt der modernen Welt, Frankfurt [u. a.]: Campus Verlag 2008, S. 43–46.
[93] Beckert, Sven, The Empire of Cotton, London: Macmillan, 2004.

[94] Behal, Rana P.; Linden (Hrsg.), Coolies, Capital, and Colonialism. Studies in Indian Labour History, Cambridge: CUP, 2006.

[95] Behrendt, Stephen D., „The captains in the British slave trade from 1785 to 1809", in: Transactions of the Historic Society for Lancashire and Cheshire, Vol. 140 (1991), S. 79–140.

[96] Behrendt, „Crew Mortality in the Transatlantic Trade in the Eighteenth Century", in: Eltis, David; Richardson, David (Hrsg.), Routes to slavery: direction, ethnicity and mortality in the transatlantic slave trade, London [u. a.]: Frank Cas 1997, S. 49–71.

[97] Behrendt; Graham, Eric J., „African Merchants, Notables and the Slave Trade at Old Calabar, 1720: Evidence from the National Archives of Scotland", in: History in Africa 30 (2003), S. 37–61.

[98] Behrendt, „Markets, Transaction Cycles, and Profits: Merchant Decision Making in British Slave Trade", in: WMQ 58 (2005), S. 171–204.

[99] Behrendt, „Human Capital in the British Slave Trade", in: Richardson, David; Schwarz, Suzanne; Tibbles, Anthony (Hrsg.), Liverpool and Transatlantic Slavery, Liverpool, Liverpool University Press, 2007, S. 66–97.

[100] Belaubre, Christophe; Dym, Jordana; Savage, John (Hrsg.), Napoleon's Atlantic: The Impact of Napoleonic Empire in the Atlantic World, Leiden: Brill, 2010 (= The Atlantic World. Europe, Africa and the Americas, 1500–1830; Vol. 20).

[101] Bellagamba, Alice; Greene, Sandra E.; Klein, Martin A., with the Collaboration of Brown, Carolin (Hrsg.), The Bitter Legacy. African Slavery. Past and Present, Princeton, Markus Wiener Publishers, 2013.

[102] Bellagamba; Greene; Klein, with the Collaboration of Brown, „Introduction. When the Past Shadows the Present: The Legacy in Africa of Slavery and the Slave Trade", in: Bellagamba; Greene; Klein with Collaboration of Brown (Hrsg.), The Bitter Legacy ..., S. 1–27.

[103] Bellagamba; Greene; Klein (Hrsg.), African Voices on Slavery and the Slave Trade, Cambridge: CUP, 2013.

[104] Belmonte Postigo, José Luis, „,Brazos para el azúcar', esclavos para vender. Estrategías de comerzialización en la trata negrera en Santiago de Cuba, 1789–1794", in: Revista de Indias Vol. LXX, núm. 249 (2010), S. 445–468.

[105] Belmonte Postigo, Ser esclavo en Santiago de Cuba. Espacios de poder y negociación en un contexto de expansion y crisis 1780–1803, Madrid: Ediciones Doce Calles, 2011.

[106] Belmonte Postigo, „De cómo la costumbre articula derechos. Esclavos en Santo Domingo a fines del periodo colonial", in: Laviña, Javier; Piqueras, Ricardo; Mondejar, Cristina (Hrsg.), Afroamérica, espacios e identidades, Barcelona: Editorial Icaria, 2013, S. 65–92.

[107] Bennett, Herman L., „Introduction. Africans, Absolutism, and Archives", in: Bennett, Africans in Colonial Mexico: Absolutism, Christianity, and Afro-Creole Consciousness, 1570–1640, Bloomington and Indianapolis: Indiana University Press, 2003, S. 1–13.

[108] Bennett, Norman R.; Brooks jr., George E., New England merchants in Africa: a history through documents 1802 to 1865, Boston: Boston University Press 1965.

[109] Bentley, Jerry H.; Bridenthal, Renate; Wigen, Kären (Hrsg.), Seascapes. Histories, Littoral Cultures and Transoceanic Exchanges, Honolulu: University of Hawi'i Press, 2007.

[110] Berbel, Márcia; Marquese, Rafael; Parron, Tâmis, Escravidão e política: Brasil e Cuba, c. 1790–1830, São Paulo: Hucitec, 2010.

[111] Bergad, Laird W., Cuban Rural Society in the Nineteenth Century. The Social and Economic History of Monoculture in Matanzas, Princeton: Princeton University Press, 1990.
[112] Bergad; Iglesias García, Fe; Barcia, María del Carmen, „Introduction: Prices and the historiography of slavery" in: Bergad; Iglesias García; Barcia, The Cuban Slave Market 1790–1880, New York [etc.]: Cambridge University Press, 1995, S. 1–14.
[113] Bergad, „American Slave Markets during the 1850s: Slave Price Rises in the United States, Cuba, and Brazil in Comparative Perspective", in: Eltis; Lewis; Sokoloff (Hrsg.), Slavery in the development of the Americas ..., S. 219–235.
[114] Bergad, The Comparative Histories of Slavery in Brazil, Cuba, and the United States, Cambridge/New York: CUP, 2007 (New Approaches to the Americas).
[115] Berlin, Ira; Morgan, Philip D., Cultivation and Culture: Labor and the Shaping of Slave Life in the Americas, Charlottesville: University Press of Virginia, 1993 (Carter G. Woodson Institute Series in Black Studies).
[116] Berlin, „From Creole to African: Atlantic Creoles and the Origins of African-American Society in Mainland North America", in: The William and Mary Quarterly, Third Series, Vol. 53, No. 2 (Apr., 1996), S. 251–288.
[117] Berlin, Many Thousands Gone. The First Two Centuries of Slavery in North America, Cambridge, Mass.; London, England: The Belknap Press of Harvard University Press, 1998.
[118] Berlin, Generations of Captivity. A History of African-American Slaves, Cambridge and London, England: The Belknap Press of Harvard University Press, 2003.
[119] Bernand, Carmen, Negros esclavos y libres en las ciudades hispanoamericanas, Madrid: Fundación Histórica Tavera, 2001.
[120] Beswick, Stephanie; Spaulding, Jay (Hrsg.), African Systems of Slavery, Trenton/Asmara: Africa World Press, 2010.
[121] Bethencourt, Francisco, The Inquisition. A Global History, 1478–1834, Cambridge: Cambridge University Press, 2009.
[122] Bethencourt, Racisms: From the Crusades to the Twentieth Century, Princeton: Princeton University Press, 2013.
[123] Bethencourt, „Iberian Atlantic: Ties, Networks, and Boundaries", in: Braun, Harald E.; Vollendorf, Lisa (Hrsg.), Theorising the Iberian Atlantic, Leiden: Brill, 2013, S. 15–36.
[124] Blackburn, Robin, The Overthrow of Colonial Slavery 1776–1848, London: Verso, 1988.
[125] Blackburn, The Making of New World Slavery. From the Baroque to the Modern 1492–1800, London/New York, Verso, 1997.
[126] Blackburn, „The Old World Background to European Colonial Slavery", in: William & Mary Quarterly (WMQ) Vol. 54:1 (January 1997), S. 65–102.
[127] Blackburn, „La esclavitud, los propietarios extranjeros de bonos del tesoro y el derrocamiento de la primera república española", in: Piqueras, José A (comp.), Azúcar y esclavitud en el final del trabajo forzado: homenaje a M. Moreno Fraginals Madrid [u. a.]: Fondo de Cultura Económica 2002, S. 331–363.
[128] Blackburn, The American Crucible: Slavery, Emancipation and Human Rights, London/New York: Verso, 2011.
[129] Bley, Helmut [et al.] (Hrsg.), Sklaverei in Afrika: afrikanische Gesellschaften im Zusammenhang von europäischer und interner Sklaverei und Sklavenhandel, Pfaffenweiler: Centaurus-Verlagsgesellschaft, 1991 (Bibliothek der historischen Forschung; 2).
[130] Blight, David; Harms, Robert; Freamon, Bernard K., Indian Ocean Slavery in the Age of Abolition, New York: Yale University Press, 2013.

[131]   Blumenthal, Debra, „"La Casa dels Negres'. Black African Solidarity in Late Medieval Valencia", in: Earle, Thomas F.; Lowe, Kate J.P. (Hrsg.), Black Africans in Renaissance Europe, Cambridge, Cambridge University Press, 2005, S. 225–246.
[132]   Blumenthal, Enemies and Familiars: Slavery and Mastery in Fifteenth-Century Valencia, Ithaca: Cornell University Press, 2009.
[133]   Bohn, Robert, Geschichte der Seefahrt, München: Beck, 2011.
[134]   Bolster, Jeffrey W., „Black Jacks: African American Seamen in the Age of Sail, Boston and London: Harvard University Press, 1997.
[135]   Bolster, Putting the Ocean in Atlantic History: Maritime Communities and Marine Ecology in the Northwest Atlantic, 1500–1800", in: The American Historical Review Vol. 113:1 (Feb. 2008), S. 19–47.
[136]   Borucki, Alex, Abolicionismo y tráfico de esclavos en Montevideo tras la fundación republicana, 1829–1853, Montevideo: Biblioteca Nacional, 2009.
[137]   Borucki, „Apuntes sobre el tráfico illegal de esclavos hacia Brazil y Uruguay: los „colonos" of Montevideo (1832–1842)", in: Historia: Questões & Debates, Curitiba, no. 52 (jan./jul. 2010), S. 119–148.
[138]   Borucki, „Conexão argentina" (online: https://www.academia.edu/8185938/Conexao_argentina (04. September 2014)).
[139]   Borucki, „The Slave Trade to the Río de la Plata: Trans-imperial Networks and Atlantic Warfare, 1777–1812", in: Colonial Latin American Review 20:1 (2011), S. 81–107.
[140]   Borucki, „Trans-imperial History in the Making of the Slave Trade to Venezuela, 1526–1811", in: Itinerario 36:2 (2012), S. 29–54.
[141]   Borucki, „Shipmate Networks and Black Identities in the Marriage Files of Montevideo, 1768–1803", in: Hispanic American Historical Review 93:2 (May 2013), S. 205–238.
[142]   Borucki; Eltis; Wheat, David, „Atlantic History and the Slave Trade to Spanish America", in: The American Historical Review Vol. 120:2 (2015), S. 433–461.
[143]   Bosma, Ulbe; Giusti-Cordero, Juan; Knight, G. Rogers (Hrsg.), Sugarlandia Revisited. Sugar and Colonialism in Asia and the Americas, 1800 to 1940, New York; Oxford: Berghahn Books, 2007.
[144]   Bosma; Raben, Remco, „Lordly Traditions and Plantation Industrialism", in: Bosma; Raben, Being „Dutch" in the Indies. A History of Creolisation and Empire, 1500–1920, Athens: Ohio University Press, 2008, S. 104–141.
[145]   Böttcher, Nikolaus, „Das Inquisitionstribunal von Cartagena de Indias: Duldung und Verfolgung von portugieschen Neuchristen zwischen 1610 und 1650", in: Böttcher, Aufstieg und Fall eines atlantischen Handelsimperiums: Portugiesische Kaufleute und Sklavenhändler in Cartagena de Indias von 1580 bis zur Mitte des 17. Jahrhunderts, Frankfurt a. M., Madrid: Vervuert, Iberoamericana 1995, S. 108–139.
[146]   Böttcher, „Negreros portugueses y la Inquisición: Cartagena de Indias, siglo XVII", in: Memoria (Archivo General de la Nación, Bogotá) núm. 9 (2003), S. 38–55.
[147]   Böttcher, „Schmuggel", in: Böttcher, Aufstieg und Fall eines atlantischen Handelsimperiums, S. 154–167.
[148]   Boulègue, Jean, Les Luso-africains de Sénégambie: XVIe-XIXe siècles, Lisboa: Ministério da Educação, Instituto de Investigação Científica Tropical; [Paris]: Université de Paris I, Centre de recherches africaines, 1989.
[149]   Bourdeu, Étienne et. al., La péninsule Ibérique et le monde 1470–1650, Neuilly: Éditions Atlande, 2014.

[150] Bowser, Frederick, The African Slave in Colonial Peru, 1524–1650, Stanford: Stanford University Press, 1974.
[151] Boxer, Charles R., „Moçambique island and the 'carreira da Índia'" [1961], in: Boxer (Hrsg.), From Lisboa to Goa 1500–1750: studies in Portuguese maritime expansion, London: Variorum reprints, 1984, S. 95–132.
[152] Branagan, Thomas, The Penitential Tyrant; or, Slave Trader Reformed: a Pathetic Poem in Four Cantos, New York: Samuel Wood, 1807.
[153] Brauner, Christina, „Das Verschwinden des Augenzeugen. Transformationen von Text und Autorschaftskonzeption in der deutschen Übersetzung des Guinea-Reiseberichts von Pieter de Marees (1602) und seiner Rezeption", in: Noak, Bettina (Hrsg.), Auctoritas und Wissenstransfer in der frühneuzeitlichen niederländischsprachigen Literatur 1500–1800, Göttingen (Berliner Mittelalter- und Frühneuzeitforschung) [in print].
[154] Brentjes, Burchard, Anton Wilhelm Amo. Der schwarze Philosoph in Halle, Leipzig: Koehler & Amelang, 1976.
[155] Bright, Richard, „Richard Bright Journal, September and October 1802", in: Mouser (Hrsg.), Guinea Journals: Journeys into Guinea-Conakry during the Sierra Leone Phase, 1800–1821, Washington: University Press of America, 1979, S. 66.
[156] Brito Figueroa, Federico, „Venezuela colonial: las rebeliones de esclavos y la Revolución Francesa", in: Caravelle. Cahiers du monde hispanique et luso-brésilien no. 54 (1990), S. 263–289.
[157] Brooks, George E., „A Nhara of the Guinea-Bissau Region: Mãe Aurélia Correia" in: Robertson, Claire C.; Klein, Martin A. (Hrsg.), Women and Slavery in Africa, Madison: University of Madison Press, 1976, S. 295–313.
[158] Brooks, Landlords and Strangers: Ecology, Society, and Trade in Western Africa, 1000–1630, Boulder and Oxford: Westwood, 1993.
[159] Brooks, „Cacheu: Luso-African Entrepôt at the Nexus of the Biafada-Sapi and Banyun-Bak trade Networks", in: Brooks, Eurafricans in Western Africa: Commerce, Social Status, Gender, and Religious Observance from the Sixteenth to the Eighteenth Century, Oxford: James Currey, 2003, S. 69–78.
[160] Brooks, „Lançados, Tangomaos, Luso-Africans, and Grumetes", in: Brooks, George E., Eurafricans in Western Africa: Commerce, Social Status, Gender, and Religious Observance from the Sixteenth to the Eighteenth Century, Oxford: James Currey, 2003, S. 49–54.
[161] Brooks, „The Signares of Saint-Louis and Gorée: Women Entrepreneurs in Eighteenth-Century, Senegal", in: Hafkin, Nancy J.; Bay (Hrsg.), Women in Africa: Studies in Social and Economic Change, Stanford, CA: Stanford University Press, 1976, S. 19–44.
[162] Brown, Laurence, „A Most Irregular Traffic. The Oceanic Passages of the Melanesian Labor Trade", in: Christopher; Pybus; Rediker (Hrsg.), Many Middle Passages: forced migration and the making of the modern world, Berkeley, Calif. [u. a.]: Univ. of California Press 2007, S. 184–203.
[163] Bühnen, Stephan, „Ethnic Origins of Peruvian Slaves (1548–1650): Figures for Upper Guinea", Paideuma, 39, 1993, 57–110.
[164] Bulmer-Thomas, Victor, „Slavery and the Illegal Traffic in Slaves", in: Bulmer-Thomas, The Economic History of Caribbean since Napoleonic Wars, New York: CUP, 2012, S. 50–57.
[165] Burbank, Jane; Cooper, „Tráfico de esclavos, esclavitud e imperio", in: Burbank; Cooper, Imperios. Una nueva visión de la historia universal, Barcelona: Crítica, 2011,

S. 247–249 (Original: Burbank; Cooper, Empires in World History: Power and the Politics of Difference, Princeton and Oxford: Princeton University Press, 2010).

[166] Burnard, Trevor, Mastery, Tyranny, and Desire: Thomas Thistlewood and His Slaves in the Anglo-Jamaican World, Chapel Hill: University of North Carolina Press, 2004.

[167] Burnside, Madeleine; Robotham, Rosemary, Spirits of the Passage: The Transatlantic Slave Trade in the Seventeenth Century, New York: Simon & Shuster, 1997.

[168] Büschges, Christian, „Eine schwarze Conquista. Ethnische Konflikte, Kontakte und Vermischung in Esmeraldas (Ekuador) im 16. Jahrhundert", in: Domnick, Heinz-Jürgen; Müller, Jürgen; Prien, Hans-Jürgen (Hrsg.), Interethnische Beziehungen in der Geschichte Lateinamerikas, Frankfurt am Main: Vervuert, 1999 (ACTA COLONIENSIA. Estudios Ibéricos y Latinoamericanos, eds. Prien, Hans-Jürgen; Zeuske, vol. 3), S. 47–56.

[169] Butler, Kim D., „Slavery in the Age of Emancipation: Victims and Rebels in Brazil's Late 19th-Century Domestic Trade", in: Journal of Black Studies Vol. 42, no. 6 (2011), S. 968–992.

[170] Cabrera Salcedo, Lizette, De los bueyes al vapor. Caminos de la tecnología del azúcar en Puerto Rico y el Caribe, San Juan: La Editorial, Universidad de Puerto Rico, 2010.

[171] Cabrero, Leoncio, „La abolición de la esclavitud en Puerto Rico", in: Solano, Francisco de (coord.), Estudios sobre la abolición de la esclavitud, Madrid: CSIC, Centro de Estudios Históricos, Departamento de Historia de América, 1986, S. 181–215.

[172] Calargé, Carla; Dalleo, Raphael; Duno-Gottberg, Luis; Headley, Clevis (Hrsg.), Haiti and the Americas, Jackson: University Press of Mississippi, 2013.

[173] Caldeira, Arlindo Manuel, „Uma ilha quase desconhecida. Notas para a história de Ano Bom", in: Studia Africana 17, Barcelona (octubre 2006), S. 99–109.

[174] Caldeira, „Aprender os Trópicos: Plantações e trabalho escravo na ilha de São Tomé", in: Vaz do Rego Machado, Margarida; Gregorio, Rute Dias; Silva, Susana Serpa (coords.), Para a história da escravatura insular nos séculos XV a XIX, Lisboa: CHAM, 2013, S. 25–54.

[175] Caldeira, Escravos e Traficantes no Império Português: O Comércio Negreiro Português no Atlântico Durante Os Séculos XV a XX, Lisboa: Esfera dos Livros, 2013.

[176] Campbell, Gwyn; Miers, Suzanne; Miller, Joseph C. (Hrsg.), Women and Slavery, 2 Bde., Athens: Ohio University Press, 2007–2008.

[177] Campbell; Miers; Miller (Hrsg.), Children in Slavery through the Ages, Athens: Ohio University Press, 2009.

[178] Campbell; Miers; Miller (Hrsg.), Child Slaves in the Modern World, Athens: Ohio University Press, 2011.

[179] Campbell, „Slavery in the Indian Ocean World", in: Heuman, Gad; Burnard, Trevor (Hrsg.), The Routledge History of Slavery, London and New York, Routledge, 2011, S. 52–63.

[180] Campbell, Ian C., „Sandalwood and 'Blackbirding'", in: Campbell, A History of the Pacific Islands, Berkeley/Los Angeles: University of California Press, 1989, S. 101–115.

[181] Campbell, Randolph B., An Empire for Slavery. The Peculiar Institution in Texas, 1821–1865, Baton Rouge: Louisiana State University Press, ^{2}1991.

[182] Candido, Mariana P, „Trade, Slavery, and Migration in the Interior of Benguela. The Case of Caconda, 1830–1870", in: Heintze; Oppen (Hrsg.), Angola on the Move: transport routes, communications and history, Frankfurt am Main: Lembeck 2008, S. 63–84.

[183] Candido, „South Atlantic Exchanges: The Role of Brazilian-Born Agents in Benguela, 1650–1850", in: Luso-Brazilian Review 50:1 (2013), S. 53–82 (=Special Issue: Brazilian Slavery and Its Legacies, ed. Ana Lucia Araujo).
[184] Candido, An African Slaving Port and the Atlantic World. Benguela and its Hinterland, New York: Cambridge University Press, 2013.
[185] Canney, Donald L., Africa Squadron: The U.S. Navy and the Slave Trade, 1842–1861, Washington: Potomac Books, 2006.
[186] Canot, Theodore, „Die Fulah-Karawane", in: Canot, Sklaven für Havanna: Der Lebensbericht des Sklavenhändlers, Stuttgart [u. a.]: Ed. Erdmann, Thienemann 1988, S. 101–107.
[187] Canot, Theodore, Kapitän, Abenteuer afrikanischer Sklavenhändler, Wiesbaden: Fourier Verlag GmbH, 2003 (Nachdruck der Auflage OB Gent von 1931 ohne Kürzungen).
[188] Canot, Theodore, Sklaven für Havanna. Der Lebensbericht des Sklavenhändlers Theodore Canot 1826–1839, Pleticha, Hans (Hrsg.), Stuttgart/Wien: Edition Erdmann/Thienemann, 1988 (Alte abenteuerliche Reiseberichte).
[189] Cañizares-Esguerra, Jorge, Puritan Conquistadors. Iberianizing the Atlantic, 1500–1700, Stanford: Stanford University Press, 2006.
[190] Cañizares-Esguerra; Childs, Matt D.; Sidbury, James (Hrsg.), The Black Urban Atlantic in the Age of the Slave Trade, Philadelphia: University of Pennsylvania Press, 2013.
[191] Cañizares-Esguerra; Seemann, Erik R. (Hrsg.), The Atlantic in Global History, 1500–2000, New York: Prentice-Hall, 2006.
[192] Capela, José, O escravismo colonial em Moçambique, Porto: Afrontamento, 1993.
[193] Capela, O tráfico de Escravos nos Portos de Moçambique 1733–1904, Porto: Afrontamento, 2002.
[194] Carney, Judith A, „African Rice and the Atlantic World", in: Carney, Judith A, Black Rice: The African Origins of Rice Cultivation in the Americas, Cambridge: Harvard University Press, 2001, S. 142–159.
[195] Carney, „Out of Africa: Rice Culture and African Continuities", in: Carney, Black Rice: The African Origins of Rice Cultivation in the Americas, Cambridge: Harvard University Press, 2001, S. 69–106.
[196] Carney; Rosomoff, Richard N., In the Shadow of Slavery. Africa's Botanical Legacy in the Atlantic World, Berkeley [etc.]: University of California Press, 2009.
[197] Carney; Rosomoff, „Independent Production in the African-Atlantic World", in: Carney; Rosomoff, In the Shadow of Slavery, S. 131–135.
[198] Carney; Rosomoff, „African Animals and Grasses in the New World Tropics", in: Carney; Rosomoff, In the Shadow of Slavery, S. 155–176.
[199] Carney; Rosomoff, „African Food and the Atlantic Crossing", in: Carney; Rosomoff, In the Shadow of Slavery, S. 65–79.
[200] Carney; Rosomoff, „Guinea's Plants and European Empire", in: Carney; Rosomoff, In the Shadow of Slavery, S. 139–154.
[201] Carreira, António, „Definição de Zonas de Comércio dos Portuguêses", in: Carreira, „Os Portuguêses nos Rios de Guiné" (1500–1900), Lisboa: Edição do autor, 1984, S. 21–30.
[202] Carreira, „Lançados ou Tangomaos, Cristão-novos. Fidalgos", in: Carreira, Cabo Verde: formação e extinção de una sociedade escravocrata (1460–1878), Praia: Instituto da Promoção Cultural, 2000 (3. Reedition), S. 55–78.
[203] Carreira, O tráfico de escravos nos rios de Guiné e Ilhas de Cabo Verde (1810–1850) (Subsídios para o seu estudio), Lisboa: Junta de Investigações Científicas do Ultramar.

Centro de Estudos de Antropologia Cultural, 1981 (=Estudos de Antropologia Cultural No. 14), S. 29–34.
[204] Carreira, Panaria caboverdiano guineense: aspectos históricos e socio-económicos, Lisboa: Junta de Investigacões do Ultramar, 1969.
[205] Carreira, Cabo Verde: formação e extinção de una sociedade escravocrata (1460–1878), Praia: Instituto da Promoção Cultural, 2000 (3. Reedition).
[206] Carreira, Notas sobre o Tráfico Português de Escravos, Lisboa: Universidade Nova, 1983 (2. edn.).
[207] Carreira, O tráfico de escravos nos rios de Guiné e Ilhas de Cabo Verde (1810–1850) (Subsídios para o seu estudio), Lisboa: Junta de Investigações Científicas do Ultramar. Centro de Estudos de Antropologia Cultural, 1981 (=Estudos de Antropologia Cultural No. 14).
[208] Carrington, Selwyn H. H., „Capitalism & Slavery and Caribbean Historiography: An Evaluation", in: The Journal of African American History Vol. 88:3 (Summer 2003), S. 304–312.
[209] Castillo Lara, Lucas Guillermo, „La candente disputa por la supremacia entre los negros criollos y los loangos o de Curazao", in: Castillo Lara, Apuntes para la historia colonial de Barlovento, Caracas: Academia Nacional de la Historia, 1981 (Biblioteca de la Academia Nacional de la Historia; 151), S. 479–499.
[210] Castro Henriques, Percursores da modernidade em Angola: dinâmicas comerciais e transformações sociais no século XIX, pref. Jean Devisse, Lisboa: Instituto de Investigação Científica Tropical; Instituto da Cooperação Portuguesa, 1997.
[211] Cayuela Fernández, „Los capitanes generales ante la cuestión de la abolición (1854–1863)", in: Solano, Francisco; Guimerá (Hrsg.), Esclavitud y derechos humanos. La lucha por la libertad del negro en el siglo XIX, Madrid: Consejo Superior de Investigaciones Científicas, 1990, S. 415–453.
[212] Chambers, Douglas B., „Slave Trade Merchants of Spanish New Orleans, 1763–1803: Clarifying the Colonial Slave Trade to Louisiana in Atlantic Perspective", in: Atlantic Studies 5:3 (2008), S. 335–346.
[213] Chaplin, Joyce E., „Crisis and Response. Tidal Rice Cultivation", in: Chaplin, An Anxious Pursuit. Agricultural Innovation & Modernity in the Lower South, 1730–1815, Chapel Hill & London: Institute of Early American History and Culture; University of North Carolina Press, 1993, S. 227–276.
[214] Childs, Matt D., „The Present Time Is Very Delicate. Cuban Slavery and the Changing Atlantic World, 1750–1850", in: Childs, The 1812 Aponte Rebellion in Cuba and Struggle against Atlantic Slavery, Chapel Hill: The University of North Carolina Press, 2006, S. 21–45.
[215] Childs, „Pathways to African Ethnicity in the Americas: African National Associations in Cuba during Slavery", in: Falola, Toyin; Jennings, Christian (Hrsg.), Sources and methods in African history: spoken, written, unearthed, Rochester: University of Rochester Press, 2003 (Rochester studies in African history and the diaspora; [vol. 15]), S. 118–143.
[216] Christopher, Emma, Slave Ship Sailors and Their Captive Cargoes, 1730–1807, Cambridge [etc.]: Cambridge University Press, 2006.
[217] Clarence-Smith, William Gervase, „The Portuguese contribution to the Cuban slave and coolie trades in the nineteenth century", in: Slavery and Abolition 5 (1984), S. 25–33.

[218] Clarence-Smith, „Cocoa Plantations and Coerced Labor in the Gulf of Guinea, 1870–1914", in: Klein, Breaking the chains: slavery, bondage, and emancipation in modern Africa and Asia, Madison: University of Wisconsin Press, 1993, 150–170.
[219] Clarence-Smith, „Slavery in Early Modern Russia", in: Hanß; Schiel (Hrsg.), Mediterranean Slavery Revisited (500–1800) ..., S. 119–142.
[220] Clarence-Smith, „La traite portugaise et espagnole en Afrique au dix-neuvième siècle", in: Daget, Serge (éd.), De la traite à l'esclavage, V^e au XIXème siècle: Actes du Colloque International sur la Traite des Noirs (Nantes 1985), 2 Bde., Nantes: Université de Nantes/Paris: Société Française d'Histoire d'Outre-mer and Centre de Recherche sur l'Histoire du Monde Atlantique: 1988, Bd. II, S. 425–434.
[221] Clarence-Smith, Slaves, Peasants and Capitalists in Southern Angola 1840–1926, Cambridge: CUP, 2007.
[222] Clarence-Smith, The third Portuguese empire, 1825–1975. A study in economic imperialism, Manchester & Dover: Manchester University Press, 1985.
[223] Coates, Timothy J., Convicts and Orphans: Forced and State Sponsored Colonizers in the Portuguese Empire, 1550–1755, Standford: 2001.
[224] Coates, Convict Labor in the Portuguese Empire, 1740–1932. Redefining the Empire with Forced Labor and New Imperialism, Leiden: Brill, 2014 (European Expansion and Indigenous Response, Vol. 13).
[225] Coelho, Margarida et al., „Human Microevolution and the Atlantic Slave Trade. A Case Study from São Tomé", in: Current Anthropology Vol. 49:1 (Feb. 2008), S. 134–143.
[226] Cohn, Raymond L., „Maritime Mortality in the Eighteenth and Nineteenth Centuries: A Survey", in: International Journal of Maritime History 1 (1989), S. 159–191.
[227] Cooper, Frederic, Plantation slavery on the East Coast of Africa, Portsmouth: Heinemann, 1997.
[228] Cooper, „Empire Multiplied: A Review Essay", in: Comparative Studies in Society and History 46:2 (April 2004), S. 247–272.
[229] Coquery-Vidrovitch, Catherine; Lovejoy (Hrsg.), The Workers of African Trade, Beverly Hills: Sage Publications, 1985.
[230] Corbitt, Duvon C., A Study of the Chinese in Cuba, 1847–1947, Wilmore: Asbury College, 1971.
[231] Cordell, Dennis D., „Warlords and Enslavement: A Sample of Slave Raiders from Eastern Ubangi-Shari, 1870–1920", in: Lovejoy (Hrsg.), Africans in Bondage. Studies in Slavery and the Slave Trade, Madison; London: The University of Wisconsin Press, 1986, S. 335–361.
[232] Cortés, Alonso, La esclavitud en Valencia durante el reinado de los reyes católicos (1479–1516), Valencia: Excilentísimo Ayuntamiento, 1964 (Publicaciones del Archivo Municpal de Valencia. Serie 3: Estudios monográficos, nueva etapa, 1)
[233] Costello, Leo, „Turner's The Slave Ship (1840): Towards a Dialectical History Painting", in: Carey, Bryccnan; Ellis, Markman; Salih, Sara (Hrsg.), Discourses of Slavery and Abolition. Britain and its Colonies, 1760–1838, London: Palgrave Macmillan, 2004, S. 209–222.
[234] Covey, Eric, „Manqueron", in: Falola, Toyin; Warnock, Amanda (Hrsg.), Encyclopedia of the Middle Passage, Westport, Conn.; London: Greenwood Press, 2007 (Greenwood Milestones in African American History), S. 270–271.
[235] Covo, Manuel, „Baltimore and the French Atlantic: empires, commerce, and identity in a revolutionary age, 1783–1798", in: Pretel, David; Leonard, Adrian (Hrsg.), The

Caribbean and the Atlantic World Economy: Circuits of Trade, Money and Knowledge, 1650–1914, Basingstoke and New York: Palgrave-Macmillan, 2015 (Cambridge Imperial and Post-Colonial Studies Series), S. 61–75.

[236] Crespi, Liliana M., „Contrabando de esclavos en el puerto de Buenos Aires durante el siglo XVII. Complicidad de los funcionarios reales", in: Desmemoria. Revista de Historia n° 26 (2000), S. 115–133.

[237] Crespi, „En busca de un enclave esclavista. La expedición colonizadora a las islas de Fernando Poo y Annobon, en el Golfo de Guinea (1778–1782)", in: Estudios Históricos/CDHRP, II:4 (2010), S. 1–34.

[238] Crespo Solana, Ana, „Las plantaciones del Caribe y el context atlántico holandés", in: Crepo Solana, Ana, América desde otra frontera. La Guayana Holandesa (Surinam): 1680–1795, Madrid: CSIC, 2006 (Colección América; 3), S. 25–37.

[239] Crespo Solana, „Plantación y sociedad en Surinam", in: Crespo Solana, América desde otra frontera ..., S. 143–186.

[240] Crespo Solana, „Surinam en el Atlántico: producción momercialización", in: Crespo Solana, América desde otra frontera ..., S. 187–218.

[241] Crespo Solana, Mercaderes atlánticos: Redes del comercio flamenco y holandés entre Europa y el Caribe, Córdoba: Univ. de Córdoba, 2009.

[242] Cunliffe, Barry, Facing the Ocean: The Atlantic and Its Peoples, 8000 BC-AD 1500, Oxford: Oxford University Press, 2001.

[243] Curtin, Philip C., (Hrsg.), Africa Remembered: Narratives by West Africans from the Era of the Slave Trade, Madison & London: University of Wisconsin Press, 1967.

[244] Curtin, The Atlantic Slave Trade. A Census, Madison: The University of Wisconsin Press, 1969.

[245] Curtin, „Europe and the Atlantic World", in: Adelman, Jerry (Hrsg.), Colonial Legacies. The Problem of Persistence in Latin American History, New York and London: 1999, S. 15–27.

[246] Curtis, Isaac, „Masterless People: Maroons, Pirates, and Commoners", in: Palmié; Scarano (Hrsg.), The Caribbean ..., S. 149–162.

[247] Cwik, Christian, „Atlantische Netzwerke: Neuchristen und Juden als Lançados und Tangomaos", in: Schmieder, Ulrike; Nolte, Hans-Heinrich (Hrsg.), Atlantik: Sozial- und Kulturgeschichte in der Neuzeit, Wien: Promedia 2010, S. 66–85.

[248] Cwik, „Neuchristen und Sepharden als cultural broker im karibischen Raum (1500–1700)", in: Zeitschrift für Weltgeschichte. Interdisziplinäre Perspektiven Jg. 8, Heft 2 (Herbst 2007), S. 153–175.

[249] Cwik, „Sklaverei, Sklavenhandel und Abolition auf Curaçao", in: Zeitschrift für Weltgeschichte. Jg. 15, Heft 1 (Frühjahr 2014), S. 117–140.

[250] Daget, Serge, Répertoire des Expéditions Négrières Françaises à la Traite Illégale (1814–1850), Nantes: Centre de recherche sur l'histoire du monde atlantique: Comite nantais d'e´tudes en sciences humaines, 1988.

[251] Daget (éd.), De la traite à l'esclavage, V^e au XIXème siècle: Actes du Colloque International sur la Traite des Noirs (Nantes 1985), 2 Bde., Nantes: Université de Nantes/Paris: Société Française d'Histoire d'Outre-mer and Centre de Recherche sur l'Histoire du Monde Atlantique: 1988.

[252] Daget, La traite des noirs. Bastilles négrières et velléités abolitionnistes, Paris: Editions Ouest-France, 1990.

[253] Daget, La répression de la traite des Noirs au XIXe siècle. L'action des croisières sur les côtes occidentales de l'Afrique (1817–1830), Paris: Karthala, 1997.
[254] Darwin, John, „Das atlantische ‚Grenzland'", in: Darwin, Das unvollendete Weltreich. Aufstieg und Niedergang des Britischen Empire 1600–1997, Frankfurt am Main/New York: Campus, 2013, S. 51–66.
[255] Darwin, Der imperiale Traum. Globalgeschichte grosser Reiche 1400–2000, Frankfurt a. M.: Campus, 2010.
[256] Davis, Natalie Z., Metamorphosen. Das Leben der Maria Sibylla Merian. (Women on the Margins), Berlin: Wagenbach Verlag, 2003.
[257] Davis, Robert C., „Counting European Slaves on the Barbary Coast", in: Past and Present, 172 (2001), S. 87–124.
[258] Davis, „How Many Slaves?", in: Davis, Christian Slaves, Muslim Masters. White Slavery in the Mediterranean, the Barbary Coast, and Italy, 1500–1800, London: Palgrave Macmillan, 2003.
[259] De Almeida Mendes, António, „Uma contribuição para a história da escravatura no Benim: o livro de armação do navio São João (1526)", in: Studia Africana n° 5, Porto (2002), S. 27–47.
[260] De Almeida Mendes, „The Foundations of the System: A Reassessment of the Slave Trade to the Spanish Americas in the Sixteenth and Seventeeth Centuries", in: Eltis; Richardson (Hrsg.), Extending the Frontiers: Essays on the New Transatlantic Slave Trade Database. New Haven Yale University Press, 2008, S. 63–94.
[261] De Almeida Mendes, „Les réseaux de la traite ibérique dans l'Atlantique nord. Aux origines de la traite atlantique (1440–1640)", in: Annales. Histoire, Sciences sociales, n° 4 (juillet-août 2008), S. 739–768.
[262] De Almeida Mendes, „Child Slaves in the Early North Atlantic Trade (XV–XVI centuries)", in: Campbell; Miers; Miller (Hrsg.), Children in Slavery ..., S. 19–34.
[263] De Almeida Mendes, „Les réseaux de la traite ibérique dans l'Atlantique nord. Aux origines de la traite atlantique (1440–1640)", in: Annales. Histoire, Sciences sociales, n° 4 (juillet-août 2008), S. 739–768.
[264] De Figueirôa-Rêgo, João, „Os Homens da Nação e o Trato Tabaqueiro. Notas sobre Redes e Mobilidade Geográfica no Contexto Europeu e Colonial Moderno", in Anais de História de Além-Mar XIV, Lisboa (2013), S. 177–199.
[265] De la Rosa Corzo, Gabino, „The Captured Runaways", in: La Rosa Corzo, Runaway Slave Settlements in Cuba. Resistance and Repression. Translated by Mary Todd, Chapel Hill and London: The University of North Carolina Press, 2003, S. 49–62.
[266] Degn, Christian, „Schwarze Fracht – Dokumentation und Interpretation", in: Heinzelmann et als. (Hrsg.), Der dänische Gesamtstaat: ein unterschätztes Weltreich?, Kiel: Ludwig 2006, S. 37–50.
[267] Degn, Die Schimmelmanns im atlantischen Dreieckshandel. Gewinn und Gewissen, Neumünster: Wachholtz, 1974 (^{3}2000).
[268] Deive, Carlos E., Tangomangos: contrabando y piratería en Santo Domingo, 1522–1606, Santo Domingo: Fundación Cultural Dominicana, 1996.
[269] Del Río Moreno, Justo L.; López y Sebastián, Lorenzo E., „El comercio azucarero de La Española en el siglo XVI. Presión monopolística y alternativas locales", in: Revista Complutense de Historia de América Vol. 17 (1991), S. 39–78.
[270] Deschamps Chapeaux, Pedro; Pérez de la Riva, Juan, Contribución al la historia de la gente sin historia, La Habana: Editorial de Ciencias Sociales, 1974.

[271] Deveau, Jean-Michel, „Les chirurgiens négriers", in: Publications de l'université francophone d'été, 8 (1993), S. 51–63 (=Rochefort et la mer. La médicine navale au XVIIIe et XIXe siècle).
[272] Dias, Alfredo Gomes, „Do tráfico de escravos à emigração dos cules", in: Revista Lusófona de Humanidades e Tecnologias No 4/5 (2001), S. 109–117 (unter: http://revistas.ulusofona.pt/index.php/rhumanidades/article/view/1359/1109. Acesso em: 15 Aug. 2014).
[273] Díaz Díaz, Rafael Antonio, „Historiografía de la esclavitud negra en América Latina: temas y problemas generales", in: América Negra No 8 (Diciembre 1994), S. 11–29.
[274] Díaz Matarranz, Juan José, De la trata de negros al cultivo del cacao. Evolución del modelo colonial español de Guinea Equatorial de 1778 a 1914, Vic: Ceiba Ediciones, 2005.
[275] Díaz Matarranz, „Hacienda y modelo colonial en Fernando Poo, 1858–1904", in: Roldán de Montaúd, Inés (Hrsg.), Las Haciendas públicas en el Caribe hispano durante el siglo XIX, Madrid: Consejo Superior de Investigaciones Científicas, 2008, S. 245–271.
[276] Diedrich, Maria; Gates Jr., Henry Louis; Pedersen, Carl (Hrsg.), Black Imagination of the Middle Passage, Oxford: Oxford University Press, 1999.
[277] Diener, Pablo; Manthorne, Katherine, François Mathurin Adalbert, Barón de Courcy. Ilustraciones de un viaje, 1831–1833, México: Artes de México, 1998.
[278] Din, Gilbert C., Spaniards, Planters, and Slaves: The Spanish Regulation of Slavery in Louisiana, 1763–1803, College Station: Texas A&M University Press, 1999.
[279] Diouf, Sylviane A., „African Muslims, Christian Europeans, and the Atlantic Slave Trade", in: Diouf, Servants of Allah: African Muslims Enslaved in the Americas, New York/London: New York University Press, 1998, S. 4–48
[280] Diouf, Fighting the Slave Trade: West African Strategies, Athens: Ohio State University, 2003.
[281] Diouf, Dreams of Africa in Alabama: The Slave Ship Clotilda and the Story of the Last Slaves Brought to America, Oxford; New York: OUP, 2007.
[282] Do Paço, David, „Comment le café devint viennois: Métissage et cosmopolitisme urbain dans l'Europe du XVIIIe siècle", in: Hypothèses 15 (2012), S. 343–353.
[283] Dobado-González, Rafael; García-Montero, Héctor, „Neither So Low nor So Short: Wages and Heights in Bourbon Spanish America from an International Comparative Perspective", in: Journal of Latin American Studies 46:2 (May 2014), S. 291–321.
[284] Docker, Edward W., The Blackbirders. A Brutal Story of the Kanaka Slave-Trade, London: Angus & Robertson, 1981.
[285] Domingues da Silva, Daniel B., „Ayuba Suleiman Diallo and Slavery in the Atlantic World" (July 2007), in: http://www.slavevoyages.org/tast/assessment/essays-solomon.faces (21. November 2009).
[286] Domingues da Silva, „The Atlantic Slave Trade from Angola: A Port-by-Port Estimate, 1701–1867", in: International Journal of African Historical Studies 46:1 (2013), S. 105–122.
[287] Donnan, Elizabeth (Hrsg.), Documents Illustrative of the Slave Trade to America, 4 Bde., Washington, D.C.: Carnegie Institute, 1930–1935 (Reprint: Octagon Books, 1969).
[288] Dorsey, Joseph C., „Women without History: Slavery and the International Politics of Partibus Sequitur Ventrem in the Spanish Caribbean", in: The Journal of Caribbean History, vol. 28:2 (1994), S. 165–207.

[289]   Dorsey, Slave traffic in the age of abolition. Puerto Rico, West Africa, and the non-Hispanic Caribbean; 1815–1859, Gainesville: University Press of Florida, 2003.
[290]   Drayton, Richard, „The Collaboration of Labor: Slaves, Empires, and Globalizations in the Atlantic World, ca. 1600–1850", in: Hopkins, Antony G. (Hrsg.), Globalizations in World History, New York: W. W. Norton, 2002, S. 99–115.
[291]   Drescher, Seymour, Abolition. A History of Slavery and Antislavery, Cambridge: Cambridge University Press, 2009.
[292]   Drescher, „A Perennial Institution", in: Drescher, Abolition, S. 3–25.
[293]   Drescher, „White Atlantic? The Choice for African Slave Labor in the Plantation Americas", in: Eltis; Lewis, Frank; Sokoloff, Kenneth (Hrsg.), Slavery in the development of the Americas, Cambridge: Cambridge University Press, 2004, S. 31–69.
[294]   Dubois, Laurent, „An enslaved Enlightenment: rethinking the intellectual history of the French Atlantic", in: Social History Vol. 31:1 (February 2006), S. 1–14.
[295]   Dubois; Scott, Julius S. (Hrsg.), Origins of the Black Atlantic, New York: Routledge, 2010 (Rewriting histories).
[296]   Duffill. M.B.; Lovejoy, „Merchants, Porters, and Teamsters in the Nineteenth-Century Central Sudan", in: Coquery-Vidrovitch; Lovejoy (Hrsg.), The Workers of African Trade ..., S. 137–167.
[297]   Duharte Jiménez, Rafael, „La circulación de las elites de Santiago de Cuba", in: Duharte Jiménez, Pensar el pasado. Ensayos sobre la historia de Santiago de Cuba, Santiago de Cuba: Ediciónes Caserón, 2006, S. 16–23.
[298]   Duquette, Nicolas J., „Revealing the Relationship between Ship Crowding and Slave Mortality", in: The Journal of Economic History Vol. 72:2 (2014), S. 535–552.
[299]   Earle, Thomas F.; Lowe, Kate J.P. (Hrsg.), Black Africans in Renaissance Europe, Cambridge, Cambridge University Press, 2005.
[300]   Eckert, Andreas, „Abolitionist Rhetorics, Colonial Conquest, and the Slow Death of Slavery in Germany's African Empire", in: Linden (Hrsg.), Humanitarian Intervention and Changing Labor Relations: the long-term consequences of the abolition of the slave trade, Leiden [u. a.]: Brill 2011, S. 351–368.
[301]   Eckert, „Vom Sklaven zum Gentleman: Olaudah Equiano (?-1797)", in: Hausberger, Bernd (Hrsg.), Globale Lebensläufe. Menschen als Akteure im weltgeschichtlichen Geschehen, Wien: Mandelbaum Verlag, 2006, S. 98–116.
[302]   Egerton Douglas R. [et. als.], The Atlantic World: A History, 1400–1888, Wheeling: Harlan Davidson, 2007.
[303]   Ehrenkreutz, Andrew S., „Strategic Implications of Slave Trade between Genoa and Mamluk Egypt in the Second Half of the Thirteenth Century", in: Udovitch, Abraham L. (Hrsg.), The Islamic Middle East 700–1900. Studies in Economic and Social History, Princeton: Darwin Press, 1981, S. 335–345.
[304]   Eichmann, Flavio, „The Last Battle – Guadeloupe 1815: Local Conflicts in the Shadow of Napoleon's Abolition of the Slave Trade" (forthcoming 2015).
[305]   Elbl, Ivana, „The Volume of the Early Atlantic Slave Trade, 1450–1521", in: Journal of African History 38 (1997), S. 31–75.
[306]   Elbl, The Portuguese Trade with West Africa, 1440–1521, Ottawa: National Library of Canada/Bibliothèque nationale du Canada, 1986 (microfiches).
[307]   Eliassen, Finn-Einar, „Peter Dahl (1747–1789) in the Oldenburg Empire: The Life, Career and Interests of a Norwegian Shipmaster and Merchant in the 1770s and 1780s",

in: Heinzelmann, Eva et als. (Hrsg.), Der dänische Gesamtstaat – ein unterschätztes Weltreich?, Kiel: Verlag Ludwig, 2006, S. 51–72.
[308] Eltis, David; Walvin, James (Hrsg.), The Abolition of the Atlantic Slave Trade. Origins and Effects in Europe, Africa and the Americas, Madison; London: The University of Wisconsin Press, 1981.
[309] Eltis, „Europe and the Atlantic Slave Systems", in: Eltis, The Rise of African Slavery in the Americas, Cambridge [u. a.]: Cambridge University Press 2000, S. 258–280.
[310] Eltis, „Fluctuations in Mortality in the Last Half Century of the Transatlantic Slave Trade", in: Social Science History 13 (1989), S. 315–340.
[311] Eltis, „O significado da investigação sobre os africanos escapades de navios negreiros no século XIX, in: Historia: Questões & Debates, Curitiba, no. 52 (jan./jul. 2010), S. 13–39.
[312] Eltis, „Slavery and Freedom in the Early Modern World", in: Engerman, Stanley L. (Hrsg.), Terms of Labor, Slavery, Serfdom, and Free Labor, Stanford: Stanford University Press, 1999, S. 25–49.
[313] Eltis; Engerman, Stanley L., „Shipboard Revolts and Abolition", in: Drescher; Emmer, Pieter C. (Hrsg.), Who Abolished Slavery? Slave Revolts and Abolitionism. A debate with João Pedro Marques, New York/Oxford: Berghahn Books, 2010 (European Expansion & Global Interaction; Vol. 8), S. 145–155.
[314] Eltis; Lewis, Frank; Sokoloff, Kenneth (Hrsg.), Slavery in the development of the Americas, Cambridge: Cambridge University Press, 2004.
[315] Eltis; Richardson, „The African Coastal Origins of Slaves and the Links between Africa and the Atlantic World", in: Atlas of the Transatlantic Slave Trade. Foreword by Davis, David B.; Afterword by Blight, David W., New Haven and London: Yale University Press 2010, S. 87–158.
[316] Ely, Ron, Cuando reinaba su majestad el azúcar. Estudio histórico-sociológico de una tragedia latinoamericana: el monocultivo en Cuba, Buenos Aires: Editorial Sudamericana, 1963 (Neuauflage: La Habana: IMAGEN CONTEMPORÁNEA, 2001).
[317] Emmer, Pieter C.; Pétré-Grenouilleau, Olivier; Roitman, Jessica (Hrsg.), A Deus ex Machina Revisited: Atlantic Colonial Trade and European Economic Development, Leiden: Brill, 2006 (The Atlantic World; 8).
[318] Engerman, Stanley L. (Hrsg.), British Capitalism and Caribbean Slavery. The Legacy of Eric Williams, Cambridge: Cambridge University Press, 1987, S. 51–78.
[319] Enrique Sosa Rodríguez, Negreros, catalanes y gaditanos en la trata cubana 1827–1833, La Habana: Fundación Fernando Ortiz, 1998 (Colección La Fuente Viva; 6).
[320] Estácio, António; Havik, Philip J, „Recriar China na Guiné: os primeiros Chineses, os seus descendentes e a sua herança na Guiné Colonial", in: Africana Studia 17 (2011), S. 211–235.
[321] Ette, Ottmar, Anton Wilhelm Amo. Philosophieren ohne festen Wohnsitz. Eine Philosophie der Aufklärung zwischen Europa und Afrika, Berlin: Kulturverlag Kadmos, 2014.
[322] Ette, TransArea. Eine literarische Globalisierungsgeschichte, Berlin: De Gruyter, 2012 (=mimesis. Romanische Literaturen der Welt, 54).
[323] Everaert, John G., De Franse Slavenhandel. Organisatie, conjuntuur en social milieu van den Driehoekshandel 1763–1793, Brussel: Koninklijke Academie voor Wetenschappen en Schone Kunsten, 1978.
[324] Everts, Natalie, „Social Outcomes of Trade Relations: Encounters Between Africans and Europeans in the Hubs of Slave Trade on the Guinea Coast", in: Klooster, Wim (Hrsg.),

Migration, Trade, and Slavery in an Expanding World. Essays in Honor of Pieter Emmer, Leiden [etc.], 2009, S. 141–165.

[325] Ewald, Janet J., „Slavery in Africa and the Slave Trades from Africa", in: American Historical Review 97 (April 1992), S. 465–485.

[326] Exenberger, Andreas; Nussbaumer, Josef (Hrsg.), Von Menschenhandel und Menschenpreisen. Wert und Bewertung von Menschen im Spiegel der Zeit, Innsbruck: innsbruck university press, 2007.

[327] Faber, Eli, „England's Jewish Merchants and the Slave Trade", in: Faber, Jews, Slaves, and the Slave Trade: Setting the Record Straight, New York and London: New York University Press, 1998, S. 11–43.

[328] Fabre, Geneviève, „The Slave Ship Dance", in: Diedrich, Maria; Gates Jr., Henry Louis, Pedersen, Carl (Hrsg.), Black Imagination of the Middle Passage, Oxford: Oxford University Press, 1999, S. 33–46.

[329] Fábregas García, Adela, „Del cultivo de la caña al establecimiento de las plantaciones", in: Região Autónoma da Madeira (Hrsg.), História e tecnologia do açúcar, Funchal: Centro de Estudos de História do Atlântico, 2000, S. 59–85 (2000^a).

[330] Fábregas García, Producción y comercio de azúcar en el Mediterráneo medieval. El ejemplo del Reino de Granada, Granada: Universidad de Granada, 2000.

[331] Fage, J.D., „Hawkins Hoax? A Sequel to 'Drake's Fake'", in: History in Africa 18 (1991), S. 83–91.

[332] Fagúndez, José Rafael, „La carimba. Sello del comercio de esclavos", in: El desafío de la historia, Año 1, No. 1, Caracas, s. a., S. 35–40.

[333] Falola, Toyin, „The Yoruba Caravan System of the Nineteenth Century", in: International Journal of African Historical Studies 24 (1991), S. 111–132.

[334] Falola, Toyin; Childs Matt D. (Hrsg.), The Yoruba diaspora in the Atlantic world, Bloomington: Indiana University Press 2004.

[335] Falola, Toyin; Warnock, Amanda (Hrsg.), Encyclopedia of the Middle Passage, Westport, Conn.; London: Greenwood Press, 2007 (Greenwood Milestones in African American History).

[336] Farrow, Anne; Lang, Joel; Frank, Jennifer, „New York's Slave Pirates", in: Farrow; Lang; Frank, Complicity. How the North Promoted, Prolonged, and Profited from Slavery, New York: Ballantine Books, 2005, S. 96.

[337] Fegley, Randall, „Death's Waiting Room: Equatorial Guinea's Long History of Slavery", in: Beswick; Spaulding (Hrsg.), African systems of slavery ..., S. 135–160.

[338] Fêo Rodrigues, Isabel P.B., „Islands of Sexuality: Theories and Histories of Creolization in Cape Verde", in: International Journal of African Studies, Vol. 36:1 (2003), S. 83–103.

[339] Fernández de Pinedo Echevarría, Nadia, „Chinos y yucatecos", in: Dies., Comercio exterior y fiscalidad: Cuba 1794–1860, Bilbao: Universidad Del País Vasco 2003, S. 222–224.

[340] Fernández Moya, Rafael, „The Irish Presence in the History and Place Names of Cuba", in: Irish Migration Studies in Latin America Vol. 5:3 (Nov. 2007), S. 189–197 (unter: http://www.irlandeses.org/0711fernandezmoya1.htm (17. Januar 2012).

[341] Fernández-Armesto, Felipe, Before Columbus: Exploration and Colonisation from the Mediterranean to the Atlantic, 1229–1492, Hong Kong: MacMillan Education Ldt., 1987.

[342] Fernández-Armesto, The Canaries after Conquest: The Making of a Colonial Society in the Early Sixteenth Century, Oxford: Clarendon Press, 1982

[343] Ferraris, Maurizio, „Was ist der Neue Realismus?", in: Gabriel, Markus (Hrsg.), „Der Neue Realismus, Berlin: Suhrkamp Verlag, 2014, S. 52–75.
[344] Ferreira, Roquinaldo, „Atlantic Microhistories: Slaving, Mobility, and Personal Ties in the Black Atlantic World (Angola and Brazil)", in: Naro, Nancy; Sansi, Roger; Treece, David (Hrsg.), Cultures of the Lusophone Black Atlantic, New York: Palgrave Macmillan, 2007, S. 99–128.
[345] Ferreira, „The Supply and Deployment of Horses in Angolan Warfare (17th and 18th Centuries)", in: Heintze, Beatrix; Oppen, Achim von (Hrsg.), Angola on the Move. Transport Routes, Communications and History/Angola em Movimento. Vias de Transporte, Comunicação e Histórica, Frankfurt am Main: Verlag Otto Lembeck, 2008, S. 41–52.
[346] Ferreira, Cross-Cultural Exchange in the Atlantic World. Angola and Brazil during the Era of Slave Trade, Cambridge: CUP, 2012.
[347] Ferrer, Ada, „Writing the Nation: Race, War, and Redemption in the Prose of Independence, 1886–1895", in: Ferrer, Insurgent Cuba. Race, Nation, and Revolution, 1868–1898, Chapel Hill & London: The University of North Carolina Press, 1999, S. 112–138.
[348] Ferrer, „Haiti, Free Soil, and Antislavery in the Revolutionary Atlantic", in: The American Historical Review Vol. 117: 1 (Feb. 2012), S. 40–66.
[349] Ferrer, Freedom's Mirror. Cuba and Haiti in the Age of Revolution, New York: CUP, 2014.
[350] Ferry, Robert J., „Encomienda, African Slavery, and Agriculture in Seventeenth-Century Caracas", in: HAHR, 61 (4), (1981), S. 609–635.
[351] Ferry, „Cacao in the Seventeenth Century: The First Boom", in: Ferry, The colonial elite of early Caracas: formation & crisis, 1567–1767, Berkeley; London: University of California Press 1989, S. 45–71.
[352] Ferry, „Trading Cacao: a View from Veracruz, 1629–1645", in: Nuevo Mundo Mundos Nuevos 6 (2006): http://nuevomundo.revues.org/document1430.html (8. Februar 2006).
[353] Filliot, Jean-Michel, La traite des esclaves vers les Mascareignes au XVIIe siècle, Paris: O.R.S.T.O.M, 1974.
[354] Finzsch, Norbert; Horton, James O.; Horton, Lois, Von Benin nach Baltimore. Die Geschichte der African Americans, Hamburg: Hamburger Edition, 1999.
[355] Finzsch; Horton; Horton, „Afrika und der atlantische Sklavenhandel", in: Finzsch; Horton; Horton, Von Benin nach Baltimore ..., S. 18–52.
[356] Fischer, Sibylle, Modernity Disavowed. Haiti and the Culture of Slavery in Age of Revolution, Durham: Duke University Press, 2004.
[357] Fischer, „Bolívar in Haiti: Republicanism in the Revolutionary Atlantic", in: Calargé, Carla; Dalleo, Raphael; Duno-Gottberg, Luis; Headley, Clevis (Hrsg.), Haiti and the Americas, Jackson: University Press of Mississippi, 2013, S. 25–53.
[358] Fontana, Josep, „Introducción", in: Linebaugh; Rediker, La hidra de la revolución. Marineros, esclavos y campesinos en la historia oculta del Atlántico. Prólogo de Josep Fontana. Traducción castellana Mercedes García Garmilla, Barcelona: Crítica, 2005, S. 9–12.
[359] Fradera, Josep María, „La participació catalana en el tràfic d'esclaus", in: Recerques 16 (1984), S. 119–139.
[360] Fradera, „Opio y negocio, o las desaventuras de un español en China", in: Fradera, Gobernar colonias, Barcelona: Ediciones Península, 1999, S. 129–152.

[361]   Fradera, „Cuba, Puerto Rico y Filipinas: Del Imperio al sistema de tres colonias", in: Fradera, Colonias para después de un imperio, Barcelona: edicions bellaterra, 2005, S. 17–59.
[362]   Fradera, Colonias para después de un imperio, Barcelona: edicions bellaterra, 2005.
[363]   Fradera; Schmidt-Nowara, Christopher, Slavery and Antislavery in Spain's Atlantic Empire, New York, NY [u. a.]: Berghahn Book 2013.
[364]   Franco Silva, Alfonso, La esclavitud en Sevilla y su tierra a fines de la edad media, Sevilla: Deputación Provincial de Sevilla, 1979.
[365]   Franco, José Luciano, „Comercio clandestino de esclavos en el siglo XIX", in: Franco, Ensayos históricos, La Habana: Editorial de Ciencias Sociales, 1974, S. 103–124.
[366]   Franco, „Los mongos de la costa de África", in: Franco, Comercio clandestino de esclavos, La Habana: Editorial de Ciencias Sociales, ^{3}1996, S. 178–202.
[367]   Freire, João (compil., análises e notas), Olhares europeus sobre Angola: ocupação do território, operações militares, conhecimentos dos povos, projectos de modernização (1883–1918) (antologia de textos de época), Lisboa: Comissão Cultural de Marinha/Edições Culturais da Marinha, 2011.
[368]   Frykman, Niklas, „Seamen on Late Eighteen-Century European Warships", in: International Review of Social History 54 (2009), S. 67–93.
[369]   Frykman; Anderson; van Voss, Rediker, „Mutiny and Maritime Radicalism in the Age of Revolution. An Introduction", in: International Review of Social History 58 (2013), S. 1–14.
[370]   Fuente, Alejandro de la, „Introducción al studio de la trata en Cuba: Siglos XVI y XVII", in: Santiago 61 (1986), S. 155–208.
[371]   Fuente (with the collaboration of García del Pino, César; Iglesias Delgado, Bernardo), Havana and the Atlantic in the Sixteenth Century, Chapel Hill: University of North Carolina Press, 2008.
[372]   Fuente, „Sugar and Slavery in Early Colonial Cuba", in: Schwartz, Stuart B. (Hrsg.), Tropical Babylons: Sugar and the Making of the Atlantic World, 1450–1680, Chapel Hill: University of North Carolina Press, 2004, S. 115–157.
[373]   Fuente, „Esclavitud, 1510–1886", in: Naranjo Orovio (coord.), Historia de Cuba, Madrid/Aranjuez: CSIC/Ediciones Doce Calles, S.L., 2009, S. 129–151.
[374]   Fuente (coord.), Su „único derecho": los esclavos y la ley, Madrid: Fundación Mapfre | Tavera, 2004 (=Debate y perspectivas. Cuadernos de Historia y Ciencias Sociales, No. 4 (Diciembre 2004)).
[375]   Füllberg-Stolberg, Katja, „Transatlantische Biographien. Sarah Margru Kinson und Claudius A. Clements – zwei afro-amerikanische Missionskarrieren zwischen Sierra Leone und den USA (1840–1900)", in: Heidrich, Petra; Liebau, Heike (Hrsg.), Akteure des Wandels. Lebensläufe und Gruppenbilder an Schnittstellen von Kulturen, Berlin: Das Arabische Buch, 2001 (Studien/ Zentrum Moderner Orient, Geisteswissenschaftliches Zentrum Berlin, e.V.; 14), S. 45–70.
[376]   Fyfe, Christopher, A History of Sierra Leone, Oxford: Oxford University Press 1962, S. 108.
[377]   Gabaccia, Donna R.; Hoerder, Dirk (Hrsg.), Connecting Seas and Connected Ocean Rims. Indian, Atlantic, and Pacific Oceans and China Seas Migration from the 1830s to the 1930s, Leiden: Brill, 2011 (Studies in Global Social History; Bd. 8).
[378]   Gaffield, Julia, „Haiti and Jamaica in the Remaking of the Early Nineteenth-Century Atlantic World", in: William and Mary Quarterly Vol. 69:3 (2012), S. 583–615.

[379]   Games, Alison, „Atlantic History: Definitions, Challenges, and Opportunities", in: AHR 111, no. 3 (June 2006), S. 741–757.
[380]   García Añoveros, Jesús María, „Carlos V y la abolición de la esclavitud de los indios. Causas, evolución y circunstancias", in: Revista de Indias (RI) 218 (enero-abril 2000), S. 57–84.
[381]   García Añoveros, El pensamiento y los argumentos sobre la esclavitud en Europa en el siglo XVI y su aplicación a los indios americanos y a los negros africanos, Madrid: CSIC, 2000 (CORPUS HISPANORUM DE PACE, Segunda serie, Vol. VI).
[382]   García Muñiz, Humberto, Sugar and Power in the Caribbean. The South Porto Rico Sugar Company in Puerto Rico and the Dominican Republic, 1900–1921, San Juan: La Editorial de la Universidad de Puerto Rico/Kingston-Miami: Ian Randle Publishers, 2010.
[383]   García del Pino, César, El corso en Cuba. Siglo XVII. Causas y conscuencias, La Habana: Editorial de Ciencias Sociales, 2001.
[384]   García del Pino, Corsarios, piratas y Santiago de Cuba, La Habana: Editorial de Ciencias Sociales, 2009.
[385]   García Fuentes, Lutgardo, „Licencias para la introducción de esclavos en Indias y envios desde Sevilla en el siglo XVI", in: Jahrbuch für Geschichte Lateinamerikas 19 (1982), S. 1–46.
[386]   García Herrera, Rosalia, „Observaciones etnológicas de dos sectas religiosas afrocubanas en una comunidad lajera: la Guinea", in: Islas 43, Santa Clara (Sept.–Dec. 1972), S. 145–181.
[387]   García Martínez, Orlando, Esclavitud ycolonización en Cienfuegos 1819–1879, Cienfuegos: Ediciones Mecenas, 2008.
[388]   García [Rodríguez], Gloria, „El mercado de fuerza de trabajo en Cuba: el comercio esclavista, 1760–1789", in: Academia de Ciencias de Cuba; Instituto de Ciencias Históricas (Hrsg.), La esclavitud en Cuba, La Habana: Editorial Academia, 1986, S. 124–148.
[389]   García Rodríguez, La esclavitud desde la esclavitud. La visión de los siervos, México: Centro de Investigación Científica „Ing. Jorge Y. Tamayo", 1996 (Reedit.: La Habana: Editorial de Ciencias Sociales, 2003; engl.: Voices of the Enslaved in Nineteenth-Century Cuba, Chapel Hill: The University of North Carolina Press, 2011).
[390]   García Rodríguez, „Conflictos laborales y esclavitud", in: González Bustos, Marcelo; Castellanos Suárez, José Alfredo; Serrano Pérez, Luis H. et als. (coords.), Memoria del II Taller científico internacional „Movimiento obrero y 1º de Mayo", México: Editorial Futura, 1999, S. 43–48.
[391]   García Rodríguez, „A propósito de la escalera: el esclavo como sujeto político", in: Boletín del Archivo Nacional 12 (2000), S. 1–13.
[392]   García Rodríguez, „Tecnología y abolición", in: Piqueras (comp.), Azúcar y esclavitud en el final del trabajo forzado ..., S. 76–92.
[393]   García Rodríguez, Conspiraciones y revueltas. La actividad política de los negros en Cuba (1790–1845), Santiago de Cuba: Editorial Oriente, 2003.
[394]   García Rodríguez, „Los cabildos de nación: organización, vicisitudes y tensiones internas (1789–1868)", in: Del Caribe 43, Santiago de Cuba (2004), S. 65–73.
[395]   García, „Ensayo introductorio. Tradición y modernidad en Arango y Parreño", in: Arango y Parreño, Obras. Ensayo introductorio, compilación y notas García Rodríguez, 2 vols., La Habana: Imagen Contemporánea, 2005 (Obras 2005), S. 1–56.

[396] García [Rodríguez], „El despegue azucarero de Cuba: la versión de Arango y Parreño", in: Balboa, Imilcy; Piqueras, José A. (Hrsg.), La excepción americana. Cuba en el ocaso del imperio continental, Valencia: Centro Francisco Tomás y Valiente UNED Alzira; Fundación Instituto de Historia Social, 2006, S. 155–175.

[397] García [Rodríguez], „Esclavos estancieros versus trabajo libre en la Habana (1760–1800)", in: Piqueras (Hrsg.), Trabajo libre y coactivo en sociedades de plantación, Madrid: Siglo XXI de España Editores, S.A., 2009, S. 141–150.

[398] García Rodríguez, „Los negros y mulatos en la sociedad colonial", in: Rensoli Medina, Rolando Julio (comp.), La historiografía en la Revolución cubana. Reflexiones a 50 años, La Habana: Editora Historia, 2010, S. 297–306.

[399] García Rodríguez, Mercedes, „Ingenios habaneros del siglo XVIII," in: Las raíces históricas del pueblo cubano, Consuelo Naranjo Orovio; Miguel Ángel Puig-Samper (Hrsg.), Madrid: Arbor, 1991, S. 113–138.

[400] García Rodríguez, „El monto de la trata hacia Cuba en siglo XVIII", in: Naranjo Orovio; Mallo Gutiérrez, Tomás (Hrsg.), Cuba, la perla de la Antillas. Actas de la I Jornadas sobre „Cuba y su historia", Madrid: Doce Calles (Aranjuez), 1994, S. 297–312.

[401] García Rodríguez, „La Compañía del Mar del Sur y el Asiento de esclavos de Cuba", in: Santiago 76, Santiago de Cuba (1993), S. 121–170.

[402] García Rodríguez, Misticismo y capitales. La Compañía de Jesús en la economía habanera del siglo XVIII, La Habana: Editorial de Ciencias Sociales, 2000.

[403] García Rodríguez, La aventura de fundar ingenios. La refacción azucarera en La Habana del siglo XVII, La Habana: Editorial de Ciencias Sociales, 2004.

[404] García Rodríguez, Entre Haciendas y Plantaciones. Orígenes de la manufactura azucarera en La Habana, La Habana: Editorial de Ciencias Sociales, 2007.

[405] García Rodríguez, „¿Fueron los ingenios cubanos del siglo XVIII explotaciones autosuficientes?", in: Torre, Mildred de la (coord.), Voces de la sociedad cubana. Economía, política e ideología 1790–1862, La Habana: Editora de Ciencias Sociales, 2007, S. 9–35.

[406] García Santana, Alicia, „Rebeldía esclava en Trinidad, 1798", in: Islas, 52/53, Santa Clara (Sept. 1975 – Abril 1976), S. 125–133.

[407] Garfield, Robert, „Public Christians, Secret Jews: Religion and Political Conflict on Sao Tome Island in the Sixteenth and Seventeenth Centuries", in: The Sixteenth Century Journal. The Journal of Early Modern Studies Vol. 21:4 (Winter, 1990), S. 645–654.

[408] Garfield, A history of São Tomé Island 1470–1655. The Key to Guinea, San Francisco: Mellen Research University Press 1992.

[409] Garofalo, Leo, „The Shape of a Diaspora: The Movement of Afro-Iberians to Colonial Spanish America", in: Bryant, Sherwin K.; O'Toole, Rachel Sarah; Vinson III, Ben (Hrsg.), Africans to Spanish America: Expanding the Diaspora, Chicago: University of Illinois Press, 2012, S. 27–48.

[410] Garraway, Doris (Hrsg.), Tree of liberty: cultural legacies of the Haitian Revolution in the Atlantic world, Charlottesville [u. a.]: Univeristy of Virginia Press 2008.

[411] Gaspari, Chr.; Hassel, G.; Cannabich, J. G. Fr.; GutsMuths, J. C. F.; Ukert, Fr. A., „Das Kaiserthum Brasilien", in: Gaspari; Hassel; Cannabich; GutsMuths; Ukert, Vollständiges Handbuch der neuesten Erdbeschreibung, 19. Bd., Weimar: Verlag des Geographischen Instituts, 1827, S. 393–1202.

[412] Gates Jr., Henry L.; Andrews, William L. (Hrsg.), Pioneers of the Black Atlantic: Five Slave Narratives from the Enlightenment 1772–1815, Washington: Civitas, 1998.

[413] Gauvin, Gilles, ABÉCÉDAIRE de l'esclavage des Noirs, Paris: Éditions Dapper, 2007.
[414] Geggus, David P., The Impact of the Haitian Revolution in the Atlantic World, Columbia: University of South Carolina Press, 2001;
[415] Ghorbal, Karim, Réformisme et esclavage à Cuba (1835–1845), Paris: Éditions Publibook Université, 2014.
[416] Gillis, John R., „Islands in the Making of an Atlantic Oceania, 1500–1800", in: Bentley, Jerry H.; Bridenthal, Renate; Wigen, Karen (Hrsg.), Seascapes. Maritime Histories, Littoral Cultures, and Transoceanic Exchanges, Honolulu: University of Hawai Press 2007, S. 21–37.
[417] Girard, Philippe R., „The Haitian Revolution, History's New Frontier. State of the Scholarship and Archival Sources", in: Slavery & Abolition, 34/3 (2013), S. 485–507.
[418] Gøbel, Erik, „Danish Trade to the West Indies and Guinea, 1671–1754", in: The Scandinavian Economic History Review Vol. 31:1 (1983), S. 21–49.
[419] Gøbel, „The Danish Edict of 16th March 1792 to Abolish the Slave Trade", in: Parmentier, Jan; Spanoghe, Sander (Hrsg.), Orbis in Orbem: Liber Amicorum John Everaert, Gent: Academia Press, 2001, S. 251–263.
[420] Gøbel, Det danske slavehandelsforbud 1792. Studier og kilder til forhistorien, forordningen og følgerne, Odense: Syddansk Universitetsforlag, 2008.
[421] Goerg, Odile, „L'exportation d'archides des „Rivières du Sud" puis de Guinée (1842–1913): de produit dominant à produit secondaire", in: Liesegang; Pasch; Jones (Hrsg.), Figuring African Trade: Proceedings of the Symposium on the Quantification and Structure of the Import and Export and Long Distance Trade in Africa 1800–1913, Berlin: Dietrich Reimer Verlag 1986, S. 297–320.
[422] Gómez, Alejandro E., „L'histoire sous le scanner. Les historiens des émotions et les études atlantiques face à la révolution des sciences cognitives", in: Capdevila, Luc; Langue, Frédérique (dir.), Le passé des émotions. Mémoires sensibles et histoire à vif, Amérique latine et Espagne contemporaines, Rennes: Presses universitaires de Rennes, 2014 (coll. „Des Amériques"), S. 1–13, hier S. 11 (online: https://www.academia.edu/8132125/L_histoire_sous_le_scanner._Les_historiens_des_%C3%A9motions_et_les_%C3%A9tudes_atlantiques_face_%C3%A0_la_r%C3%A9volution_des_sciences_cognitives (12. Dezember 2014)).
[423] González, Armando; Chirinos, Daniel, La presencia africana en los llanos (acercamiento al caso en la jurisdicción de la Villa de San Carlos de Austria), Caracas: Centro Simón Bolívar, 2008.
[424] González Mendoza, Juan R., „Puerto Rico's Creole Patriots and the Slave Trade after the Haitian Revolution", in: Geggus (Hrsg.), The Impact ..., S. 58–71.
[425] Gould, Eliga H., „Entangled Histories, Entangled Worlds: The English-Speaking Atlantic as a Spanish Periphery", in: American Historical Review 112, no. 3 (2007), S. 764–786.
[426] Gourevitch, Alex, „Capitalism and Slavery: An Interview with Greg Grandin", in: Jacobin (online: https://www.jacobinmag.com/2014/08/capitalism-and-slavery-an-interview-with-greg-grandin/ (10. Dezember 2014).
[427] Graden, Dale T., „Interpreters, Translators and the Spoken Word in the Trans-Atlantic Slave Trade to Cuba and Brazil", in: Ethnohistory 58:3 (2011), S. 393–413.
[428] Graden, „Interpreters, Translators, and the Spoken Word", in: Graden, Disease, Resistance, and Lies. The Demise of the Transatlantic Slave Trade to Brazil and Cuba, Baton Rouge: Louisiana State University Press, 2014, S. 150–177.

[429] Graden, „Slave Resistance and Debates over the Slave Trade to Cuba, 1790s–1840s", in: Graden, Disease, Resistance, and Lies ..., S. 81–119.
[430] Graden, „Table 1. List of Vessels That Sailed from the Port of Havanna for the Coast of Africa during the Year 1839", in: Graden, Disease, Resistance, and Lies ..., S. 218–220.
[431] Graden, „Table 5. List of Vessels Reported to Have Sailed for the Coast of Africa to Be Employed in the Slave Trade to Cuba, January 1857 to July 1858", in: Graden, Disease, Resistance, and Lies ..., S. 222–225.
[432] Graden, „U.S. Involvement in the Transatlantic Slave Trade to Cuba and Brazil", in: Graden, Disease, Resistance, and Lies ..., S. 12–39.
[433] Grandin, Greg, The Empire of Necessity. Slavery, Freedom, and Deception in the New World, New York: Metropolitan Books, 2014.
[434] Green, Toby, „Fear and Atlantic history. Some observations derived from Cape Verde Islands and the African Atlantic", in: Atlantic Studies, Vol. 3:1 (April 2006), S. 25–42.
[435] Green, „Building Slavery in the Atlantic World: Atlantic Connections and the Changing Institution of Slavery in Cabo Verde, Fifteenth-Sixteenth Centuries", in: Slavery and abolition, 32:2 (2011), S. 227–245.
[436] Green, The Rise of the Trans-Atlantic Slave Trade in Western Africa, 1300–1589, Cambridge [u. a.]: Cambridge University Press 2011.
[437] Greene, Jack; Morgan, Philip D. (Hrsg.), Atlantic History. A Critical Appraisal, Oxford: OUP, 2009.
[438] Green-Pedersen, Svend E., „The Scope and Structure of the Danish Negro Slave Trade", in: Scandinavian Economic History Review 19, no. 2 (1971), S. 149–197.
[439] Green-Pedersen, „The History of the Danish Negro Slave Trade 1733–1807", in: Revue Française d'Histoire d'Outre-Mer, 62 (1975), S. 196–220.
[440] Green-Pedersen, „Colonial Trade under the Danish Flag: A Case Study of the Danish Slave Trade to Cuba 1790–1807", in: Scandinavian Journal of History 5 (1980), S. 93–120.
[441] Guillet, Bertrand, La Marie-Séraphique navire négrier, Nantes : Musée d'Histoire de Nantes ; éditions MeMO, 2009.
[442] Häberlein, Mark, Die Fugger. Geschichte einer Augsburger Familie (1367–1650), Stuttgart: Kohlhammer, 2006.
[443] Hagemann, Ulf, „Das Königreich Dahomey zwischen Sklavenhandel und französischer Kolonie", in: LernWerkstatt Geschichte (online: http://www.lwg.uni-hannover.de/wiki/Das_K%C3%B6nigreich_Dahomey_zwischen_Sklavenhandel_und_franz%C3%B6sischer_Kolonie#.C3.9Cber_die_Amazonen) (08. Februar 2015)).
[444] Hagemeijer, Tjerk, „As ilhas de Babel: a crioulização no Golfo da Guiné", in: Camões No. 6 (Julho/Septembro 1999), S. 74–88.
[445] Haines, Robin; McDonald, John; Shlomowitz, Ralph, „Mortality and Voyage Length in the Middle Passage Revisited", in: Explorations in Economic History Vol. 38 (2001), S. 503–533.
[446] Hall, Gwendolyn M., Slavery and African Ethnicies in the Americas. Restoring the Links, Chapel Hill: University of North Carolina Press, 2005.
[447] Hall, Neville T.A., Slave Society in the Danish West Indies: St. Thomas, St. John and St. Croix, Jamaica: The University of West Indies Press 1992.
[448] Hall, Trevor P. „Portuguese Archival Documentation of Europe's First Colony in the Tropics: The Cape Verde Islands, 1460–1530", in: McCrank, Lawrence (Hrsg.), Discovery in the Archives of Spain and Portugal. Quincentenary Essays, 1492–1992, New York [etc.]:

Haworth Press, 1993 (=Primary sources & original works, volume 2, numbers 1/2 and 3/4 (1993)), S. 375–398.

[449] Hancock, David, „Slaving: Bance Island's 'General Rendevous'", in: Hancock, Citizens of the World. London merchants and the integration of the British Atlantic community, 1735–1785, Cambridge: Cambridge University Press, 1995, S. 174–220.

[450] Hancock, „The problem of empty holds", in: Hancock, Oceans of Wine: Madeira and the Emergence of American Trade and Taste, New Haven: Yale University Press, 2009, S. 108–110.

[451] Hancock, „Merchants into Capitalists", in: Hancock, Oceans of Wine: Madeira and the Emergence of American Trade and Taste, New Haven: Yale University Press, 2009, S. 172–198.

[452] Handler, Jerome S., „Life Histories of Enslaved Africans in Barbados", in: Slavery & Abolition 19 (1998), S. 129–141.

[453] Handler, „Aspects of the Atlantic Slave Trade: Smoking Pipes, Tobacco, and the Middle Passage", in: http://www.diaspora.uiuc.edu/news0608/news0608.html (09. Juli 2008).

[454] Handler, „On the Transportation of Material Goods by Enslaved Africans During the Middle Passage: Preliminary Findings from Documentary Sources", in: http://www.diaspora.uiuc.edu/news1206/news1206-1.html (14. November 2009).

[455] Handler, „Survivors of the Middle Passage: Life Histories of Enslaved Africans in British America", in: Slavery and Abolition 23 (2002), S. 25–56.

[456] Handler, „The Middle Passage and the Material Culture of Captive Africans", in: Slavery and Abolition Vol. 30:1 (March 2009), S. 1–26.

[457] Hanß, Stefan; Schiel, Juliane (Hrsg.), Mediterranean Slavery Revisited (500–1800). Neue Perspektiven auf mediterrane Sklaverei (500–1800), Zürich: Chronos Verlag, 2014.

[458] Harding, Leonhard, „Faszination Afrikanische Geschichte: Afrikanische Händler zwischen Gesellschaft und Geschäft", in: Historische Zeitschrift 255 (1992), S. 317–344.

[459] Harding, Geschichte Afrikas im 19. und 20. Jahrhundert, München: Oldenbourg, 1999 (Oldenbourg Grundriss der Geschichte, Bd. 27).

[460] Harding, „African Economies, African Traders and the Slave Trade", in: Pietschmann, Horst (Hrsg.), Atlantic History. History of the Atlantic System 1580–1830. Papers presented at an International Conference, held 28 August – 1 September, 1999, in Hamburg, organized by the Department of History, Hamburg/Göttingen: Vandenhoeck & Rupprecht, 2002, S. 321–335.

[461] Harding, Das Königreich Benin. Geschichte – Kultur – Wirtschaft, München: Oldenbourg, 2010.

[462] Harms, Robert W., River of Wealth, River of Sorrow: The Central Zaire Bassin in the Era of the Slave and Ivory Trade, 1500–1851, New Haven: Yale University Press, 1981.

[463] Harms, „Early Globalization and the Slave Trade. Trips around the world were essential for sustaining slavery", in: YaleGlobal Online, May 9, 2003 (unter: http://yaleglobal.yale.edu/content/early-globalization-and-slave-trade (21. Juli 2014).

[464] Harms, The Diligent: a voyage through the worlds of the slave trade, New York, NY [u. a.]: Basic Books 2002.

[465] Harms, Das Sklavenschiff. Eine Reise in die Welt des Sklavenhandels, München: Goldmann, 2007.

[466] Harms, „Eine Frage der Moral", in: Harms, Das Sklavenschiff..., S. 23–57.

[467] Harms, „Slavery in the Politically Decentralized Societies of Equatorial Africa", in: Beswick; Spaulding (Hrsg.), African systems of slavery ..., S. 161–172.
[468] Harms, „Whydah", in: Harms, Das Sklavenschiff ..., S. 209–261.
[469] Harms, „Inseln im Atlantik", in: Harms, Das Sklavenschiff ..., S. 343–371.
[470] Harms, „Martinique", in: Harms, Das Sklavenschiff ..., S. 417–465.
[471] Harries, Patrick, „Culture and Classification: A History of the Mozbieker Communitiy at the Cape", in: Social Dynamics 26, Heft 2 (2000), S. 29–54.
[472] Hartmann, Saidiya, „The Dead Book", in: Hartmann, Lose Your Mother. A Journey along the Atlantic Slave Route, New York: Farrar, Straus and Giroux, 2007, S. 136–153.
[473] Harwich, Nikita, „Le cacao vénézuélien: une plantation à front pionnier", in: Caravelle. Cahiers du Monde Hispanique et Luso-Brésilien N. 85, Toulouse (2005), S. 17–30 (Themenheft: Grandes plantations d'Amérique latine. Entre rêve et commerce).
[474] Harwich, Histoire du Chocolat, Paris: Éditions Desjonquères, 2008.
[475] Havik, Philip J., „Women and trade in the Guinea Bissau region: the role of African and Luso-African women in the trade networks from the early 16th to the mid 19th century", in: Studia No. 52 (1994), S. 83–120.
[476] Havik, Silences and Soundbytes: the gendered dynamics of trade and brokerage in the pre-colonial Guinea Bissau region, Münster: LIT Verlag, 2004.
[477] Havik; Newitt, Malyn (Hrsg.), Creole Societies in the Portuguese Colonial Empire, Bristol: University of Bristol, 2007.
[478] Havik, „Traders, Planters and Go-betweens: the Kriston in Portuguese Guinea", in: Portuguese Studies Review 19:1–2 (2011), S. 197–226.
[479] Hawthorne, Walter, „The Production of Slaves Where There Was No State: The Guinea-Bissau Region, 1450–1815", in: Slavery and Abolition 29:2 (1999), S. 97–124.
[480] Hawthorne, Planting rice and harvesting slaves. Transformations along the Guinea-Bissau coast, 1400–1900, Portsmouth: Heinemann, 2003.
[481] Hawthorne, „‚Being Now, as It Were, One Family': Shipmate Bonding on the Slave Vessel Emilia, in Rio de Janeiro and throughout the Atlantic world", in: Luso-Brazilian Review Vol 45:1 (2008), S. 53–77.
[482] Hawthorne, From Africa to Brazil. Culture, Identity, and an Atlantic Slave Trade, 1600–1830, Cambridge [etc.]: CUP, 2010.
[483] Hawthorne, „Choosing slavery?: an African slave named Gorge and and his 'flights' from 'freedom' back to his master in Bahia in the early nineteenth century", in: Slavery & Abolition 31:3 (2010), S. 411–428.
[484] Hawthorne, „From 'Black Rice' to 'Brown': Rethinking the History of Risiculture in the Seventeenth and Eighteemth Century Atlantic", in: American Historical Review 115:1 (Feb. 2010), S. 151–163.
[485] Heintze, Beatrix; Jones (Hrsg.), European Sources for Sub-Saharan Africa before 1900: Use and Abuse, Stuttgart: Steiner 1987 (= Paideuma 33).
[486] Heintze, „Die Bezerra-Familie", in: Heintze, Afrikanische Pioniere: Trägerkarawanen im westlichen Zentralafrika, Frankfurt am Main: Otto Lembeck 2002, S. 56–77.
[487] Heintze, „Die Karawanen", in: Heintze, Afrikanische Pioniere, S. 175–198.
[488] Heintze, „Hundert Jahre danach: Historische Rekonstruktionen und Deutungen", in: Heintze, Afrikanische Pioniere, S. 35–53.
[489] Heintze, „Schwarze 'Weiße': die Ambakisten", in: Heintze, Afrikanische Pioniere, 2002, S. 155–174.
[490] Heintze, „Waren und Wege", in: Afrikanische Pioniere, S. 199–232.

[491] Heintze, „Germano José Maria", in: Heintze, Afrikanische Pioniere, S. 78–86.
[492] Heintze, „Paulo Coimbra, genannt Mussili, und sein Vorfahren", in: Heintze, Afrikanische Pioniere, S. 137–151.
[493] Heintze, „Paulo Mujingá Congo und seine Karawanen", in: Heintze, Afrikanische Pioniere, S. 95–102.
[494] Heintze, „Waren und Wege", in: Heintze, Afrikanische Pioniere, S. 199–232.
[495] Henige, David; Johnson, Marion, „Agaja and the Slave Trade. Another Look at the Evidence", in: History in Africa 3 (1976), S. 57–67.
[496] Henning, Joachim, „Gefangenenfesseln im slawischen Siedlungsraum und der europäische Sklavenhandel im 6. bis 12. Jahrhundert. Archäologisches zum Bedeutungswandel ,sklābos-sakāliba-sclavus'", in: Germania 70 (1992), S. 403–426.
[497] Henriques, Isabel Castro, „Armas de fogo em Angola no século XIX: uma interpretação", in: Santos, Maria Emília Madeira (org.), I reunião internacional de história de África: relação Europa-África no 3º quartel do séc. XIX, Lisboa: Instituto de Investigação Científica Tropical, 1989, S. 407–429.
[498] Henriques, Lugares de Memória da Escravatura e do Tráfico Negreiro – Angola, Cabo Verde, Guiné-Bissau, Moçambique, São Tomé e Príncipe, Lisboa: Comité Português do Projecto UNESCO A Rota do Escravo, 2013.
[499] Hering Torres, Max S., „Judenhass, Konversion und genealogisches Denken in Spanien", in: Historische Anthropologie 15:1 (2007), S. 42–64.
[500] Hering Torres; Martínez, María Elena; Nirenberg, David (Hrsg.), Race and Blood in the Iberian World; Münster, Berlin [etc.]: Lit, 2012.
[501] Herlin, Susan J., „Brazil and the Commercialization of Kongo, 1840–1870", in: Curto, José C; Lovejoy, Paul E. (Hrsg.), Enslaving Connections. Changing Cultures of Africa and Brazil during the Era of Slavery, New York: Humanity Books, 2004, S. 261–283 (Karte „Kongo Kingdom and Coast, ca. 1870").
[502] Hernández Sandoica, Elena, El colonialismo, 1815–1873. Estructuras y cambio en los imperios coloniales, Madrid: Síntesis, 1992.
[503] Herzog, Tamar, „Nombres y apellidos: ¿cómo se llamaban las personas en Castilla e Hispanoamérica durante la época moderna?", in: Jahrbuch für Geschichte Lateinamerikas 44 (2007), S. 1–36.
[504] Hess, Andrew C., The Forgotten Frontier. A History of the Sixteenth-Century Ibero-African Frontier, Chicago-London: The University of Chicago Press, 1978.
[505] Heyden, Ulrich van der, „Der große Kurfürst als Sklavenhändler", in: Heyden, Rote Adler an der Küste Afrikas. Die brandenburg-preußische Kolonie Großfriedrichsburg in Westafrika, Berlin: Selignow Verlag, 2001, S. 44–61.
[506] Heyden, „Der Mohr hat seine Schuldigkeit getan. Der sträfliche Umgang mit Geschichte in der deutschen Hauptstadt", in: Jahrbuch des Landesarchivs Berlin (2014), S. 247–266.
[507] Heywood, Linda (Hrsg.), Central Africans and Cultural Transformations in the American Diaspora, Cambridge: Cambridge University Press, 2002.
[508] Heywood, „Slavery and its transformation in the kingdom of Kongo: 1491–1800", in: Journal of African History Vol. L:1 (2009), S. 1–22.
[509] Heywood; Thornton, Central Africans, Atlantic Creoles, and the Foundations of the Americas, 1585–1660, Cambridge: CUP, 2007.
[510] Heywood; Thornton, „Enslavement and Atlantic Creole Culture", in: Heywood; Thornton, Central Africans, Atlantic Creoles ..., S. 221–226.

[511] Higgs, Catherine, Chocolate Islands: Cocoa, Slavery, and Colonial Africa, Athens: Ohio University Press, 2012.

[512] Hochschild, Adam, Sprengt die Ketten. Der entscheidende Kampf um die Abschaffung der Sklaverei, Stuttgart: Klett-Cotta, 2007, S. 23–44.

[513] Hochstetter, Franz, „Die wirtschaftlichen und politischen Motive für die Abschaffung des britischen Sklavenhandels im Jahre 1806/07", in: Gustav Schmoller, Gustav; Sering, Max (Hrsg.), Staats- und sozialwissenschaftliche Forschungen, Bd. 25, Leipzig: Verlag von Duncker & Humblot, 1906, S. V–X und 1–120 (online: https://archive.org/stream/staatsundsozial17unkngoog{#}page/n3/mode/2up (30. Dezember 2014)).

[514] Hofmeester, Karin; Lucassen, Jan, Ribeiro da Silva, Filipa, „No Global Labor History without Africa: Reciprocal Comparison and Beyond", in: History in Africa 41 (2014), S. 1–28.

[515] Holsinger, Daniel, „Trade Routes in the Algerian Sahara in the 19th Century", in: Revue de l'Occident musulman et de la Méditerranée 30:1 (1980), S. 57–70.

[516] Hooper, Jane; Eltis, „The Indian Ocean in Transatlantic Slavery", in: Slavery & Abolition: A Journal of Slave and Post-Slave Studies Vol. 34:3 (2013), S. 353–375.

[517] Horne, Gerald, The Deepest South. The United States, Brazil, and the African Slave Trade, New York and Landon: The New York University Press, 2007.

[518] Horne, The White Pacific: U.S. Imperialism and Black Slavery in the South Seas after the Civil War, Honolulu: University of Hawai'i Press, 2007.

[519] Howard, Allen M., „Nineteenth-Century Coastal Slave Trading and the British Abolition Campaign in Sierra Leone", in: Slavery & Abolition 27:1 (April 2006), S. 23–49, hier Karte S. 24.

[520] Howard, Warren S., „The Illegal Slave Trade", in: Howard, American Slavers and the Federal Law 1837–1862, Berkeley and Los Angeles: University of California Press, 1963, S. 1–27;

[521] Howard, „How to Catch a Slaver", in: Howard, American Slavers and the Federal Law …, S. 70–84.

[522] Howe, George L., „The Slave Trade", in: Howe, Mount Hope. A New England Chronicle, New York: The Viking Press, 1959, S. 97–133.

[523] Hoyos Körbel, Pedro Felipel, Bolívar y las negritudes. Momentos históricos de una minoría étnica en la Gran Colombia, Bogotá: Hoyos Editores, 2007.

[524] Hubert, François, „Burdeos en el siglo XVIII. El comercio atlántico y la esclavitud", in: Gutiérrez Usillos, Andrés et al. (coords.), Laberintos de libertad. Entre la esclavitud del pasado y las nuevas formas de esclavitud del presente, Madrid: Ministerio de Educación, Cultura y Deporte, 2012, S. 25–33.

[525] Hu-DeHart, Evelyn, „Chinese Coolie Labour in Cuba in the Nineteenth Century: Free Labour or Neo-Slavery?", in: Slavery & Abolition 14,1 (1993), S. 67–86.

[526] Hu-DeHart, „La Trata Amarilla. The „Yellow Trade" and the Middle Passage, 1847–1884", in: Christopher; Pybus, Cassandra; Rediker (Hrsg.), Many Middle Passages. Forced Migration and the Making of the Modern World, Berkeley [etc.]: University of California Press, 2007, S. 166–183.

[527] Hu-DeHart, „Opium and Social Control: Coolies on the Plantations of Peru and Cuba", in: Journal of Chinese Overseas 1:2 (2005), S. 169–183, hier S. 169.

[528] Hu-DeHart, „Race Construction and Race Relations: Chinese and Blacks in Nineteenth-Century Cuba", in: Rustomji-Kerns, Roshni (Hrsg.), Encountres: People of Asian Descent in the Americas, Lanham: Rowman, 1999, S. 105–112.

[529]   Hunt, Nadine, „Scattered Memories: The Intra-Caribbean Slave Trade to Colonial Spanish America, 1700–1750", in: Araujo; Candido; Lovejoy (Hrsg.), Crossing Memories ..., S. 105–133.
[530]   Iglesias García, Fe, „Cuba, la abolición de la esclavitud y el ‚canal de la inmigración jornalera' (1880–1895)", in: Piqueras (comp.), Azúcar y esclavitud en el final del trabajo forzado ..., S. 115–145.
[531]   Iliffe, John, Geschichte Afrikas. Aus dem Englischen von Gabriele Gockel und Rita Seuß, München: Verlag C. H. Beck, 2000.
[532]   Inikori, Joseph E, „Africa and the globalization process: western Africa, 1450–1850", Journal of Global History, 2, S. 63–86.
[533]   Instituto de Historia de Cuba, Historia de Cuba, 3 Bde., La Habana: Editora Política, 1995, 1996, 1998 (Bd. I: La Colonia. Evolución socioeconómica y formación nacional de los orígenes hasta 1867; Bd. II: Las luchas por la independencia nacional y las transformaciones estructurales 1868–1898; Bd. III: La Neocolonia. Organización y crisis desde 1899 hasta 1940).
[534]   Isaacman, Allan F., Mozambique: The Africanization of a European Institution: The Zambesi Prazos, 1750–1902, Madison: University of Wisconsin Press, 1972.
[535]   Israel, Jonathan, „Jews and Crypto-Jews in the Atlantic World System", in: Kagan, Richard L.; Morgan, Philip D. (Hrsg.), Atlantic Diasporas: Jews, Conversos, and Crypto-Jews in the Age of Mercantilism, 1500–1800, Baltimore: Johns Hopkins University Press, 2009, S. 3–17.
[536]   Israel, „The Jews of Curaçao, New Amsterdam and the Guayanas: A Caribbean and trans-atlantic network (1648–1740)", in: Israel, Diasporas within a diaspora: Jews, Crypto-Jews and the World Maritime Empires (1540–1740), Leiden/Boston/Köln: Brill, 2002, S. 511–532.
[537]   Jackson, E. L., St. Helena: The Historic Island. From Its Discovery to the Present Date, New York: Thomas Whittaker, 1905, S. 259.
[538]   Jarvis, Michael J., In the Eye of All Trade: Bermuda, Bermudians, and the Maritime Atlantic World, 1680–1783, Chapel Hill: University of North Carolina Press, 2010.
[539]   Jennings, Lawrence C., „French Policy towards Trading with Africans and Brazilian Slave Merchants", in: Journal of African History 4 (1976), S. 515–528.
[540]   Jennings, French Antislavery: The Movement for the Abolition of Slavery in France, 1802–1848, Cambridge: Cambridge University Press, 2000.
[541]   Jewsiewicki, Bogumil, „In the Empire of Forgetting: Collective Memory of the Slave Trade and Slavery", in: Araujo; Candido; Lovejoy (Hrsg.), Crossing Memories ..., S. 1–13.
[542]   Jiménez Pastrana, Juan, Los chinos en la historia de Cuba, 1847–1930, La Habana: Ciencias Sociales, 1983.
[543]   Johansen, Hans Christian, „The Reality behind the Demographic Arguments to Abolish the Danish Slave Trade", in: Eltis, David; Walvin, James (Hrsg.), The Abolition of the Atlantic Slave Trade. Origins and Effects in Europe, Africa and the Americas, Madison; London: The University of Wisconsin Press, 1981, S. 221–230.
[544]   Johnson, Sherry, „The Rise and Fall of Creole Participation in the Cuban Slave Trade, 1789–1796", in: Cuban Studies 30 (1999), S. 52–75.
[545]   Johnson, Walter (Hrsg.), The Chattel Principle: Internal Slave Trades in the Americas, 1808–1888, New Haven: Yale University Press, 2004.
[546]   Johnson, „Introduction: A Person with a Price", in: Johnson, Soul by Soul ..., S. 1–18.

[547] Johnson, „Acts of Sale", in: Johnson, Soul by Soul ..., S. 162–188.
[548] Johnson, „On Agency", in: Journal of Social History 37:1 (2003). S. 113–125.
[549] Johnson, River of Dark Dreams: Slavery and Empire in the Cotton Kingdom, Cambridge: The Belknap Press of Harvard University Press, 2013.
[550] Jones, Adam, „Theophile Conneau at Galinhas and New Sestos, 1836–1841: A comparison of the Sources", in: History in Africa 8 (1981), S. 89–106.
[551] Jones, From Slaves to Palm Kernels: a history of the Galinhas Country (West Africa), 1730–1890, Wiesbaden: Steiner 1983.
[552] Jones, „The Procurement of Slaves", in: Jones, From Slaves to Palm Kernels ..., S. 45–51.
[553] Jones, „The Slave Dealers", in: Jones, From Slaves to Palm Kernels ..., S. 42–44.
[554] Jones, William O., „Manioc: An Example of Innovation in African Economies", in: Economic Development and Cultural Change 5:2 (1957), S. 97–117.
[555] Jordaan, Han, „The Curaçao Slave Market: From *Asiento* Trade to Free Trade, 1700–1730", in: Postma, Johannes Menne; Enthoven, Victor (Hrsg.), Riches from Atlantic Commerce. Dutch Transatlantic Trade and Shipping, 1585–1817, Leiden; Boston: Brill, 2003 (The Atlantic World. Europe, Africa and the Americas, 1500–1830, Klooster, Wim; Schmidt, Benjamin, eds.; Vol. I), S. 219–257.
[556] Kaplan, Marilyn, „The Jewish Merchants of Newport, 1749–1790", in: George M. Goodwin, George M.; Smith, Ellen (Hrsg.), The Jews of Rhode Island, Waltham: Brandeis University Press, 2004.
[557] Kaps, Klemens, „Zwischen Emanzipation und Exklusion: Fortschrittsdenken und die Wahrnehmung kultureller Differenz in der europäischen Aufklärung", in: Ertl, Thomas; Komlosy, Andrea; Puhle, Hans-Jürgen (Hrsg.), Europa als Weltregion. Zentrum, Modell oder Provinz? Wien: new academic press, 2014 (=Edition Weltregionen, Bd. 23), S. 66–79.
[558] Karp, Matthew, „The World the Slaveholders Craved. Proslavery Internationalism in the 1850s", in: Shankman, Andrew (Hrsg.), The World the Revolutionary American Republic. Land, Labor, and the Conflict for a Continent, New York/London: Routledge, 2014, S. 414–432.
[559] Kars, Marjoleine, „Policing and Transgressing Borders: Soldiers, Slave Rebels, and the Early Modern Atlantic", in: New West Indian Guide/Nieuwe West Indische Gids 83, 3/4 (December 2009), S. 191–218.
[560] Keiser, Thorsten, „Between Status and Contract? Coercion in Contractual Labour Relationships in Germany from the 16th to the 20th century", in: Rechtsgeschichte/Legal History 21 (2013), S. 32–47.
[561] Kelly, Kenneth G., „Controlling Traders: Slave Coast Strategies at Savi and Ouidah", in: Williams, Caroline A. (Hrsg.), Bridging the Early Modern Atlantic World. People, Products, and Practices on the Move, Surrey/Burlington: Ashgate, 2009, S. 151–171.
[562] Kielstra, Paul Michael, The Politics of Slave Trade Suppression in Britain and France, 1814–1848, London: Macmillan Press, 2000.
[563] King, James Ferguson, „The Latin-American Republics and the Suppression of the Slave Trade", in: Hispanic-American Historical Review Vol. 24:3 (August 1944), S. 387–411.
[564] Kiple, Kenneth F.A., Moveable Feast. Ten Millenia of Food Globalization, Cambridge: Cambridge University Press, 2007.

[565] Kiple, „Response to Sheldon Watts: yellow fever immunities in West Africa and the Americas in the age of slavery and beyond: a reappraisal", in: Journal of Social History 34:4 (2001), S. 969–974.
[566] Klein, Herbert S., „North American competition and the characteristics of the African Slave Trade to Cuba, 1790–1794", in: The William and Mary Quarterly, third series, XXVIII/1 (January 1971), S. 86–102.
[567] Klein, „The Cuban slave trade in a period of transition, 1790–1843", in: Societé Française d'Histoire d'Outremer LXII, nos. 226–227 (1975), S. 67–89.
[568] Klein, „The Slave Experience in the Caribbean: A Comparative View", in: Vieira (Hrsg.), Slaves With or Without Sugar, Funchal: Região Autónoma da Madeira, 1997, S. 143–182.
[569] Klein, „The Middle Passage", in: Klein, Herbert, The Atlantic Slave Trade, Cambridge: Cambridge University Press, 1999, S. 130–160.
[570] Klein, „The End of the Slave Trade", in: Klein, The Atlantic Slave Trade ..., S. 183–206.
[571] Klein, „El comercio atlántico de esclavos en el siglo XIX y el suministro de mano de obra a Cuba y Brasil", in: Piqueras (comp.), Azúcar y esclavitud en el final del trabajo forzado ..., S. 37–49.
[572] Klein, „The Slave Trade to 1650", in: Schwartz (Hrsg.), Tropical Babylons ..., S. 201–236.
[573] Klein; Luna, Francisco Vidal, Slavery in Brazil, Cambridge: Cambridge University Press, 2010.
[574] Klein; Luna, „Life, Death, and Migration in Afro-Brazilian Slave Society", in: Klein; Luna, Slavery in Brazil ..., S. 151–188.
[575] Klein, „A experiência Afro-Americana em perspectiva comparada: A questão atual do debate sobre a escravidão nas Américas", in: Afro-Ásia 45 (2012), S. 95–121.
[576] Klein, Martin, „The Slave Trade and Decentralized Societies", in: Journal of African History 42:1 (2001), S. 49–65.
[577] Kleinmann, Hans-Otto, „Der atlantische Raum als Problem des europäischen Staatensystems", in: Jahrbuch für Geschichte Lateinamerikas (JbLA) 38 (2001), S. 7–30.
[578] Klooster, Wim, „Slavenvaart op Spaanse kusten: de Nederlandse slavenhandel met Spaans Amerika, 1648–1701", in: Tijdschrift Voor Zeegeschiednis 16:2 (1997), S. 121–140.
[579] Klooster, „Curaçao and the Caribbean Transit Trade", in: Postma; Enthoven (Hrsg.), Riches from Atlantic Commerce ..., S. 203–218.
[580] Klooster, „Inter-Imperial Smuggling in the Americas, 1600–1800", in: Bailyn, Bernhard; Denault, Patricia L. (Hrsg.), Soundings in Atlantic History: Latent Structures and Intellectual Currents, 1500–1825, Cambridge: Harvard University Press, 2009, S. 141–180.
[581] Klooster; Oostindie (Hrsg.), Curaçao in the Age of Revolutions, 1795–1800, Leiden: KITLV Press, 2011 (Caribbean Series; 30).
[582] Klooster, „Curaçao as a Transit Center to the Spanish Main and the French West Indies", in: Oostindie, Gert; Roitman, Jessica (Hrsg.), Dutch Atlantic Connections, 1680–1800. Linking empires, bridging borders, Leiden [u. a.]: Brill 2014, S. 25–51.
[583] Klooster, „Le décret d'émancipation imaginaire: monarchisme et esclavage en Amérique du Nord et dans la Caraïbe au temps des révolutions", in: Annales historiques de la Révolution française [en ligne], 363 (janvier-mars 2011), mis en ligne le 01 mars 2014, consulté le 17 janvier 2015. URL: http://ahrf.revues.org/11944.

[584]　Knight, Franklin W., Slave Society in Cuba during the Nineteenth Century, Madison: University of Wisconsin Press, 1970.

[585]　Koger, Larry, Black Slaveowners: Free Black Slave Masters in South Carolina, 1790–1860, Charleston: University of South Carolina Press, 1995.

[586]　Kopp, Christian, „‚Mission Moriaen' – Otto Friedrich von der Gröben und der brandenburgisch-preußische Sklavenhandel", online unter: http://ber-ev.de/download/BER/03-positionen/f-kolonial/2010-02-26_dossier_groeben_kopp.pdf (29. Dezember 2014).

[587]　Kosama, Kaori et al., „Slave mortality during the cholera epidemic in Rio de Janeiro (1855–1856): a preliminary analysis", in: História, Ciências, Saúde – Manguinhos, Rio de Janeiro Vol. 19, Suppl. (dez. 2012) (online: http://www.scielo.br/hcsm (03. Januar 2015)).

[588]　Krause, Arnulf, Die Welt der Wikinger, Hamburg: Nikol-Verlag, 2012.

[589]　Krikler, Jeremy, „A Chain of Murder in the Slave Trade: A Wider Context of the Zong Massacre", in: International Review of Social History Vol. 57:3 (Dec. 2012), S. 393–415.

[590]　Kuchenbuch, Ludolf, „Meine zehn Zürcher Gebote für künftige Forschungen zur Sklaverei", in: Hanß; Schiel (Hrsg.), Mediterranean Slavery Revisited (500–1800) ..., S. 559–560.

[591]　Kulikoff, Allan, Tobacco and Slaves: The Development of Southern Cultures in the Chesapeake, 1680–1800, Chapel Hill: University of North Carolina Press, 1986.

[592]　Kwass, Michael, „The Globalization of European Consumption", in: Kwass, Contraband. Louis Mandrin and the Making of a Global Underground, Cambridge: Harvard University Press, 2014, S. 15–40.

[593]　La Rosa Corzo, Gabino, Los palenques del oriente de Cuba. Resistencia y acoso, La Habana: Editorial Academia, 1991.

[594]　La Rosa Corzo, „Runaway Slave Settlements as a System of Resistance", in: La Rosa Corzo, Runaway Slave Settlements in Cuba. Resistance and Repression. Translated by Mary Todd, Chapel Hill and London: The University of North Carolina Press, 2003, S. 223–254.

[595]　La Rosa Corzo, Tatuados. Deformaciones étnicas de los cimarrones en Cuba, La Habana: Fundación Fernando Ortiz, 2011.

[596]　La Rosa Corzo; González, Mirtha T., Cazadores de esclavos, La Habana: Fundación Fernando Ortiz, 2004.

[597]　Lachenicht, Susanne, „Sephardi Jews: Cosmopolitans in the Atlantic World?" in: Lachenicht; Heinsohn, Kirsten (Hrsg.), Diaspora Identities. Exile, Nationalism and Cosmopolitanism in Past and Present, Frankfurt/Main; Chicago: Campus, 2009, S. 31–51.

[598]　Lambert, S., „Minutes of the Evidence on the Slave Trade, 1788 and 1789", in: House of Commons Sessional Papers of the Eighteenth Century, Vol. 68, Wilmington, Delaware: Scholarly Resources, 1975, S. 17.

[599]　Landers, Jane G., „Africans in Spanish Colonies", in: Historical Archaeology Vol. 31, No. 1 (1997), S. 84–91

[600]　Landers, „African Choices in the Revolutionary South", in: Landers, Atlantic Creoles in the Age of Revolutions, Cambridge; London: Harvard University Press, 2010, S. 15–54, hier S. 17.

[601]　Landers, „Cimarrón Ethnicity and Cultural Adaptation in the Spanish Domains of the Circum-Caribbean, 1503–1763", in: Lovejoy (Hrsg.), Identity in the Shadow of Slavery, London; New York: Continuum, 2000, S. 30–54.

[602] Landers, „Leadership and Authority in Maroon Settlements in Spanish America and Brazil", in: Curto, José C.; Renée Soulodre-La France (Hrsg.) Africa and the Americas: interconnections during the slave trade, Trenton: Africa World Press, 2005, S. 173–184.
[603] Lane, Kris, „Africans and Natives in the Mines of Spanish America" in: Restall, Matthew, Beyond Black and Red: African-native Relations in Colonial Latin America, Albuquerque: University of. New Mexico Press, 2005, S. 159–184.
[604] Lane, Colour of Paradise: The Emerald in the Age of Gunpowder Empires, New Haven: Yale University Press, 2010.
[605] Lapeyre, Henri, „Le trafic négrier avec l'Amérique espagnole", in: Maluquer de Motes (Hrsg.), Homenaje a Jaime Vicens Vives. Prefacio de J. Vilá Valenti, 2 Bde., Barcelona: Agustín Nuñez/ Universidad de Barcelona, 1965–1967, Bd. II, S. 285–306
[606] Laviña, Javier, „Comunidades Afroamericanas. Identidad de resistencia", in: Boletín Americanista 48, Barcelona (1998), S. 139–151
[607] Laviña; Ruiz-Peinado, José Luis, Resistencias esclavas en las Américas, Aranjuez (Madrid): Doce Calles, 2006.
[608] Laviña; Zeuske, „Failures of Atlantization: First Slaveries in Venezuela and Nueva Granada", in: Review..., no. 3 (2008), S. 297–343 (=special issue edited by Tomich & Zeuske, eds., The Second Slavery: Mass Slavery, World-Economy, and Comparative Microhistories, Part II).
[609] Laviña; Zeuske (Hrsg.), The Second Slavery. Mass Slaveries and Modernity in the Americas and in the Atlantic Basin, Berlin; Muenster; New York: LIT Verlag, 2014 (Sklaverei und Postemanzipation/Slavery and Postemancipation/Esclavitud y postemancipación; Vol. 6).
[610] Law, Robin, „Slave-Raiders and Middlemen, Monopolists and Free Traders: The Supply of Slaves for the Atlantic Trade in Dahomey, c. 1715–1850", in: J.Afr.Hist. 30 (1989), S. 45–68.
[611] Law, The Slave Coast of West Africa, 1550–1750: The Impact of the Atlantic SlaveTrade on an African Society, Oxford: Clarendon Press, 1991.
[612] Law, „A carreira de Francisco Felix de Souza na Africa ocidental (1800–1849)", in: Topoi: Revista da Historia, Universidade Federal de Rio de Janeiro, 2 (2001), S. 9–39.
[613] Law; Lovejoy (Hrsg.), The Biography of Mahommad Gardo Baquaqua. His Passage from Slavery to Freedom in Africa and America, Princeton: Marcus Wiener Publishers, 2001.
[614] Law, „A comunidade brasileira de Uidá e os últimos anos do tráfico atlântico de escravos, 1850–66", in: Afro-Ásia, No. 27, Bahia (2002), S. 41–77.
[615] Law, Ouidah. The Social History of a West African Slaving 'Port' 1727–1892, Athens; Oxford: Ohio University Press/James Currey, 2004.
[616] Law, Ouidah: the social history of a West African slaving 'port', 1727–1892, Oxford: James Currey, 2004.
[617] Law, „Yoruba Liberated Slaves Who Returned to West Africa", in: Falola, Toyin; Childs, Matt (Hrsg.), The Yoruba diaspora in the Atlantic world, Bloomington: Indiana University Press, 2004 (Blacks in Diaspora), S. 349–365.
[618] Law, „The Atlantic Slave Trade in Local History Writing in Ouidah", in: Opoku-Agyemang, Naana; Lovejoy; Trotman, David V. (Hrsg.), Africa and Trans-Atlantic Memories: Literary and Aesthetic Manifestations of Diaspora and History, Trenton: Africa World Press, 2008, S. 257–274.
[619] Law, „Francisco Felix de Souza in West Africa, 1820–1849", unter: http://www.yorku.ca/nhp/jccurto/enslaving_connections/ch9.pdf (21. Juli 2015).

[620] Law; Schwarz, Suzanne; Strickrodt, Silke, „Introduction", in: Law; Schwarz & Strickrodt (Hrsg.), Commercial Agriculture & Slavery in Atlantic Africa, London: James Currey, 2013 (Western Africa Series), S. 1–27.
[621] Lawrance, Benjamin N., „‚All we want is make us free' – The Voyage of La Amistad's Children through the Worlds of the Illegal Slave Trade", in: Campbell; Miers; Miller (Hrsg.), Child Slaves in the Modern World, Athens: Ohio University Press, 2011, S. 12–35.
[622] Lawrance, „La Amistad's 'Interpreter' Reinterpreted: James Kaweli Covey's Distressed Atlantic Childhood and the Production of Knowledge about Nineteenth-Century Sierra Leone" Lovejoy, Paul E.; Schwarz, Suzanne, Slavery, abolition and the transition to colonialism in Sierra Leone, Trenton, NJ: Africa World Press 2014, S. 215–256.
[623] Lawrance, „‚Your Poor Boy No Father No Mother': 'Orphans'. Alienation, and the Perils of Atlantic Child Slave Biography", in: Biography: An Interdisciplinary Quarterly 36:4 (Fall 2013), S. 672–703.
[624] Lawrance, „A Full Knowledge of the Subject of Slavery': The Amistad, Expert Testimony, and the Origins of Atlantic Studies", in: Slavery & Abolition: A Journal of Slave and Post-Slave Studies (2014), S. 1–21 (online: http://dx.doi.org/10.1080/0144039X.2014.947091 (29. August 2014)).
[625] Lawrance, „La Amistad's 'Interpreter' Reinterpreted: James Kaweli Covey's Distressed Atlantic Childhood and the Production of Knowledge about Nineteenth-Century Sierra Leone", in: Schwarz, Suzanne; Lovejoy (Hrsg.), Slavery, Abolition and the Transition to Colonialism in Sierra Leone, Trenton: Africa World Press, 2014, S. 215–256.
[626] Lawrance, Amistad's Orphans: An Atlantic Story of Children, Slavery, and Smuggling, New Haven and London: Yale University Press, 2014.
[627] Legoy, Jean, „Le Havre et le transport des coolies au milieu du XIXe siècle", in: Recueil de l'Association des Amis du Vieux Havre 39 (1982), S. 1–17.
[628] Lienhard, Martin, O Mar e o Mato. Histórias da escravidão (Congo-Angola, Brasil, Caribe), Salvador da Bahia, UFBA-CEAO, 1998.
[629] Lienhard, „A Rainha Nzinga de Angola e a sua prole americana: dois estudos", in: Anais de História de Além-Mar, No. 1 (2000), S. 245–272.
[630] Lienhard, „Bases ideológico-culturales de la rebeldía esclava: Caribe y Brasil, 1790–1840", in: Iberoamericana. América Latina – España – Portugal. Ensayos sobre letras, historia y sociedad. Notas. Reseñas iberoamericanas, Año III (2003), No. 12, Nueva época (Diciembre de 2003), S. 141–157.
[631] Lienhard, „Der Diskurs aufständischer Sklaven in Brasilien 1798–1838. Versuch einer ‚archäologischen' Annäherung", in: Sklaverei zwischen Afrika und Amerika, ed. Zeuske, Leipzig: Leipziger Universitätsverlag, 2003 (=COMPARATIV, 13. Jg., H. 2), S. 44–67.
[632] Lienhard, „Afro-kubanische Oralität und ihre Darstellung in ethnologischen und literarischen Texten", in: Kuba heute. Politik Wirtschaft Kultur, hrsg. von Ette, Ottmar und Franzbach, Martin, Frankfurt am Main: Vervuert Verlag, 2001 (Bibliotheca Ibero-Americana, Bd. 75), S. 393–409.
[633] Lienhard, Le discours des esclaves de l'Afrique à l'Amérique latine (Kongo, Angola, Brésil, Caraïbes). Traduit du portugais par Beatriz Lienhard-Fernández et l'auteur. Préface d'Emmanuel B. Dongala, Paris: L'Harmattan 2001 (Collection Recherches et Documents – Amériques latines).
[634] Linares, Olga, Power, prayer and production: the Jola of Casamance, Senegal, Cambridge: Cambridge University Press, 1992.

[635] Linden, Marcel van der, Workers of the World. Essays toward a Global Labor History, Leiden: Brill, 2008 (= Studies in global social history. Bd. 1).
[636] Linden (Hrsg.), Humanitarian Intervention and Changing Labor Relations. The Long-Term Consequences of the Abolition of the Slave Trade, Leiden/Boston: Brill, 2011 (Studies in Global History, Vol. 7).
[637] Linden, „Zur Logik einer Nicht-Entscheidung. Der Wiener Kongress und der Sklavenhandel", in: Just, Thomas; Maderthaner, Wolfgang; Maimann, Helene (Hrsg.), Der Wiener Kongress. Die Erfindung Europas, Wien: Carl Gerold's Sohn Verlagsbuchhandlung, 2014, S. 354–373.
[638] Lindsay, Lisa A., Captives as Commodities: The Transatlantic Slave Trade, New York: Prentice Hall, 2007.
[639] Linebaugh, Peter; Rediker, Marcus, The many-headed Hydra: sailors, slaves, commoners, and the hidden history of the revolutionary Atlantic, Boston: Beacon Press; London: Verso, 2000.
[640] Lingna, Nafafé, „Lançados, Culture and Identity: Prelude to Creole Societies on the Rivers of Guinea and Cape Verde", in: Havik; Newitt (Hrsg.), Creole Societies ..., S. 65–91.
[641] Lloyd, Christopher, The Navy and the Slave Trade: The Suppression of the African Slave Trade in the Nineteenth Century, London: Cass 1968 (Cass library of African studies, no. 4).
[642] Lobato Franco, Isabel; Oliva Melgar, José María (Hrsg.), El sistema comercial español en la economía mundial (siglos XVII–XVIII). Homenaje a Jesús Aguado de los Reyes, Huelva: Universidad de Huelva, 2013.
[643] Lobo Cabrera, Manuel, La esclavitud en las Canarias orientales en el siglo XVI: Negros, Moros, y Moriscos, prólogo Antonio de Bethencourt Massieu, Santa Cruz de Tenerife: Ediciones del Excmo. Cabildo Insular de Gran Canaria, 1982.
[644] Lobo Cabrera, „Esclavos negros a Indias a través de Gran Canaria", in: RI Vol. XLV, No. 175 (1985), S. 28–50
[645] Lobo Cabrera, „Ingenios en Canarias", in: Região Autónoma da Madeira (Hrsg.), História e tecnologia do açúcar, Funchal: Centro de Estudos de História do Atlântico, 2000, S. 105–115
[646] Lockhart, James, „The Merchants of Early Spanish America", in: Lockhart, Of Things of the Indies: Essays Old and New in Early Latin American History, Stanford: Stanford University Press, 2000, S. 158–182.
[647] Lockard, Joe, „Spectacle and Slavery", in: Lockard, Watching Slavery. Witness Texts and Travel Reports, New York [u. a.]: Peter Lang, 2008, S. XXVIII–XXXIII.
[648] Loimeier, Roman, „Die islamischen Revolutionen in Westafrika", in: Grau, Inge; Mährdel, Christian; Schicho, Walter (Hrsg.), Afrika. Geschichte und Gesellschaft im 19. und 20. Jahrhundert, Wien: Promedia, 2000, S. 53–73.
[649] Look Lai, Walton, The Chinese in the West Indies 1806–1995: A Documentary History; Mona, Jamaica: The Press University of the West Indies, 1998.
[650] Lopes Filho, João, „Tráfico clandestino", in: Lopes Filho, Cabo Verde. Abolição da escravatura. Subsidios para o estudo, Praia: Spleen Edições, 2006, S. 45–75.
[651] López Denis, Adrián, „Melancholia, Slavery, and Racial Pathology in Eighteenth-Century Cuba", in: Science in Context 18:2 (2005), S. 179–199.

[652] López Mesa, Enrique, „La trata negrera en el Puerto de La Habana a mediados del siglo XVIII", in: Guimerá, Agustín; Monge, Fernando (Coords.), La Habana, puerto colonial (siglos XVIII–XIX), Madrid: Fundación Portuaria, 2000, S. 245–253.
[653] López Valdés, Rafael L., „La Sociedad Secreta 'Abakuá' en un Grupo de Obreros Portuarios", in: Etnología y Folklore 2, La Habana (Julio-Dic. 1966), S. 5–26.
[654] López Valdés, Componentes africanos en el etnos cubano, La Habana: Editorial de Ciencias Sociales, 1985.
[655] López Valdés, „Pertenencia étnica de los esclavos de Tiguabos (Guantánamo) entre los años 1789–1844", in: Revista de la Biblioteca Nacional „José Martí" 77 (28), La Habana (1986), S. 23–64.
[656] López Valdés, „Hacia una periodización de la historia de la esclavitud en Cuba", in: La esclavitud en Cuba, La Habana: Editorial Academia, 1988, S. 11–41.
[657] López Valdés, „Las religiones de origen africano durante la República neocolonial en Cuba", in: Del Caribe 5, Santiago de Cuba (1988), S. 33–40.
[658] López Valdés, „Notas para el estudio etnohistórico de los esclavos lucumí de Cuba", in: Menéndez, Lázara, Estudios Afrocubanos, 4 Bde., La Habana: Universidad de la Habana, 1998, Bd. II, S. 311–347.
[659] López Valdés, Africanos de Cuba, San Juan de Puerto Rico: Centro de Estudios Avanzados de Puerto Rico y el Caribe, ²2004.
[660] López Valdés, Pardos y morenos esclavos y libres en Cuba y sus instituciones en el Caribe Hispano, San Juan de Puerto Rico: Centro de Estudios Avanzados de Puerto Rico y el Caribe, 2007.
[661] López, Kathleen, „Afro-Asian: Marriage, Godparentage, and Social Status in Late-Nineteenth Cuba", in: Afro-Hispanic Review Vol. 27, no. 1 (Spring 2008), S. 59–72.
[662] López, „Coolies. Asian Indentured Labor in the Caribbean", in: López, Chinese Cubans. A Transnational History, Chapel Hill: The University of North Carolina Press, 2013, S. 15–53.
[663] Lovejoy, Paul E., Caravans of Kola. The Hausa Kola Trade, 1700–1900, Zaria: Ahmadu Bello University Press, 1980.
[664] Lovejoy (Hrsg.), Africans in Bondage. Studies in Slavery and the Slave Trade, Madison; London: The University of Wisconsin Press, 1986.
[665] Lovejoy, „Foreword", in: Meillassoux, Claude, The Anthropology of Slavery, Chicago: University of Chicago Press, 1991, S. 7–8.
[666] Lovejoy, Transformations in slavery: a history of slavery in Africa, Cambridge: Cambridge University Press, ³2000 (African studies; 36).
[667] Lovejoy, „The Institution of Slavery in Muslim Africa", in: Lovejoy, Transformations in Slavery ..., S. 29–45.
[668] Lovejoy, „Slavery along the Guinea Coast", in: Lovejoy, Transfomations of Slavery ..., S. 41–45.
[669] Lovejoy, „The Western Sudan", in: Lovejoy, Transformations of Slavery ..., S. 194–201.
[670] Lovejoy, „Kola nuts: the 'coffee' of the central Sudan", in: Goodman, Jordan; Lovejoy; Sherratt, Andrew (Hrsg.), Consuming Habits. Global and historical perspectives on how cultures define drugs, London and New York: Routledge, ²2007, S. 98–120.
[671] Lovejoy, „'Freedom Narratives' of Transatlantic Slavery", in: Slavery & Abolition Vol. 32:1 (March 2011), S. 91–107.

[672] Lovejoy, „Introduction. H. H. Johnston's The History of a Slave and the „Scramble" for Africa", in: Lovejoy (Hrsg.), The History of a Slave by H. H. Johnston, Princeton: Markus Wiener, 2012, S. 1–17.

[673] Lovejoy, „Jihad na África Ocidental durante a „Era das Revoluções": em direção a um diálogo com Eric Hobsbawm e Eugene Genovese", in: Topoi. Revista de História Vol. 15, n. 28 (jan./jun. 2014), S. 22–67. Disponível em: www.revistatopoi.org.

[674] Lovejoy, „Olaudah Equiano or Gustavus Vassa – What's in a Name?" in: Atlantic Studies Vol. 9:2 (2012), S. 165–184.

[675] Lübke, Christian, „Fremde als Sklaven?", in: Lübke, Fremde im östlichen Europa. Von Gesellschaften ohne Staat zu verstaatlichten Gesellschaften (9.-11. Jahrhundert), Köln/Weimar/Wien: Böhlau 2001(= Ostmitteleuropa in Vergangenheit und Gegenwart; Bd. 23), S. 113–123.

[676] Lucena Salmoral, Manuel, Los códigos negros de la América Española, Madrid: Ediciones UNESCO – Universidad de Alcalá, 1996.

[677] Lucena Salmoral, „El reglamento de esclavos de Cuba; La Habana, 1842", in: Lucena Salmoral, Los códigos negros de la América Española, Madrid: Ediciones UNESCO – Universidad de Alcalá, 1996, S. 141–159.

[678] Lucena Salmoral, Regulación de la esclavitud negra en las colonias de América Española (1503–1886): Documentos para su estudio, Madrid/Murcia: Universidad de Alcalá/Universidad de Murcia, 2005 (Monografías Humanidades 06).

[679] Lüden, Catharina, „Sklavenfahrt", in: Lüden, Sklavenfahrt mit Seeleuten aus Schleswig-Holstein, Hamburg und Lübeck im 18. Jahrhundert, Heide: Westholsteinische Verlagsanstalt Boyens & Co., 1983, S. 25–27.

[680] Luis Alonso Álvarez, „Comercio exterior y formación de capital financiero. El tráfico de negros hispano-cubano, 1821–1868", in: Anuario de Estudios Americanos 51 (1994), S. 75–92.

[681] Luzón, José Luis, „Chineros, diplomáticos y hacendados en la Habana colonial. Don Francisco Abella y Raldiris y su proyecto de inmigración libre a Cuba (1874)", in: Boletín Americanista, Barcelona, año XXXI, no. 39–40 (1989–1990), S. 143–158.

[682] MacGaffey, Wyatt, „Dialogues of the deaf: Europeans on the Atlantic coast of Africa", in: Schwartz (Hrsg.), Implicit Understandings: Observing, Reporting, and Reflecting on the Encounters between Europeans and Other Peoples in the Early Modern Era, New York: Cambridge University Press, 1994, S. 249–267.

[683] MacGaffey, „Indigenous Slavery and the Atlantic Trade: Kongo Texts", in: Beswick, Stephanie; Spaulding, Jay (Hrsg.), African Systems of Slavery, Trenton; Asmara: Africa World Press, Inc, 2010, S. 173–201.

[684] Mallipeddi, Ramesh, „'A fixed Melancholy': Migration, Memory, and the Middle Passage", in: The Eighteenth Century: Theory & Interpretation Vol. 55:2–3 (2014), S. 235–253.

[685] Maluquer de Motes, Jordi, „Burguesia catalana y l'esclavitud colonial. Modes de producció y pràctica política", Recerques, 3 (1974), S. 83–116.

[686] Maluquer de Motes, „Abolicionismo y resistencia a la abolición en la España del siglo XIX", in: Anuario de Estudios Americanos XLIII, Sevilla (1986), S. 311–331.

[687] Maluquer de Motes, „La formación del mercado interior en condiciones coloniales: la inmigración y el comercio catalán en las Antillas españolas durante el siglo XIX", in: Estudios de Historia Social 44–47 (1988), S. 89–104.

[688] Mamigonian, Beatriz G.; Racine, Karen (Hrsg.), The Human Tradition in the Black Atlantic 1500–2000, Lanham: Rowman & Littlefield, 2010.
[689] Mann, Michael, „Die Mär von der freien Lohnarbeit. Menschenhandel und erzwungene Arbeit in der Neuzeit. Ein einleitender Essay", in: Menschenhandel und unfreie Arbeit, ed. Mann, Michael, Leipzig: Leipziger Universitätsverlag, 2003 (=Comparativ. Leipziger Beiträge zur Universalgeschichte und vergleichenden Gesellschaftsforschung, Jg. 13, H. 4), S. 7–22.
[690] Mann, Sahibs, Sklaven und Soldaten. Geschichte des Menschenhandels rund um den Indischen Ozean, Darmstadt: Verlag Philipp von Zabern, 2011.
[691] Manning, Patrick, Slavery, Colonialism and Economic Growth in Dahomey 1640–1969, Cambridge: CUP, 1982.
[692] Marín Villafuerte, Francisco, „De los ataques de piratas y corsarios", in: Marín Villafuerte, Historia de Trinidad. Revisión, prólogo y capítulos V y VI de la parte quinta ... por Rodríguez Altunaga, La Habana: Jésus Montero, 1945, S. 79–90.
[693] Mark, Peter, Portuguese Style and Luso-African Identity: pre-colonial Senegambia, sixteenth-nineteenth centuries, Bloomington: Indiana University Press, 2002.
[694] Marks, Robert, „Opium and Global Capitalism", in: Marks, The Origins of Modern World. A Global and Ecological Narrative, Lanham [etc.]: Rowman & Littlefield, 2002, S. 127–128.
[695] Marques, João Pedro, Os Sons do Silêncio. O Portugal de Oitocentos e a Abolição do Tráfico de Escravos, Lisboa, Imprensa de Ciências Sociais, 1999 (engl.: The Sons of Silence: Nineteenth-Century Portugal and the Abolition of the Slave Trade, New York: Berghahn Books, 2006).
[696] Marques, Leonardo, „A participação norte-americana no tráfico transatlântico de escravos para os Estados Unidos, Cuba e Brasil", in: Historia: Questões & Debates, Curitiba, no. 52 (jan./jul. 2010), S. 91–117.
[697] Marques, „Slave Trade in a New World. The Strategies of North American Slave Traders in the Age of Abolition", in: Journal of the Early Republic 32 (Summer 2010), S. 233–260.
[698] Marquese, Rafael de Bivar, Feitores do corpo, missionários da mente. Senhores, letrados e o controle dos escravos nas Américas, 1660–1860, São Paulo: Companhia Das Letras, 2004.
[699] Márquez Macías, Rosario; Candau Chacón, M. Luisa, „Las otras mujeres de América: las esclavas negras en tiempos de la Colonia. Un estudio através de la correspondencia privada", in: Valero, Silvia (coord.), Memorias del IV Congreso Internacional Negritud. Estudios afrolatinoamericanos, Cartagena: Editorial Negritud/Universidad de Cartagena, 2014, S. 213–234.
[700] Marrero Cruz, Eduardo, Julián de Zulueta y Amondo. Promotor del capitalismo en Cuba, La Habana: Ediciones Unión, 2006.
[701] Marrero Cruz, „Traficante de esclavos y chinos", in: Marrero, Julián de Zulueta y Amondo ..., S. 46–79.
[702] Marrero Cruz, „La llanura de Colón, emporio azucarero del mundo en el siglo XIX", in: Boletín. Archivo Nacional de la República de Cuba. Sistema Nacional de Archivos, Núm. 15 (2007), S. 21–33.
[703] Martin, Peter, Zucker für die Welt. Die Anfänge der Sklaverei und der Fabrikgesellschaft in Amerika, ed. Obrich, Hubert, Berlin: Universitätsverlag der TU Berlin, 2012.

[704] Martín Casares, Aurelia; García Barranco, Margarita (coords.), La esclavitud negroafricana en la historia de España, Alborote: Editorial Comares, 2010.
[705] Martín Casares, „Historia y actualidad de la esclavitud: claves para reflexionar", in: Gutiérrez Usillos, Andrés et al. (coords.), Laberintos de libertad. Entre la esclavitud del pasado y las nuevas formasde esclavitud del presente, México D.F.: Ministerio de Educación, Cultura y Deporte, 2012, S. 13–24.
[706] Martín Casares, „Magrebian Slaves in Spain. Human Trafficking and Insecurity in the Early Modern Western Mediterranean", in: Hanß; Schiel (Hrsg.), Mediterranean Slavery Revisited (500–1800) ..., S. 97–117.
[707] Martínez Shaw, Carlos; Martínez Torres, José Antonio (dirs.), España y Portugal en el mundo: 1581–1668, Madrid: Polifemo, 2014.
[708] Martinez, Jenny S., „Antislavery Courts and the Dawn of International Human Rights Law", in: The Yale Law Journal 117:550 (2008), S. 555–641.
[709] Marx, Christoph, „Plantagenkolonien", in: Marx, Geschichte Afrikas. Von 1800 bis zur Gegenwart, Paderborn [etc.]: Ferdinand Schöningh, 2004, S. 169–171.
[710] Marx, „Umwälzungen am Wendekreis: Die Jihad-Reiche des Sudan", in: Marx, Geschichte Afrikas ..., S. 60–74.
[711] Matar, Nabil I., „British Captives in Salé (1721). A Case Study", in: Hanß; Schiel (Hrsg.), Mediterranean Slavery Revisited (500–1800) ..., S. 515–540.
[712] Mateus Ventura, Maria da Graça, Portugueses no Peru ao Tempo da União Ibérica: Mobilidade, Cumplicidades e Vivências, Lisboa: Imprensa Nacional-Cada de Moeda, 2005.
[713] Mattoso, Kátia M. de Queirós, Ser escravo no Brasil, São Paulo: editora brasiliense, 2003.
[714] Maude, Henry Evans, Slavers in Paradise. The Peruvian Labour Trade in Polynesia, 1862–1864, Stanford: Stanford University Press; Suva: Institute of Pacific Studies/The University of the South Pacific; Canberra: The Australian National University Press, 1981.
[715] Maya Restrepo, Luz Adriana, Brujería y reconstrucción de identidades entre los africanos y sus descendientes en la Nueva Granada, siglo XVII, Bogotá: Ministerio de Cultura, 2005.
[716] Maziane, Leïla, Salé et ses corsaires (1666–1727): Un port de course marocain au XVIIe siècle, Rouen: Publications de Universités de Rouen et du Havre, 2007.
[717] McCaskie, T.C., „Drake's Fake: A Curiosity Concerning A Spurious Visit to Asante in 1839", in: History in Africa 11 (1984), S. 223–236.
[718] McCormick, Michael, Origins of the European Economy: Communication and Commerce, AD 300–900, Cambridge: Cambridge University Press, 2001.
[719] McCormick, „New Light on the „Dark Ages": How the Slave Trade fuelled the Carolingian Economy", in: Past and Present 177 (2002), S. 17–54.
[720] McGhee, Fred L., „Maritime Archaeology and the African Diaspora", in: Falola, Toyin; Ogundiran, Akin (Hrsg.), The Archaeology of Atlantic Africa and the African Diaspora, Bloomington: Indiana University Press, 2007, S. 384–394.
[721] McInnis, Maurie D., Slaves Waiting for Sale: Abolitionist Art and the American Slave Trade, Chicago: University of Chicago Press, 2011.
[722] Mckeown, Adam, „Global Migration 1846–1940", in: Journal of World History 15:2 (2004), S. 155–190.

[723] McKeown, „Chinese Emigration in Global Context, 1850–1940", in: Journal of Global History 5:1 (2010), S. 95–124.
[724] McKnight, Kathryn Joy; Garofalo, Leo (Hrsg.), Afro-Latino Voices: Narratives from the Early Modern Ibero-Atlantic World, 1550–1812, Indianapolis: Hackett, 2009.
[725] McMillan, James, The Final Victims: The Demography, Atlantic Origins, Merchants and Nature of the Post-Revolutionary Foreign Slave Trade to North America, 1783–1810, Diss., Duke University, 1999.
[726] Meadows, R. Darrell, „Engineering Exiles Social Networks and the French Atlantic Community, 1789–1899", in: French Historical Studies 23/1 (Winter 2000), S. 67–102.
[727] Medard, Henri; Derat, Marie-Laure; Vernet, Thomas; Ballarin, Marie Pierre (dir.), Traites et esclavages en Afrique orientale et dans l'océan Indien, Paris: Karthala – CIRESC, 2013.
[728] Medina, João; Henriques, Isabel Castro, A rota dos escravos: Angola e a rede do comércio negreiro, Lisboa: Cegia, 1996.
[729] Mellafe, Rolando, Breve historia de la esclavitud negra en América Latina, México D. F.: Secretaría de Educación Pública, 1974.
[730] Meriño Fuentes, María de los Ángeles; Perera Díaz, Aisnara, „El mercado de esclavos en la Habana durante 1795", in: Meriño Fuentes; Perera Díaz, Del tráfico a la libertad: el caso de los africanos de la fragata *Dos Hermanos* en Cuba (1795–1837), Santiago de Cuba: Editorial Oriente, S. 54–85.
[731] Metcalf, George, „A Microcosm of Why Africans Sold Slaves: Akan Consumption Patterns in the 1790s", in: The Journal of African History 28, No. 3 (Jan. 1987), S. 377–394.
[732] Mettas, Jean, Répertoire des expéditions négrières françaises au XVIIIe siècle, 2 Bde., Paris: SFHOM, 1975/84 (Tome I: Nantes, ed. Daget, Serge; Tome II: ports autres que Nantes, ed. Daget; Daget, Michèle).
[733] Meyer, Jean, Esclavos y negreros, Madrid: Aguilar, 1989.
[734] Meyer, L'armament nantais dans la deuxième moitié du XVIIIe siècle, Paris: EHESS, 1999.
[735] Miers, Suzanne, Slavery in the twentieth century: the evolution of a global problem, Lanham, MA: AltaMira Press, 2003.
[736] Miller, Christopher L., The French Atlantic Triangle. Literature and Culture of the Slave Trade, Durham & London: Duke University Press, 2008.
[737] Miller, Ivor L., Voice of the Leopard: African Secret Societies and Cuba, Jackson: University Press of Mississippi, 2009.
[738] Miller, Joseph C., „Requiem for the Jagas", in: Cahiers d'études africaines 13, no. 49 (1973), S. 121–149.
[739] Miller, „Njinga of Matamba in a New Perspective", in: Journal of African History 16:2 (1975), S. 201–216.
[740] Miller, Way of Death: Merchant Capitalism and the Angolan Slave Trade, 1730–1830, Madison: The University of Wisconsin Press, 1988.
[741] Miller, „O Atlântico Escravista. Açúcar, Escravos e Engenhos", in: Afro-Asia 19–20 (1997), S. 9–36.
[742] Miller, „Central Africa during the Era of the Slave Trade, c. 1490s–1850s", in: Heywood (Hrsg.), Central Africans and Cultural Transformations in the American Diaspora, New York: Cambridge University Press: 2001, S. 21–69.
[743] Miller, Slavery and slaving in world history: a bibliography, 2 Bde., Armonk: M. E. Sharpe, 1999.

[744] Miller, „Slaving as historical process: examples from the ancient Mediterranean and the modern Atlantic", in: Dal Lago, Enrico; Katsari, Constantina (Hrsg.), Slave Systems. Ancient and Modern, Cambridge [etc.]: Cambridge University Press, 2008, S. 70–102.
[745] Miller, The Problem of Slavery as History. A Global Approach, New Haven: Yale University Press, 2012.
[746] Miller, „Defining Slaving as a Historical Strategy", in: Miller, The Problem of Slavery as History ..., S. 18–24.
[747] Miller, „Marginality as a Historical Problem", in: Miller, The Problem of Slavery as History ..., S. 29–35.
[748] Miller, „Conclusions – Slaving, History, and Africa", in: Miller, The Problem of Slavery as History ..., S. 115–118.
[749] Mintz, Sydney W., Sweetness and Power: The Place of Sugar in Modern History, New York: Penguin Books, 1986 (Deutsch: Mintz, Die süße Macht. Kulturgeschichte des Zuckers, Frankfurt am Main; New York: Campus, 1986).
[750] Mintz, „Plantation and the Rise of a World Food Economy: Some Preliminary Ideas", in: Review Vol. XXXIV, no. 1/2 (2011), S. 3–14.
[751] Mintz; Price, Richard, The birth of African-American culture: an anthropological perspective, Boston: Beacon Press, 1992.
[752] Mintz; Price, „The beginnings of African-American societies and cultures", in: Mintz; Price, The birth of African-American culture ..., S. 42–51.
[753] Mira Caballos, Esteban, „Las licencias de esclavos negros a Hispanoamérica (1544–1550)", in: Revista de Indias 54, no. 201 (1994), S. 273–297.
[754] Mira Caballos, El indio antillano: repartimiento, encomienda y esclavitud (1492–1542), Sevilla: Muñoz Moya Editor, 1997.
[755] Mira Caballos, Las Antillas Mayores 1492–1550 (Ensayos y documentos), Madrid: Iberoamericana; Frankfurt am Main: Vervuert, 2000.
[756] Mira Caballos, Nicolás de Ovando y los orígenes del sistema colonial español, 1502–1509, Santo Domingo, Republica Dominicana: Patronato de la Ciudad Colonial de Santo Domingo, Centro de Altos Estudios Humanisticos y del Idioma Español, 2000.
[757] Mira Caballos, „El proyecto esclavista de Cristóbal Colón", in: Mira Caballos, Indios y mestizos americanos en la España del siglo XVI, prólogo de Domínguez Ortiz, Antonio, Frankfurt am Main/Madrid: Vervuert-Iberoamericana, 2000, S. 46–48.
[758] Misevich, Philip, „The Origins of Slaves Leaving the Upper Guinea Coast in the Nineteenth Century", in: Eltis; Richardson (Hrsg.), Extending the Frontiers ..., S. 155–175, Karte S. 156.
[759] Monroe, J. Cameron; Janzen, Anneke, „The Dahomean Feast: Royal Women, Private Politics, and Culinary Practices in Atlantic West Africa" (online: https://www.academia.edu/7207824/The_Dahomean_Feast_Royal_Women_Private_Politics_and_Culinary_Practices_in_Atlantic_West_Africa (21. August 2014)).
[760] Montejo Arrechea, Carmen V., Sociedades de instrucción y recreo de pardos y morenos que existieron en Cuba colonial, Veracruz: Instituto Veracruzano de Cultura, 1993.
[761] Moore, Clive, Kanaka: A History of Melanesian Mackay, Port Moresby: Institute of Papua New Guinea Studies and the University of Papua New Guinea, 1985.
[762] Morales Carrión, Arturo, Auge y decadencia de la trata negrera en Puerto Rico (1820–1860), San Juan: Centro de Estudios Avanzados de Puerto Rico y el Caribe and Instituto de Cultura Puertorriqueña, 1978.

[763] Moreno Fraginals, Manuel, „Africa in Cuba: A Quantitative Analysis of the African Population in the Island of Cuba", in: Rubin, Vera; Tuden, Arthur (Hrsg.), Comparative Perspectives on Slavery in the New World Plantation Societies, New York: N.Y. Academy of Sciences, 1977, S. 189–191.

[764] Moreno Fraginals, El Ingenio. Complejo económico social cubano del azúcar, 3 Bde., La Habana: Editorial de Ciencias Sociales, 1978 (Nachdruck: Moreno Fraginals, El Ingenio. Complejo económico social cubano del azúcar. Prefacio de Pedraza Moreno, Teresita. Prólogo de Fontana, Joseph, Barcelona: Crítica, 2001).

[765] Moreno Fraginals, „El mercado ilegal de brazos", in: Moreno Fraginals, El Ingenio..., Bd. I, S. 269–274.

[766] Moreno Fraginals, „El cenit del contrabando negrero (1850–1860)", in: Moreno Fraginals, El Ingenio..., Bd. I, S. 278–287.

[767] Moreno Fraginals, „Comercio exterior Cuba – España", in: Moreno Fraginals, El Ingenio..., II, S. 137–143.

[768] Moreno Fraginals; Klein, Herbert S.; Engerman, Stanley, „The Level and Structure of Slave Prices on Cuban Plantations in the Mid-Nineteenth Century: Some Comparative Perspectives", in: Hispanic American Historical Review (HAHR) 88:5 (1983), S. 201–218.

[769] Morgado García, Arturo, Una metropolí esclavista: el Cádiz de la modernidad, Córdoba: Editorial Universidad de Granada, 2013.

[770] Morgan, Philip D., „Remittance Procedures in the Eighteenth-Century British Slave Trade", in: Business History Review 79 (2005), S. 715–749.

[771] Morgan, „Africa and the Atlantic, c. 1450 to c. 1820", in: Greene, Jack; Morgan (Hrsg.), Atlantic History. A Critical Appraisal, Oxford: OUP, 2009, S. 223–248.

[772] Morgan, „Slave Cultures. Systems of Domination and Forms of Resistance", in: Palmié, Stefan; Scarano, Francisco A. (Hrsg.), The Caribbean. A History of the Region and Its Peoples, Chicago and London: The University of Chicago Press, 2011, S. 245–260.

[773] Morris, Ian; Scheidel, Walter, The dynamics of ancient empires: state power from Assyria to Byzantium, Oxford University Press: New York, 2009.

[774] Morrison, Karen Y., „Creating an alternative kinship: Slavery, Freedom and the nineteenth-century Afro-cuban hijos naturales", in: Journal of Social History (Fall 2007), S. 55–80

[775] Mouser, Bruce L., „Trade, Coasters, and Conflict in the Rio Pongo from 1790 to 1808", in: Journal of African History 14 (1973), S. 45–64.

[776] Mouser (Hrsg.), A Slaving Voyage to Africa and Jamaica. The Log of the Sandown, 1793–1794, Bloomington and Indianapolis: Indiana University Press, 2002.

[777] Mouser, „A History of Rio Pongo: Time for a New Appraisal". In: History in Africa 37 (2010), S. 329–354.

[778] Mouser, American Colony on the Rio Pongo: The War of 1812, Continuing Slave Trade, and Plans for a Settlement of African Americans, 1810–1830, Trenton: Africa World Press, 2014.

[779] Mouser; Mouser, Nancy F., Case of Reverend Peter Hartwig, Slave Trader or Misunderstood Idealist, Madison: University of Wisconsin Press, 2003.

[780] Mouser; Nuijen, Edwin; Okry, Florent; Richards, Paul, „Commodity and Anticommodity: Linked Histories of Slavery, Emancipation and Red and White Rice at Sierra Leone" (Commodities of Empire Working Paper No. 19, ISSN: 1756-0098), unter: http://www.open.ac.uk/Arts/ferguson-centre/commodities-of-empire/working-papers/WP19.pdf (28. Juni 2012).

[781] Moya Pons, Frank, „Las sociedades de plantación en las Antillas: una visión general", in: Piqueras, José Antonio (Hrsg.), Trabajo libre y coactivo en sociedades de plantación, Madrid: Siglo XXI de España Editores, S.A., 2009, S. 51–74.
[782] Moya, José C., „Migración africana y formación social en las Américas, 1500–2000", in: Revista de Indias Vol. LXXII, núm. 255 (mayo-agosto 2012), S. 321–348.
[783] Múnera, Alfonso, „Balance historiográfico de la esclavitud en Colombia", in: Múnera, Fronteras imaginadas. La construcción de las razas y de la geografía en el siglo XIX colombiano, Bogotá: Editorial Planeta Colombiana S.A., 2005, S. 193–225.
[784] Munro, Doug, „The Origins of Labourers in the South Pacific: Commentary and Statistics", in: Moore; Leckie, Jacqueline; Munro (Hrsg.), Labour in the South Pacific, Townsville: James Cook University, 1990, S. XXXIX–LI.
[785] Murphy, Laura, „The Curse of Constant Remembrance: The Belated Trauma of the Slave Trade in Ayi Kwei Armah's Fragments", in: Studies in the Novel Vol. 40: 1, 2 (2008), S. 52–71.
[786] Murray, David, Odious Commerce: Britain, Spain and the Abolition of the Cuban Slave Trade, Cambridge: Cambridge University Press, 1980.
[787] Murray, „Capitalism and Slavery in Cuba", in: Slavery and Abolition 17:3 (1996), S. 223–237.
[788] Murray, „The Slave Trade, Slavery and Cuban Independence", in: Slavery and Abolition 20:3 (December, 1999), S. 106–126.
[789] Mustakeem, Sowande, „'I Never Nave such a Sickly Ship before': Diet, Disease, and Mortality in the 18th-Century Antlantic Slaving Voyages", in: Journal of African American History Vol. 93 (Fall 2008), S. 474–496.
[790] Mustakeem, „'She must go overboard & shall go overboard'. Diseased bodies and the spectacle of murder at sea", in: Atlantic Studies Vol. 8:3 (Fall 2011), S. 301–316
[791] Naranjo Orovio, Consuelo; Balboa Navarro, Imilcy, „Colonos asiáticos para una economía en expansión: Cuba, 1847–1880", in: Revista Mexicana del Caribe 8, Año IV, Chetumal, Quintana Roo (1999), S. 32–65.
[792] Naranjo; Santamaría, Antonio, „La Edad de Oro. Ordenar y explotar colonias (1765–1898)", in: Lavallé, Bernard; Naranjo; Santamaría (Hrsg.), La América Española (1763–1898). Economía, Madrid: Editorial Síntesis, 2002 (Historia de España 3er milenio), S. 151–313.
[793] Navarrete, María Cristina, Historia Social del negro en la colonia: Cartagena siglo XVII, Santiago de Cali: Universidad del Valle, 1995, S. 81–82.
[794] Navarrete, Génesis y desarrollo de la esclavitud en Colombia, siglos XVI y XVII, Cali: Universidad del Valle, 2005.
[795] Naveda Chávez-Hita, Adriana, „La esclavitud negra en Veracruz", in: Grafenstein Gareis, Johanna von; Muñoz Mata, Laure (Hrsg.), El Caribe: región, frontera y relaciones internacionales, México: Editorial Mora, 2000, S. 11–96.
[796] Needell, Jeffrey D., „The Abolition of the Brazilian Slave Trade in 1850: Historiography, Slave Agency and Statemanship", in: Journal of Latin American Studies, Vol. 33, no. 4 (2001), S. 681–712.
[797] Newitt, Malyn, A History of Mozambique, Johannesburg: Witwatersrand University Press, 1995.
[798] Newson, Linda A.; Minchin, Susie (Hrsg.), From Capture to Sale. The Portuguese slave trade to Spanish America in the early seventeenth century, Leiden: Brill, 2007 (The Atlantic World; 12).

[799] Ngou-Mve, Nicolás, El África bantú en la colonización de México, 1595–1640, Madrid: Agencia Española de Cooperación Internacional, Consejo Superior de Investigaciones Científicas, 1994.
[800] Niaah, Sonjah Stanley, „Beyond the Slave Ship: Theorizing the Limbo Imagination and Black Atlantic Performance Geographies", in: Comparativ. Zeitschrift für Globalgeschichte und vergleichende Gesellschaftsforschung 21, Heft 5 (2011), S. 11–30.
[801] Niane, Djibril Tamsir, „Africa's Understanding of the Slave Trade, Oral Accounts", in: Diogenes 45:3 (autumn 1997), S. 75–89.
[802] Niane, „La guerre des Mulâtres (1860–1880). Un cas de résistance à la traite négrière au Rio Pongo", in: Rochmann, Marie-Christine (dir.), Esclavage et abolitions: mémoires et systèmes de représentation: actes du colloque international de l'université Paul Valéry, Montpellier III (13 au 15 novembre 1998), Paris: Éditions Karthala, 2000, S. 72–82.
[803] Niekerk, Carl, „Translating the Pacific: Georg Forster's 'A Voyage round the World'/'Reise um die Welt' (1777–1780)", in: Martin, Alison E.; Pickford, Susan (Hrsg.), Travel Narratives in Translation, 1750–1830: Nationalism, Ideology, Gender, London: Routledge 2012, S. 110–132.
[804] Nolte, Hans-Heinrich, Weltgeschichte. Imperien, Religionen und Systeme, 15.-19. Jahrhundert, Wien Köln Weimar: Böhlau Verlag, 2005.
[805] Noonan, John T., The Antelope: The Ordeal of the Recaptured Africans in the Administration of James Monroe and John Quincy Adams, Berkeley: University of California, 1977.
[806] Norman Jr., William C. van, „The Process of Cultural Change among Cuban Bozales during the 19th Century", in: The Americas (TAm) 62,2 (2005), S. 177–207.
[807] Norris, Robert, Memoirs of the reigns of Bossa Ahádee, King of Dahomy, an inland country of Guiney, to which are added the author's journey to Abomey, the capital, and a short account of the African slave trade, London: Printed for W. Lowndes, 1789 [Reprint 1968].
[808] Núñez Jiménez, Antonio, Los esclavos negros, La Habana: Editorial Letras Cubanas, 1998.
[809] Nwokeji, G. Ugo, „The Aro in the Atlantic Context", in: The slave trade and culture in the Bight of Biafra: an African society in the Atlantic World, Cambridge [etc.], Cambridge University Press, 2010, S. 22–52.
[810] Oakes, James, The Ruling Race: A History of American Slaveholders, New York: Vintage Books, 1982.
[811] O'Connor, Kaori, „Beyond 'Exotic Groceries': Tapioca-Cassava, a Hidden Commodity of Empire" (2009) (Working Paper No. 10), unter: http://www.open.ac.uk/Arts/fergusoncentre/commodities-of-empire/working-papers/index.htm (5. Mai 2012).
[812] O'Flanagan, Patrick, Port Cities of Atlantic Iberia, c. 1500–1900, Aldershot: Ashgate Publishing, 2008.
[813] O'Malley, Gregory, „Beyond the Middle Passage: Slave Migration from the Caribbean to North America 1619–1807", in: William & Mary Quarterly 66:1 (2009), S. 125–172.
[814] O'Malley, The Intercontinental Slave Trade of British America, 1619–1807, Chapel Hill: The University of North Carolina Press, 2014.
[815] O'Malley, „A for Asiento", in: O'Malley, The Intercontinental Slave Trade of British America …, S. 219–263.

[816] Obadele-Starks, Ernest, Freebooters and Smugglers. The Slave Trade in the United States after 1808, Lafayetteville: The University of Arkansas Press, 2007.
[817] Obadele-Starks, „'No Argument Could Be Made'", in: Obadele-Starks, Freebooters and Smugglers ..., S. 167–191.
[818] Ogundiran, Akinwumi; Falola, Toyin (Hrsg.), Archaeology of Atlantic Africa and the African Diaspora, Bloomington and Indianapolis: Indiana University Press, 2007.
[819] Olatunji, Ojo; Hunt, Nadine (Hrsg.), Slavery in Africa and the Caribbean: A History of Enslavement and Identity since the 18th Century, London/New York: Tauris, 2012 (International Library of Colonial History).
[820] Oostindie, Gerd, Paradise overseas. The Dutch Caribbean; Colonialism and its Transatlantic Legacies, Oxford: Macmillan, 2005.
[821] Oostindie, Gerd; Roitman, Jessica V. (Hrsg.), Dutch Atlantic Connections, 1680–1800. Linking Empires, Bridging Borders, Leiden/Boston: Brill, 2014 (Atlantic World. europe, africa and the americas, 1500–1830. Schmidt, Benjamin and Klooster, Wim, eds.; Vol. 29).
[822] Opoku-Agyemang, Naana; Lovejoy; Trotman, David (Hrsg.), Literary and Aesthetic Manifestations of Diaspora and History, Trenton: Africa World Press, 2008.
[823] Oquendo Barrios, Leyda, „Reflexiones sobre un discurso de género. Sobre la historia de la esclavitud feminina en América", in: Boletín Archivo Nacional de la República de Cuba Núm. 15, época tercera (2007), S. 7–13.
[824] Oropeza Keresey, Déborah, „La esclavitud asiática en el virreinato de la Nueva España, 1565–1673", in: Historia Mexicana Vol. 61:1 (Julio–Sept. 2011), S. 5–57.
[825] Ortega, José Guadalupe, „Cuban Merchants, Slave Trade Knowledge, and the Atlantic World, 1790s–1820s", in: Colonial Latin American Historical Review Vol. 15:3 (2006), S. 225–251.
[826] Ortiz, Fernando, Hampa afro-cubana: Los negros esclavos. Estudio sociológico y de derecho público, La Habana: Revista Bimestre Cubana, 1916.
[827] Ortiz, Los negros esclavos, La Habana, 1975.
[828] Ortiz, „Introducción", in: Saco, Historia de la esclavitud de los indios en el nuevo mundo seguida de la historia de los repartimientos y encomiendas. Introducción de Fernando Ortiz, 2 Bde., La Habana: Cultural S.A., 1932 (Colección de Libros Cubanos, dir. Fernando Ortiz, Vols. XXVIII–XXIX), Bd. I., S. VII–LV.
[829] Ortiz, Fernando, „Los bailes de los negros", in: Ortiz, Los bailes y el teatro de los negros en el folklore de Cuba, La Habana: Editorial de Ciencias Sociales 1981, S. 167–266.
[830] Osterhammel, Jürgen, Sklaverei und Zivilisation des Westens, München: Siemens Stiftung, 2000.
[831] Osterhammel, Die Verwandlung der Welt. Eine Geschichte des 19. Jahrhunderts, München: Beck, 2009.
[832] Otte, Enrique, Von Bankiers und Kaufleuten, Räten, Reedern und Piraten, Hintermännern und Strohmännern. Aufsätze zur atlantischen Expansion Spaniens, Vollmer, Günter; Pietschmann (Hrsg.), Stuttgart: Franz Steiner Verlag, 2004 (Studien zur modernen Geschichte, Bd. 58).
[833] Otte; Ruiz-Berruecos, Conchita, „Los portugueses en la trata de esclavos negros de las postrimeras del siglo XVI", in: Moneda y Crédito 85, Madrid (1963), S. 3–40.
[834] Palmer, Colin, Slaves of the White God: Blacks in Mexico, 1570–1650, Cambridge: Harvard University Press, 1976.

[835] Palmer, Human Cargoes: The British Slave Trade to Spanish America, 1700–1739, Urbana: University of Illinois Press, 1981.
[836] Palmer, „The slave trade, African slavers and the demography of the Caribbean to 1750", in: Knight, Franklin W. (Hrsg.), General History of the Caribbean, Bd. III: The Slave Societies of the Caribbean, London and Basingstoke: UNESCO Publishing, 1997, S. 9–44.
[837] Palmer (Hrsg.), The Worlds of Unfree Labour: From Indentured Servitude to Slavery, Brookfield: Variorum, 1998.
[838] Palmié, Stefan; Scarano, Francisco A. (Hrsg.), The Caribbean. A History of the Region and Its Peoples, Chicago and London: The University of Chicago Press, 2011.
[839] Paquette, Gabriel, „After Brazil: Portuguese Debates on Empire, c. 1820–1850", in: Journal of Colonialism and Colonial History Vol. 11:2 (Fall 2010), S. 1–35.
[840] Paquette, Imperial Portugal in the Age of Atlantic Revolutions: The Luso-Brazilian World, c. 1770–1850, Cambridge: CUP, 2013.
[841] Paquette, „Portugal and the Luso-Atlantic World in the Age of Revolutions", in: História 32:1, São Paulo (jan/jun 2013), S. 175–189.
[842] Paquette, Robert L.; Engerman, Stanley (Hrsg.), The Lesser Antilles in the Age of European Expansion, Gainesville: University Press of Florida, 1996.
[843] Paquette, „Revolutionary Saint Domingue in the Making of Territorial Louisiana", in: Gaspar, David Barry; Geggus, A Turbulent Time. The French Revolution and the Greater Caribbean, Bloomington and Indianapolis: Indiana University Press 1997, S. 204–225.
[844] Parise, Agustín, „Slave Law and Labor Activities During the Spanish Colonial Period: A Study of the South American Region of Río de La Plata", in: Rutgers Law Record Vol. 32, No. 1 (Spring 2008), S. 1–30 (unter (www.lawrecord.com/files/Slave_law_article_Spring2008.pdf).
[845] Parrish, Susan Scott, „Introduction", in: Parrish, American Curiosity. Cultures of Natural History in the Colonial British Atlantic World, Chapel Hill: The University of North Carolina Press, 2006, S. 1–23.
[846] Parry, John H., „Peril by Sea", in: Parry, The Spanish Seaborne Empire, Berkeley/Los Angeles/Oxford: University of California Press, 1990, S. 251–271, vor allem S. 268ff (erste Ausgabe 1966).
[847] Patterson, K. David, The Northern Gabon Coast to 1875, Oxford: Clarendon Press, 1975.
[848] Patterson, Orlando, Slavery and Social Death. A Comparative Study, Cambridge: Harvard University Press, 1982.
[849] Peabody, Sue, „Slavery, Freedom, and the Law in the Atlantic World, 1420–1807", in: Eltis; Engerman (Hrsg.), The Cambridge World History of Slavery, Vol. 3, S. 594–630.
[850] Perbi, Akosua Adoma, „Merchants, middlemen and monarchs", in: Kessel, Ineke van (Hrsg.), Merchants, Missionaries, and Migrants: 300 Years of Dutch-Ghanaian Relations, Amsterdam: KIT Publishers, 2002, S. 33–41.
[851] Perbi, History of Indigenous Slavery in Ghana: From the Fifteenth to the Nineteenth Century, Ghana: Sub-Saharan Publishers, 2004.
[852] Perbi, „Slavery and the Slave Trade up to the 18th Century", in: Perbi, History of Indigenous Slavery in Ghana ..., S. 13–27.
[853] Pereira, Daniel A., Memória Sobre Cabo Verde do Governador Joaquim Pereira Marinho & Outros Textos, Praia: Instituto Camões-Centro Cultural Português Praia/Mindelo, 2009.

[854] Perera Díaz; Meriño Fuentes, „El registro de la voz esclava", in: Perera Díaz; Meriño Fuentes, La Cesión del patronato: Una estrategía familiar de la emancipación de los esclavos en Cuba (1870–1880), La Habana: Editorial Unicornio, 2009, S. 36–39.
[855] Pérez de la Riva, Juan, „Antiguos esclavos cubanos que regresaron a Lagos", in: Deschamps Chapeaux, Pérez de la Riva, Contribución al la historia de la gente sin historia, La Habana: Editorial de Ciencias Sociales, 1974, S. 163–190.
[856] Pérez de la Riva, „El viaje a Cuba de los culiés chinos", in: Chapeaux Deschamps; Pérez de la Riva, Contribución a la historia de gentes sin historia ..., S. 191–213.
[857] Pérez de la Riva, „El tráfico de culiés chinos", in: Chapeaux Deschamps; Pérez de la Riva, Contribución a la historia de gentes sin historia ..., S. 215–232.
[858] Pérez de la Riva, „El chinito Pablo. Los primeros chinos que se liberaron", in: Chapeaux Deschamps; Pérez de la Riva, Contribución a la historia de gentes sin historia ..., S. 233–249.
[859] Pérez de la Riva, „1860, un diplomático inglés informa sobre la trata clandestina en Cuba", in: Deschamps Chapeaux; Pérez de la Riva, Contribución al la historia de la gente sin historia ..., S. 251–273.
[860] Pérez de la Riva, El monto de la inmigración forzada en el siglo XIX, La Habana: Editorial de Ciencias Sociales, 1974.
[861] Pérez Embid, Florentino, Los descubrimientos en el Atlántico y la rivalidad castellano-portuguesa hasta el Tratado de Tordesillas, Sevilla: Escuela de Estudios Hispano Americanos, 1948.
[862] Pérez García, Rafael M.; Fernández Chaves, Manuel F., „Sevilla y la trata negrera atlántica: envíos de esclavos desde Cabo Verde a la América española, 1569–1579", in: Álvarez Santaló, Luis C. (coord.), Estudios de Historia Moderna en Homenaje al profesor Antonio García-Baquero, Sevilla: Universidad de Sevilla, 2009, S. 597–622.
[863] Pérez Morales, Edgardo, El gran Diablo hecho barco. Corsarios, esclavos y revolución en Cartagena y el Gran Caribe, Bucaramanga: Universidad Industrial de Santander, 2012.
[864] Pérez-Beato, Manuel, Habana Antigua: apuntes históricos. Toponimia, Vol. 1, La Habana: Seoane, Fernández y Ca., 1936.
[865] Pérez-Beato, „El mayorazgo de Antón Recio. Año de 1570. Primer mayorazgo fundado en la isla de Cuba", in: El Curioso Americano, no. 3–4 (mayo-agosto 1910), S. 106–116.
[866] Pérez-Mallaína, Pablo E., „Meals and Clothing", in: Pérez-Mallaína, Spain's Men of the Sea: Daily Life on the Indies Fleets in the Sixteenth Century. Trans. Carla Rahn Phillips, Baltimore and London: The Johns Hopkins University Press, 1998, S. 140–153.
[867] Pesek, Michael, „Afrikanische Träger im Ersten Weltkrieg", in: JahrBuch für Forschungen zur Geschichte der Arbeiterbewegung (2014/III), S. 27–53.
[868] Pétré-Grenouilleau, Olivier, Moi, Joseph Mosneron, armateur négrier nantais (1748–1833). Portrait culturel d'une bourgeoisie négociante au siècle des Lumières, Rennes: Éditions Apogée, 1995.
[869] Pétré-Grenouilleau, Nantes au temps de la traite des Noirs, Paris: Hachette, 1998.
[870] Pétré-Grenouilleau, Les traites négrières. Essai d'histoire globale, Paris: Gallimard, 2004.
[871] Peukert, Werner, Der atlantische Sklavenhandel von Dahomey 1740–1797. Wirtschaftsanthropologie und Sozialgeschichte, Wiesbaden: Franz Steiner Verlag, 1978.
[872] Phillips Jr., William D., La esclavitud desde la época romana hasta los inicios del comercio transatlántico, Madrid: Siglo Veintiuno de España Editores, S.A., 1989.

[873] Phillips Jr., „The Old World Background of Slavery in the Americas", in: Solow, Barbara L. (Hrsg.), Slavery and the Rise of the Atlantic System, Cambridge: Cambridge University Press, 1991, S. 43–61.

[874] Pieken, Gorch, „Fürsten, Menschenhändler und Piraten im transatlantischen Handel Brandenburg-Preußens 1682–1721", in: Hofbauer, Martin (Hrsg.), Piraterie in der Geschichte, Potsdam: Zentrum für Militärgeschichte und Sozialwissenschaften der Bundeswehr, 2013, S. 39–62.

[875] Pietschmann, Horst (Hrsg.), Atlantic History. History of the Atlantic System 1580–1830. Papers presented at an International Conference, held 28 August – 1 September, 1999, in Hamburg, organized by the Department of History, Hamburg/Göttingen: Vandenhoeck & Rupprecht, 2002.

[876] Pietschmann, „México y la economía atlántica. Redes comerciales, comerciantes y política exterior", in: Kuntz Ficker, Sandra; Pietschmann, México y la economía atlántica: siglo XVIII–XX, México, D.F.: El Colegio de México, Centro de Estudios Históricos, 2006, S. 25–39.

[877] Pinto, Manuel do Rosário, fixação do texto, introd. e notas, Caldeira, Relação do Descobrimento da Ilha de São Tomé, Lisboa: Centro de História de Além-Mar (CHAM), 2006.

[878] Piqueras, José A. (comp.), Azúcar y esclavitud en el final del trabajo forzado: homenaje a M. Moreno Fraginals Madrid [u. a.]: Fondo de Cultura Económica 2002.

[879] Piqueras (Hrsg.), Trabajo libre y coactivo en sociedades de plantación, Madrid: Siglo XXI de España Editores, S.A., 2009.

[880] Piqueras, „Censos *lato sensu*. La abolición de la esclavitud y el número de esclavos en Cuba", in: RI Vol. LXXI, no. 251 (2011), S. 193–230.

[881] Piqueras, La esclavitud en las Españas. Un lazo transatlántico, Madrid: Catarata, 2011.

[882] Piqueras, „De estirpe regia a Rufián", in: Piqueras, La esclavitud en las Españas …, S. 112–118.

[883] Plasse, Jean Pierre, Journal de bord d'un negrier; adapte du francais du 18eme siècle, par Bernard Plasse; preface de Olivier Pétré-Grenouilleau, Marseille: Le mot et le reste, 2005.

[884] Platt, Virginia B., „'And Don't I Forget the Guinea Voyage': The Slave Trade of Aaron Lopez of Newport", in: William and Mary Quarterly 32:4 (1975), S. 601–618.

[885] Pollak-Eltz, Angelina, La esclavitud en Venezuela: un estudio histórico-cultural, Caracas: Universidad Católica Andrés Bello, 2000.

[886] Pope-Hennessy, James, Sins of the Fathers: A Study of the Atlantic Slave Traders, 1441–1807, London: Weidenfeld and Nicolson, 1967.

[887] Portuondo Zúñiga, Olga, „Un africano recién llegado … es un negro bozal", in: Portuondo Zúñiga, Portuondo Zúñiga, Entre Esclavos y libres de Cuba colonial, Santiago de Cuba: Editorial Oriente 2003, S. 113–116.

[888] Postma, Johannes M., The Atlantic Slave Trade, Westport: Greenwood Press, 2003.

[889] Postma; Enthoven, Victor (Hrsg.), Riches from Atlantic Commerce. Dutch Transatlantic Trade and Shipping, 1585–1817, Leiden; Boston: Brill, 2003 (The Atlantic World. Europe, Africa and the Americas, 1500–1830, Klooster, Wim; Schmidt, Benjamin, eds.; Vol. I).

[890] Pretel, David; Leonard, Adrian (Hrsg.), The Caribbean and the Atlantic World Economy: Circuits of Trade, Money and Knowledge, 1650–1914, Basingstoke and New York: Palgrave-Macmillan, 2015 (Cambridge Imperial and Post-Colonial Studies Series).

[891] Priesching, Nicole; Steinke, Daniel, „Menschen als Ware: Sklaverei in der Frühen Neuzeit im Mittelmeerraum", in: Exenberger, Andreas; Nussbaumer, Josef (Hrsg.), Von Menschenhandel und Menschenpreisen. Wert und Bewertung von Menschen im Spiegel der Zeit, Innsbruck: innsbruck university press, 2007, S. 41–55.
[892] Priesching, „Die Verurteilung der Sklaverei unter Gregor XVI. im Jahr 1839. Ein Traditionsbruch?", in: Saeculum (2008/1), S. 143–162.
[893] Priesching, Sklaverei in der Neuzeit, Darmstadt: WGB, 2014.
[894] Pulis, John W. (ed,), Moving On: Black Loyalists in the Afro-Atlantic World, New York: Garland, 1999.
[895] Pybus, Cassandra, Epic Journeys of Freedom: Runaway Slaves of the American Revolution and Their Global Quest for Liberty, Boston: Beacon Press, 2006.
[896] Racine, Karen; Mamigonian, Beatriz G. (Hrsg.), The Human Tradition in the Atlantic World 1500–1850, Lanham: Rowman & Littlefield, 2010.
[897] Ramírez Méndez, Luis Alberto, „Las haciendas en el sur del Lago de Maracaibo (siglos XVI–XVII)", in: Boletín de la Academia Nacional de la Historia, tomo XCII, no. 66, Caracas (2009), S. 121–164.
[898] Ramírez Méndez, „Los esclavos negros en el sur del Lago de Maracaibo (siglos XVI–XVII)", in: Boletín de la Academia Nacional de la Historia, tomo XCIV, no. 373 (2011), S. 83–106.
[899] Ramos Guédez, José Marcial, Contribución a la historia de las culturas negras en Venezuela colonial, Caracas: Instituto Municipal de Publicaciones; Alcaldía de Caracas, 2001.
[900] Rathbone, John Paul, The Sugar King of Havana: The Rise and Fall of Julio Lobo, Cuba's Last Tycoon, New York: The Penguin Press, 2010.
[901] Rau, Virgínia, „O açúcar de S. Tomé no segundo quartel do século XVI", in: VV.AA. (Varios Autores), Elementos da História da ilha de S. Tomé, Lisboa: Centro de Estudos da Marinha, 1971, S. 7–43.
[902] Rawley, James A., The Transatlantic Slave Trade: A History, New York/London: W. W. Norton & Company, 1981.
[903] Rawley, London, Metropolis of the Slave Trade. Foreword by David Eltis, Columbia: University of Missouri Press, 2003.
[904] Rawley, „Humphry Morice: Foremost London Slave Merchant of his Time", in: Rawley, London: Metropolis of the Slave Trade ..., S. 40–56.
[905] Rawley, „Henry Laurens and the Atlantic Slave Trade", in: Rawley, London: Metropolis of the Slave Trade ..., S. 83–97.
[906] Rawley with Behrendt, Stephen D., The Transatlantic Slave Trade. A History, Lincoln/London, 2005.
[907] Ray, Carina, „Interracial Sex and the Making of Empire", in: Quayson, Ato; Daswani, Girish (Hrsg.), A Companion to Diaspora and Transnationalism, Blackwell Publishing, 2013, S. 190–211. (https://www.academia.edu/5983866/Interracial_Sex_and_the_Making_of_Empire (10. Feb. 2014)).
[908] Rebok, Sandra (coords.), Alexander von Humboldt. Estancia en España y viaje americano, Madrid: Real Sociedad Geográfica/CSIC, 2008.
[909] Rediker, Marcus, Between the Devil and the Deep Blue Sea: Merchant Seamen, Pirates, and the Anglo-American Maritime World, 1700–1750, Cambridge: Cambridge University Press, 1987.
[910] Rediker, The Slave Ship. A Human History, New York: Viking, 2007.

[911] Rediker, The Amistad Rebellion: An Atlantic Odyssey of Slavery and Freedom, New York: Viking, 2012.
[912] Região Autónoma da Madeira (Hrsg.), História do Açúcar. Rotas e Mercado, Funchal: Centro de Estudos do Atlântico, 2002
[913] Reis, João José, Slave Rebellion in Brazil, Baltimore: Johns Hopkins University Press, 1995.
[914] Reis; Gomes, Flávio dos Santos; Carvalho, Marcus J.M. de, „África e Brasil entre margens: aventuras e desaventuras do africano Rufino José Maria", in: Estudos Afro-Asiáticos, Ano 26,2 Rio de Janeiro (2004), S. 257–302.
[915] Reis; Gomes; Carvalho, O alufá Rufino. Tráfico, escravidão e liberdade no Atlântico negro (c. 1822 – c. 1853), São Paulo: Companhia Das Letras, 2010.
[916] Ressel, Magnus, „Die Seeleute auf Lübecker Schiffen in der Südeuropafahrt in den ersten Jahrzehnten des 17. Jahrhunderts", in: Zeitschrift für Lübeckische Geschichte 92 (2012), S. 151–186.
[917] Reynolds, Edward, Stand the Storm: A History of the Atlantic Slave Trade, London: Allison and Busby, 1989.
[918] Ribeiro da Silva, Filipa, Dutch and Portuguese in Western Africa. Empires, Merchants and the Atlantic System, 1580–1674, Leiden: Brill, 2011.
[919] Ribeiro da Silva, „Crossing Empires: Portuguese, Sephardic, and Dutch Business Networks in the Atlantic Slave Trade, 1580–1674", in: The Americas Vol. 68:1 (July 2011), S. 7–32
[920] Ribeiro, Alexandre Vieira, „The Transatlantic Slave Trade to Bahia, 1582–1851", in: Eltis; Richardson, David (Hrsg.), Extending the Frontiers: Essays on the New Transatlantic Slave Trade Database. New Haven Yale University Press, 2008, S. 130–154
[921] Rice, Alan J., Radical Narratives of the Black Atlantic, New York: Continuum International Publishing Group, 2003.
[922] Richardson, David (Hrsg.), Bristol, Africa, and the Eighteenth-Century Slave Trade to America, 4 vols., Bristol: Bristol Record Society, 1986–1996.
[923] Richardson, „The Costs of Survival: The Transport of Slaves in the Middle. Passage and the Profitability of the 18th- Century British Slave Trade", in: Explorations in Economic History Vol. 24 (1987), S. 178–196.
[924] Richardson, „Involuntary Migration in the Early Modern World, 1500–1800", in: Eltis; Engerman (Hrsg.), The Cambridge World History of Slavery, Vol. 3: AD 1420-AD 1804, Cambridge [etc.]: Cambridge University Press, 2011, S. 563–593.
[925] Rinchon, Dieudonné, Pierre-Ignace-Liévin Van Alstein, capitaine négrier, Dakar : Institut français d'Afrique noire, 1964.
[926] Riley, Carlos, „Ilhas atlânticas e costa Africana", in: Bethencourt, Francisco; Chaudhuri, Kirti (dirs.), História da Expansão Portuguesa, 5 Bde., Lisboa: Círculo de Leitores, 1998, Bd. I, S. 137–162.
[927] Rinke, Stefan, Revolutionen in Lateinamerika. Wege in die Unabhängigkeit 1760–1830, München: Beck, 2010.
[928] Rockel, Stephen, Carriers of Culture: Labor on the Road in Nineteenth-Century East Africa, Portsmouth: Heinemann, 2006.
[929] Rodrigo y Alharilla, Martín, Los Marqueses de Comillas 1817–1925. Antonio y Claudio López, Madrid: LID Editorial Empresarial, S.L., 2000.

[930] Rodrigo y Alharilla, „Cuba, una particular tierra de promisión", in: Rodrigo y Alharilla (Hrsg.), Cuba: De colonia a república, Madrid: Editorial Biblioteca Nueva, S.L. 2006 (Colección Historia Biblioteca nueva, dir. por Juan Pablo Fusi), S. 271–287.

[931] Rodrigo y Alharilla, „Navieras y navieros catalanes en los primeros tiempos del vapor 1830–1870", in: Transportes, Servicios y Telecomunicaciones 13 (diciembre 2007), S. 62–92.

[932] Rodrigo y Alharilla, „Trasvase de capitales antillanos: azúcar y tranformación urbana en Barcelona en el siglo XIX", in: Santamaría García, Antonio; Naranjo Orovio (Hrsg.), Más allá del azúcar. Política, diversificación y prácticas económicas en Cuba, 1878–1930, Aranjuez (Madrid): Ediciones Doce Calles, 2009, S. 127–158.

[933] Rodrigo y Alharilla, „Una saga de banqueros: la familia Vidal-Quadras", in: Historia Social No. 64 (2009), S. 99–119.

[934] Rodrigo y Alharilla, „Spanish Merchants and the Slave Trade. From Legality to Illegality, 1814–1870", in: Fradera, Josep M.; Schmidt-Nowara, Christopher (Hrsg.), Slavery and Antislavery in Spain's Atlantic Empire, New York/Oxford: Berghahn, 2013, S. 176–199.

[935] Rodrigo y Alharilla, „De la esclavitud al cosmopolitismo: Tomás Terry Adán y su familia", in: Laviña; Piqueras; Mondejar (Hrsg.): Afroamérica, espacios e identidades, Barcelona: Icaria editorial, 2013, S. 93–119.

[936] Rodrigues, Jaime, De costa a costa: escravos, marinheiros e intermediários de tráfico negreiro de Angola ao Rio de Janeiro, São Paulo: Companhia das Letras, 2005.

[937] Roediger, David, The Wages of Whiteness: Race and the Making of the American Working Class, New York: Verso, 1991

[938] Röhrig Assunção, Matthias, „From Slave to Popular Culture: The Formation of Afro-Brazilian Art Forms in Nineteenth-Century Bahia and Rio de Janeiro": in: Iberoamericana. América Latina – España – Portugal. Ensayos sobre letras, historia y sociedad. Notas. Reseñas iberoamericanas, Año III (2003), No. 12, Nueva época (Diciembre de 2003), S. 159–176.

[939] Röhrig Assunção, Capoeira. The History of an Afro-Brazilian Martial Art, London and New York: Routledge, 2005.

[940] Rodríguez, José Ángel, „La planta viajera", in: Rodríguez, La Historia de la Caña. Azúcares, aguardientes y rones en Venezuela, Caracas: Alfadil, 2005, S. 14–17.

[941] Rodríguez Piña, Javier, Guerra de castas: La venta de indios maya a Cuba, 1848–1861, México: Consejo Nacional para la Cultura y Artes, 1990.

[942] Roldán de Montaud, Inés, „Origen, evolución y supresión del grupo de negros ‚emancipados' en Cuba 1817–1870", in: Revista de Indias (RI), XLII, nos. 169–170 (1982), S. 559–641.

[943] Roldán de Montaud, La restauración en Cuba: el fracaso de un proceso reformista, Madrid: Consejo Superior de Investigaciones Científicas, Centro de Humanidades, Inst. de Historia, 2000 (Colección Tierra nueva e cielo nuevo; 40).

[944] Rosal, Miguel Ángel „Bibliografía Afroargentina", unter: http://www.revistaquilombo.com.ar/documentos/bibliografiaafroargentina.pdf (08. Januar 2012).

[945] Ross, David, „The Career of Domingo Martinez in the Bight of Benin 1833–1864", in: The Journal of African History 6:1 (1965), S. 79–90.

[946] Ross, „The First Chacha of Whydah: Francisco Felix de Souza", in: Obu 2 (1969), S. 19–28.

[947] Ross, Robert, Clothing. A Global History. Or, the Imperialists' New Clothes, Cambridge: Polity Press, Cambridge 2008.

[948] Rotman, Youval, Les esclaves et l'esclavage. De la Méditerranée antique à la Méditerranée médiévale, VIe – XIe siècles, Paris: Les Belles Lettres, 2004 (Engl.: Rotman, Byzantine Slavery and the Mediterranean World, Cambridge and London: Harvard University Press, 2009).

[949] Rumeu de Armas, Antonio, España en el África Atlántica, 2 Bde., Madrid: Instituto de Estudios Africanos, Consejo Superior de Investigaciones Científicas, 1956.

[950] Rupert, Linda M., Creolization and Contraband: Curaçao in the Early Modern Atlantic World, Athens: University of Georgia Press, 2012.

[951] Rupprecht, Anita, „,A Very Uncommon Case': Representations of the Zong and the British Campaign to Abolish the Slave Trade", in: The Journal of Legal History, 28:3 (December, 2007), S. 1–18.

[952] Rupprecht,„,All We Have Done, We Have Done for Freedom': The Creole Slave-Ship Revolt (1841) and the Revolutionary Atlantic", in: International Review of Social History 58 (2013), S. 15–34 (=Special Issue: Mutiny and Maritime Radicalism in the Age of Revolution: A Global Survey. Clare Anderson; Nyklas Frykman; Lex Heerma van Voss and Rediker, eds.).

[953] Rüther, Kirsten, „Christentum im Spannungsfeld atlantischer Bezüge. Versuche der Annäherung", in: Schmieder; Nolte (Hrsg.), Atlantik …, S. 138–153

[954] Santamaría García, Antonio; García Álvarez, Alejandro, „Azúcar en América", in: Revista de Indias Vol. LXV, núm. 233 (2005), S. 9–32.

[955] Santamaría García, „Evolución económica, 1700–1959", in: Naranjo Orovio (coord.), Historia de Cuba, Madrid/Aranjuez: CSIC/Ediciones Doce Calles, S.L., 2009, S. 69–125.

[956] Santana Pérez, Germán, „El África Atlántica: la construcción de la historia atlántica desde la aportación africana", in: Vegueta. Anuario de la Facultad de Geografía e História 14 (2014), S. 11–25.

[957] Santos, Maria Emilia Madeira, „Origem e desenvolvimento da colonização. Os primeiros lançados na Costa da Guiné: aventureiros e comerciantes", in: Albuquerque, Luís de (Hrsg.), Portugal no Mundo, 6 Bde., Lisboa: Alfa, 1989, Bd. II, S. 125–136.

[958] Santos; Torrão; Soares, Maria João (coord. e org.), História Concisa de Cabo Verde, Bd. I, Lisboa-Praia: IICT/IIPC, 2007.

[959] Sarmiento Ramírez, Ismael, „Nota sobre la introducción de los esclavos negros en Cuba", in: Indagación: revista de historia y arte N° 3 (1999), S. 105–141 (=De la Grandeza a la Decadencia (1598–1898)).

[960] Sarracino, Rodolfo, Los que volvieron a Africa, La Habana: Editorial de Ciencias Sociales, 1988.

[961] Sarracino, INGLATERRA: Sus dos caras en la lucha cubana por la liberación, La Habana: Editorial Letras Cubanas, 1989, S. 42–77.

[962] Saugera, Éric, Bordeaux, port négrier: chronologie, économie, idéologie XVIIe – XIXe siècles, Paris: Karthala, 2002.

[963] Saugera, La Bonne-Mère navire négrier nantais 1802–1815, Nantes : L'association des Anneaux de la Mémoire/Ville de Nantes, 2009.

[964] Saugera, „L'itinéraire d'un négrier", in: Saugera, La Bonne-Mère navire négrier nantais 1802–1815 …, S. 25–44.

[965] Sautter, Udo, Sklaverei in Amerika, Darmstadt: WBG/Theiss, 2014.

[966] Scammell, Geoffrey V., The world emcompassed: the first European maritime empires c. 800–1650, London: Methuen, 1987 (First edition: Berkeley: University of California Press, 1981).

[967] Scarano, Francisco A., Haciendas y barracones: azúcar y esclavitud en Ponce, Puerto Rico, 1800–1850, Río Piedras: Ediciones Huracán, 1992.
[968] Schaffer, Simon, „Golden means: assay instruments and the geography of precision in the Guinea trade", in: Bourguet, Marie-Noëlle; Licoppe, Christian; Sibum, H. Otto (Hrsg.), Instruments, Travel and Science: Itineraries of Precision from the Seventeenth to the Twentieth Century, London: Routledge, 2002, S. 20–50.
[969] Schaub, Jean-Frédéric, „Violence in the Atlantic: Sixteenth and Seventeenth Centuries", in: Canny, Nicholas; Morgan, Philip (Hrsg.), The Oxford Handbook of the Atlantic World: 1450–1850, Oxford; New York: OUP, 2011, S. 113–129.
[970] Schmidt-Linsenhoff, Viktoria, „Flos Pavonis und das wissenschaftliche Bild. Maria Sibylla Merian in Surinam", in: Schmidt-Linsenhoff, Ästhetik der Differenz. Postkoloniale Perspektiven vom 16. bis 21. Jahrhundert, 2 Bde., Marburg: Jonas, ^{2}2014 (Bd. I: Texte; Bd. II: Abbildungen), Bd. I, S. 135–157.
[971] Schmidt-Linsenhoff, „Marie Guilhelmine Benoist, „Portrait d'une Négresse", 1800", in: Schmidt-Linsenhoff, Ästhetik der Differenz, Bd. I, S. 158–181.
[972] Schmidt-Linsenhoff, „Mit Mohrenpage", in: Schmidt-Linsenhoff, Ästhetik der Differenz, Bd. I, S. 249–266.
[973] Schmidt-Nowara, Christopher, Empire and Antislavery: Spain, Cuba, and Puerto Rico, 1833–1874, Pittsburgh: Pittsburgh University Press, 1999.
[974] Schmidt-Nowara, „The End of Slavery and the End of Empire: Slave Emancipation in Cuba and Puerto Rico", in: Slavery & Abolition. A Journal of Slave and Post-Slave Studies, vol. 21, Num. 2 (August 2000), Special Issue: After Slavery. Emancipation and its Discontents, ed. Temperley, Howard), S. 188–207.
[975] Schmidt-Nowara, Slavery, Freedom, and Abolition in Latin America and the Atlantic World, Albuquerque: University of New Mexico Press, 2011.
[976] Schmidt-Nowara, „Anti-Slavery in Spain and its Colonies, 1808–86", in: Mulligan, William; Bric, Maurice (Hrsg.), A Global History of Anti-Slavery Politics in the Nineteenth Century, London: Palgrave Macmillan, 2013, S. 137–148.
[977] Schmieder, Ulrike, „War die iberoamerikanische Sklaverei mild?", in: Zeitschrift für Weltgeschichte (ZfW), Jg. 4, Heft 1, Franfurt am Main [u. a.] (Frühjahr 2003), S. 115–132.
[978] Schmieder; Nolte (Hrsg.), Atlantik. Sozial- und Kulturgeschichte in der Neuzeit, Wien: Promedia, 2010 (Edition Weltregionen).
[979] Schmieder, „Sklaverei und Sexualität im Kuba der Massensklaverei des 19. Jahrhunderts", in: Fischer, Josef; Ulz, Melanie unter Mitarbeit von Simonis, Marcel (Hrsg.), Unfreiheit und Sexualität von der Antike bis zur Gegenwart, Unfreiheit und Sexualität von der Antike bis zur Gegenwart, Hildesheim/Zürich, New York: Georg Olms Verlag, 2010, S. 162–187.
[980] Schmieder; Zeuske, Michael (Hrsg.), Erinnerungen an Sklaverei, Leipzig 2012 (=Comparativ 22:2).
[981] Schorsch, Jonathan, Jews and Blacks in the Early Modern World, Cambridge [etc.]: Cambridge University Press, 2004.
[982] Schorsch, Swimming the Christian Atlantic: Judeoconversos, Afroiberians and Amerindians in the Seventeenth Century, Leiden: Brill, 2009.
[983] Schottenhammer, Angela, „Slaves and Forms of Slavery in Late Imperial China (Seventeenth to Early Twentieth Centuries)", in: Campbell, Gwyn (Hrsg.), The Structure of Slavery in Indian Ocean Africa and Asia, London; Portland: Frank Cass, 2004 (Studies

in Slave and Post-Slave Societies and Cultures; Series Editor: Gad Heuman), S. 143–154.
[984] Schröter, Bernd, „Die Sklaven – Prozesse der Eingliederung und Konfrontation in einer Grenzgesellschaft", in: Schröter, Die Entstehung einer Grenzregion. Wirtschaft, Gesellschaft und Politik im kolonialen Uruguay 1725–1811, Köln; Weimar; Wien: Böhlau Verlag, 1999, S. 178–213
[985] Schulte Beerbühl, Margrit, „Introduction", in: Gestrich, Andreas; Schulte Beerbühl (Hrsg.), Cosmopolitan Networks in Commerce and Society 1660–1914, London: German Historical Institute, 2011 (German Historical Institute London Bulletin Supplement No. 2), S. 1–16.
[986] Schürmann, Felix, „Ungeahnte Wege: Mobilitätserfahrungen des befreiten Sklaven. Timbo Samuel Samson im südlichen Afrika des 19. Jahrhunderts", in: Historische Anthropologie. Kultur. Gesellschaft. Alltag Jg. 17, Heft 1 (2009), S. 75–91.
[987] Schwarz, Suzanne (Hrsg.), Slave Captain: The Career of James Irving in the Liverpool Slave Trade, Wrexham, Clwyd, Wales: Bridge Books, 1995.
[988] Schwarz (Hrsg.), Slave Captain: The Career of James Irving in the Liverpool Slave Trade, Liverpool: Liverpool University Press, ^{2}2008.
[989] Schwartz, Stuart B. (Hrsg.), Tropical Babylons: Sugar and the Making of the Atlantic World, 1450–1680, Chapel Hill: University of North Carolina Press, 2004.
[990] Schwartz, Sugar Plantations in the Formation of Brazilian Society: Bahia, 1550–1835, Cambridge: Cambridge University Press, 1985.
[991] Scott, Julius S., „Crisscrossing Empires: Ships, Sailors and Resistance in the Lesser Antilles in the Eighteenth Century", in: Paquette, Robert L.; Engerman, Stanley (Hrsg.), The Lesser Antilles in the Age of European Expansion, Gainesville: University Press of Florida, 1996, S. 128–143.
[992] Scott, Rebecca J., „Spains Responds: The Moret Law", in: Scott, Slave Emancipation in Cuba. The Transition to Free Labor, 1860–1899, Princeton: Princeton University Press, 1985 (Reprint: Pittsburgh: The University of Pittsburgh Press, 2000), S. 63–83.
[993] Scott; Zeuske, „Property in Writing, Property on the Ground: Pigs, Horses, Land, and Citizenship in the Aftermath of Slavery, Cuba, 1880–1909", in: Comparative Studies in Society and History. An International Quarterly, Vol. 44, No. 4 (October 2002), S. 669–699.
[994] Scott; Hébrard, Jean-Michel, Freedom Papers: An Atlantic Odyssey in the Age of Emancipation, Cambridge 2012.
[995] Scott, „O Trabalho Escravo Contemporâneo e os Uses da História (Contemporary Slavery and the Uses of History)", in: Mundos do Trabalho 5, no. 9 (2013), S. 129–137.
[996] Scully, Pamela, „Malintzin, Pocahontas, and Krotoa: Indigenous Women and Myth Models of the Atlantic World", in: Journal of Colonialism and Colonial History 6:3 (2005) (online: Project Muse; unter: http://muse.jhu.edu (23. Mai 2014).
[997] Searing, James F., West African slavery and Atlantic commerce. The Senegal River valley, 1700–1860, Cambridge: Cambridge University Press, 1993.
[998] Seibert, Gerhard, „Creolization and Creole Communities in the Portuguese Atlantic: São Tomé, Cape Verde, the Rivers of Guinea and Central Africa in Comparison", in: Proceedings of the British Academy 178 (2012), S. 29–51.
[999] Seibert, „São Tomé & Príncipe. The first plantation economy in the tropics", in: Law; Schwarz, Susanne & Strickrodt, Silke (Hrsg.), Commercial Agriculture & Slavery in Atlantic Africa, London: James Currey, 2013 (Western Africa Series), S. 54–78.

[1000] Seijas, Tatiana, Asian slaves in colonial Mexico: From Chinos to Indians, New York: CUP, 2014.
[1001] Sharafi, Mitra, „The Slave Ship Manuscripts of Captain Joseph B. Cook: A Narrative Reconstruction of the Brig Nancy's Voyage of 1793", in: Slavery & Abolition 24 (April 2003), S. 71–100.
[1002] Sherwood, Marika, „British and European Acts of Parliament and international treaties regarding slavery" (Appendix 1), in: Sherwood, After Abolition: Britain and the Slave Trade since 1807, London: I. B. Tauris, 2007, S. 178–185.
[1003] Silva Jr., Carlos, „Tráfico, escravidão e comércio em Salvador do século XVIII: a vida de Francisco Gonçalves Dantas (1699–1738)", in: Reis; Azevedo, Elciene (Hrsg.), Escravidão e suas sombras, Salvador: EDUFBa (Federal University of Bahia Press), 2012, S. 143–185.
[1004] Silva, Alberto da Costa e, „Africa – Brazil – Africa during the Era of the Slave Trade", in: Curto, José C; Lovejoy, Paul E. (Hrsg.), Enslaving Connections. Changing Cultures of Africa and Brazil during the Era of Slavery, New York: Humanity Books, 2004, S. 21–28.
[1005] Silva, Francisco Félix de Souza. Mercador de escravos, Rio de Janeiro: Editora Nova Fronteira/Editora [sic] Uerj, ³2004.
[1006] Silverblatt, Irene, Modern Inquisitions: Peru and the Colonial Origins of the Civilized World, Durham: Duke University Press, 2004.
[1007] Sinha, Nitin, „ For the Drink of the Nation: Drink, Labour, and Plantation Capitalism in the Colonial Tea Gardens of Assam in the Late Nineteenth and Early Twentieth Century", in: Linden; Mohapatra, Prabhu P. (Hrsg.), Labour Matters. Towards Global Histories. Studies in Honour of Sabyasachi Bhattacharya, New Delhi: Tulika Books, 2009, S. 295–317.
[1008] Slenes, Robert, „The Brazilian Internal Slave Trade, 1850–1888: Regional Economies, Slave Experience, and the Politics of a Peculiar Market", in: Johnson (Hrsg.), The Chattel Principle ..., S. 325–370.
[1009] Sluyter, Andrew, „The Hispanic Atlantic's Tasajo Trail", in: Latin American Research Review (LARR) Vol. 45:1 (2010), S. 98–120.
[1010] Sluyter, Black Ranching Frontiers: African Cattle Herders of the Atlantic World, 1500–1900, New Haven: Yale University Press, 2012.
[1011] Smallwood, Stephanie E., Saltwater Slavery: A Middle Passage from Africa to American Diaspora, Cambridge: Harvard University Press, 2007.
[1012] Smallwood, „Turning African Captives into Atlantic Commodities", in: Smallwood, Saltwater Slavery ..., S. 33–64.
[1013] Smallwood, „They Choose Them as They Do Horses in a Market", in: Smallwood, Saltwater Slavery ..., S. 158–166.
[1014] Soares, Maria João, „Para uma compreensão dos lançados nos rios da Guiné, século XVI do século XVII", in: Studia No. 56/57 (2000), S. 147–222.
[1015] Sofela, Babtunde, Emancipados: Slave Societies in Brazil and Cuba, Trenton: Africa World Press, 2011.
[1016] Sombart, Werner, Liebe, Luxus und Kapitalismus. Über die Entstehung der modernen Welt aus dem Geist der Verschwendung, Berlin 1984 [1912].
[1017] Sombart, Der moderne Kapitalismus. Historisch-systematische Darstellung des gesamt-europäischen Wirtschaftslebens von seinen Anfängen bis zur Gegenwart, 3 Bde., München/Leipzig, 1916.

[1018] Soumonni, Elisée, „De l'interieur à la côte: des lacunes á combler dans l'étude de la traite négrière au Dahomey", in: Cahiers des Anneaux de la Mémoire 1 (1999), S. 207–217.

[1019] Sparks, Randy J., The Two Princes of Calabar: An Eighteenth-Century Atlantic Odyssey, Cambridge: Harvard University Press, 2004 (Deutsch: Sparks, Die Prinzen von Calabar. Eine atlantische Odyssee, Berlin: Rogner & Bernhard bei Zweitausendundeins, 2004).

[1020] Sparks, „The Process of Enslavement at Annamaboe", in: Sparks, Where the Negroes are Masters. An African Port in the Era of Slave Trade, Cambridge [u. a.]: Harvard University Press, 2014, S. 122–161 (Goldküste).

[1021] Stanziani, Alessandro, Bondage. Labor and Rights from the Sixteenth Century to the Early Twentieth Centuries, New York/Oxford: Berghahn Books, 2013.

[1022] Steckel, Richard H.; Jensen, Richard A., „New Evidence on the Causes of the Slave and Crew Mortality in the Atlantic Slave Trade", in: Journal of Economic History 46 (1986), S. 57–77.

[1023] Stein, Barbara; Stein, Stanley, Silver, Trade, and War; Spain and America in the Making of Early Modern Europe, Baltimore: Johns Hopkins University Press, 2000.

[1024] Stein; Stein, Apogee of Empire; Spain and New Spain in the Age of Charles III, 1759–1789, Baltimore: Johns Hopkins University Press, 2003.

[1025] Stein, Robert, „The Profitability of the Nantes Slave Trade, 1783–1792", in: The Journal of Economic History 35:4 (1975), S. 779–793.

[1026] Stella, Alessandro, Histoires d'esclaves dans la Péninsule Ibérique, Paris : Éditions de l'École des Hautes Études en Sciences Sociales, 2000.

[1027] Stella, „La traite des enfants", in: Cahiers des Anneaux de la Mémoire 5, Nantes (2003), S. 197–206.

[1028] Stols, Eddy, „The Expansion of Sugar Market in Western Europe", in: Schwartz (Hrsg.), Tropical Babylons ..., S. 237–288.

[1029] Strickrodt, Afro-European Trade in the Atlantic World: The Western Slave Coast, c. 1550–1885, Suffolk/Rochester: James Currey, 2015 (Western Africa Series).

[1030] Stubbe, Hannes, „Kindersklaven – Historische und bildliche Zeugnisse europäischer Brasilienreisender (1808–1888)", in: Grossegesse, Orlando; Koller, Erwin; Malheiro da Silva, Armando; Matos, Mário (org.), Portugal – Alemanha – Brasil. Actas do VI Encontro Lus-Alemão/ 6. Deutsch-Portugiesisches Arbeitsgespräch, Vol. II, Braga: Universidade do Minho/Centro de Estudos Humanísticos, 2003, S. 145–164.

[1031] Studer, Elena F. S. de, La trata de esclavos en el Río de la Plata durante el siglo XVIII, Buenos Aires: Libros de Hispanoamérica, ²1984.

[1032] Studnicki-Gizbert, Daviken, A Nation upon the Ocean Sea: Portugal's Atlantic Diaspora and the Crisis of the Spanish Empire, 1492–1640, New York: Oxford University Press, 2007.

[1033] Sued Badillo, Jalil, „From Tainos to Africans in the Caribbean. Labor, Migration, and Resistance", in: Palmié; Scarano (Hrsg.), The Caribbean ..., S. 97–113.

[1034] Surwillo, Lisa, Monsters by Trade. Slave Traffickers in Modern Spanish Literature and Culture, Stanford: Stanford University Press, 2014.

[1035] Sweet, James H., „Dahomey", in: Sweet, Domingos Álvarez, African Healing, and the Intellectual History of the Atlantic World, Chapel Hill: University of North Carolina Press, 2011, S. 9–26.

[1036] Sweet, „The Slave Trade in the Portuguese Colonial World, 1441–1700", in: Sweet, Recreating Africa: Culture, Kingship, and Religion in the African-Portuguese World, 1441–1770, Chapel Hill: University of North Carolina Press, 2003, S. 15–22.
[1037] Sweet, John W., „The Subject of the Slave Trade. Recent Currents in the Histories of the Atlantic, Great Britain, and Western Africa", in: Early American Studies 7:1 (Spring 2009), S. 1–45.
[1038] Tadman, Michael, Speculators and Slaves: Masters, Traders, and Slave in the Old South, Madison: University of Madison Press, 1989.
[1039] Tadman, „The Demographic Coast of Sugar: Debates on Slave Societies and Natural Increase in the Americas", in: American Historical Review Vol. 105, Number 5 (Dec. 2000), S. 1534–1575.
[1040] Takaki, Ronald T., A Pro-slavery Crusade: The Agitation to Reopen the African Slave Trade, New York: The Free Press, 1971.
[1041] Taylor, Eric Robert, „Enslavement, Detention, and the Middle Passage", in: Taylor, If We Must Die. Shipboard Insurrections in the Era of the Atlantic Slave Trade, Baton Rouge: Louisiana State University Press, 2006, S. 15–39.
[1042] Teixeira, Padre Manuel, O comércio de escravos em Macau: The so-called Portuguese slave trade in Macao, Macau: Imprensa Nacional, 1976.
[1043] Telesca, Ignacio, „Afrodescendientes: esclavos y libres", in: Telesca, Historia del Paraguay, Asunción: Taurus, 2010, S. 337–356.
[1044] Telesca, „Esclavitud en Paraguay: las estancias jesuíticas", in: Pineau, Marisa (Hrsg.), La ruta del esclavo en el Río de la Plata. Aportes para el diálogo intercultural, Buenos Aires: EDUNTREF, 2011, S. 153–172.
[1045] Ternant, Victor de, Les colonies portugaises, Paris: Société des études coloniales et maritimes, 1890.
[1046] Testart, Alain; Jacobs, Amy, „The Extent and Significance of Debt Slavery", in: Revue Française de Sociologie (2002, suppl.), S. 173–204 (online: http://www.persee.fr/web/revues/home/prescript/article/rfsoc_0035-2969_2002_sup_43_1_5570 (03. Januar 2015)).
[1047] Thomas, Helen, „The English Slave Trade and Abolitionism", in: Thomas, Romanticism and Slave Narratives, Cambridge: CUP, 2000, S. 17–48.
[1048] Thomas, Hugh, The Slave Trade. The History of the Atlantic Slave Trade: 1440–1870, London and Basingstoke: Picador, 1997.
[1049] Thomas, Sue, „A transnational perspective on allegations about William Dawes's treatment of women", in: History Australia Vol. 10,1 (2013), S. 187–204.
[1050] Thompson, Edgar T., „The Plantation: Background and Definition", in: Thompson, Plantation societies, race relations, and the South: the regimentation of populations. Selected papers of Edgar T. Thompson, Durham: Duke University Press, 1975, S. 3–40.
[1051] Thornton, John K., „Early Kongo-Portuguese Relations", in: History in Africa 8 (1981), S. 183–204.
[1052] Thornton, „The art of war in Angola, 1575–1680", in: Comparative Studies in Society and History, Vol. 30:2 (1988), S. 360–378.
[1053] Thornton, „‚I am a Subject of the King of Congo': African Political Ideology and the Haitian Revolution", in: Journal of World History 4:2 (Fall 1993), S. 181–214.
[1054] Thornton, Africa and the Africans in the Making of the Atlantic World, 1400–1880, Cambridge: Cambridge University Press, 1998 (Studies in Comparative World History).

[1055] Thornton, Warfare in Atlantic Africa 1500–1800, London: UCL Press, 1999 (Warfare and History, ed. Jeremy Black).
[1056] Thornton, „Mbanza Kongo/São Salvador: Kongo's Holy City", in: Anderson, David; Rathbone, Richard (Hrsg.), Africa's Urban Past, London and Portsmouth: James Currey and Heinemann, 2000, S. 67–84.
[1057] Thornton, „Firearms, Diplomacy, and Conquest in Angola", in: Lee, Wayne (Hrsg.), Empires and Indigenes: Intercultural Alliance, Imperial Expansion, and Warfare in the Early Modern World, New York: New York University, 2011, S. 167–191.
[1058] Thornton, A Cultural History of the Atlantic World, 1350–1820, Cambridge: Cambridge University Press, 2012.
[1059] Tinker, Hugh, A New System of Slavery: The Export of Indian Labour Overseas, 1830–1920, London: OUP, 1974 (2nd edn., London: Hansib, 1993).
[1060] Tomich, Dale W., „The 'Second Slavery': Bonded Labor and the Transformations of the Nineteenth-century World Economy", in: Ramírez, Francisco O. (Hrsg.), Rethinking the Nineteenth Century: Contradictions and Movement, New York: Greenwood Press, 1988, S. 103–117.
[1061] Tomich, „The Wealth of the Empire: Francisco de Arango y Parreño, Political Economy, and the Second Slavery in Cuba", in: Comparative Studies in Society and History, No. 1 (2003), S. 4–28.
[1062] Tomich, „Atlantic History and World Economy: Concepts and Constructions", in: Proto Sociology. An International Journal of Interdisciplinary Research Vol. 20 (2004), S. 102–121 (=World-System Analysis: Contemporary Research and Directions).
[1063] Tomich, „Econocide? From Abolition to Emancipation in the British and French Caribbean", in: Palmié; Scarano (Hrsg.), The Caribbean ..., S. 303–316.
[1064] Tomich; Zeuske (Hrsg.), The Second Slavery: Mass Slavery, World-Economy, and Comparative Microhistories, 2 Bde., Binghamton: Binghamton University, 2009 (=special issue; Review: A Journal of the Fernand Braudel Center, Binghamton University XXXI, no. 2 & 3, 2008).
[1065] Tomich, „Rethinking the plantation: concepts and histories", in: Review (Fernand Braudel Center), 2011, S. 15–39.
[1066] Tomich, „Commodity Frontiers, Spatial Economy and Technological Innovation in the Caribbean Sugar Industry, 1783–1866", in: Pretel; Leonard (Hrsg.), The Caribbean and the Atlantic World Economy ... (im Druck).
[1067] Tondut-Sène, Mame-Kouna, „The Travel and Transport of Slaves", in: Diène, Doudou (Hrsg.), From Chains to Bonds. The Slave Trade Revisited, New York: UNESCO/Berghahn Books, 2001, S. 15–21.
[1068] Tornero Tinajero, Pablo, Crecimiento Económico y Transformaciones Sociales. Esclavos, Hacendados y Comerciantes en la Cuba Colonial (1760–1840), Madrid: Centro de Publicaciones del Ministerio de Trabajo y Seguridad Social, 1996.
[1069] Torrão, Maria Manuel Ferraz, „Actividade Comercial Externa de Cabo Verde: Organização, Funcionamento, Evolução", in: Santos, Maria Emilia Madeira; Torrão; Soares, Maria João (coord. e org.), História Concisa de Cabo Verde, Bd. I, Lisboa-Praia: IICT/IIPC, 2007, S. 111–130
[1070] Tracy, James D. (Hrsg.), The Rise of Merchant Empires, 2 Bde., Cambridge: Cambridge University Press, 1990 (Bd. I: Long Distance Trade in the Early Modern World, 1350–1750; Bd. II: The Political Economy of Merchant Empires. State Power and World Trade, 1350–1750).

[1071] Trouillot, Michel-Rolph, „Culture on the Edges: Creolization in the Plantation Context", in: Plantation Society in the Americas Vol. 1:1 (Spring 1998), S. 8–28.
[1072] Turits, Richard Lee, Foundations of despotism: peasants, the Trujillo regime, and modernity in Dominican history, Stanford, Calif.: Stanford University Press, 2003.
[1073] Turits, „Raza, esclavitud y libertad en Santo Domingo", in: Fuente (coord.), Su „único derecho": los esclavos y la ley, Madrid: Fundación Mapfre | Tavera, 2004 (=Debate y perspectivas. Cuadernos de Historia y Ciencias Sociales, No. 4 (Diciembre 2004)), S. 69–88.
[1074] Turner, Michael J., „Escravos Brasileiros no Daomé", in: Afro-Ásia, No. 10/11, Bahia (1970), S. 5–23.
[1075] Ulbrich, Claudia; Medick, Hans; Schaser, Angelika, „Selbstzeugnis und Person. Transkulturelle Perspektiven", in: Ulbrich; Medick; Schaser (Hrsg.), Selbstzeugnis und Person. Transkulturelle Perspektiven, Köln/Weimar/Wien: Böhlau, 2012 (Selbstzeugnisse der Neuzeit; Bd. 20), S. 1–19.
[1076] Ustorf, Werner, „Olaudah Equiano (1745–1797) – afrikanischer Christ, Publizist und Abolitionist", in: Periplus. Jahrbuch für außereuropäische Geschichte 16. Jg. (2006), S. 116–128.
[1077] Vansina, Jan, „Long-Distance Trade Routes in Central Africa", in: Journal of African History 3 (1962), S. 375–390;
[1078] Vansina, „Ambaca Society and the Slave Trade, c. 1760–1845", in: Journal of African History 46 (2005), S. 1–27.
[1079] Varela, Consuelo, Colón y los florentinos, Madrid: Alianza Editorial, 1988.
[1080] Varela, „Una compañía comercial", in: Varela, Cristóbal Colón. Retrato de un hombre, Madrid: Alianza Editorial, 1992, S. 126–129.
[1081] Vaughan, Megan, Creating the Creole Island: Slavery in Eighteenth-Century Mauritius, Durham, NC: Duke University Press, 2005.
[1082] Verger, Pierre, Flux et reflux de la traite des nègres entre le golfe de Bénin et Bahia de Todos os Santos du XVIIe au XIXe siècle, Paris: Mouton, 1968 (Verger, Fluxo e refluxo do tráfico de escravos entre o golfo do Benin e a Bahia de Todos os Santos dos séculos XVII a XIX, São Paulo: Editora Corrupio, 1987).
[1083] Vidal, Carlos, „Un siglo de dominación sueca, 1785–1878", in: Crespo Solana, Ana; González-Ripoll-Dolores (coords.), Historia de las Antillas no hispanas, Madrid: CSIC/Ediciones Doce Calles, 2011 (Historia de Las Antillas, vol. III, ed. Naranjo Orovio, Consuelo), S. 367–377.
[1084] Vieira, Alberto, „La isla de Madeira y el tráfico negrero en el siglo XVI", in: Revista de Indias (RI) Vol. 55, No. 204 (1995), S. 333–356.
[1085] Vieira, „Sugar Islands. The Sugar Economy of Madeira and the Canaries, 1450–1650", in: Schwartz, Stuart B. (Hrsg.), Tropical Babylons: Sugar and the Making of the Atlantic World, 1450–1680, Chapel Hill: University of North Carolina Press, 2004, S 42–84.
[1086] Vieira, Canaviais, Açúcar e Aguardente na Madeira. Séculos XV a XX, Funchal: Centro de Estudos de História do Atlântico, 2004.
[1087] Vieira, „Canaviais e Açúcar no Espaço Insular Atlântico", in: Centro de Estudos de História do Atlântico (Hrsg.), O Açúcar Antes e Depois de Colombo Seminário Internacional de História do Açúcar, Funchal: Secretaria Regional de Educação e Cultura; Centro de Estudos de História do Atlântico, 2009 (CD-Rom), S. 14–40.
[1088] Vignols, Léon, „Une expédition négriere en 1821, d'après son livre de bord", in : Revue d'Histoire des Colonies françaises XVI (1928), S. 265–324.

[1089] Vila Vilar, Enriqueta, Hispanoamérica y el comercio de esclavos. Los asientos portugueses, Sevilla: Escuela de Estudios Hispano-Americanos, 1977.
[1090] Villiers, Patrick, Traite des Noirs et navires négriers au XVIIIe siècle, Grénoble: Éditions des 4 Seigneurs, 1982.
[1091] Voeks, Robert A., „Candomblé Ethnobotany. African Medicinal Plant Classification in Brazil", in: Minnis, Paul E. (Hrsg.), Ethnobotany: a reader, Norman: University of Oklahoma Press, 2000, S. 148–171.
[1092] Vogl, Joseph, Das Gespenst des Kapitals, Zürich: diaphanes, 2010/2011 (4. Auflage).
[1093] Vogt, John L., The Portuguese Role on the Gold Coast, 1469–1682, Athens: Ohio University Press, 1979.
[1094] Vos, Jelmer; Eltis; Richardson, „The Dutch in the Atlantic World: New Perspectives from the Slave Trade with Particular Reference to the African Origins of the Traffic", in: Eltis; Richardson (Hrsg.), Extending the Frontiers ..., S. 228–249.
[1095] Vries, Jan de; Woude, Ad van der, The First Modern Economy: Success, Failure and Perseverance of Dutch Economy, 1500–1815, Cambridge: CUP, 1997.
[1096] Vries, „The Dutch Atlantic Economies", in: Coclanis, Peter A., The Atlantic Economy during the Seventeenth and Eighteenth Centuries: Organization, Operation, Practice, and Personnel, Columbia: University of South Carolina Press, 2005, S. 1–29.
[1097] Vries,„The Limits of Globalization in the Early Modern World", in: The Economic History Review 63:3 (August 2010), S. 710–733.
[1098] Vries, Peer, State, Economy and the Great Divergence. Great Britain and China, 1680s–1850s, London [etc.]: Bloomsbury, 2015.
[1099] Walker, James W. St. G., The Black Loyalists: The Search for a Promised Land in Nova Scotia and Sierra Leone, 1783–1870, New York: Africana/Dalhousie University Press, 1976.
[1100] Wallerstein, Immanuel, „Die Verwandlung aller Dinge in Waren: Die Produktion von Kapital", in: Wallerstein, Der historische Kapitalismus. Übersetzt von Uta Lehmann-Grube mit einem Nachwort herausgegeben von Nolte, Hans-Heinrich, Hamburg: Argument 1989 (2. Auflage), S. 9–37.
[1101] Walvin, James, Britain's Slave Empire, Gloucestershire: Tempus Publishing Ltd., 2000.
[1102] Walvin, „Slavery, commerce and the slave ships", in: Walvin, Britain's Slave Empire, Gloucestershire: Tempus Publishing Ltd., 2000, S. 21–34, hier S. 31.
[1103] Walvin, Atlas of Slavery, London [etc.]: Pearson/Longman, 2006.
[1104] Walvin, „Why Did the British Abolish the Slave Trade? Econocide Revisited", in: Slavery & Abolition. A Journal of Slave and Post-Slave Studies 32:4 (2011), S. 583–588.
[1105] Warren, James F., „Slave markets and exchange in the Malay world. The Sulu Sultanate, 1770–1878", in: Journal of Southeast Asian Studies 8 (1977), S. 162–175.
[1106] Warren, Iranun and Balangingi: globalization, maritime raiding, and the birth of ethnicity, Singapore: Singapore University Press, National University of Singapore, 2002.
[1107] Wätjen, Hermann, „Zur Geschichte des Tauschhandels an der Goldküste um die Mitte des 17. Jahrhunderts", in: Hofmeister, Adolf (Hrsg.), Forschungen und Versuche zur Geschichte des Mittelalters und der Neuzeit. Festschrift für Dietrich Schäfer, Jena: Verlag Gustav Fischer, 1915, S. 527–563.
[1108] Watts, Sheldon, „Yellow fever immunities in West Africa and the Americas in the age of slavery and beyond: a reappraisal", in: Journal of Social History 34:4 (2001), S. 955–967.

[1109] Weber, Klaus, Deutsche Kaufleute im Atlantikhandel 1680–1830. Unternehmen und Familien in Hamburg, Cádiz und Bordeaux, München: C. H. Beck 2004.
[1110] Weber, „Deutschland, der atlantische Sklavenhandel und die Plantagenwirtschaft der Neuen Welt", in: Journal of Modern European History 7, Nr. 1 (2009), S. 37–67.
[1111] Webster, Jane, „Slave Ships and Maritime Archaeology: An Overview", in: International Journal of Historical Archaeology 12 (2008), S. 6–19.
[1112] Weindl, Andrea, „The Slave Trade of Northern Germany from the Seventeenth to the Nineteenth Centuries", in: Eltis; Richardson (Hrsg.), Extending the Frontiers ..., 250–271.
[1113] Weiss, Holger, „Danskar och svenskar i den atlantiska slavhandeln 1650–1850" [Les Danois et les Suédois dans la traite négrière transatlantique 1650–1850], in: Müller, Leos; Rydén, Göran; Weiss, Holger (Hrsg.), Global historia från periferin. Norden 1600–1850, Lund, Studentlitteratur, 2009, S. 39–74.
[1114] Werner, Petra, Naturwahrheit und ästhetische Umsetzung. Alexander von Humboldt im Briefwechsel mit bildenden Künstlern, Berlin: Akademie, 2013 (Beiträge zur Alexander von Humboldt-Forschung, Bd. 38).
[1115] Wheat, David, „A Spanish Caribbean Captivity Narrative: Four African Sailors Escape Puritan Slavers, 1635", in: McKnight; Garofalo (Hrsg.), Afro-Latino Voices ..., S. 195–213.
[1116] Wheat, The Afro-Portuguese Maritime World and the foundations of Spanish Caribbean Society, 1570–1640, Diss. Vanderbilt University, 2009 (unter: http://etd.library.vanderbilt.edu/available/etd-05272009-181157/unrestricted/Wheat_Dissertation.pdf (25. Juli 2014)).
[1117] Wheat, „The First Great Waves: African Provenance Zones for the Transatlantic Slave Trade to Cartagena de Indias, 1570–1640", in: The Journal of African History Vol. 52:1 (2011), S. 1–22.
[1118] Wheat, „Garcia Mendes Castelo Branco, fidalgo de Angola y mercader de esclavos en Veracruz y el Caribe a principios del siglo XVII", in: Velázquez, María Elisa (coord.), Debates históricos contemporáneos: africanos y afrodescendientes en México y Centroamérica, México, D.F.: INAH; CEMCA; UNAM-CIALC; IRD, 2011, S. 85–107 (unter: http://books.openedition.org/cemca/197 (25. Juli 2014).
[1119] Williams, John Hoyt, „Black Labor and State Ranches: The Tabapí Experience in Paraguay", in: The Journal of Negro History 62:4 (1977), S. 378–389.
[1120] Wills, Mary, The Royal Navy and the suppression of the Atlantic slave trade, c. 1807–1867: anti-slavery, empire and identity, Thesis submitted for the Degree of Doctor of Philosophy, University of Hull, 2012 (unter: https://hydra.hull.ac.uk/assets/hull:6885a/content (17. November 2013).
[1121] Wilson, Edward O., „Stammessysteme als grundlegendes menschliches Merkmal", in: Wilson, Die soziale Eroberung der Erde. Eine biologische Geschichte des Menschen. Aus dem Englischen von Elsbeth Ranke, München: Beck, 2013, S. 75–80.
[1122] Winks, Robin W., The Blacks in Canada. A History, New Haven: Yale University Press, 1971.
[1123] Wolf, Burkhardt, Fortuna di mare. Literatur und Seefahrt, Zürich/Berlin: Diaphanes Verlag, 2013.
[1124] Wood, Marcus, „The irrecoverable: representing the 'middle passage'", in: Wood, Blind Memory. Visual Representations of Slavery in England and America 1780–1865, Manchester: Manchester University Press, 2000, S. 14–77.

[1125] Woodward, C. Vann, „History from slave sources", in: Davis, Charles T.; Gates Jr., The Slaves's Narrative, Oxford-New York: Oxford University Press, 1985, S. 48-59.
[1126] Wright, Irene, „Rescates: With Special Reference to Cuba, 1599-1610", in: HAHR 3:3 (1920), S. 333-361.
[1127] Yacou, Alain, Jounaux de bord et de traite de Joseph Crassous de Médeuil: De la Rochelle à la côte de Guinée et aux Antilles (1773-1776), Paris : Karthala, 2002.
[1128] Yáñez, César, „Los negocios ultramarinos de una burguesía cosmopolita. Los catalanes en las primeras fases de la globalización, 1750-1914", in: Revista de Indias Vol. LXVI, núm. 238 (2006), S. 679-710.
[1129] Yarak, Larry A., „West African Coastal Slavery in the Nineteenth Century: The Case of Euro-African Slaveowners of Elmina", in: Ethnohistory 36 (1989), S. 44-60.
[1130] Yun, Lisa, The Coolie Speaks. Chinese Indentured Laborers and African Slaves in Cuba, Philadelphia: Temple University Press, 2008.
[1131] Yun; Laremont, René, „Chinese Coolies and African Slaves in Cuba, 1847-74", in: Journal of Asian and African Studies 4:2 (June 2001), S. 99-122.
[1132] Yun Casalilla, Bartolomé, „The History of Consumtion of Early Modern Europe in a Trans-Atlantic Perspective. Some New Challenges in European Social History", in: Hyden-Hanschon, Veronika; Pieper, Renate; Stangl, Werner (Hrsg.), Cultural Exchange and Consumtion Patterns in the Age of Enlightenment. Europe and the Atlantic World, Bochum: Verlag Dr. Dieter Winkler, 2013, S. 25-40.
[1133] Zeuske, „The Cimarrón in the Archives: A Re-Reading of Miguel Barnet's Biography of Esteban Montejo", in: New West Indian Guide/Nieuwe West-Indische Gids, vol. 71, no. 3 & 4 (1997), S. 265-279.
[1134] Zeuske, „El „Cimarrón" y las consecuencias de la guerra del 95. Un repaso de la biografía de Esteban Montejo", in: Revista de Indias: Cuba 1898, A. García/C. Naranjo Orovio (coords.), vol. LVIII, enero-abril, 1998, núm. 212, S. 65-84.
[1135] Zeuske, „Novedades de Esteban Montejo", in: Revista de Indias, vol. LIX, mayo-agosto, 1999, núm. 216, S. 521-525.
[1136] Zeuske, „Hidden Markers, Open Secrets. On Naming, Race Marking and Race Making in Cuba", in: New West Indian Guide/Nieuwe West-Indische Gids vol. 76, no. 3 & 4 (2002), S. 235-266.
[1137] Zeuske, „ Preußen und Westindien. Die vergessenen Anfänge der Handels- und Konsularbeziehungen Deutschlands mit der Karibik und Lateinamerika 1800-1870", in: Carreras, Sandra; Maihold, Günther (Hrsg.), Preußen und Lateinamerika. Im Spannungsfeld von Kommerz, Macht und Kultur, Münster: LIT-Verlag, 2004 (Europa-Übersee. Historische Studien, hrsg. von Gründer, Horst, Bd. 12), S. 145-215.
[1138] Zeuske, Schwarze Karibik. Sklaven, Sklavereikulturen und Emanzipation, Zürich: Rotpunktverlag, 2004.
[1139] Zeuske, „Atlantik, Sklaven und Sklaverei – Elemente einer neuen Globalgeschichte", in: Jahrbuch für Geschichte der Europäischen Expansion 6 (2006), S. 9-44.
[1140] Zeuske, Sklaven und Sklaverei in den Welten des Atlantiks, 1400-1940. Umrisse, Anfänge, Akteure, Vergleichsfelder und Bibliografien, Münster/Hamburg/London: LIT Verlag, 2006 (Sklaverei und Postemanzipation, ed. Michael Zeuske, Bd. 1).
[1141] Zeuske, „Legados de la esclavitud en Cuba", in: Rodrigo y Alharilla, Martín (Hrsg.), Cuba: De colonia a república, Madrid: Editorial Biblioteca Nueva, S.L. 2006 (Colección Historia Biblioteca nueva, dir. por Juan Pablo Fusi), S. 99-116.

[1142] Zeuske, "Sklaverei, Postemanzipation und Gender auf Kuba. Ein Überblick", in: Postemanzipation und Gender, ed. Schmieder, Ulrike, Leipzig: Leipziger Universitätsverlag, 2007 (=Comparativ. Zeitschrift für Globalgeschichte und Vergleichende Gesellschaftsforschung, 17:1), S. 18–37.

[1143] Zeuske, "Unfreiheit abhängiger Landbevölkerung im atlantischen Raum und in den Amerikas, 15. bis 18. Jahrhundert – Prolegomena, Typologien der Anfänge, Bedingungen und lange Linien", in: Hermann-Otto, Elisabeth (Hrsg.), Unfreie und abhängige Landbevölkerung, Hildesheim; Zürich [etc.]: Georg Olms Verlag, 2008, S. 71–157.

[1144] Zeuske, "Sklavenbilder: Visualisierungen, Texte und Vergleich im atlantischen Raum (19. Jahrhundert, Brasilien, Kuba und USA)", in: *zeitenblicke* 7, Nr. 2, [01.10.2008], (URL: http://www.zeitenblicke.de/2008/2/zeuske).

[1145] Zeuske (mit Dale Tomich) "The Second Slavery: Mass Slavery, World Economy and Comparative Microhistories", in: Review: A Journal of the Fernand Braudel Center, Binghamton University XXXI, no. 2 (2008), S. 91–100 (=special issue edited by Dale Tomich & Michael Zeuske, eds., The Second Slavery: Mass Slavery, World-Economy, and Comparative Microhistories, Part I).

[1146] Zeuske, "Humboldt, esclavitud, autonomismo y emancipación en las Américas, 1791–1825", in: Cuesta Domingo, Mariano; Rebok, Sandra (coords.), Alexander von Humboldt. Estancia en España y viaje americano, Madrid: Real Sociedad Geográfica/CSIC, 2008, S. 257–277.

[1147] Zeuske, "Arango y Humboldt/Humboldt y Arango. Ensayos científicos sobre la esclavitud", in: González-Ripoll, María Dolores & Álvaerz Cuartero, Izaskun (Hrsg.), Francisco de Arango y la invención de la Cuba azucarera, Salamanca: Ediciones de la Universidad de Salamanca, 2009 (Aquilafuente, 158), S. 245–260.

[1148] Zeuske, "Out of the Americas: Sklavenhändler und Hidden Atlantic im 19. Jahrhundert. Ein Forschungsprojekt am Historischen Seminar der Universität zu Köln", in: AHF Jahrbuch der historischen Forschung in der Bundesrepublik Deutschland (2009), S. 37–57 (unter: www.ahf-muenchen.de/Forschungsberichte/Jahrbuch2009/AHF_Jb2009_Zeuske.pdf).

[1149] Zeuske, "Hacer el Caribe: *La Amistad*, Ramón Ferrer y la atlantización de Cuba", in: Ette, Ottmar; Müller, Gesine (Hrsg.), Caleidoscopios coloniales. Transferencias culturales en el Caribe del XIX/Kaléidoscopes culturels dans les Caraïbes au XIXe siècle, Madrid: Iberoamericana/Frankfurt: Vervuert (Biblioteca Ibero-Americana; Vol. 138), 2010, S. 329–359.

[1150] Zeuske, "Mongos und Negreros: Atlantische Sklavenhändler im 19. Jahrhundert und der iberische Sklavenhandel 1808/1820–1873", in: Periplus. Jahrbuch für außereuropäische Geschichte, 20. Jg. (2010) (=Hatzky, Christine; Schmieder, Ulrike (Hrsg.), Sklaverei und Postemanzipationsgesellschaften in Afrika und in der Karibik), S. 57–116.

[1151] Zeuske, García Martínez, Orlando, "La Amistad de Cuba: Ramón Ferrer, contrabando de esclavos, captividad y modernidad atlántica", in: Caribbean Studies Vol. 37:1 (January-June 2010), S. 97–170.

[1152] Zeuske, "The Names of Slavery and Beyond: the Atlantic, the Americas and Cuba", in: Schmieder; Füllberg-Stolberg, Katja; Zeuske (Hrsg.), The End of Slavery in Africa and the Americas. A Comparative Approach, Münster-Hamburg-Berlin-Wien-London: LIT-Verlag, 2011 (= Sklaverei und Postemanzipation. Esclavitud y Postemancipación. Slavery and Postemancipation, Vol. 4), S. 51–80 (www.books.google.de/books).

[1153] Zeuske, Simón Bolívar, Befreier Südamerikas. Geschichte und Mythos. Rotbuch, Berlin 2011.
[1154] Zeuske, „Ramón Ferrer, das kubanische Sklavenschiff *Amistad* und der Hidden Atlantic des Menschenhandels im 19. Jahrhundert", in: Hispanorama. Zeitschrift des Deutschen Spanischlehrerverbandes Ausgabe 132 (Mai 2011), S. 26–40.
[1155] Zeuske, Simón Bolívar. History and Myth, Princeton: Markus Wiener Publishers, 2012.
[1156] Zeuske, Die Geschichte der Amistad. Sklavenhandel und Menschenschmuggel auf dem Atlantik im 19. Jahrhundert, Stuttgart: Reclam, 2012.
[1157] Zeuske, „Historiography and Research Problems of Slavery and the Slave Trade in a Global-Historical Perspective", in: International Review of Social History Vol. 57:1 (April 2012), S. 87–111.
[1158] Zeuske, Handbuch Geschichte der Sklaverei. Eine Globalgeschichte von den Anfängen bis heute, Berlin/Boston: de Gruyter, 2013.
[1159] Zeuske (mit García Martínez, Orlando), La sublevación esclava en la goleta *Amistad*: Ramón Ferrer y las redes de contrabando en el mundo Atlántico, La Habana: Ediciones UNIÓN, 2013.
[1160] Zeuske, „Rethinking the Case of the Schooner Amistad: Contraband and Complicity after 1808/1820", in: Slavery and Abolition: A Journal of Slave and Post-Slave Studies (unter: http://dx.doi.org/10.1080/0144039X.2013.798173).
[1161] Zeuske, „Saint-Domingue en Cuba: el levantamiento en Banes, 13 y 14 de agosto de 1833", in: Cwik, Christian; Laviña, Javier; Zeuske (Hrsg.), Esclavitud, huida y resistencia en Cuba, Berlin: Wissenschaftlicher Verlag, 2013, S. 139–182.
[1162] Zeuske, „The Second Slavery: Modernity, mobility, and identity of captives in Nineteenth-Century Cuba and the Atlantic World", in: Laviña; Zeuske (Hrsg.), The Second Slavery ..., S. 113–142.
[1163] Zeuske, „Versklavte und Sklavereien in Spanisch-Amerika. Gedanken zur „Weltarbeiterklasse" in globaler Perspektive", in: JahrBuch für Forschungen zur Geschichte der Arbeiterbewegung (2014/I), S. 5–36.
[1164] Zeuske, Amistad. A Hidden Network of Slavers and Merchants, Princeton: Markus Wiener Publishers, 2014.
[1165] Zeuske, Die Monte Christos des verborgenen Atlantik. Ramón Ferrer, das Sklavenschiff Amistad und die Welt der Sklavenhändler (forthcoming: 2015).
[1166] Zeuske, Doktoren und Sklaven. Sklavereiboom und Medizin als „kreolische Wissenschaft" auf Kuba (forthcoming in Saeculum, 2015).
[1167] Zeuske, „*Atlantic Slavery* und Wirtschaftskultur in welt- und globalhistorischer Perspektive", in: Geschichte in Wissenschaft und Unterricht (GWU) Vol. 66:5/6 (2015), S. 280–301.
[1168] Zeuske, „Sklaven und Tabak in der atlantischen Weltgeschichte" (forthcoming in HZ – Historische Zeitschrift, 2015).
[1169] Zeuske, „Outlaws. Geschichte und Agency im großen karibischen Raum" (forthcoming).
[1170] Zeuske, „No End after the End: The Continuing Presence of Coerced Labour after the Official Abolition of Slavery in the North. A Global Historical Perspective/Kein Ende nach dem Ende: Die fortdauernde Existenz von Zwangsarbeit nach der offiziellen Abschaffung der Sklaverei im Norden. Eine globalhistorische Perspektive" (forthcoming: Konferenzband – International Conference of Labour and Social History (ITH)).

[1171] Zeuske, Cuba grande. Geschichte der Sklavinnen und Sklaven auf Kuba, 15.-19. Jahrhundert (in Vorbereitung).
[1172] Zimmermann, Susan, „The Long-Term Trajectory of Anti-Slavery in International Politics: From the Expansion of the European International System to Unequal International Development", in: Linden (Hrsg.), Humanitarian Intervention and Changing Labor Relations. The Long-Term Consequences of the Abolition of the Slave Trade, Leiden/Boston: Brill, 2011 (Studies in Global History, Vol. 7), S. 435–497.
[1173] Zoller, Rüdiger (Hrsg.), Amerikaner wider Willen. Beiträge zur Sklaverei in Lateinamerika und ihren Folgen, Frankfurt am Main: Vervuert, 1994 (Lateinamerika-Studien, Bd. 32).

Ortverzeichnis

A
Acapulco 252, 321
Adamawa 289
Ägypten 9, 13–16, 30, 47, 271, 288, 290, 294, 323
Ajudá 48
Alabama 262
al-Andalus 15, 309
Allada 117
Almería 309
Altena 255
Amazonas 274, 288
Ambaca 75, 76, 109, 110
Ambriz 219, 318, 340, 342
Amoy 297, 366, 367, 369
Amsterdam 159, 277
Anatolien 14
Andalusien 309, 351
Angola 15, 17, 19, 20, 27, 29, 31, 38, 42, 46, 60, 69, 142–144, 164–166, 169, 170, 178, 183–186, 199, 218, 251, 265, 271, 277, 280, 289, 297, 302, 306, 309, 313, 318, 329, 337–343, 347, 355, 380
Anguila 164
Annobon 330
Antigua 164, 254
Antwerpen 159, 277
Äquatorialguinea 219, 324
Arabien 9, 15, 157
Aragón 298, 309
Arguim 149
Arica 251
Armenien 14
Aruba 26
Ascension 61
Assam 291
Assyrien 13
Äthiopien 275
Azoren 339, 340
Azua 154, 312

B
Bagdad 14
Bahamas 88, 112, 164, 281
Bahia 38, 66, 102, 123, 137, 174, 203, 217, 218, 246, 274, 281, 288, 306, 314, 318, 327, 329, 331, 333–335, 338–340, 342–344, 347
Bahía de Cochinos 266
Balearen 309
Balkan 14, 17, 157, 309
Baltimore 112, 206, 217, 327, 340
Banadir 291
Bance Island 230, 235, 236, 259, 261
Banda-Inseln 279, 292, 294, 295, 323
Bangalá 228, 230, 234, 236
Bangra 235
Baracoa 212
Barbados 112, 127, 164, 254, 281, 302, 306, 314, 319
Barcelona 34, 53, 217, 229, 264, 299, 327, 350, 355
Barcelona de Venezuela 250
Barlovento 305
Bashia 235
Baskenland 148, 299
Bathurst 304
Bayamo 79, 242
Belgard 282
Belgien 157, 286
Belize 280
Bengo 141
Benguela 46, 108, 199, 280, 306, 318, 337, 340, 341, 343
Benin 16, 152, 153, 155, 178, 191, 277, 306
Benue 291
Berbice 26
Bergisches Land 38
Berlin 284
Bermuda 209, 210, 283
Biafra 152
Bichangor 64
Bié 69
Bijágos 343
Bijagós-Inseln (Bissagos) 64
Bijorrei 64
Bimba 98

Bissau 60, 64, 178, 182, 209, 210, 220, 222, 223, 236, 280, 289, 339, 343
Boavista 90
Bolama 220
Bonaire 26
Bonny 91
Bordeaux 215, 216, 256, 264, 277, 284
Boston 235, 236
Boula 64
Brandenburg 22, 77, 136, 258
Brasilien 5, 6, 18, 20, 21, 24, 26, 29, 30, 33, 40–42, 47–49, 55, 57, 66, 69, 71, 80, 81, 86, 96, 117, 123, 148, 154, 156, 157, 165, 170, 171, 174, 186, 200, 201, 211, 218, 220, 222, 225, 248, 253, 257, 266, 270, 273, 274, 279, 281, 285–289, 292–297, 299, 300, 302, 303, 306–308, 315, 317, 318, 321, 326, 327, 329, 331–333, 337–344, 349, 373, 379, 380
Brass 178
Bremen 38, 216, 257
Bretagne 11
Bristol 259, 261, 265
Britisch-Indien 369
Brucama 64
Bucht von Benin 126, 155, 183, 217, 280, 338
Bucht von Biafra 17, 138, 155, 183, 217, 330, 338
Budapest 284
Buenos Aires 24, 252, 300, 303, 313, 319, 321, 332, 333, 347
Bulgarien 14

C
Cabañas 345
Cabinda 42, 318, 337, 340
Cabo Cruz 79
Cabo Lopes 330
Cabo Verde 35, 97, 166, 178
Cacheu 18, 36, 60, 64, 112, 177, 182, 197, 220, 222, 263, 289, 300, 301, 339, 343
Cacheu-Zingiehor 223
Cádiz 92, 217, 219, 225, 263, 299, 347, 348, 350
Calabar 60, 80, 91, 98, 99, 121, 122, 140, 141, 178, 263, 265, 330, 338, 339, 366
Camagüey 105

Cañete 251
Canton 366, 367, 369, 370
Cap Delgado 330, 336
Cap López 143
Cape Cameroon 178
Cape Mount 191
Caracas 198, 313, 321, 356
Cárdenas 349, 358, 372
Cartagena de Indias (Kolumbien) 36, 62, 112, 247, 249, 251, 252, 258, 263, 294, 300, 312, 313, 316, 319, 321, 326
Casamance 36, 219, 221
Castellón 53
Catumbela 45
Cayenne 163, 263, 282, 285, 314, 321
Cazengo 43
Ceylon 291
Charleston 59, 211, 234–236, 260–262
Chesaspeake 281
Chile 348
China 9, 13, 47, 251, 283, 286–288, 292, 297, 325, 332, 366–370, 372, 375
Chocó 293, 321
Cienfuegos 262, 267, 292, 325, 349, 356
Constantia 235
Córdoba 252
Corisco 324
Cornwall 259
Coro 200, 274
Côte d'Or 166
Cross River 60, 142
Cuanza (auch: Kuanza) 43, 45, 141
Cumaná 166, 250, 274, 305
Curaçao 26, 163, 164, 200, 282, 302, 305, 314

D
Dahomey 38, 117, 118, 126, 141, 147, 178, 255, 258, 264, 289, 309, 334, 339, 379
Damão 340, 343
Dando 141
Dänemark 19, 22, 29, 31, 40, 254, 287, 314, 379
Demerara 26
Demmin 254
Denía 309
Deutschland 124, 235, 282
Diu 335, 343

Dnestr 14
Dnjepr 14
Dominica 80, 112, 145, 281
Dominikanische Republik 18, 19, 41, 320
Don 14
Donau 14
Dondo 43, 44
Dresden 254, 284

E
El Callao 313
El Cobre 321
El Ferrol 97
El Mina 26, 120, 124, 142, 153, 178, 182, 255, 314
El Portillo 79
England 375
Epe 118
Essequibo 26

F
Farenya 236
Fayetteville 59
Fernando Po 107, 324, 330, 365
Florenz 277
Flores 343, 366
Florida 41, 203, 204, 236, 260, 261, 321, 356, 357
Fort Axim 132
Frankfurt am Main 255
Frankreich 5, 12, 19, 22, 26, 29, 31, 40, 41, 49, 85, 131, 135, 157, 215, 245, 254, 263, 282–284, 286, 318, 324, 357
Freetown 61, 97, 148, 223, 225, 226, 236, 259, 289, 339
Funchal 341
Futa Bundu 289
Futa Toro 58, 289
Futa-Jallon 226, 230, 234, 289, 290
Fuzhou 367

G
Gabun 143, 289, 324, 330, 338
Galicien 76, 97, 365
Galizien 14
Gambia 62, 63, 112, 178, 219, 222, 223, 235, 241, 242, 283

Garonne 256
Gaza 337
Geba 64, 178
Genua 277
Georgia 253, 261, 262, 281
Ghana 16, 67, 124, 155, 309
Gironde 216
Goa 343
Goldküste 20, 37, 112, 116, 118, 120, 122, 124, 132, 138, 141, 144, 151–153, 155, 166, 177, 183, 260, 261, 265, 283, 306, 308
Gorée 35, 141, 178
Gran Canaria 151, 274
Granada 53, 252
Griechenland 3, 11
Grönland 14, 149
Großbritannien 5, 13–15, 19, 21, 25, 29–31, 40, 49, 72, 80, 88, 120, 142, 157, 160, 174, 181, 186, 189, 193, 215, 216, 225, 229, 236, 246, 254–256, 258, 261, 264, 265, 283, 284, 286–288, 295, 318, 319, 324, 325, 327, 328, 354, 358, 359, 367, 369, 379
Guadeloupe 55, 100, 263, 282, 285, 302, 314
Guam 297
Guangzhou 366
Guantánamo 213, 351, 356
Guarenas 274, 305
Guarico 112
Guatemala 251, 366
Guatire 274, 305
Guayana 26, 274, 281, 314
Guinea-Bissau 178, 197, 219, 220, 263, 336
Guinea/Guiné 35–38, 69, 83, 89, 112, 143, 144, 148, 156, 164, 166, 177, 178, 183, 191, 197, 206, 219, 226, 241, 242, 247, 255, 264, 273, 277, 279, 280, 289, 304, 305, 311, 324, 334, 339
Güines 104, 112
Gujarat 336
Guyana 281
Gwandu 291

H
Habsburgerreich 283
Haiti 18, 19, 40, 41, 112, 204, 282
Halle 124

Hamburg 15, 38, 216, 253, 284, 345
Hannover 27, 229, 235
Havanna 33, 34, 66, 82, 86, 90, 91, 98, 99,
　　103–108, 112, 168, 174, 189, 204,
　　206–208, 210, 216–219, 222, 225, 228,
　　230–237, 241–243, 246, 247, 249, 256,
　　262, 266, 292, 302, 303, 313, 319, 321,
　　325–327, 331, 333, 335, 342, 345, 347,
　　349, 350, 354, 357–359, 361, 375
Hen Island 226
Hessen 38
Hindukusch 15
Holguín 105
Hongkong 367–370, 375
Huangpu 369, 371

I
Ibiza 97
Ibo 336
Ifni 324
Île Bourbon 225
Île de France 280
Île de Ré 263
Ilha do Cabo (Ilha de Luanda) 144
Ilheo do Rey 226
Ilorin 291
Indien 9, 15–17, 31, 47, 131, 152, 157, 160,
　　283, 287, 288, 292, 296, 332, 335–337,
　　340, 368, 369, 372
Indik 9, 15, 16, 30, 152, 157, 160, 161, 199,
　　253, 270, 272, 279, 280, 291, 293, 294,
　　323, 336, 345, 367, 371
Indischer Ozean 9
Indonesien 157, 280, 287, 291, 295, 323, 372
Irland 14, 15, 246
Island 14, 149
Italien 11, 15, 17, 157, 285, 286

J
Jakin 118, 126, 127, 130, 131, 133–135, 138,
　　142, 255, 264
Jamaika 19, 78, 79, 89, 96, 112, 120, 128, 170,
　　188, 191, 242, 260, 261, 281, 292, 294,
　　299, 300, 302, 306, 314, 319, 356
Java 280, 291
Jeba 220

Jena 124, 341
Jülich 254

K
Kacundy 226, 247
Kalifornien 345
Kambia 234
Kamerun 69, 107, 142, 155, 289
Kanada 283
Kanarische Inseln 17–19, 97, 149–151, 154,
　　164, 175, 215, 272, 273, 275, 302, 308,
　　310, 311, 345, 365
Kanem-Bornu 16
Kano 290, 291
Kap Palmas 64, 178, 219
Kapstadt 17, 61, 96, 283, 289, 337
Kapverdische Inseln 17–19, 36, 90–92, 95,
　　149, 151–153, 164, 175, 179, 180, 198,
　　203, 215, 222, 223, 247, 271, 275, 279,
　　289, 302, 311, 313, 329, 330, 334, 339,
　　340, 343, 344, 354, 365
Kasanje 183, 309, 318
Kaspisches Meer 14
Kastilien 18, 158, 173, 298, 309, 310, 313, 318
Katalonien 97, 148, 157, 229, 309, 355
Katanga 45
Katsina 291
Kessey 235
Khartum 290
Kilwa 323
Kingston 89, 92, 242, 243
Kissing 235, 236
Köln 284
Kolumbien 29, 54, 164, 171, 249, 274, 287,
　　294, 305, 321
Komoren 271, 280, 288
Kongo 15, 16, 18, 19, 74, 142, 143, 153, 158,
　　183, 189, 199, 218, 277, 279, 280, 302,
　　306, 313, 318, 330, 331, 337, 338
Konstantinopel 14, 15
Kopenhagen 254
Kreta 14
Krim 11, 14
Ksar-el-Kebir 149
Kuba 3, 5, 19, 22, 27, 30, 32, 40–42, 47, 48,
　　53–55, 68, 71, 73, 79, 81, 84, 85, 88, 89,
　　95, 96, 98, 100–103, 105, 107–110, 114,

117, 123, 128, 142, 148, 165, 168, 171, 174,
188, 200, 206, 210–212, 217–222, 224,
225, 227–231, 235, 237, 242, 243, 245,
247, 250, 256, 257, 262, 266–268, 271,
281, 285, 288, 289, 292, 294, 295, 297,
299, 303, 306, 307, 317, 319, 321–327,
329, 331–335, 340, 342–347, 349–360,
362, 363, 366–368, 370–376, 378–380
Kuban 14
Kurland 22

L

La Gomera 151
La Guaira 321
La Hispaniola 18, 19, 128, 150, 151, 154, 188,
198, 273, 274, 281, 308, 311, 314
La Palma 151
La Rochelle 263, 264
Lagos (Onim) 103, 126, 142, 174, 203, 257,
329, 339, 343
Leipzig 284
Liberia 42, 83, 183, 289, 304, 339
Lima 36, 251, 252, 263, 300, 313, 316
Lissabon 21, 44, 53, 153, 223, 251, 277, 311,
329, 335, 337, 339, 341, 342, 344, 347,
348, 375
Liverpool 60, 159, 191, 241, 242, 253, 259,
260, 264, 265
Llanura de Colón 292
Loango 20, 143
Lomboko 84
London 47, 81, 105–108, 159, 191, 210, 220,
223, 253, 255, 256, 259, 261, 266, 367,
368
Lonthor 292
Louisiana 41, 171, 282, 294, 314, 321, 357
Lovale 46
Luanda 17, 18, 20, 27, 44, 46, 62, 116, 143,
144, 174, 183, 257, 289, 300, 306, 313,
314, 318, 330, 331, 337, 340–342
Lumboko 304
Lunda 46, 183, 185, 309, 318

M

Macao (auch: Macau) 289, 297, 343, 366,
368–371, 375
Madagaskar 271, 276, 280, 288, 323

Madeira 18, 149, 151, 153, 154, 215, 216, 273,
275, 277, 339, 341, 365
Madrid 53, 88, 99, 106, 201, 299, 318, 327,
330, 345, 350, 352, 361
Mahi-Reich 126, 139
Mahon 97
Málaga 97
Malebo Pool 331
Malediven 280, 288
Mali 16, 83, 309
Malindi 276
Mambrui 291
Mani 84
Manila 252
Manzanillo 79
Maracaibo-See 274, 305
Maranhão 91, 288
Maranini 108
Marokko 15, 149, 310
Martinique 55, 135, 140, 263, 264, 282, 285,
302, 314
Maskarenen 271, 280, 288, 291
Maskat 289, 291
Massapa 96
Matamba 61, 183, 309, 318
Matanzas 70, 95, 97, 113, 218, 219, 228, 229,
235, 262, 292, 325, 349, 357, 358
Mauritius 271, 280, 283, 288, 291
Mazarini 110
Mbanza Congo 277
Mbanza Sonyo 277
Mboma 331
Mbwila 318
Melilla 149
Mellacorée 226
Menorca 97
Mexico-Stadt 251
Mexiko 18, 19, 29, 105, 162, 189, 283, 287,
298, 301, 313, 321, 348, 365
Middelburg 159, 163
Mina 308
Minas Gerais 129, 293, 317, 321
Mitomba 230, 259
Mittelmeer 9, 13–15, 18, 157
Moçambique 44, 96, 271, 289, 291, 297, 329,
335–337, 340, 343, 346–348, 371
Moçâmedes 340

Moldawien 14
Mombasa 276
Mompóx 294
Monomotapa 16, 96
Montevideo 24, 112, 214, 303, 321, 332, 333
Mpinda 277, 279
Mtwapa 291

N

Nantes 159, 215, 256, 264, 277, 284
Nassau 86, 88, 105
Navarra 298
Ndongo 183, 277, 313, 318
Neu-Amsterdam 281
Neu-Granada 29, 41, 171, 249, 274, 293, 313, 317, 321
Neu-Spanien 298
New Orleans 181, 217, 249, 262, 284, 327, 345, 346
New Providence 86, 88, 105
New Town 60
New York 159, 217, 221, 266, 304, 327, 345, 346
Newport 266
Nicaragua 249, 306
Niederlande 15, 19, 22, 29, 31, 40, 163, 255, 259, 278, 281, 301, 314, 345, 380
Niederländisch-Indien 372
Niger 16, 58, 62, 178, 271, 291, 330
Nigeria 59, 91, 92, 140, 142, 155, 190
Ningbo 367
Nordsee 14
Normandie 11
North Carolina 58, 163, 242, 297
Norwegen 345
Nsoyo 277
Nupe 291

O

Old Calabar 60, 92, 182, 265
Omdurman 290
Onim (Lagos) 126
Orinoko 274
Orotava 345
Österreich-Ungarn 49, 283, 286
Ostsee 14, 215
Ouidah 48

Ouro Preto 317
Oyo-Reich 15, 69, 116, 117, 126, 139, 178, 309, 339

P

Panama 249, 251, 263, 306, 313, 319, 321, 370
Paramaribo 170, 249, 282
Paris 47, 261, 284, 356
Pattakerie 255
Pazifik 9, 253, 366, 368
Pemba 271, 280, 288, 290, 291, 323
Pernambuco 274, 281, 314, 318, 341
Persien 13, 15
Persischer Golf 9, 156
Peru 189, 249, 251, 298, 306, 313, 366, 368, 370–373, 375
Philadelphia 83
Philippinen 297, 324
Pisco 251
Polen 12, 283
Pommern 254, 282
Popo 118, 168, 203
Port-au-Prince 112
Porto 329
Porto Amboin 280
Porto Novo 123, 203, 257
Portobello 294, 313, 319, 321
Portugal 4, 5, 19–21, 25, 40–42, 49, 68, 72, 86, 88, 90, 142, 148–151, 158, 173, 175, 186, 217, 219, 222, 245, 253, 256, 257, 278, 297–299, 301, 302, 310–313, 318, 323, 324, 327–329, 332, 336–341, 343, 345, 346, 349, 368, 369, 371, 378–380
Portugiesisch-Indien 340
Potosí 251, 313
Prag 284
Praia 90, 92, 174, 179, 330, 339
Preußen 379
Príncipe 43, 45, 122, 138–140, 179, 198, 263, 289, 302, 330, 338, 339, 341–343, 345
Providence (Rhode Island) 112
Puerto del Príncipe 79, 105, 114, 242
Puerto Rico 19, 22, 40, 42, 54, 55, 100, 108, 188, 217, 221, 257, 273, 274, 281, 285,

297, 303, 306, 313, 324, 332, 333, 349, 355–357, 361, 379
Punta de Maisi 242

Q
Quelimane 96

R
Recife 203, 217, 257, 274, 314, 318
Recife (Cabo Verde) 178
Remedios 326
Réunion 225, 271, 285, 288, 291
Rhode Island 27, 217, 266
Ribeira Grande 17, 149, 151, 153, 177, 279, 311
Río de Hatibonico 358
Rio de Janeiro 66, 174, 203, 217, 218, 250, 274, 288, 306, 307, 318, 326, 327, 331, 333, 334, 337, 340, 343, 344
Río de la Plata 24, 257, 298, 300, 301, 303, 307
Río Gallinas (Rio Galhinas) 63, 83, 89, 92, 95, 107, 219, 223, 225, 235, 259, 305, 329, 334, 339, 354
Rio Grande 35, 64, 220, 226
Río Muní 324, 330
Rio Nunes 64, 209, 226, 227, 229, 247
Rio Nuno 334
Río Pongo 69, 95, 100, 107, 206–210, 223, 225–231, 233, 235, 236, 247, 334
Ríohacha 294
Rios de Guiné 35
Rodrigues 291
Rom 3, 8, 13, 162, 295
Rotes Meer 9, 16, 155, 157
Rumänien 14
Russland 49, 259, 354

S
Saba 26
Sachsen 201, 254
Sagua la Grande 73, 349
Sahara 15, 69, 126
Saint Bartolomé 282
Saint Thomas 282, 305, 314
Saint-Domingue 41, 85, 102, 112, 117, 128, 204, 242, 256, 282, 294, 298, 299, 314, 320, 324, 356

Saint-Louis (Senegal) 17, 289
Sambesi 96, 289, 336, 337
San Antonio de Gibraltar 274
Sangha 228, 236
Sansibar 157, 271, 280, 288–291, 294, 295, 323
Santa Marta 294
Santiago (Kapverdische Insel) 17, 90, 92, 149–151, 153, 175, 179, 311, 339
Santiago de Cuba 107, 213, 248, 268, 319, 351, 356, 375
Santo António 338
Santo António do Zaire 279
Santo Domingo 154, 188, 273, 296, 297, 312, 313, 319, 320, 357
São Domingos 36
São Jorge da Mina 18, 64
São Paulo 288
São Paulo de Luanda 17, 219
São Salvador (Kongo) 277
São Salvador de Bahia de Todos los Santos 306
São Tomé 17, 18, 43, 45, 97, 112, 122, 138, 140, 149–151, 153–155, 164, 165, 174, 179, 180, 197, 198, 203, 263, 264, 271–275, 277–279, 288–290, 295, 302, 311, 313, 314, 330, 338, 340–343, 355
São Vicente 274
Sardinien 294
Savannah 253
Schlesien 37, 38, 201
Schottland 15
Schwaben 38
Schwarzes Meer 14, 15, 156, 157
Schweden 345
Schweiz 201, 216
Segu 62
Senegal 17, 35, 58, 149, 178, 181, 289, 290, 337
Senegambien 16, 20, 112, 141, 143, 144, 151, 163, 164, 177, 182, 196, 197, 199, 208, 235, 247, 251, 260, 261, 263, 275, 280, 289, 290, 300, 313, 329, 335, 339
Sevilla 19, 53, 251, 263, 277, 299, 309–311, 350
Seychellen 291
Shanghai 367

Sierra Leone 35, 63, 83, 91, 97, 103, 106–108, 112, 148, 177, 191, 197, 200, 212, 222–225, 228, 235, 253, 283, 289, 304, 330, 339, 354, 358
Sierra Maestra 78
Singapur 367
Sizilien 294
Sokoto-Kalifat 271, 288–291, 294, 323, 334
Sokoto-Reich 15, 30, 69, 157
Solor 343, 366
Songhay 16, 309
South Carolina 163, 234, 236, 242, 260–262, 281, 297
Spanien 4, 5, 18, 19, 22, 27, 40, 48, 49, 53, 68, 72, 171, 216, 217, 229, 230, 239, 245, 246, 253, 285, 286, 296–299, 301, 308, 309, 311, 312, 318, 319, 323, 340, 345, 348–350, 354, 355, 357, 360, 367, 368, 378–380
St. Augustine 204
St. Eustatius 26
St. Helena 61
St. Louis 178
St. Lucia 281
St. Maarten 26
St. Vincent 281
Sudan 143, 289
Sumatra 280, 291
Surinam 26, 55, 102, 124, 163, 169, 171, 200, 249, 281, 282, 285, 302, 314, 321
Swatow 369

T

Tagrin 230, 259
Tapaste 246
Teneriffa 151
Terek 14
Texas 42, 96, 157, 171, 262, 294
Texel 254
Thüringen 341
Timbo 234
Timor 297, 343, 366
Tobago 281
Togo 155, 168, 329
Trinidad 99, 102, 281, 328, 351
Trinidad (auf Kuba) 325
Trinidade auf São Tomé 180

Tschadsee 290
Tunis 69

U

Ukraine 14
Uruguay 307, 313
USA 3–6, 21, 29–31, 40, 41, 47–49, 55, 68, 71, 82, 83, 102, 113, 157, 160, 170, 171, 174, 193, 200, 234, 236, 253, 257, 260–263, 281, 283–285, 287, 292, 295, 299, 307, 321, 327, 328, 340, 344–347, 350, 351, 354, 359, 367, 373, 379, 380

V

Valencia 53, 252, 309
Vannes 126, 131, 135, 264
Venezuela 41, 54, 164, 198, 274, 281, 295, 301, 302, 306, 314, 321
Ventura 235
Veracruz 112, 189, 251, 252, 300, 312, 313, 319, 321
Vilasá 97
Villa Clara 267
Virginia 80, 261, 281, 314
Volta 168, 290

W

Wandsbek 254
Washington 204
Weißes Meer 14
Westfalen 38, 255
Whampao 369
Whydah (Ouidah, Ajudá) 48, 116–118, 120, 126, 138, 174, 178, 182, 203, 218, 264, 329, 339, 343
Wien 284
Wilmington 231, 232
Windward-Küste 122, 183, 265, 266
Wittenberg 124
Wolof 271, 275

X
Xiamen 367

Y
Yaracuy 274

Z
Zaire 331
Zambesia 289, 336, 337
Zaria 291
Zimbabwe 336, 337

Personenverzeichnis

A

Abalha, Miguel 89
Abd al-Rahman, Ibrahim 123, 200
Abdal, Gabriel 58
Abreu (Familie) 267
Abreu, Bernardino Enrique 109, 110
Acuña, Antonio de 252
Adelman, Jeremy 293, 320
Agaja, König von Dahomey 118, 126, 127, 255
Aguirre, Francisco 353
Ajuria (Sklavenhändler) 352
Albelo, Antonio 89
Ali Mami, König von Futa-Jallon 234
Allemann, Francisco 89
Allen 228
Allwood, Felipe 112
Almeida, Joaquim d' 200, 339
Alphonso del Manzano, Manuela 325
Altizenz, Juan Miguel 89, 91
Álvarez, Pedro 354
Ama-De-Bella 69
Amo, Anton Wilhelm 124
Antonio 79, 108, 109, 123
Appleby, George 260
Arango y Parreño, Francisco de 303, 323, 357
Atkins, Jonathan 120
Atkins, Zacarias 113
Augustino 81, 82
Aury, Louis de 262
Azevedo Lisboa, José Francisco 341

B

Bailey, Anne 67
Banga 75
Baquaqua, Mohammed 123, 200
Barbas, Juan 97
Barber, John W. 83, 304
Barbot, Jean 77, 95, 136, 140, 263
Barclay, Alexander 256
Barclay, David 256
Barerra, Juan Tomas de la 242
Baring (Familie) 255, 256
Baring, Francis 256
Baró (Sklavenhändler) 352
Barrera, Juan Tomas de la 243
Barreto, Honoratio 219, 223, 224, 226, 336
Barron 86
Bascomb, Benjamin 235
Bateaule (Bäcker) 105, 106
Bautista Pérez, Juan 64, 300, 301
Bautista Pérez, Manuel 64, 251, 252, 258, 263, 300
Bautista, Manuel Juan 36
Bazongo 76
Beckert, Sven 47, 286, 287
Behrendt, Stephen D. 49, 265
Beluche, Renato 262
Bennett, Herman L. 301
Berlin, Ira 197
Bernal, José Antonio 99
Bernardini, D.L. 232
Bezanilla, Juan Manuel 211, 212
Bezerra (Familie) 44
Biering, N.P. 219
Billy, François 264
Billy, Guillaume 264
Binhas, Jayme e Gorra 347
Blackburn, Robin 46
Blanco, Pedro 34, 83, 84, 92, 107, 212, 217, 219, 223, 225, 235, 304, 305, 335, 353–355
Bohn, Robert 217
Bolívar, Simón 232, 305, 348, 356
Bombrozi 76
Borucki, Alex 306
Bosman, Willem 120
Botefeur, Daniel 27, 217, 222, 229, 230, 232–235, 239, 254
Boulton, Thomas 253
Bourdieu, Pierre 159
Bowie (Familie) 262
Branagan, Thomas 93, 94
Brito Figueroa, Federico 54
Brito, Miguel 242
Brotherton, Henry 219
Buat de La Croix, Billy 135
Buat de La Croix, Michel 135
Buchanan, James 345

Bueno (Sklavenhändler) 352
Bumá 75
Burcet (Kapitän) 98
Burney, James 189

C
Caldeira, Arlindo 37, 141, 153, 257, 340
Calemba 75
Caminha, Álvaro da 153
Campbell, Gwyn 16
Campbell, Sir Neil 222
Cantero, Justo 351
Caridad González, José 200
Carletti, Francesco 257
Carneiro Lisboa, Ângelo Francisco 341
Carneiro, Ângelo Francisco 341
Carreira, António 36, 177, 178
Casamayor, Prudencio 351
Castaño, Nicolás 355
Castaños (Familie) 355
Castelo Branco, Garcia Mendes 300
Cattaway 87
Céspedes, Carlos Manuel de 361
Chew, Beverly 263
Christopher, Emma 193, 194
Cierto, Francisco 325
Cinque 84
Clarence-Smith, William Gervase 329, 332, 333, 338, 355, 374
Clarke, Lorenzo 103–105
Clarkson, Thomas 221
Cliffe, Joseph 66, 82
Cockburn, Francis 86
Coimbra, Paulo 45, 69, 218
Colebrooke, Jenny 87
Comillas, Marqueses de 355
Concha, José de la 352
Concordia, Marqués de la 345
Conill (Sklavenhändler) 352
Conneau, Theophilus (Théophile) alias Theodore Canot 60, 69, 78, 92–94, 100, 120, 121, 143, 166, 178, 181, 192, 219, 221, 228, 230, 234, 247, 248, 268
Correia Pinto, Lourenço Bezerra 44
Correia, Mãe Aurélia 225
Corry, Joseph 235
Cortina, Juan 89

Courcy, Baron de 105
Covado, Blas 219
Covey, James 83, 304, 305
Crossy 86, 87
Cuesta (Familie) 350
Cuesta, Pedro de la 352
Cugoano, Quobna Ottobah 123
Cuinquí 75
Cummings (Sklavenhändler) 235
Cunha 86, 87
Cunha Reis (Sklavenhändler) 346
Curtis (Familie) 228, 230
Curtis, Benjamin 235

D
Dahl, Peter 254
Dalzell, Bella 87
Darwin, John 174, 272
Davenport, William 260
Dawson, John 260
Des Marchais (Chevalier) 116–118, 127
DeWolf, George 78, 239, 262
DeWolf, James 239, 262, 328
DeWolf, John 262
DeWolf/D'Wolf (Familie) 27, 262, 266, 352
Diago y Tato, Francisco 372
Diallo, Ayuba Suleiman 123, 252
Diaz de Villega, Antonio 242
Diego 247
Dimock, Joseph J. 262
Diouf, Silviane 208
Domínguez, Juan José 222
dos Santos Silva, Ana Joaquina 340
dos Santos, Francisco 89
dos Santos, Vicente Tomas 340
Doublet, Jean 179
Drake (Familie) 351, 352, 355
Drake, Francis 158
Drake, Richard 92–94, 218
Dravemann, Heinrich 257
Dravemann, Hermann 257
Drescher, Seymour 149
Duba 86
Duke, Antera 92
Duncome, Robert 86
Durand, Robert 131, 135–140, 145, 264
Durañona (a) Caña Brava, Francisco 350

E
Ebro, Dick 60
Echeverria, Andre 89
Eckhout, Albert 201
Eduardo, Joaquín 79
Edwards, Monroe 263
Elizabeth I. von England 258
Eltis, David 49, 358
Emmer 287
Equiano, Olaudah 59, 80, 95, 98, 123, 167, 189–191, 200, 252
Escoto, Antonio 206–210, 217, 231–233
Estenoz, Francisco María 112
Esteva (Sklavenhändler) 352
Estrada, R.B. 95, 222, 227, 228

F
Faber, Eli 258
Faber, Jacob 206–211, 228
Faber, Mary 228
Faber, Paul 107, 108, 228
Falconbridge, Alexander 121, 122, 265
Fannin Jr., James W. 263
Felipe Silveira, Diego 79
Felipe, Antonio 79
Fernandes de Elvas, António 257
Fernandez, Andre 89
Ferreira dos Santos, Joaquim 334
Ferreira Santos, Juan B. 90
Ferreira Ubertaly, Ana Francisco 340, 341
Ferrer Roig, Juan 229
Ferrer Vidal, Rafael 229
Ferrer, Damián 114
Ferrer, Ramón 114, 228, 229, 268, 342
Ferry, John 304, 305
Figanière (Familie) 346
Flores, Franciso António 342
Fooly 87
Forcade, Pedro 350
Forest, Alonso 228
Franco, José Luciano 99, 101, 102, 346
Franklin, Benjamin 261
Fraser, James 236, 265
Frasier (Sklavenhändler) 235
Friedrich Wilhelm I. von Brandenburg 258
Fugaso, Jose 89
Fugger (Familie) 152

Fuli 83
Funes de Villapando Conde de Ricla, Ambrosio 242, 243
Fyfe, Christopher 235

G
Galé, Samuel 209–211, 236
Gallenga, Antonio 351
García, José Clemente 267
Garria, Agostin 89
Gazá, Pedro Antonio 354
Gení (Hauptfrau John Ormonds) 208–210
Gerritzen, Alexandre 169
Gibbs, Josiah 83, 304
Gikandi, Simon 63
Ginzburg, Carlo 173
Gladstone, John 260
Glover, Samuel 262
Goicochea, Pascual 350
Gómez, Joaquín 351–353
Gonçalvez Viega, Francisco 92
Gordon, Nathaniel 263
Graden, Dale 216
Gray (Sklavenhändler) 235
Gregorio 79
Grotius, Hugo 96
Guevara, Andrés de 79
Guillemard de Aragón, Adolfo de 212
Guimarães, Isidoro Francisco 370
Gunzá 75
Gurriaga, Francisco de 246
Guterres, Manoel 224

H
Hamlyn, William 86
Hancock, David 32
Handler, Jerome 77, 118, 120
Hardy, Andrés 351
Harms, Robert 37, 126, 127, 129, 179, 215, 264
Havik, Philip 178
Hawkins, John 306
Hawthorne, Walter 220
Heintze, Beatrix 44–46, 60, 68, 185, 186, 188
Hep, Pedro 237
Hernández, Francisco 355
Hernández, Gaspar 232

Hernández, Juan A. 351
Hernández, Pablo 351
Hertogh, Hendrik 92, 255
Heywood, Linda 183
Hidalgo (Sklavenhändler) 352
Himejere 73, 74
Hita, Francisco de 232
Homrn, Juan 107, 108
Horejandu 69
Hu-DeHart, Evelyn 367, 371, 375
Humboldt, Alexander von 30, 104, 165, 166, 250, 259, 312, 357
Hutton, Thomas 218

I
Ibáñes, Francisco 352
ibn Said, Omar 58
Ignacio, Nicolas 89
Inglada, Ignacio 34
Innaga, Jose Andre 89
Inza, José 168
Irvin, John 235
Isert, Paul Erdmann 77

J
Jaddy 87
Johnson, Walter 249
Johnston, Henry Harry 58
José de la Luz 326
Jourdain, Thomas 219
Juan 247
Juan Crisostomo 112
Juana 79, 106
Jumer 87

K
Kembeh, Soleiman 58
Kettell, Thomas P. 47
Kniffel (Brüder) 282
Knight, Franklin 376
Kolumbus, Christoph 311
Korten, Johann Abraham 254
Kwasi (Quacy) 200

L
Labat, Père 20, 117
Lafer, Francisco (La Fer) 97

Lafitte (Familie) 262
Lah 87
Landers, Jane 200
Lando 74
Latting, John S. 235
Laurens, Henry 260, 261
Lavandeira, Francisco 97
Law, Robin 218
Lawrence, Benjamin N. 63, 303–305
Lawrence, David 235
Leblanc, Julio 355
Leite Guimarães (Brüder) 334
León Estrada, Juan de 79
León, Miguel Joseph de 244
Levi, Giovanni 173
Lewis 204
Lightbourn, Bailey Gómez 228
Lightbourn, Styler Edward 209, 210, 228, 236
Lightbourn, Styler jr. 228
Lima, João Joze Claudio 92
Lima, Manoel de Brito 90–92
Lincoln, Abraham 263, 347
Linebaugh, Peter 195
Littleton, William 78
Lobo (Familie) 78
Lobo Olavarría, Julio 262
Lombillo, Gabriel 34, 352
Long, James 263
Lope, Ambrosio 242, 243
Lopez, Aaron 266
López, Francisco 77
López, Kathleen 376
López, Miguel 76, 77
Lucques, Laurent de 167

M
Maceo (Familie) 362
Madrazo, Juan 208–211, 232
Mahuma 86
Mallala 74
Mamber 87
Mamboisi 86
Mami-di-yong 234
Mania 87
Maniett, Pedro 331
Manual 86
Manuel María de la Concepción 109, 110, 123

Manzanares, Luis 89
Manzanedo (Familie) 331
Manzanedo (Sklavenhändler) 331
Manzanedo, Juan 345
María Antonia 79
María de la Caridad 79, 80
María Elena 325
Mariana 79
Marques, João Pedro 343
Martí y Gola, Joseph 351, 352
Martínez (Familie) 355
Martínez, Pedro 91, 225, 355
Martins, Domingo José 200, 335
Martins, Manoel António 330
Martorell, Buenaventura 189
Marty y Torrens, Francisco 350, 352, 355
Marx, Karl 46, 159, 160, 287
Mary, Pierre 130, 135, 137–140, 264
Matos, Joaquim António de 335
Matta 87
Mayer, Brantz 100
Mazuzana 75
McNeil, Pleasant 263
Medeiros, Francisco José de 200
Merrill, James 263
Meyer (Reeder) 257
Meyer, Sir Peter 254
Miers, Suzanne 283
Miguel 79
Miller, Joseph C. 6, 12, 255
Minchin, Susie 36, 177
Mitchell, David Byrdie 263
Molina, Luis de 196
Montejo, Esteban 114
Montes, Pedro 114
Montesinos, Enrique 108
Morales, Ana María 80
Morales, Francisco 213, 214
Morales, Vicente 86, 88
Morán, Miguel 33, 34
Moré (Sklavenhändler) 352
Moreno Fraginals, Manuel 272, 352
Moret, Segismundo 361
Morgan, James 262
Morice, Humphrey 259, 260
Mosquera, Roque 325
Mouser, Bruce 236

Moya Pons, Frank 272
Muata Cumbana 38
Mujingá Congo, Paulo 44

N

Nagle, David 350
Nango 76
Nealee 62, 63
Nesbett, Charles R. 86
Nettelbeck, Joachim 64, 93, 126, 133, 254, 255, 281
Newson, Linda 36, 177
Newton, John 92, 265
Nogueira, António 341
Norris, Robert 92, 265, 266
Northup, Solomon 250
Nozzolini, Caetano José 219, 222, 223, 225, 334, 335
Nunes da Silveira, José 340
Núñez de Balboa, Vasco 188
Núñez Jiménez, Antonio 102
Nzinga, Königin von Matamba (Ana de Souza) 61

O

Obea, José 331
O'Brien, Patrick Karl 287
Oettinger, Johann Peter 131
O'Farrill (Familie) 246, 247
O'Farrill y O'Daly, Richard 246
O'Farrill, José Ricardo 350–352
Oliveira de Cadornega, António de 62
Oliveira, João de 123, 257
Oliver, Pedro 246
Oostindie, Gerd 25
Oria, Carlos 89
Ormond, John 34, 69, 92, 181, 206–210, 228, 234–236
Ormond, John Sr. 229
Ortiz, Fernando 102, 245, 246
Oswald, Richard 260, 261
Overmann (Reeder) 257
Owen, Nicholas 92, 107, 191

P

Pachu 76
Padron, Mariano 112

Paggen, Peter 254
Park, Mungo 62, 63
Parker, Isaac 60, 127
Pastor, Manuel 331, 352
Patterson, Orlando 10
Pedro V. von Portugal 341
Pereira Marinho, Joaquim (Gouverneur Kapverdische Inseln) 223, 329, 330, 334
Pereira Marinho, Joaquim (Sklavenhändler) 334, 343, 344, 347
Pereira, Juan Antonio 262
Pérez de la Riva, Juan 103
Pétré-Grénouilleau, Olivier 287
Peukert, Werner 38, 141
Peyton, John Strutt 89, 91
Pezuela y Ceballos Escalera, Juan Manuel de la 345
Pierce, Franklin 345
Pierce, John 209
Pigat, Pedro 211
Pinto da Fonseca, Manuel 331, 334, 341, 342, 344
Pinto, Manuel do Rosário 180
Piqueras, José Antonio 357
Pita, Juan 244
Poey, Simón 350
Pompeu de Carpo, Arcénio Pompílio 341
Pons, Juan, alias Tadeo Vidal 226
Portuondo, Olga 102
Pujadas, Félix 206, 207, 231

Q
Quallabo 87
Quesada, Gonzalo de 361
Quiminí 76
Quitman, John A. 263

R
Rediker, Marcus 26, 65, 190, 195
Revel, Jacques 173
Ribas, Francisco 97
Richardson, John 86
Riera, Francisco 213, 345
Rivera, Jacob 266
Roberto 235
Roberts, Bartholomew 259
Robin-John, Ancona 123, 145, 200, 252
Robin-John, Ancona Robin 80

Robin-John, Little Ephraim 80, 123, 145, 200, 252
Rodrigo, Martín 355
Rogers, Maurice 351
Roitman, Jessica 25
Rolland, Marco 89, 91
Romay y Navarrete, María del Sacramento (Maria Botefeur) 237, 239, 262
Romeu, Francisco 326
Romey y Chacón, Tomás 237, 240
Rosa 79
Rosario, Alexander 89
Royall, Richard 263
Rufino José Maria 124, 200
Ruiz, José 114

S
Sá Nogueira de Figueiredo, Marquês von Sá da Bandeira, Bernardo de 343
Sá, José Berhardino de 334, 341
Sabí 75
Salema Ferreira, Maria Correia 341
Salvador 79
Samá (Familie) 355
Samá, Pablo 350
Samá, Pedro Valentin 350
Samá, Salvador 350, 352
Sammo (Sklavenhändler) 235
Sánchez Galque, Adrian 201
Sandoval, Alonso de 62, 68, 197
Sanets, Simon 113
Sarracino, Rodolfo 106, 365
Schimmelmann, Ernst Heinrich 254, 255
Schimmelmann, Heinrich Carl 254, 255
Seid, Mohammed 58
Siaka, König von Genduma 83, 84
Skelton, Elizabeth Frazer 226, 227
Skelton, William 226
Slocum, Charles 219
Smith, Adam 287
Smith, Alexander 236
Snelgrave, William 92, 166, 259, 264
Socarrás, Juana 326
Soler, Francisco 108
Sosa, Enrique 102, 111, 112
Sotheby (Commander) 226
Sousa Almeida, João Maria de 341
Sousa Basto, José António 334

Souza, Francisco Felix de 200, 218, 219, 335, 339
Souza, Manuel António de 337
Sparks, Randy J. 60, 142
Staden, Hans 273
Stanfield, James Field 190, 191
Suárez Argudín, José Antonio 346, 352

T
Tabater, Jose 76
Tams, Georg 188, 340
Tanning, Silvestre 243
Tarafa, Martín 352, 355
Taura, Karfa 62, 63
Taylor (Familie) 355
Tejera y Oliva, Agustín de la 351
Terry (Familie) 355
Terry, Tomás 355, 356
Texeira, Ignacio 97
Thomas, George 222
Thomas, Hugh 227
Thomas, William 107
Thompson, James 105, 106
Thompson, John 105, 106
Thornborrow, Giles 241, 242, 266
Thornton, John 37, 72, 149, 183
Tillinghurst, John 231, 232, 235
Timbo Samuel Samson 96
Tittle, John 253
Toca, Rafael de 352, 353
Tomasa Federica 326
Tomich, Dale 47
Torrices, Rafael R. 375
Towne, James 120
Traolago, Ramon de 89
Trotter, Thomas 123
Tudela, Pedro 91
Tuohy, David 266
Turnbull, David 86, 88, 106, 107
Turner, William 210

U
Ubertali, Carlos 341
Uela, Tomás 105
Uribarri, Diego 89
Urzainquí, José Miguel 353

V
Vaillant y Berthier, Antonio 351
Valencia (Sklavenhändler) 352
Valteau, Pierre 135, 138
Vansina, Jan 127, 184, 187
Varis, Jose 89
Vaz Coelho, Antonio 123
Vega, Juan de 251
Verne, Jules 365
Vidal-Quadras (Familie) 351
Viñas, Eugenio 267, 347
Visieri, Francisco 89
Vogt, John 152

W
Walpole, Robert 259
Walsh, Robert 80, 81
Walvin, James 63
Waters Smith (Marshall) 204
Wätjen, Hermann 37, 38
Watkins, William 265
Weatherfield, Thomas 86
Weber, Klaus 256
Weber, Max 32
Willa Catta, König am Río Pongo 208
Williams, Eric 159, 287
Williams, Samuel May 263
Wirtz, Johann Rudolph 257

Z
Zaldo (Sklavenhändler) 352
Zangroniz (Familie) 27, 303
Zangroniz, José de 27
Zangroniz, Juan Bautista de 27
Zequeira, José María 34
Zetti, Josefa 113
Zulueta (Familie) 355, 356, 367, 368
Zulueta y Ceballos, Pedro Juan 350, 352
Zulueta y Madariaga, Pedro José de 350, 352, 367
Zulueta, José Fernando 367
Zulueta, Julian de 267, 331, 342, 347, 350–352, 366, 367

www.ingramcontent.com/pod-product-compliance
Lightning Source LLC
Chambersburg PA
CBHW071808230426
43670CB00013B/2390